野沢正光の建築

詳細図面に学ぶ
サスティナブルな
建築のつくりかた

野沢正光・
野沢正光建築工房

X-Knowledge

ダイナミックな構造が自然に溶け込む週末住宅

▼57p, 76p, 82p, 106p, 110p, 130p

2階居間。トリプルガラスの木製サッシによる大開口からバルコニー越しに敷地の木々を望む。天井には、210×120㎜と120×120㎜断面のスギ材をかみ合わせながら組んだ登り梁が見える。

信濃境の週末住宅

2011年竣工。別荘地でない小さな集落の中にあり、東京の家と相互に活用される週末住宅。夏は避暑地にもなる地域だが、冬はきわめて強い北西の寒風が吹く寒冷地にあるため、寒風の中で快適に過ごすことができる装備が施されている。

2階居間。本棚を含む大きな木の箱は、家具的な「設え」(インフィル)によるベッドルーム。

（上）この地域は冬季の日射量がきわめて多いため、緩勾配の大きな屋根の上に、冬の太陽高度に合わせた急勾配の集熱屋根を設けている。母屋の手前にある煙突のある小屋は窯場。
（下）1階のコンクリート部分は外断熱工法で、陶芸の作業場、書庫、風呂、トイレなどが入る。2階の木造部は外張付加断熱で、キッチン、居間、寝室等主たる生活の場。

蓼科の週末住宅

2013年に竣工。八ヶ岳を南東に望む別荘地内にあり、厳しい寒さの地域であるが、冬季の滞在も可能となるような寒くない“週末住宅”として計画。敷地は南に傾斜しているため、1階を鉄筋コンクリート造として斜面に埋め、2階を木造としている。

キッチンの奥の窓の先に設けた跳ね上げ式の開閉屋根を開け、南側の開口も開け放つと、居間は雄大な自然と繋がった大きな半外部空間となる。

大空間にもかかわらず厳冬期も暖かい家

▼72p

（上右）北の急勾配屋根の一部は跳ね上げ式の開閉屋根。1階を斜面に埋めているため、敷地北側の道路からは平屋に見える。 （上左）4本、3本、2本と順に嵌合された登り梁が、勾配の異なった屋根面を支える特徴的な構造フレームによるワンルームのような室内。

2階の居間は、間口2.7mの片引き戸、FIX部分を含めて5.4m幅の開口から、前方に広がる八ヶ岳の景観を捉える。

構造耐力を外周部で確保して得たフレキシブルな間取り

▼56p, 118p

A邸　むさしのiタウン

（木造ドミノ住宅）

2007年1月に竣工し、現在築10年以上を経た現在のA邸。A邸を含む街区は、緩勾配の屋根に載った集熱屋根の形状が特徴的な街並みとなっている。木造ドミノ住宅は、構造耐力を外周部でとるため、室内の間仕切りは最小限となり、大きなワンルームのようなシンプルな間取りとなる。

2階の内観。上部に見える窓は、集熱面の反対側に設けられ、階段を介して1階から2階への空気と光の流れをつくっている。

1階のリビングからダイニングを見る。構造躯体は地域の木を使用し、柱や梁はあらわし。

（上右）緩勾配の屋根に載った急勾配の集熱屋根の内部。OMソーラーのハンドリングボックスを設置している。
（下左）外壁の主たる仕上げはガルバリウム鋼板。バルコニーを支える袖壁は、隣家からの視線を遮る役割もある。

床はパイン材、壁・天井は土佐和紙仕上げの１階リビング。中央の丸柱はＯＭソーラーの立下りダクト。

緑豊かな園路を共有する住宅群

▼80p, 126p, 128p, 132p

（左）２階。構造耐力は外周部で確保しているため、間仕切りはライフスタイルに応じて変えられる。
（上）１階の外壁はソフトリシン吹付、屋根や２階はガルバリウム鋼板仕上げ。窓には雨戸を設けている。

Ｙ邸　ソーラータウン府中（木造ドミノ住宅）

2013年7月に竣工したソーラータウン府中にあるＹ邸。ソーラータウン府中には、各住戸を少しずつずらして配置することでつくった共有地となる園路がある。省エネルギーで快適な暮らしができるように、太陽光発電と太陽熱集熱ができるOMソーラーシステムが屋根に載った木造ドミノ住宅。

街区の北側にある公園に続く園路。夏には公園からの涼しい風が通り抜ける。

目次

企画・図版　廣谷純子（みっつデザイン研究所）、深澤明・高橋麻紀（深澤設計）、藤村真喜（スタジオノラ）
※いずれも野沢正光建築工房ＯＢ

ブックデザイン　米倉英弘・千本聡（細山田デザイン事務所）

印刷・製本　シナノ書籍印刷

chapter

1

複雑な全体を解く

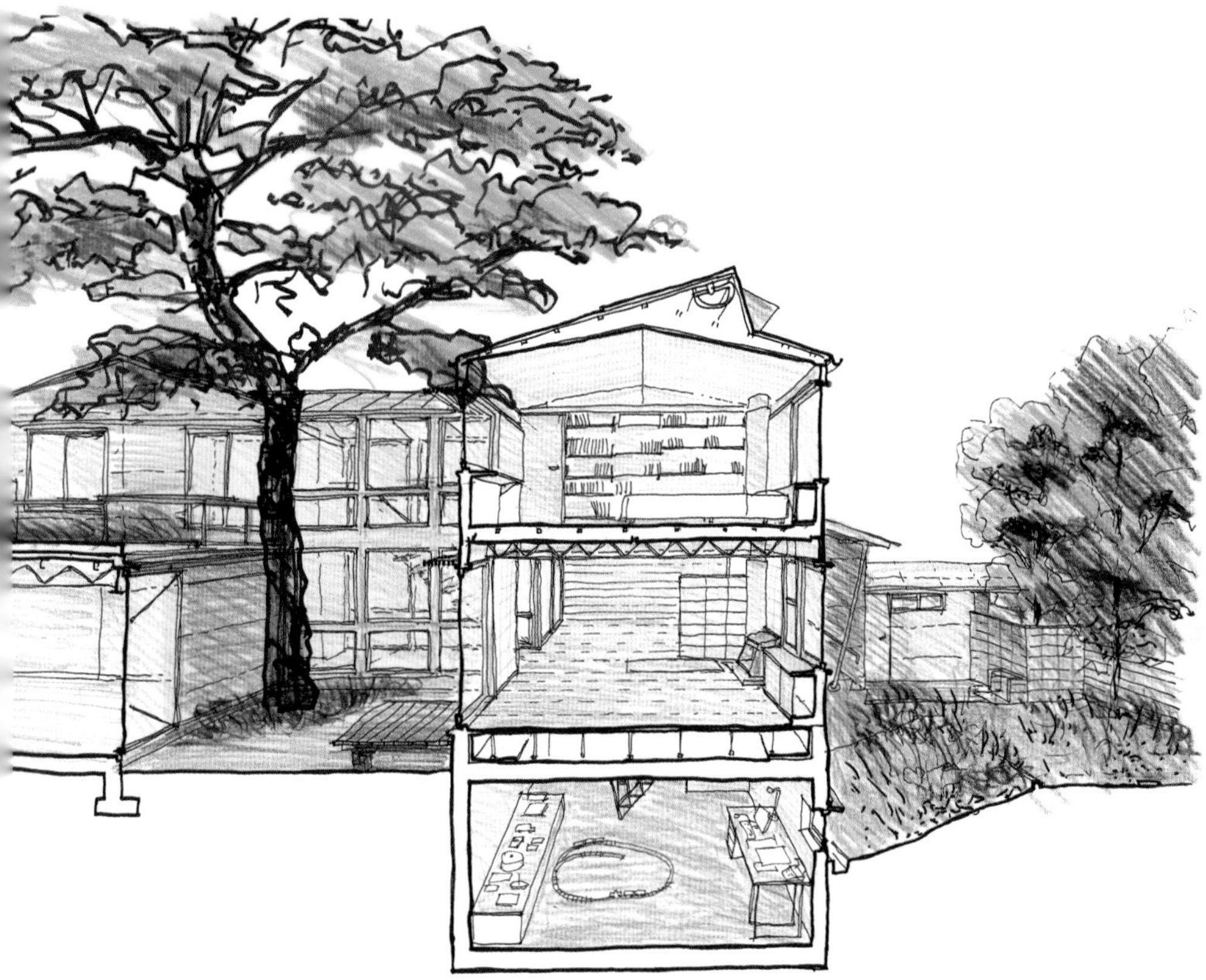

僕にとってのデザイン、設計とは

——野沢さんにとって、建築のデザインとはどのようなものですか？

建築を設計する時、その性能はとても大切なファクターだ。しかしそれだけじゃなく、もちろん建築には、それが美しいか、ということもある。ディテールとかプロポーションとか、素材とかね。建築の姿は、性能のみから生み出されるものではない。

しかし、その建築が美しいかどうかは、定量化できないし、それは建築家の個性や感覚にもよるだろうね。ひょっとすると、師匠の影響もあるかもしれない。場合によっては、美しさへのこだわりが、環境や構造など、技術的でメカニカルなもの、合理的なものが、その制約になることもあるかもしれないし。なかなか難しいね。

僕がとりくんでいるパッシブソーラーシステムや、木造建築に特徴的だけれど、経験や感覚でよさそうだと思っていたことが、コンピュータの解析によって実証され、合理的な世界として立ち現れるということが、最近顕著になってきているよね。合理的な根拠があるなら、それに従って姿を決めてもいい、と僕は思っている。美しさという視点はもっていても、それは時に応じて変化するものと考えて、どこかでそれを排除、無視してみてもいいかな、と。そこにジレンマは特にないよ。

——合理的な世界とは？

僕は、合理的なものが美しいと思っている。人のつくるものは、整理され統合されることで、より合理に近づく。一つのルールで領域が整理されていると、ほっとするよね。逆に、問題ごとに多様でバラバラな答えと称するものがあって、相互に関連性はありません、というのでは、ちょっとイライラしてしまう。

合理を心地よく感じるのは、おそらく、どこかでそれを作り上げた人の頭の中を、道筋を立てて理解できるからなんだろうね。一つルールを設定さえすれば、すっと理解できる。合理的であり、結果それが整っていると、何を考えたか意図が分かる。それが判然としないのは勘弁してほしいな、と。

モダンデザインというのは、合理が生産のルールにまで繋がっている、それが面白いんだよ。

——合理的に整理するために大事なことは何でしょうか？

建築を考えるとき、確実に言えるのは、多くの場合、今そこに普通にある材料、テクノロジーが、一番合

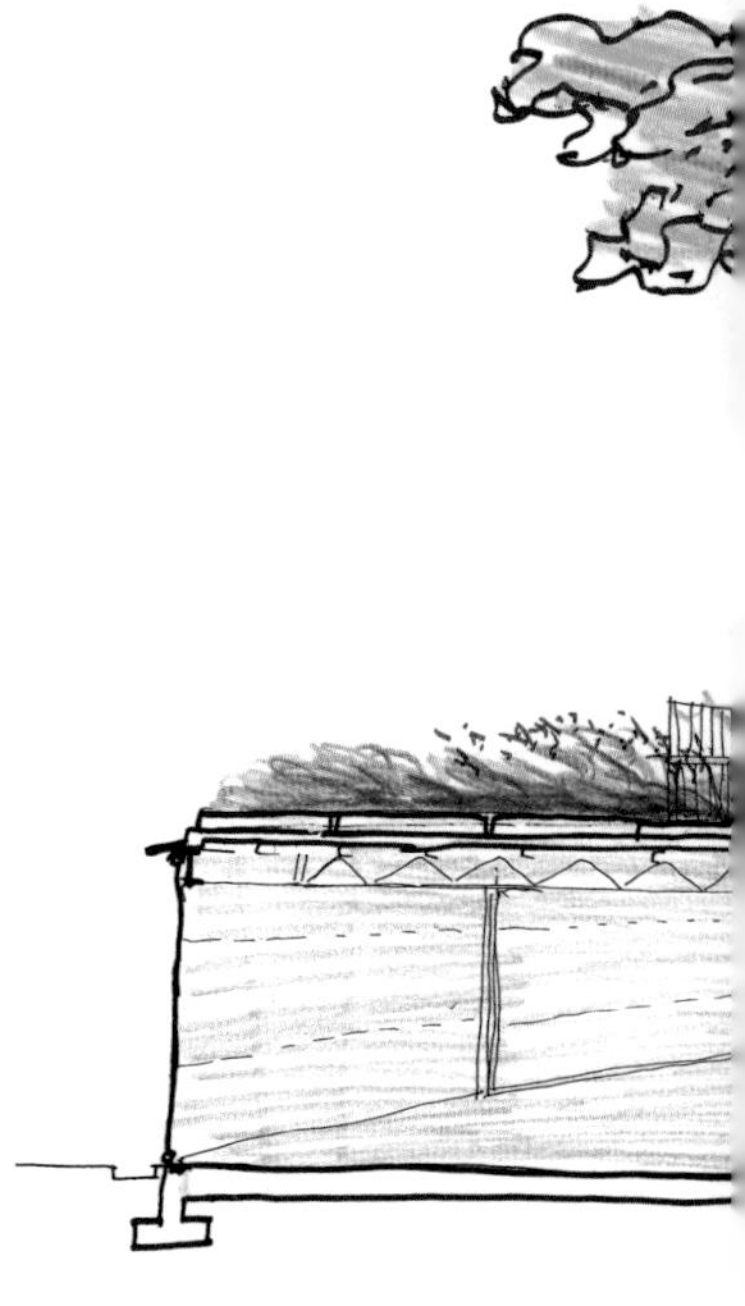

理的で安価であるってこと。たとえば木造だったら、プレカットというテクノロジーを使って、１８２０のモジュールでつくるのが一番安い。それとは異なるテクノロジーやモデュロールの方がもっと面白いのに、と思っても、コストがすぐに1.5〜2倍になっちゃうからね。とはいえ、時には冒険も必要だよ。予算が潤沢で、提案を受け入れてくれるクライアントがいれば、選択肢はずっと広がるかもしれない。より豊かになることもあるだろうね。

一方、現状のローコストな枠のなかで、それをどう突破するかって楽しみ方もあると思う。それは決して貧しさにつながるわけではないよ。吉村さんの作品集にあるローコスト住宅「宮本邸（１９６０年）」を見てほしいな。

——敷地と建物の関係については、どう考えていますか？

敷地との関係でいうと、まず最初に平らな場所をつくるような、分譲地というのが、僕は好きじゃない。敷地が平らじゃなくても、床を平らにすることはできるし、斜面なら斜面に応じた解決の方法がある。敷地の形状を変えずに、ひっそりと建物を置くことができるはずだよ。それなのに、敷地をひな段状につくりかえたりすると、そこにある植物は消え、地中の水脈は切断されることになる。

「いわむらかずお絵本の丘美術館」は、屋根を敷地の勾配に合わせて架けているわけだけど、テラスの上には、2.7ｍの庇が延びている。この庇によって、風景の上部が切られているから、いつの間にか人は少し下を見るんだ。前面の地面は、丘に沿って下に下っている。すると人は、庇と丘の勾配に沿って遠くを見ることになり、目線の先の森に目がいく。建物の置き方で、見せたいものへと視線を導くようなデザインもできるんだよ。「いわむらかずお絵本の丘美術館」のような自然に囲まれた広い場所と、住宅の立ち並ぶ住宅密集地ではまったく条件が違う。でも、そんなケースであっても、どこか遠い視線が確保できるように考えているつもりだよ。

住宅密集地の場合は、南の窓から太陽の恵みを得ることができないケースもあるよね。そんな敷地であっても、室内を少しでも快適に保つためには、屋根にソーラーパネルとかを載せざるを得ないじゃない。そういうのは、「作品」としての建築を目指している建築家には、耐えられないほど嫌かもしれないね。でも僕は、そんなケースの場合は、屋根が環境装置になってもいいじゃないかと思っているけどね。

日本の木造技術への期待

——野沢さんは、中大規模の施設建築も伝統的な木造の技術を使って設計していますね。

ヨーロッパやアメリカの人たちが見たら、おそらく日本の木造も、韓国や中国の木造も、同じにしか見えないと思う。でも私たちには、その違いは明確にわかるよね。韓国で木造建築を見たときに、日本のものとずいぶん違うなあと思った。一言で言うと、日本のほうがシャープ。韓国の木造はソフトでやさしい印象を受けたんだよ。韓国の木造建築は、柱が曲がった木のままだったり、梁や垂木に丸太をそのまま使っていたりしたからそんな印象を受けたんだと思う。

日本の木造は、柱も梁も垂木もシャープでまっすぐなものが基本じゃない。考えてみると、日本ではスギやヒノキという、まっすぐで比較的柔らかい、加工しやすい木が主な材料だからじゃないかと気がついたんだ。韓国の木は、松などの比較的堅いものが多い。だから木材を元の姿に近い形で使うのだろう。堅い木材による建築が柔らかい印象で、柔らかい木材による建築がシャープな印象を持つことが、面白い。

日本では、柱や梁がそのまま建具の枠になるような精度が当たり前になっている。そういう技能集団と伝統があって、その前提として、スギやヒノキという材がふんだんにある。ということは、きちんと計画を描ける建築家がいれば、日本の木造は世界に冠たるものになるはず。そんな想いが僕にはある。それに、多くの蓄積をもつ大工たちと一緒に仕事をしたほうが、面白いことがたくさんできそうじゃない（笑）。

Chapter1 INDEX

1-1 景観をつくる架構 P16

建築が建つと景観が悪くなる、そうした事例は枚挙にいとまがない。車窓から見える広告、建築土木などたくさんの人工物にため息をつくことがある。明治の初期日本を訪れた外国人がこぞって褒め称えていた景観には、当然ながら人工物はささやかにしか存在しなかったはずである。建築を自然の中につくるときの細心さは何より肝要であろう。屋根はそのとき極めて大きな役割を果たすと思っている。

1-2 平面計画と架構を連動させる P30

建築の平面形、それを「図」と考えればその図が「地」、つまり外部をつくる。この関係を逆にすれば、外部を「図」建築を「地」と捉えることもできよう。クラインの壷の関係である。「図」は「地」と密接に関係する。接する面が長ければ長いほど関係も密になり、外部をたくさん取り込む建築とそうでない建築の違いとなる。

1-3 大工の技を活かす P46

日本の木造技術は何より洗練されている。それはスギやヒノキというまっすぐで比較的粘り強く、しかも架構しやすい木材を持つことによっているのかもしれない。精度の高い加工技術、そのための道具、それが開発した仕口など。

この伝統とその進化が地震時にめり込みながらその力を受け流す木造建築をつくり出したといえる。めり込みを再評価し新たな木造建築の技術とすることが可能となって新しい展開が始まっている。

1-4 集熱効率を高める P56

屋根は屋根でもその方位や場所によってそれぞれの役割を担っている。集熱としては冬の低い太陽高度に対して向き合う勾配が効率的だが、同時に全体としては周辺に溶け込む穏やかな屋根をつくりたい。それぞれを構造的合理のもとに整理すると、太陽の熱を集める屋根はそれとわかる急な傾きをして時には大屋根に載り、時には壁と融合することになる。

1-5 熱を蓄え逃がさない P60

木造の一部をRC造にすることは、蓄熱性能のほとんどない木造の悲しさを補う働きをし、室温の平準化に大きく貢献する。木造や鉄骨造では、一度室内に入れた熱が滞ることはない。室温を維持するのは高断熱化、高気密化に委ねることができるが、家は当然ながら人の出入りがあり、その度に内部と外部が応答してしまい、屋外の影響を避けることができない。蓄熱部位が存在すればそれをやわらげられることになろう。

1-6 開口部まわりのデザイン P78

開口部は断熱を考えるとき最大のウイークポイントであった。アルミサッシは、開発当初に当時の木造建具を目標としたことからその性能は決まっていた。北欧を見ていた北海道の建築は、以前から断熱性能の高い木製サッシを使うことを普通としていた。気密断熱性が確保できた現在は、開口部から進入する日射負荷が問題になりつつある。一度入ったら出て行かないのだ。特に東面と西面の日射遮蔽が大きな宿題である。

1-7 太陽熱を利用する P84

太陽熱をそのまま室内に導入しようと考えて仕組みを工夫したのが１９８１年ごろ、奥村昭雄を中心としたグループである。室温として必要とする低温の熱エネルギーは電力など使わずとも、太陽からの熱でつくり出せると考えての試みであった。夏季は給湯に利用、これは私の提案

相模原の住宅の居間（竣工は 1992 年）。

であった。今、OMソーラーは冬でもお湯をつくり出している。断熱レベルが向上した結果である。

1-8 風景を残す、地形を活かす

P90

敷地の隣には家があり窓もある。遠くに大きな樹木や山が見えるかもしれない。ある方角からは季節の風が吹くだろう。道はうるさいかもしれない。それらを考えながら建物を置く。さらに、自然地形にまったくの平坦地はないだろう。宅地造成という手法が普通のことになっているが、一つひとつの建築が敷地ごとに丁寧に計画されるのであれば造成は必要ではないはずではないか。その景観のほうが優れているかも知れぬ。

1-9 つなぐディテール

P102

建築がひとつの集落であることもある。いくつもの屋根が重なり合う建築、たとえば何度かの増築により完成形をつくり出している桂離宮はその典型だ。一時期に計画されるものであっても敷地状況や外部との関係等を考えると二つあるいは三つ以上の単位の寄り集まったものとして実現することもある。そこに異なる架構をつなぐディテールが生まれる。

chapter

1-1

景観をつくる架構

丘の斜面に沿うのびやかな屋根

いわむらかずお絵本の丘美術館

那珂川を見下ろす丘陵地の尾根に建つ。丘の勾配に合わせた緩やかな屋根と2つの高さに設定したフロアにより、建物全体が丘の斜面にはりつくように見える。写真右のティールーム棟のバルコニーのみが丘に張り出し、丘全体を見下ろす展望テラスとなっている。

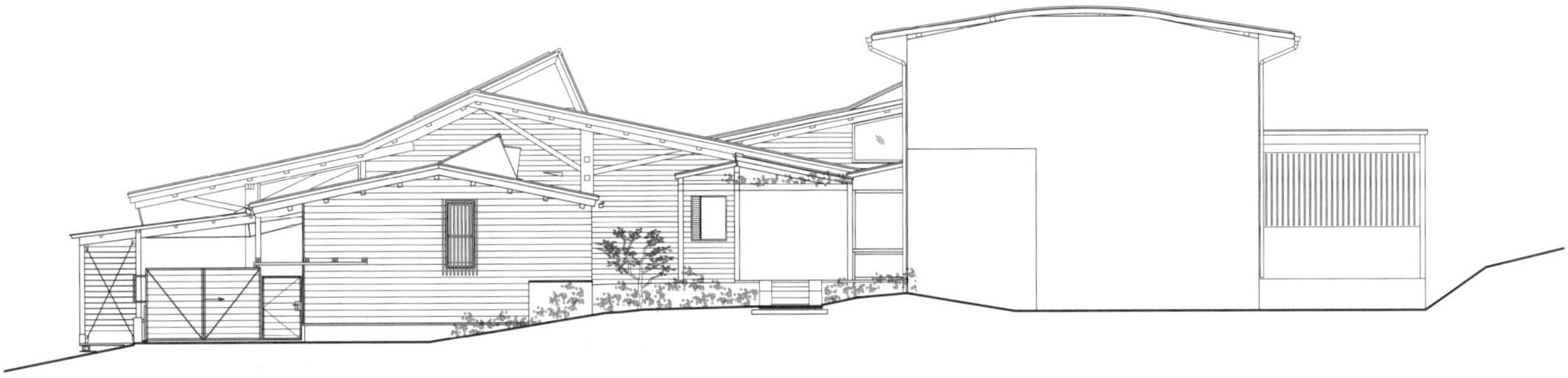

エントランスへのアプローチを挟んで、事務棟、ティールーム棟（図面左）と収蔵棟（図面右）が並ぶ。各棟の屋根勾配は、そのまま丘の地形を写したような形状となるように設計した。

東立面図 | S=1/200

急勾配屋根の頂部には対流による集熱ロスを防ぐためのガラスが載っている。集熱された空気は、棟付近の半円形の棟ダクトから送風機の入っているハンドリングボックスに集められ床下に送られる。

屋根勾配は、丘の勾配に倣うように2寸から4.5寸の勾配となっている。この屋根勾配の組み合わせは、メンテナンスがしやすい緩勾配（2寸）と冬季の集熱効率を考慮した急勾配（4.5寸）の組み合わせでもあり、太陽熱の集熱装置としての屋根を考えた結果でもある。

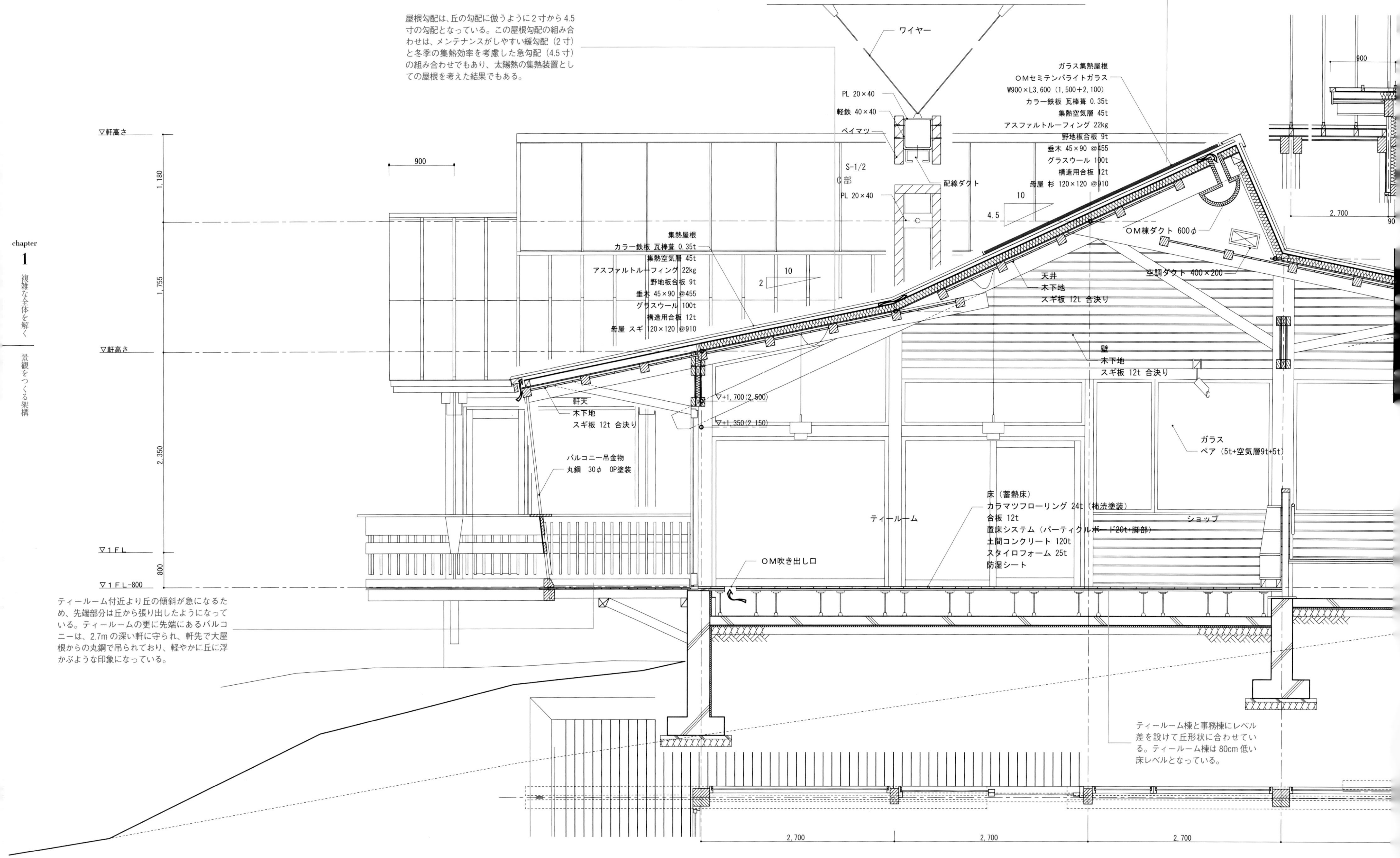
ワイヤー
PL 20×40
軽鉄 40×40
ベイマツ
配線ダクト
S-1/2
C部
PL 20×40
ガラス集熱屋根
ＯＭセミテンパライトガラス
W900×L3,600（1,500+2,100）
カラー鉄板 瓦棒葺 0.35t
集熱空気層 45t
アスファルトルーフィング 22kg
野地板合板 9t
垂木 45×90 @455
グラスウール 100t
構造用合板 12t
母屋 杉 120×120 @910
10
4.5
ＯＭ棟ダクト 600φ
空調ダクト 400×200
900
2,700
90
▽軒高さ
1,180
1,755
2,350
800
▽軒高さ
▽１ＦＬ
▽１ＦＬ-800
900
集熱屋根
カラー鉄板 瓦棒葺 0.35t
集熱空気層 45t
アスファルトルーフィング 22kg
野地板合板 9t
垂木 45×90 @455
グラスウール 100t
構造用合板 12t
母屋 スギ 120×120 @910
10
2
天井
木下地
スギ板 12t 合決り
壁
木下地
スギ板 12t 合決り
軒天
木下地
スギ板 12t 合決り
▽+1,700（2,500）
▽+1,350（2,150）
ガラス
ペア（5t+空気層9t+5t）
バルコニー吊金物
丸鋼 30φ OP塗装
床（蓄熱床）
カラマツフローリング 24t（柿渋塗装）
合板 12t
置床システム（パーティクルボード20t+脚部）
土間コンクリート 120t
スタイロフォーム 25t
防湿シート
ティールーム
ショップ
ＯＭ吹き出し口
2,700
2,700
2,700

ティールーム付近より丘の傾斜が急になるため、先端部分は丘から張り出したようになっている。ティールームの更に先端にあるバルコニーは、2.7m の深い軒に守られ、軒先で大屋根からの丸鋼で吊られており、軽やかに丘に浮かぶような印象になっている。

ティールーム棟と事務棟にレベル差を設けて丘形状に合わせている。ティールーム棟は 80cm 低い床レベルとなっている。

chapter
1-1
景観をつくる架構

穏やかな起伏の原っぱの屋根
長池公園自然館

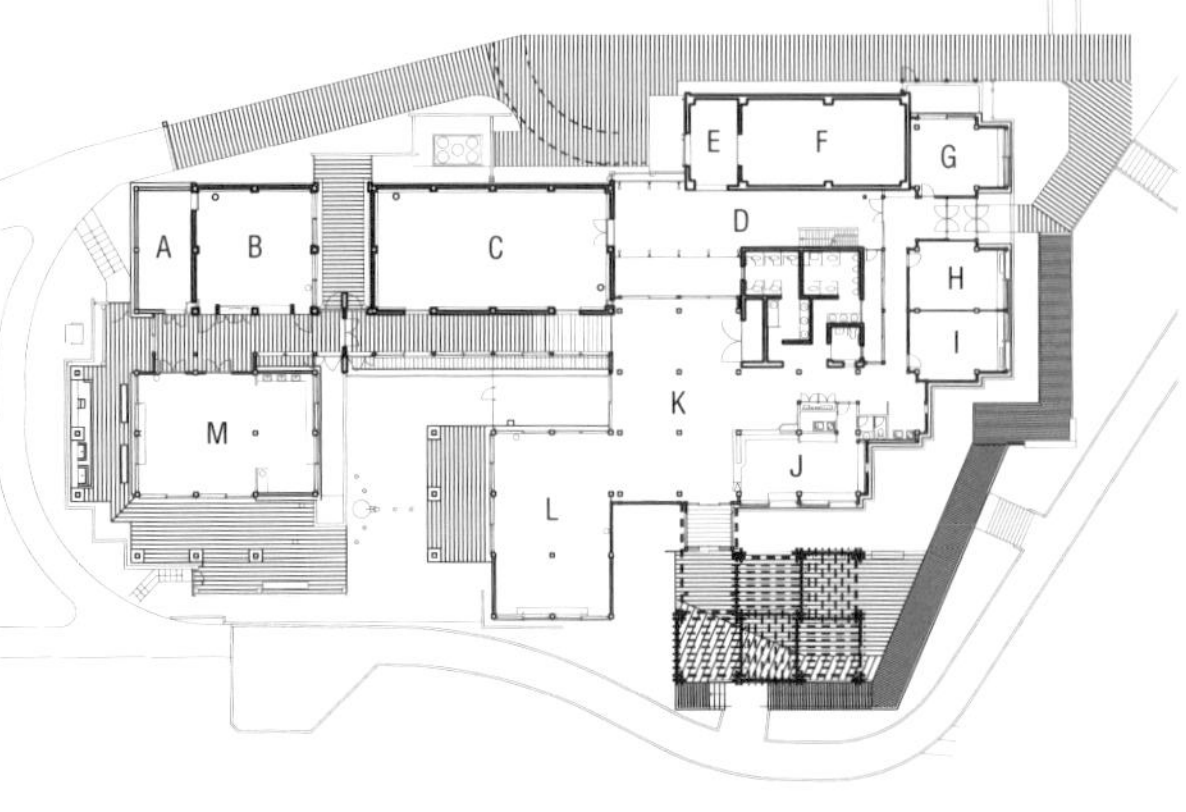
A
B
C
D
E
F
G
H
I
J
K
L
M
1階平面図兼配置図

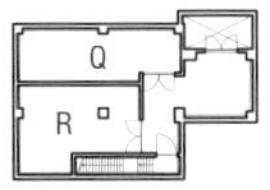
Q
R
地階平面図

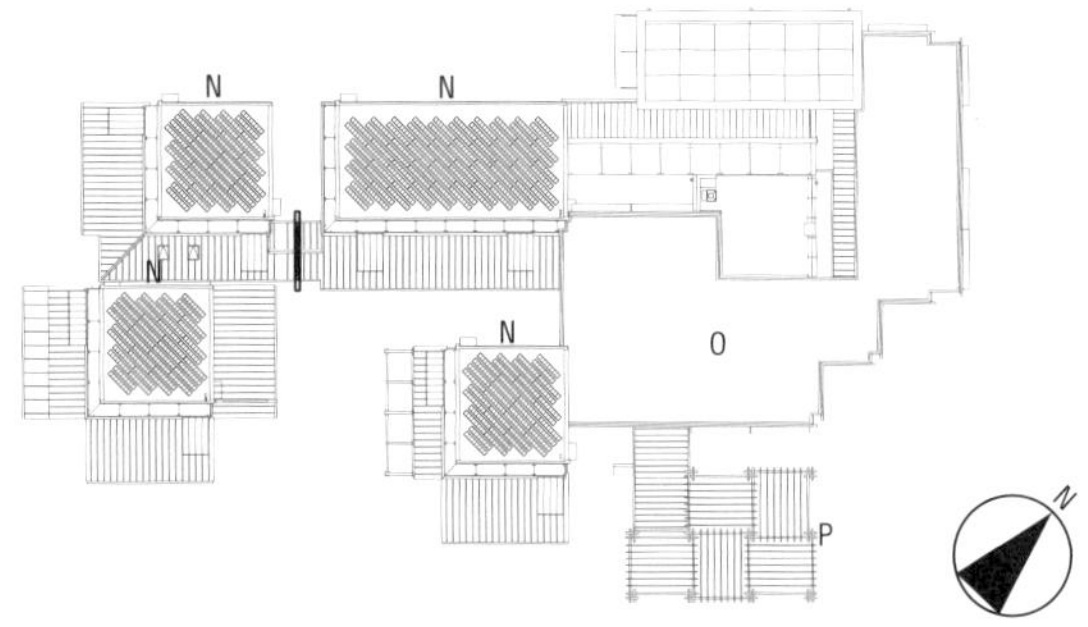
N
N
N
N
O
P
屋根伏図

A：倉庫　B：レクチャールーム　C：展示室2　D：廊下　E：前室　F：収蔵室
G：会議室　H：会議室　I：会議室　J：事務室　K：エントランスホール
L：展示室1　M：工房

N：太陽光発電パネル　O：緑化屋根　P：パーゴラ

Q：電気室　R：受水槽室

平面図・配置図・屋根伏図｜S=1/1,000

長池公園自然館は、スポーツ公園などの人工的なものから自然保全型・親自然型の公園整備への転換期に計画された施設のため、建物と周辺環境との連動性ということを強く意識して計画している。

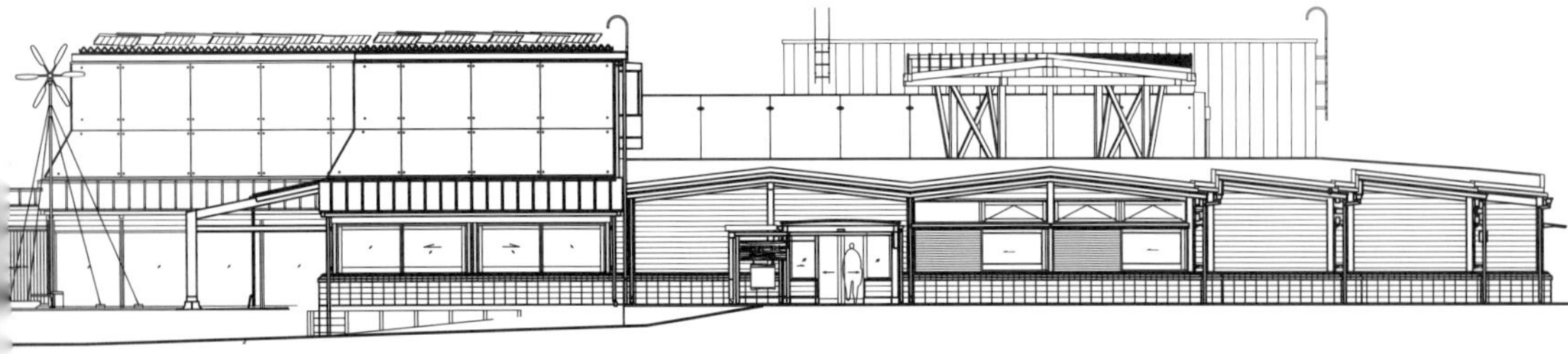

各棟の機能や使い勝手に合わせて建物の高さを変えることで外観に変化をつけている。1つの巨大な建築物にするのではなく平面的に展開した分棟型とすることで景観に溶け込ませることを考えた。

立面図｜S=1/300

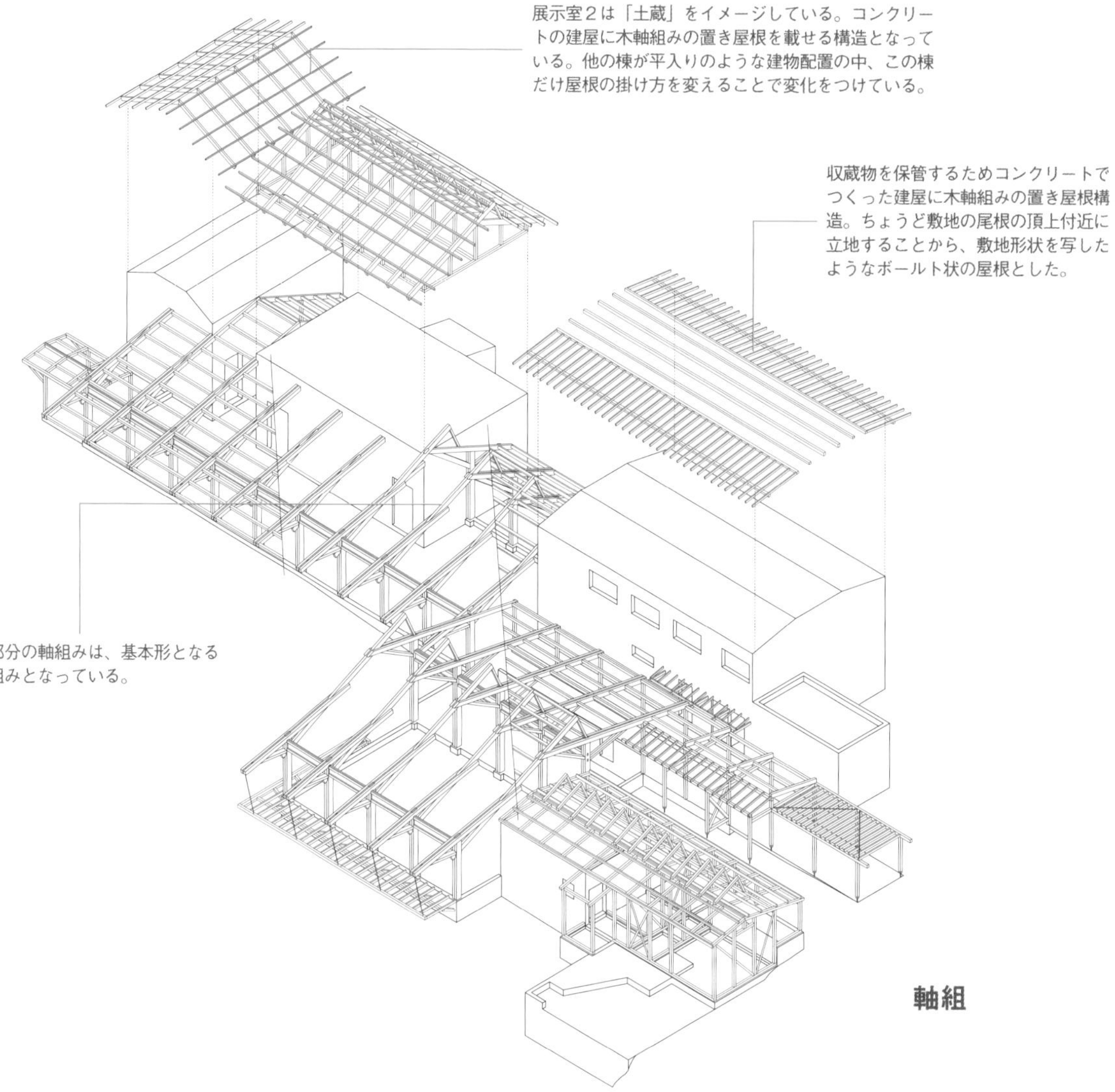
展示室2は「土蔵」をイメージしている。コンクリートの建屋に木軸組みの置き屋根を載せる構造となっている。他の棟が平入りのような建物配置の中、この棟だけ屋根の掛け方を変えることで変化をつけている。
収蔵物を保管するためコンクリートでつくった建屋に木軸組みの置き屋根構造。ちょうど敷地の尾根の頂上付近に立地することから、敷地形状を写したようなボールト状の屋根とした。
ホール部分の軸組みは、基本形となる木造軸組みとなっている。
軸組

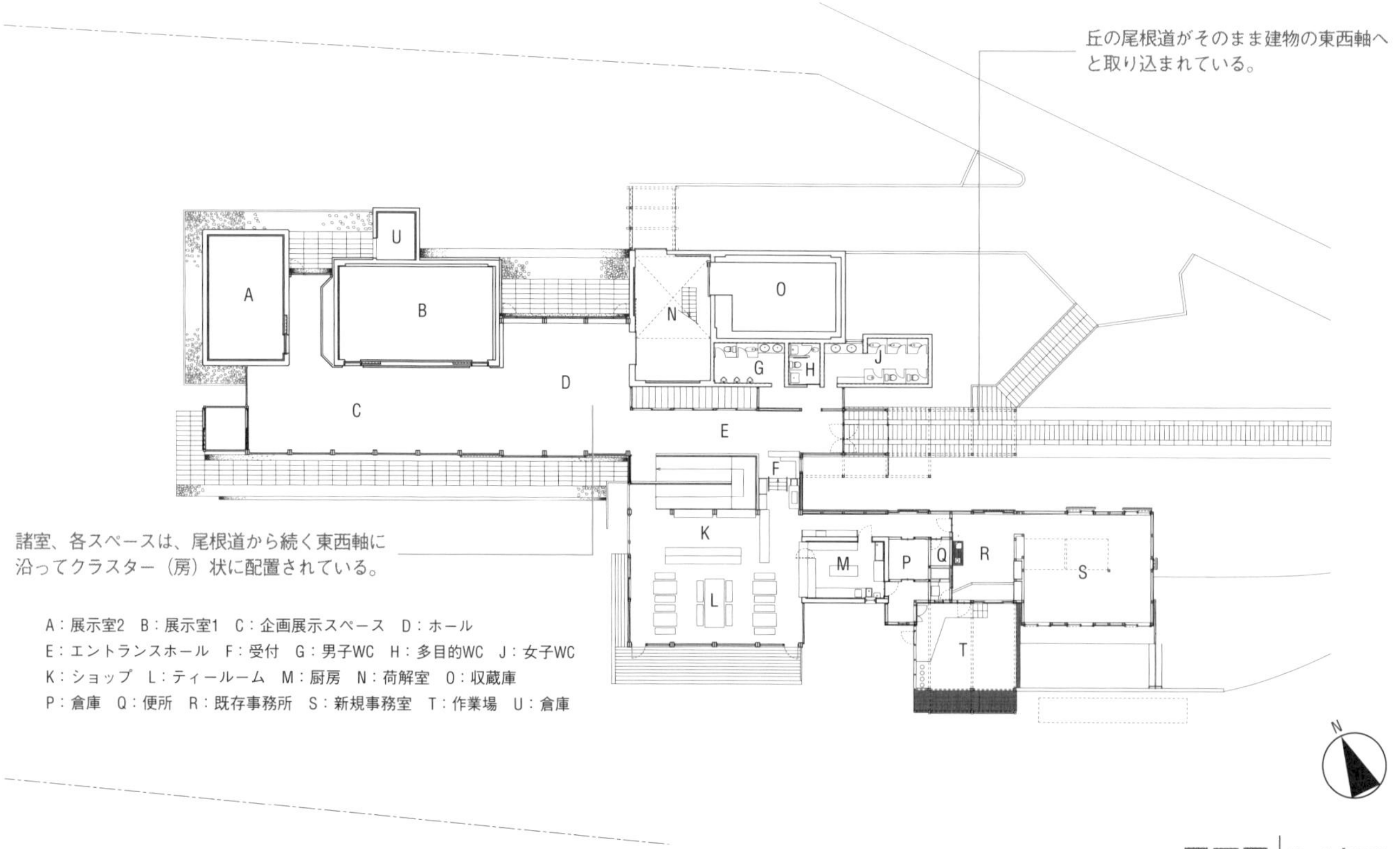
丘の尾根道がそのまま建物の東西軸へと取り込まれている。
諸室、各スペースは、尾根道から続く東西軸に沿ってクラスター（房）状に配置されている。
A
B
C
D
E
F
G
H
J
K
L
M
N
O
P
Q
R
S
T
U

A：展示室2　B：展示室1　C：企画展示スペース　D：ホール
E：エントランスホール　F：受付　G：男子WC　H：多目的WC　J：女子WC
K：ショップ　L：ティールーム　M：厨房　N：荷解室　O：収蔵庫
P：倉庫　Q：便所　R：既存事務所　S：新規事務室　T：作業場　U：倉庫

平面図｜S=1/500

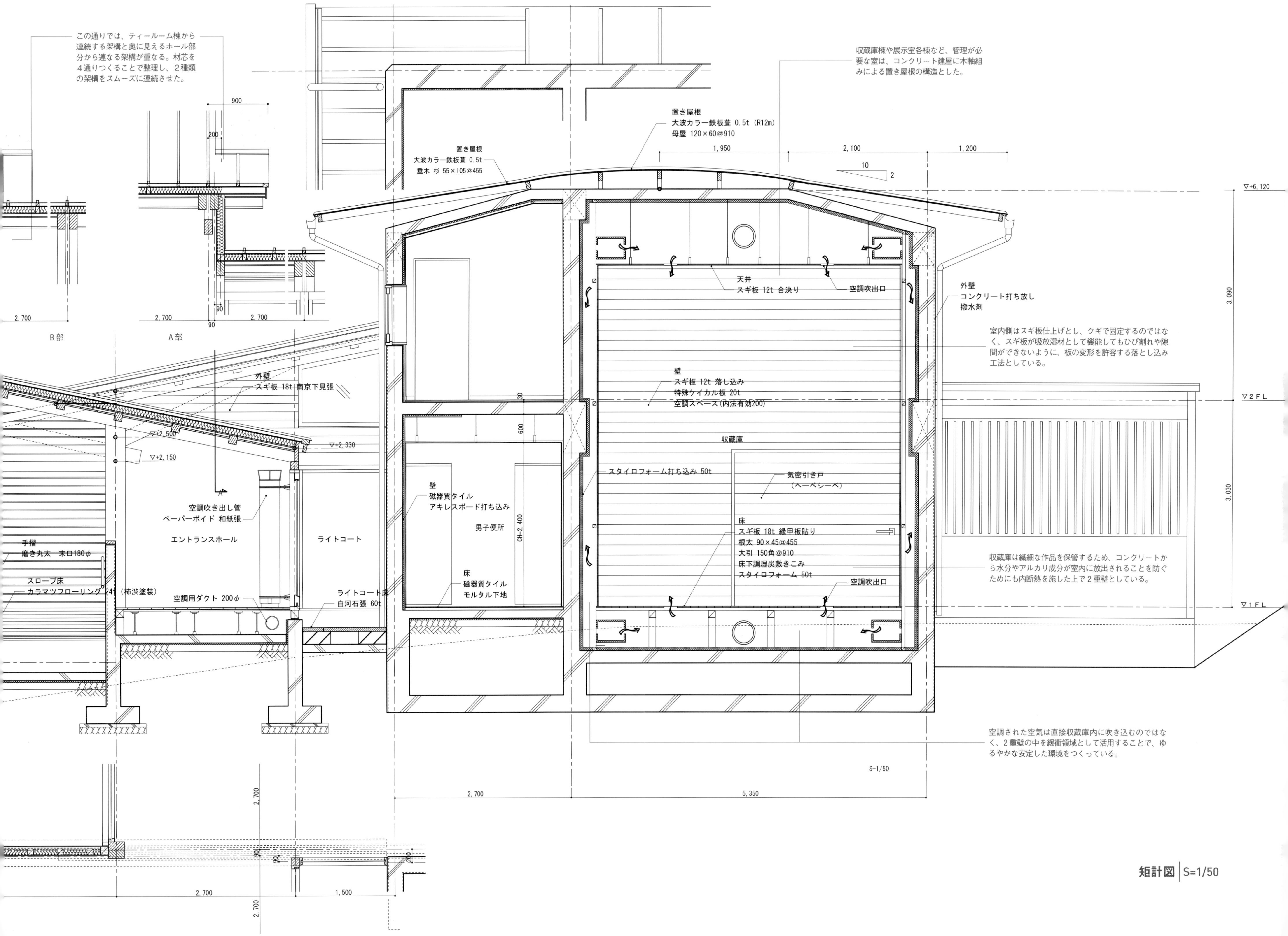
この通りでは、ティールーム棟から連続する架構と奥に見えるホール部分から連なる架構が重なる。材芯を4通りつくることで整理し、2種類の架構をスムーズに連続させた。
900
200
90
2,700
2,700
2,700
90
B部
A部
収蔵庫棟や展示室各棟など、管理が必要な室は、コンクリート建屋に木軸組みによる置き屋根の構造とした。
置き屋根
大波カラー鉄板葺 0.5t (R12m)
母屋 120×60@910
置き屋根
大波カラー鉄板葺 0.5t
垂木 杉 55×105@455
1,950
2,100
1,200
10
2
▽+6,120
天井
スギ板 12t 合決り
空調吹出口
外壁
コンクリート打ち放し
撥水剤
室内側はスギ板仕上げとし、クギで固定するのではなく、スギ板が吸放湿材として機能してもひび割れや隙間ができないように、板の変形を許容する落とし込み工法としている。
3,090
▽2FL
外壁
スギ板 18t 南京下見張
壁
スギ板 12t 落し込み
特殊ケイカル板 20t
空調スペース(内法有効200)
30
600
収蔵庫
▽+2,500
▽+2,150
▽+2,330
スタイロフォーム打ち込み 50t
気密引き戸
(ヘーベシーベ)
3,030
A
壁
磁器質タイル
アキレスボード打ち込み
空調吹き出し管
ペーパーボイド 和紙張
男子便所
CH=2,400
エントランスホール
ライトコート
床
スギ板 18t 縁甲板貼り
根太 90×45@455
大引 150角@910
床下調湿炭敷きこみ
スタイロフォーム 50t
手摺
磨き丸太 末口180φ
収蔵庫は繊細な作品を保管するため、コンクリートから水分やアルカリ成分が室内に放出されることを防ぐためにも内断熱を施した上で2重壁としている。
スロープ床
カラマツフローリング 24t (柿渋塗装)
床
磁器質タイル
モルタル下地
空調吹出口
空調用ダクト 200φ
ライトコート床
白河石張 60t
▽1FL
空調された空気は直接収蔵庫内に吹き込むのではなく、2重壁の中を緩衝領域として活用することで、ゆるやかな安定した環境をつくっている。
S-1/50
2,700
5,350
2,700
90
90
200
2,700
1,500
2,700

矩計図 | S=1/50

尾根道から続くアプローチの勾配は、車イスに対応した1/15以下にしている。「ハートビル法」（当時）の認定を目指していたため、舗装材は地元栃木県産材であるということから白河石舗装としている。

美術館の計画地が丘陵地の尾根に沿っているため、尾根道がそのまま建物への導入路となっており、自然な形で建物にアプローチできるようになっている。この軸線はそのまま建物を東西に貫く動線となり、その周囲に様々な展示空間がクラスター（房）状に配置されている。丘の傾斜形状を活かすために80㎝の差をつけて2つのフロアレベルを設定し、スロープで繋いでいる。屋根勾配は、丘の傾斜角度を見ながら2寸／4・5寸勾配の組み合わせとなっている。大屋根は集熱面でもあることから、これらの屋根勾配は集熱効率がよく、メンテナンスを考慮した勾配の組み合わせであるとも言える。このような屋根形状を実現するために、基本設計時から木架構システムを濃密に検討している。

ティールーム棟は丘から張り出すような位置にあり、西向きの窓から見える丘に沈む夕日はことのほか美しい。バルコニー部分は地表から浮いた展望デッキになっており、眼下には森やその先の那珂川の流れを一望することができる。

(上) 企画展示スペース前のテラスよりティールーム棟を見る。屋根勾配が丘なりに見えることで、建物が丘の斜面に違和感なく馴染んでいる。

(下) エントランスホールから玄関を見る。玄関の先は尾根道から続くアプローチにつながる。写真右に見えるスロープが、80cm低いレベルのティールームへ繋がる。

南側上空からの空撮写真。手前に大小、高さのバリエーションのある４つの棟（展示室１・２、レクチャールーム、工房）が並ぶ。下屋部分と各棟の南東・南西の壁面では太陽熱の集熱、屋根では太陽光発電が行われている。その奥に「草屋根」と収蔵棟が見える。

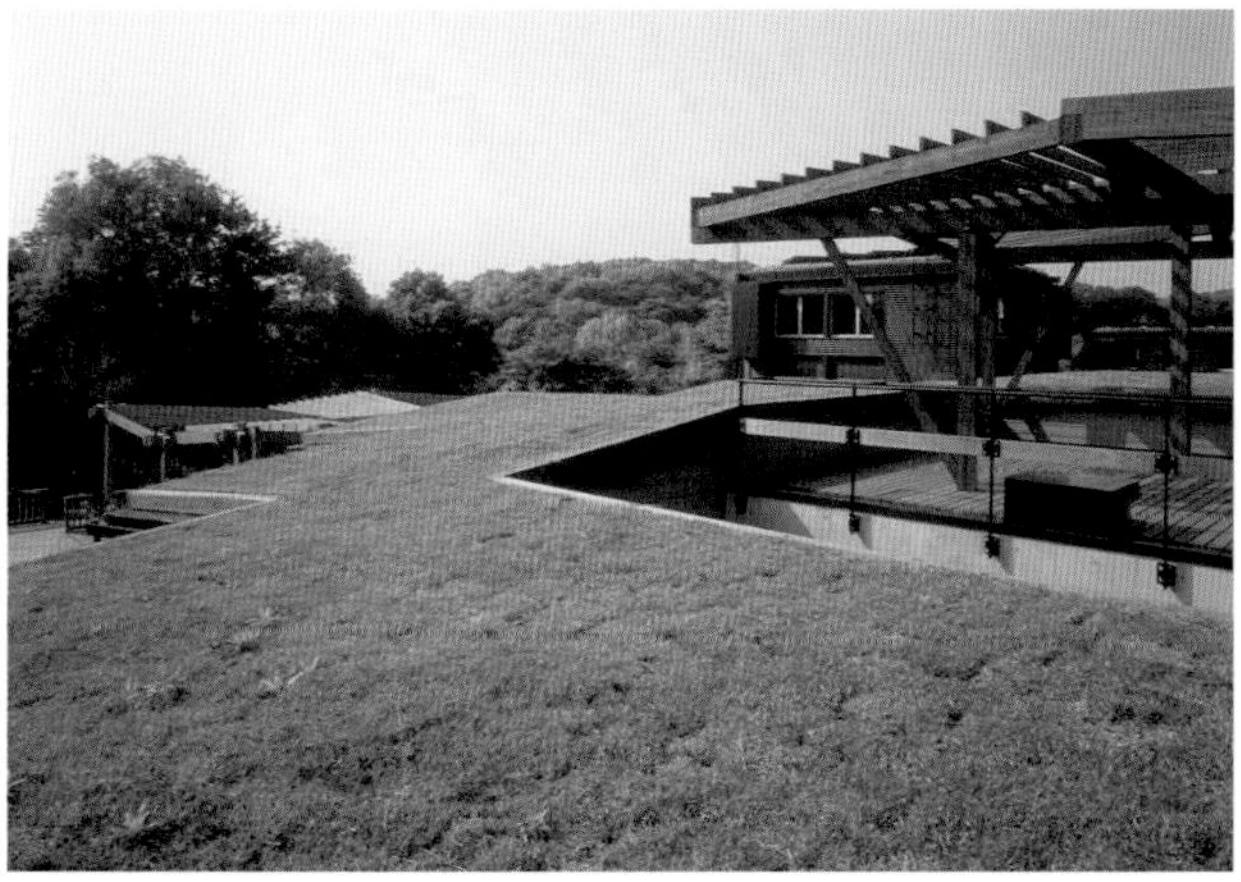

4.05 メートルグリッドごとに「片流れ」と「HP 曲面」の組み合わせによって構成された屋根面は、土覆・緑化され、240㎡（70 坪）におよぶ緩やかな起伏をもつ人工の「原っぱ」となった。

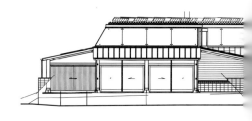

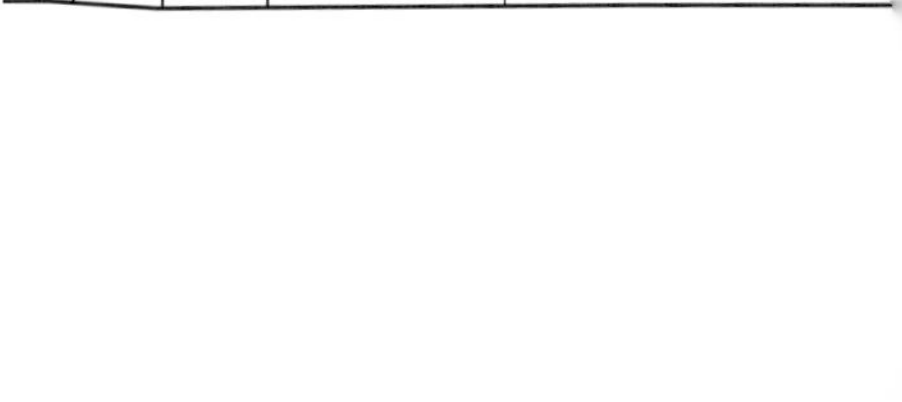

屋根を支える木構造の仕組みとして、「XY2軸方向へ展開する木構造システムの提案」というのが、この建築におけるテーマであった。柱を中心に門型のフレームを回転し、卍型に組み合わせる方法により平面的に広がりを持つ空間構成となった。屋根全体として、雨水排水を考慮しながら各点の高さを決めると、「原っぱ」のような屋上緑化屋根が形成される。

エントランスホールから出入り口、事務所方向を見る。来館者は、緑豊かな公園から建物の中に入ると、太い柱が林立し卍形に組み合わされた梁がある木の空間で迎えられる。

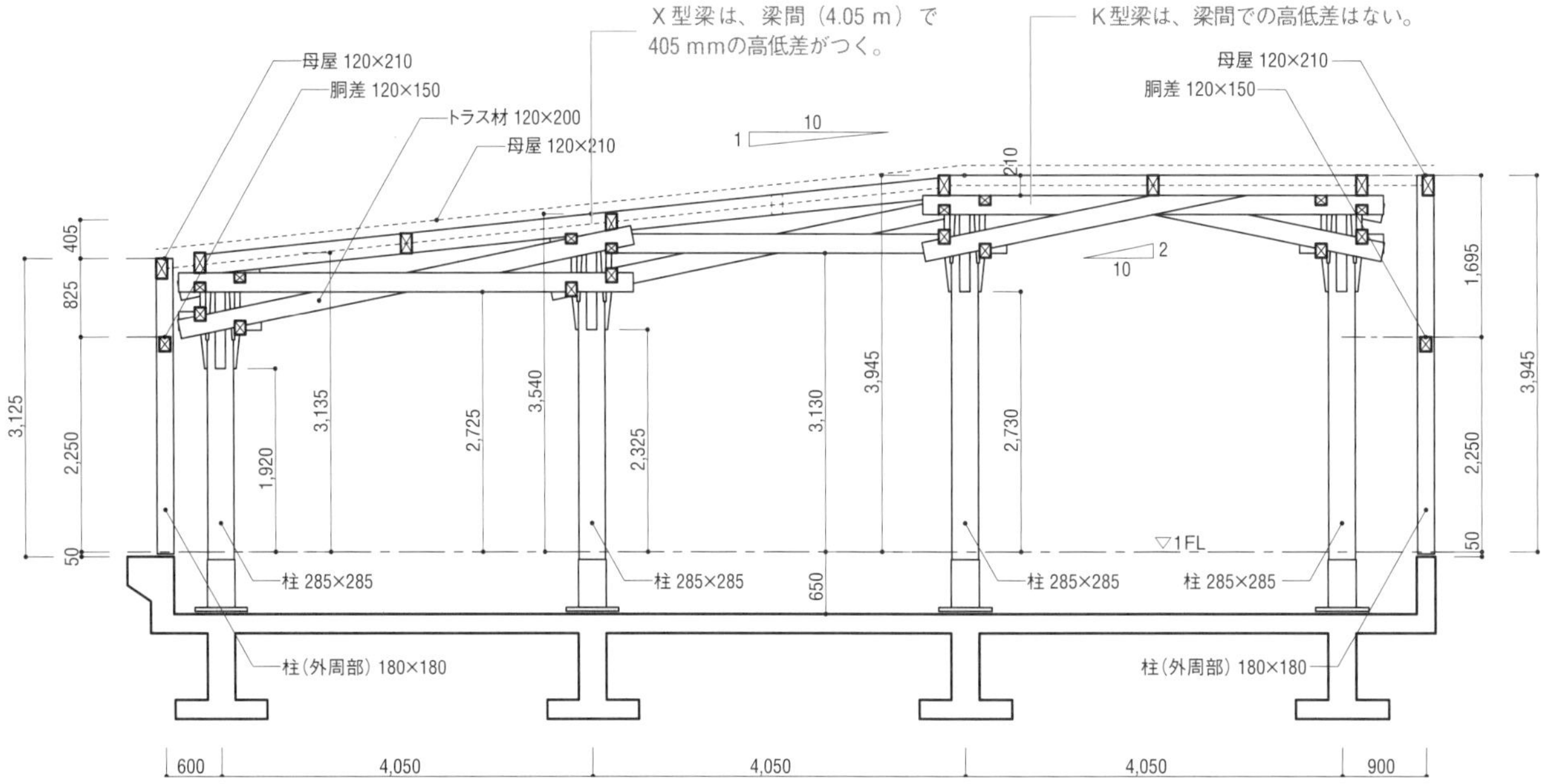
X型梁は、梁間（4.05 m）で
405 mmの高低差がつく。
K型梁は、梁間での高低差はない。
母屋 120×210
胴差 120×150
トラス材 120×200
母屋 120×210
母屋 120×210
胴差 120×150
1
10
2
10
210
405
825
3,125
2,250
50
1,920
3,135
2,725
3,540
2,325
3,130
3,945
2,730
1,695
3,945
2,250
50
▽1FL
650
柱 285×285
柱 285×285
柱 285×285
柱 285×285
柱（外周部）180×180
柱（外周部）180×180
600
4,050
4,050
4,050
900

「草屋根」は、「K型＝水平（勾配なし）」と「X型＝1/10勾配」の2種類の梁によって構成される。これがXY2軸方向に展開するため、グリッドを構成する4点の高さにより「片流れ」か「HP曲面」ができる。各点の高さ設定により、X型かK型かが決まる。

木軸図 | S=1/100

卍形に組まれる梁は相欠きで接合しているため余長がでる。この余長を納めるために外壁芯と柱芯は60cm離れている。

窓の上部にはコールテン鋼の霧除け庇を取り付けている。1m跳ね出す庇を支えるために桁梁から丸鋼で支えている。

柱は地中梁に緊結して柱脚を剛接合としている。

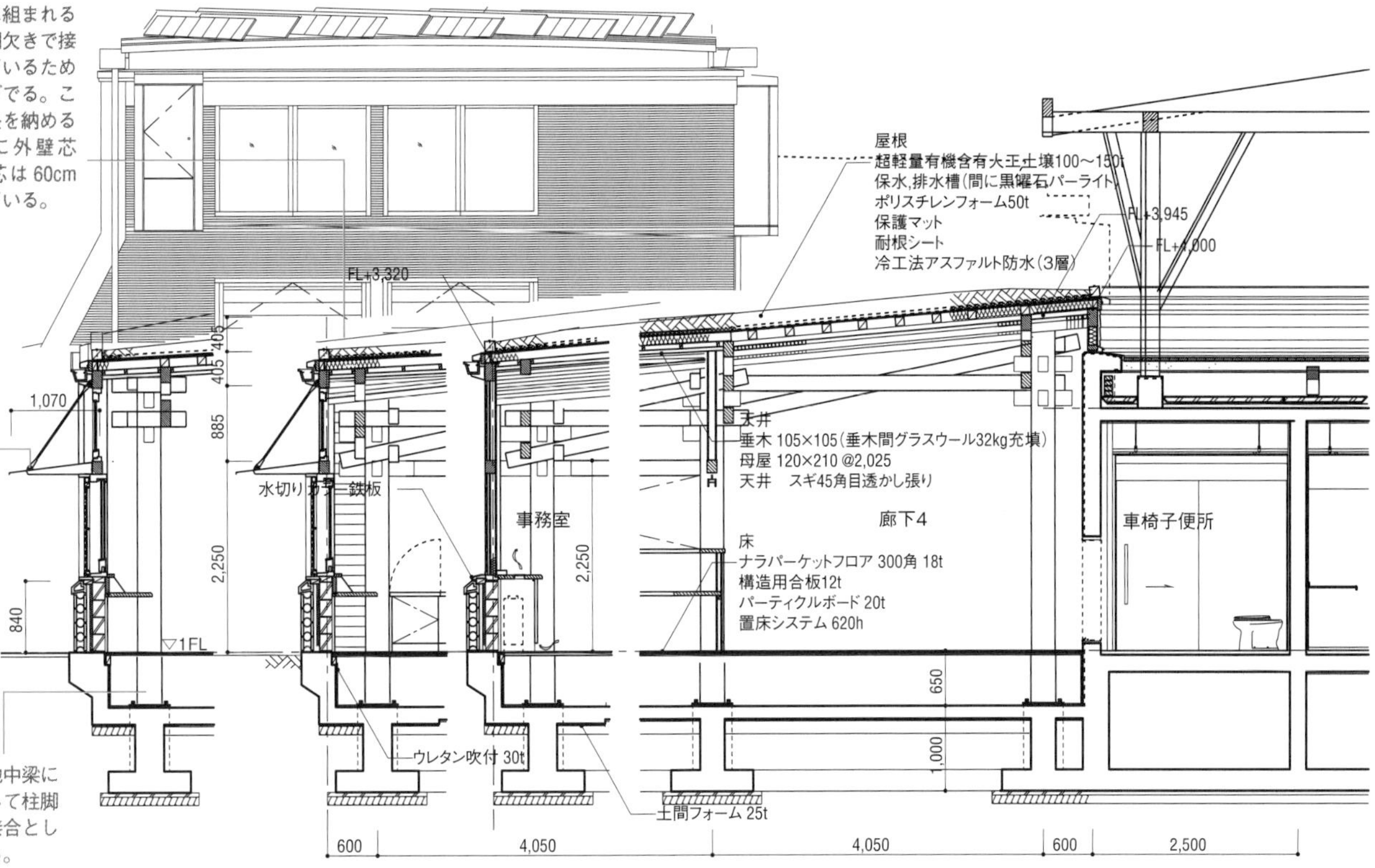
屋根
超軽量有機含有人工土壌100〜150t
保水,排水槽(間に黒曜石パーライト)
ポリスチレンフォーム50t
保護マット
耐根シート
冷工法アスファルト防水(3層)
FL+3,945
FL+4,000
FL+3,320
1,070
405
405
885
2,250
840
▽1FL
水切りカラー鉄板
事務室
2,250
天井
垂木 105×105(垂木間グラスウール32kg充填)
母屋 120×210 @2,025
天井　スギ45角目透かし張り
廊下4
床
ナラパーケットフロア 300角 18t
構造用合板12t
パーティクルボード 20t
置床システム 620h
車椅子便所
650
1,000
ウレタン吹付 30t
土間フォーム 25t
600
4,050
4,050
600
2,500

矩計図 S=1/100

土が流れるのを防ぐための土留め材。下部は水が通るようにパッキンでスリットを設けている。

コールテン鋼で軒先のカバーをつくり45角のスギ材を目透かし張りで張り、緑化屋根から流れてきた雨水を樋に流している。

緑化屋根の部分の天井はうねる天井を表すために、面材ではなく、細い材(スギ45角)を目透かし張りしている。

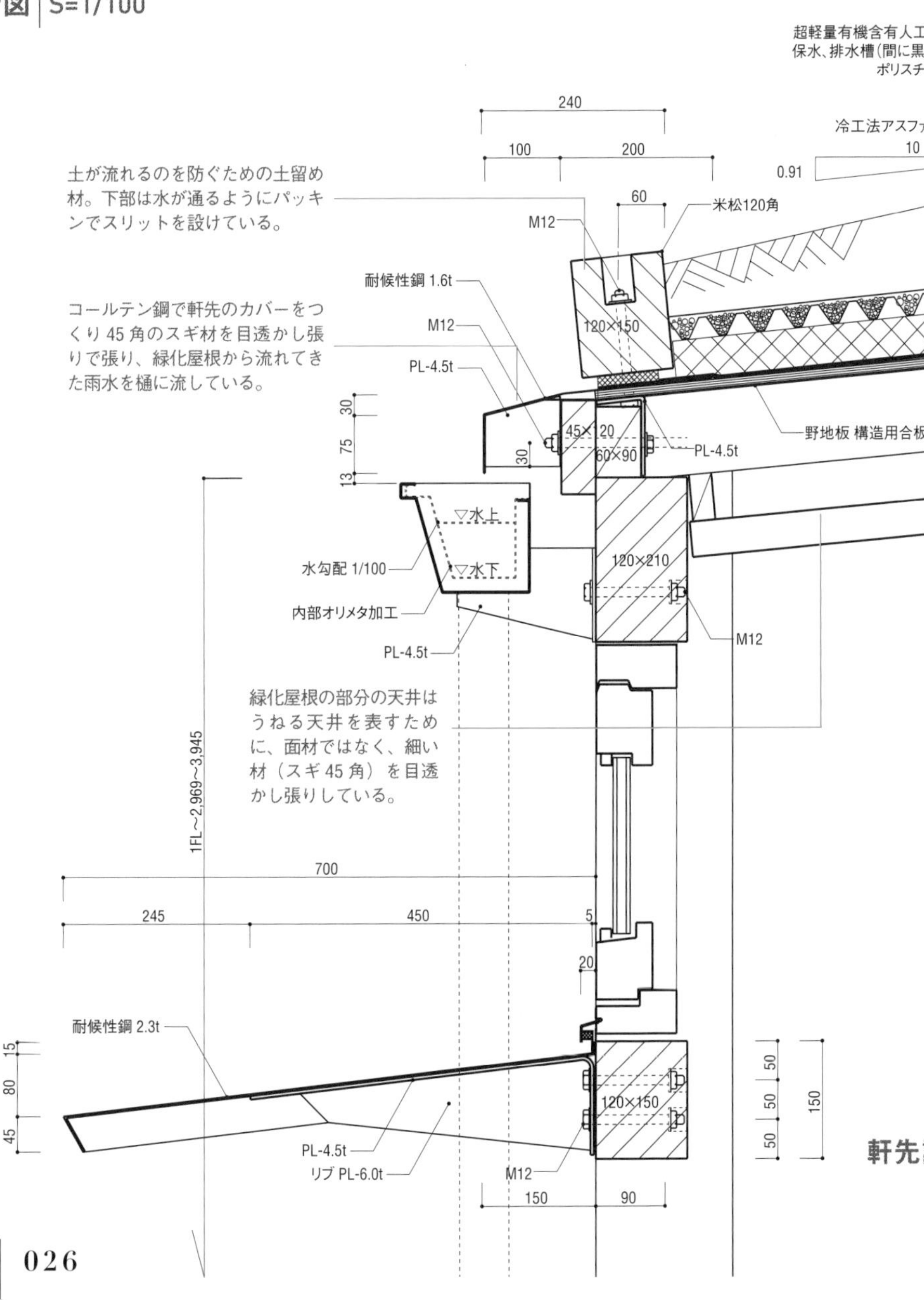
屋根
超軽量有機含有人工土壌100〜150t
保水、排水槽(間に黒曜石パーライト)
ポリスチレンフォーム 50t
保護マット
耐根シート
冷工法アスファルト防水(3層)
240
100
200
10
0.91
60
M12
米松120角
耐候性鋼 1.6t
120×150
M12
PL-4.5t
野地板 構造用合板12t
30
75
13
30
45×120
60×90
PL-4.5t
▽水上
▽水下
水勾配 1/100
120×210
内部オリメタ加工
M12
PL-4.5t
1FL〜2,969〜3,945
700
245
450
5
20
耐候性鋼 2.3t
15
80
45
120×150
PL-4.5t
リブ PL-6.0t
M12
150
90
50
50
50
150

軒先詳細図 S=1/10

「草屋根」の土壌厚は100mm程度のため樹木は根を張ることができない。そこで草花のみが繁茂することを想定した。当初は軽量土の飛散や流出を抑えるため芝生を張ったが、次第に公園の植生が侵食し四季折々の草花が茂るようになった。

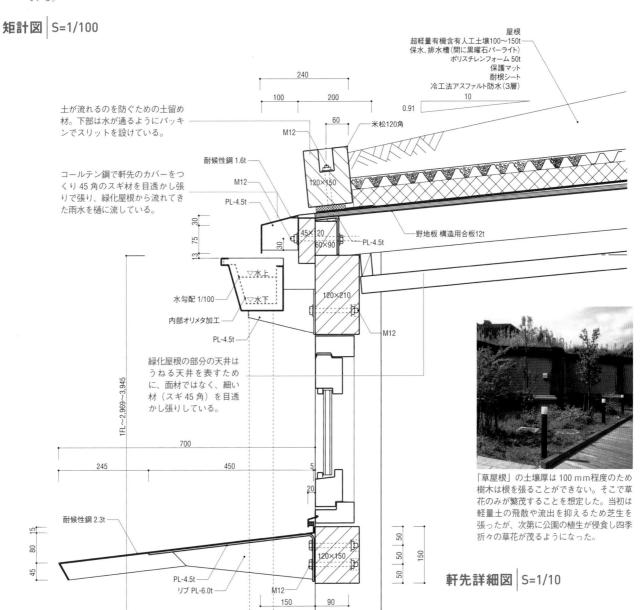

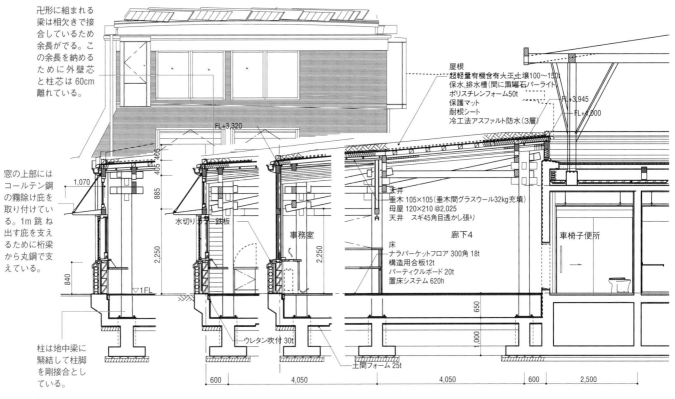

構造からみた野沢建築①

稲山正弘

1996年に設計した「いわむらかずお絵本の丘美術館」以来、木造架構における野沢さんとのコラボレーションが続いている。あえて構造屋からの主観でいわせていただくと、建築デザイン手法における普遍性や社会性といったものはテクノロジーの裏付けによって獲得できる、というスタンスが野沢さんと共通しているのだと思う。野沢さん自身、建築家であると共に環境技術のエンジニアであるため、空間の要求条件に対する技術的回答としての架構形式を、建築デザインを特徴づける構成要素としてストレートに表現するのだ。以下に、そうして生み出されてきた代表的な架構形式を挙げる。

①相欠きトラス・・・接合金物に頼らずに標準的な断面の部材だけで大スパンをとばす。

②充腹梁式ラーメン・・・耐力壁のない開放的な空間を構造用合板等の一般的な材料だけでつくる。

③卍組・・・四方からの梁が一点に集中したり交差したりする架構において断面欠損や特殊な金物を回避するために卍方にずらして配置する。

長池公園自然館

長池公園自然館

いわむらかずお絵本の丘美術館

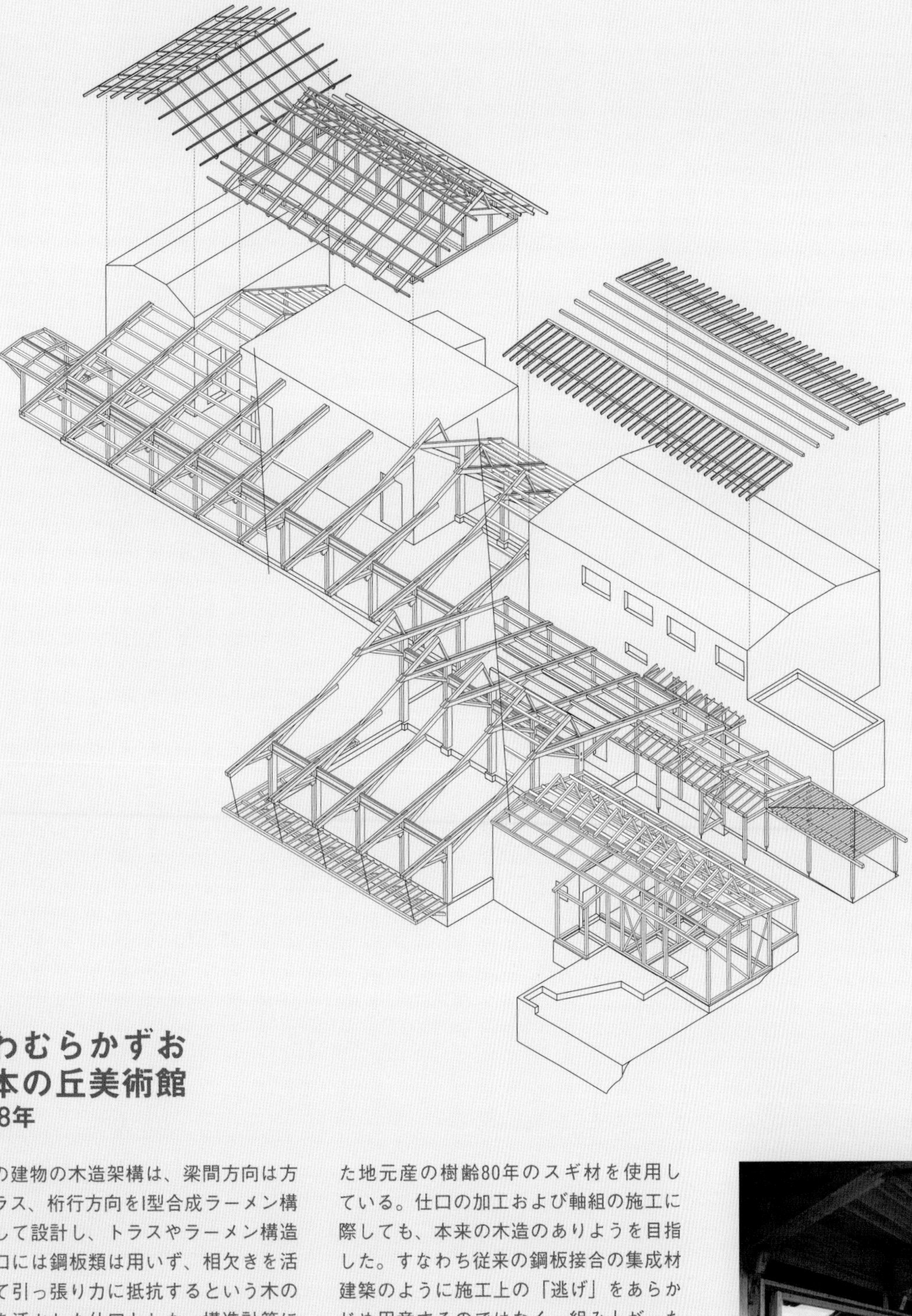

いわむらかずお
絵本の丘美術館
1998年

この建物の木造架構は、梁間方向は方杖トラス、桁行方向をI型合成ラーメン構造として設計し、トラスやラーメン構造の仕口には鋼板類は用いず、相欠きを活用して引っ張り力に抵抗するという木の特性を活かした仕口とした。構造計算においては、木材のめりこみ抵抗をばねとして計算に取り入れ、粘り強い耐震設計がされている。十分な粘り強さを確保するため、めりこみ降伏に達する前に相欠き仕口の余長がせん断破壊しないように、2倍の安全率を見込んで余長寸法を定めた。これにより柱から30cmくらいも突出せざるを得なくなったのだが、野沢氏は構造的必然から生じた形態という理由から、これをそのまま露出した意匠表現とした。構造材は、葉枯らしおよび燻蒸した地元産の樹齢80年のスギ材を使用している。仕口の加工および軸組の施工に際しても、本来の木造のありようを目指した。すなわち従来の鋼板接合の集成材建築のように施工上の「逃げ」をあらかじめ用意するのではなく、組み上がった時にゼロタッチできゅっと締まることではじめて力の釣り合いと剛性が確保される「締まりのいい仕事」を要求するものとした。きっちり組み上がるか否かは大工の腕次第である。担当した棟梁は仕口の図をみてこれを即座に理解したようで、現場で「こんな仕事は2度とやりたくない」といいつつも、上棟した時には紙の厚さも入らない精度で見事に組み上がった。

(「新建築」1998年9月号より)

粘り強さを確保するための余長を露出させた架構

chapter
1-2
平面計画と
架構を連動させる

並列する長スパントラス架構

世田谷の教堂

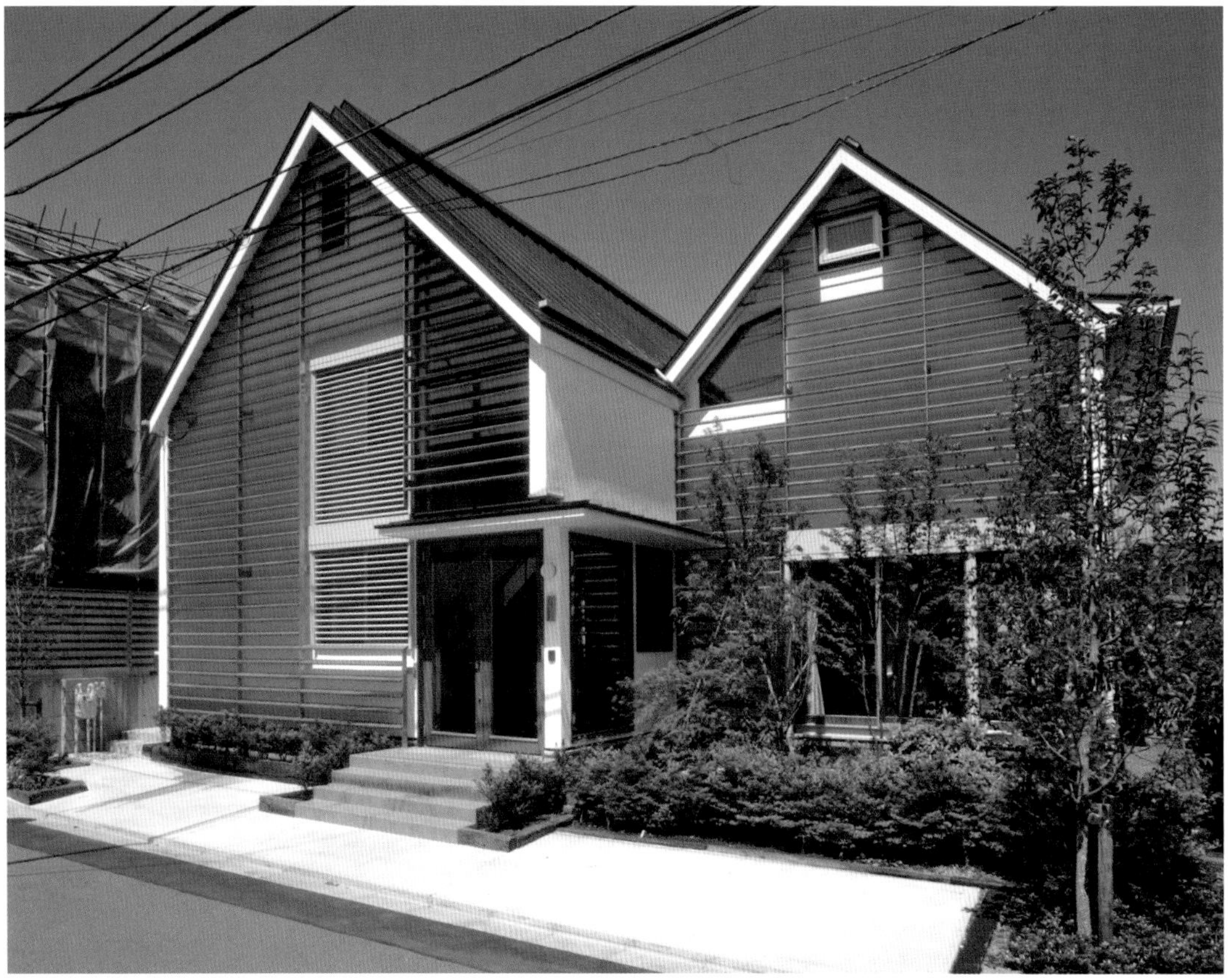

東西面の妻側の開口部には、壁面緑化のための木製ルーバーを備え、サッシ外側には日射遮蔽とプライバシー確保のために外付けブラインドを設置した。外壁は漆喰左官仕上げ、開口部にはトリプルガラスの木製サッシを用いて高い熱的性能を確保している。

東西に長い敷地条件をふまえ、2棟を並行に配置した連続性のあるムク製材による木造架構。できるだけ高さを抑えつつ長スパンをとばせる架構を考える中で、2棟を直線状に配置する形となった。構造材はすべて強度の高いヒノキを用い、中小断面の材で構成する長スパン架構としている。屋根架構は、登り梁と交差梁とが1本―2本―1本―2本で嵌合し、断面欠損が少ないトラスによるフレームが連続している。架構の仕口はボルトではなくパネリードによって接合し、仕口周りをシンプルにしている。2階床は短辺方向に密に床梁を敷き並べて長スパンに対応した。

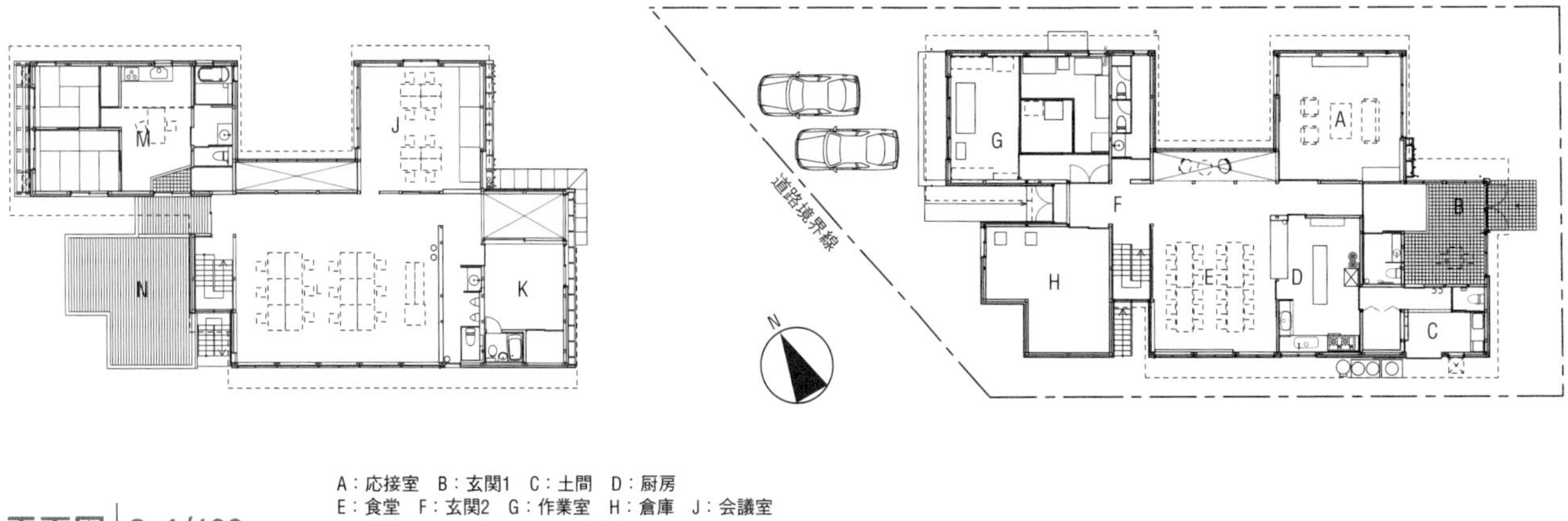

平面図｜S=1/400

A：応接室　B：玄関1　C：土間　D：厨房
E：食堂　F：玄関2　G：作業室　H：倉庫　J：会議室
K：宿泊室1　L：事務室　M：宿泊室2　N：屋上テラス

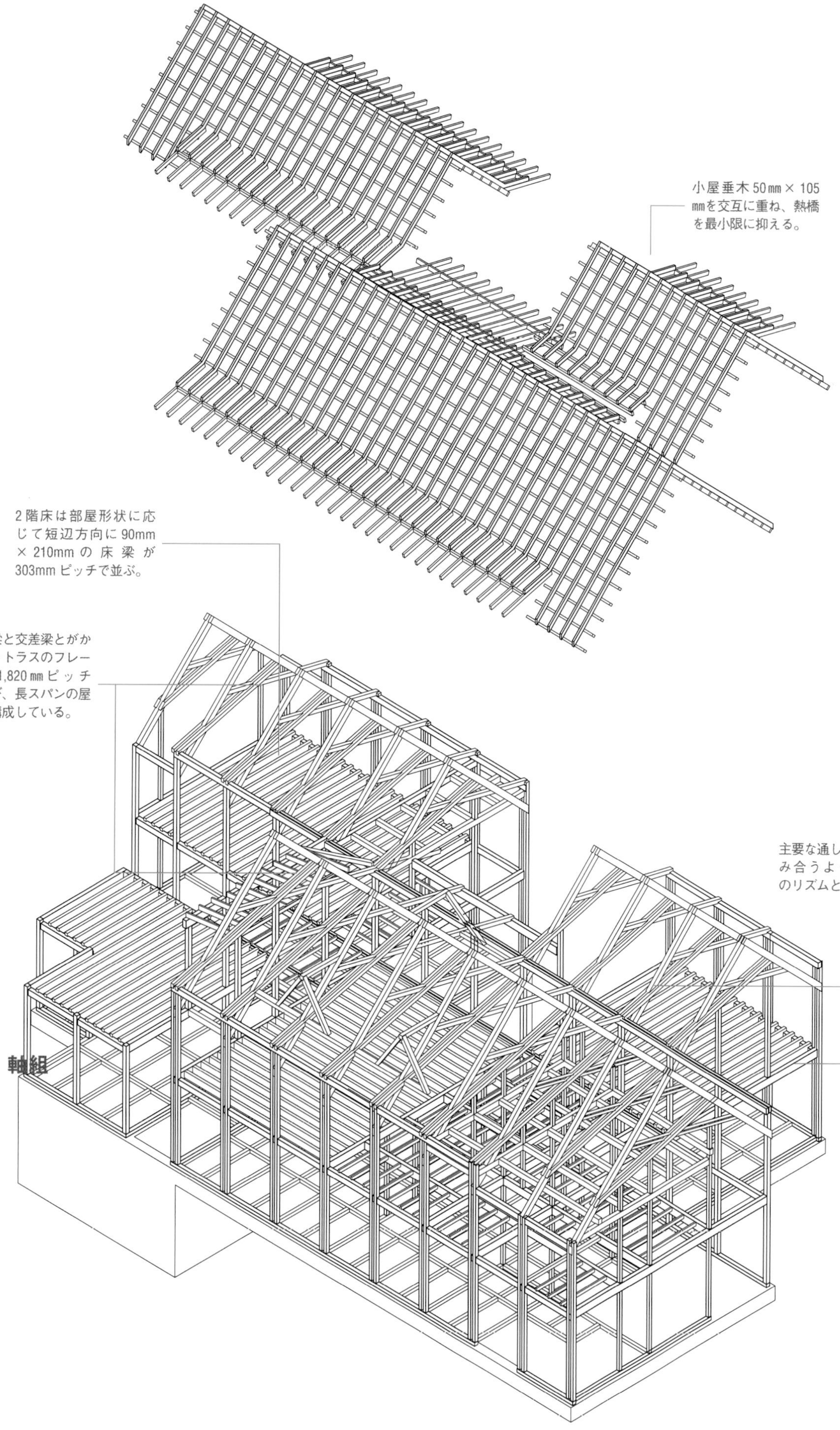
小屋垂木50㎜×105㎜を交互に重ね、熱橋を最小限に抑える。

2階床は部屋形状に応じて短辺方向に90mm×210mmの床梁が303mmピッチで並ぶ。

登り梁と交差梁とがかみ合うトラスのフレームが1,820㎜ピッチで並び、長スパンの屋根を構成している。

主要な通し柱は、梁にかみ合うよう2本－1本のリズムとしている。

軸組

（上）1階食堂から応接室を見る。引戸を開放すると整然と並ぶ2階床梁が見え、連続した空間になる。

（下）事務室内観。交差梁、登り梁、柱が1本ー2本とかみ合う。写真右側は吹き抜けとし、1、2階を空間的にも熱的にもつないでいる。壁は外張り断熱とし、室内側の柱、横胴縁をあらわしとし、柱の奥行を棚として活用できるようにした。

奥行のある事務スペースにはハイサイドライトを設けている。

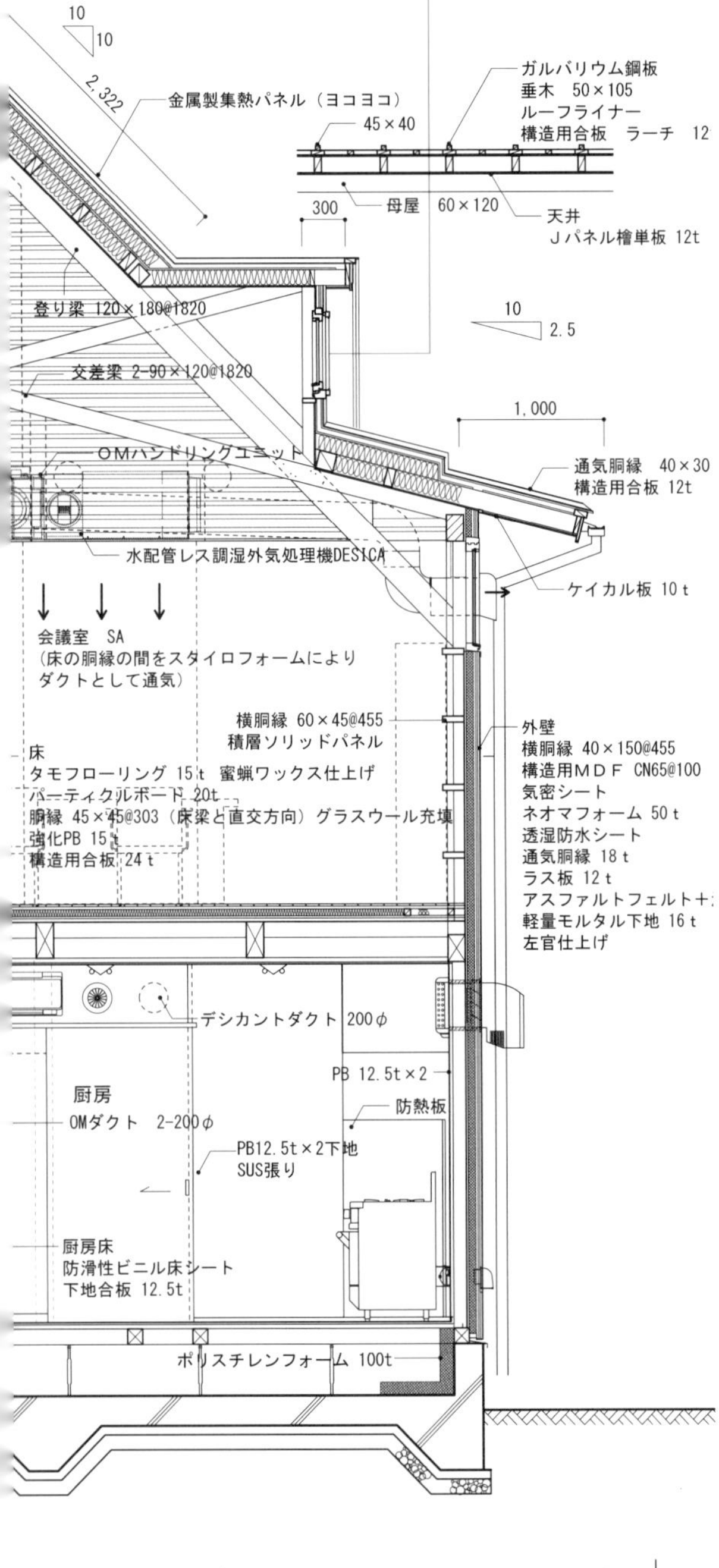

10
10
2,322
金属製集熱パネル（ヨコヨコ）
45×40
ガルバリウム鋼板
垂木　50×105
ルーフライナー
構造用合板　ラーチ　12
300
母屋　60×120
天井
Ｊパネル檜単板 12t
登り梁 120×180@1820
10
2.5
交差梁 2-90×120@1820
1,000
ＯＭハンドリングユニット
通気胴縁　40×30
構造用合板 12t
水配管レス調湿外気処理機DESICA
ケイカル板 10 t
会議室　SA
（床の胴縁の間をスタイロフォームにより
ダクトとして通気）
横胴縁　60×45@455
積層ソリッドパネル
床
タモフローリング 15 t　蜜蝋ワックス仕上げ
パーティクルボード 20t
胴縁 45×45@303（床梁と直交方向）グラスウール充填
強化PB 15 t
構造用合板 24 t
外壁
横胴縁 40×150@455
構造用ＭＤＦ CN65@100
気密シート
ネオマフォーム 50 t
透湿防水シート
通気胴縁 18 t
ラス板 12 t
アスファルトフェルト＋:
軽量モルタル下地 16 t
左官仕上げ
デシカントダクト 200φ
PB 12.5t×2
厨房
防熱板
OMダクト　2-200φ
PB12.5t×2下地
SUS張り
厨房床
防滑性ビニル床シート
下地合板 12.5t
ポリスチレンフォーム 100t

矩計図｜S=1/60

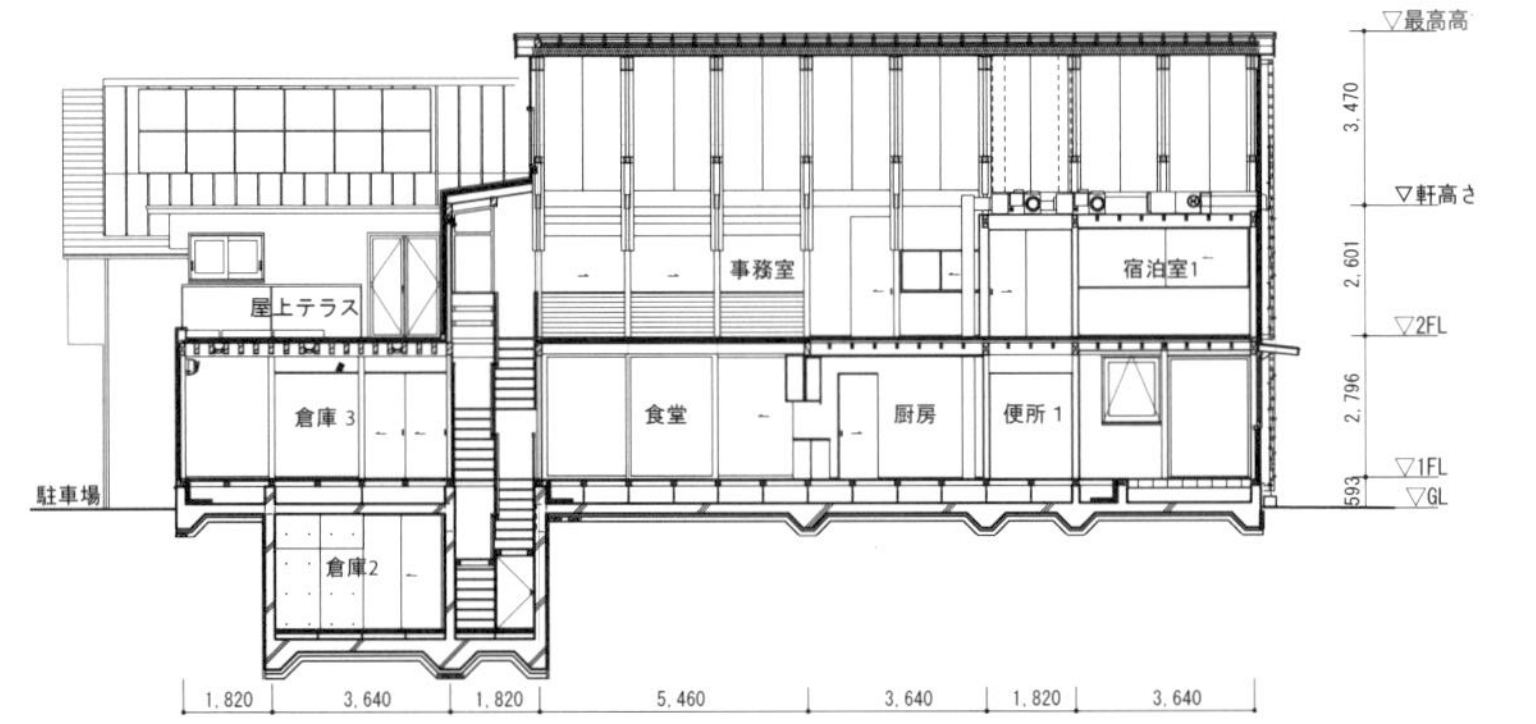

▽最高高
▽軒高さ
▽2FL
▽1FL
▽GL
3,470
2,601
2,796
593
事務室
宿泊室1
屋上テラス
倉庫 3
食堂
厨房
便所 1
駐車場
倉庫2
1,820
3,640
1,820
5,460
3,640
1,820
3,640

断面図｜S=1/300

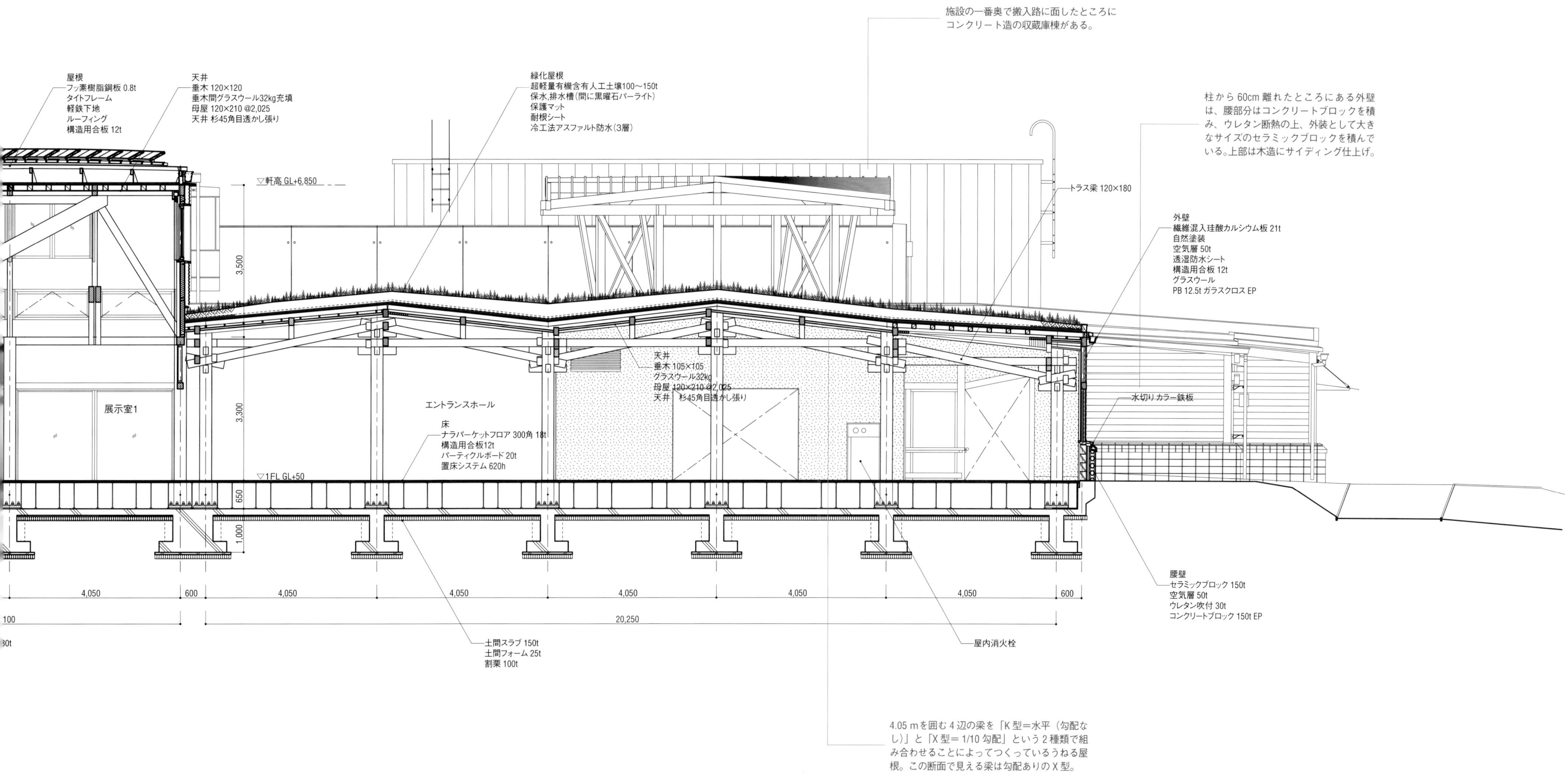
施設の一番奥で搬入路に面したところに
コンクリート造の収蔵庫棟がある。
屋根
フッ素樹脂鋼板 0.8t
タイトフレーム
軽鉄下地
ルーフィング
構造用合板 12t
天井
垂木 120×120
垂木間グラスウール32kg充填
母屋 120×210 @2,025
天井 杉45角目透かし張り
緑化屋根
超軽量有機含有人工土壌100～150t
保水,排水槽(間に黒曜石パーライト)
保護マット
耐根シート
冷工法アスファルト防水(3層)
柱から 60cm 離れたところにある外壁
は、腰部分はコンクリートブロックを積
み、ウレタン断熱の上、外装として大き
なサイズのセラミックブロックを積んで
いる。上部は木造にサイディング仕上げ。
▽軒高 GL+6,850
トラス梁 120×180
外壁
繊維混入珪酸カルシウム板 21t
自然塗装
空気層 50t
透湿防水シート
構造用合板 12t
グラスウール
PB 12.5t ガラスクロス EP
3,500
天井
垂木 105×105
グラスウール32kg
母屋 120×210 @2,025
天井　杉45角目透かし張り
展示室1
エントランスホール
3,300
床
ナラパーケットフロア 300角 18t
構造用合板12t
パーティクルボード 20t
置床システム 620h
水切りカラー鉄板
▽1FL GL+50
650
1,000
4,050
600
4,050
4,050
4,050
4,050
4,050
600
100
20,250
30t
土間スラブ 150t
土間フォーム 25t
割栗 100t
屋内消火栓
腰壁
セラミックブロック 150t
空気層 50t
ウレタン吹付 30t
コンクリートブロック 150t EP
4.05 mを囲む 4 辺の梁を「K 型＝水平（勾配な
し）」と「X 型＝ 1/10 勾配」という 2 種類で組
み合わせることによってつくっているうねる屋
根。この断面で見える梁は勾配ありの X 型。

矩計図 | S=1/100

chapter

1-2

平面計画と
架構を
連動させる

クラスター状に展開する架構

長池公園自然館

展示室１の室内から中庭越しに廊下を見る。展示室１は中庭があることで３面に開口部を有する開放的な空間になっている。自然光の中で長池周辺の植生や生き物などの紹介や農具が展示され、ワークショップなども行われている。

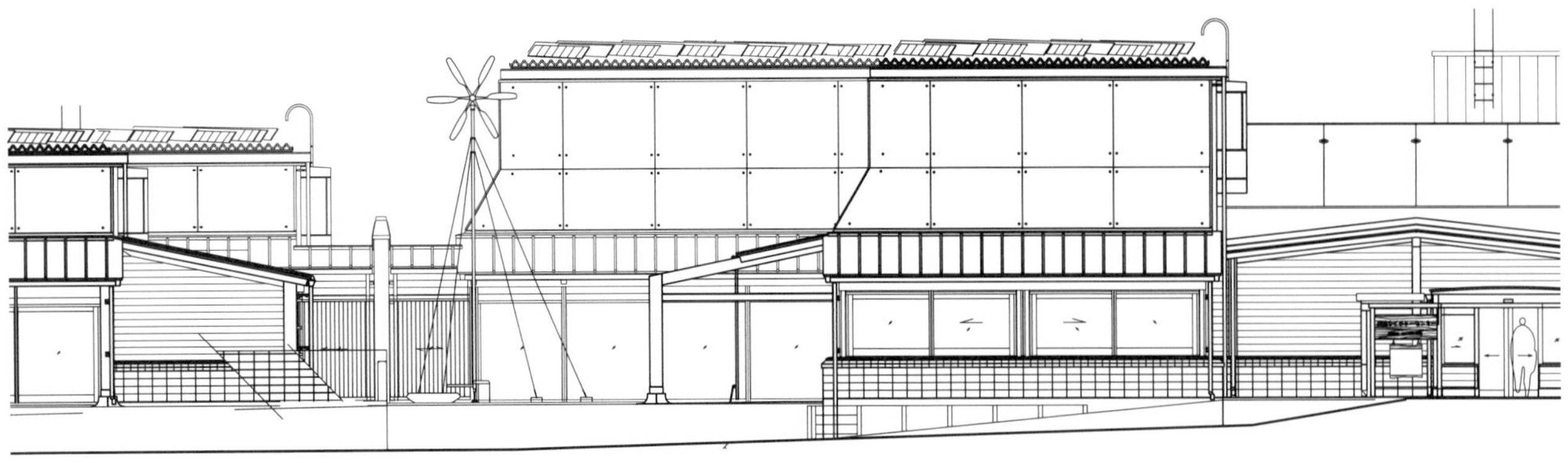

展示室1南立面図 | S=1/200

西側外観。北棟には太陽光発電パネル、南棟には太陽熱集熱パネルを設置している。

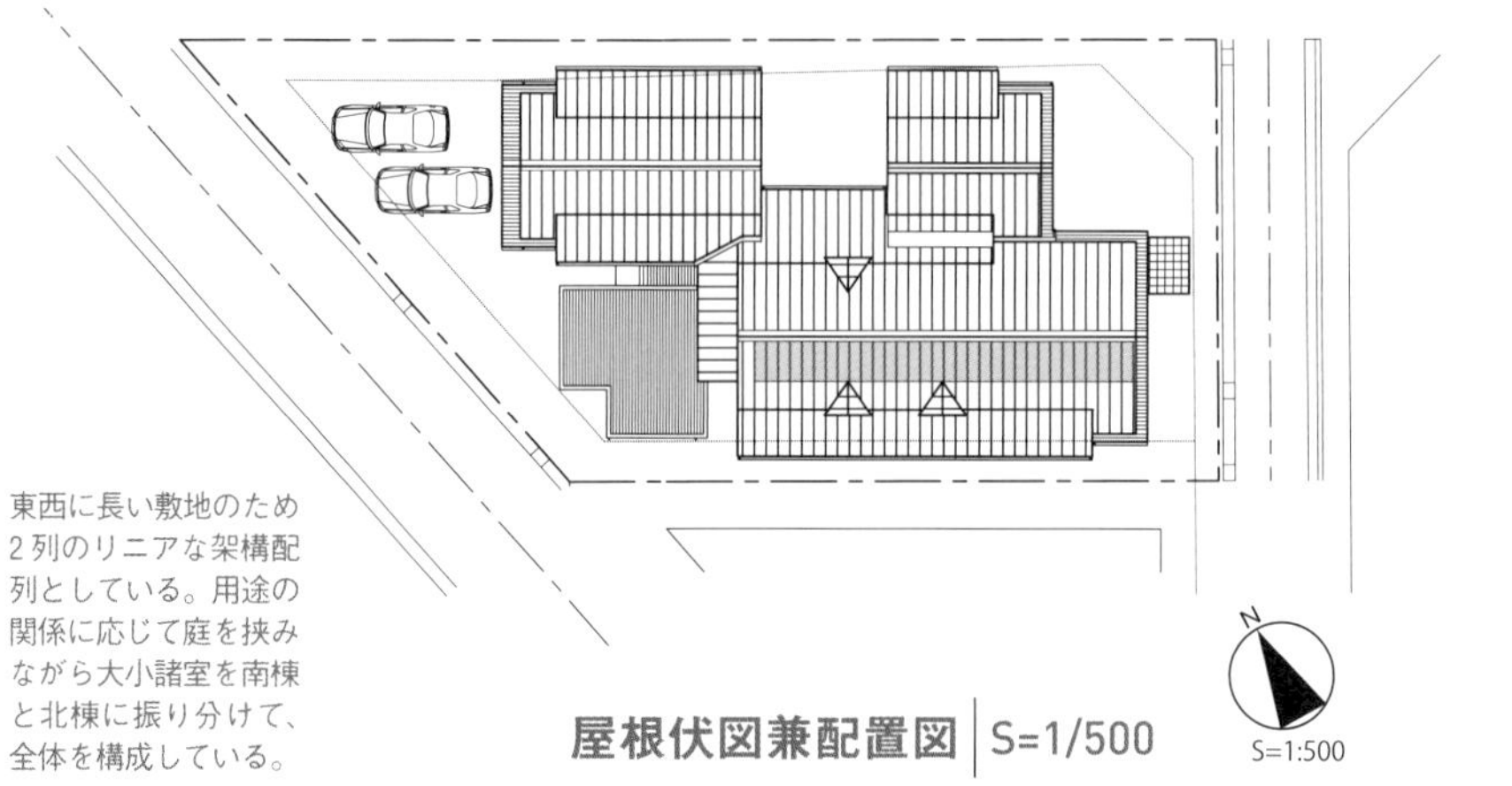

N
S=1:500

東西に長い敷地のため2列のリニアな架構配列としている。用途の関係に応じて庭を挟みながら大小諸室を南棟と北棟に振り分けて、全体を構成している。

屋根伏図兼配置図 | S=1/500

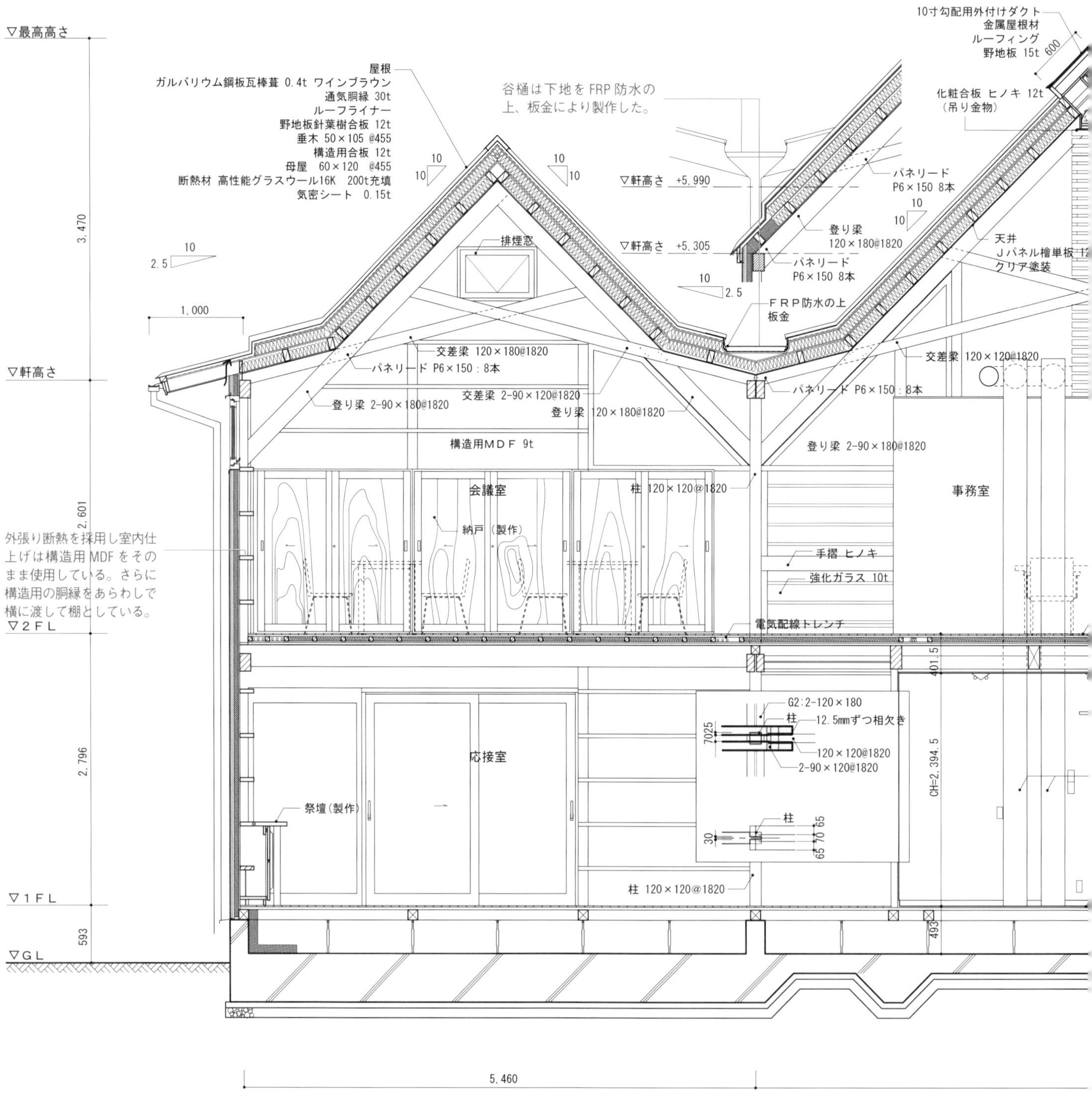

▽最高高さ
屋根
ガルバリウム鋼板瓦棒葺 0.4t ワインブラウン
通気胴縁 30t
ルーフライナー
野地板針葉樹合板 12t
垂木 50×105 @455
構造用合板 12t
母屋 60×120 @455
断熱材 高性能グラスウール16K 200t充填
気密シート 0.15t
谷樋は下地をFRP防水の上、板金により製作した。
10寸勾配用外付けダクト
金属屋根材
ルーフィング
野地板 15t
600
化粧合板 ヒノキ 12t
（吊り金物）
▽軒高さ +5,990
▽軒高さ +5,305
パネリード P6×150 8本
登り梁 120×180@1820
パネリード P6×150 8本
天井
Jパネル檜単板
クリア塗装
FRP防水の上
板金
3,470
2.5
10
1,000
排煙窓
▽軒高さ
交差梁 120×180@1820
パネリード P6×150：8本
交差梁 2-90×120@1820
登り梁 2-90×180@1820
登り梁 120×180@1820
交差梁 120×120@1820
パネリード P6×150：8本
構造用MDF 9t
登り梁 2-90×180@1820
会議室
柱 120×120@1820
事務室
2,601
外張り断熱を採用し室内仕上げは構造用MDFをそのまま使用している。さらに構造用の胴縁をあらわしで横に渡して棚としている。
納戸（製作）
手摺 ヒノキ
強化ガラス 10t
▽2FL
電気配線トレンチ
401.5
G2:2-120×180
柱
12.5mmずつ相欠き
7025
120×120@1820
2-90×120@1820
2,796
応接室
CH=2,394.5
祭壇（製作）
柱
30
65
70
65
柱 120×120@1820
▽1FL
593
493
▽GL
5,460

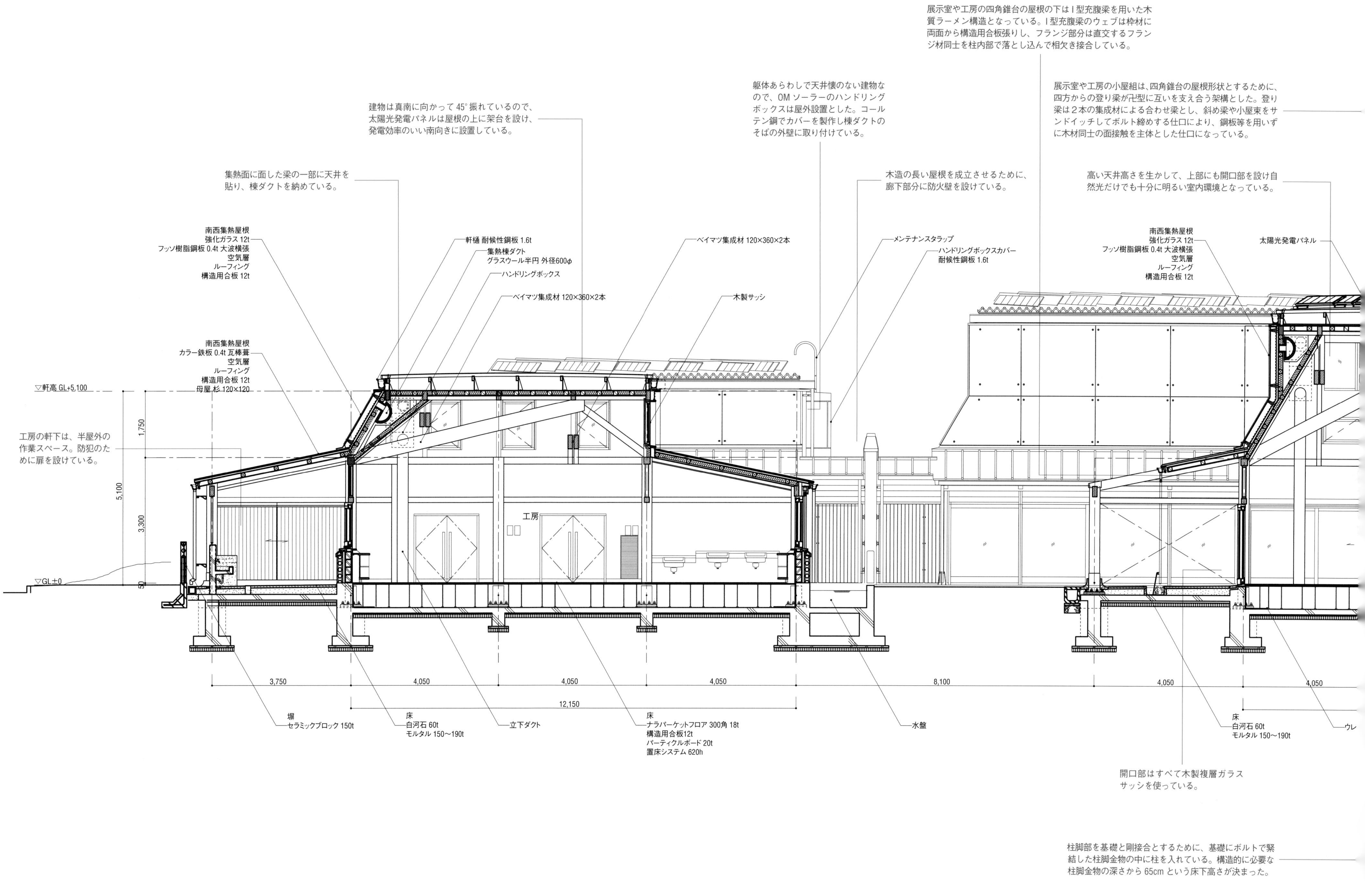
展示室や工房の四角錐台の屋根の下はI型充腹梁を用いた木質ラーメン構造となっている。I型充腹梁のウェブは枠材に両面から構造用合板張りし、フランジ部分は直交するフランジ材同士を柱内部で落とし込んで相欠き接合している。
躯体あらわしで天井懐のない建物なので、OMソーラーのハンドリングボックスは屋外設置とした。コールテン鋼でカバーを製作し棟ダクトのそばの外壁に取り付けている。
展示室や工房の小屋組は、四角錐台の屋根形状とするために、四方からの登り梁が卍型に互いを支え合う架構とした。登り梁は2本の集成材による合わせ梁とし、斜め梁や小屋束をサンドイッチしてボルト締めする仕口により、鋼板等を用いずに木材同士の面接触を主体とした仕口になっている。
建物は真南に向かって45°振れているので、太陽光発電パネルは屋根の上に架台を設け、発電効率のいい南向きに設置している。
集熱面に面した梁の一部に天井を貼り、棟ダクトを納めている。
木造の長い屋根を成立させるために、廊下部分に防火壁を設けている。
高い天井高さを生かして、上部にも開口部を設け自然光だけでも十分に明るい室内環境となっている。
南西集熱屋根
強化ガラス 12t
フッソ樹脂鋼板 0.4t 大波横張
空気層
ルーフィング
構造用合板 12t
軒樋 耐候性鋼板 1.6t
集熱棟ダクト
グラスウール半円 外径600φ
ハンドリングボックス
ベイマツ集成材 120×360×2本
ベイマツ集成材 120×360×2本
木製サッシ
メンテナンスタラップ
ハンドリングボックスカバー
耐候性鋼板 1.6t
南西集熱屋根
強化ガラス 12t
フッソ樹脂鋼板 0.4t 大波横張
空気層
ルーフィング
構造用合板 12t
太陽光発電パネル
南西集熱屋根
カラー鉄板 0.4t 瓦棒葺
空気層
ルーフィング
構造用合板 12t
母屋 杉 120×120
▽軒高 GL+5,100
1,750
5,100
3,300
50
▽GL±0
工房の軒下は、半屋外の作業スペース。防犯のために扉を設けている。
工房
3,750
4,050
4,050
4,050
8,100
4,050
4,050
12,150
塀
セラミックブロック 150t
床
白河石 60t
モルタル 150〜190t
立下ダクト
床
ナラパーケットフロア 300角 18t
構造用合板12t
パーティクルボード 20t
置床システム 620h
水盤
床
白河石 60t
モルタル 150〜190t
ウレ
開口部はすべて木製複層ガラスサッシを使っている。
柱脚部を基礎と剛接合とするために、基礎にボルトで緊結した柱脚金物の中に柱を入れている。構造的に必要な柱脚金物の深さから65cmという床下高さが決まった。

プレイルームのある西側の外観。

chapter

1-2

平面計画と架構を連動させる

中庭を囲む長スパン架構

バンビバイリンガル幼稚園

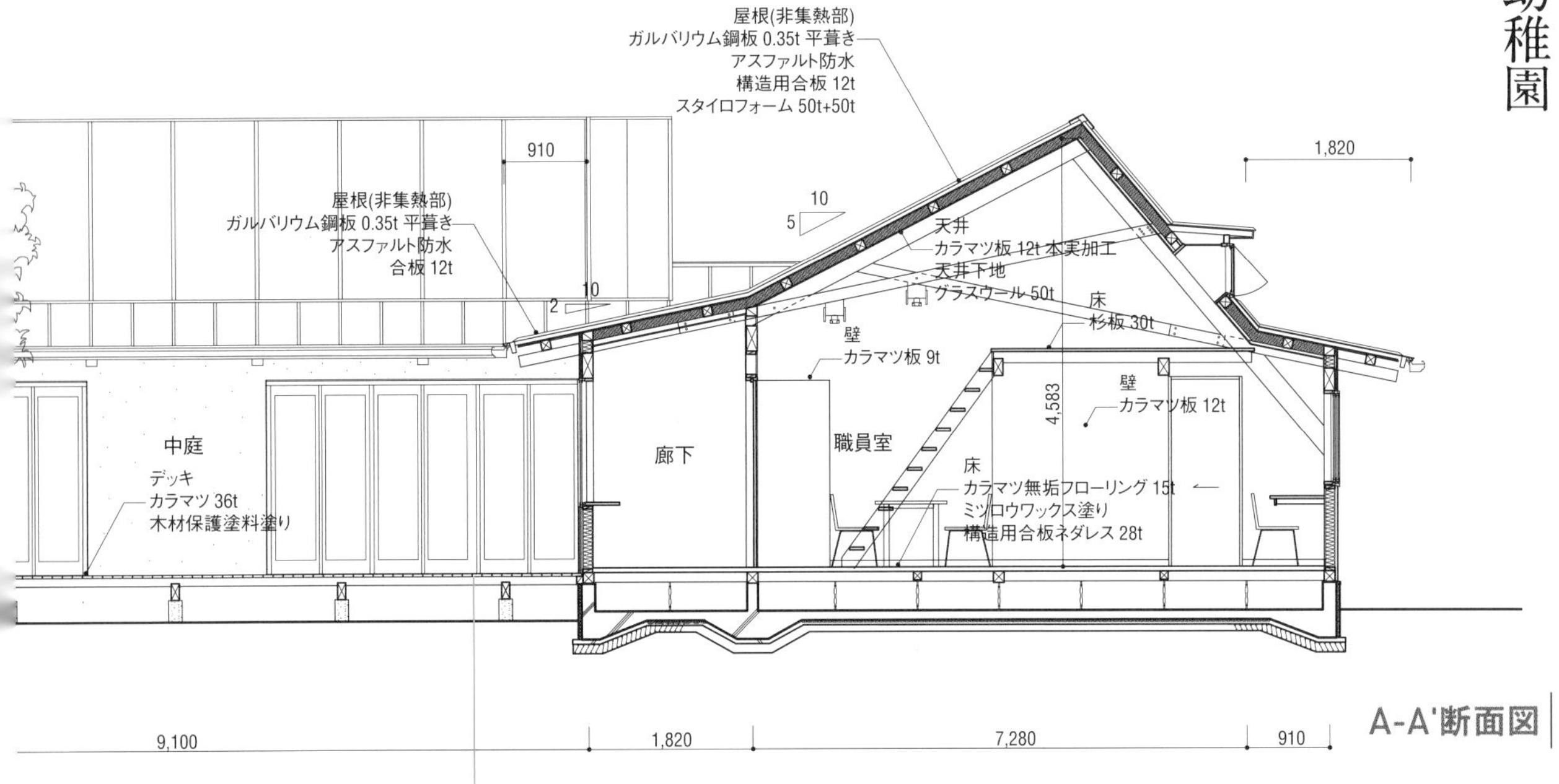

屋根(非集熱部)
ガルバリウム鋼板 0.35t 平葺き
アスファルト防水
構造用合板 12t
スタイロフォーム 50t+50t
910
1,820
屋根(非集熱部)
ガルバリウム鋼板 0.35t 平葺き
アスファルト防水
合板 12t
5
10
2
10
天井
カラマツ板 12t 本実加工
天井下地
グラスウール 50t
床
杉板 30t
壁
カラマツ板 9t
4,583
壁
カラマツ板 12t
中庭
デッキ
カラマツ 36t
木材保護塗料塗り
廊下
職員室
床
カラマツ無垢フローリング 15t
ミツロウワックス塗り
構造用合板ネダレス 28t
9,100
1,820
7,280
910
中庭の床は室内の床レベルと同レベルとし、
サッシを開けると室内と一体利用できる。

A-A'断面図 S=1/100

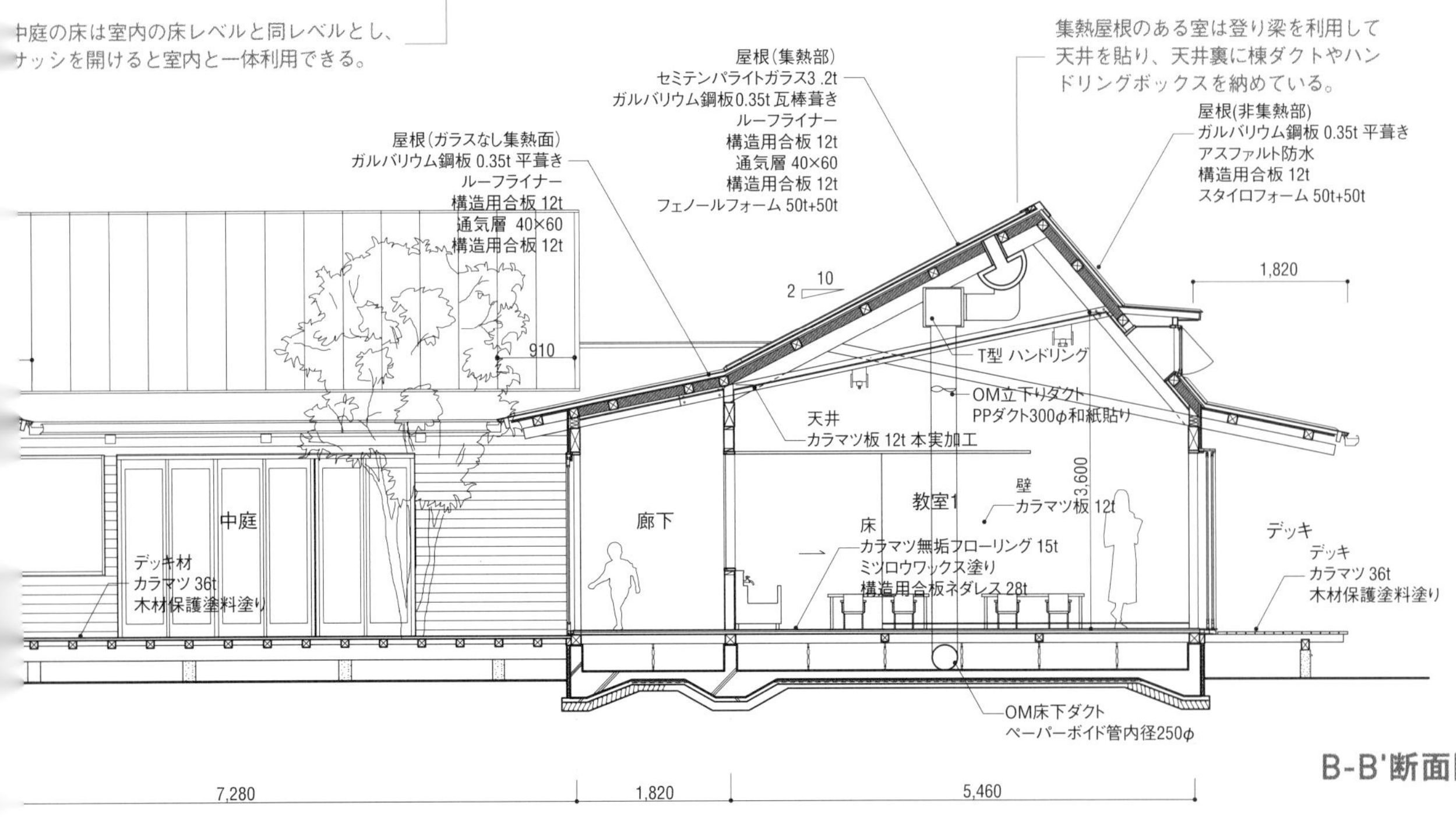

集熱屋根のある室は登り梁を利用して
天井を貼り、天井裏に棟ダクトやハン
ドリングボックスを納めている。
屋根(集熱部)
セミテンパライトガラス3 .2t
ガルバリウム鋼板0.35t 瓦棒葺き
ルーフライナー
構造用合板 12t
通気層 40×60
構造用合板 12t
フェノールフォーム 50t+50t
屋根(ガラスなし集熱面)
ガルバリウム鋼板 0.35t 平葺き
ルーフライナー
構造用合板 12t
通気層 40×60
構造用合板 12t
屋根(非集熱部)
ガルバリウム鋼板 0.35t 平葺き
アスファルト防水
構造用合板 12t
スタイロフォーム 50t+50t
2
10
1,820
910
T型 ハンドリング
OM立下りダクト
PPダクト300φ和紙貼り
天井
カラマツ板 12t 本実加工
3,600
壁
カラマツ板 12t
教室1
中庭
廊下
床
カラマツ無垢フローリング 15t
ミツロウワックス塗り
構造用合板ネダレス 28t
デッキ
デッキ
カラマツ 36t
木材保護塗料塗り
デッキ材
カラマツ 36t
木材保護塗料塗り
OM床下ダクト
ペーパーボイド管内径250φ
7,280
1,820
5,460

B-B'断面図 S=1/100

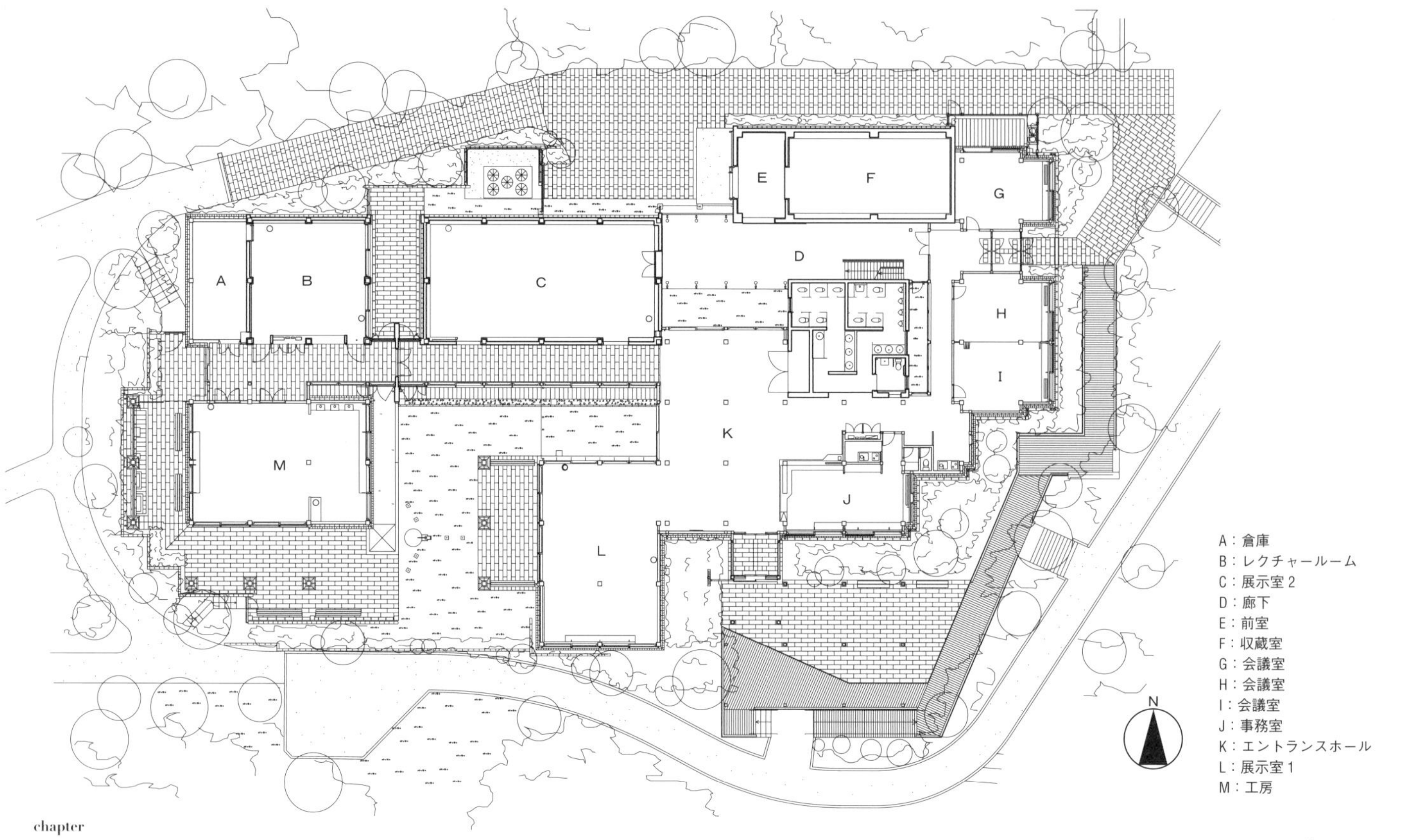

A
B
C
D
E
F
G
H
I
J
K
L
M
N
A：倉庫
B：レクチャールーム
C：展示室2
D：廊下
E：前室
F：収蔵室
G：会議室
H：会議室
I：会議室
J：事務室
K：エントランスホール
L：展示室1
M：工房

平面図兼配置図 S=1/500

既に整備が済んでいた園路に合わせて建物を配置するために、必要な機能と使い方の関係性を考慮しながら敷地内に棟を配置した。クラスター状に展開する架構によってできた囲み庭や中庭により、2面以上の開口面をとることができ、通風や自然採光に適した環境共生建築となった。

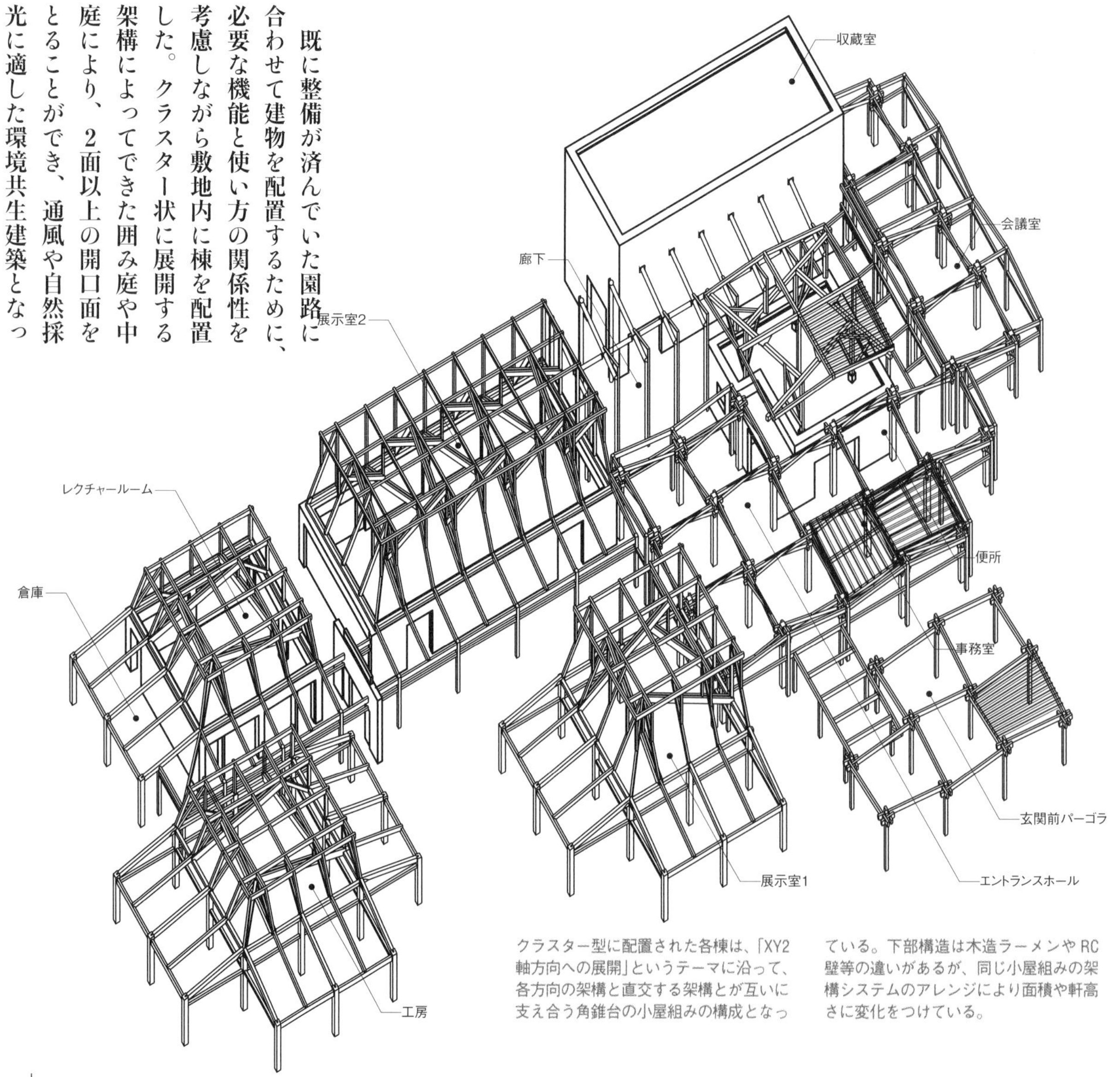

収蔵室
会議室
廊下
展示室2
レクチャールーム
便所
倉庫
事務室
玄関前パーゴラ
展示室1
エントランスホール
工房

クラスター型に配置された各棟は、「XY2軸方向への展開」というテーマに沿って、各方向の架構と直交する架構とが互いに支え合う角錐台の小屋組みの構成となっている。下部構造は木造ラーメンやRC壁等の違いがあるが、同じ小屋組みの架構システムのアレンジにより面積や軒高さに変化をつけている。

地元の山で育ったカラマツのムク材を使った園舎。子どもたちが安全に見守られるように中庭をつくり、その中庭を囲むように保育室をロの字型に配置している。保育室やプレイルームの屋根は同一のシステムの長スパン架構でありながら、集熱の有無などにより組み合わせを変えることで、それぞれ異なる架構となっている。室ごとに異なる天井形状によって子どもが今、どこにいるのか空間把握できるようになっている。幾重にも重なる屋根形状が背景の山並みと呼応している。

平面図｜S=1/400

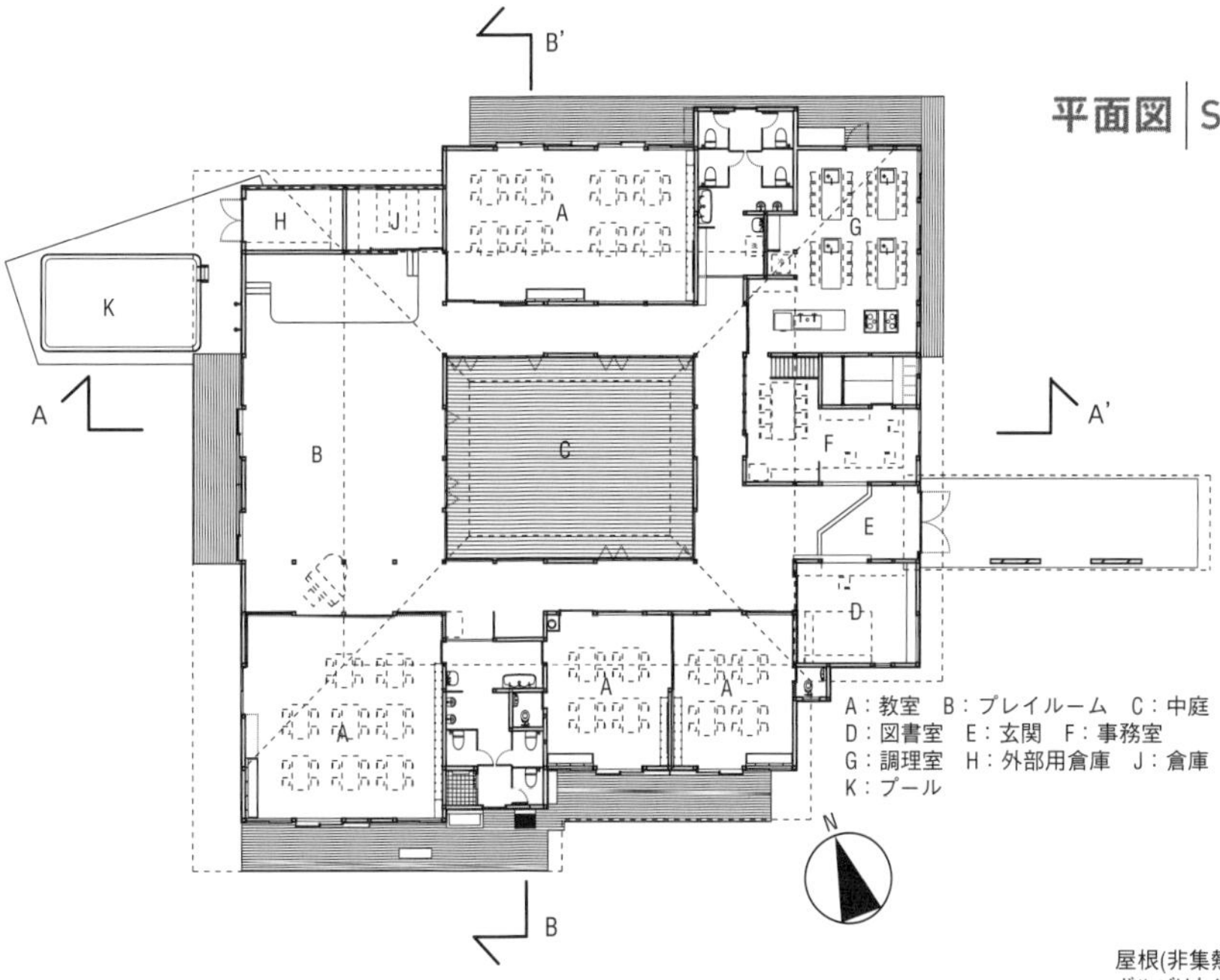
B'
A
A'
B
K
H
J
A
G
B
C
F
E
D
A
A
A
A：教室　B：プレイルーム　C：中庭
D：図書室　E：玄関　F：事務室
G：調理室　H：外部用倉庫　J：倉庫
K：プール
N

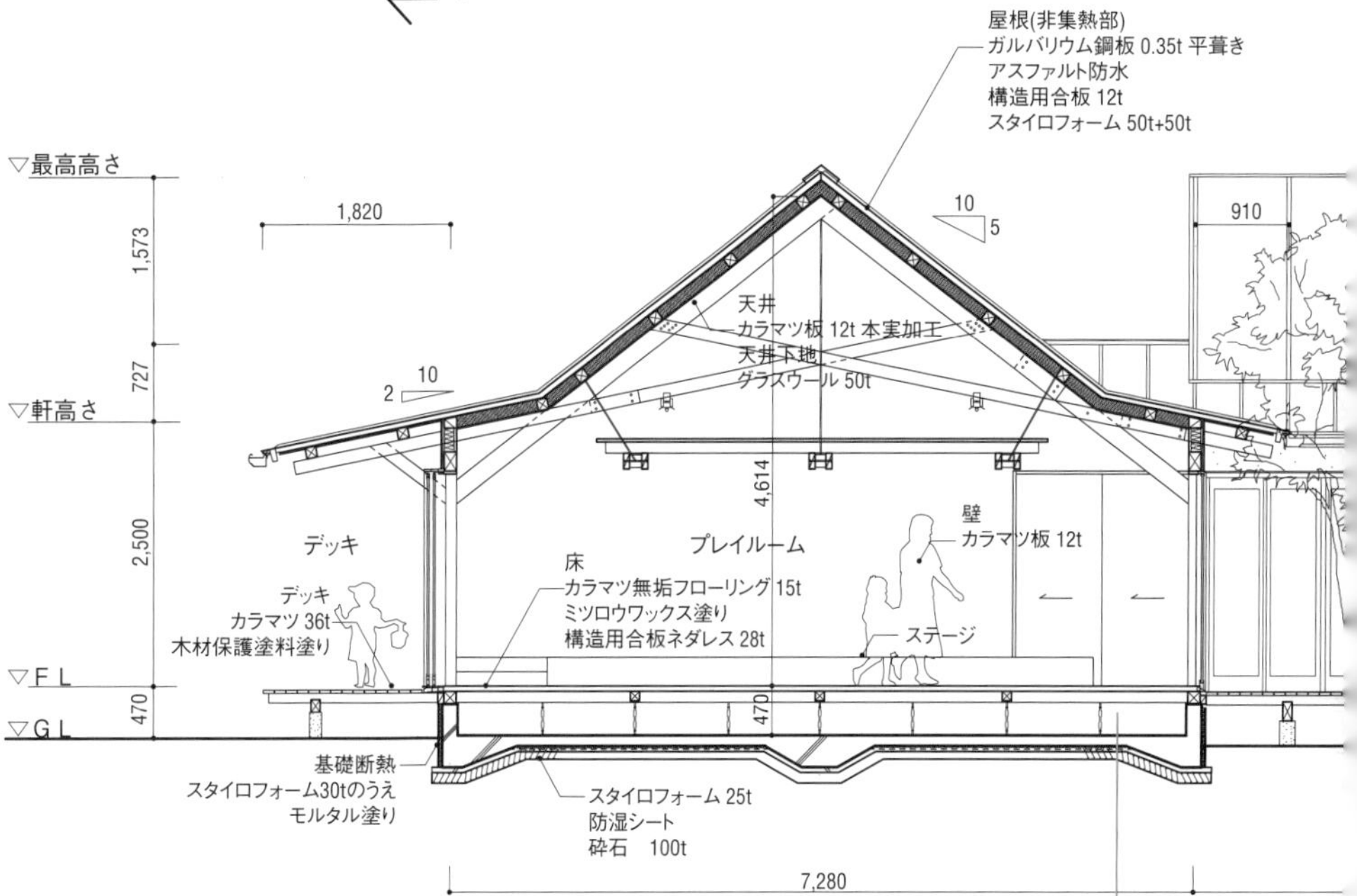
屋根(非集熱部)
ガルバリウム鋼板 0.35t 平葺き
アスファルト防水
構造用合板 12t
スタイロフォーム 50t+50t
▽最高高さ
▽軒高さ
▽ＦＬ
▽ＧＬ
1,573
727
2,500
470
1,820
910
10
5
2
10
天井
カラマツ板 12t 本実加工
天井下地
グラスウール 50t
4,614
デッキ
プレイルーム
壁
カラマツ板 12t
床
カラマツ無垢フローリング 15t
ミツロウワックス塗り
構造用合板ネダレス 28t
デッキ
カラマツ 36t
木材保護塗料塗り
ステージ
470
基礎断熱
スタイロフォーム30tのうえ
モルタル塗り
スタイロフォーム 25t
防湿シート
砕石　100t
7,280

基礎断熱を施した床下にOMソーラーシステムの暖気を送り込んでいる。背が低く床面近くで生活している園児にとって、室温はほどほどでありながらも冷たくない床のある快適な室内環境となっている。

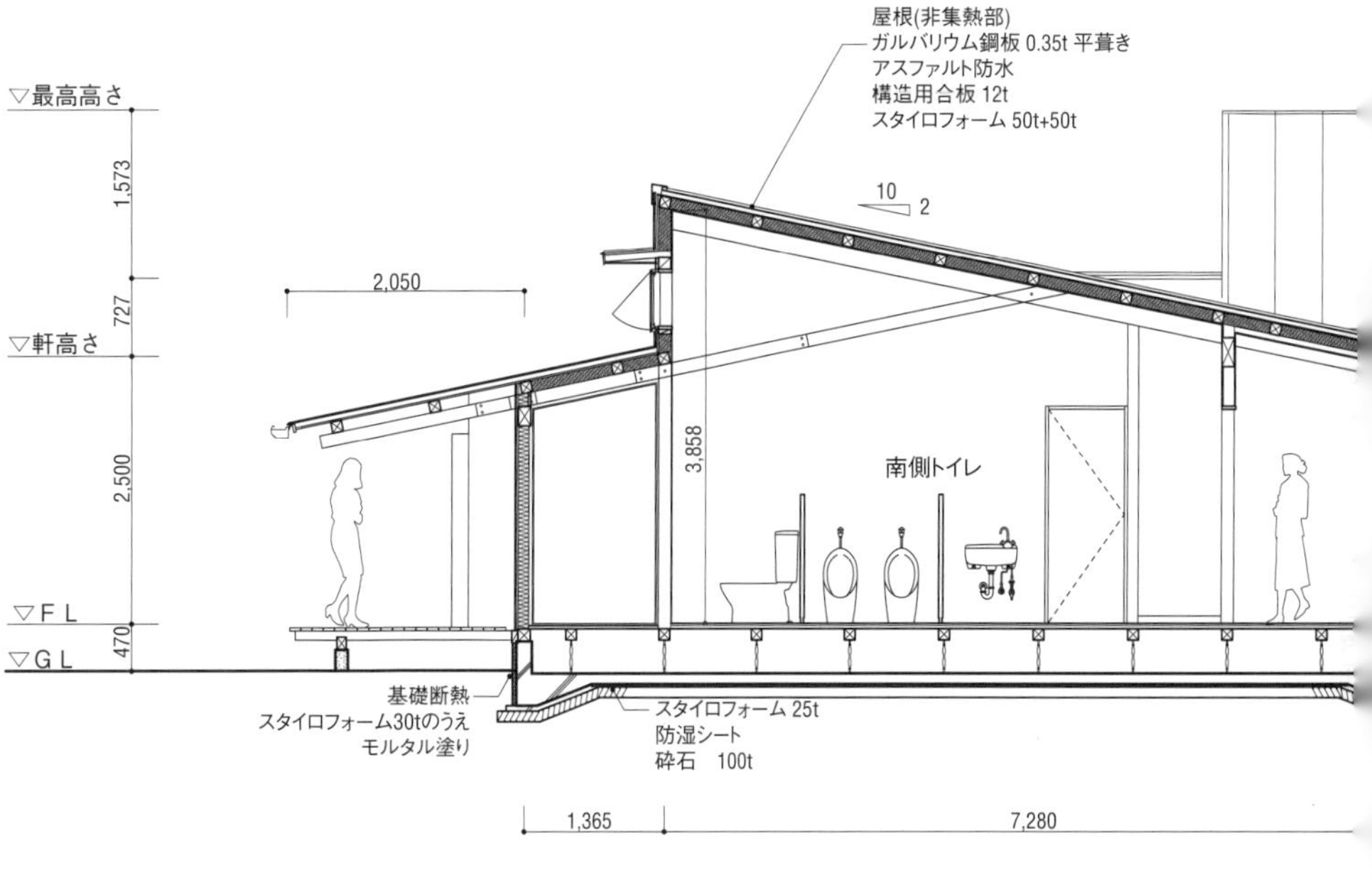
屋根(非集熱部)
ガルバリウム鋼板 0.35t 平葺き
アスファルト防水
構造用合板 12t
スタイロフォーム 50t+50t
▽最高高さ
▽軒高さ
▽ＦＬ
▽ＧＬ
1,573
727
2,500
470
10
2
2,050
3,858
南側トイレ
基礎断熱
スタイロフォーム30tのうえ
モルタル塗り
スタイロフォーム 25t
防湿シート
砕石　100t
1,365
7,280

(上) エントランスの長いキャノピーは土木で使われるボックスカルバートをサポートとして流用している。雨に濡れることなく送迎での乗り降りができる。
(中) プレイルーム内観。クロスする梁がつくる緩勾配と急勾配の小屋組は室内にそのまま見えている。
(下)中庭の中央にある１本の落葉樹。教員のゾーンから見渡すことができる中庭は、中と外がつながったもう１つのプレイルームとなっている。

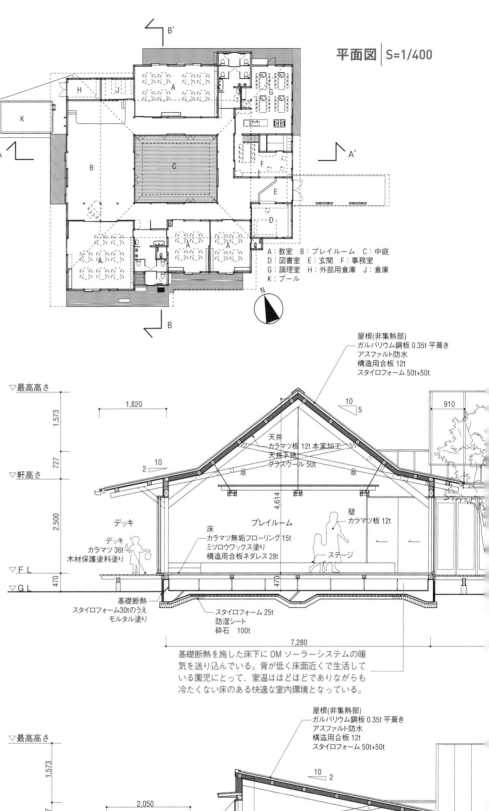

chapter

1-2

平面計画と
架構を
連動させる

最大限の間口を確保するスリムな鉄骨架構

うおがし銘茶銀座店「茶・銀座」

銀座、西五番街にある、間口3メートル強、奥行き15メートルほどの鉄骨2階建ての建物。日本茶の販売と喫茶のための店である。限られた敷地幅のなかで店舗として十分な幅員を確保するために、方立ほどの小断面の鉄骨柱を林立させる架構としている。スパンは、店で使用する茶箱が柱間にちょうど収まる寸法とした。

小断面の鉄骨柱を門型に組み林立させる架構。熱押出十字型鋼 170 × 100 と H 鋼 148 × 100 の梁で門型をつくっている。この門型を二分割したものを 3 連二層分、ブレース鉄板も含め工場でユニット化した後に亜鉛めっきを施し、深夜に搬送して建て込み、現地で梁の中央でボルト締めして架構を組み立てた。

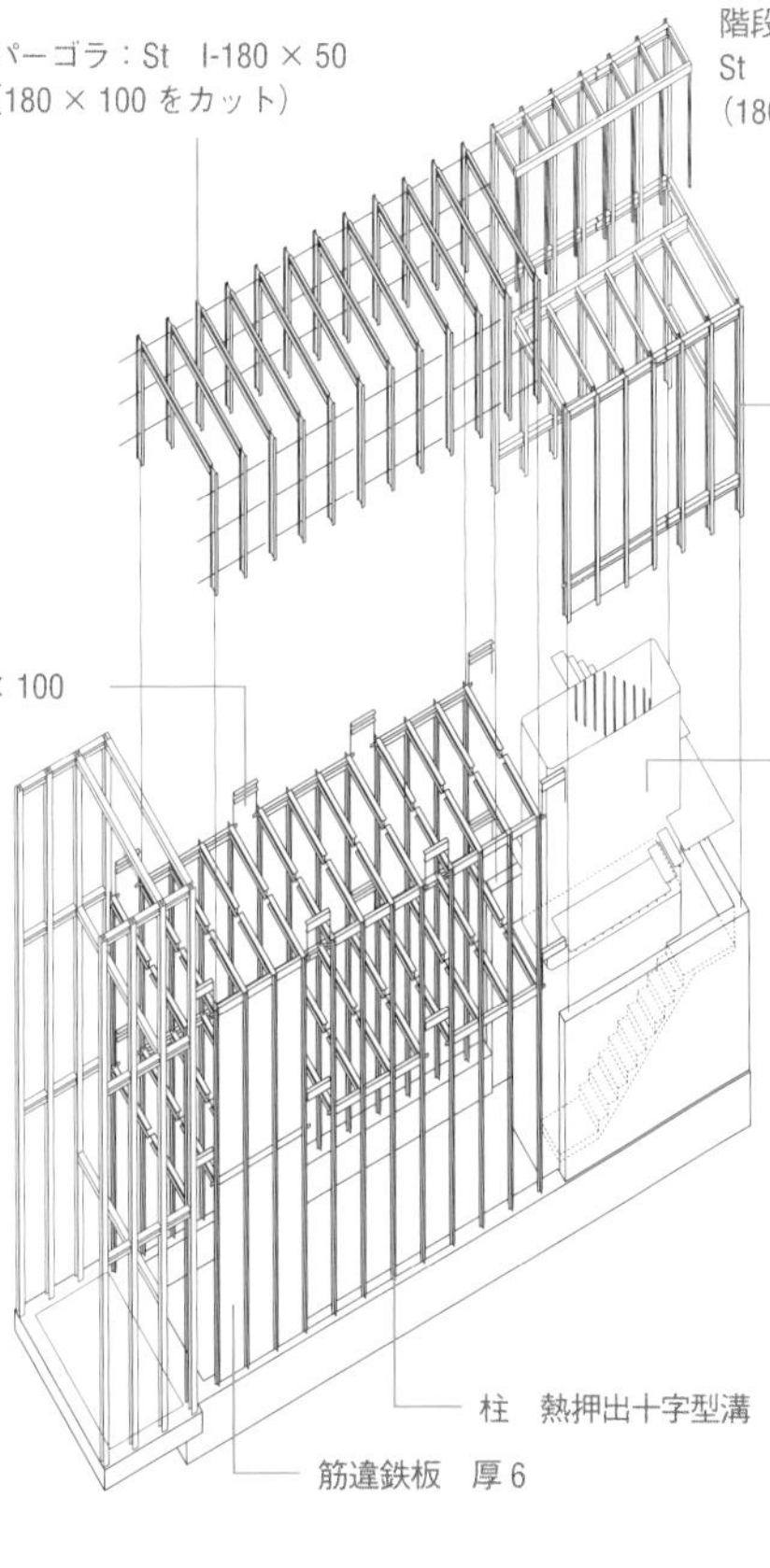
パーゴラ：St　I-180 × 50
(180 × 100 をカット)
階段室柱
St　I-180 × 80
(180 × 100 をカット)
梁　St　H-148 × 100
便所ブース
鉄板厚 9
柱　熱押出十字型溝　170 × 100
筋違鉄板　厚 6

軸組

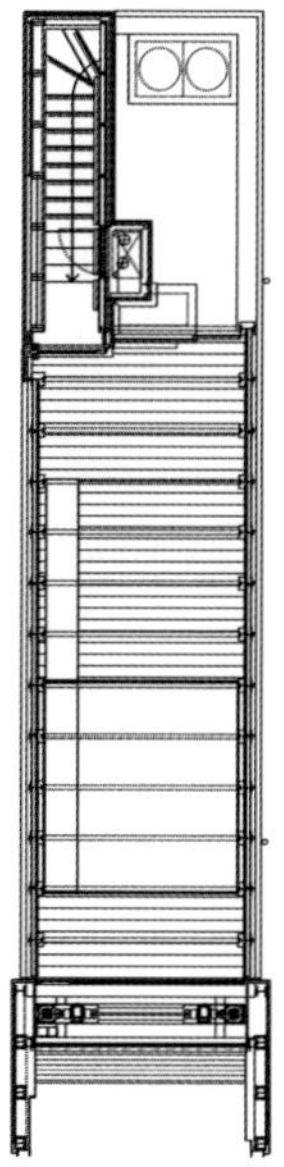
R階

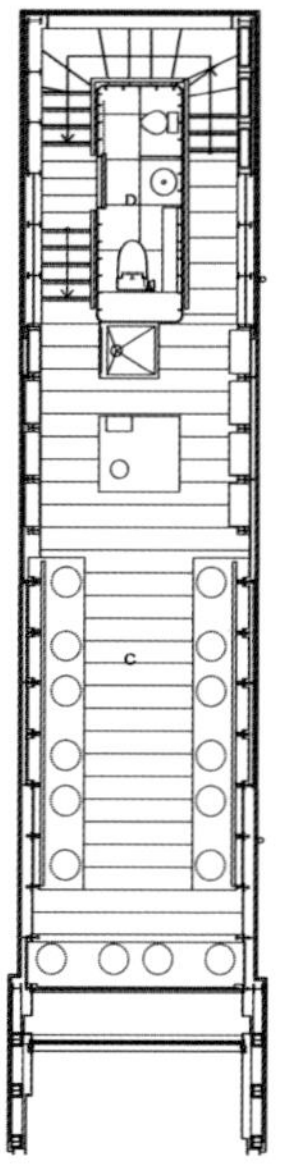
C
2階

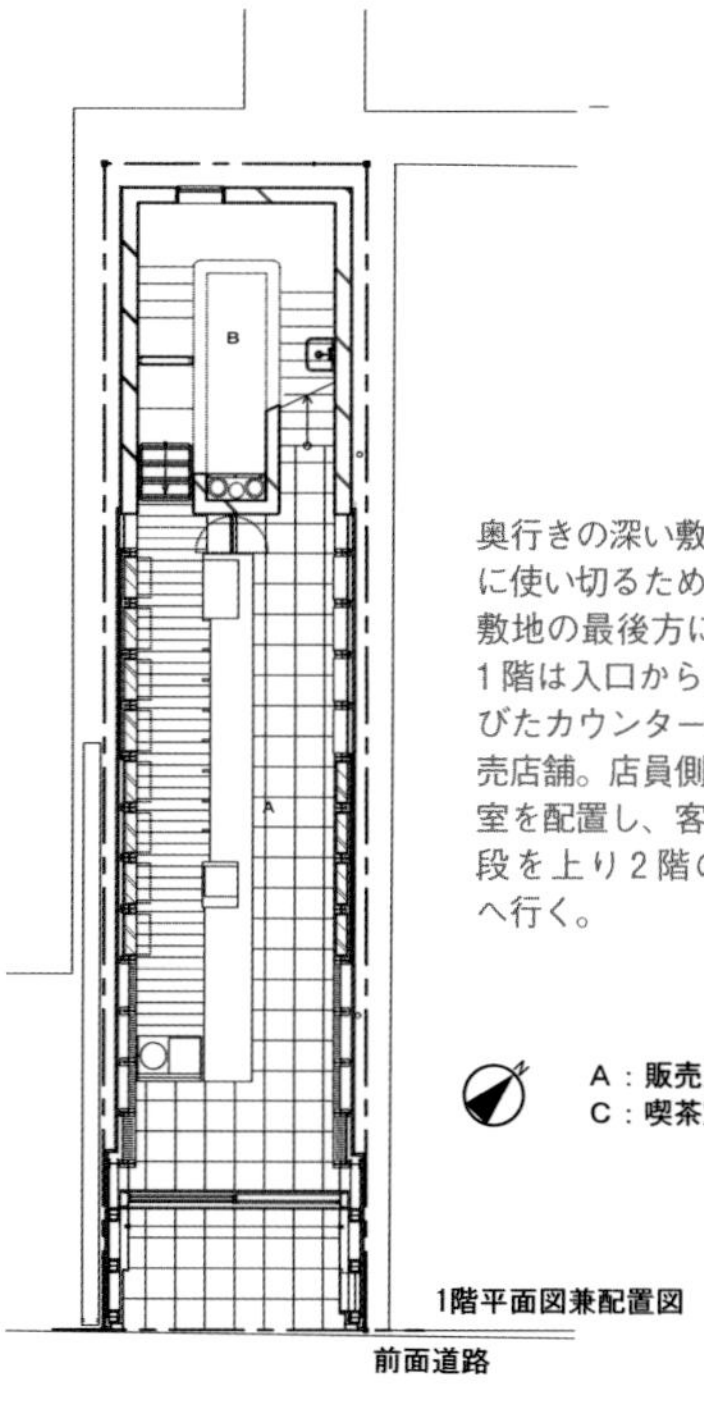
B
A
1階平面図兼配置図
前面道路

A：販売店舗　B：事務室
C：喫茶室　D：便所

平面図｜S=1/200

パイプスペースに面した階段室周りの壁の３つの穴は、空調の吹き出し口、リターン、マイナスイオンの吹き出し口に利用している。

２階は天井を貼り、天井裏全体を夏季の空調のダクトとして利用している。空調機で冷やされた空気は天井裏を流れ、外壁際のスリットから自然に下降することで室全体を緩やかに冷房する。

敷地が狭く施工スペースがとれないため、外壁は断熱材を挟みこんだ金属製のサンドイッチパネルとし、室内から施工している。

鉄骨の床梁の上に型枠を組みコンクリートを打設した。１階は天井を貼らず、67.5cmピッチの鉄骨の梁とコンクリート打ち放し仕上げが見える。

奥行きの深い敷地を十全に使い切るため、階段を敷地の最後方に設けた。１階は入口から奥まで延びたカウンターによる販売店舗。店員側奥に事務室を配置し、客側奥の階段を上り２階の喫茶室へ行く。

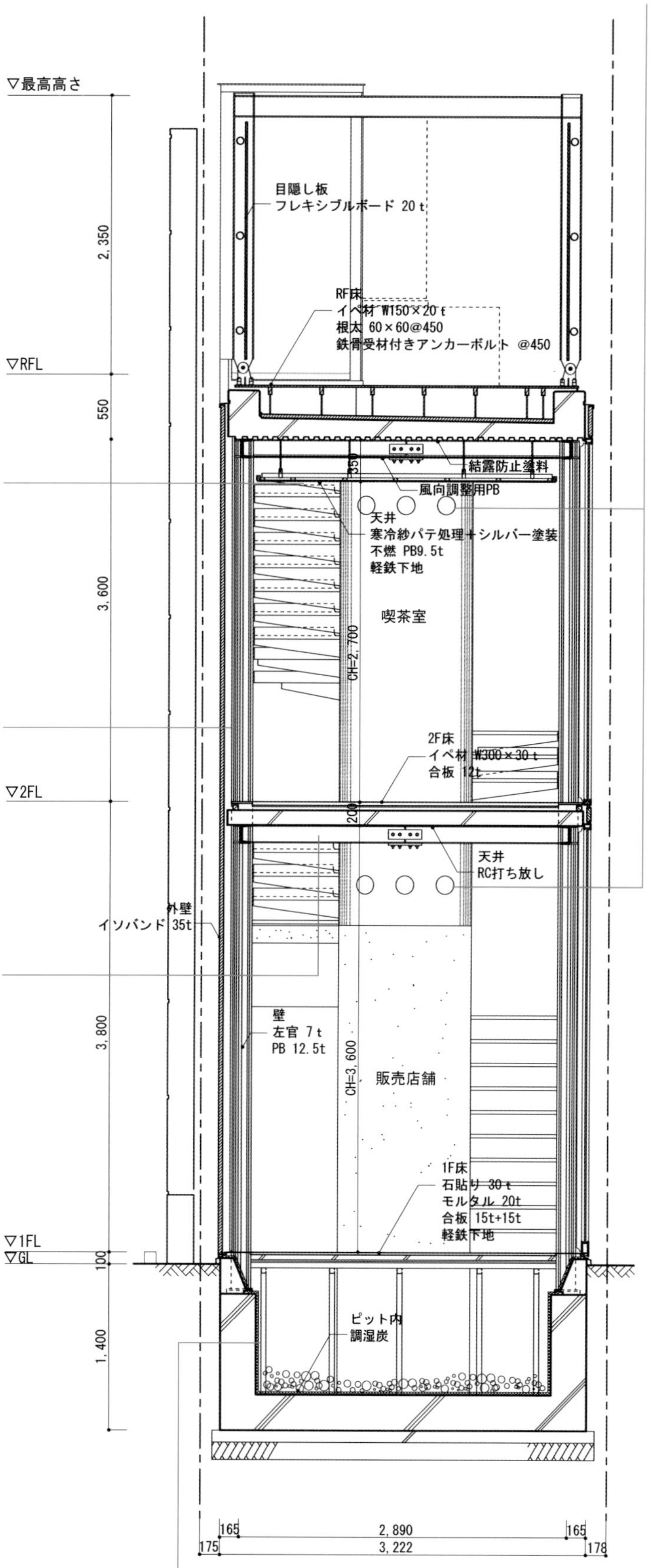
▽最高高さ
2,350
目隠し板
フレキシブルボード 20t
RF床
イペ材 W150×20t
根太 60×60@450
鉄骨受材付きアンカーボルト @450
▽RFL
550
結露防止塗料
風向調整用PB
天井
寒冷紗パテ処理＋シルバー塗装
不燃 PB9.5t
軽鉄下地
3,600
喫茶室
CH=2,700
2F床
イペ材 W300×30t
合板 12t
▽2FL
200
天井
RC打ち放し
外壁
イソバンド 35t
3,800
壁
左官 7t
PB 12.5t
CH=3,600
販売店舗
1F床
石貼り 30t
モルタル 20t
合板 15t+15t
軽鉄下地
▽1FL
▽GL
100
1,400
ピット内
調湿炭
165
2,890
165
175
3,222
178

冬季は床下内に空調機で暖められた空気を入れ、壁際の吹き出し口から自然対流で暖気が上昇することで室全体を緩やかに暖房する。

矩計図｜S=1/60

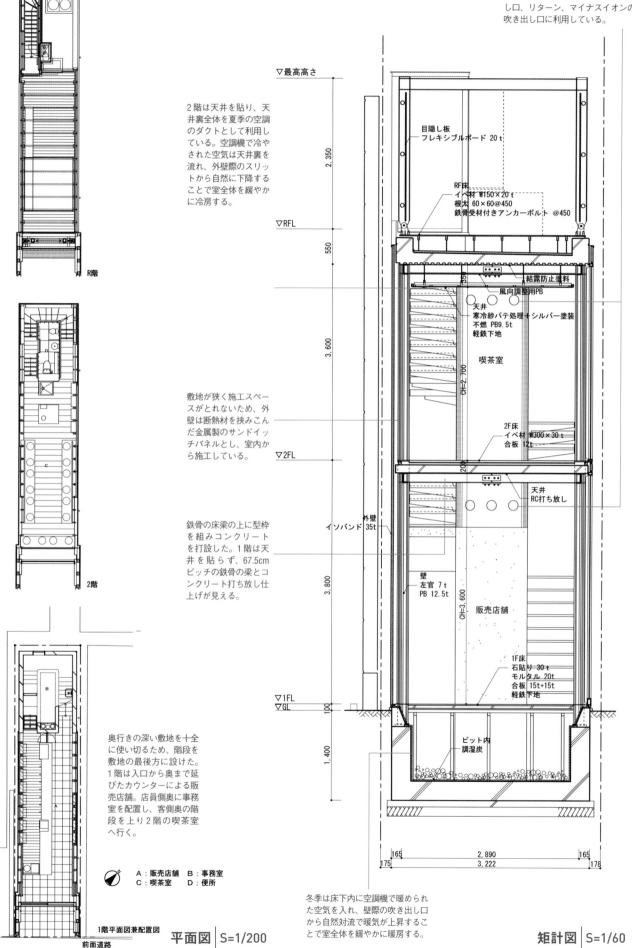

1階店舗も含め内装は大学時代からの知己、高取邦和（高取空間計画）による。インテリアと建築が最初から関わりを持って進行できたため、両者の領域が自然に融合している。2階喫茶室でも、棚、ベンチ、照明などインテリアと構造が一体化するディテールで全体がつくりこまれている。

階段段板は鉄製の巨大な便所ブースの周辺を巡るように片持ちで付けた。3t を超える階段付き便所ブースは、深夜に工場から運び込み、建て方に先んじて店舗奥のコンクリート造の台座の上に設置した。

店舗奥のトイレブースを囲うようにつくられた階段室。左手はトイレブース。右手は階段奥の突き当たりの一面。比較的隣地との間の距離がある側壁はタペ加工したペアガラス。ガラスから取り込まれるぼんやりとした外光が、効果的に階段を上下する人影を浮かび上がらせる。

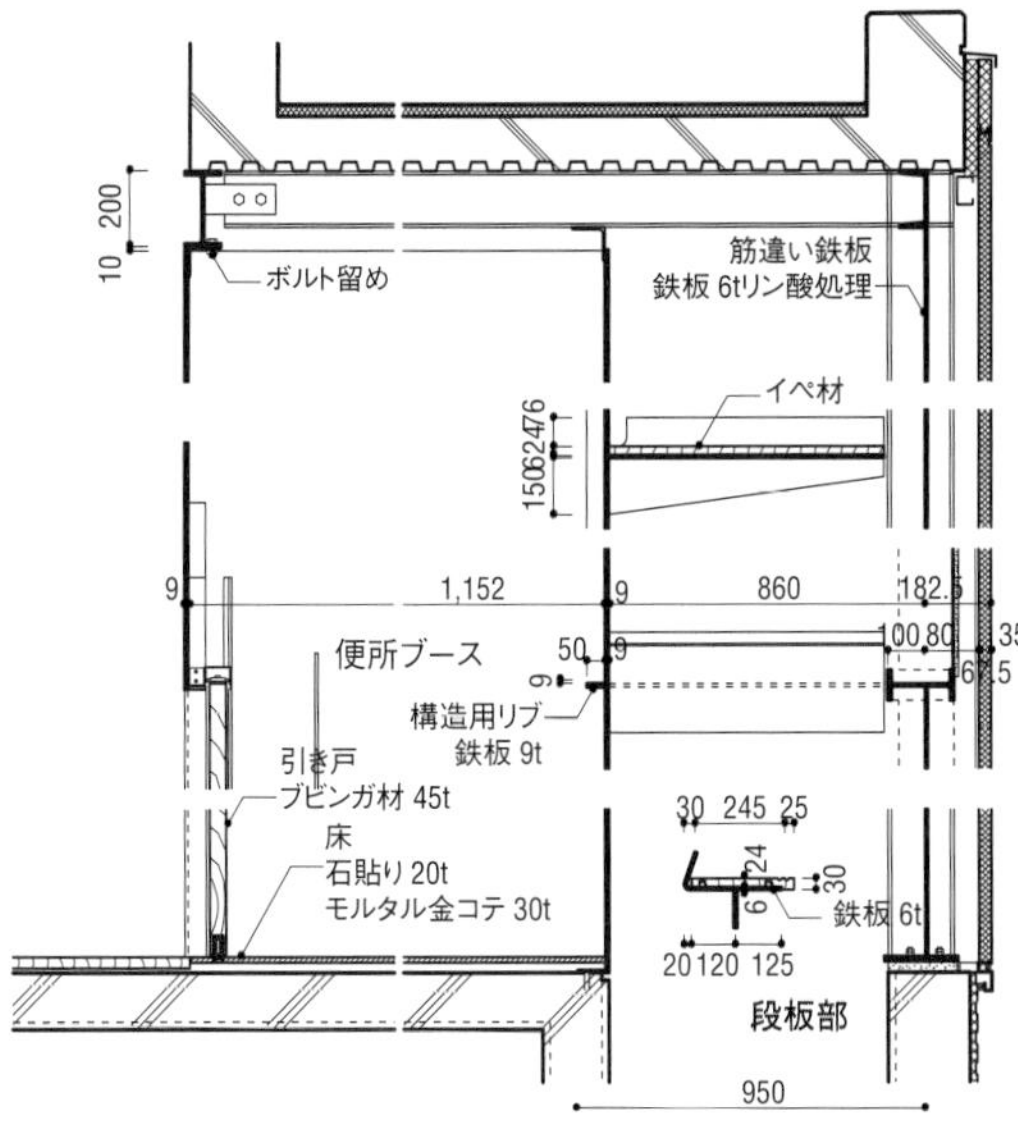
ボルト留め
筋違い鉄板
鉄板 6tリン酸処理
イペ材
1,152
860
182.5
便所ブース
構造用リブ
鉄板 9t
引き戸
ブビンガ材 45t
床
石貼り 20t
モルタル金コテ 30t
30 245 25
鉄板 6t
20 120 125
段板部
950

階段詳細図 | S=1/40

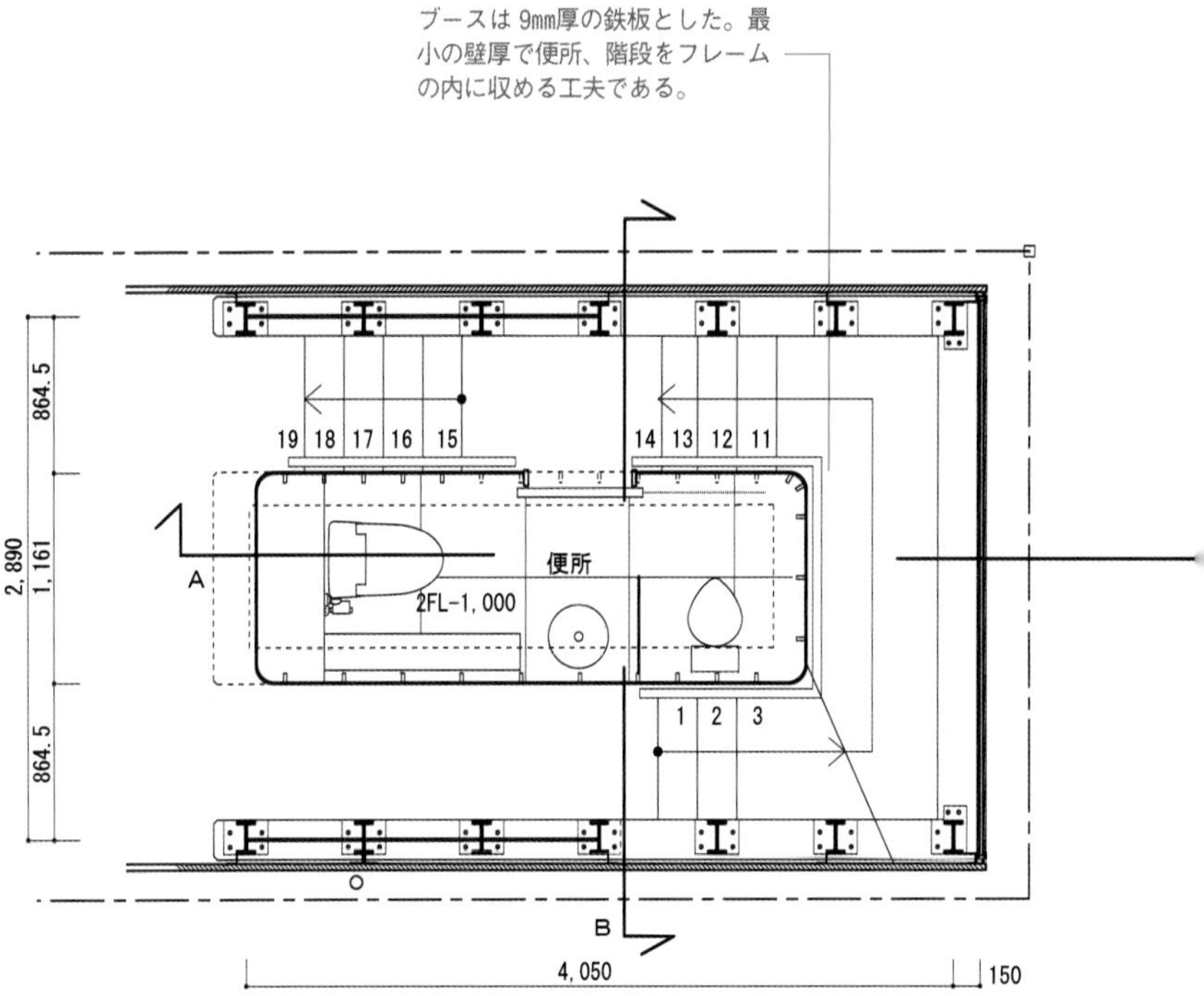
ブースは 9mm厚の鉄板とした。最小の壁厚で便所、階段をフレームの内に収める工夫である。
19 18 17 16 15
14 13 12 11
便所
2FL-1, 000
1 2 3
A
B
2, 890
864. 5
1, 161
864. 5
4, 050
150

便所ブースまわり | 平面図 | S=1/60

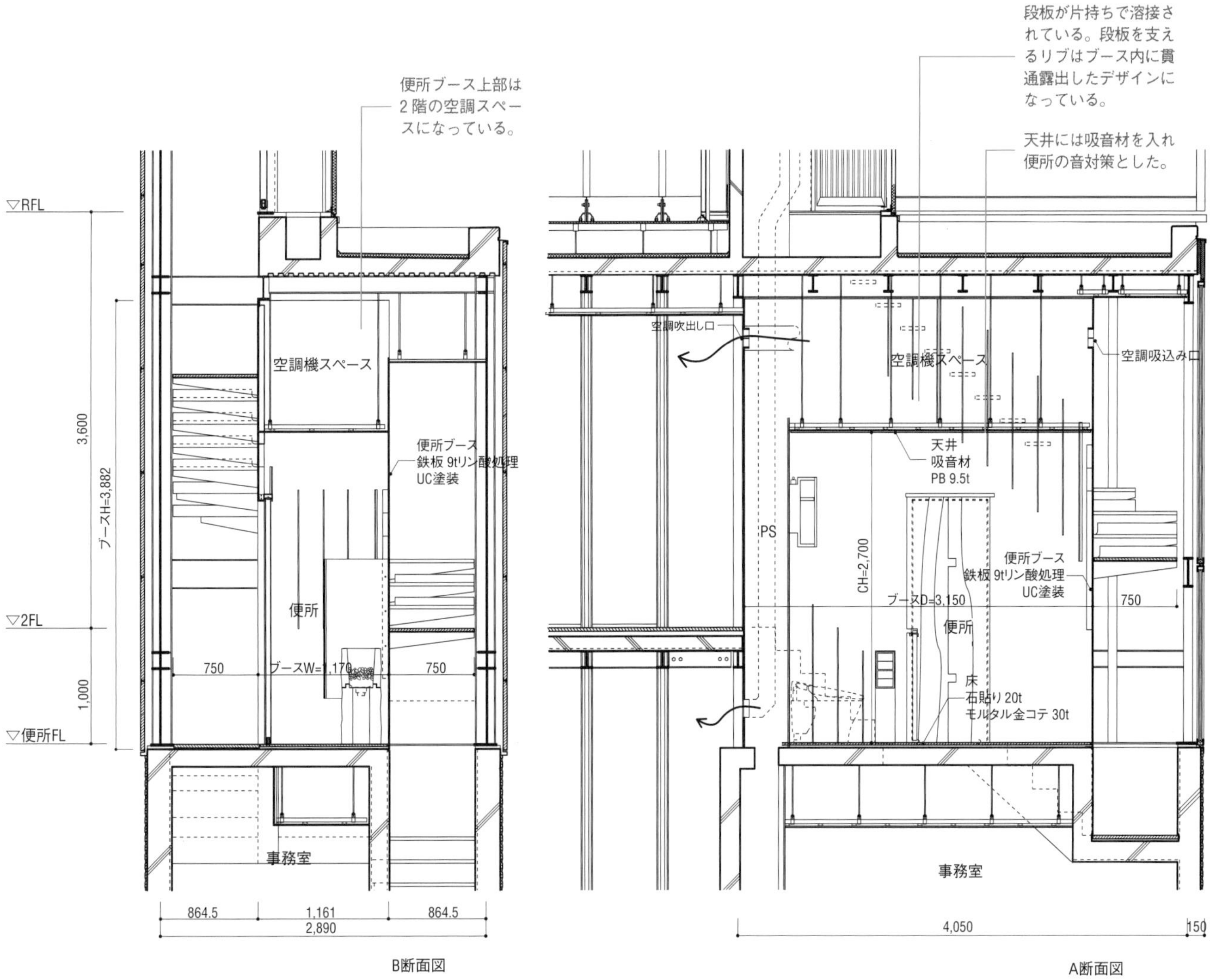
便所ブース上部は2階の空調スペースになっている。
▽RFL
空調機スペース
便所ブース
鉄板 9tリン酸処理
UC塗装
3,600
ブースH=3,882
便所
▽2FL
750
ブースW=1,170
750
1,000
▽便所FL
事務室
864.5
1,161
864.5
2,890
B断面図
段板が片持ちで溶接されている。段板を支えるリブはブース内に貫通露出したデザインになっている。
天井には吸音材を入れ便所の音対策とした。
空調吹出し口
空調機スペース
空調吸込み口
天井
吸音材
PB 9.5t
PS
CH=2,700
便所ブース
鉄板 9tリン酸処理
UC塗装
ブースD=3,150
750
便所
床
石貼り 20t
モルタル金コテ 30t
事務室
4,050
150
A断面図

便所ブースまわり | 矩計図 | S=1/60

天秤の梁による深い軒先

那須の週末住宅

右ページ　居間からキッチンを見る。右の南側テラスに面する大開口は幅7,280㎜。スギの根曲り材を用いた隅木は桁を支点とした天秤のように設置され、交差梁の下にもぐり込ませることで深い軒のコーナー部分の出を可能としている。

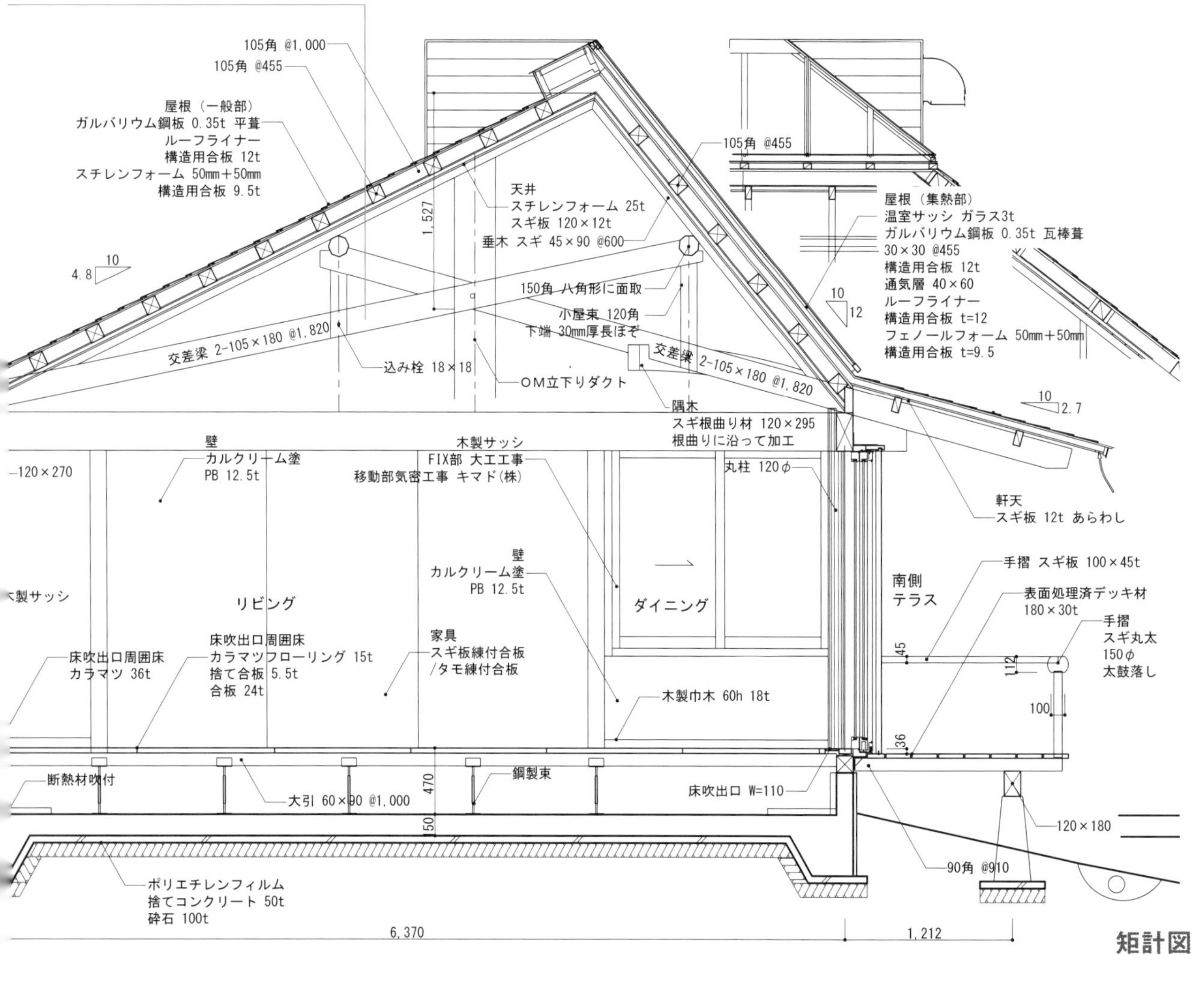
105角 @1,000
105角 @455
屋根（一般部）
ガルバリウム鋼板 0.35t 平葺
ルーフライナー
構造用合板 12t
スチレンフォーム 50㎜＋50㎜
構造用合板 9.5t
4.8
10
1,527
天井
スチレンフォーム 25t
スギ板 120×12t
垂木 スギ 45×90 @600
105角 @455
150角 八角形に面取
小屋束 120角
下端 30㎜厚長ほぞ
交差梁 2-105×180 @1,820
込み栓 18×18
OM立下りダクト
交差梁 2-105×180 @1,820
隅木
スギ根曲り材 120×295
根曲りに沿って加工
屋根（集熱部）
温室サッシ ガラス3t
ガルバリウム鋼板 0.35t 瓦棒葺
30×30 @455
構造用合板 12t
通気層 40×60
ルーフライナー
構造用合板 t=12
フェノールフォーム 50㎜＋50㎜
構造用合板 t=9.5
10
12
10
2.7
壁
カルクリーム塗
PB 12.5t
120×270
木製サッシ
FIX部 大工工事
移動部気密工事 キマド(株)
丸柱 120φ
軒天
スギ板 12t あらわし
壁
カルクリーム塗
PB 12.5t
木製サッシ
リビング
ダイニング
南側
テラス
手摺 スギ板 100×45t
表面処理済デッキ材
180×30t
手摺
スギ丸太
150φ
太鼓落し
床吹出口周囲床
カラマツ 36t
床吹出口周囲床
カラマツフローリング 15t
捨て合板 5.5t
合板 24t
家具
スギ板練付合板
/タモ練付合板
木製巾木 60h 18t
45
112
100
36
断熱材吹付
大引 60×90 @1,000
鋼製束
470
150
床吹出口 W=110
120×180
90角 @910
ポリエチレンフィルム
捨てコンクリート 50t
砕石 100t
6,370
1,212

矩計図 S=1/50

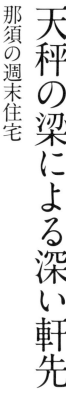

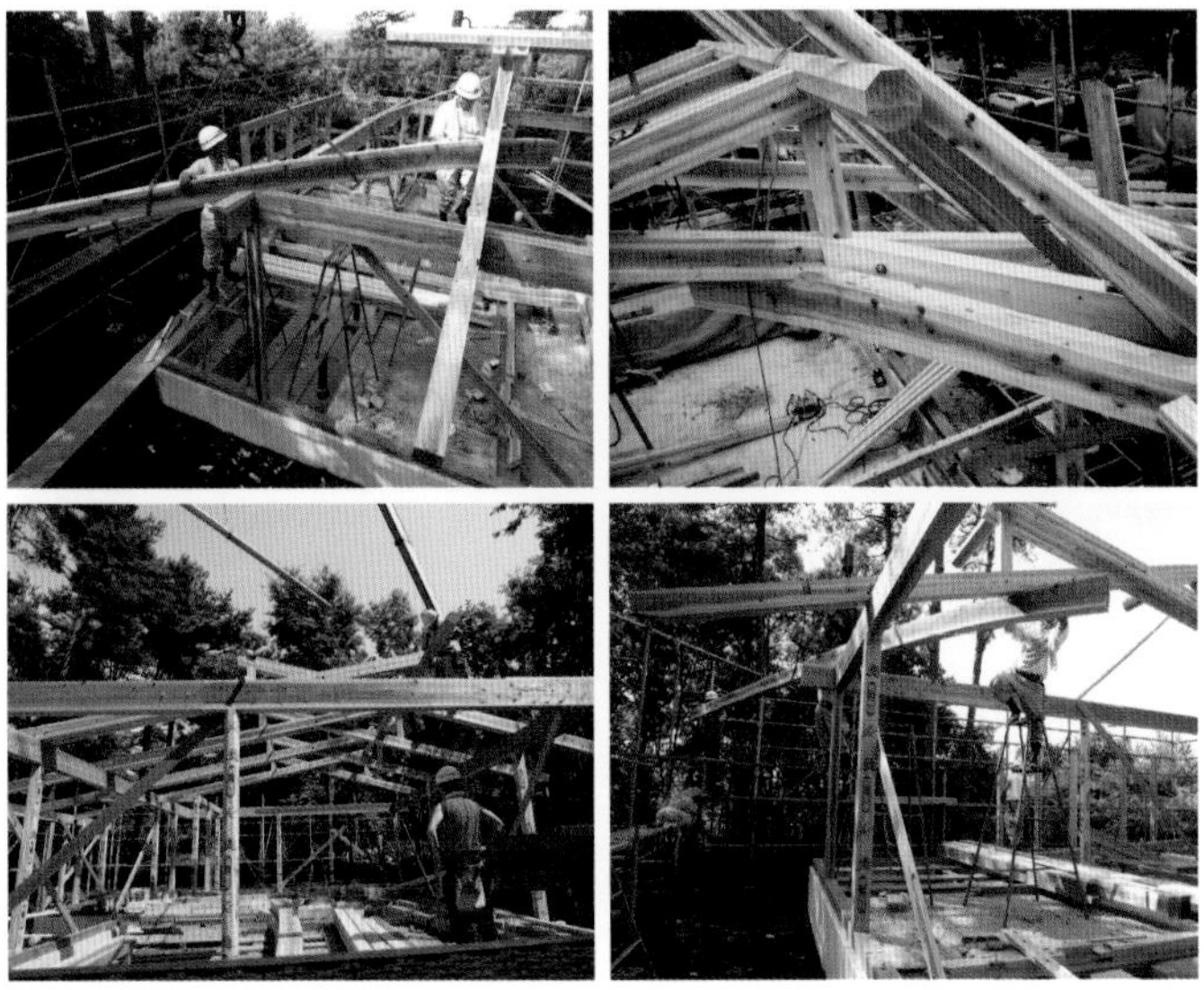

複雑な架構だが、大工は何事もないかのように現寸を描き、作業場で下組をし、見事に現場を仕切る。この国の木造技術のなんとも面白いところである。

隅木。南側約1.8mの出をもつ3周をめぐる庇は隅でその1.4倍の長さとなる。しかも角の登り梁は桁で行き止まるため、スギの根曲り材を天秤のようにもぐりこませている。梁は斜めに架けることで広い軒下をつくっている。

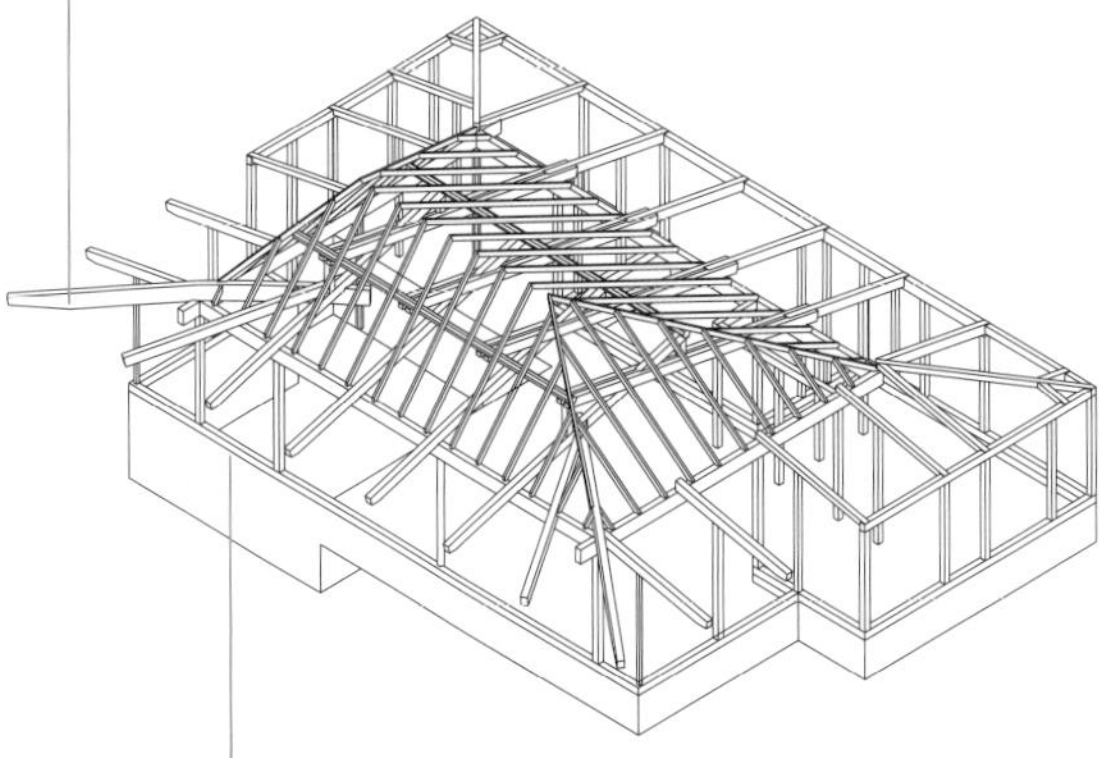

地下室を兼ねた鉄筋コンクリート造の基礎。

軸組

A
B
C
D
E
F
Q
P
N
H
G
L
K
M
I
J
1階

A：浴室　B：脱衣室　C：北側テラス　D：収納
E：寝室1　F：洗面室　G：玄関　H：家事コーナー
I：ダイニング　J：テラス　K：キッチン
L：リビング　M：寝室2　N：クローゼット
P：書斎　Q：トイレ

平面図 | S=1/200

登り梁は交差し垂木を支えるための八角形の材に至る。集熱屋根の適正勾配を考慮し屋根勾配は四面すべてが異なる。そのため八角形材の角度もそれぞれが異なる

北側テラスの軒先には引き戸がある。冬の北風の強いときには、この扉を閉めるとインナーテラスとなり、不在時には防犯の役割も果たす。

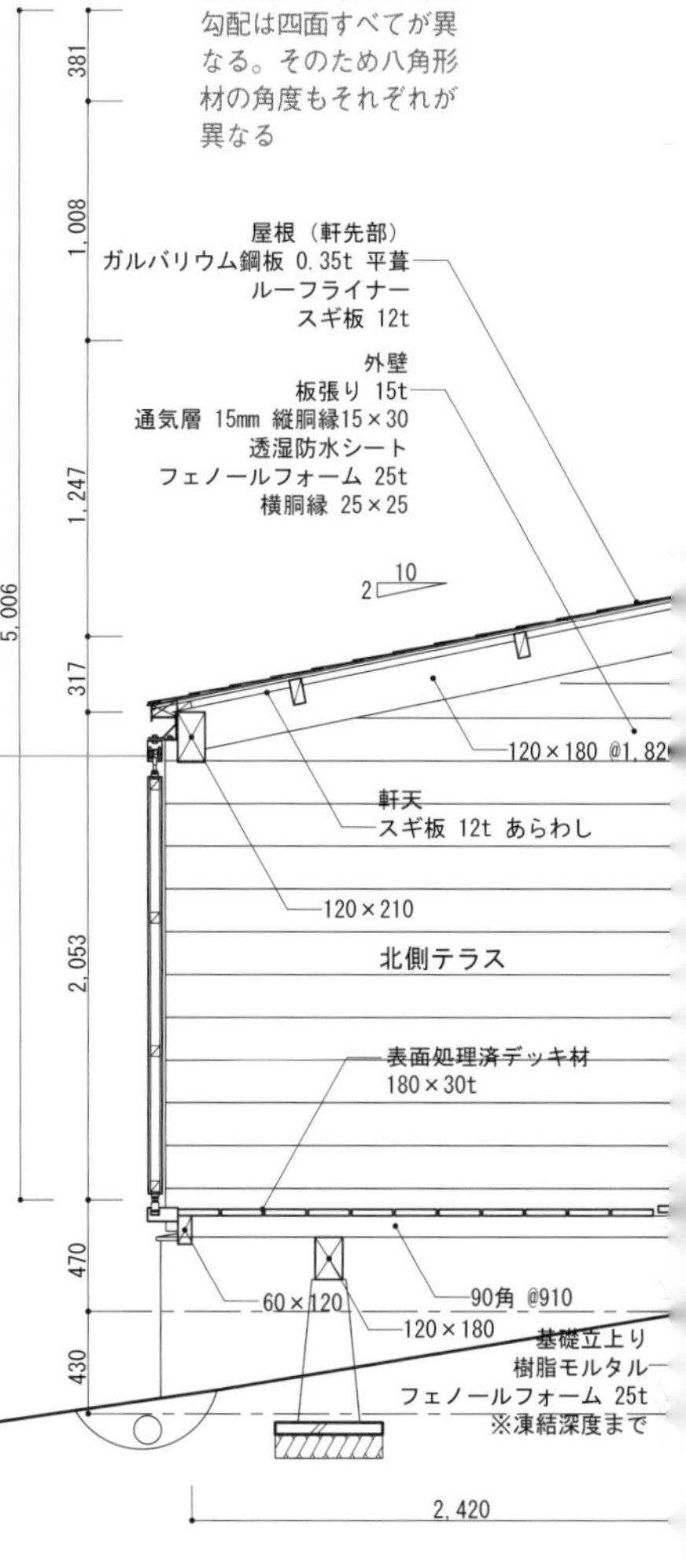
381
1,008
1,247
5,006
317
2,053
470
430
屋根（軒先部）
ガルバリウム鋼板 0.35t 平葺
ルーフライナー
スギ板 12t
外壁
板張り 15t
通気層 15mm 縦胴縁15×30
透湿防水シート
フェノールフォーム 25t
横胴縁 25×25
2 10
120×180 @1,82
軒天
スギ板 12t あらわし
120×210
北側テラス
表面処理済デッキ材
180×30t
90角 @910
60×120
120×180
基礎立上り
樹脂モルタル
フェノールフォーム 25t
※凍結深度まで
2,420

地元産の八溝杉を利用した木造架構による週末住宅。日本の伝統的仕口を今日的解析によってデザインし、用いている。架構は急勾配の中央の屋根と緩勾配の周囲の屋根、庇の関係をつくり出すため考えられたものである。隅木の長く跳ね出すところなどに工夫がある。桁を支点としカーブした材が材端を跳ね上げるようにして支えている。その形はそのまま室内の形状に反映されていて、北側の部屋や風呂などと天井をつけた寝室を除いて大きな一室空間となっている。

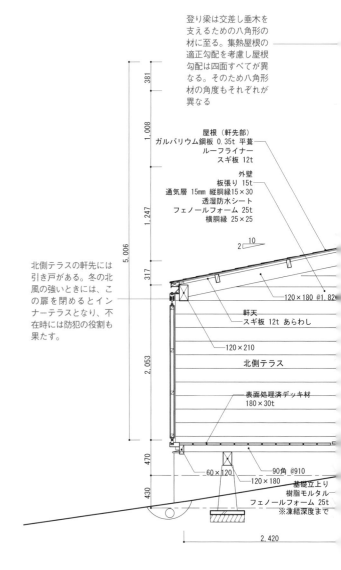

chapter

1-3

大工の技を活かす

ずらして交差する方形の架構

いわむらかずお絵本の丘美術館アトリエ棟

アトリエ棟は、細長形の住居棟の木造架構をXY両軸方向に展開した方形の架構で、4辺の材の構成は変わらない。但しそのままではXY方向それぞれの交差梁が空中で重なってしまうため、交差部の間に角材を挟み込むことで、直交する交差梁をずらしてぶつからないようにしている。

アトリエ棟の天井を見上げる。写真では4辺の梁材がねじれたように見えるが、材どうしは直交している。

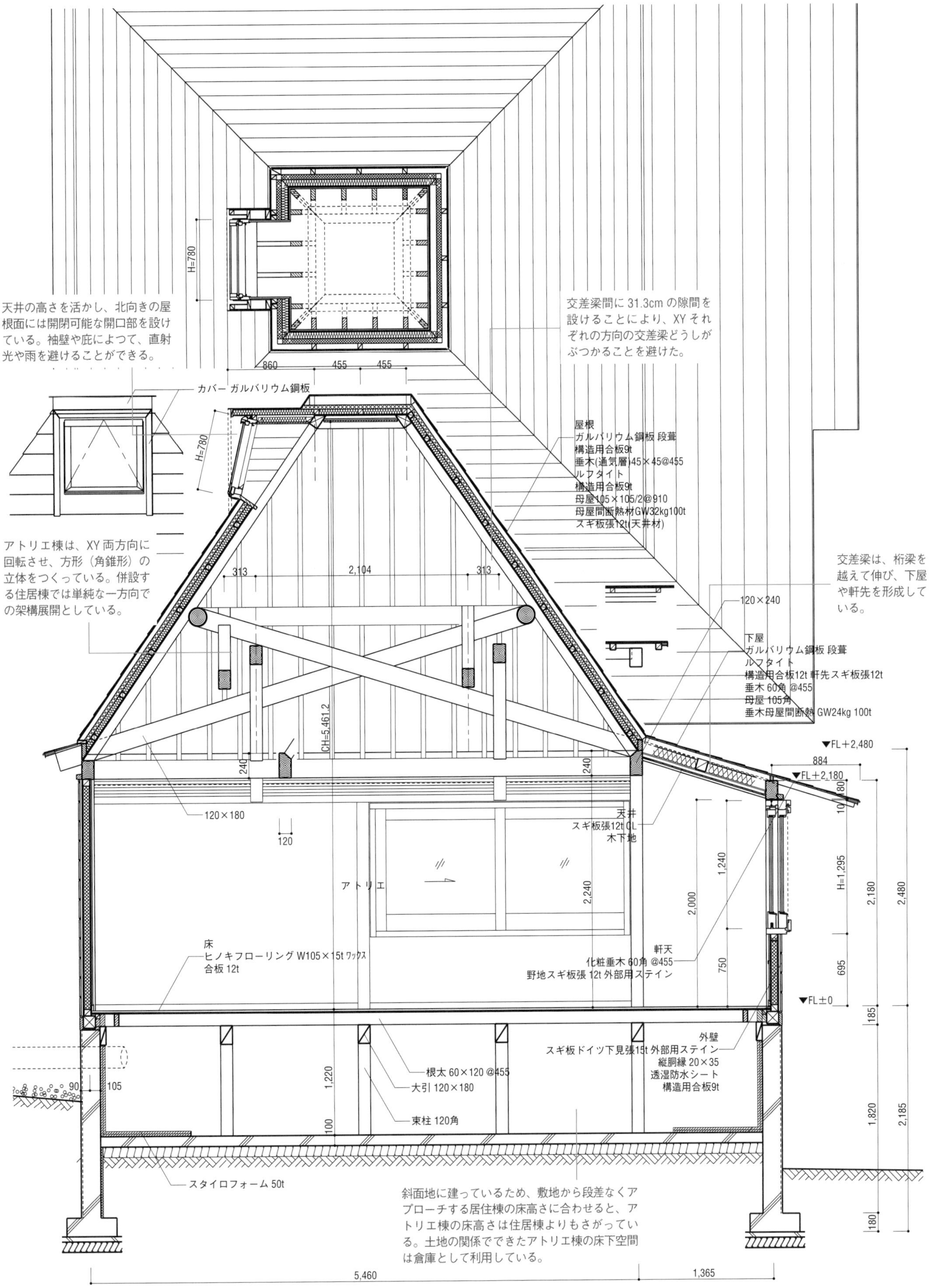
H=780
860
455
455
カバー ガルバリウム鋼板
H=780
屋根
ガルバリウム鋼板 段葺
構造用合板9t
垂木(通気層)45×45@455
ルフタイト
構造用合板9t
母屋105×105/2@910
母屋間断熱材GW32kg100t
スギ板張12t(天井材)
313
2,104
313
120×240
下屋
ガルバリウム鋼板 段葺
ルフタイト
構造用合板12t 軒先スギ板張12t
垂木 60角 @455
母屋 105角
垂木母屋間断熱 GW24kg 100t
▼FL＋2,480
884
▼FL＋2,180
180
10
240
240
CH=5,461.2
120×180
120
天井
スギ板張12t CL
木下地
アトリエ
2,240
2,000
1,240
750
H=1,295
695
2,180
2,480
▼FL±0
185
床
ヒノキフローリング W105×15t ワックス
合板 12t
軒天
化粧垂木 60角 @455
野地スギ板張 12t 外部用ステイン
外壁
スギ板ドイツ下見張15t 外部用ステイン
縦胴縁 20×35
透湿防水シート
構造用合板9t
根太 60×120 @455
大引 120×180
束柱 120角
90
105
1,220
100
1,820
2,185
180
スタイロフォーム 50t
5,460
1,365

天井の高さを活かし、北向きの屋根面には開閉可能な開口部を設けている。袖壁や庇によつて、直射光や雨を避けることができる。

交差梁間に31.3cmの隙間を設けることにより、XYそれぞれの方向の交差梁どうしがぶつかることを避けた。

アトリエ棟は、XY両方向に回転させ、方形（角錐形）の立体をつくっている。併設する住居棟では単純な一方向での架構展開としている。

交差梁は、桁梁を越えて伸び、下屋や軒先を形成している。

斜面地に建っているため、敷地から段差なくアプローチする居住棟の床高さに合わせると、アトリエ棟の床高さは住居棟よりもさがっている。土地の関係でできたアトリエ棟の床下空間は倉庫として利用している。

アトリエ棟矩計図 | S=1/50

chapter

1-3

大工の技を活かす

交差梁と丸太梁が支える急勾配の屋根

いわむらかずお絵本の丘美術館住居棟

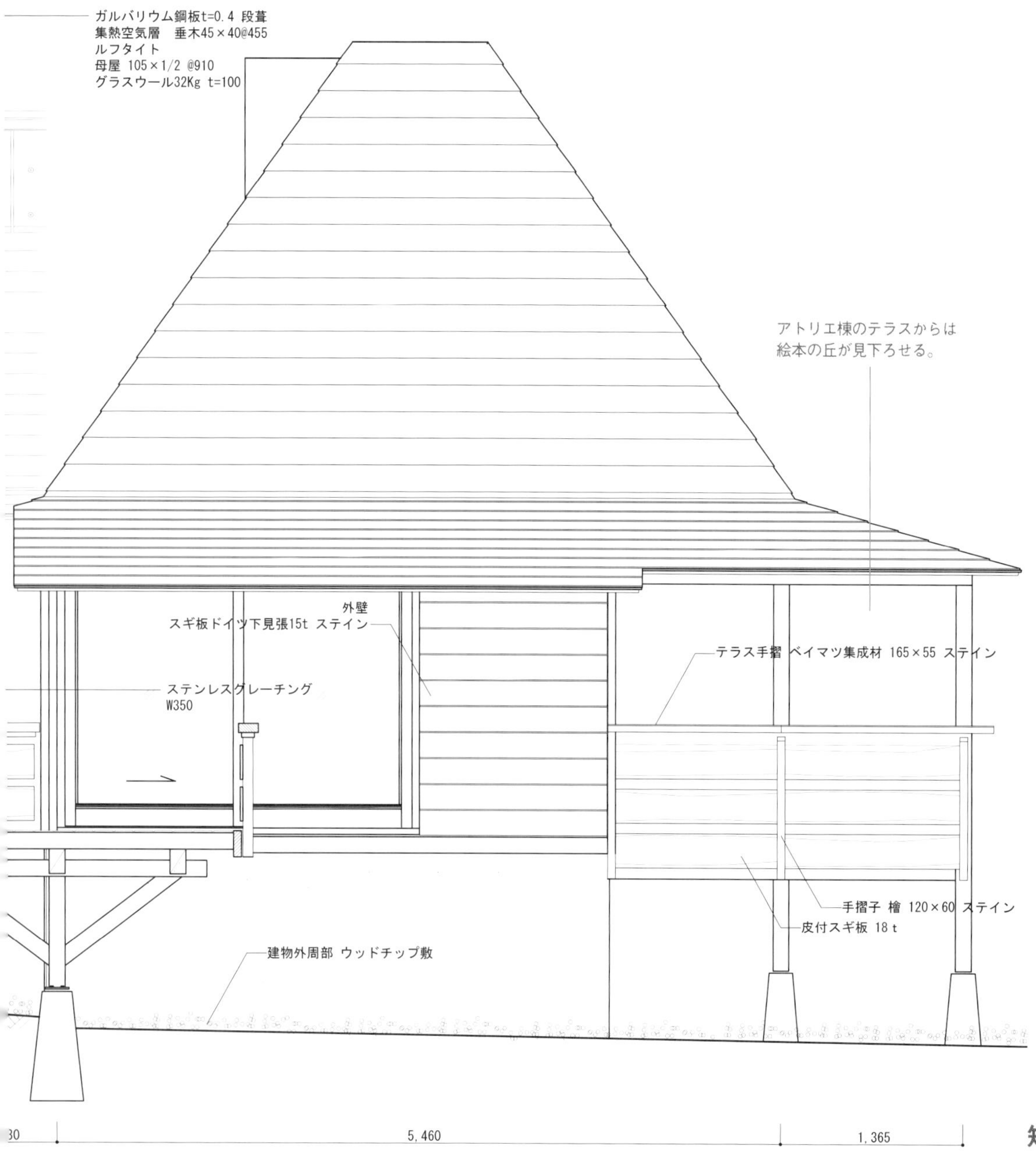

ガルバリウム鋼板t=0.4 段葺
集熱空気層　垂木45×40@455
ルフタイト
母屋 105×1/2 @910
グラスウール32Kg t=100
アトリエ棟のテラスからは
絵本の丘が見下ろせる。
外壁
スギ板ドイツ下見張15t ステイン
ステンレスグレーチング
W350
テラス手摺 ベイマツ集成材 165×55 ステイン
手摺子 檜 120×60 ステイン
皮付スギ板 18 t
建物外周部 ウッドチップ敷
30
5,460
1,365

矩計図｜S=1/50

平面図｜S=1/400

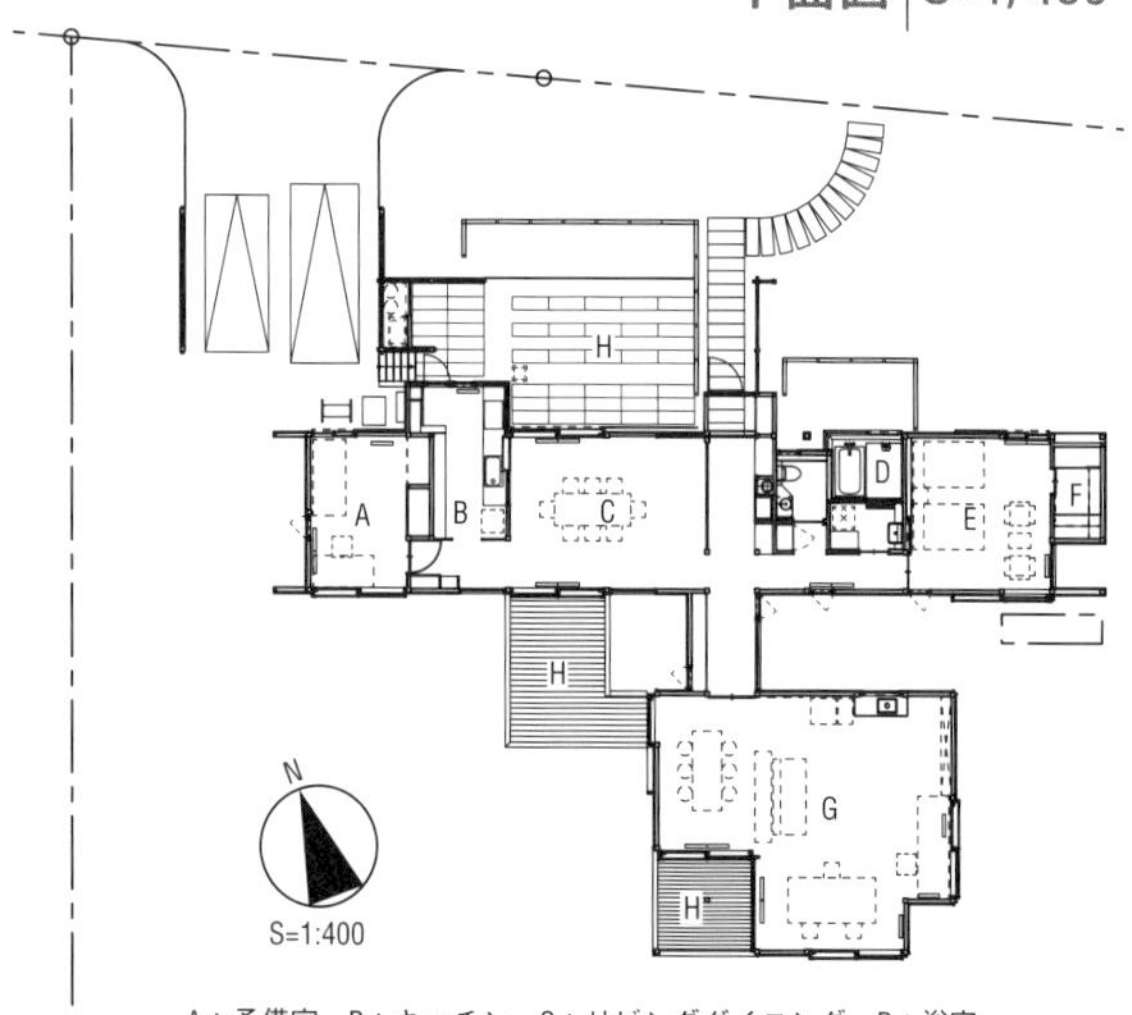

A
B
C
D
E
F
G
H
N
S=1:400

A：予備室　B：キッチン　C：リビングダイニング　D：浴室
E：寝室　F：納戸　G：アトリエ　H：テラス

住居棟の天井見上げ。交差梁間隔は2.73mピッチ。登り小梁（垂木）まで全て“あらわし”の仕上げのため、大工の確実な加工技術と仕上げの丁寧さがあって実現した建物。木材は隣接するいわむらかずお絵本の丘美術館と同様に地元産八溝杉材を使用している。

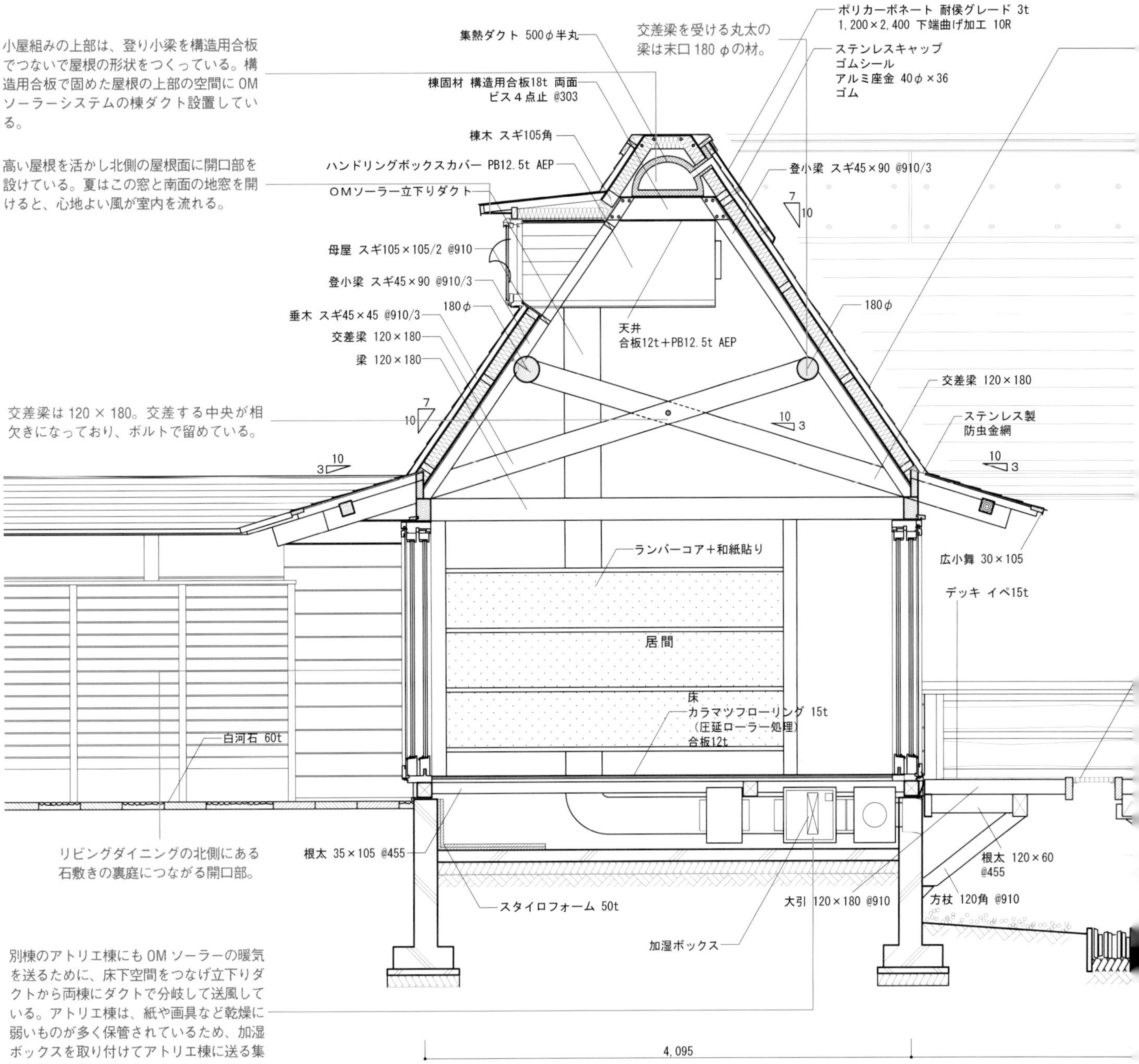
集熱ダクト 500φ半丸
棟固材 構造用合板18t 両面
ビス４点止 @303
棟木 スギ105角
ハンドリングボックスカバー PB12.5t AEP
ＯＭソーラー立下りダクト
母屋 スギ105×105/2 @910
登小梁 スギ45×90 @910/3
垂木 スギ45×45 @910/3
180φ
交差梁 120×180
梁 120×180
交差梁を受ける丸太の梁は末口180φの材。
ポリカーボネート 耐候グレード 3t
1,200×2,400 下端曲げ加工 10R
ステンレスキャップ
ゴムシール
アルミ座金 40φ×36
ゴム
登小梁 スギ45×90 @910/3
天井
合板12t＋PB12.5t AEP
180φ
交差梁 120×180
ステンレス製
防虫金網
広小舞 30×105
デッキ イペ15t
ランバーコア＋和紙貼り
居間
床
カラマツフローリング 15t
（圧延ローラー処理）
合板12t
白河石 60t
根太 35×105 @455
スタイロフォーム 50t
大引 120×180 @910
加湿ボックス
根太 120×60
@455
方杖 120角 @910
4,095

小屋組みの上部は、登り小梁を構造用合板でつないで屋根の形状をつくっている。構造用合板で固めた屋根の上部の空間にOMソーラーシステムの棟ダクト設置している。

高い屋根を活かし北側の屋根面に開口部を設けている。夏はこの窓と南面の地窓を開けると、心地よい風が室内を流れる。

交差梁は120×180。交差する中央が相欠きになっており、ボルトで留めている。

リビングダイニングの北側にある石敷きの裏庭につながる開口部。

別棟のアトリエ棟にもOMソーラーの暖気を送るために、床下空間をつなげ立下りダクトから両棟にダクトで分岐して送風している。アトリエ棟は、紙や画具など乾燥に弱いものが多く保管されているため、加湿ボックスを取り付けてアトリエ棟に送る集熱空気を加湿している。

住居棟の木造架構は、急勾配（10／7）屋根を緩勾配（3／10）屋根の交差梁と丸太梁が支える仕組みとなっている。急勾配屋根はOMソーラーシステムの集熱面となっており、夏季の温度上昇を抑え、冬季の集熱に有効な角度となっている。交差梁はそのまま桁を越えて深い軒の出を構成している。

当初、交差梁にも丸太材を用いて設計したが、さすがに大工加工手間が膨大となるため製材に変更した。いずれも木材は地元産の八溝杉材を利用している。

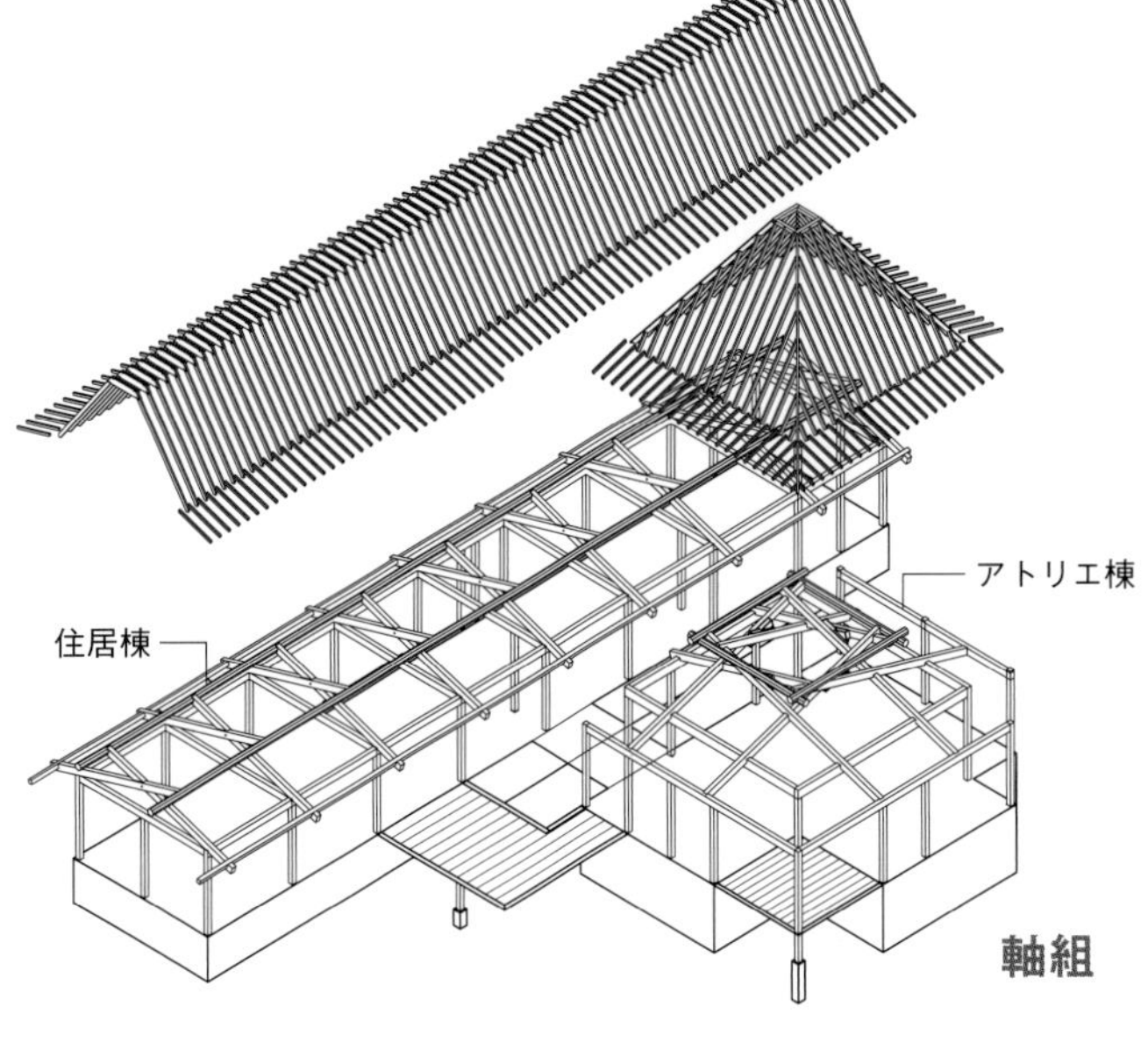
住居棟
アトリエ棟

軸組

仕口の相欠、合成梁による架構

いわむらかずお絵本の丘美術館

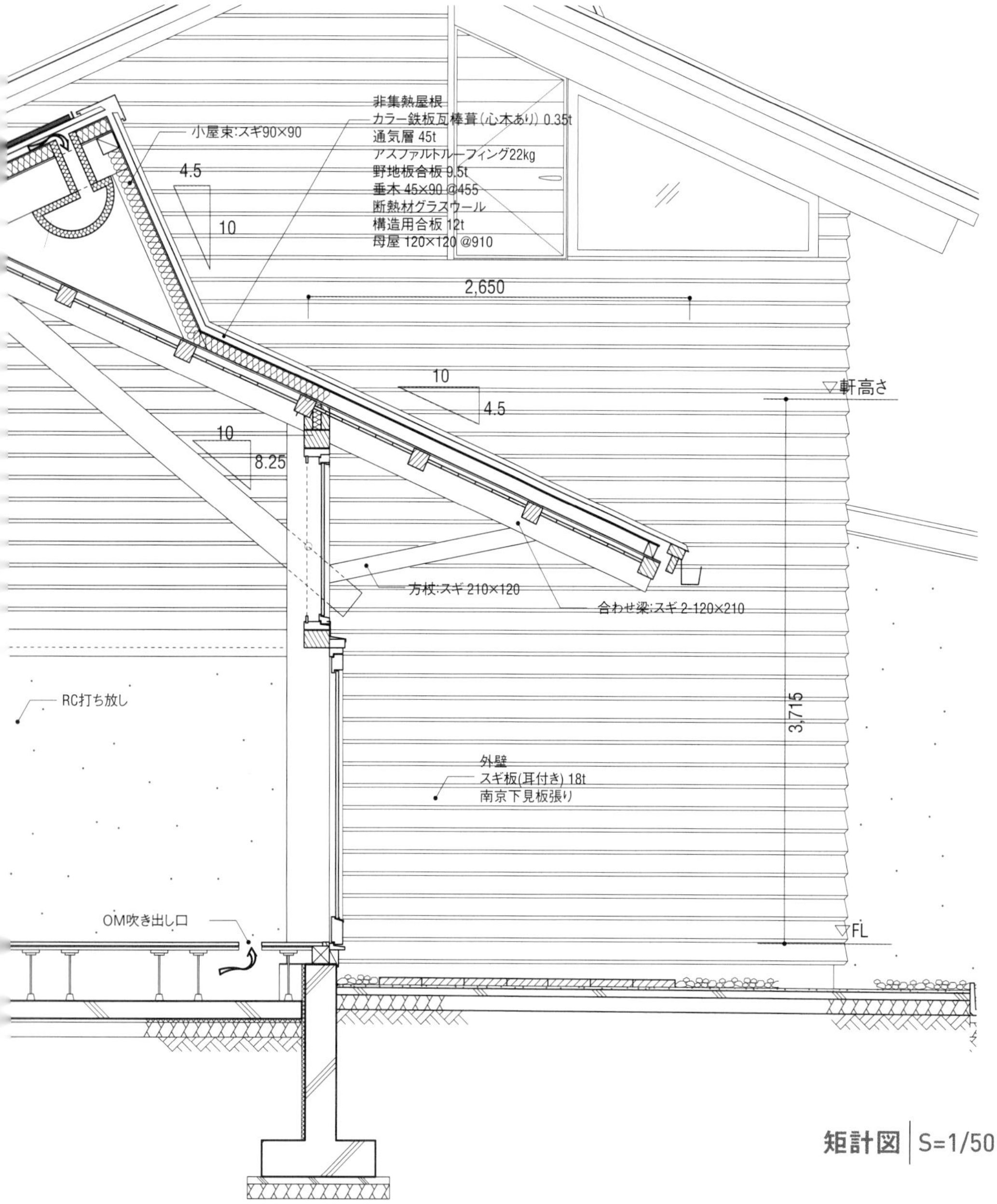
非集熱屋根
カラー鉄板瓦棒葺(心木あり) 0.35t
通気層 45t
アスファルトルーフィング22kg
野地板合板 9.5t
垂木 45×90 @455
断熱材グラスウール
構造用合板 12t
母屋 120×120 @910
小屋束:スギ90×90
4.5
10
2,650
10
4.5
10
8.25
▽軒高さ
方杖:スギ 210×120
合わせ梁:スギ 2-120×210
RC打ち放し
3,715
外壁
スギ板(耳付き) 18t
南京下見板張り
OM吹き出し口
▽FL

矩計図 | S=1/50

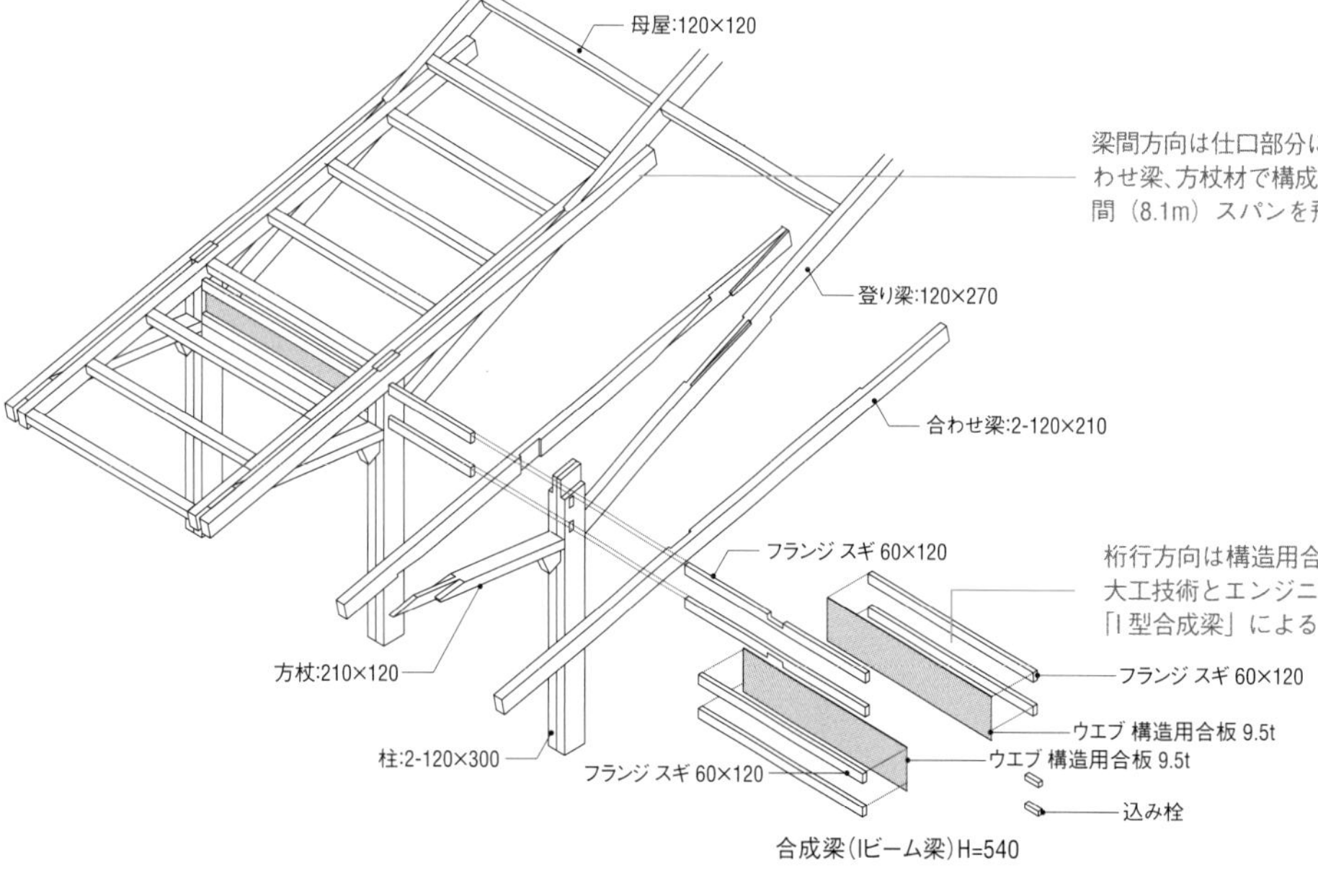
母屋:120×120
登り梁:120×270
合わせ梁:2-120×210
フランジ スギ 60×120
方杖:210×120
フランジ スギ 60×120
ウエブ 構造用合板 9.5t
柱:2-120×300
フランジ スギ 60×120
ウエブ 構造用合板 9.5t
込み栓
合成梁(Iビーム梁)H=540

梁間方向は仕口部分に相欠きを多用した合わせ柱、合わせ梁、方杖材で構成される「方杖トラス」により、4.5間(8.1m)スパンを飛ばしている。

桁行方向は構造用合板をウェブ材に活用した合成梁。大工技術とエンジニアリングウッドが組み合わされた「I型合成梁」によるラーメン構造となっている。

軸細分解図

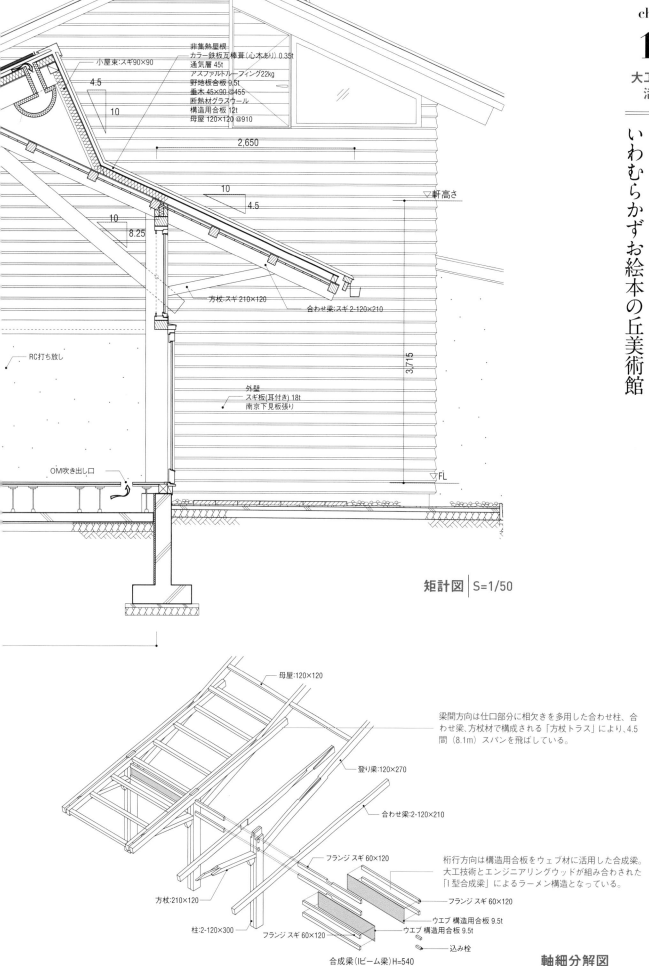

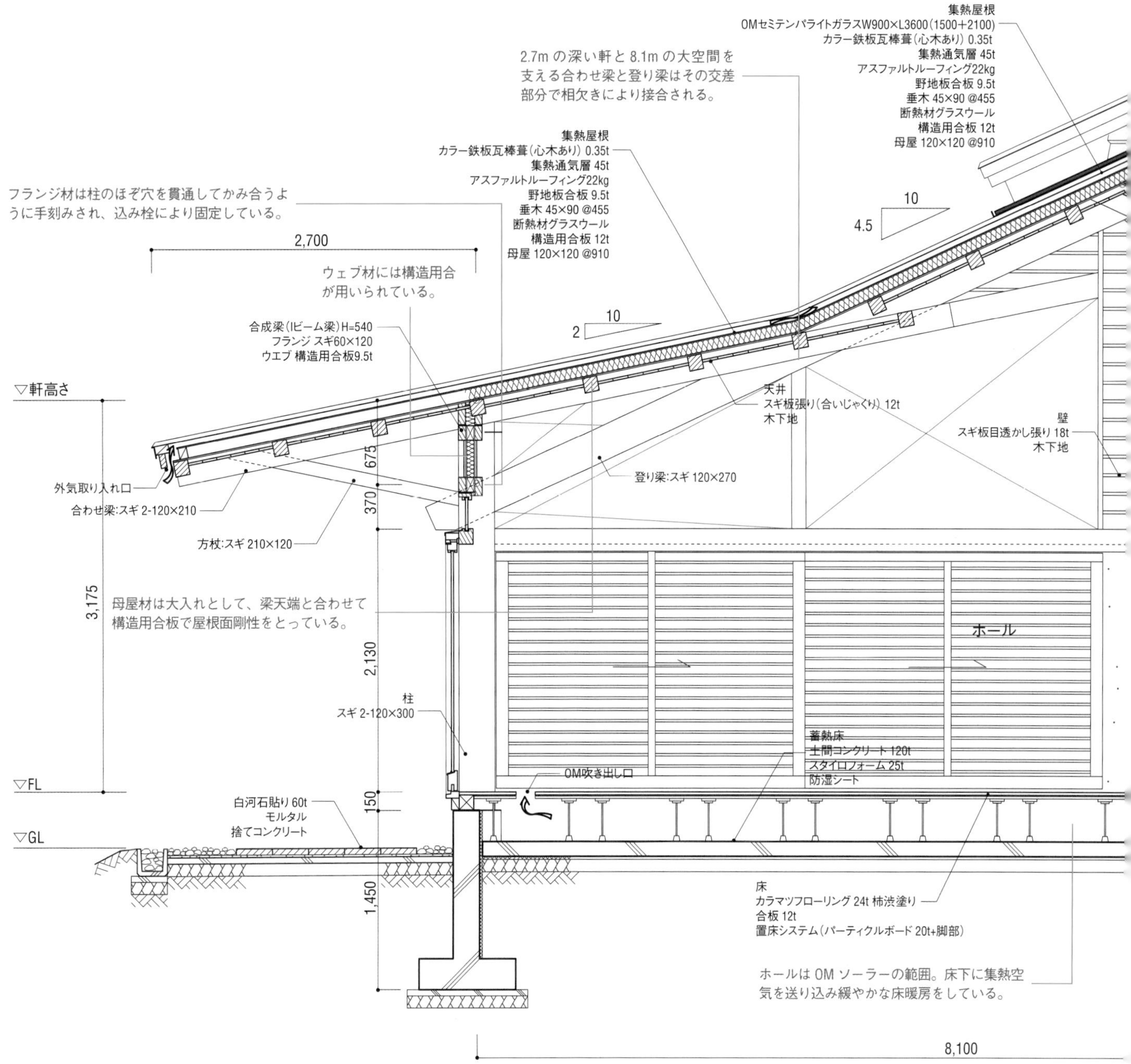
集熱屋根
OMセミテンパライトガラスW900×L3600(1500+2100)
カラー鉄板瓦棒葺(心木あり) 0.35t
集熱通気層 45t
アスファルトルーフィング22kg
野地板合板 9.5t
垂木 45×90 @455
断熱材グラスウール
構造用合板 12t
母屋 120×120 @910
2.7m の深い軒と 8.1m の大空間を支える合わせ梁と登り梁はその交差部分で相欠きにより接合される。
集熱屋根
カラー鉄板瓦棒葺(心木あり) 0.35t
集熱通気層 45t
アスファルトルーフィング22kg
野地板合板 9.5t
垂木 45×90 @455
断熱材グラスウール
構造用合板 12t
母屋 120×120 @910
フランジ材は柱のほぞ穴を貫通してかみ合うように手刻みされ、込み栓により固定している。
2,700
ウェブ材には構造用合が用いられている。
10
4.5
合成梁(Iビーム梁)H=540
フランジ スギ60×120
ウエブ 構造用合板9.5t
10
2
▽軒高さ
天井
スギ板張り(合いじゃくり) 12t
木下地
壁
スギ板目透かし張り 18t
木下地
675
外気取り入れ口
登り梁:スギ 120×270
合わせ梁:スギ 2-120×210
370
方杖:スギ 210×120
3,175
母屋材は大入れとして、梁天端と合わせて構造用合板で屋根面剛性をとっている。
ホール
2,130
柱
スギ 2-120×300
蓄熱床
土間コンクリート 120t
スタイロフォーム 25t
防湿シート
▽FL
OM吹き出し口
150
白河石貼り 60t
モルタル
捨てコンクリート
▽GL
1,450
床
カラマツフローリング 24t 柿渋塗り
合板 12t
置床システム(パーティクルボード 20t+脚部)
ホールは OM ソーラーの範囲。床下に集熱空気を送り込み緩やかな床暖房をしている。
8,100

ホール部分の木造架構。合わせ柱・合わせ梁、登り梁（方杖）による。

登り梁の「余長」部分と軒を支える方杖材の詳細柱側面からI型合成梁の余長がのぞく。

従来の大工の加工技術と地場産無垢材によって施設が求める大空間をつくるために、仕口には鋼板類を使用せず、相欠きを多用して木材のもつ粘り強さを活かした構造設計を行った。

上棟時までは、大工棟梁も棟部分が下がるのではないかと危惧していたが、見事に不安は払拭され、その後の震災にも耐えた。構造設計の理論と精緻な大工技術が互いの信頼に基づき、自らの能力を充分に発揮した成果である。

chapter

1-3 大工の技を活かす

太鼓梁による架構

南伊豆の住宅1

この住宅の架構にはアテの松丸太を太鼓に落としたものを利用している。不整な曲率である丸太から適当なものを大工に用意してもらい、母屋を幾何学的なアールに合わせるべく、寸法の違う束の上に置いた。天井裏が極力ボタッとならないように、太鼓に落とした各々の梁の曲線に合わせて天井を張っている。

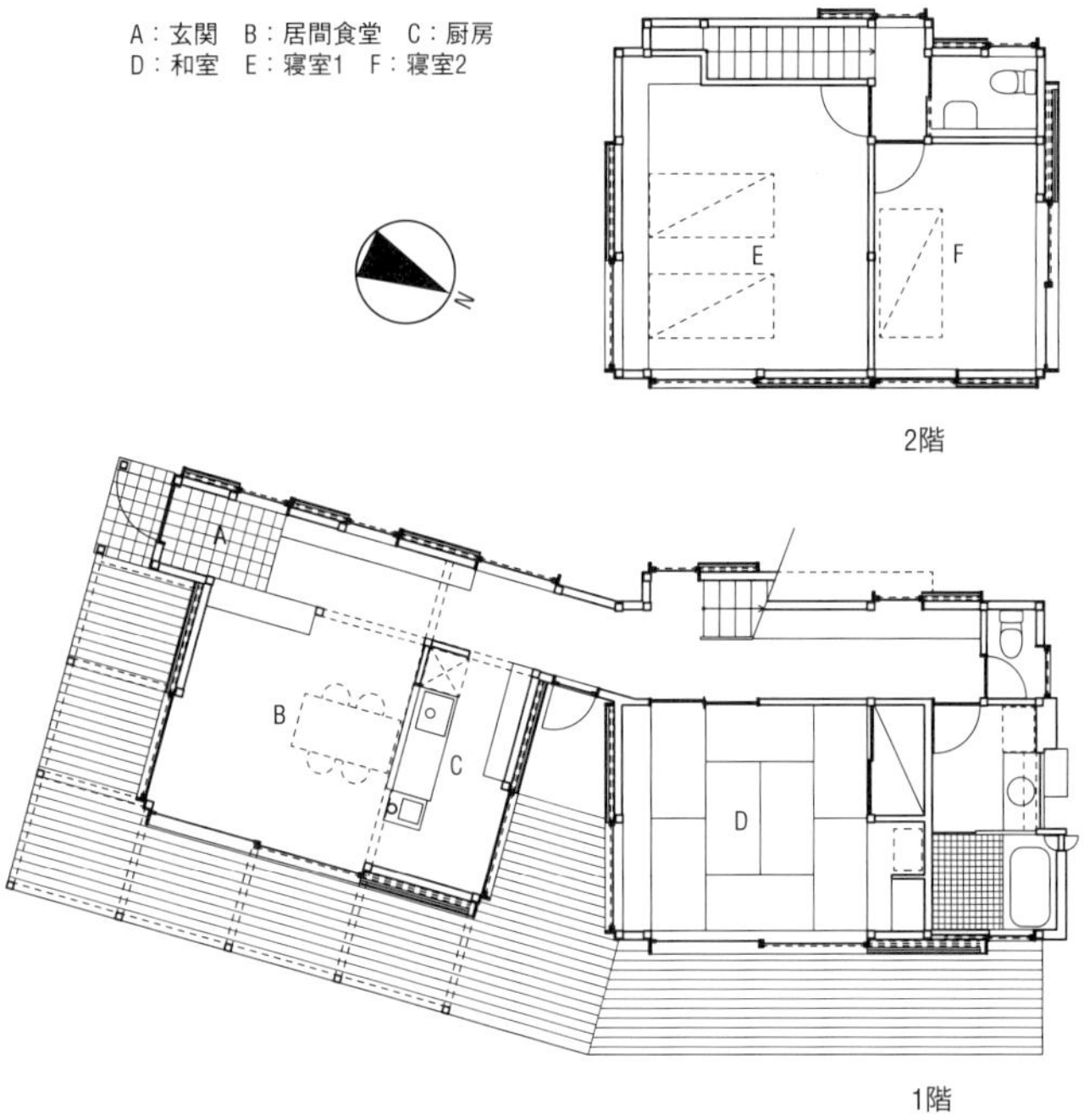
A：玄関　B：居間食堂　C：厨房
D：和室　E：寝室1　F：寝室2
E
F
2階
A
B
C
D
1階

住宅は2棟に分かれ、その2棟の家が斜めに連結したような配置になっている。南側の棟は1階建てで居間に、奥の棟は2階建てで主に就寝、休息のスペース。2つのブロックは、前面道路に合わせて折れ曲がる形状となった。

平面図｜S=1/200

南側外観。段々畑の跡に建てられている。屋根は上から見られることを考慮してボールト状となった。周囲の景観に合わせて建物高さはぎりぎりに抑えている。

東側に大きく開放された和室。

居間から和室へ続く廊下を見る。小屋組にはアテの松丸太を太鼓に落としたものを使用している。

松のアテ材をつかった天井梁。アテ材とは、山の斜面から生えた木が斜めに出てきて、そこから改めて上へ伸び、途中から曲がって上に伸びている木から切り出した材のこと。そのアテ材を太鼓に落とした複数の梁の曲線に合わせて天井を張っている。

内部の居間と同レベルで広がるテラス。テラスに面した扉、雨戸・ガラス戸は開放できる。柱と梁があることで、内部と外部がつながっているように感じられる。

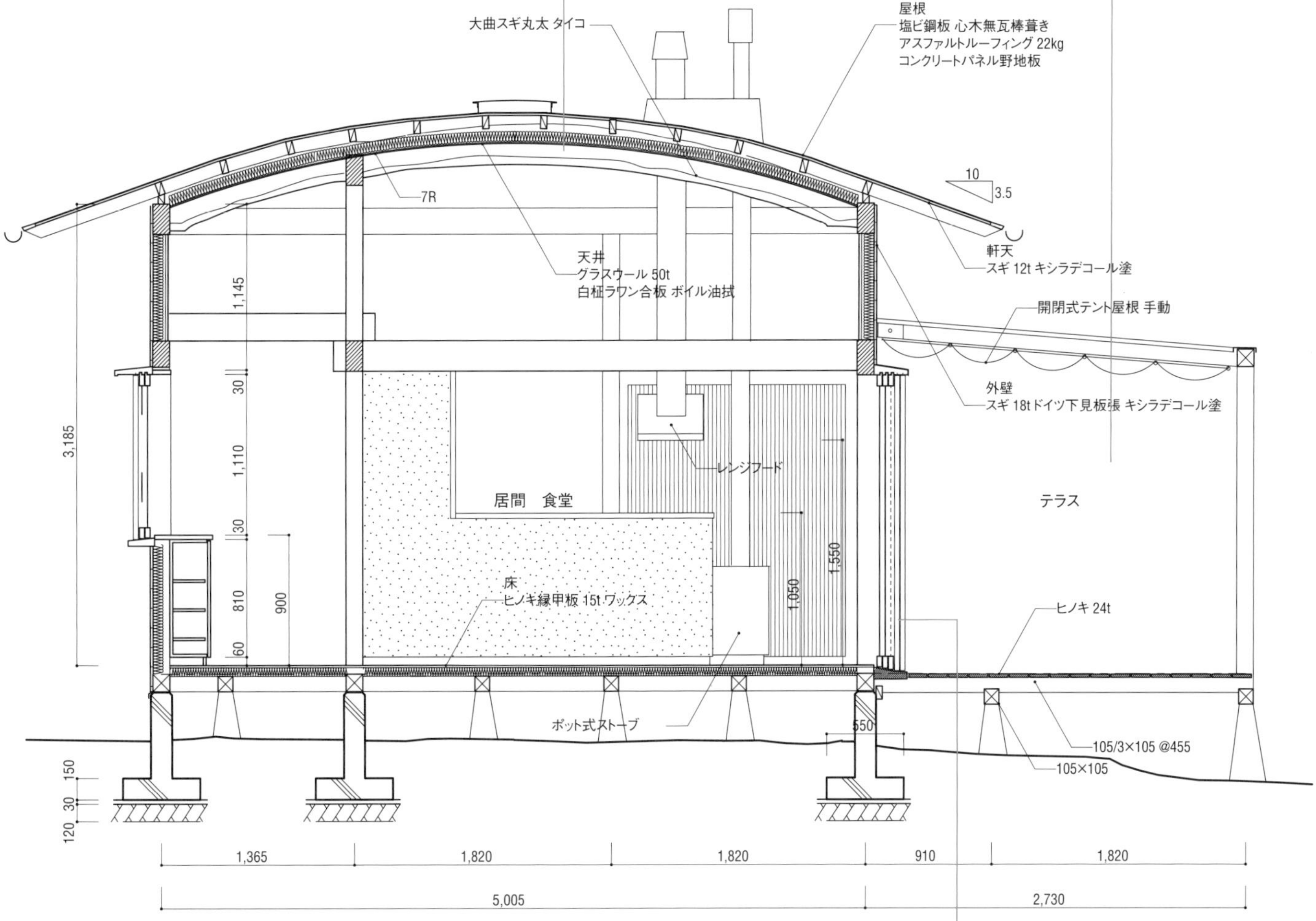
大曲スギ丸太 タイコ
屋根
塩ビ鋼板 心木無瓦棒葺き
アスファルトルーフィング 22kg
コンクリートパネル野地板
7R
10
3.5
軒天
スギ 12t キシラデコール塗
天井
グラスウール 50t
白柾ラワン合板 ボイル油拭
開閉式テント屋根 手動
外壁
スギ 18t ドイツ下見板張 キシラデコール塗
レンジフード
居間　食堂
テラス
床
ヒノキ縁甲板 15t ワックス
ヒノキ 24t
ポット式ストーブ
550
105/3×105 @455
105×105
3,185
1,145
30
1,110
30
810
60
900
1,050
1,550
150
30
120
1,365
1,820
1,820
910
1,820
5,005
2,730

矩計図 | S=1/50

柱梁をあらわした真壁。建具は大きめで 170㎝の幅のものもあり、低い階高さに合わせて建具の高さも低めのため、ほぼ正方形に近いプロポーション。

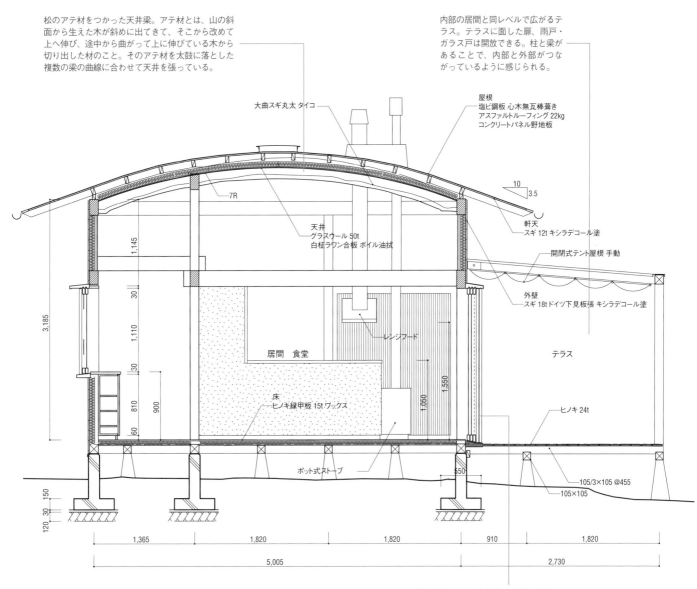

施工性と集熱効率を叶える屋根

むさしの・iタウン木造ドミノ住宅／信濃境の週末住宅

「むさしのiタウン」木造ドミノ住宅 モデルハウス：設計　野沢正光建築工房＋半田正俊設計事務所

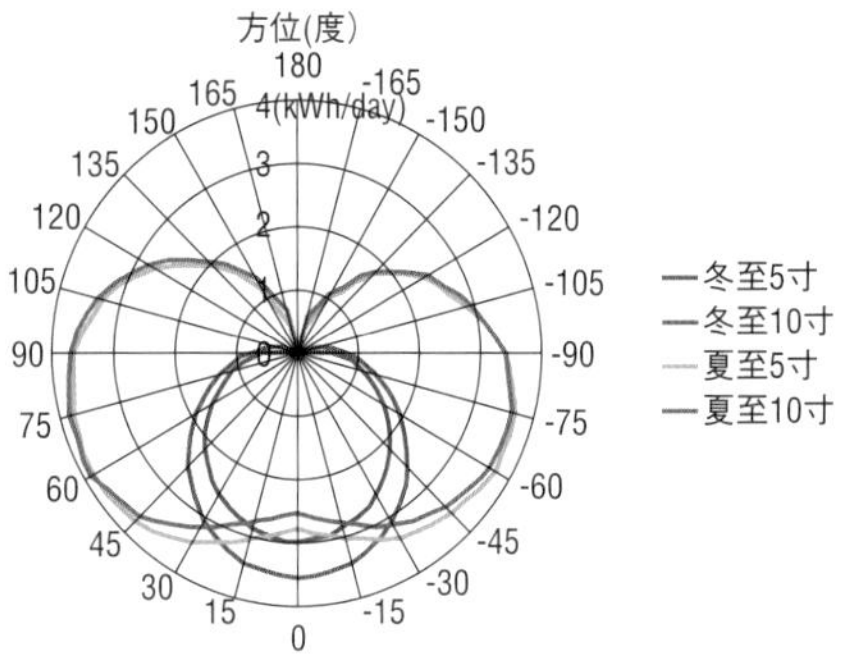
方位(度)
180
-165
165
150
-150
135
-135
120
-120
105
-105
90
-90
75
-75
60
-60
45
-45
30
-30
15
-15
0
4(kWh/day)
3
2
1
0
—冬至5寸
—冬至10寸
—夏至5寸
—夏至10寸

日射量分布図

東京府中での各方位の面に対する5寸勾配と10寸勾配での日射量を比較した。冬至の一日積算値では真南の屋根では10寸の屋根の方が5寸より1.2倍日射量が多い。夏至の一日では逆に5寸の屋根の方が10寸より1.15倍、受ける日射量が多い。集熱量と日射量は放熱、集熱温度の上昇が飽和するため比例するわけではないが、住宅程度の短い集熱面では日射量と集熱量の関係は密接といえる。

計算式：ブーゲの式　IDN ＝ I0P^1/sinh

太陽定数 I0=1395.4W/㎡※1

大気透過率 P=0.7 ※2

ある特定の方位の垂直壁面に対する快晴時過直面直達日射量 IDV ＝ IDNcoshcos γ ＝ （I0P^1/sinh）coshcos γ

α：方位角

ε：壁面の法線方向に対する南からの偏角

γ：壁面に対する太陽方位角

γ＝α－ε

-2/ π ≦ γ ≦ 2/ π としそれ以外の γ =2/ π (cos γ =0)

※1：公転軌道が楕円なので実際は刻々と変わるがここでは季節変化を見る目的で一定としている

※2：月別、時刻別に変化するがここでは一定としている

※参考文献：『住まいから寒さ・暑さを取り除く』荒谷 登

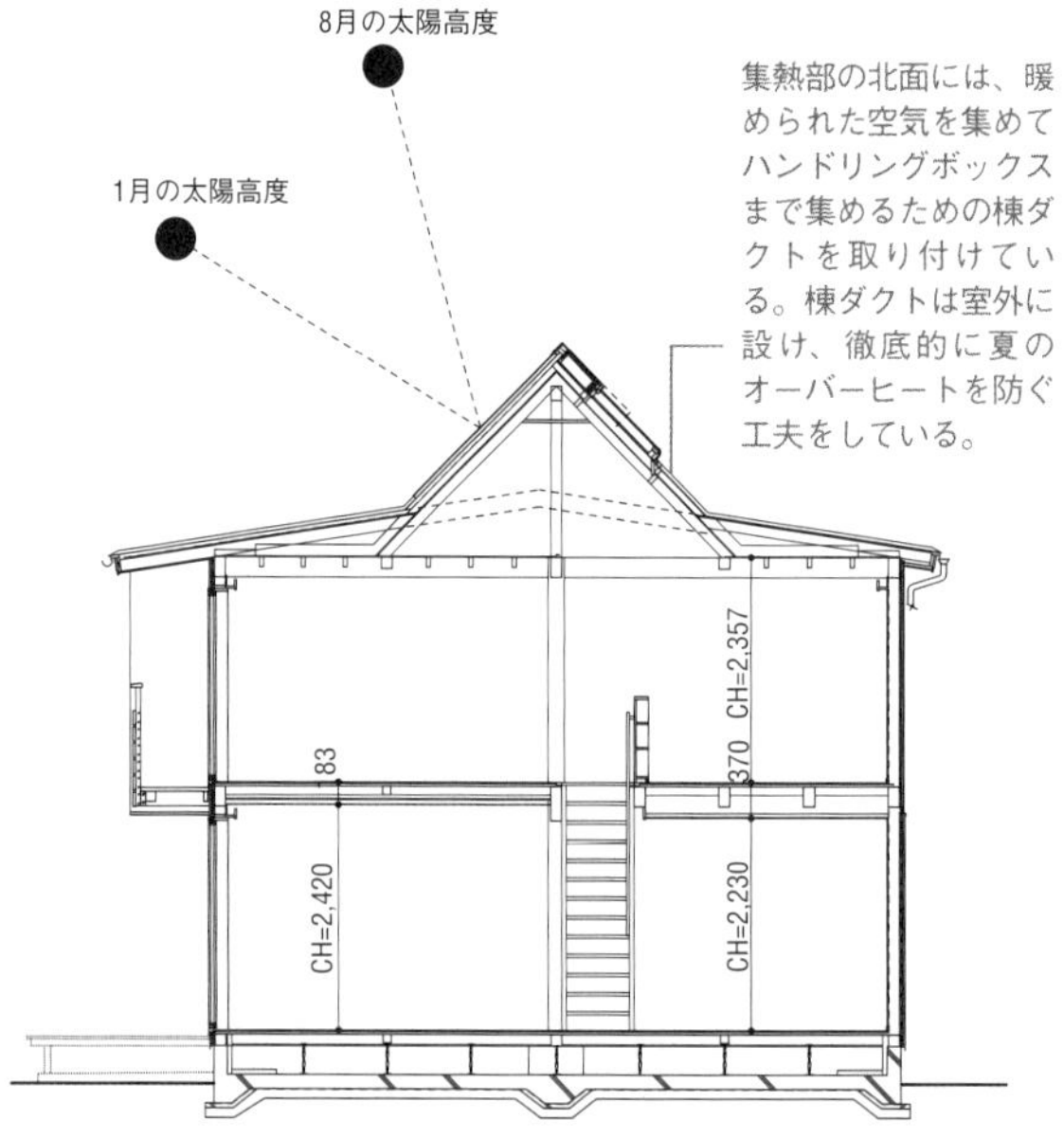
8月の太陽高度
1月の太陽高度
集熱部の北面には、暖められた空気を集めてハンドリングボックスまで集めるための棟ダクトを取り付けている。棟ダクトは室外に設け、徹底的に夏のオーバーヒートを防ぐ工夫をしている。
CH=2,357
83
370
CH=2,420
CH=2,230

むさしのiタウン｜断面図｜S=1/150

木造ドミノシステムの屋根は、開発当初より緩勾配の一般部に10寸勾配のとんがり屋根の集熱部を載せた形状になっている。この10寸の集熱部は、冬には集熱効率を高め、夏にはオーバーヒートを抑える効果がある。冬の南中時の太陽高度は30～40°程度と低いため、屋根の勾配がきついと太陽光が直角に近い角度で入射するため集熱効率が高くなる。夏は逆に集熱効率は下がるが、集熱時に屋根が高温になりすぎるのが課題であったため、この屋根勾配にすることで2つの課題を同時に解決することに繋がった。

信濃境の週末住宅

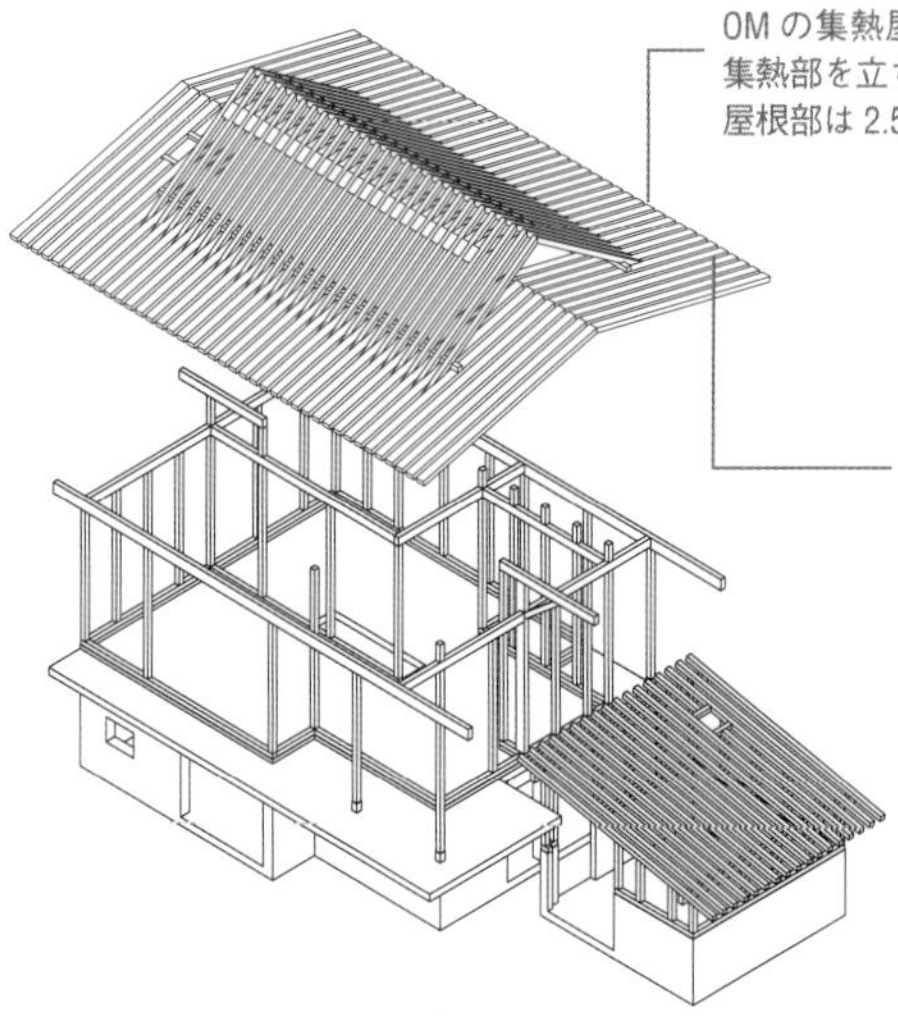
OMの集熱屋根：7寸勾配で集熱部を立ち上げている。平屋根部は2.5寸勾配。
このような大スパン架構の場合、通常は梁成を大きくする必要があるが、架構を303㎜ピッチにすることで負担荷重を減らしている。13.5㎜ずつの相欠きで120㎜と210㎜の材が交互に噛み合うような密実な板状の構造とすることで、両者とも120㎜の成で構成している。

信濃境の週末住宅｜軸組図

信濃境の週末住宅では屋根の中央部、OMの集熱パネルが載る部分は7寸の急勾配。軒部分は2・5寸の緩勾配で深い軒の出を確保している。これは木造ドミノ住宅と共通した集熱効率を考えた屋根形状であるが、架構のつくり方はドミノとは異なり、内部に屋根の構造材を見せるデザインで、稲山氏の設計によるものである。頂部を開き止め材で剛につないだ7寸勾配の合掌構造から2・5寸勾配側の垂木材が支点桁方式で跳ね出す架構形式で、内部空間に梁間方向を横切る横架材はない。

途中で勾配が切り替わった屋根架構が303ピッチできれいに並んでいる。

chapter

1-4

集熱効率を高める

実験的な急勾配集熱屋根

いわむらかずお絵本の丘美術館アトリエ棟／長池公園自然館

住居棟は、21メートルに渡る南面急勾配（10／7）屋根を集熱面としている。集熱屋根の勾配は、太陽高度の低い冬季の集熱効率を重視すれば、急勾配とする方が有利である。しかしながら集熱ロスを防ぐための強化ガラスの設置については、急勾配になるとガラス破損時の危険度や取り付け時の難易度が上がる。そこでここではガラスに替えて、重量や強度、加工性、高所設置に優位性が認められるポリカーボネート板（厚さ3・0㎜）の採用を試みた。メーカーとの実験・協議を踏まえ、熱による面内変形を逃しやすいように、点（ポイント）で支持している。

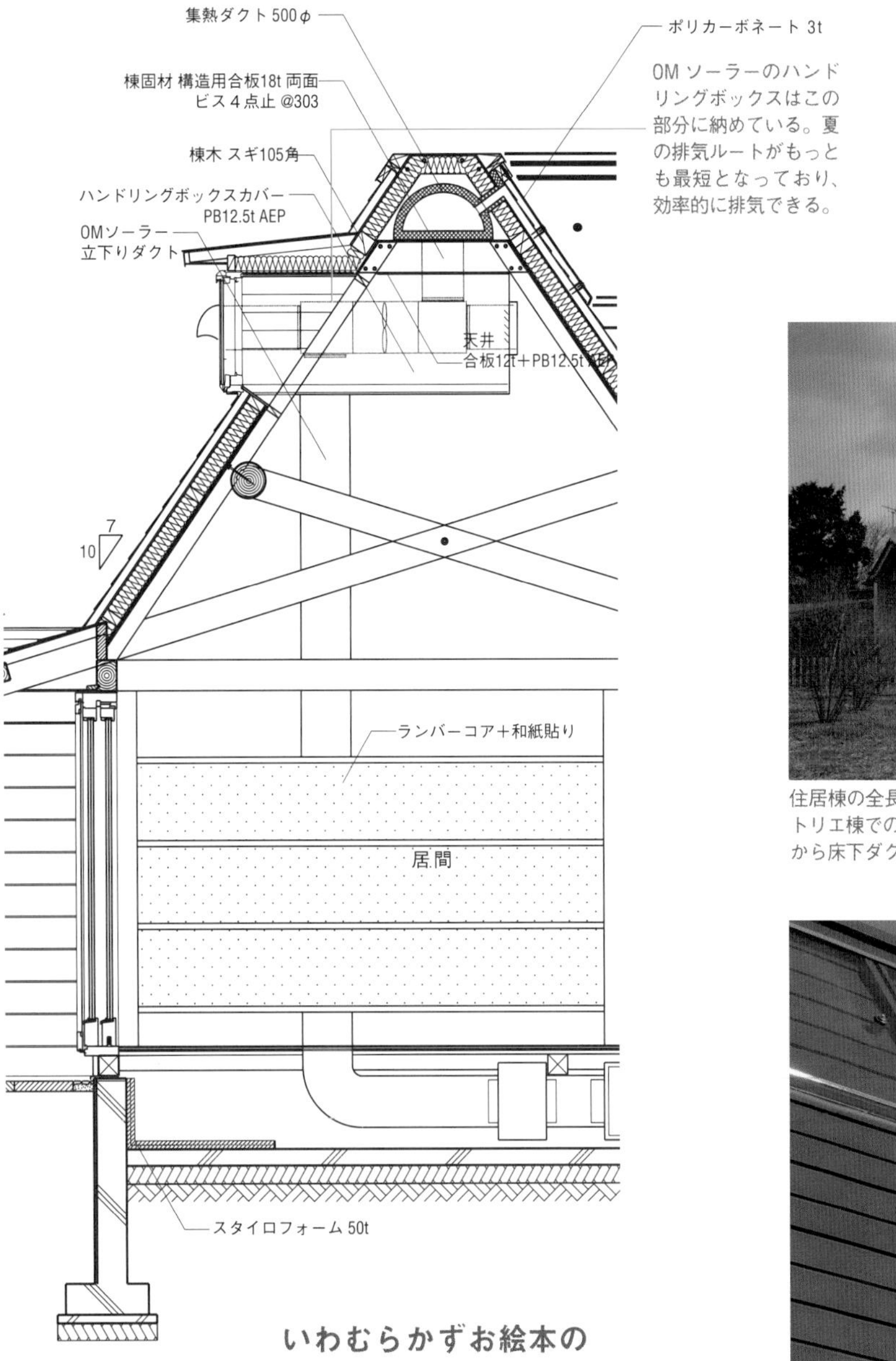
集熱ダクト 500φ
棟固材 構造用合板18t 両面
ビス 4 点止 @303
棟木 スギ105角
ハンドリングボックスカバー
PB12.5t AEP
OMソーラー
立下りダクト
ポリカーボネート 3t
OM ソーラーのハンドリングボックスはこの部分に納めている。夏の排気ルートがもっとも最短となっており、効率的に排気できる。
天井
合板12t＋PB12.5t
7
10
ランバーコア＋和紙貼り
居間
スタイロフォーム 50t

いわむらかずお絵本の丘美術館アトリエ住居棟

矩計図 S=1/50

住居棟の全長 21 メートルにわたる屋根面で集熱し、方形のアトリエ棟での集熱は行っていない。集熱された空気は、居住棟から床下ダクトを通じてアトリエ棟にも送られている。

ポリカーボネート板の集熱部分。ポリカーボネート板は熱による面内変形が大きいので、ポイントで固定し変形に追随できるようにした。ガラスの場合は下部に押さえ金物が必要だが、吹上防止のために板の下端部分を折り曲げ加工をしたことで、押さえ金物が不要となり、すっきりとした納まりとなっている。

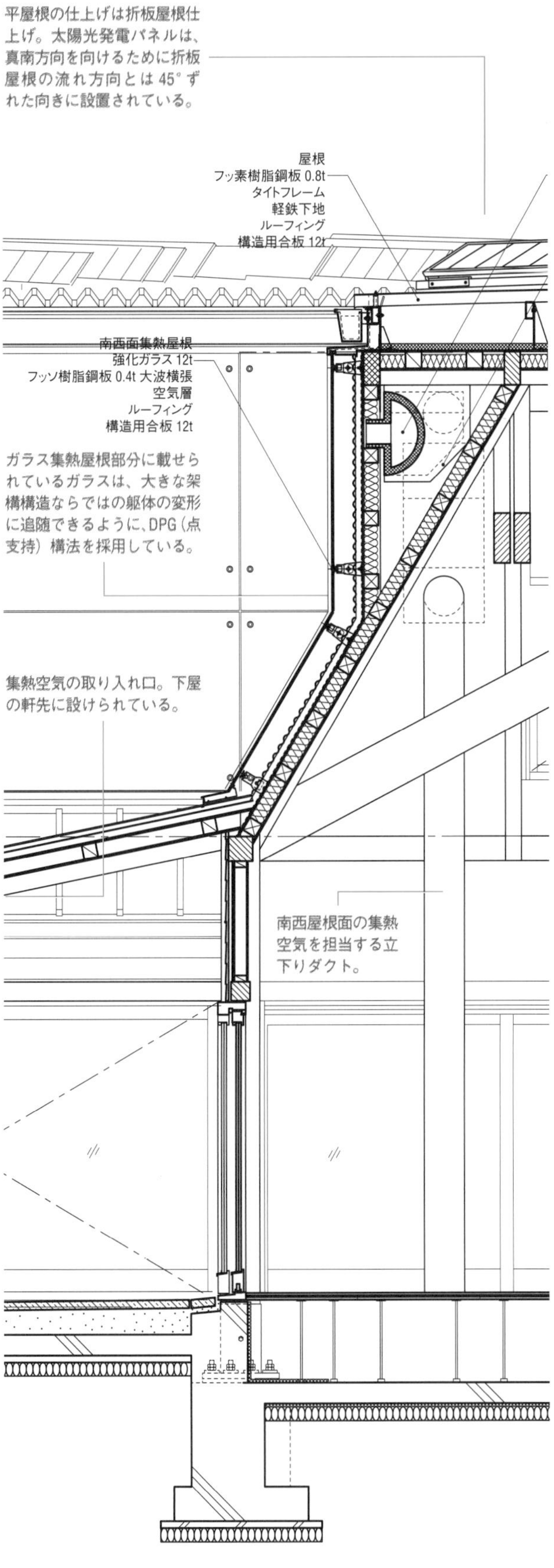
平屋根の仕上げは折板屋根仕上げ。太陽光発電パネルは、真南方向を向けるために折板屋根の流れ方向とは45°ずれた向きに設置されている。
屋根
フッ素樹脂鋼板 0.8t
タイトフレーム
軽鉄下地
ルーフィング
構造用合板 12t
南西面集熱屋根
強化ガラス 12t
フッソ樹脂鋼板 0.4t 大波横張
空気層
ルーフィング
構造用合板 12t
ガラス集熱屋根部分に載せられているガラスは、大きな架構構造ならではの躯体の変形に追随できるように、DPG（点支持）構法を採用している。
集熱空気の取り入れ口。下屋の軒先に設けられている。
南西屋根面の集熱空気を担当する立下りダクト。

長池公園自然館｜矩計図｜S=1/50

展示室1の南東の集熱屋根と北東面の外壁を見る。外付けされた金属製の箱は、OMソーラーのハンドリングボックスを収納するためのもの。南東集熱面を担当するハンドリングボックスが収納されている。外部からのメンテナンスが可能。

敷地北側にある展示室2の屋根面。緩勾配の下屋部分は鋼板屋根仕上げ。急勾配面と壁面の高温集熱部は、強化ガラスをDPG（点支持）構法により取り付け、集熱ロスを防いでいる。ガラス下の集熱屋根には、平板面よりも集熱効率が高いとされている大波鋼板を採用している。

展示各室、レクチャー室、工房の各棟は、南面に正対せず45度振って配置し、南東屋根・南西屋根の2面集熱を行っている。2面ある集熱屋根に対応して系統を2つに分けることで、南東屋根は午前から午後の前半あたりまでの集熱を担当し、南西面は午後から夕方までを担当させ、1日中効率的に集熱ができるようになっている。施設建築であることから直射光成分の多い南面からの採光にこだわる必要がないため、自然採光は北面で確保し、集熱量を十分に確保するために南側壁面（垂直面）での集熱も試みている。

chapter

1-5

熱を蓄え
逃がさない

蓄熱するコンクリートブロックの壁

小金井中町の住宅

斜面地という敷地形状を残すために斜面上部に基礎部分を置き、ポストで支持され、張り出した床版の上部に木造架構を組む構成としている。北側に積まれた補強コンクリートブロックは住宅全体の蓄熱性を増し、OMソーラーシステムとともに室内環境を安定させている。

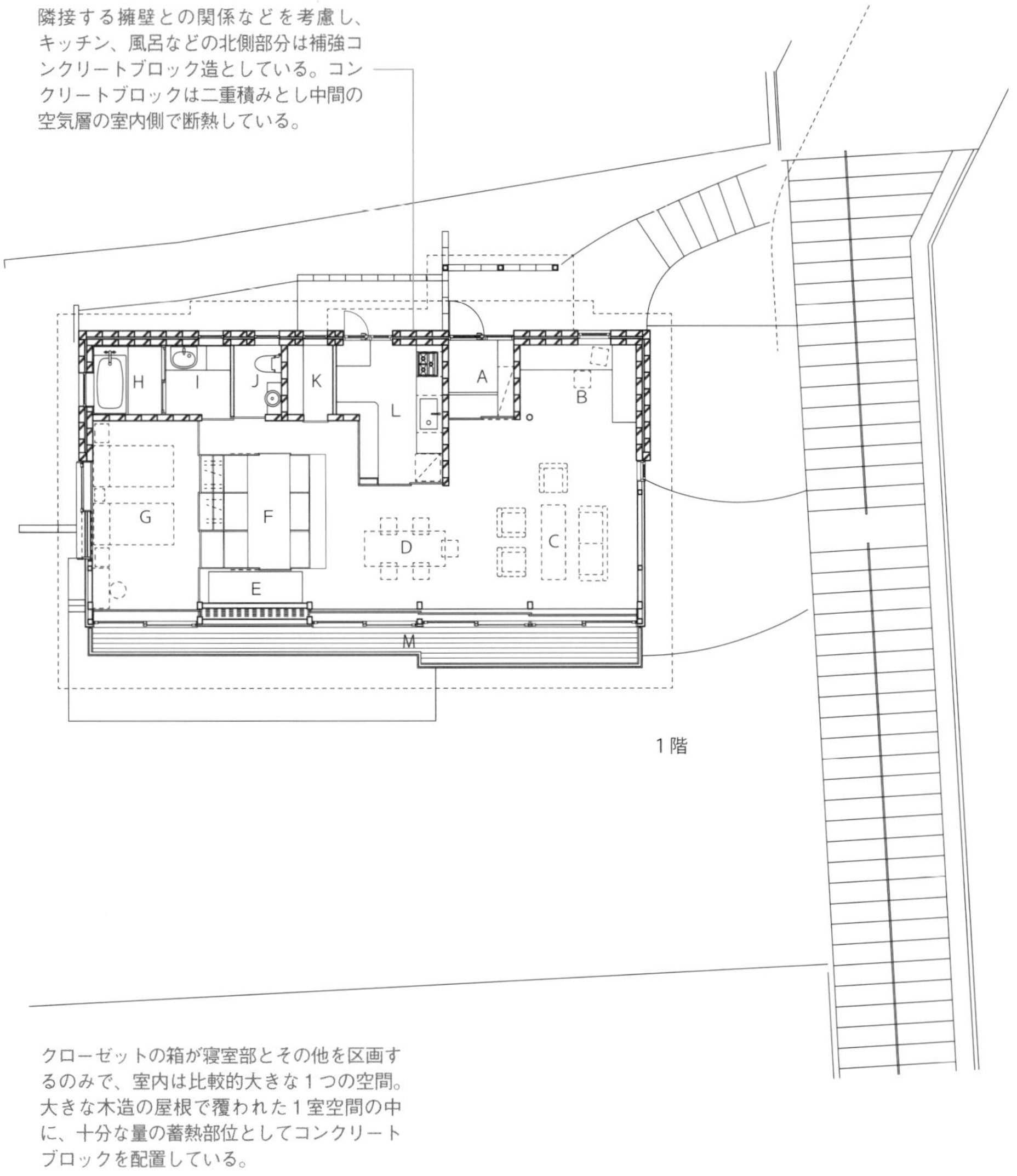
隣接する擁壁との関係などを考慮し、キッチン、風呂などの北側部分は補強コンクリートブロック造としている。コンクリートブロックは二重積みとし中間の空気層の室内側で断熱している。
H
I
J
K
A
L
B
G
F
D
C
E
M
クローゼットの箱が寝室部とその他を区画するのみで、室内は比較的大きな１つの空間。大きな木造の屋根で覆われた１室空間の中に、十分な量の蓄熱部位としてコンクリートブロックを配置している。

１階

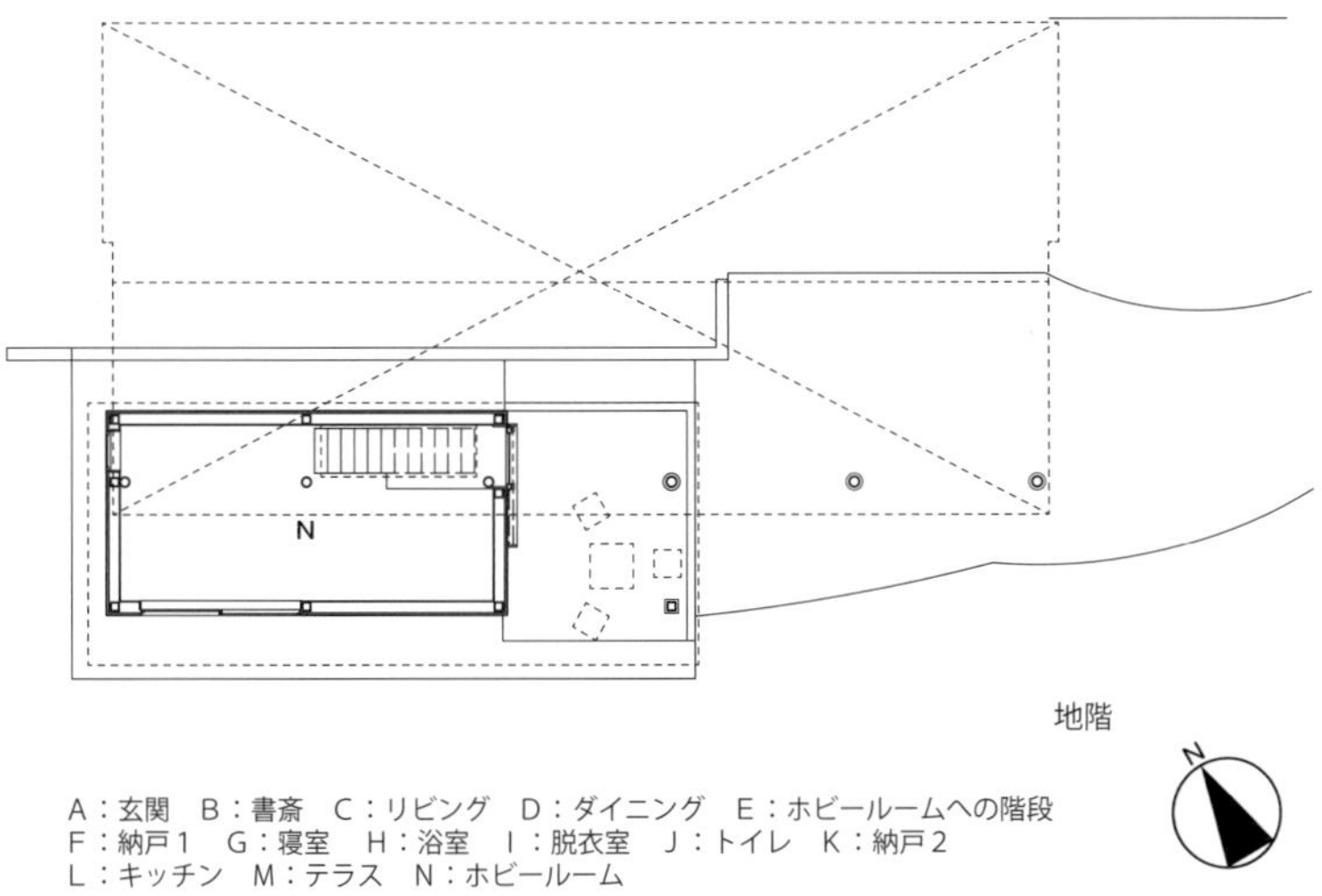
N

地階

A：玄関　B：書斎　C：リビング　D：ダイニング　E：ホビールームへの階段
F：納戸１　G：寝室　H：浴室　I：脱衣室　J：トイレ　K：納戸２
L：キッチン　M：テラス　N：ホビールーム

平面図 | S=1/200

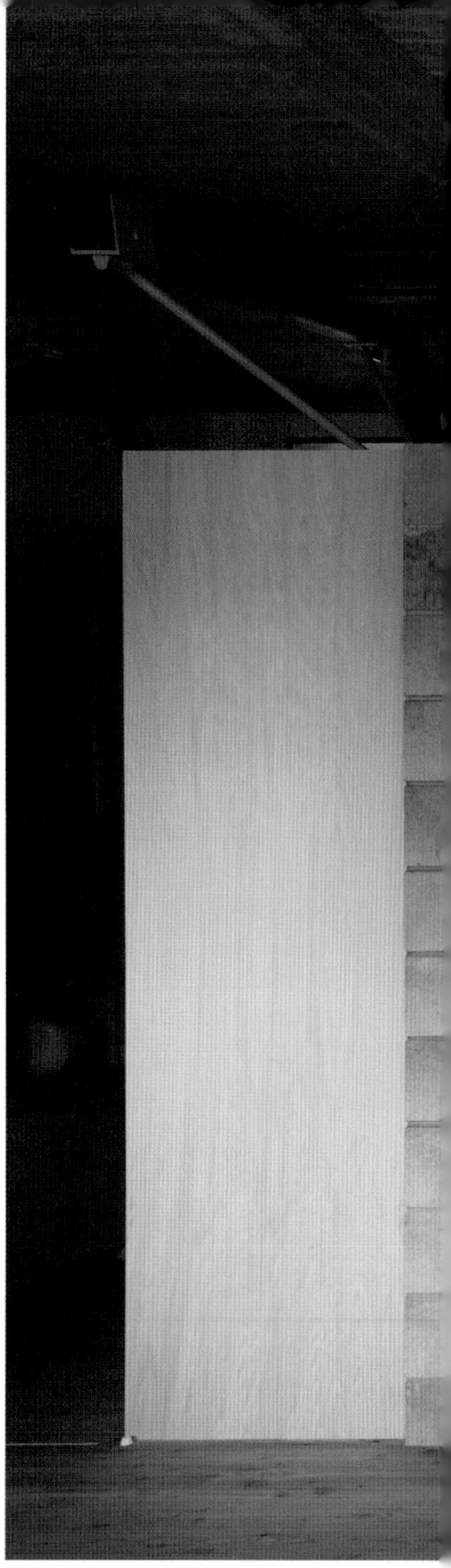

リビングより北側の玄関・書斎方向を見る。北側は補強コンクリートブロック造の上に鉄でサポートした木造の架構を組んでいる。左奥上部に見えている丸い筒がOMソーラーのダクト。

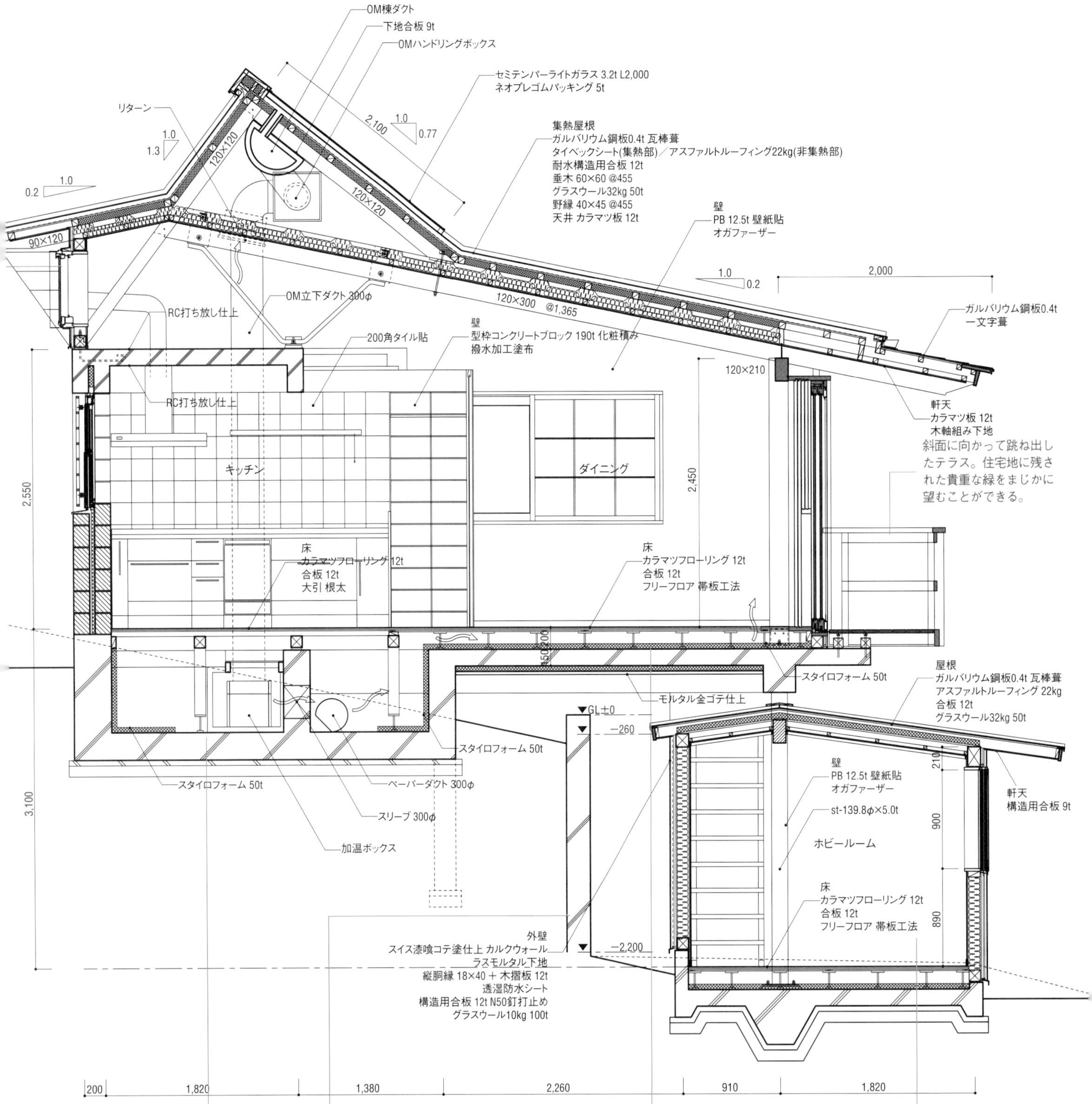
OM棟ダクト
下地合板 9t
OMハンドリングボックス
セミテンパーライトガラス 3.2t L2,000
ネオプレゴムパッキング 5t
リターン
1.0
1.3
2,100
1.0
0.77
0.2
1.0
120×120
120×120
集熱屋根
ガルバリウム鋼板0.4t 瓦棒葺
タイベックシート(集熱部)／アスファルトルーフィング22kg(非集熱部)
耐水構造用合板 12t
垂木 60×60 @455
グラスウール32kg 50t
野縁 40×45 @455
天井 カラマツ板 12t
壁
PB 12.5t 壁紙貼
オガファーザー
90×120
1.0
0.2
2,000
OM立下ダクト 300φ
120×300 @1,365
RC打ち放し仕上
ガルバリウム鋼板0.4t
一文字葺
壁
型枠コンクリートブロック 190t 化粧積み
撥水加工塗布
200角タイル貼
120×210
RC打ち放し仕上
軒天
カラマツ板 12t
木軸組み下地
斜面に向かって跳ね出したテラス。住宅地に残された貴重な緑をまじかに望むことができる。
キッチン
ダイニング
2,450
2,550
床
カラマツフローリング 12t
合板 12t
大引 根太
床
カラマツフローリング 12t
合板 12t
フリーフロア 帯板工法
150
200
スタイロフォーム 50t
モルタル金ゴテ仕上
屋根
ガルバリウム鋼板0.4t 瓦棒葺
アスファルトルーフィング 22kg
合板 12t
グラスウール32kg 50t
GL±0
−260
スタイロフォーム 50t
スタイロフォーム 50t
ペーパーダクト 300φ
スリーブ 300φ
3,100
加温ボックス
壁
PB 12.5t 壁紙貼
オガファーザー
st-139.8φ×5.0t
210
軒天
構造用合板 9t
900
ホビールーム
床
カラマツフローリング 12t
合板 12t
フリーフロア 帯板工法
890
外壁
スイス漆喰コテ塗仕上 カルクウォール
ラスモルタル下地
縦胴縁 18×40 + 木摺板 12t
透湿防水シート
構造用合板 12t N50釘打止め
グラスウール10kg 100t
−2,200
200
1,820
1,380
2,260
910
1,820

既存の擁壁。敷地の形状を極力保存した計画としたため、擁壁はほぼそのまま残している。

蓄熱しない鉄筋コンクリート基礎部分。南側の基礎は斜面からせり出しているので下部が外気に開放されている。このため蓄熱よりも断熱性を優先させコンクリートの室内側で断熱した。

既存擁壁に沿うかたちでつくった小屋。上階の床を上げ、室内階段を使ってここに下りることもできるが、別途入口もあり独立した場所となっている。

蓄熱する鉄筋コンクリート基礎部分。斜面形状にあわせ地中に埋め込まれた北側の基礎には、屋根で集めた暖かい空気を送り蓄熱している。

矩計図 | S=1/50

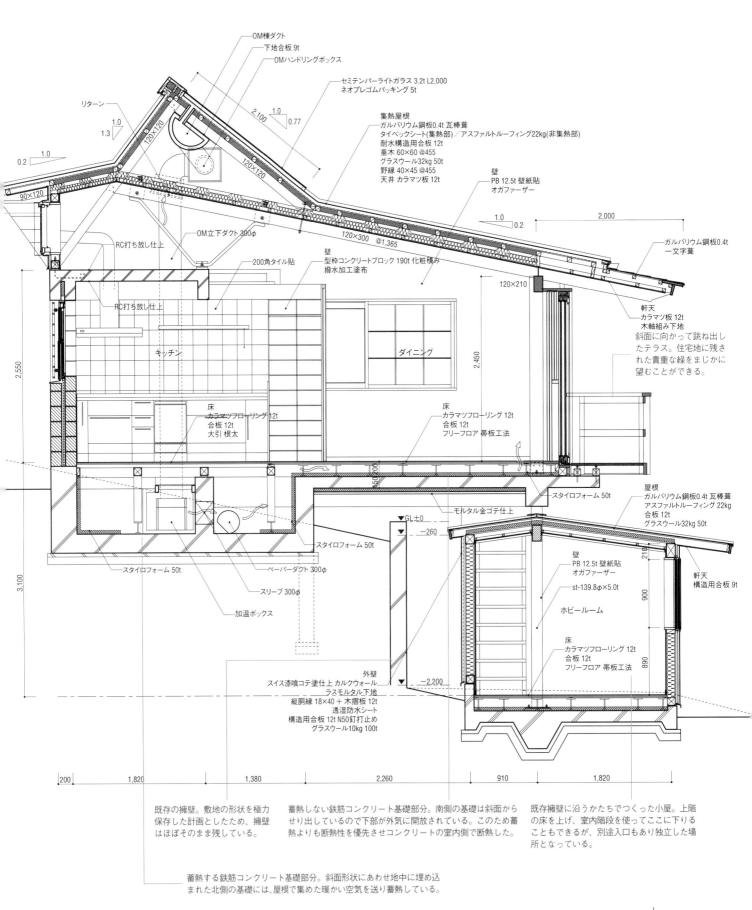

季節のいい時期は北側の高窓を開けることで空気が流れる。

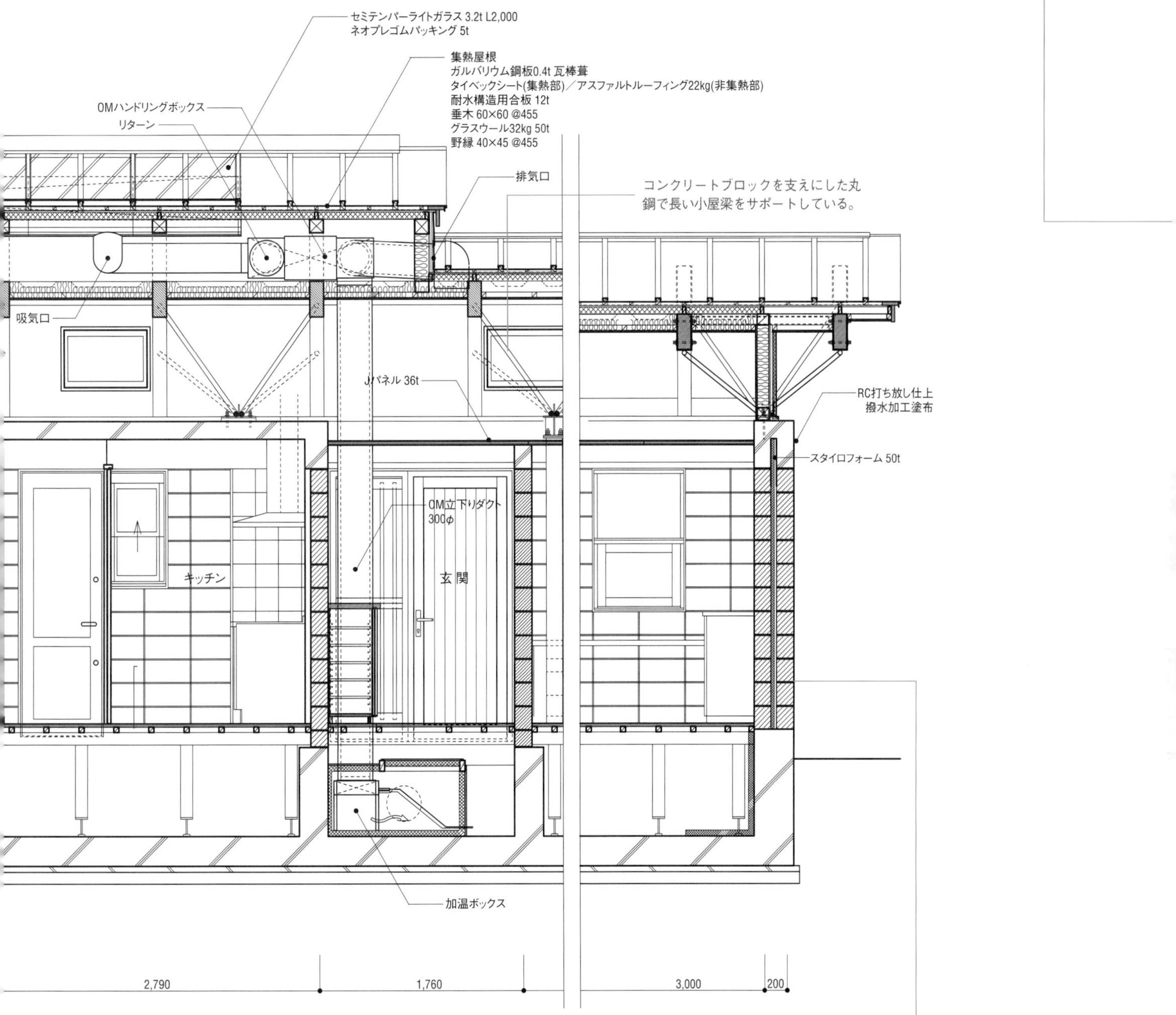

セミテンパーライトガラス 3.2t L2,000
ネオプレゴムパッキング 5t
集熱屋根
ガルバリウム鋼板0.4t 瓦棒葺
タイベックシート(集熱部)／アスファルトルーフィング22kg(非集熱部)
耐水構造用合板 12t
垂木 60×60 @455
グラスウール32kg 50t
野縁 40×45 @455
OMハンドリングボックス
リターン
排気口
コンクリートブロックを支えにした丸鋼で長い小屋梁をサポートしている。
吸気口
Jパネル 36t
RC打ち放し仕上
撥水加工塗布
スタイロフォーム 50t
OM立下りダクト
300φ
キッチン
玄関
加温ボックス
2,790
1,760
3,000
200

外壁はコンクリートブロックの2重積みとし、中間にある空気層の室内側に断熱材を吹き付けている。

chapter
1-5
熱を蓄え
逃がさない

熱溜まりのコンクリート造に載る木造

世田谷の住宅

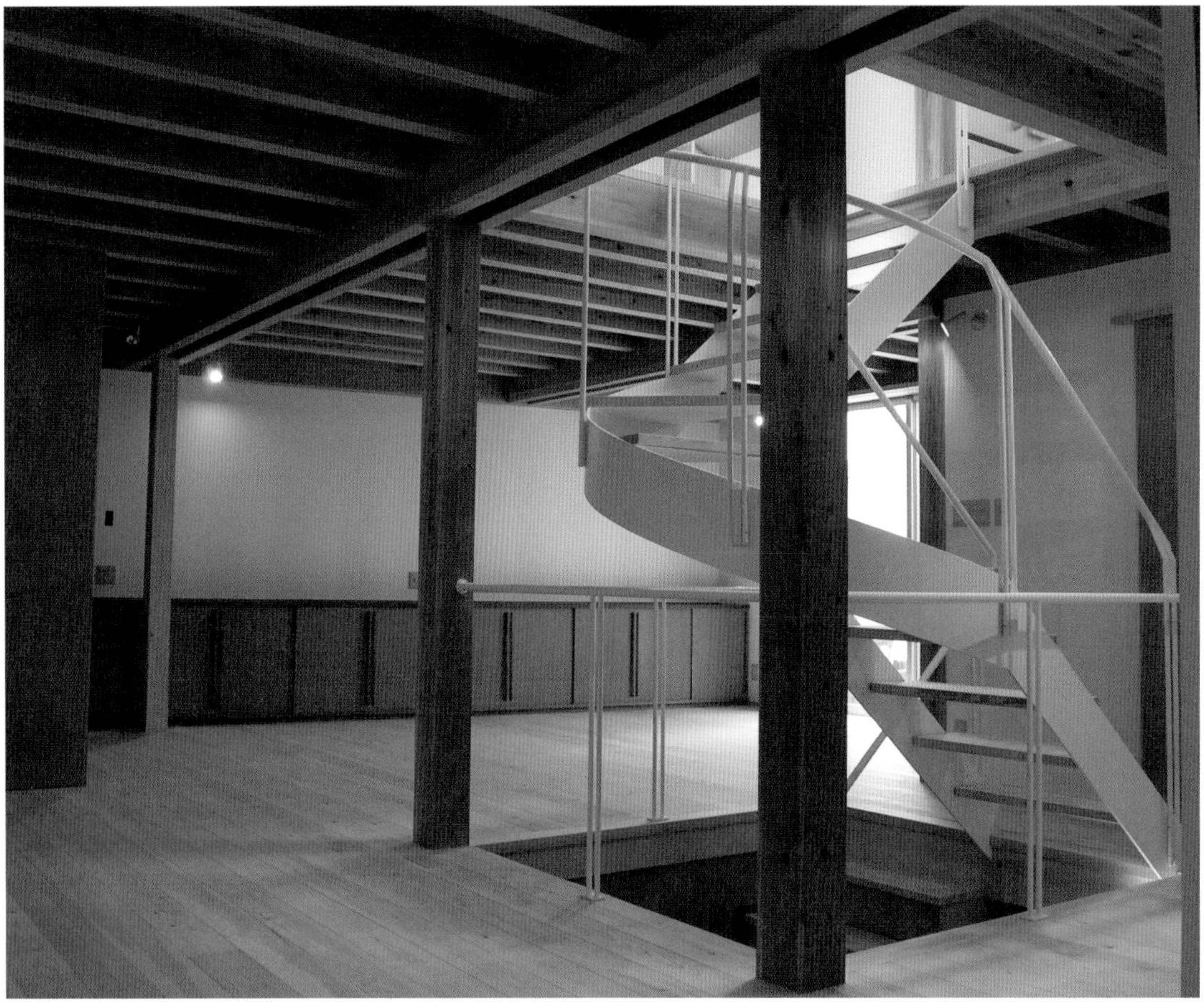

ダイニングからリビングを見る。連続した2階床小梁をダブルの大梁が支える。スケルトン・インフィルの考えで外周部にしか耐力壁がない構造システムで、内部は一体の空間になっている。

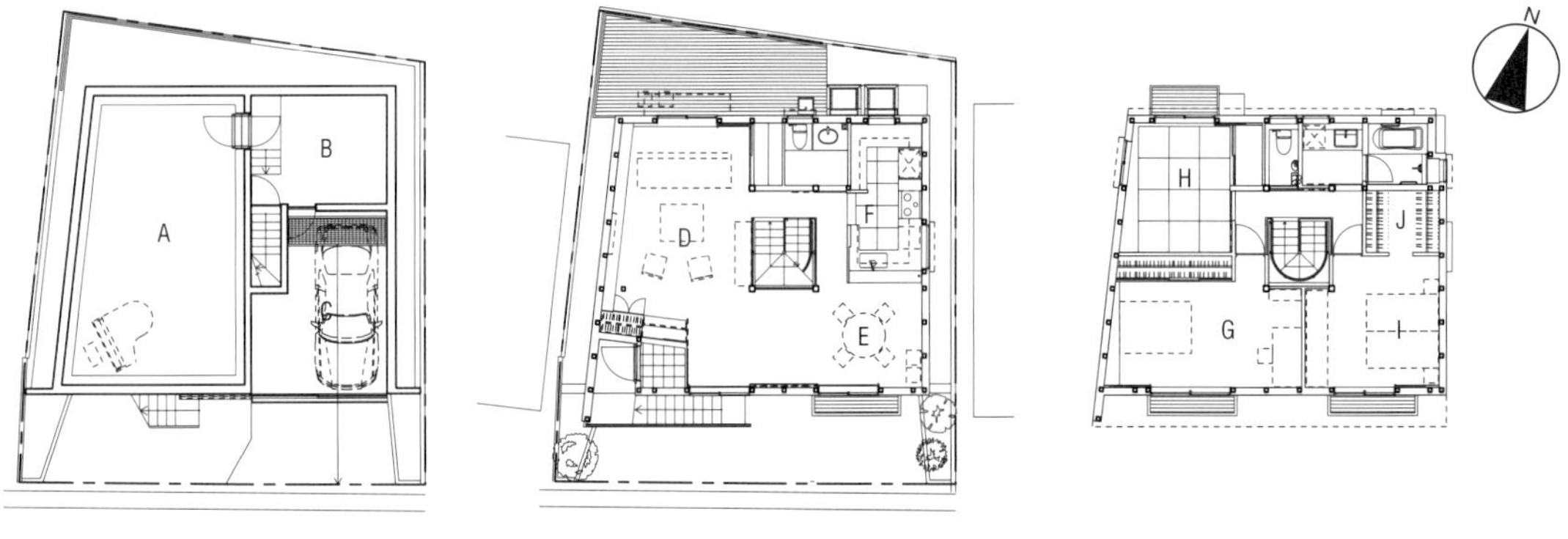

地階平面図　1階平面図　2階平面図

A：趣味室1　B：趣味室2　C：車庫　D：リビング　E：ダイニング　F：台所　G：寝室
H：和室　I：主寝室　J：クローゼット

平面図 | S=1/300

コンクリート造の地下室の上に木造を載せ、耐力壁である外周部、ガランドウのスケルトンに軽快な鉄骨階段を中央に配置した構成である。熱容量の大きいコンクリートが熱を溜め、安定した温熱環境をつくっており、高断熱＋地下室蓄熱により木造部分は一定以上の温度を保っている。1階床下を室内と同じ温熱空間として、全熱交換型換気扇で熱を回収して室内の空気が循環し、均質な温熱環境になるように工夫している。既製のアルミサッシの室内側に木戸を設え、防犯性と共に、昼は木戸を開けて日射を取り込み、夜間は木戸を閉めることで昼の熱を逃がさないようになっている。

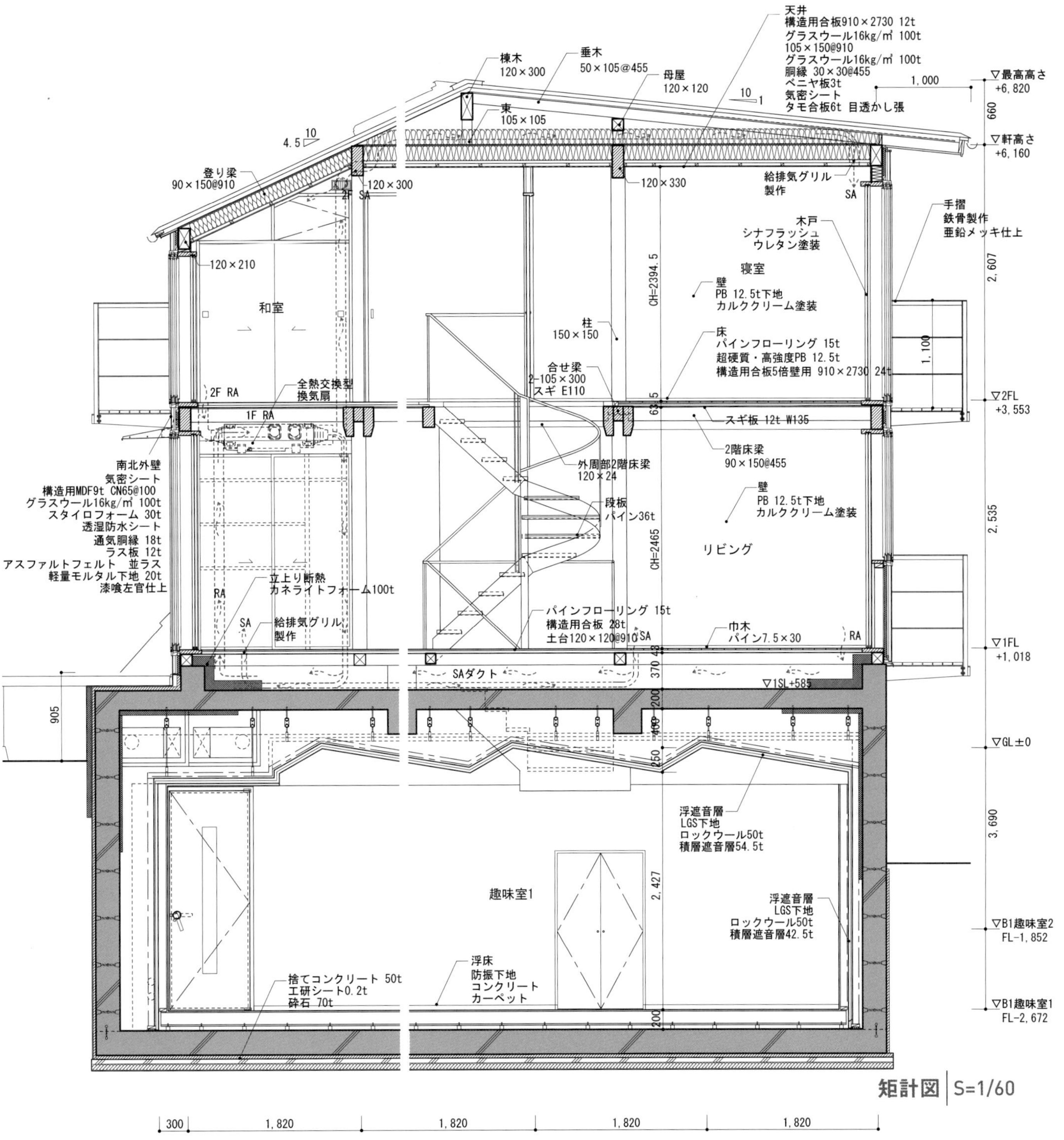
天井
構造用合板910×2730 12t
グラスウール16kg/㎥ 100t
105×150@910
グラスウール16kg/㎥ 100t
胴縁 30×30@455
ベニヤ板3t
気密シート
タモ合板6t 目透かし張
棟木
120×300
垂木
50×105@455
母屋
120×120
束
105×105
10
1
4.5
10
登り梁
90×150@910
120×300
2F SA
120×330
給排気グリル
製作
SA
1,000
▽最高高さ
+6,820
660
▽軒高さ
+6,160
手摺
鉄骨製作
亜鉛メッキ仕上
木戸
シナフラッシュ
ウレタン塗装
寝室
壁
PB 12.5t下地
カルククリーム塗装
120×210
和室
CH=2394.5
2,607
柱
150×150
床
パインフローリング 15t
超硬質・高強度PB 12.5t
構造用合板5倍壁用 910×2730 24t
1,100
合せ梁
2-105×300
スギ E110
全熱交換型
換気扇
2F RA
1F RA
▽2FL
+3,553
スギ板 12t W135
2階床梁
90×150@455
外周部2階床梁
120×24
南北外壁
気密シート
構造用MDF9t CN65@100
グラスウール16kg/㎥ 100t
スタイロフォーム 30t
透湿防水シート
通気胴縁 18t
ラス板 12t
アスファルトフェルト 並ラス
軽量モルタル下地 20t
漆喰左官仕上
壁
PB 12.5t下地
カルククリーム塗装
段板
パイン36t
2,535
リビング
CH=2465
立上り断熱
カネライトフォーム100t
RA
SA
給排気グリル
製作
パインフローリング 15t
構造用合板 28t
土台120×120@910
SA
巾木
パイン7.5×30
RA
▽1FL
+1,018
SAダクト
▽1SL+585
905
▽GL±0
浮遮音層
LGS下地
ロックウール50t
積層遮音層54.5t
3,690
趣味室1
2,427
浮遮音層
LGS下地
ロックウール50t
積層遮音層42.5t
▽B1趣味室2
FL-1,852
捨てコンクリート 50t
工研シート0.2t
砕石 70t
浮床
防振下地
コンクリート
カーペット
▽B1趣味室1
FL-2,672
300
1,820
1,820
1,820
1,820

矩計図 S=1/60

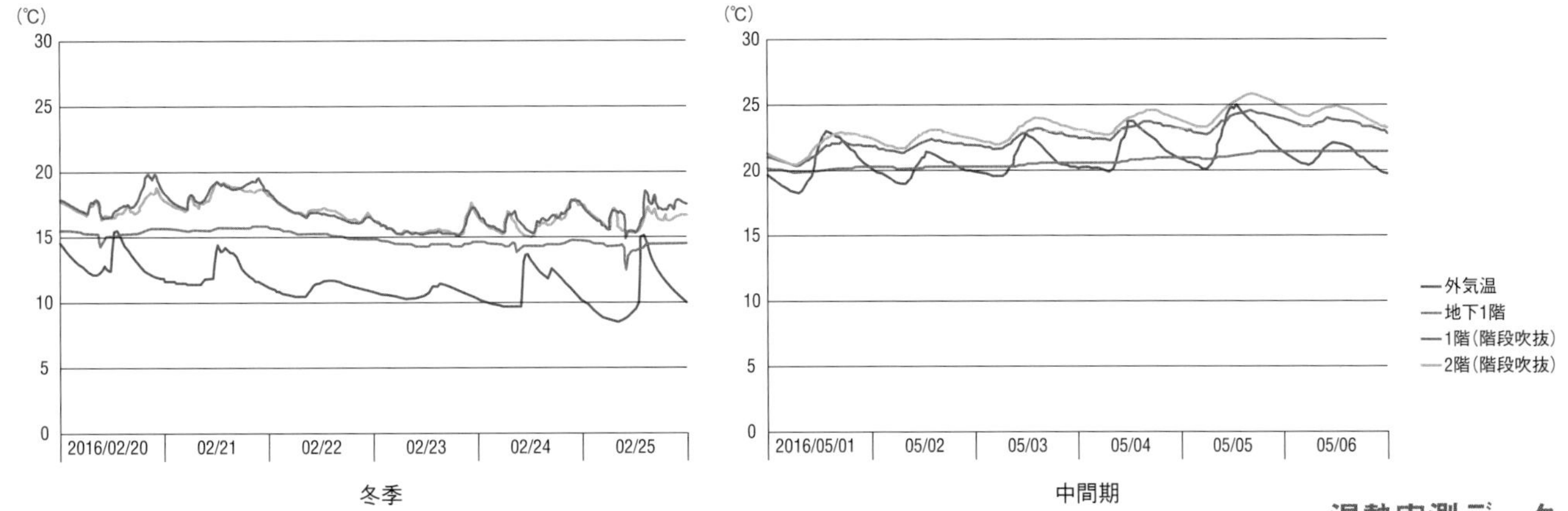
(℃)
30
25
20
15
10
5
0
2016/02/20
02/21
02/22
02/23
02/24
02/25
冬季
(℃)
30
25
20
15
10
5
0
2016/05/01
05/02
05/03
05/04
05/05
05/06
中間期
外気温
地下1階
1階(階段吹抜)
2階(階段吹抜)

温熱実測データ

chapter
1-5
熱を蓄え
逃がさない

隣り合うコンクリート造と木造

国立の住宅

居間から食事室を見る。台所と食事室は鉄筋コンクリート造で天井と壁はコンクリート打放し。開口部には木製サッシを採用している。

一部地下室を持つこの住宅は、1階も一部を鉄筋コンクリート造として蓄熱容量を確保している。木造部と同様に鉄筋コンクリート造部も外側で断熱し、室内に蓄熱容量の大きいコンクリートを取り込むことで室内温度変化の緩和を意図した。

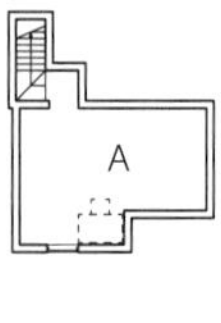

地階平面図

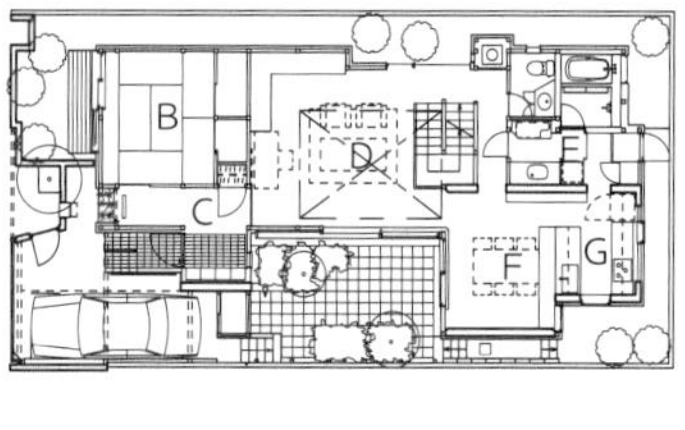

1階平面図兼配置図

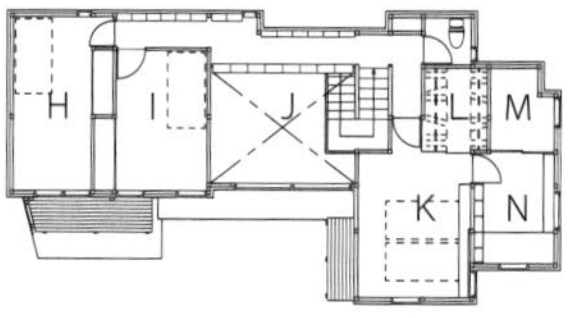

2階平面図

A：地下倉庫　B：和室　C：玄関　D：居間　E：洗面脱衣室　F：食事室　G：台所
H：個室1　I：個室2　J：吹抜　K：寝室　L：クローゼット　M：書斎1　N：書斎2

平面図｜S=1/400

地下倉庫とその上部の１階食事室、キッチンを鉄筋コンクリート造とし、居間に面した、比較的滞在時間の長い居住スペースにコンクリート部を配した。

天井高さが低めの２階は、夏の遮熱対策として屋根と天井の両方に断熱材を入れている。

外張り断熱工法とした木造部。

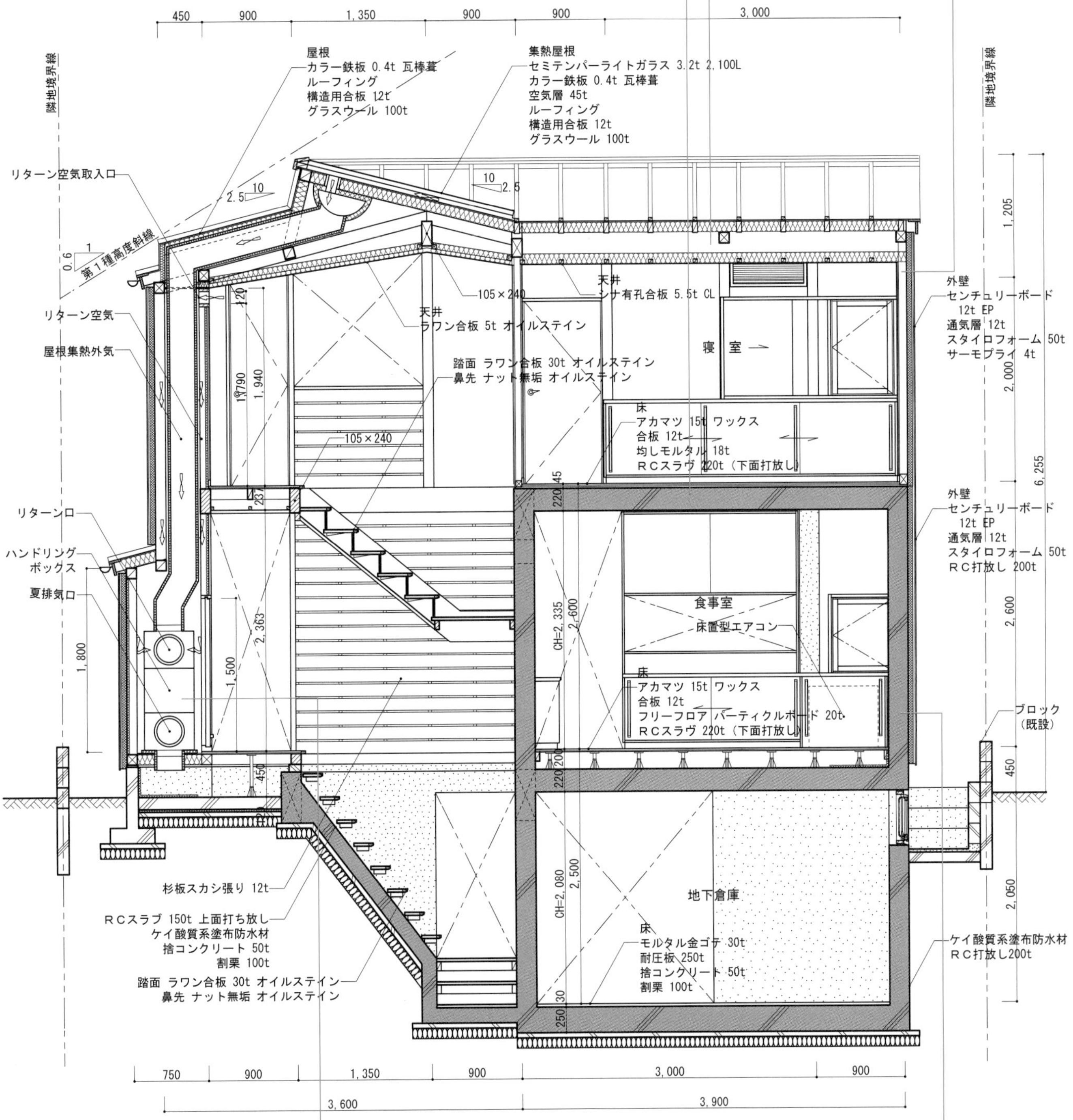
450　900　1,350　900　900　3,000
隣地境界線
隣地境界線
屋根
カラー鉄板 0.4t 瓦棒葺
ルーフィング
構造用合板 12t
グラスウール 100t
集熱屋根
セミテンパーライトガラス 3.2t 2,100L
カラー鉄板 0.4t 瓦棒葺
空気層 45t
ルーフィング
構造用合板 12t
グラスウール 100t
リターン空気取入口
2.5　10
10　2.5
第１種高度斜線
0.6　1
1,205
天井
シナ有孔合板 5.5t CL
105×240
天井
ラワン合板 5t オイルステイン
リターン空気
屋根集熱外気
寝　室
外壁
センチュリーボード 12t EP
通気層 12t
スタイロフォーム 50t
サーモプライ 4t
踏面 ラワン合板 30t オイルステイン
鼻先 ナット無垢 オイルステイン
120
1,790
1,940
2,000
6,255
床
アカマツ 15t ワックス
合板 12t
均しモルタル 18t
RCスラブ 220t（下面打放し）
105×240
220　45
リターン口
ハンドリングボックス
夏排気口
外壁
センチュリーボード 12t EP
通気層 12t
スタイロフォーム 50t
RC打放し 200t
237
食事室
床置型エアコン
2,363
1,800
1,500
CH=2,335
2,600
2,600
床
アカマツ 15t ワックス
合板 12t
フリーフロア パーティクルボード 20t
RCスラブ 220t（下面打放し）
ブロック（既設）
450
200
220
450
杉板スカシ張り 12t
RCスラブ 150t 上面打ち放し
ケイ酸質系塗布防水材
捨コンクリート 50t
割栗 100t
踏面 ラワン合板 30t オイルステイン
鼻先 ナット無垢 オイルステイン
地下倉庫
CH=2,080
2,500
2,050
床
モルタル金ゴテ 30t
耐圧板 250t
捨コンクリート 50t
割栗 100t
ケイ酸質系塗布防水材
RC打放し200t
30
250
750　900　1,350　900　3,000　900
3,600　3,900

天井裏空間が狭いため、OMソーラーのハンドリングボックスは１階部分に縦置きしている。

蓄熱部位として利用するコンクリート部分。上部の木造部から断熱材のラインを揃えて納めている。

矩計図 | S=1/60

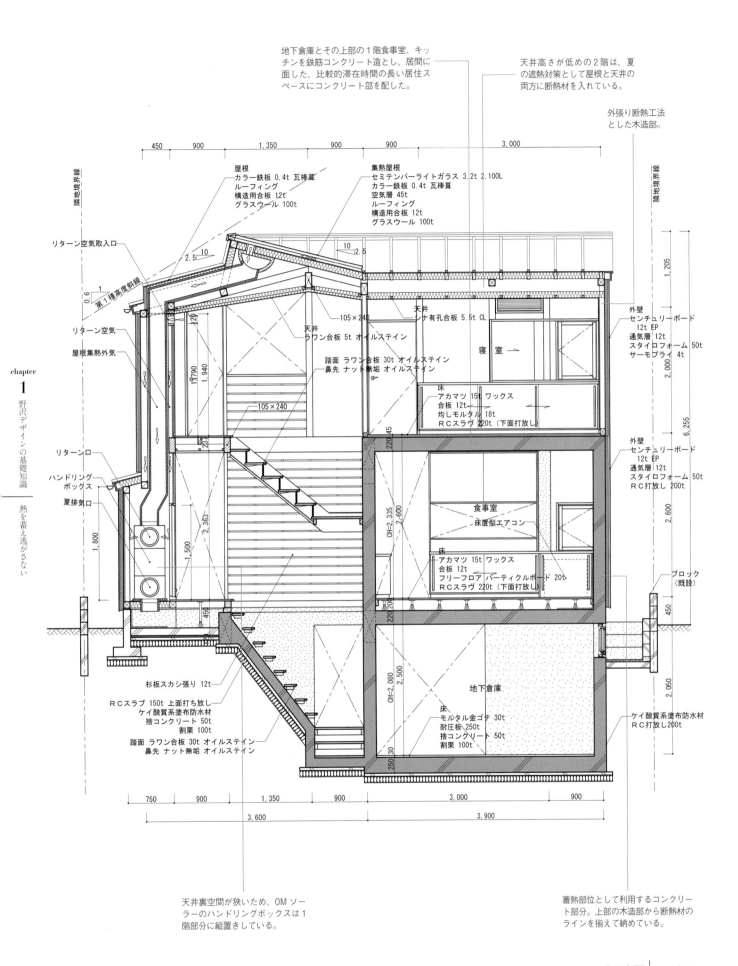

展示のための安定した熱環境をつくる

いわむらかずお絵本の丘美術館（展示室）

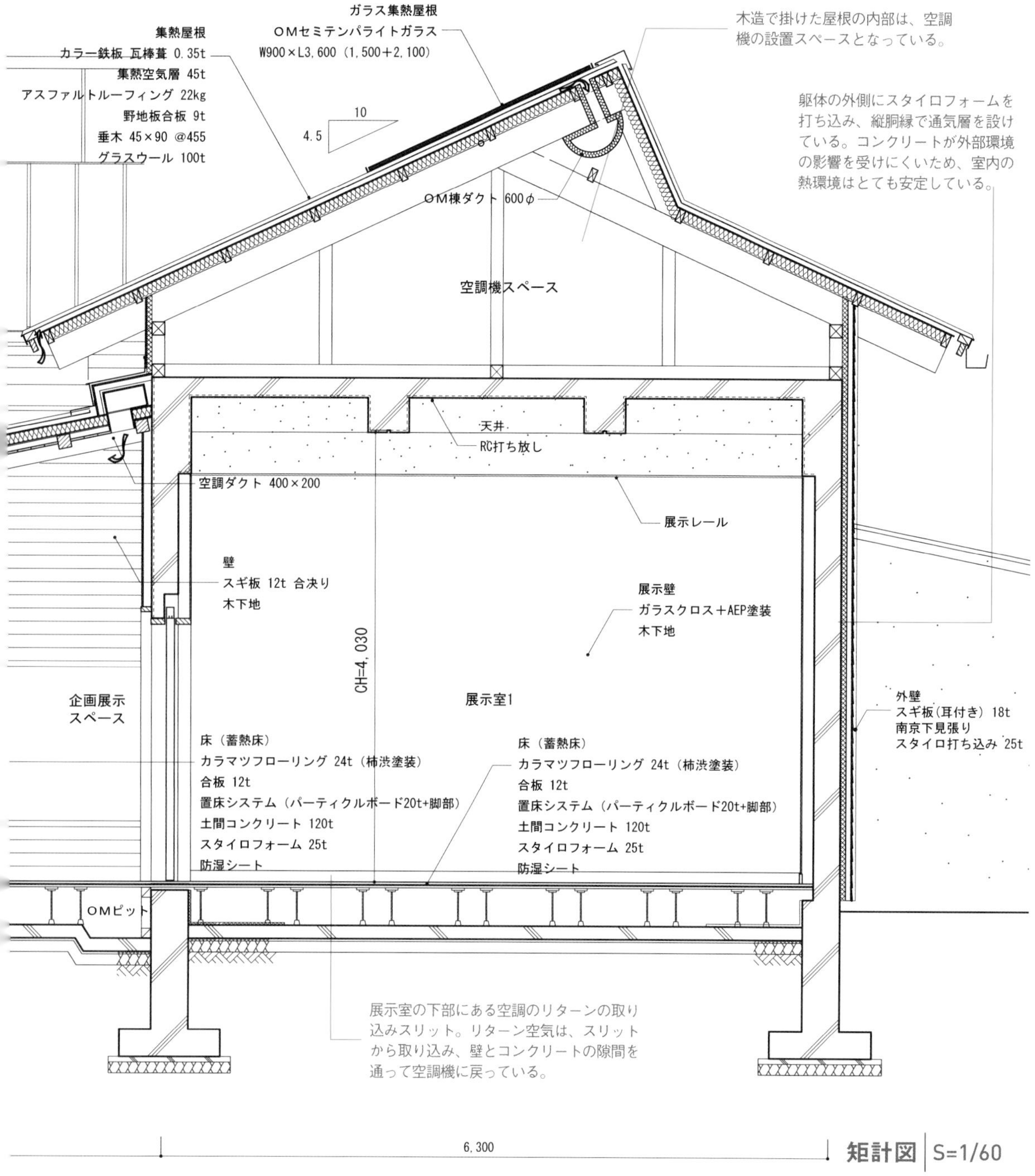
集熱屋根
カラー鉄板 瓦棒葺 0.35t
集熱空気層 45t
アスファルトルーフィング 22kg
野地板合板 9t
垂木 45×90 @455
グラスウール 100t
ガラス集熱屋根
OMセミテンパライトガラス
W900×L3,600（1,500＋2,100）
10
4.5
木造で掛けた屋根の内部は、空調機の設置スペースとなっている。
躯体の外側にスタイロフォームを打ち込み、縦胴縁で通気層を設けている。コンクリートが外部環境の影響を受けにくいため、室内の熱環境はとても安定している。
OM棟ダクト 600φ
空調機スペース
天井
RC打ち放し
空調ダクト 400×200
展示レール
壁
スギ板 12t 合決り
木下地
展示壁
ガラスクロス＋AEP塗装
木下地
CH=4,030
展示室1
企画展示
スペース
外壁
スギ板（耳付き）18t
南京下見張り
スタイロ打ち込み 25t
床（蓄熱床）
カラマツフローリング 24t（柿渋塗装）
合板 12t
置床システム（パーティクルボード20t+脚部）
土間コンクリート 120t
スタイロフォーム 25t
防湿シート
床（蓄熱床）
カラマツフローリング 24t（柿渋塗装）
合板 12t
置床システム（パーティクルボード20t+脚部）
土間コンクリート 120t
スタイロフォーム 25t
防湿シート
OMピット
展示室の下部にある空調のリターンの取り込みスリット。リターン空気は、スリットから取り込み、壁とコンクリートの隙間を通って空調機に戻っている。
6,300

矩計図｜S=1/60

（右）展示室１の内部。壁や天井はコンクリートの躯体をそのままの仕上げとして、展示に使用する部分のみ壁を設置している。
（左）展示室１の外観。周囲の景観と調和させるために、コンクリートの躯体の外側を断熱し、耳付きのスギ板18㎜で仕上げている。

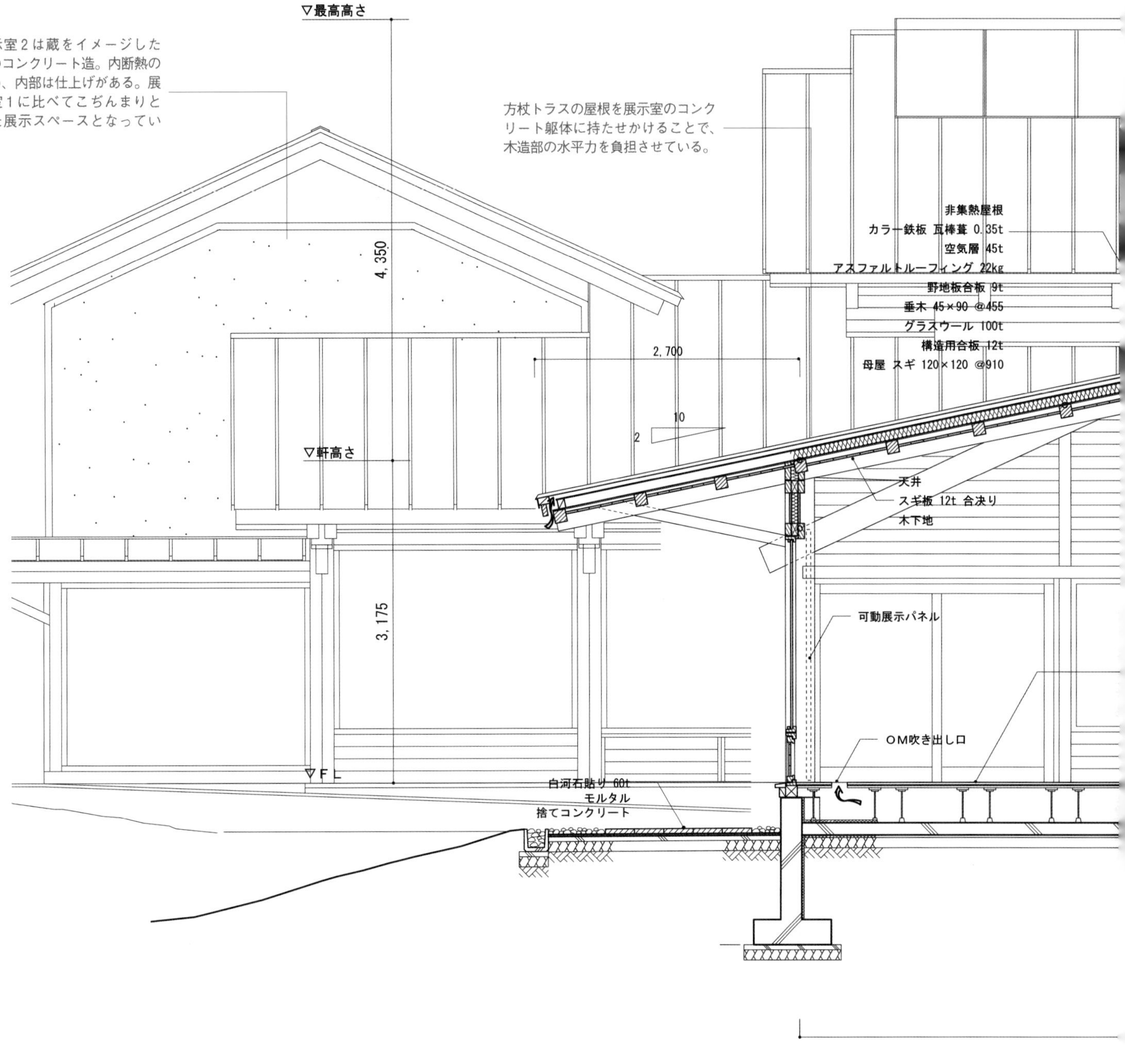
▽最高高さ
展示室2は蔵をイメージした形のコンクリート造。内断熱のため、内部は仕上げがある。展示室1に比べてこぢんまりとした展示スペースとなっている。
方杖トラスの屋根を展示室のコンクリート躯体に持たせかけることで、木造部の水平力を負担させている。
非集熱屋根
カラー鉄板 瓦棒葺 0.35t
空気層 45t
アスファルトルーフィング 22kg
野地板合板 9t
垂木 45×90 @455
グラスウール 100t
構造用合板 12t
母屋 スギ 120×120 @910
4,350
2,700
10
2
▽軒高さ
天井
スギ板 12t 合決り
木下地
3,175
可動展示パネル
OM吹き出し口
▽FL
白河石貼り 60t
モルタル
捨てコンクリート

貴重な原画を展示する場所は、紫外線などの制御はもちろんのこと、温度や湿度に関しても管理が必須となる。コンクリートの熱容量を利用することで室内の熱環境を安定させることができる。また展示室をコンクリートでつくることは、耐火の面でもメリットがあるため、当初より木造の部分とコンクリートの展示室を混在させる計画としていた。ただし、建物の竣工直後はコンクリートから水分やアルカリ成分が放出されるため、型枠を外してからは工事中も換気をしたり、暖房機やOMソーラーを使って、展示室内を暖め、水分を蒸発させるなどの配慮をしている。

展示室を南側から見る。手前の木製サッシが連なる部分は木造の展示スペースで、奥に見える屋根が掛かった部分がコンクリート造の2つの展示室。複数の連なる屋根は、八溝山系の山々をイメージさせる。

chapter

1-5

熱を蓄え
逃がさない

RC造の地下室をもつ鉄骨住宅

相模原の住宅

相模原の住宅の地下室。南北の敷地高低差によってできた地上部分には、窓を設けている。外気より温度の低い地下壁面の結露対策としては、梅雨時と夏季に自動排水装置付きの除湿機を使用している。

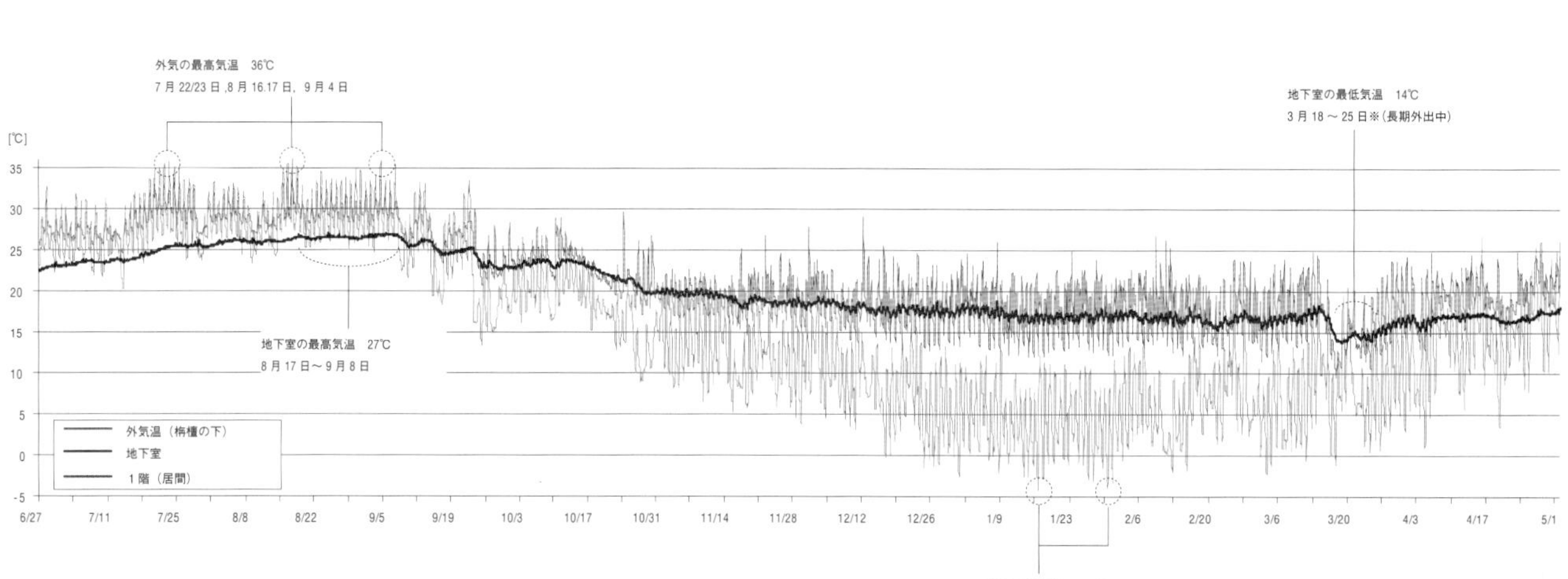

相模原の住宅の 1 階と地下の室温の年変化(実測期間：2010 年 6 月 27 日 ～ 2011 年 5 月 1 日） 地下 2m ほどの地下室でも、夏は外気よりも涼しく 26℃程度で、冬は外気が 10℃以下でも 14℃程度を保っている。地下室のある住宅は、1 軒の家の中に異なる気候を内包するような体験を得ることができる。

「相模原の住宅」の年間の気温変化
(6/27〜5/1)

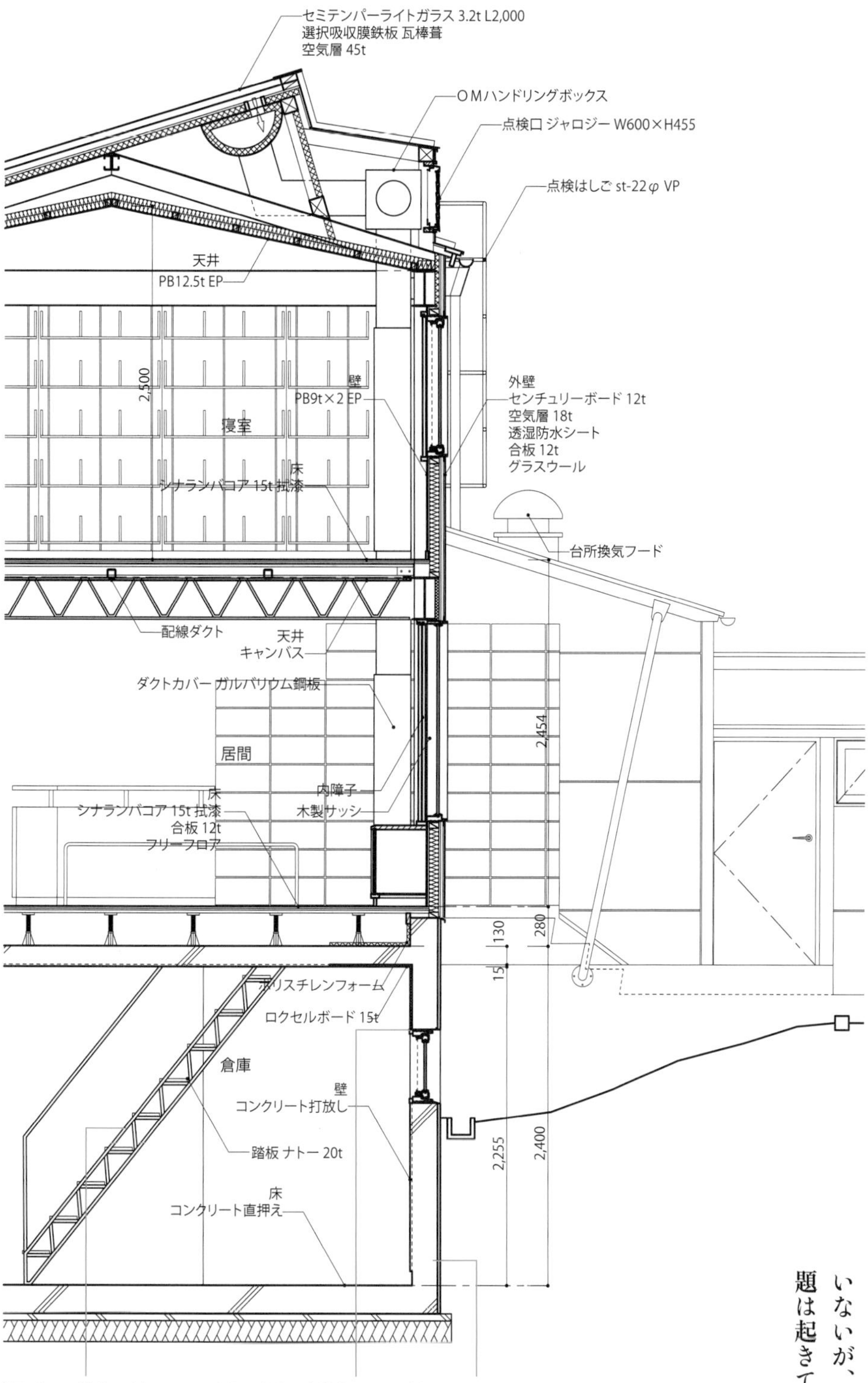
セミテンパーライトガラス 3.2t L2,000
選択吸収膜鉄板 瓦棒葺
空気層 45t
OMハンドリングボックス
点検口 ジャロジー W600×H455
点検はしご st-22φ VP
天井
PB12.5t EP
2,500
壁
PB9t×2 EP
寝室
外壁
センチュリーボード 12t
空気層 18t
透湿防水シート
合板 12t
グラスウール
床
シナランバコア 15t 拭漆
台所換気フード
配線ダクト
天井
キャンバス
ダクトカバー ガルバリウム鋼板
2,454
居間
内障子
木製サッシ
床
シナランバコア 15t 拭漆
合板 12t
フリーフロア
130
280
15
ポリスチレンフォーム
ロクセルボード 15t
倉庫
壁
コンクリート打放し
踏板 ナトー 20t
2,255
2,400
床
コンクリート直押え

地下室への階段の上部には、オイルダンパーのついた上下に開く扉が付き、1階と地下室を仕切ることができる。

南北の敷地の高低差で地上に出た部分の壁には、室内側から断熱材を打ち込み、屋外の熱を取り込まないようにしている。

地中に埋まったコンクリート壁は断熱をしたり2重壁化したりせず、地面の熱がそのまま内部に伝わるようにしている。

矩計図 | S=1/50

土中の温度は極めて安定している。5mほど下がれば日本中どこでもほぼその地域の年間平均気温ほどである。つまり地下は冬暖かく、夏涼しいが、夏季は結露の問題が表れる。そのため多くの地下室は2重壁にしている。ただ、こうするとせっかくの地中温度を享受できないということになる。この地下室では断熱もせず2重壁にもしていないが、小さな除湿機だけで特に問題は起きていない。

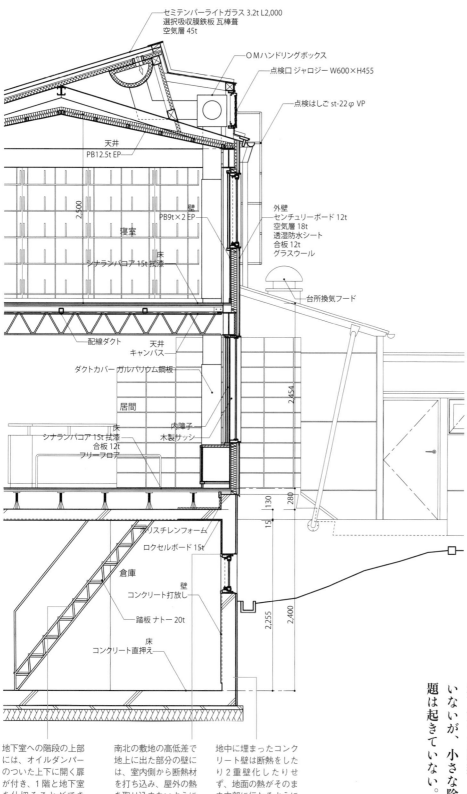

chapter

1-5

熱を蓄え
逃がさない

開閉屋根と半地下室に寝室をもつ週末住宅

蓼科の週末住宅

北側からの外観。北側アプローチには、跳ね上げ式の開閉屋根が架かる。冬季や不在時には閉め、雪や寒さから建物を守る。

敷地は八ヶ岳を南東に望む別荘地内にある。省エネルギー基準による地域区分のⅡ地域（平成25年当時）に指定されてはいるが、高地ゆえ冬季の未明には零下20度まで下がる。そのため開口部を断熱Ｌｏｗ—Ｅトリプルガラスの木製建具とし、基礎、外壁、屋根とも十分な断熱を施した。外断熱を施したＲＣ造の1階蓄熱ボリュームに、太陽熱や薪ストーブによる熱を蓄えることで、室内気候を快適に維持し、極寒期の利用をも可能としている。

居間から南側を見る。間口 2.7m の片引き戸と FIX 窓越しに八ヶ岳の風景が広がる。

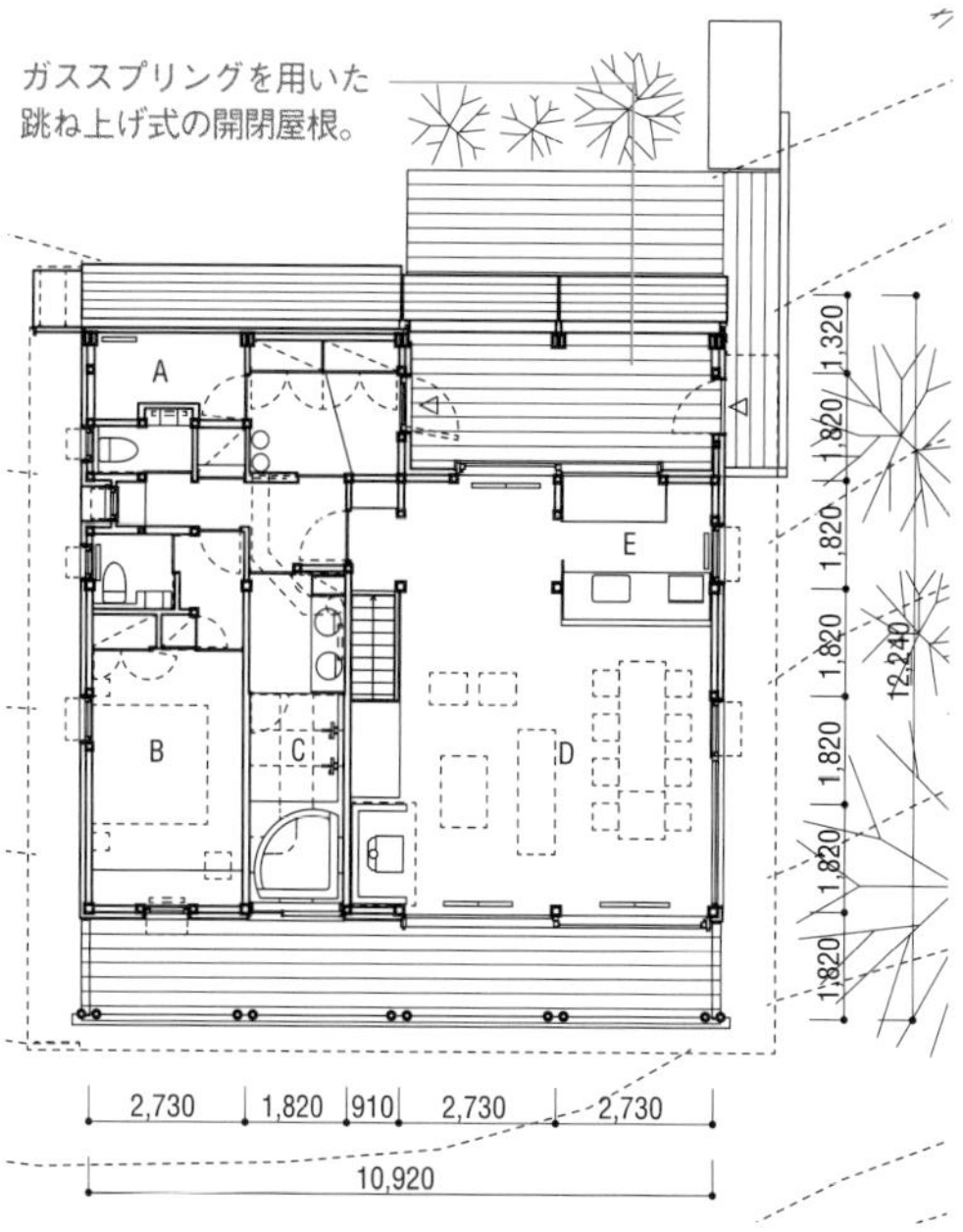
ガススプリングを用いた
跳ね上げ式の開閉屋根。
A
B
C
D
E
1,320
1,820
1,820
1,820
1,820
1,820
1,820
12,240
2,730
1,820
910
2,730
2,730
10,920

跳ね上げ式の開閉屋根を閉じた状態。

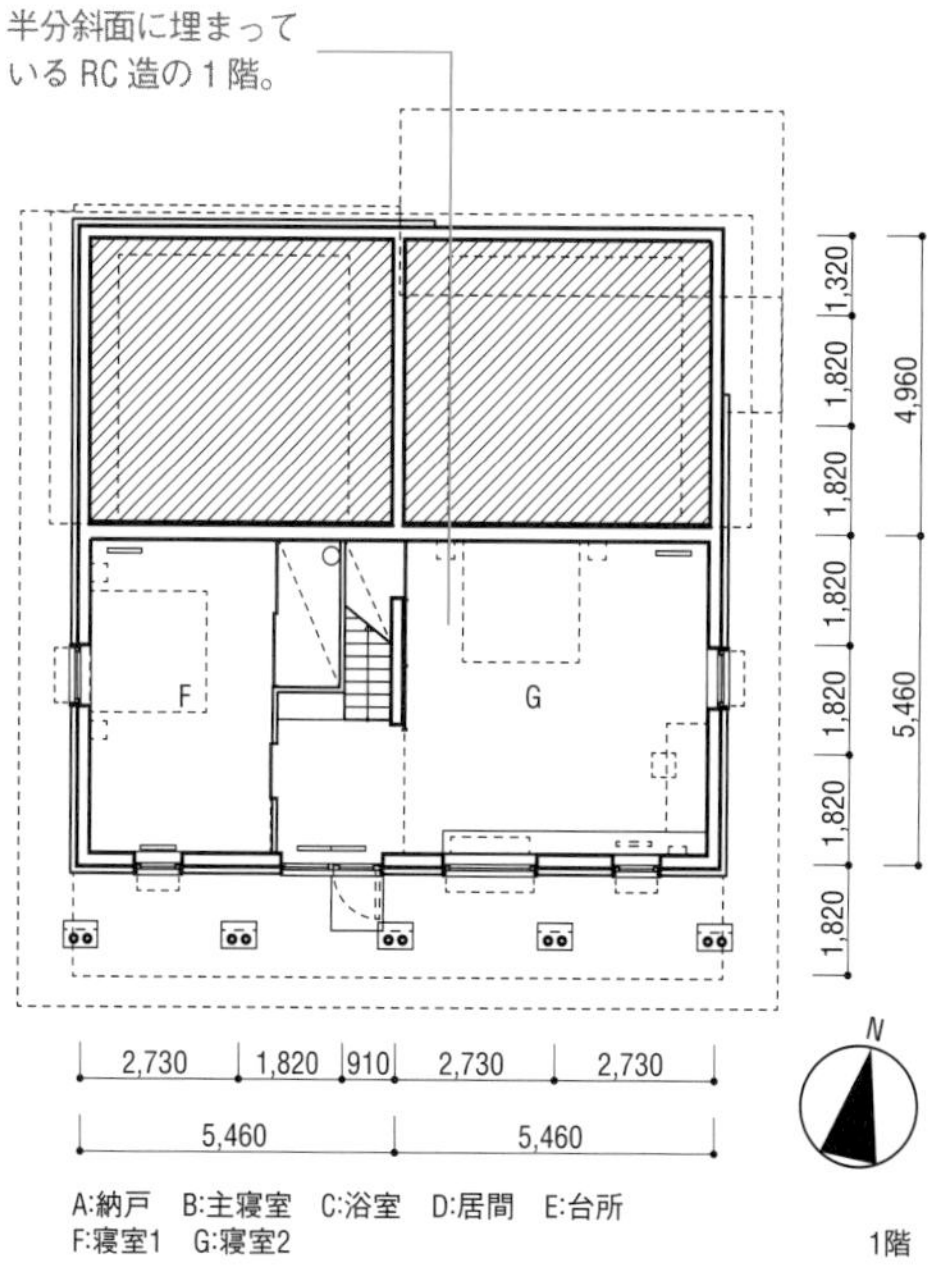
半分斜面に埋まって
いる RC 造の 1 階。
F
G
1,320
1,820
1,820
1,820
1,820
1,820
1,820
4,960
5,460
2,730
1,820
910
2,730
2,730
5,460
5,460
N
A:納戸　B:主寝室　C:浴室　D:居間　E:台所
F:寝室1　G:寝室2
1階

平面図 | S=1/200

Sp1
16.8
°C
26.0
Sp1
FLIR
10.0

居間のサーモカメラ画像。2015 年 10 月 31 日 10 時外気温－1 度で前夜の薪ストーブの残り熱による。

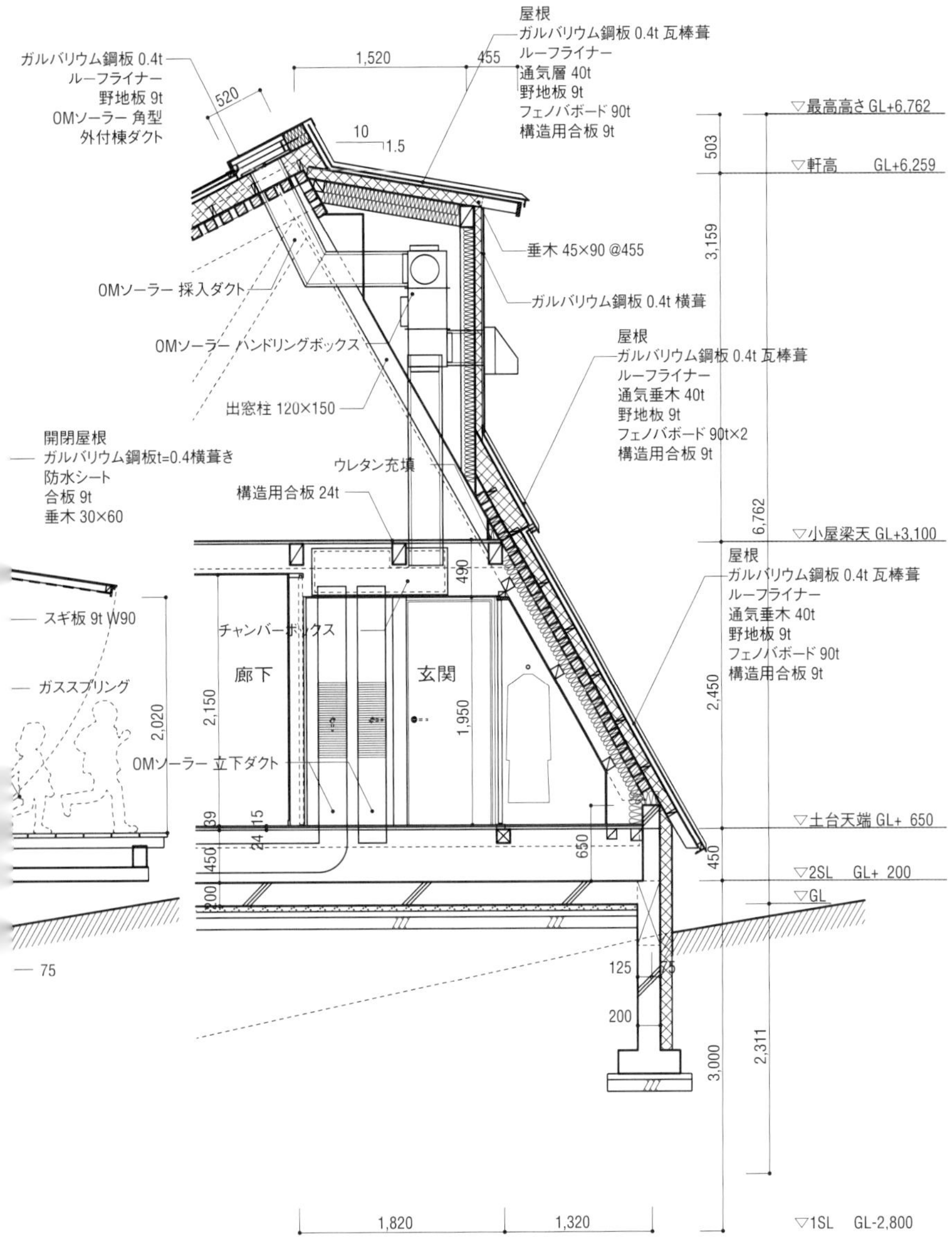

ガルバリウム鋼板 0.4t
ルーフライナー
野地板 9t
OMソーラー 角型
外付棟ダクト
520
1,520
455
10
1.5
屋根
ガルバリウム鋼板 0.4t 瓦棒葺
ルーフライナー
通気層 40t
野地板 9t
フェノバボード 90t
構造用合板 9t
▽最高高さ GL+6,762
▽軒高 GL+6,259
503
3,159
垂木 45×90 @455
ガルバリウム鋼板 0.4t 横葺
OMソーラー 採入ダクト
OMソーラー ハンドリングボックス
屋根
ガルバリウム鋼板 0.4t 瓦棒葺
ルーフライナー
通気垂木 40t
野地板 9t
フェノバボード 90t×2
構造用合板 9t
出窓柱 120×150
開閉屋根
ガルバリウム鋼板t=0.4横葺き
防水シート
合板 9t
垂木 30×60
ウレタン充填
構造用合板 24t
6,762
▽小屋梁天 GL+3,100
490
屋根
ガルバリウム鋼板 0.4t 瓦棒葺
ルーフライナー
通気垂木 40t
野地板 9t
フェノバボード 90t
構造用合板 9t
スギ板 9t W90
チャンバーボックス
廊下
玄関
ガススプリング
2,020
2,150
1,950
2,450
OMソーラー 立下ダクト
39
15
24
450
650
▽土台天端 GL+ 650
450
▽2SL GL+ 200
200
▽GL
75
125
75
200
3,000
2,311
1,820
1,320
▽1SL GL-2,800

矩計図 | S=1/70

南側から4本、3本、2本と順に勘合された角度の異なる登り梁を、Y字型に接合された中央柱、方杖柱2本で支えている。10m程の奥行きながら、柱の少ない大屋根空間を実現している。

2階南側のバルコニー。水平耐力を確保するための釘ピッチを考慮し、表わしの母屋垂木を150㎜ピッチに配した。

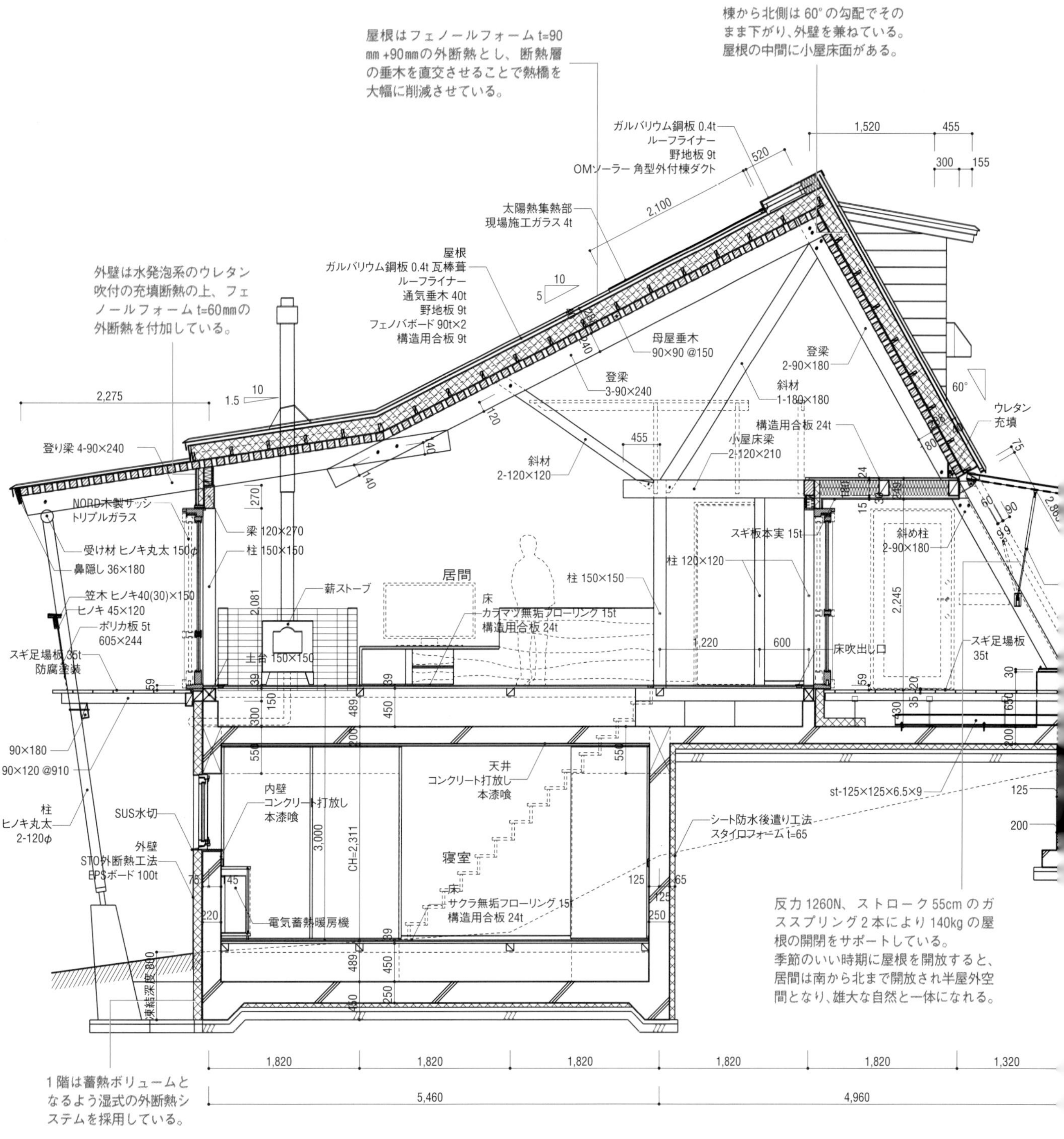
棟から北側は 60° の勾配でそのまま下がり、外壁を兼ねている。屋根の中間に小屋床面がある。
屋根はフェノールフォーム t=90㎜+90㎜の外断熱とし、断熱層の垂木を直交させることで熱橋を大幅に削減させている。
外壁は水発泡系のウレタン吹付の充填断熱の上、フェノールフォーム t=60㎜の外断熱を付加している。
ガルバリウム鋼板 0.4t
ルーフライナー
野地板 9t
OMソーラー 角型外付棟ダクト
太陽熱集熱部
現場施工ガラス 4t
屋根
ガルバリウム鋼板 0.4t 瓦棒葺
ルーフライナー
通気垂木 40t
野地板 9t
フェノバボード 90t×2
構造用合板 9t
母屋垂木
90×90 @150
登梁
3-90×240
登梁
2-90×180
斜材
1-180×180
斜材
2-120×120
構造用合板 24t
小屋床梁
2-120×210
ウレタン
充填
登り梁 4-90×240
NORD木製サッシ
トリプルガラス
梁 120×270
柱 150×150
受け材 ヒノキ丸太 150φ
鼻隠し 36×180
笠木 ヒノキ40(30)×150
ヒノキ 45×120
ポリカ板 5t
605×244
スギ足場板 35t
防腐塗装
薪ストーブ
居間
床
カラマツ無垢フローリング 15t
構造用合板 24t
土台 150×150
柱 150×150
スギ板本実 15t
柱 120×120
斜め柱
2-90×180
床吹出し口
スギ足場板
35t
90×180
90×120 @910
柱
ヒノキ丸太
2-120φ
SUS水切
外壁
STO外断熱工法
EPSボード 100t
内壁
コンクリート打放し
本漆喰
天井
コンクリート打放し
本漆喰
寝室
床
サクラ無垢フローリング 15t
構造用合板 24t
電気蓄熱暖房機
st-125×125×6.5×9
シート防水後遣り工法
スタイロフォーム t=65
凍結深度 800
CH=2,311
反力 1260N、ストローク 55cm のガススプリング 2 本により 140kg の屋根の開閉をサポートしている。
季節のいい時期に屋根を開放すると、居間は南から北まで開放され半屋外空間となり、雄大な自然と一体になれる。
1,820
1,820
1,820
1,820
1,820
1,320
5,460
4,960
1 階は蓄熱ボリュームとなるよう湿式の外断熱システムを採用している。

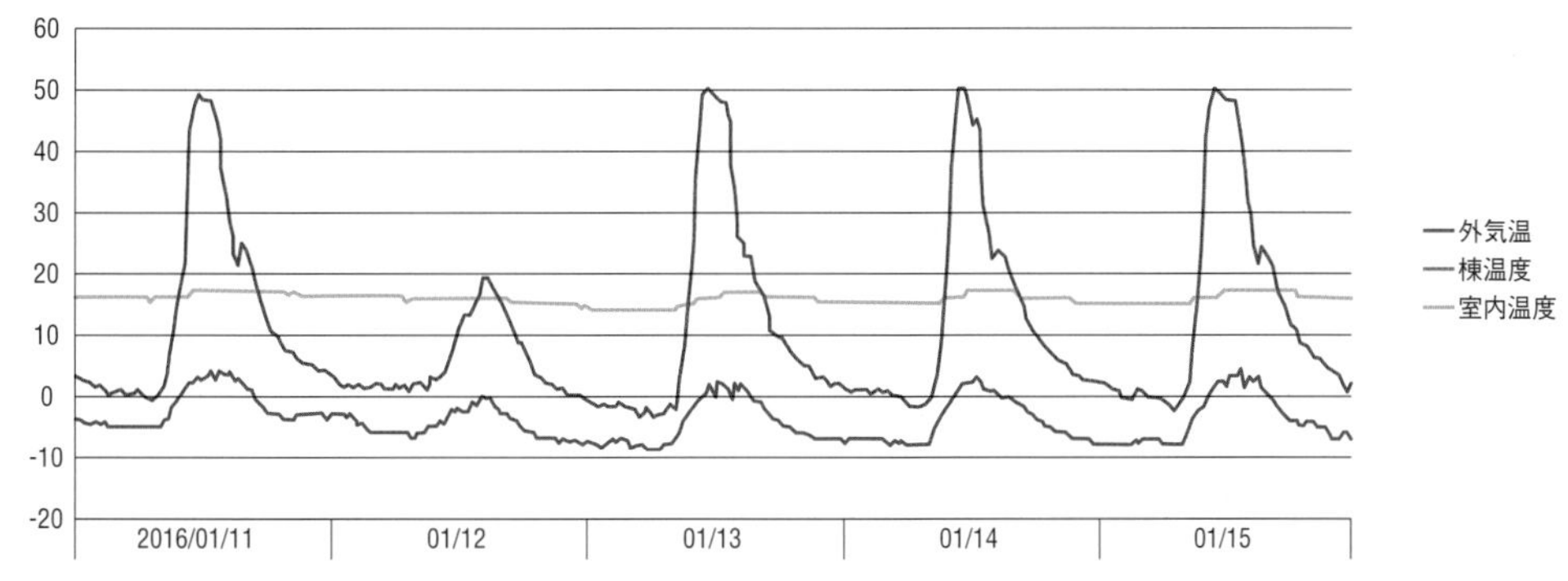
(℃)
60
50
40
30
20
10
0
-10
-20
2016/01/11
01/12
01/13
01/14
01/15
外気温
棟温度
室内温度

温熱実測データ

不在時、OM ソーラー以外の補助暖房は停止した状態で室温が 15℃前後に安定して保たれている。外気温は -10℃になることもあるが、半分地下に埋もれた鉄筋コンクリート造の 1 階の蓄熱性及び高い断熱性能によって寒さから守られている。

RC外断熱、木造付加断熱にした週末住宅

信濃境の週末住宅

開口部ラインが架構の梁のラインと独立して内側に入り込んで半屋外的なテラスをつくっている。寒冷地ながら高断熱な建具を使うことで大開口を設け、外部環境を最大限に取り込んでいる。

1階は外断熱の鉄筋コンクリート造で蓄熱し、2階は木造。熱橋対策をした跳ね出しスラブ、高断熱、気密、蓄熱を組み合わせ暖かくかつ外に開いている。

1階にある玄関の内観。右側の引戸の奥が陶芸の工房、正面奥に書庫がある。

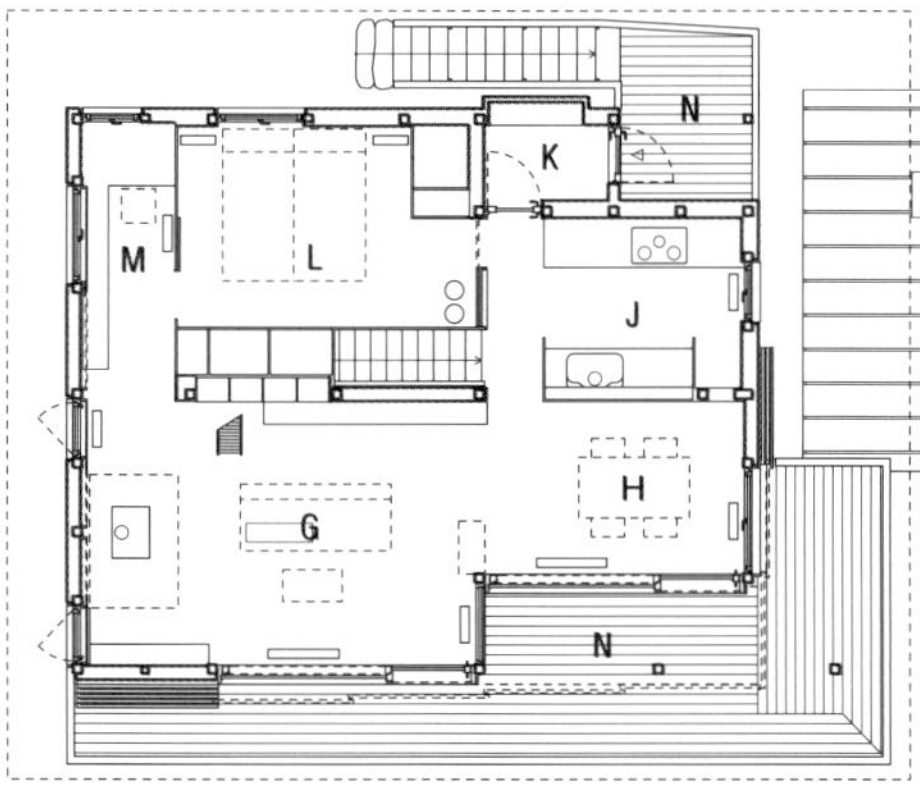

2階

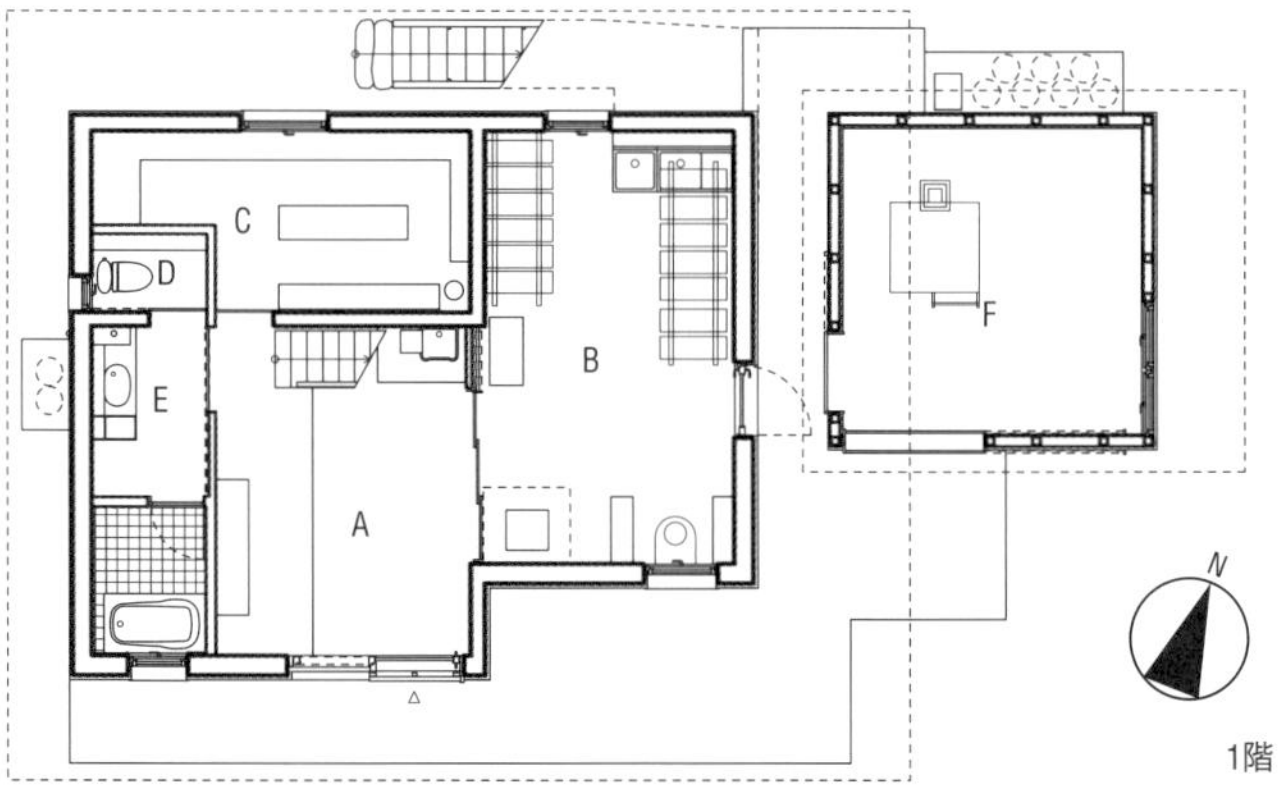

1階

A：玄関・作業場　B：工房　C：書庫　D：トイレ
E：洗面所　F：窯場　G：リビング　H：ダイニング
J：キッチン　K：食品庫　L：寝室　M：書斎　N：テラス

平面図｜S=1/200

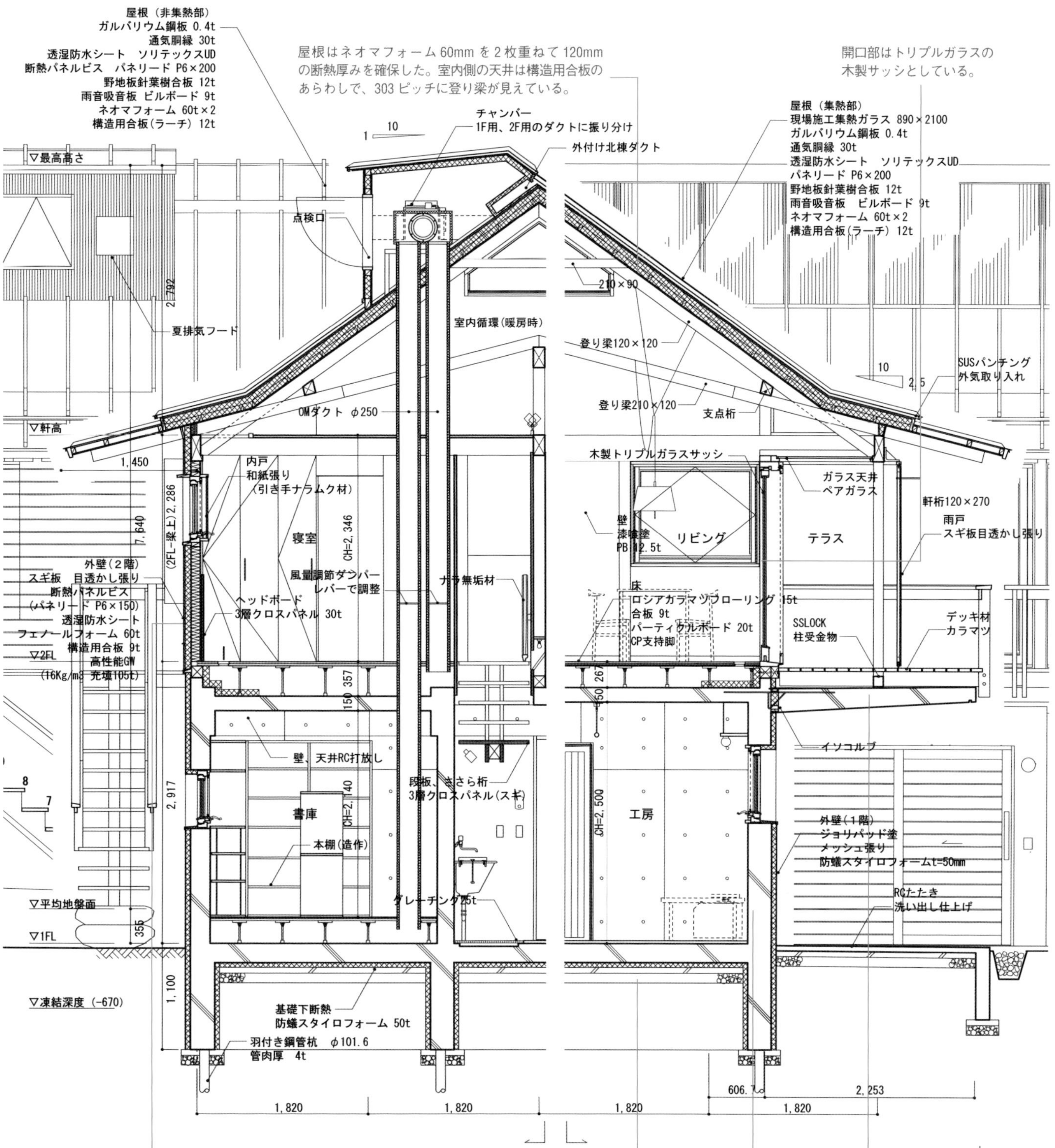
屋根はネオマフォーム 60mm を 2 枚重ねて 120mm の断熱厚みを確保した。室内側の天井は構造用合板のあらわしで、303 ピッチに登り梁が見えている。
開口部はトリプルガラスの木製サッシとしている。
屋根（非集熱部）
ガルバリウム鋼板 0.4t
通気胴縁 30t
透湿防水シート　ソリテックスUD
断熱パネルビス　パネリード P6×200
野地板針葉樹合板 12t
雨音吸音板 ビルボード 9t
ネオマフォーム 60t×2
構造用合板（ラーチ）12t
チャンバー
1F用、2F用のダクトに振り分け
外付け北棟ダクト
屋根（集熱部）
現場施工集熱ガラス 890×2100
ガルバリウム鋼板 0.4t
通気胴縁 30t
透湿防水シート　ソリテックスUD
パネリード P6×200
野地板針葉樹合板 12t
雨音吸音板　ビルボード 9t
ネオマフォーム 60t×2
構造用合板（ラーチ）12t
▽最高高さ
点検口
2,792
210×90
夏排気フード
室内循環（暖房時）
登り梁120×120
10
2.5
SUSパンチング
外気取り入れ
登り梁210×120
支点桁
OMダクト φ250
▽軒高
木製トリプルガラスサッシ
1,450
内戸
和紙張り
（引き手ナラムク材）
ガラス天井
ペアガラス
軒桁120×270
(2FL-梁上)2,286
7,640
寝室
CH=2,346
壁
漆喰塗
PB 12.5t
リビング
テラス
雨戸
スギ板目透かし張り
外壁（2階）
スギ板　目透かし張り
断熱パネルビス
（パネリード P6×150）
透湿防水シート
フェノールフォーム 60t
構造用合板 9t
高性能GW
（16Kg/m3 充填105t）
風量調節ダンパー
レバーで調整
ヘッドボード
3層クロスパネル 30t
ナラ無垢材
床
ロシアカラマツフローリング 15t
合板 9t
パーティクルボード 20t
CP支持脚
SSLOCK
柱受金物
デッキ材
カラマツ
▽2FL
357
150
267
50
壁、天井RC打放し
イソコルブ
2,917
段板、ささら桁
3層クロスパネル（スギ）
書庫
CH=2,140
CH=2,500
工房
本棚（造作）
外壁（1階）
ジョリパッド塗
メッシュ張り
防蟻スタイロフォームt=50mm
グレーチング25t
RCたたき
洗い出し仕上げ
▽平均地盤面
355
▽1FL
1,100
▽凍結深度（-670）
基礎下断熱
防蟻スタイロフォーム 50t
羽付き鋼管杭　φ101.6
管肉厚　4t
606.7
2,253
1,820
1,820
1,820
1,820

壁間にはグラスウール。構造用合板の室外側には、ネオマフォームを付加断熱している。

寒冷地のため基礎部分もすべて断熱し、建物全体を十分な量の断熱材で囲い、外部環境からの影響を最小限にしている。断熱材は、防蟻仕様のスタイロフォームを用いている。

コンクリート部分は外断熱。基礎から連続して断熱している。

矩計図 S=1/60

バルコニーはコンクリートの片持ちスラブとなっている。バルコニー部分で外壁の断熱ラインを切断しないように、特殊な金物を併用して断熱材を通し、ヒートブリッジを緩和する工夫をしている。

信濃境の週末住宅の敷地は、高い木に囲まれた南斜面で、冬季の日射量が極めて多いが、強い北西の寒風が吹く場所でもある。建物は1階を鉄筋コンクリート造とし、2階を木造とした2階建て。主に2階部分が生活の場である。2階は家具的な「設え」によりキッチン、リビングルーム、ベッドルーム、書斎などを配し、1階には陶芸の工房、書庫、風呂、トイレなどが入る。コンクリートの躯体は外断熱し、大きく跳ね出すコンクリートスラブは熱橋を切断する処置をとった。木造部分は充填断熱の上、外張り付加断熱を施している。屋根の架構は大屋根は断面寸法210×120㎜と120×120㎜のスギ材をかみ合わせながら組む架構である。

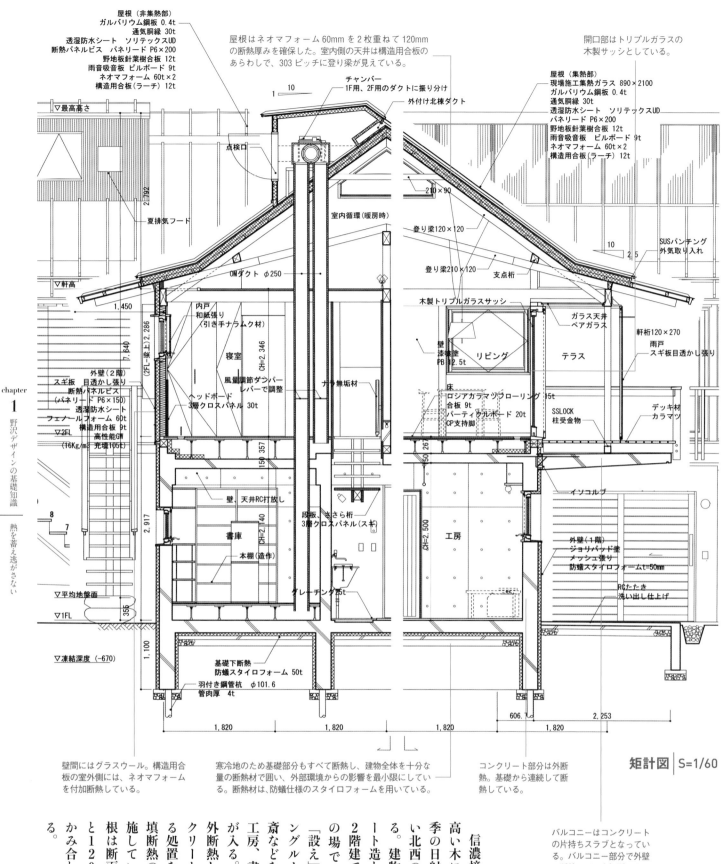

日射のコントロール

木造×高断熱木製サッシ＋雨戸｜信濃境の週末住宅

信濃境の週末住宅。寒冷地ながら高断熱木製サッシを採用することで南側に大開口を設けている。一部サッシラインが架構の桁ラインからずれて室内に入ってくる部分はガラス天井で半屋外的なテラスとなっている。

雨戸を閉めた様子。4枚引きの雨戸が閉まると南側はすっかり雨戸で覆われ、プライバシーを守っている。雨戸を閉めることで防犯のほか、夕方以降の落ち着いた場所をつくる。

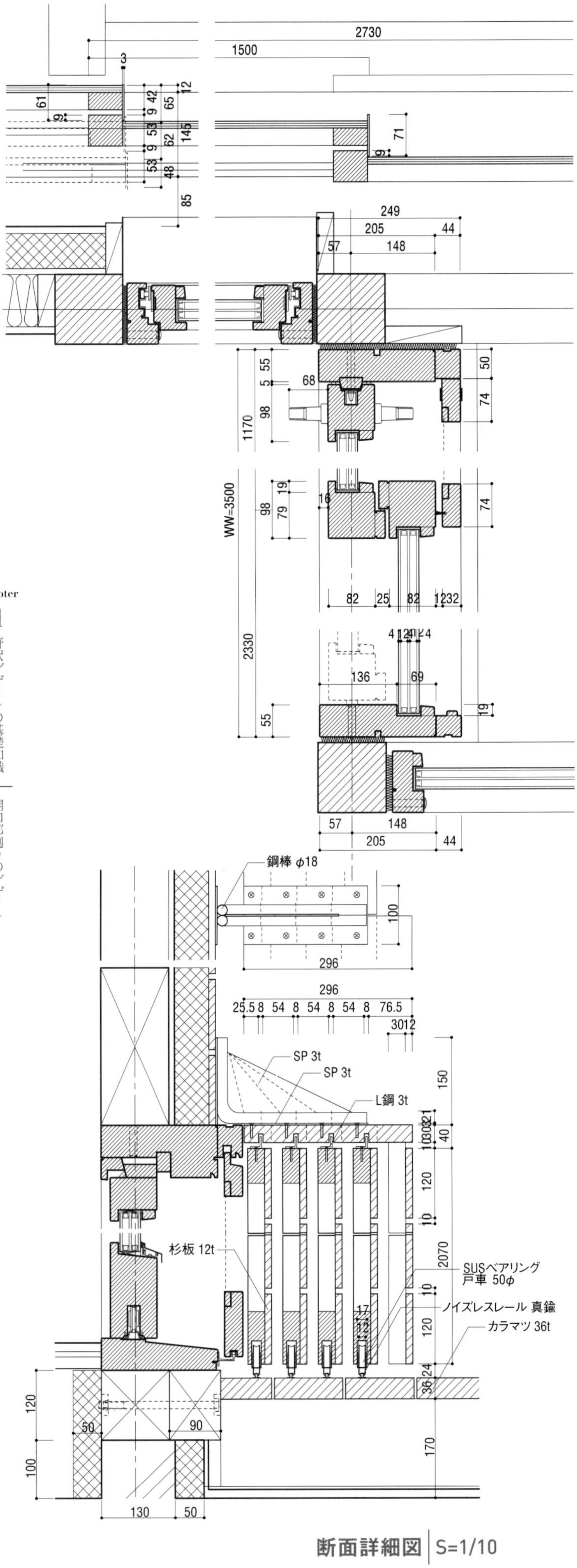
WW=3500
鋼棒 φ18
SP 3t
SP 3t
L鋼 3t
杉板 12t
SUSベアリング
戸車 50φ
ノイズレスレール 真鍮
カラマツ 36t

断面詳細図 | S=1/10

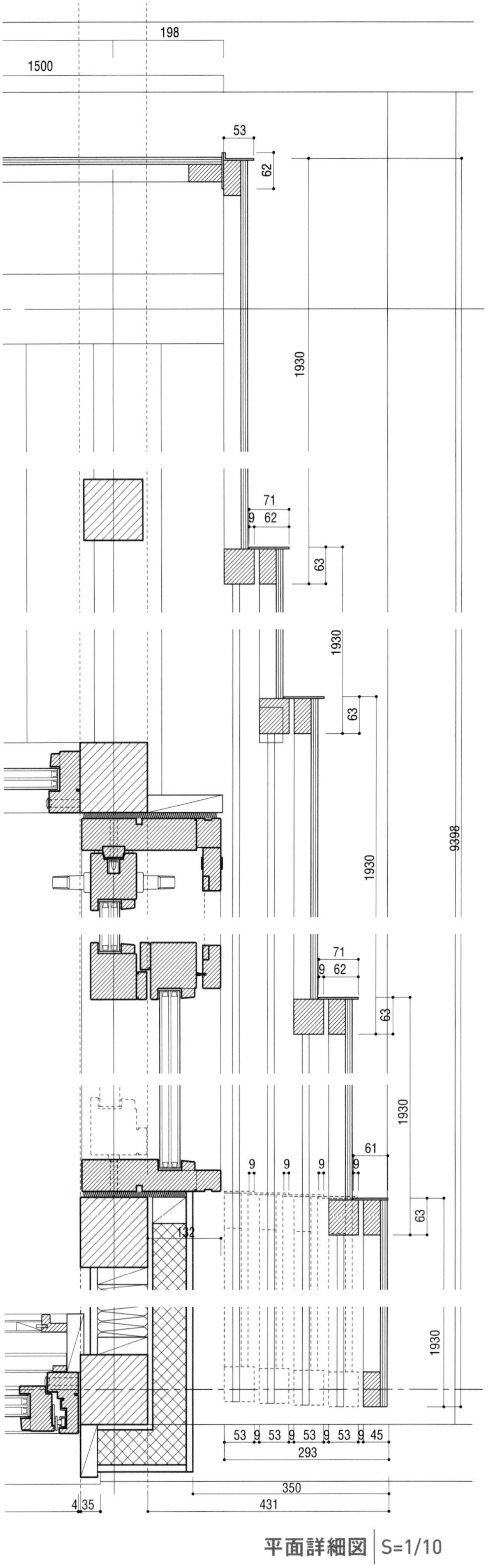

平面詳細図 | S=1/10

鉄骨造×木製サッシ｜相模原の住宅

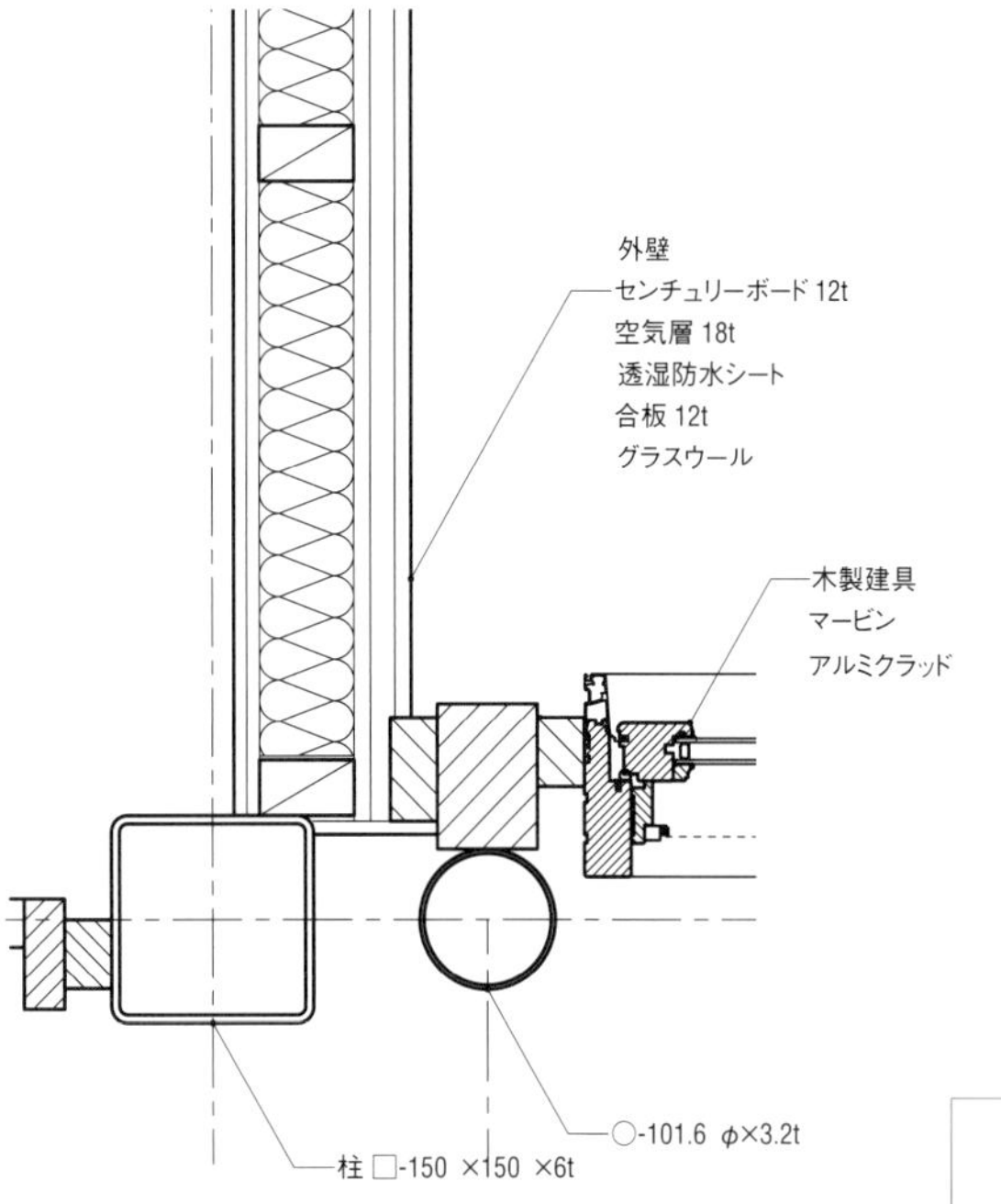

外壁
センチュリーボード 12t
空気層 18t
透湿防水シート
合板 12t
グラスウール
木製建具
マービン
アルミクラッド
○-101.6 φ×3.2t
柱 □-150 ×150 ×6t

平面詳細図｜S=1/10

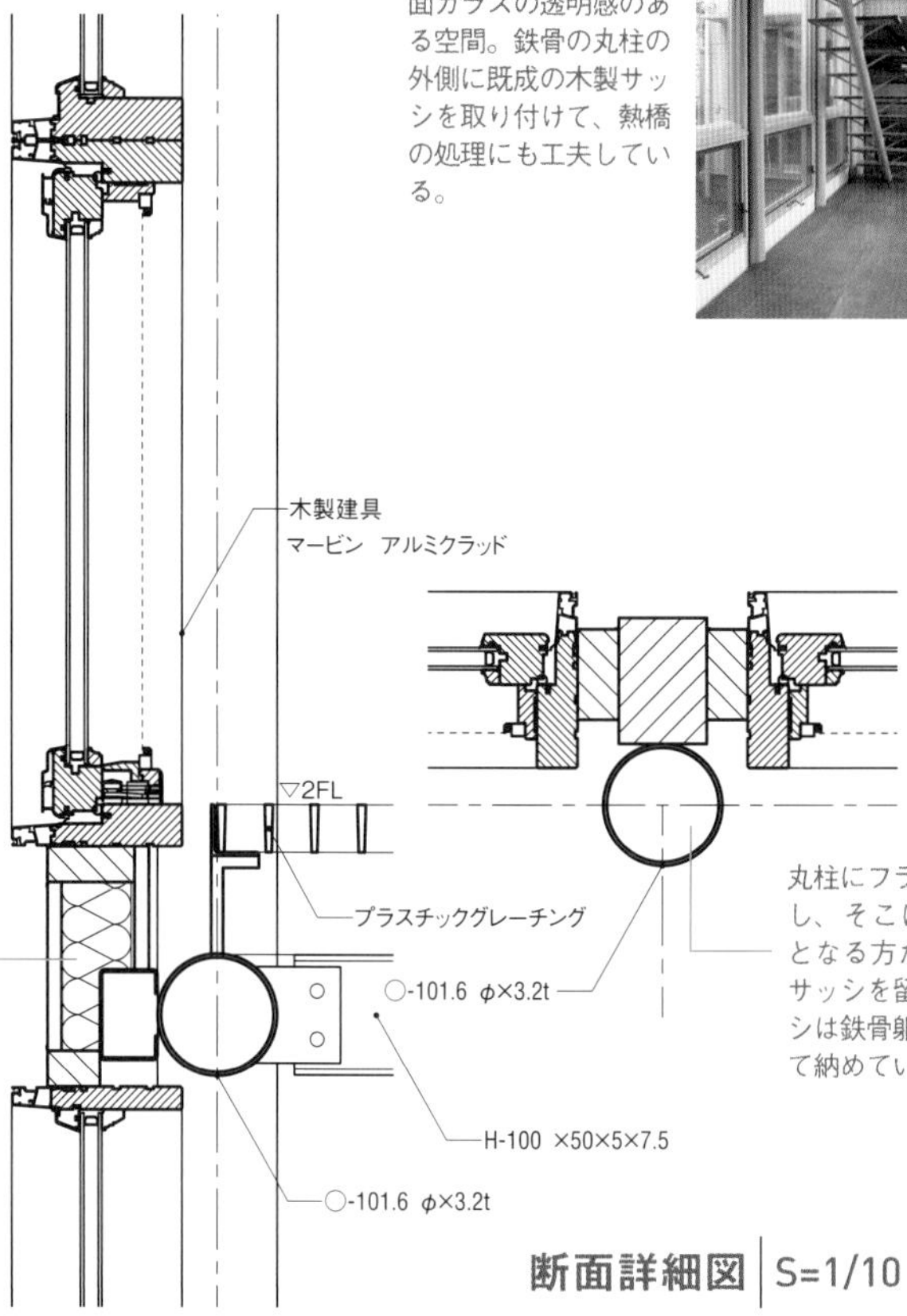

木製建具
マービン アルミクラッド
▽2FL
プラスチックグレーチング
○-101.6 φ×3.2t
H-100 ×50×5×7.5
○-101.6 φ×3.2t

熱を伝えやすい鉄部を外気に触れさせないように、鉄骨躯体外側の断熱ラインにサッシを設けている。

丸柱にフラットバーを溶接し、そこにサッシの下地となる方たてを取り付け、サッシを留めている。サッシは鉄骨躯体とは縁を切って納めている。

断面詳細図｜S=1/10

相模原の住宅の2棟をつなぐ廊下部分。左右の庭が一体化する全面ガラスの透明感のある空間。鉄骨の丸柱の外側に既成の木製サッシを取り付けて、熱橋の処理にも工夫している。

木造×アルミサッシ｜府中ドミノ

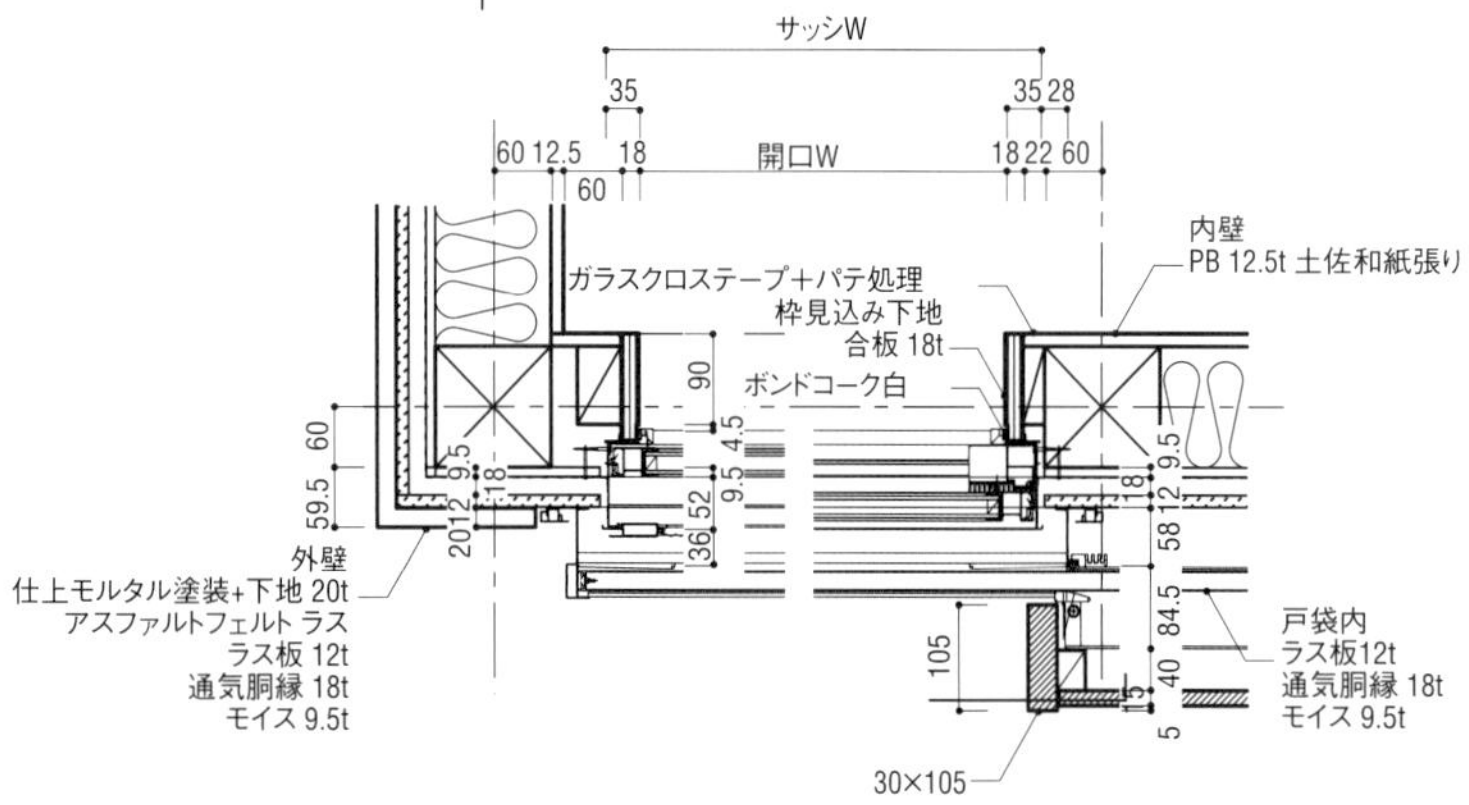

サッシW
35
35 28
60 12.5 18
開口W
18 22 60
60
内壁
PB 12.5t 土佐和紙張り
ガラスクロステープ+パテ処理
枠見込み下地
合板 18t
ボンドコーク白
外壁
仕上モルタル塗装+下地 20t
アスファルトフェルト ラス
ラス板 12t
通気胴縁 18t
モイス 9.5t
戸袋内
ラス板12t
通気胴縁 18t
モイス 9.5t
30×105

平面詳細図｜S=1/15

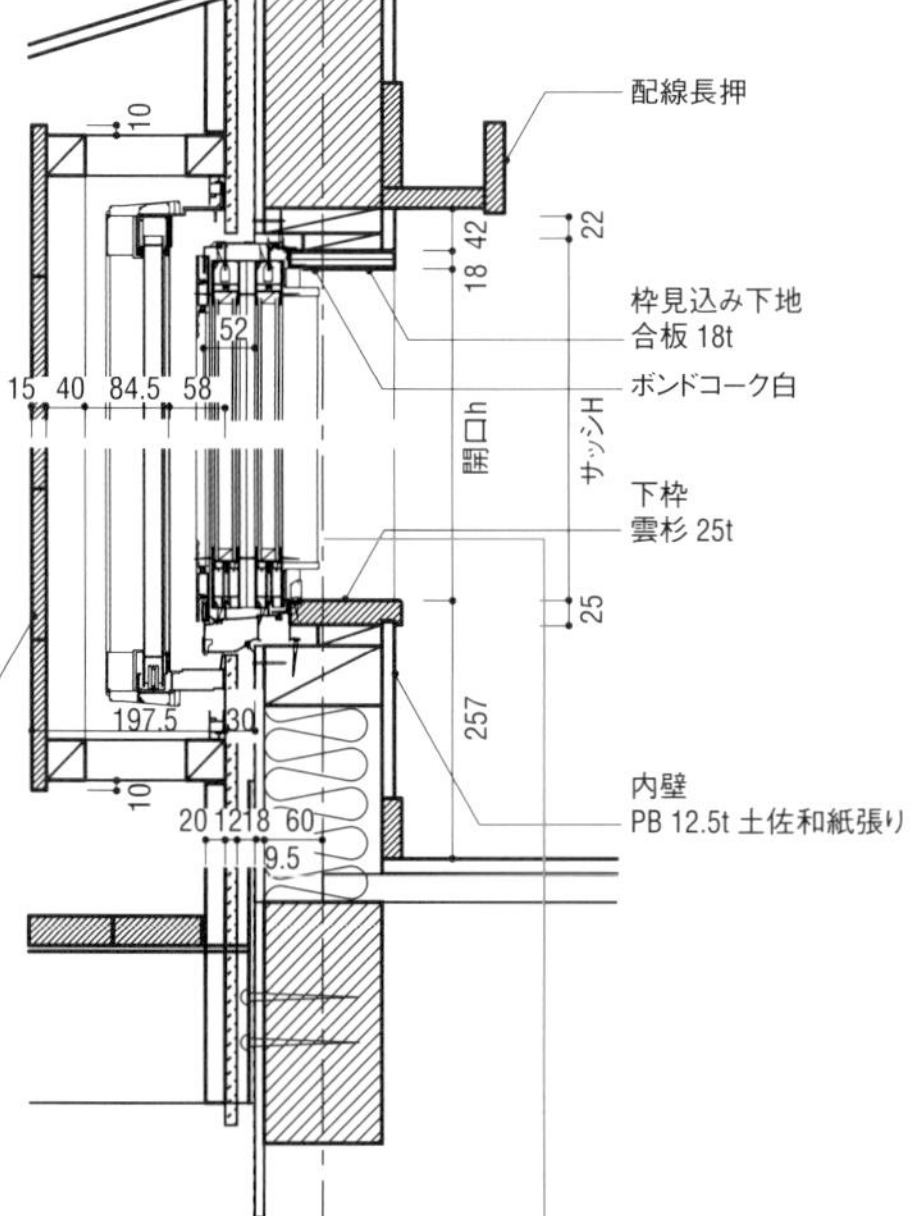

配線長押
枠見込み下地
合板 18t
ボンドコーク白
開口h
サッシH
下枠
雲杉 25t
戸袋
木製15t
内壁
PB 12.5t 土佐和紙張り

アルミ枠の見付けが小さいため、熱を伝えやすい部分の面積が小さいアルミサッシを採用している。左右、上下は枠材がなくても納まる仕様となっているため枠造作のコストダウンになる。

断面詳細図｜S=1/15

府中ドミノの南側の外観。既製のアルミサッシに木製の戸袋付きの雨戸を設けている。既存の雨戸を用いて耐久性や操作性を確保しつつ、戸袋は木製で造作するという手間をかけることで、性能と価格、イメージのバランスをとっている。

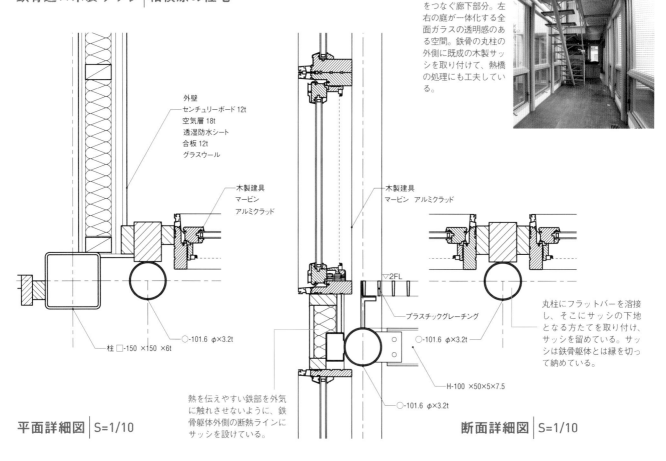

木造×木製サッシ+外付シャッター｜海部郡立田の住宅

海部郡立田の住宅の外付けの電動アルミシャッターを下したところ。日射は室内側で遮るより外部で遮った方が内部への熱の侵入が少ない。シャッターの羽は角度の調整が可能で、閉じれば雨戸、角度を調整すれば日射遮蔽用のルーバーとなる。

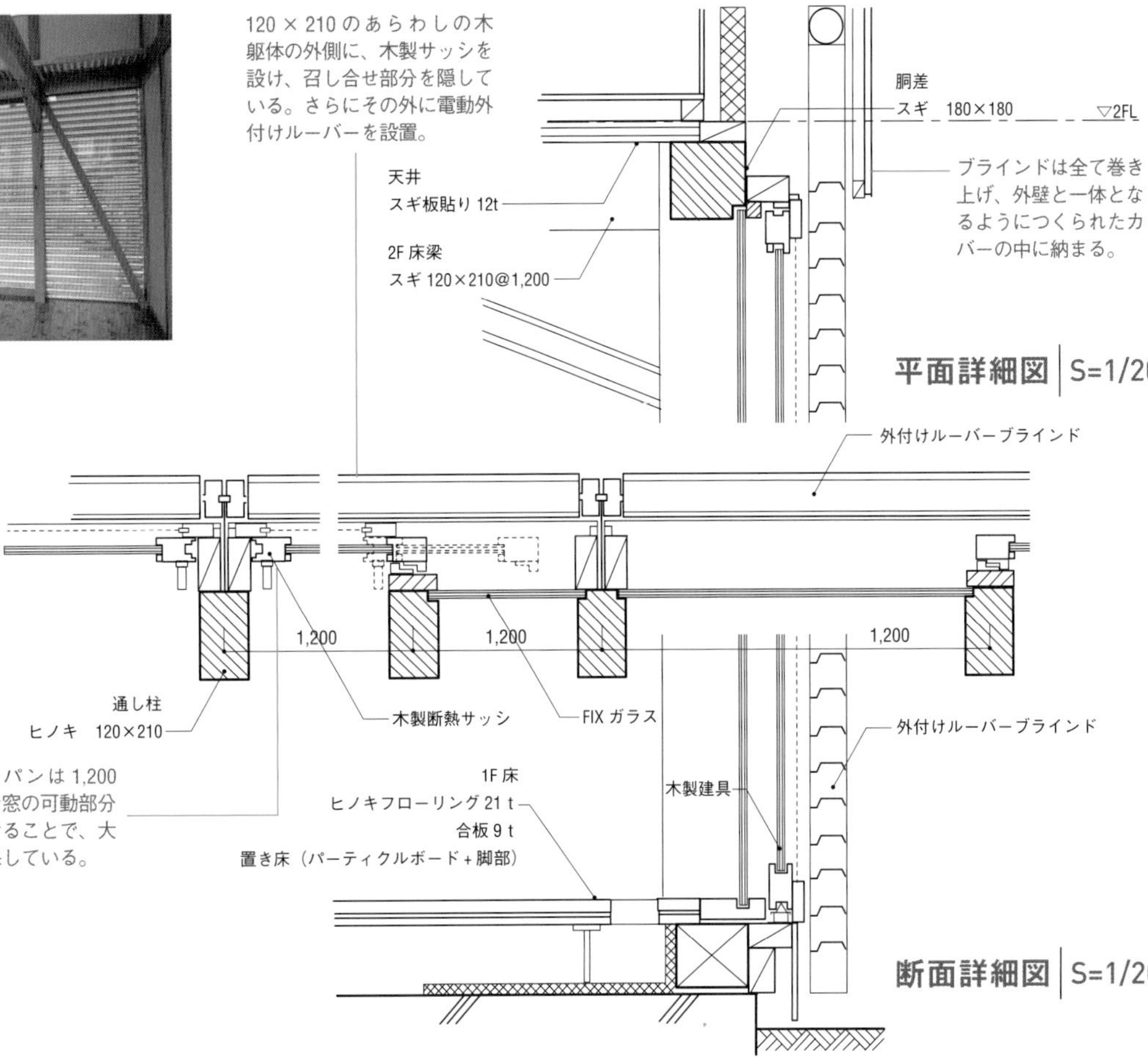

120×210のあらわしの木躯体の外側に、木製サッシを設け、召し合せ部分を隠している。さらにその外に電動外付けルーバーを設置。
天井
スギ板貼り12t
2F床梁
スギ 120×210@1,200
胴差
スギ 180×180
▽2FL
ブラインドは全て巻き上げ、外壁と一体となるようにつくられたカバーの中に納まる。
外付けルーバーブラインド
1,200
1,200
1,200
通し柱
ヒノキ 120×210
木製断熱サッシ
FIX ガラス
外付けルーバーブラインド
この住宅の柱スパンは1,200㎜と狭い。そこで窓の可動部分は柱の外側につけることで、大きな開口部を確保している。
1F床
ヒノキフローリング21t
合板9t
置き床（パーティクルボード+脚部）
木製建具

平面詳細図｜S=1/20

断面詳細図｜S=1/20

庇のデザイン｜相模原の住宅

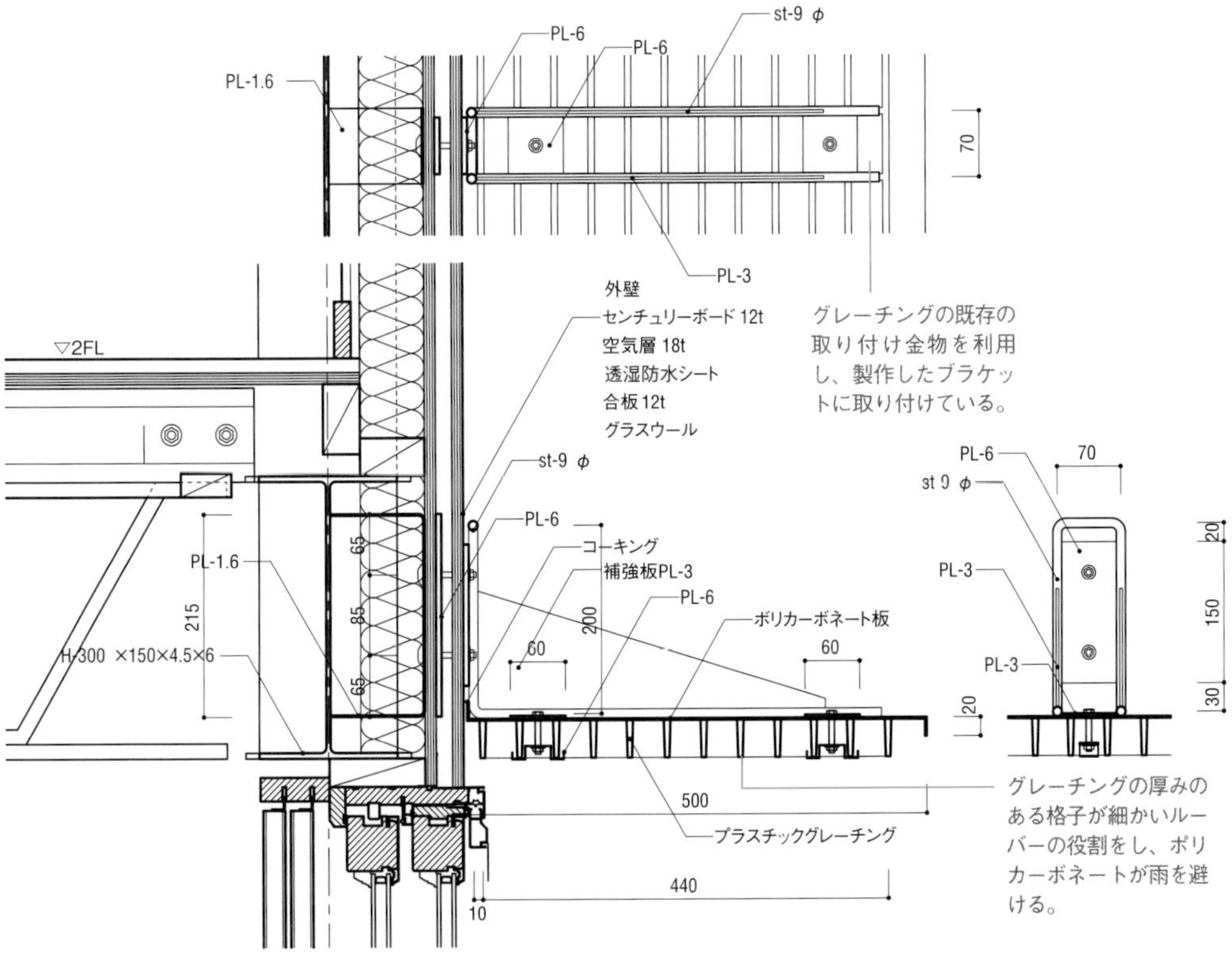

PL-1.6
PL-6
PL-6
st-9 φ
70
PL-3
外壁
センチュリーボード12t
空気層18t
透湿防水シート
合板12t
グラスウール
グレーチングの既存の取り付け金物を利用し、製作したブラケットに取り付けている。
▽2FL
st-9 φ
PL-1.6
215
65
85
65
H-300 ×150×4.5×6
PL-6
コーキング
補強板PL-3
PL-6
200
ポリカーボネート板
60
60
500
プラスチックグレーチング
440
10
PL-6
st 9 φ
70
PL-3
PL-3
20
150
30
20
グレーチングの厚みのある格子が細かいルーバーの役割をし、ポリカーボネートが雨を避ける。

相模原の住宅の窓上の庇。庇は低い太陽高度の冬季日射は室内にとりいれ、高い太陽高度の夏季日射は遮る役割を果たす。グレーチングとポリカーボネート板の組合せによる庇とし、光を通すルーバーのような日除けになっている。

断面詳細図｜S=1/10

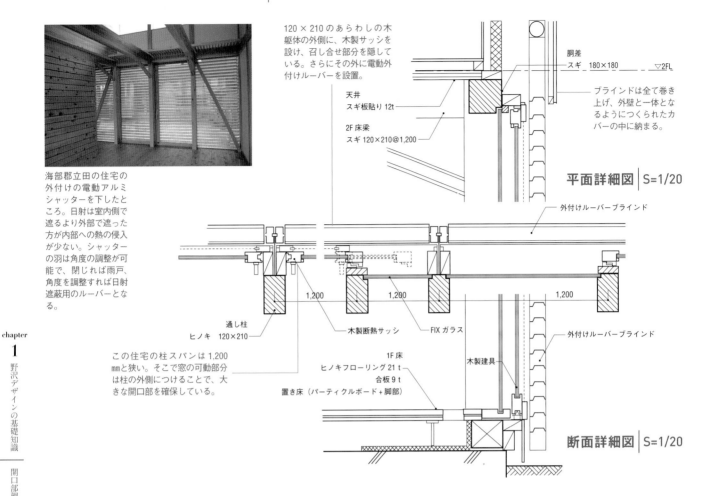

アルミサッシ＋日射遮蔽ルーバー＋断熱戸｜ヤマサモデルハウス

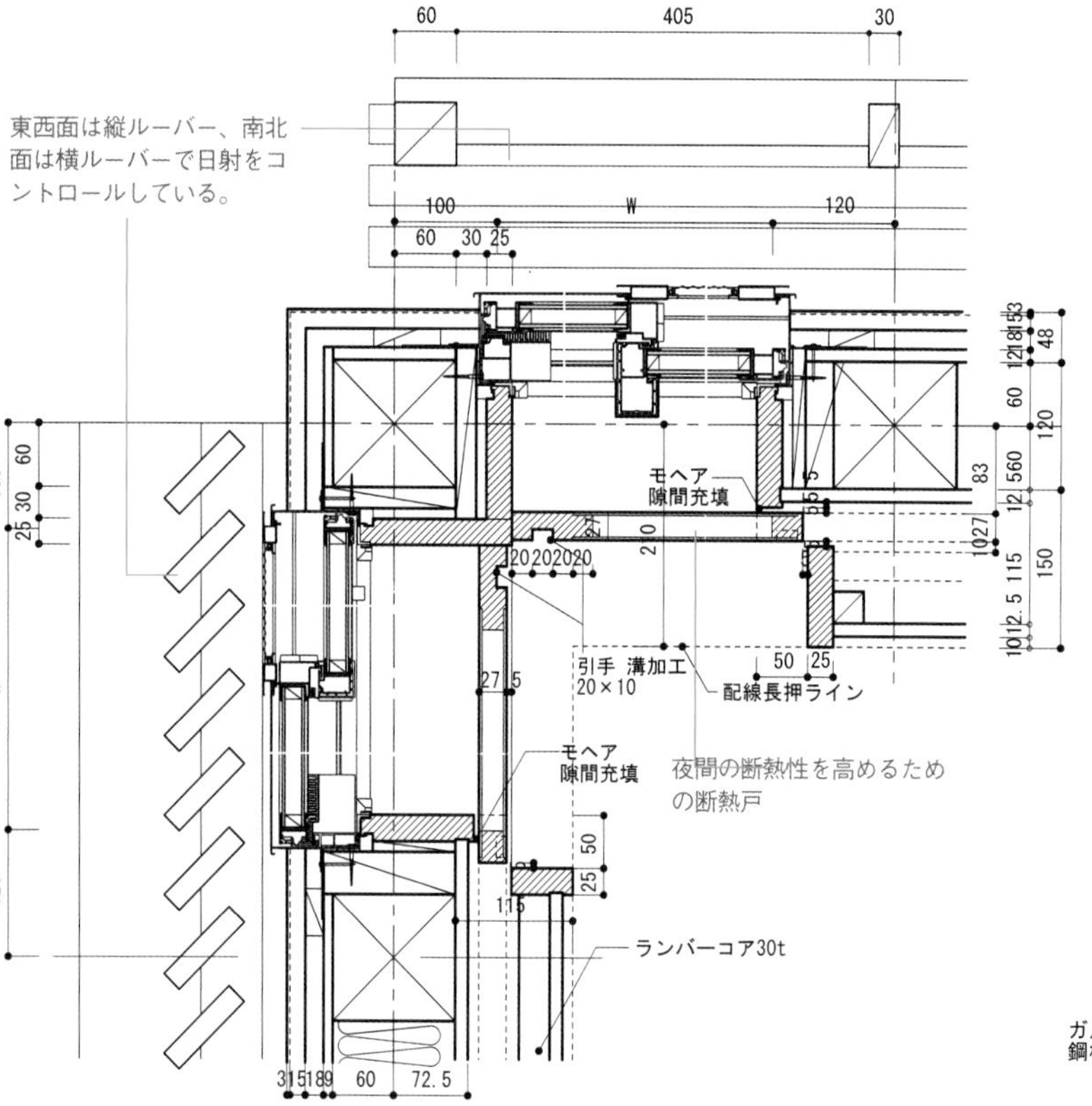
東西面は縦ルーバー、南北面は横ルーバーで日射をコントロールしている。
モヘア隙間充填
引手 溝加工 20×10
配線長押ライン
モヘア隙間充填
夜間の断熱性を高めるための断熱戸
ランバーコア30t

平面詳細図｜S=1/10

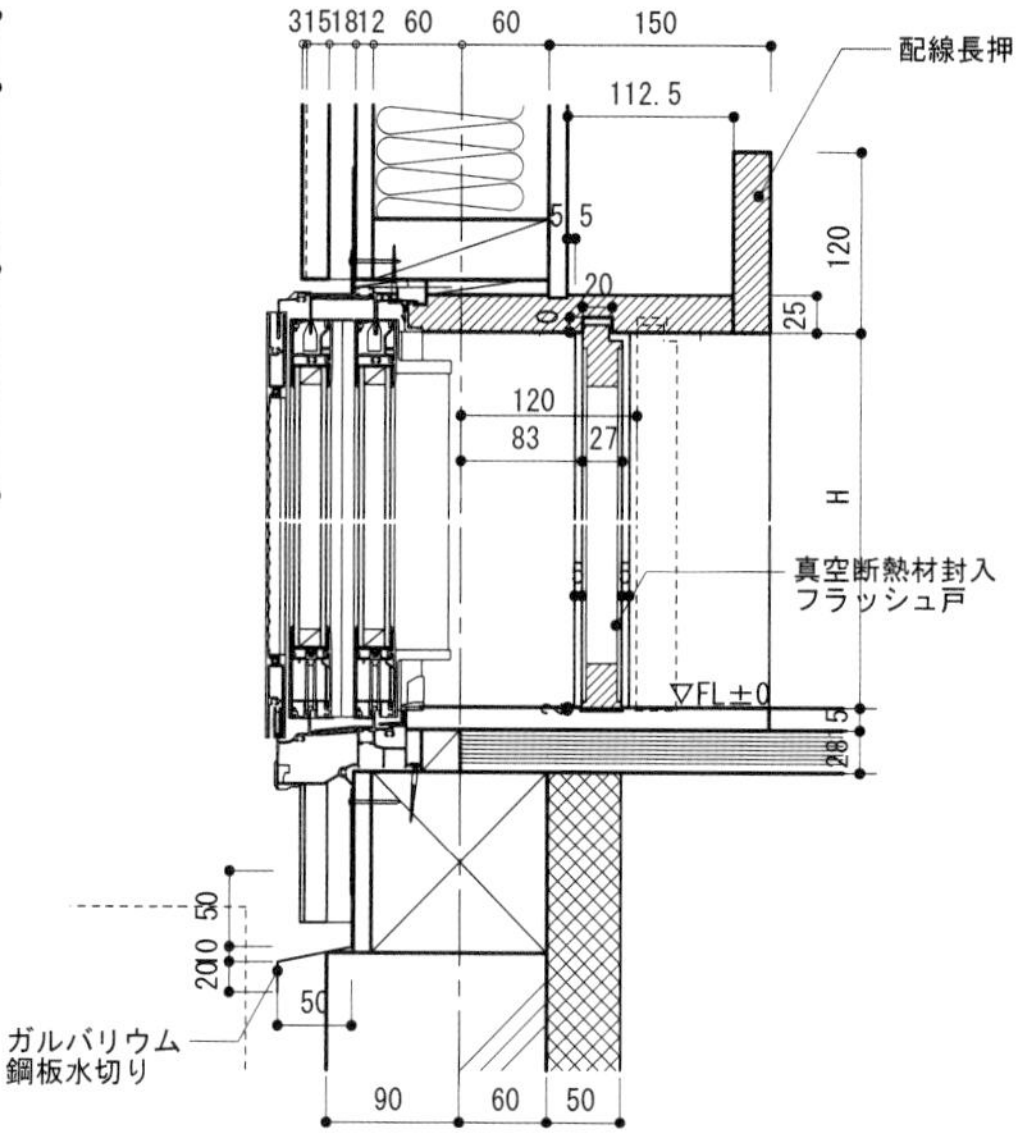
配線長押
真空断熱材封入フラッシュ戸
▽FL±0
ガルバリウム鋼板水切り

断面詳細図｜S=1/10

高断熱木製サッシ＋断熱防犯戸｜信濃境の週末住宅

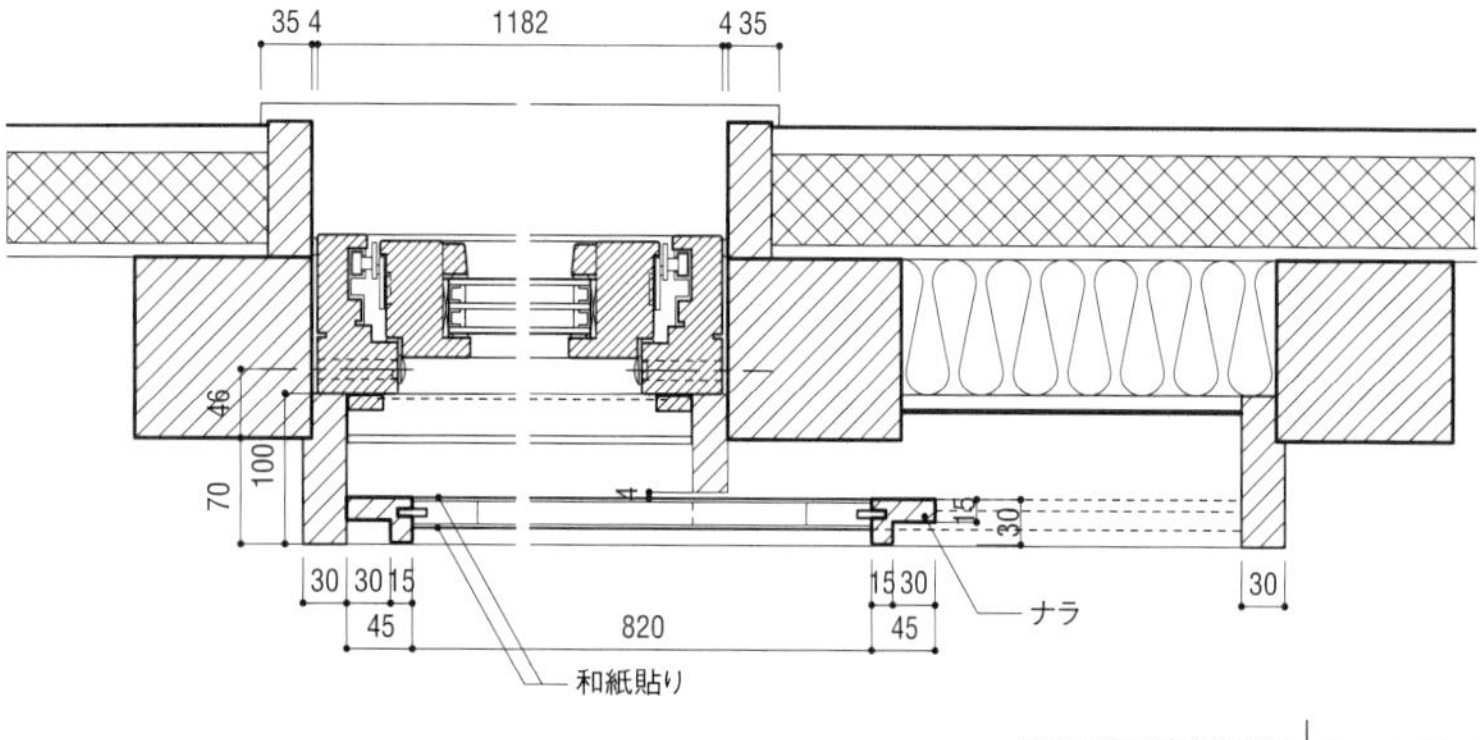
ナラ
和紙貼り

平面詳細図｜S=1/10

コーナーを家具で設え書斎としている。壁の仕上げと同じ和紙張りの建具は断熱性の向上とともに防犯性を高めることを意図している。

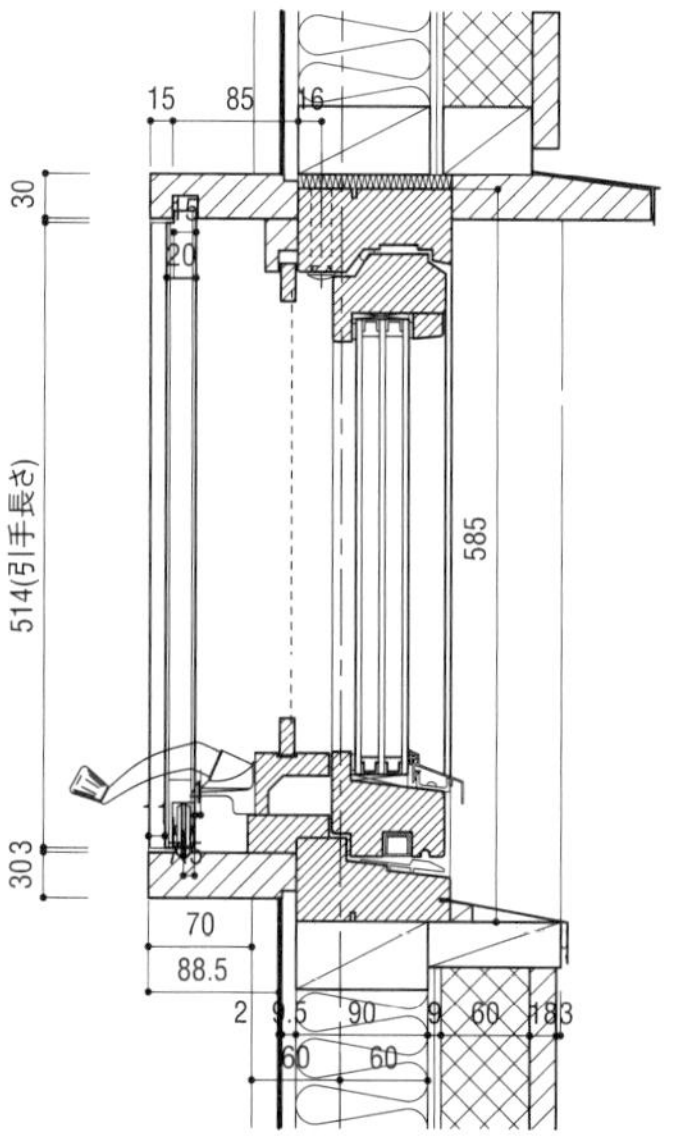
514(引手長さ)

断面詳細図｜S=1/10

玄関の木製サッシ＋網戸＋雨戸｜信濃境の週末住宅

雨戸をすべて閉めた状態。建物全体で外壁と雨戸の意匠を統一している。

夏は網戸だけ、または一部網戸＋雨戸となるように木製サッシの外側に建具を設えている。外壁の断熱がきれないように片引きの木製サッシの片側のガラスを抜き障子を利用している。土間と軒下外部をつなげて使えるように軒下を計画しスラブを大きく跳ね出している。

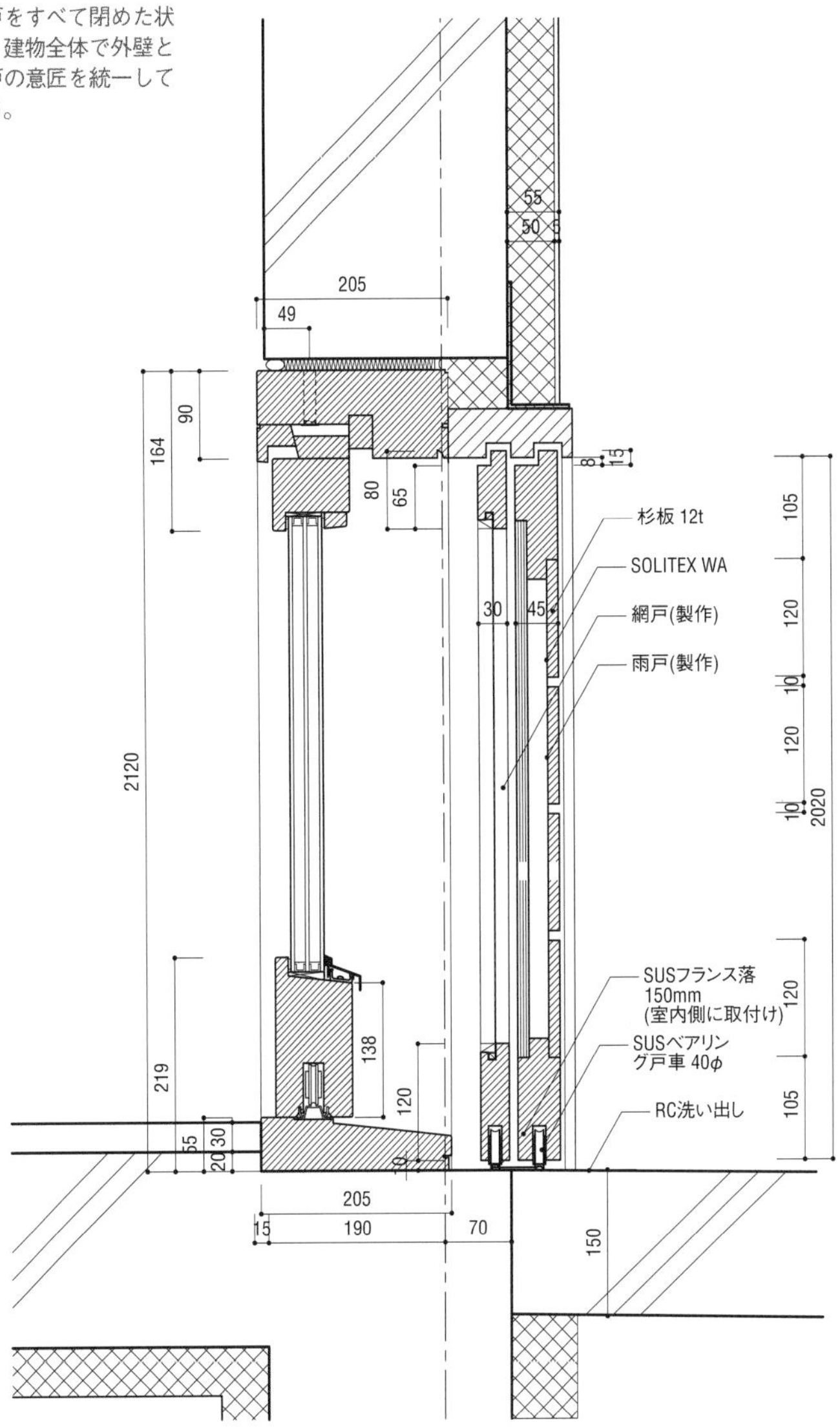

杉板 12t
SOLITEX WA
網戸(製作)
雨戸(製作)
SUSフランス落 150mm (室内側に取付け)
SUSベアリング戸車 40φ
RC洗い出し
2120
2020
205
190
70

断面詳細図｜S=1/10

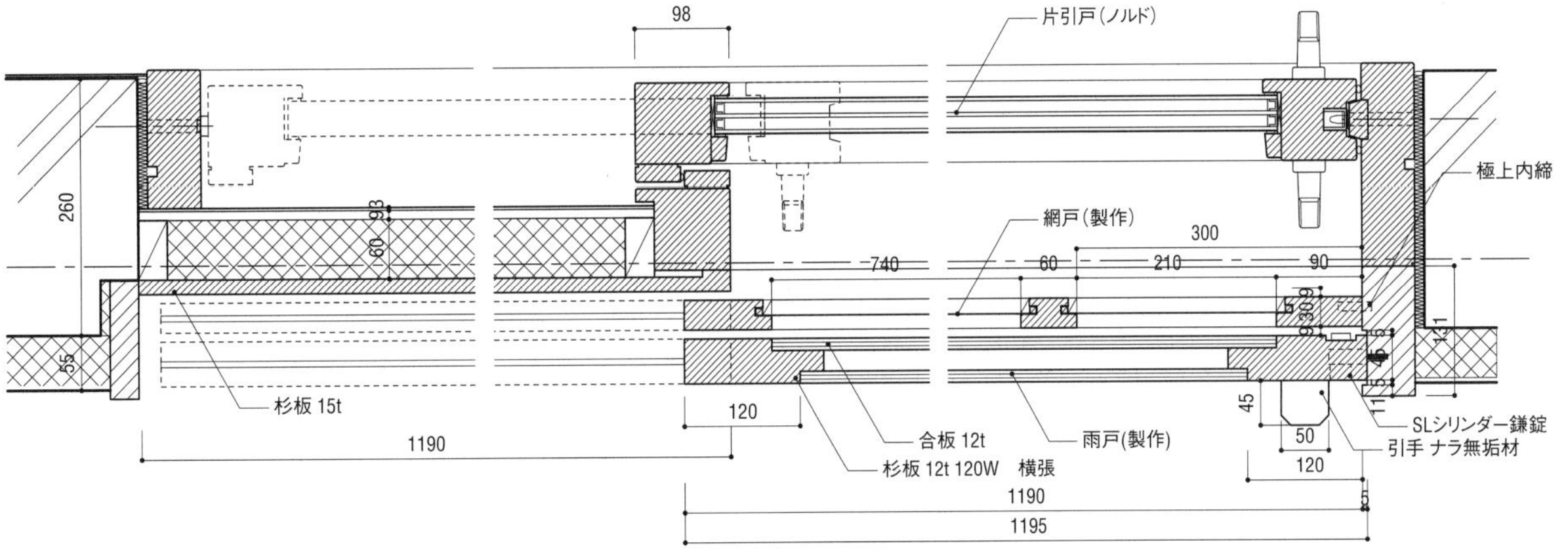

片引戸(ノルド)
極上内締
網戸(製作)
杉板 15t
合板 12t
杉板 12t 120W 横張
雨戸(製作)
SLシリンダー鎌錠
引手 ナラ無垢材
1190
1195

平面詳細図｜S=1/10

太陽熱集熱＋発電＋クールチューブによる地熱利用

技術を組み合わせる試み

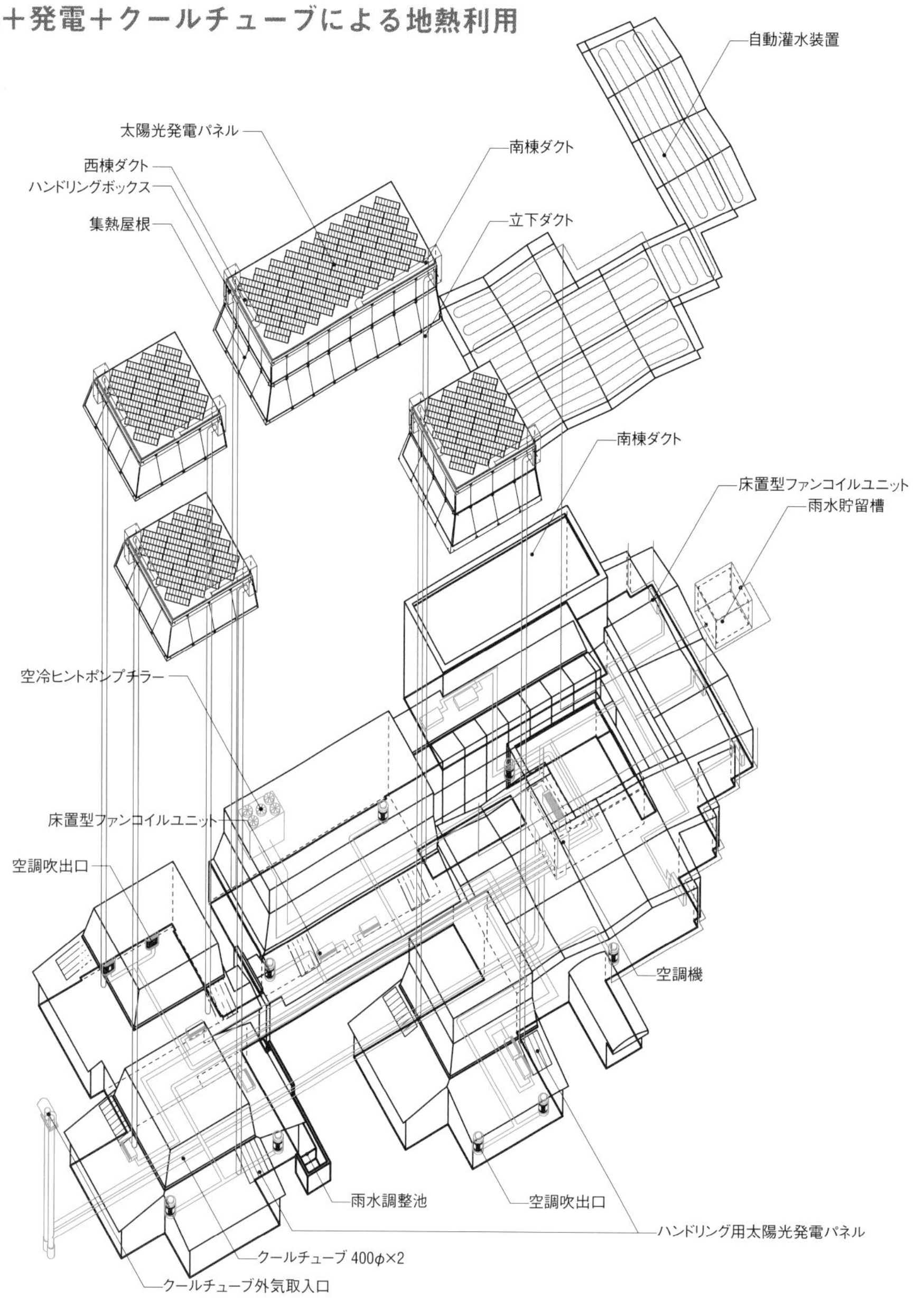
自動灌水装置
太陽光発電パネル
西棟ダクト
ハンドリングボックス
集熱屋根
南棟ダクト
立下ダクト
南棟ダクト
床置型ファンコイルユニット
雨水貯留槽
空冷ヒントポンプチラー
床置型ファンコイルユニット
空調吹出口
空調機
雨水調整池
空調吹出口
ハンドリング用太陽光発電パネル
クールチューブ 400φ×2
クールチューブ外気取入口

長池公園自然館｜設備概要図

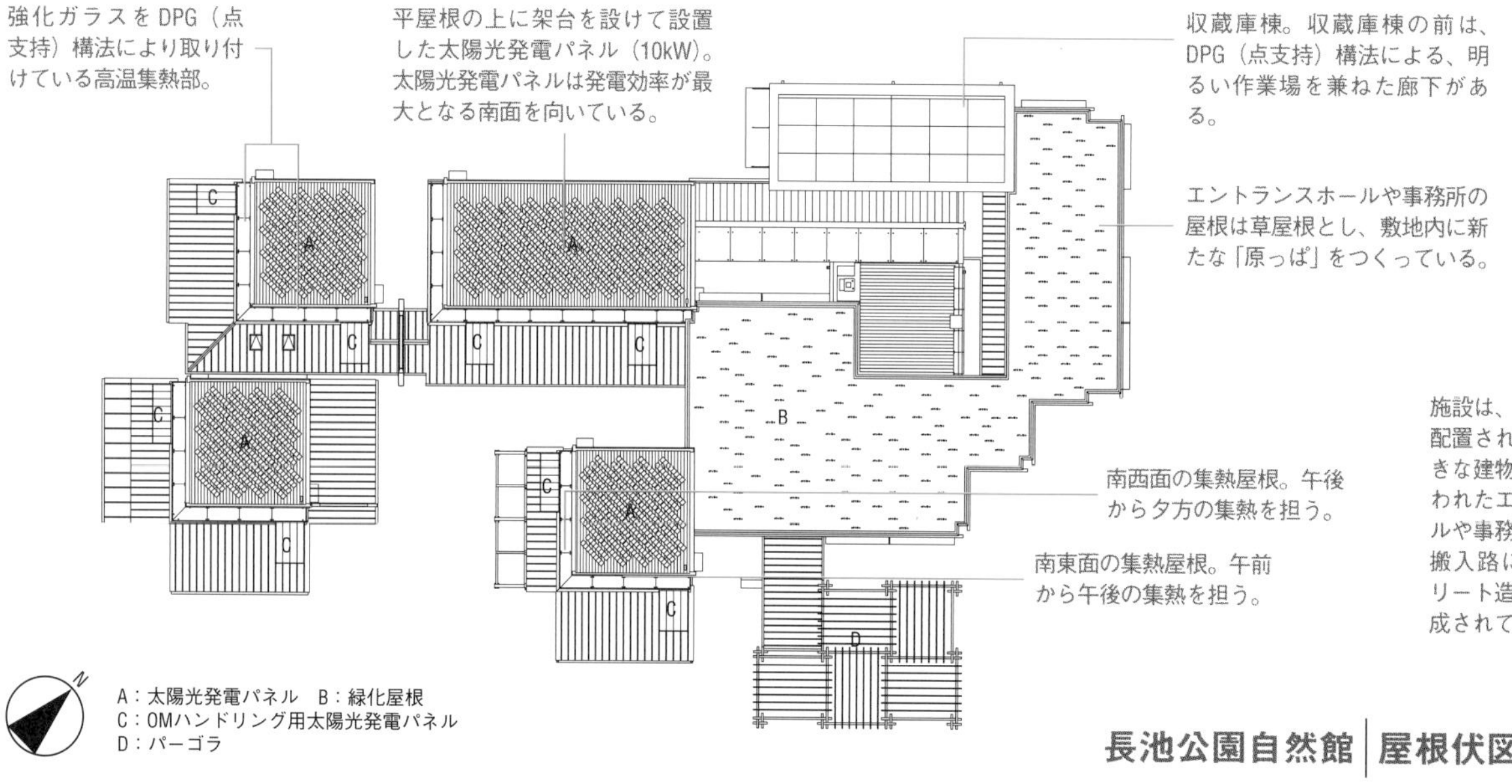
強化ガラスをDPG（点支持）構法により取り付けている高温集熱部。
平屋根の上に架台を設けて設置した太陽光発電パネル（10kW）。太陽光発電パネルは発電効率が最大となる南面を向いている。
収蔵庫棟。収蔵庫棟の前は、DPG（点支持）構法による、明るい作業場を兼ねた廊下がある。
エントランスホールや事務所の屋根は草屋根とし、敷地内に新たな「原っぱ」をつくっている。
南西面の集熱屋根。午後から夕方の集熱を担う。
南東面の集熱屋根。午前から午後の集熱を担う。
A
B
C
D
N
A：太陽光発電パネル　B：緑化屋根
C：OMハンドリング用太陽光発電パネル
D：パーゴラ

施設は、クラスター状に配置された展示室等の大きな建物群と草屋根に覆われたエントランスホールや事務所、敷地北側の搬入路に面したコンクリート造の収蔵庫棟で構成されている。

長池公園自然館｜屋根伏図｜S=1/600

（左上）展示室1。（左下）展示室2。共に床から1.2 m程のところまで立ち上がっている丸い筒状のものが空調の吹き出し口。「領域空調」向けの低風速タイプの吹き出し口を採用している。天井高さが高く気積の大きな空間のため、室全体を暖冷房するのではなく、床から高さ2.0mくらいまでの領域を空調範囲として考え、この方式を採用した。天井懐がないため空調ダクトは床下でダクト配管している。（右上）工房の上から屋根を見る。手前は南にむけて設置された太陽光発電パネル。施設全体で10kWの発電容量がある。OMソーラーの集熱面は、1棟あたり2面（南東、南西）あり、急勾配から壁面の高温集熱部分は、強化ガラスがDPG構法によって固定されている。（右下）各棟、南西、南東面の2系統の集熱面があるため、それぞれの集熱屋根に対応した立下りダクトが、室の東と西の角に1本ずつ、計2本ある。

環境共生の体験学習施設としての位置づけから、様々な環境共生技術が導入されている。アクティブなヒートポンプエアコンによる空調とOMソーラーは、互いに連携・補完し空調消費の低減を図っている。その他には、太陽光発電、クールチューブによる地熱利用、木製気密サッシや外付けルーバーによる開口部の補強と日射コントロール、屋上緑化や壁面緑化による建物の日射遮蔽などが施されている。多少メニュー的ではあるが、2001年当時に、今日の建築のテーマにつながる様々な環境共生技術が試されたという意味では、意義深い計画であると言える。

空調機へのOA供給では、クールチューブによる土中温度利用を行っている。基礎下の土中に埋設した直径40cmの配管からプレクール（あるいは、プレウォーム）されたOAが空調機によってミックスされる。

太陽集熱＋お湯とり＋温水放熱器＋発電＋デシカント空調

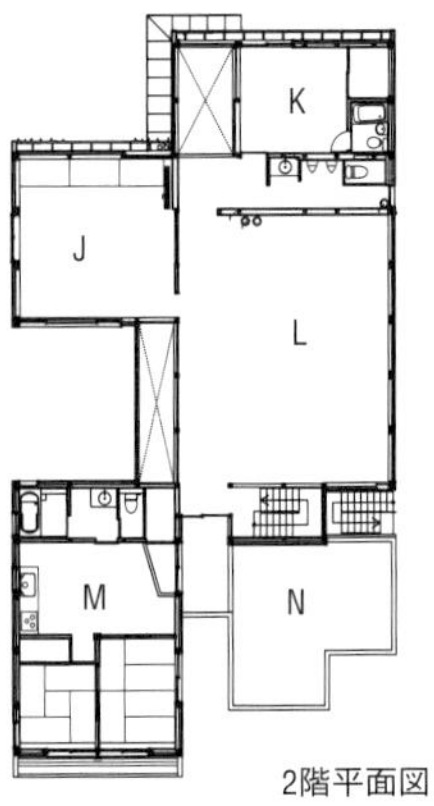
K
J
L
M
N

2階平面図

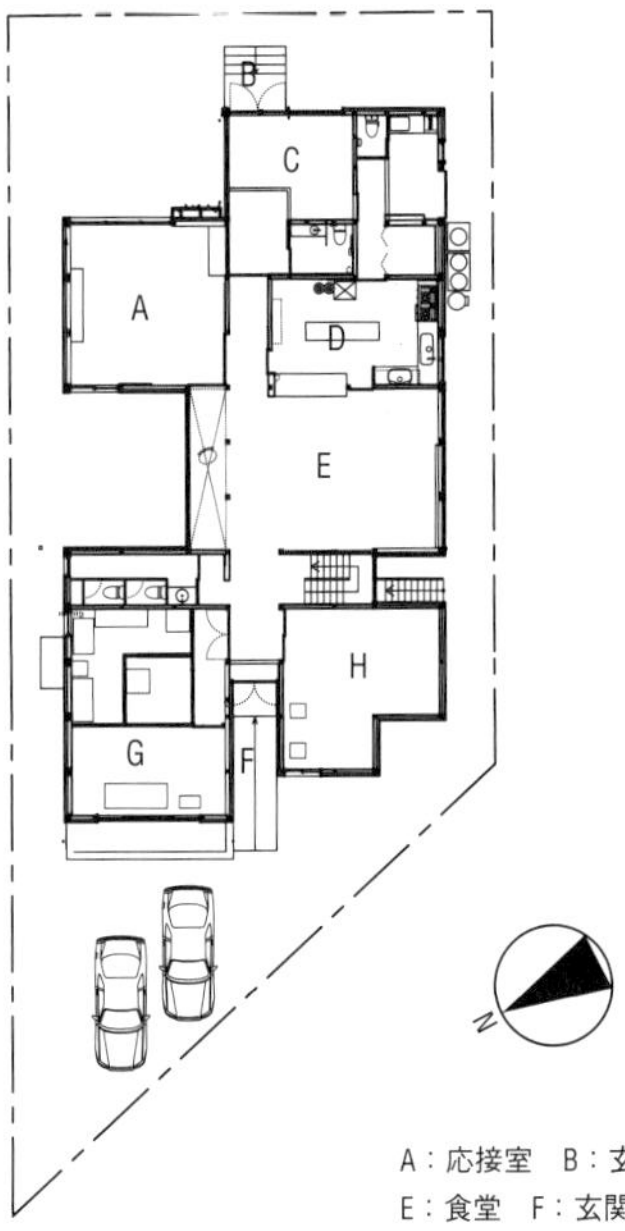
B
C
A
D
E
H
G
F

A：応接室　B：玄関1　C：土間　D：厨房
E：食堂　F：玄関2　G：作業室　H：倉庫　J：会議室
K：宿泊室1　L：事務室　M：宿泊室2　N：屋上テラス

世田谷の教堂｜平面図｜S=1/250

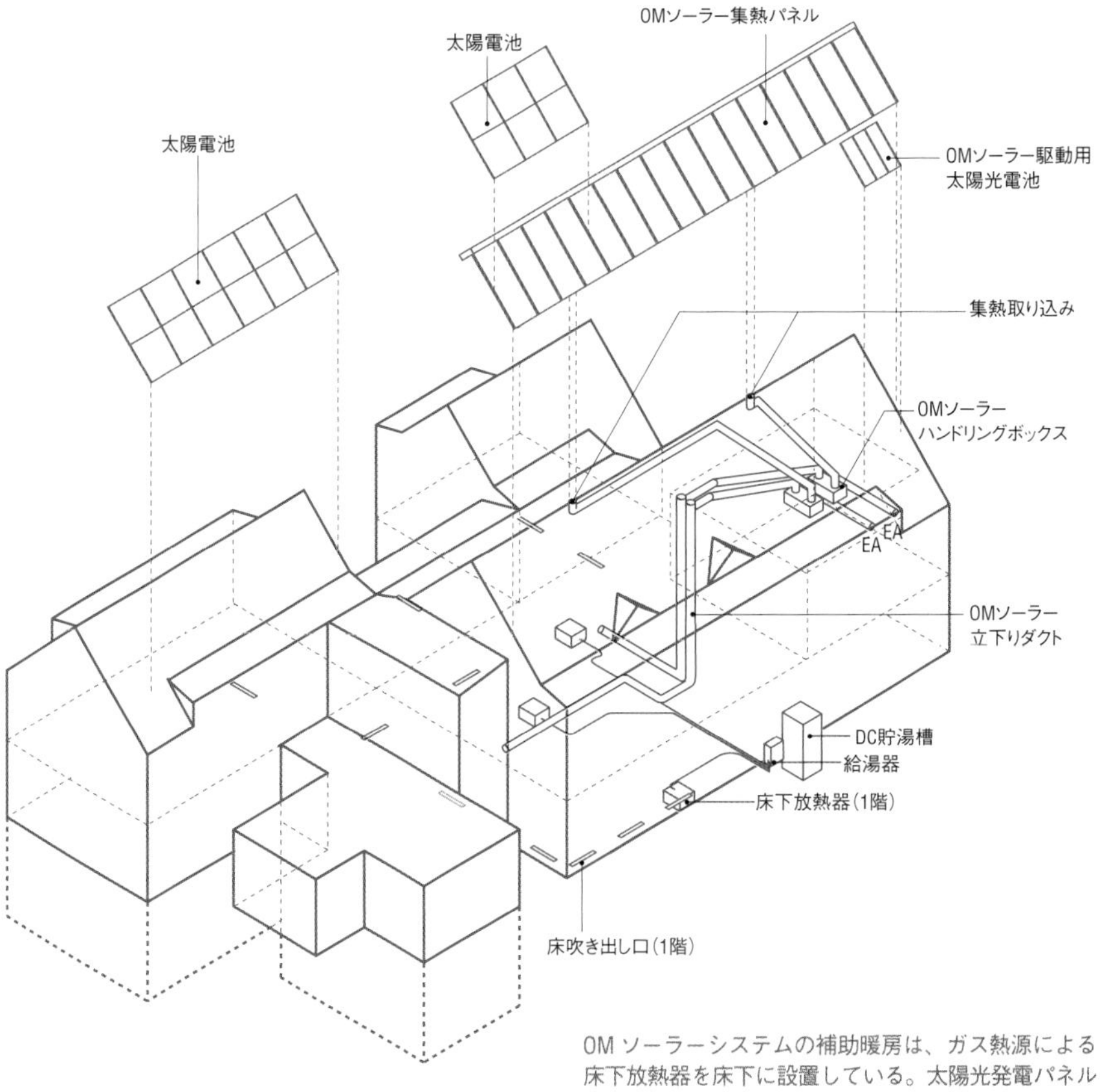
太陽電池
OMソーラー集熱パネル
太陽電池
OMソーラー駆動用
太陽光電池
集熱取り込み
OMソーラー
ハンドリングボックス
EA
EA
OMソーラー
立下りダクト
DC貯湯槽
給湯器
床下放熱器（1階）
床吹き出し口（1階）

OM ソーラーシステムの補助暖房は、ガス熱源による床下放熱器を床下に設置している。太陽光発電パネルは、OM ソーラーシステムの自立運転用の小規模な発電パネルとは別に、3kW の発電容量を搭載している。

世田谷の教堂｜自然エネルギー利用設備概要図

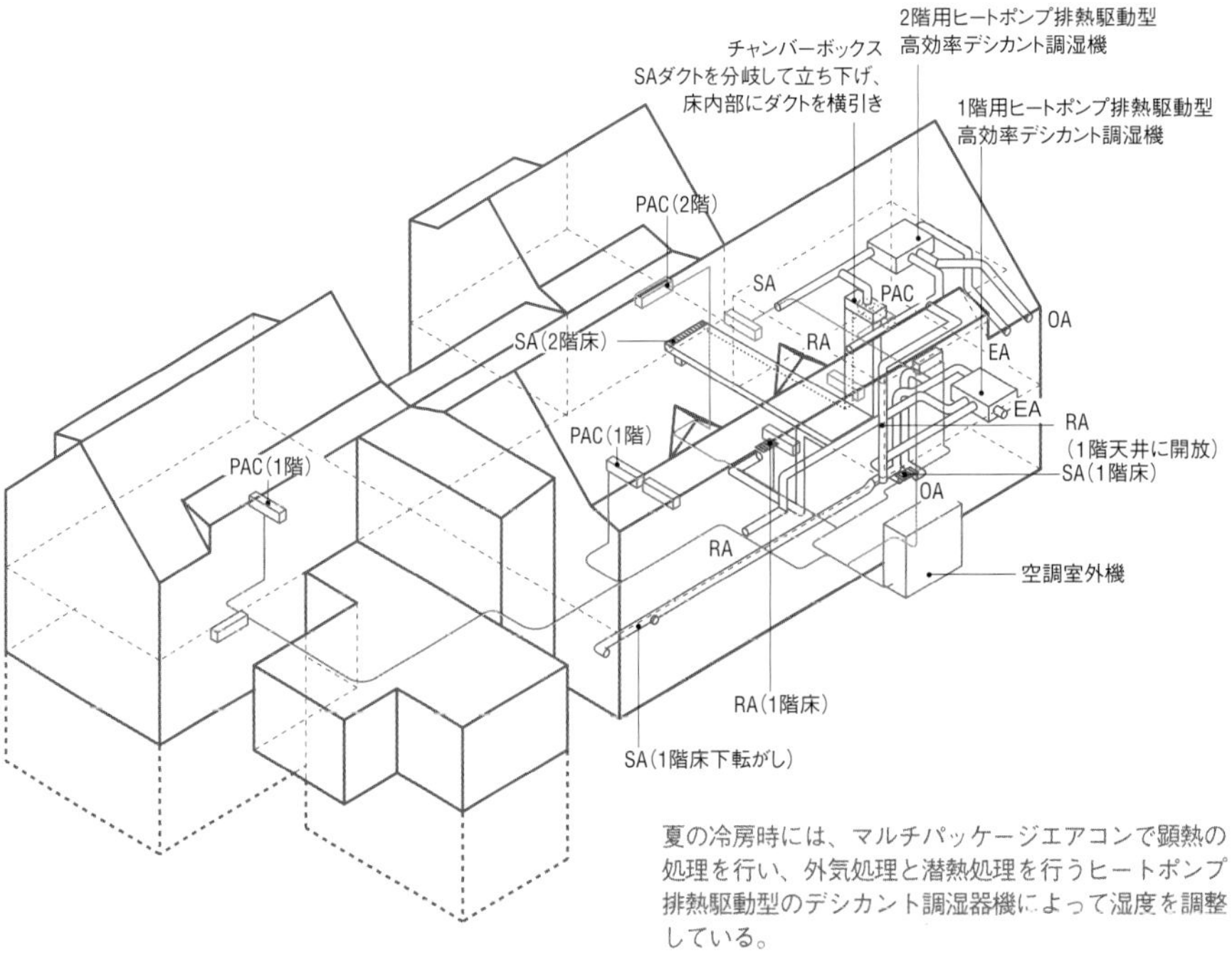
2階用ヒートポンプ排熱駆動型
高効率デシカント調湿機
チャンバーボックス
SAダクトを分岐して立ち下げ、
床内部にダクトを横引き
1階用ヒートポンプ排熱駆動型
高効率デシカント調湿機
PAC（2階）
SA
PAC
OA
SA（2階床）
RA
EA
EA
PAC（1階）
RA
（1階天井に開放）
SA（1階床）
PAC（1階）
OA
RA
空調室外機
RA（1階床）
SA（1階床下転がし）

夏の冷房時には、マルチパッケージエアコンで顕熱の処理を行い、外気処理と潜熱処理を行うヒートポンプ排熱駆動型のデシカント調湿器機によって湿度を調整している。

世田谷の教堂｜機械空調設備概要図

3kWの太陽光発電パネルを設置して年間を通じて発電し、冬はOMソーラーシステムによる太陽熱を利用した床暖房を行い、夏の集熱空気は給湯に利用している。夏の冷房は効率的なパッケージエアコンとデシカントタイプの除湿機を利用して温湿度を調整している。

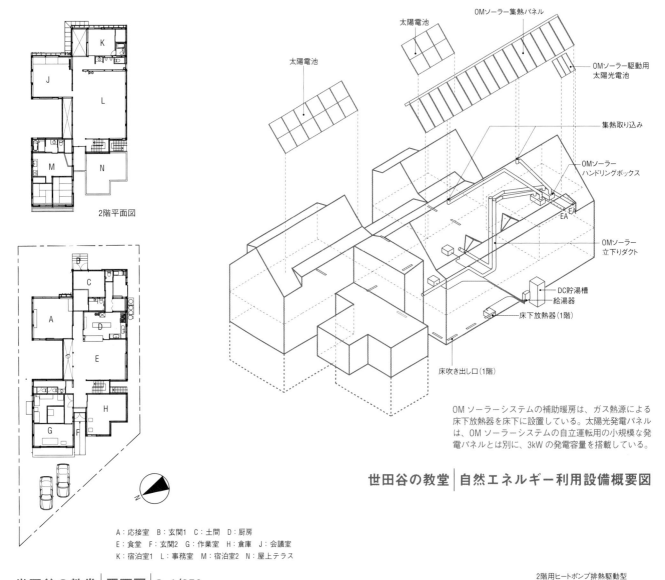

太陽熱集熱＋空調

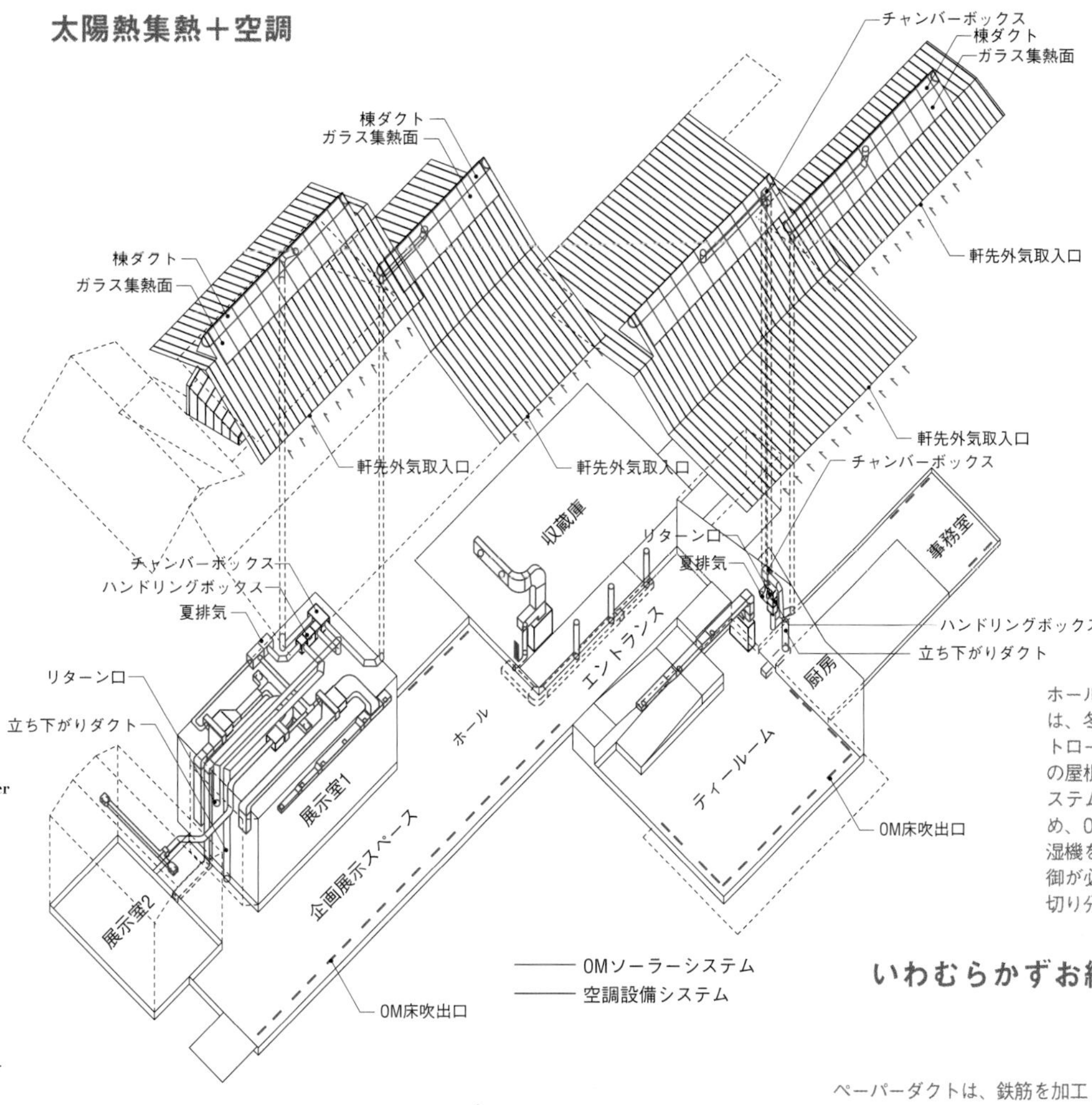
チャンバーボックス
棟ダクト
ガラス集熱面
棟ダクト
ガラス集熱面
棟ダクト
ガラス集熱面
軒先外気取入口
軒先外気取入口
軒先外気取入口
軒先外気取入口
チャンバーボックス
収蔵庫
事務室
リターン口
夏排気
チャンバーボックス
ハンドリングボックス
夏排気
ハンドリングボックス
立ち下がりダクト
リターン口
立ち下がりダクト
エントランス
厨房
ホール
ティールーム
展示室1
OM床吹出口
企画展示スペース
展示室2
OMソーラーシステム
空調設備システム
OM床吹出口

OMソーラーシステムの集熱屋根部。2つの集熱部から集めた暖気は1台のハンドリングボックスで集め、ホールや企画展示スペースの暖房に用いている。

ホールやティールーム、企画展示スペースに関しては、冬季はOMと空調機、夏季は空調機のみでコントロールしている。これらの設備機器は、展示室1の屋根裏、収蔵庫に設置している。OMソーラーシステムを取り入れた建物は冬季に乾燥しがちなため、OMの暖房範囲とつながる展示室に関しては加湿機を設け湿度も管理している。もっとも繊細な制御が必要な収蔵庫に関しては、OM範囲とは完全に切り分け、機械設備のみで制御をしている。

いわむらかずお絵本の丘美術館｜設備概要図

ホールからエントランス方向を見る。吹き出し口が柱のスパンで3本ある。

この建物では、原画等を展示、保管する繊細な温湿度管理が必要な領域とその他に分け、用途に応じた暖冷房方法としている。ホールやレストランなど人の滞在をメインとした空間は、冬季はOMソーラーシステムで緩やかに暖房し、機械空調設備を併用している。夏は全館を機械空調で冷房している。繊細な温湿度管理が必要な展示室や収蔵庫は、機械空調のみで調整し、加湿器を併設している。

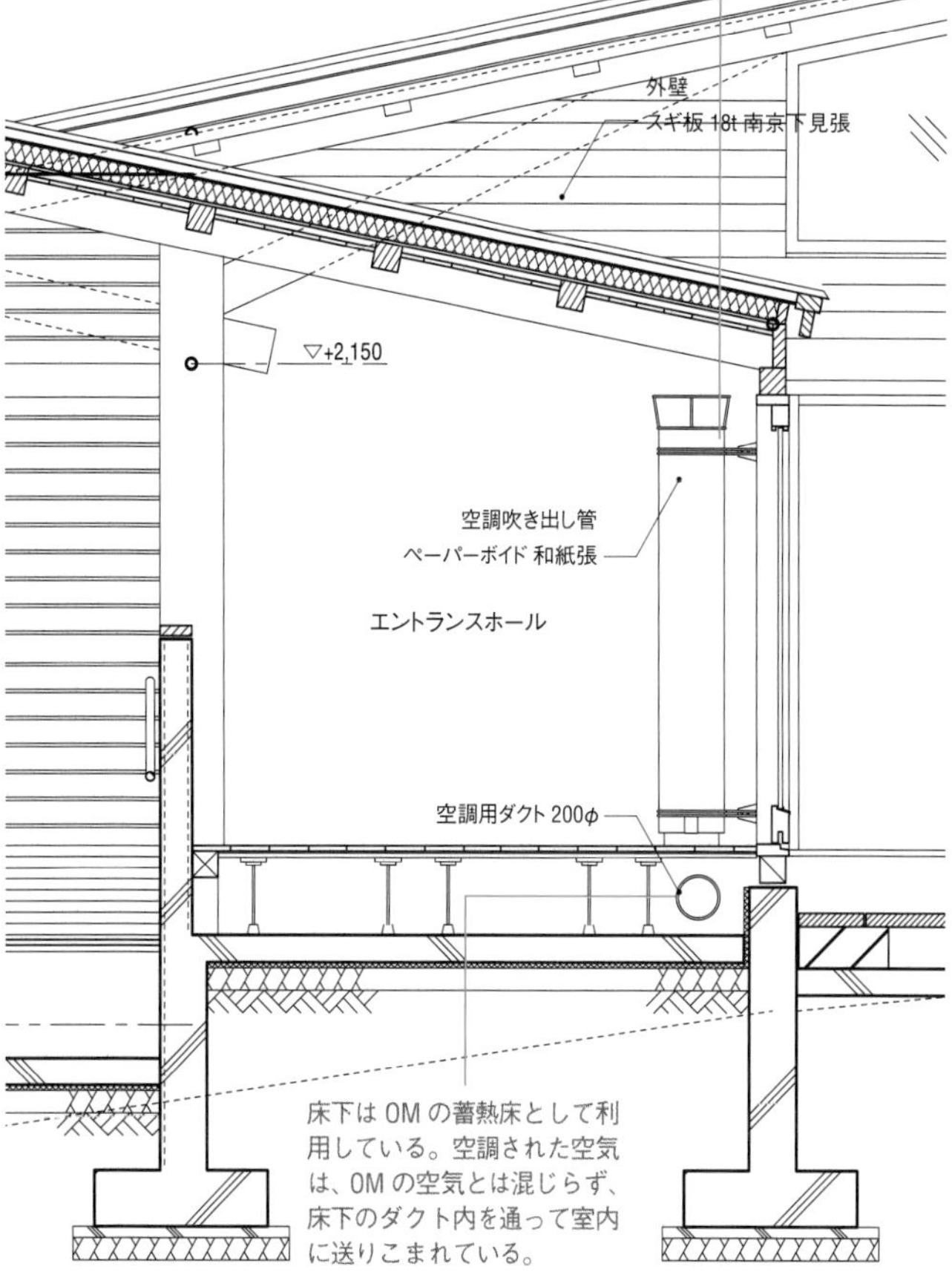
ペーパーダクトは、鉄筋を加工した金具で柱に留めて固定している。
外壁
スギ板18t 南京下見張
▽+2,150
空調吹き出し管
ペーパーボイド 和紙張
エントランスホール
空調用ダクト200φ
床下はOMの蓄熱床として利用している。空調された空気は、OMの空気とは混じらず、床下のダクト内を通って室内に送りこまれている。

いわむらかずお絵本の丘美術館｜矩計図｜S=1/50

熱交換換気扇＋空調

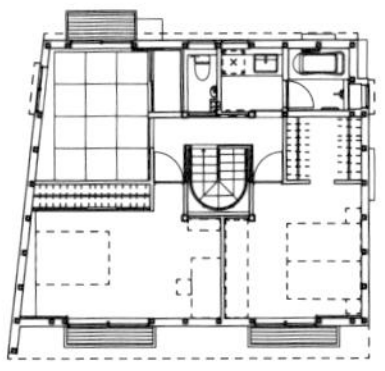

2階平面図

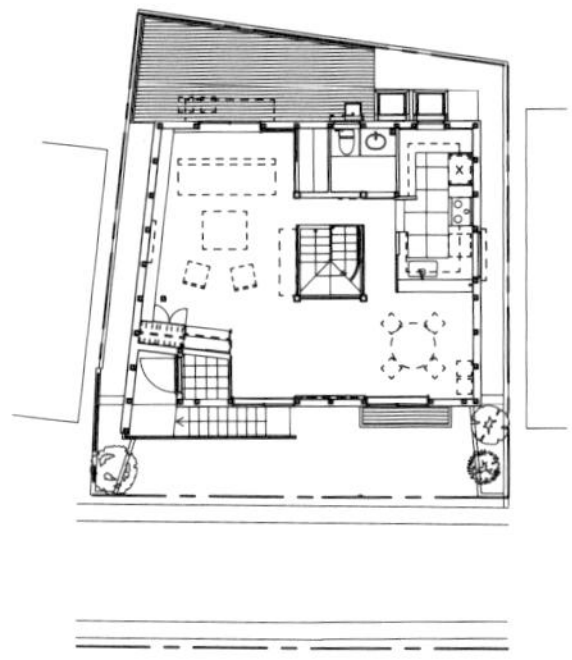

1階平面図

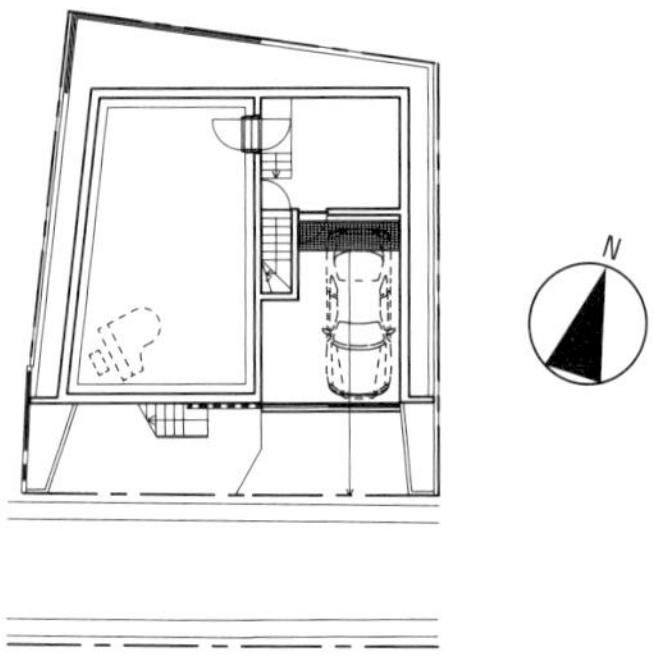
N

B1階平面図

世田谷の住宅｜平面図｜S=1/400

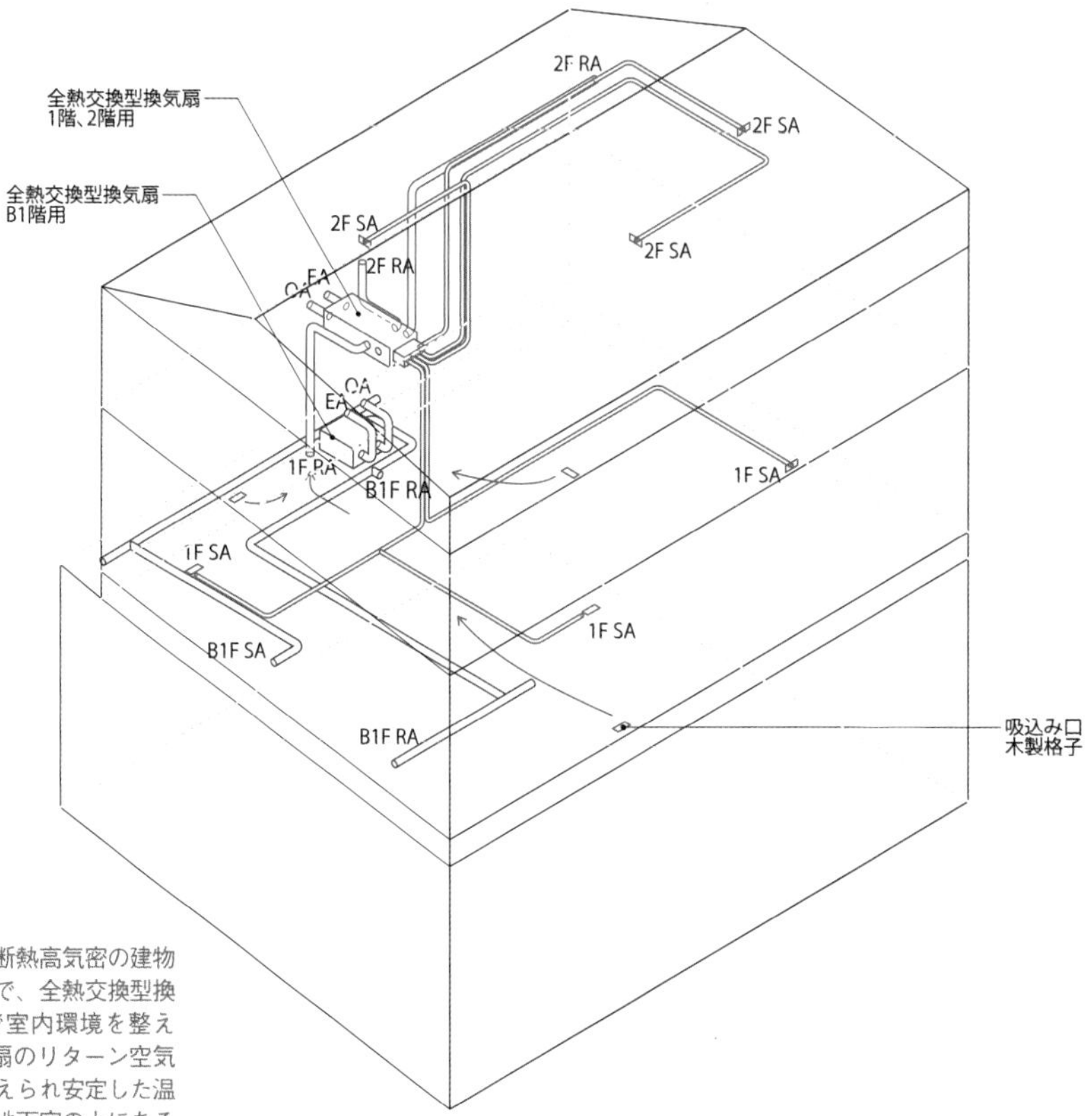
全熱交換型換気扇
1階、2階用
全熱交換型換気扇
B1階用
2F RA
2F SA
2F SA
2F RA
2F SA
OA
EA
OA
EA
1F RA
B1F RA
1F SA
1F SA
1F SA
B1F SA
B1F RA
吸込み口
木製格子

この住宅では、高断熱高気密の建物性能を確保した上で、全熱交換型換気扇とエアコンで室内環境を整えている。1階換気扇のリターン空気は、温度変化が抑えられ安定した温熱環境に保たれた地下室の上にある1階床下空間から取ることで、効率的に熱交換をしている。

世田谷の住宅｜設備概要図

太陽熱集熱＋お湯取り＋発電

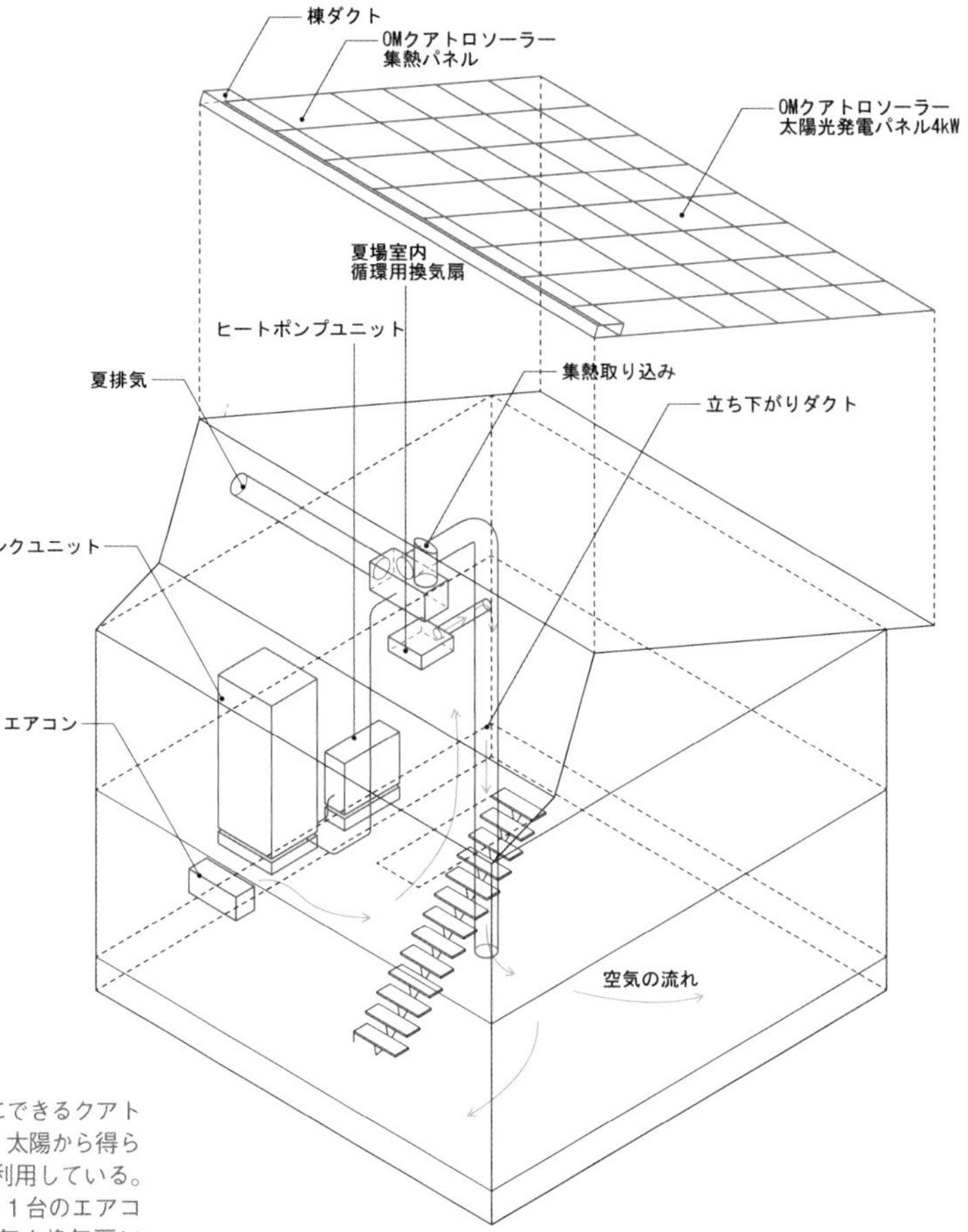
棟ダクト
OMクアトロソーラー
集熱パネル
OMクアトロソーラー
太陽光発電パネル4kW
夏場室内
循環用換気扇
ヒートポンプユニット
夏排気
集熱取り込み
立ち下がりダクト
貯湯タンクユニット
エアコン
空気の流れ

集熱と発電が一体的にできるクアトロソーラーシステム。太陽から得られる熱と電気を両方利用している。冷房は32坪の住宅を1台のエアコンで賄い、室内の空気を換気扇によって吸い上げ、OMソーラーの立ち下がりダクトを利用して冷気を床下に送ることで1、2階の空気を循環させる工夫をしている。

サイト工業モデルハウス｜設備概要図

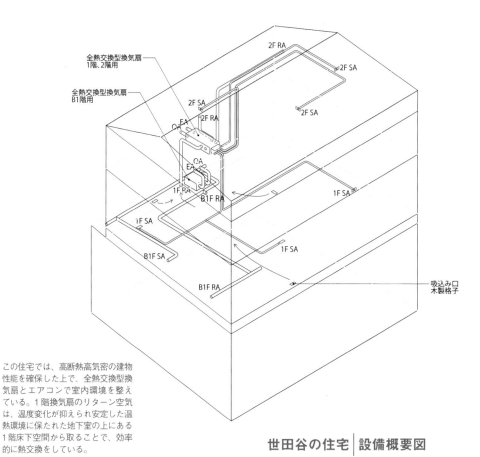

床用のプラスチックグレーチングとポリカーボネート板で構成された庇。グレーチングで日射を遮蔽し、ポリカ板が霧除けの役目を果たし、透明感がありつつも機能を有した庇となっている。

2棟の屋根の南面にはOMソーラーシステムの集熱ガラスが載り、太陽熱で暖められた空気を床下に送り、室内を暖めている。

棟ダクト。暖められた空気を集め、ハンドリングボックスに送るためのダクト。

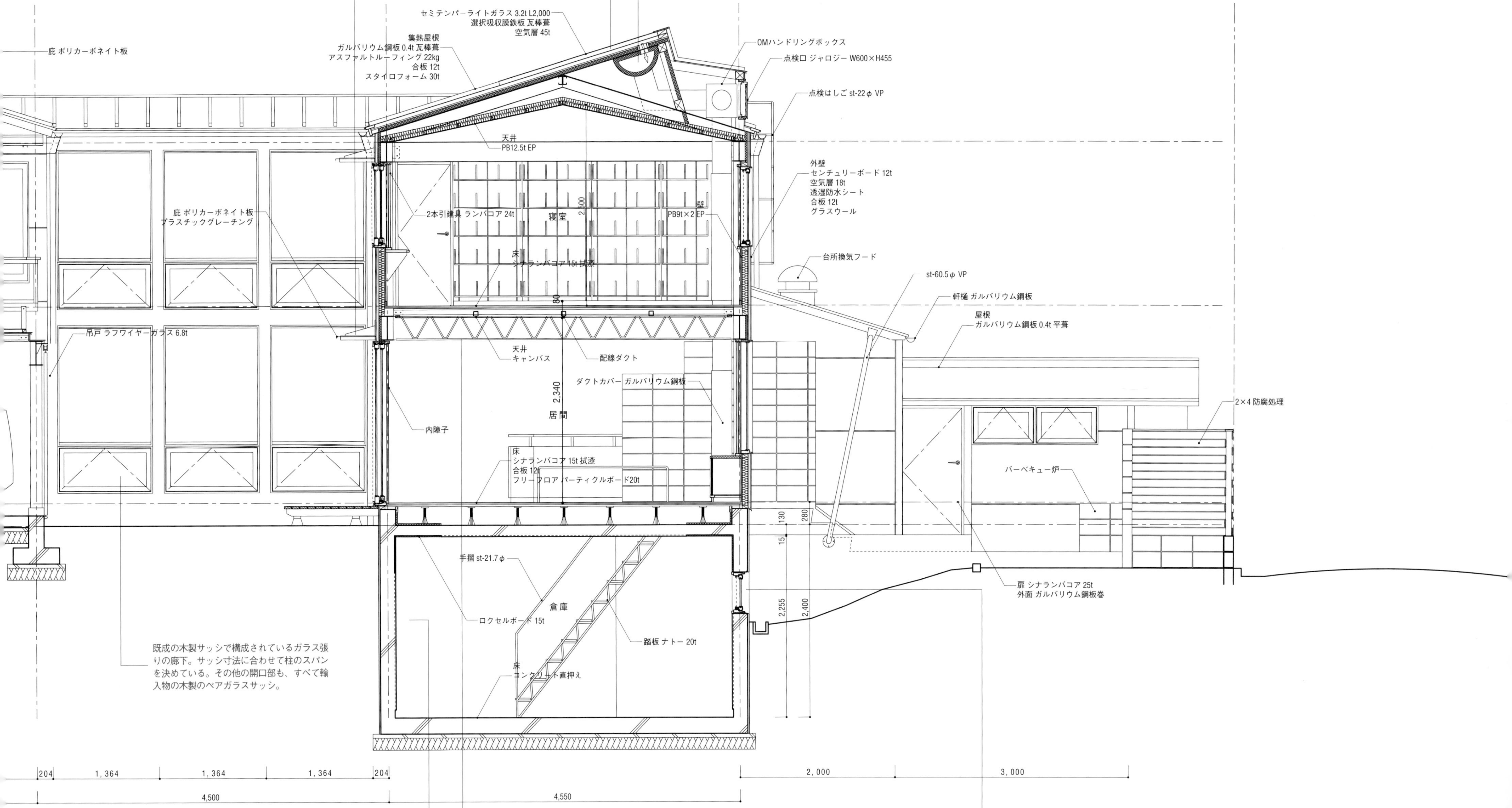

庇 ポリカーボネイト板
セミテンパーライトガラス 3.2t L2,000
選択吸収膜鉄板 瓦棒葺
空気層 45t
集熱屋根
ガルバリウム鋼板 0.4t 瓦棒葺
アスファルトルーフィング 22kg
合板 12t
スタイロフォーム 30t
OMハンドリングボックス
点検口 ジャロジー W600×H455
点検はしご st-22φ VP
天井
PB12.5t EP
外壁
センチュリーボード 12t
空気層 18t
透湿防水シート
合板 12t
グラスウール
庇 ポリカーボネイト板
プラスチックグレーチング
2本引建具 ランバコア 24t
寝室
2,500
壁
PB9t×2 EP
床
シナランバコア 15t 拭漆
台所換気フード
st-60.5φ VP
軒樋 ガルバリウム鋼板
80
屋根
ガルバリウム鋼板 0.4t 平葺
吊戸 ラフワイヤーガラス 6.8t
天井
キャンバス
配線ダクト
ダクトカバー ガルバリウム鋼板
2,340
居間
2×4 防腐処理
内障子
床
シナランバコア 15t 拭漆
合板 12t
フリーフロア パーティクルボード 20t
バーベキュー炉
130
280
15
手摺 st-21.7φ
扉 シナランバコア 25t
外面 ガルバリウム鋼板巻
倉庫
ロクセルボード 15t
2,255
2,400
踏板 ナトー 20t
床
コンクリート直押え
204
1,364
1,364
1,364
204
2,000
3,000
4,500
4,550

既成の木製サッシで構成されているガラス張りの廊下。サッシ寸法に合わせて柱のスパンを決めている。その他の開口部も、すべて輸入物の木製のペアガラスサッシ。

地下室の壁は、地下水位を確認の上、地面の熱をそのまま内部に伝えるために2重壁工法は取らずに1重壁のコンクリート打ち放し仕上げとしている。

階高を抑えることは、1階と2階の距離を縮め、日に何回も上り下りする階段の段数を減らすことができる。この家では、部屋の中央に架かる小梁を、室内に露出していても気にならないトラス梁とすることで、天井の懐を180mmに抑え、階高2,520mmながら1階の天井高さを2,340mmまで確保できている。

南北に1m程ある高低差のある敷地をそのまま残したことで、奥の棟に設けた地下室には地盤の低い北側にむけて窓を設けることができた。地面に出ている壁部は室内側に断熱材を貼り込み、外部の熱が伝わらないようにしている。

相模原の住宅 | 矩計図 | S=1/50

太陽熱集熱＋お湯取り＋発電＋デシカント

集熱と発電ができる OM クアトロソーラーシステムに加え、デシカントと気化冷却器が合体した装置により、夏場の除湿涼房をしている。OM ソーラーシステムの夏のお湯取り以外の活用にむけた実験である。

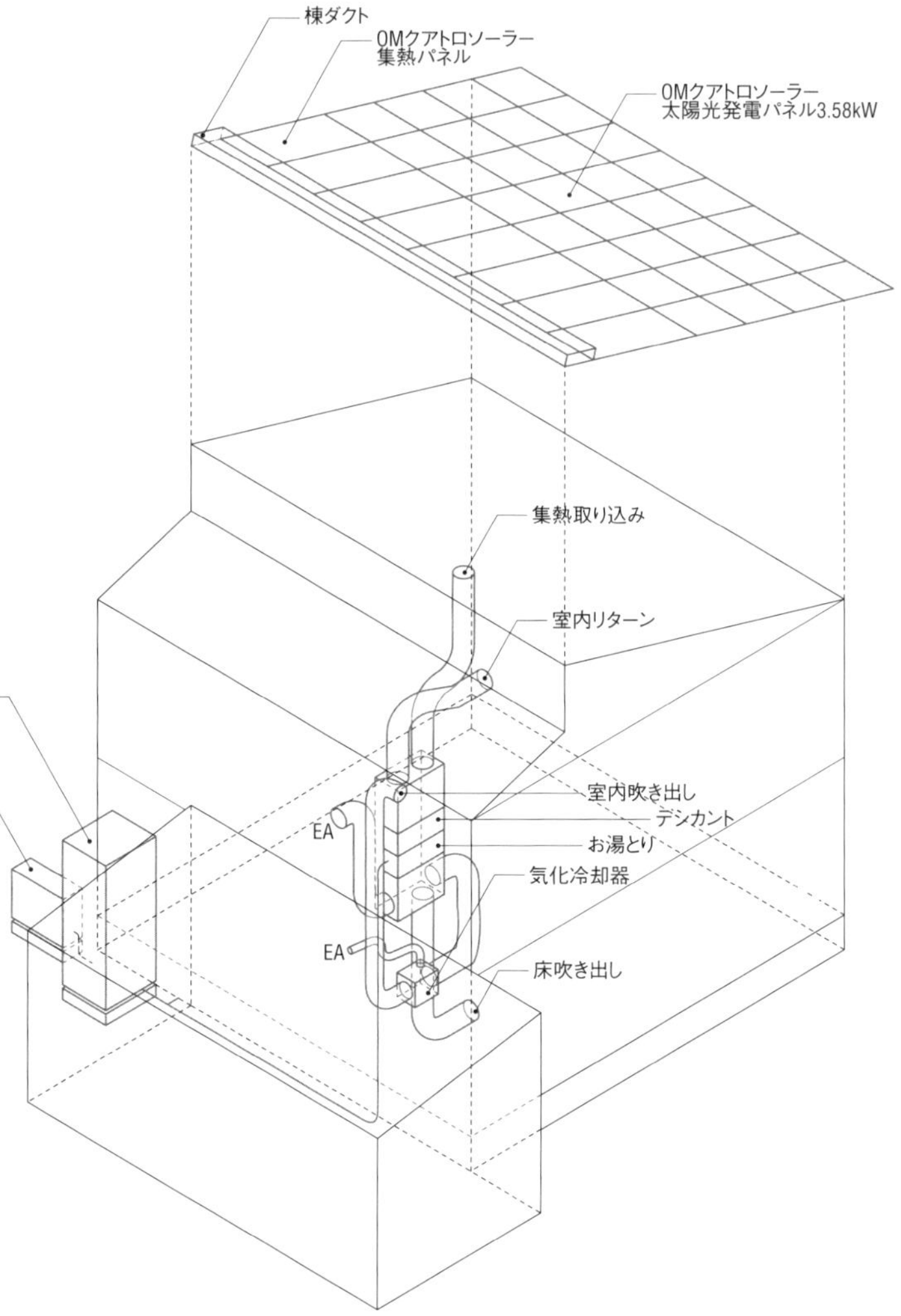
棟ダクト
OMクアトロソーラー
集熱パネル
OMクアトロソーラー
太陽光発電パネル3.58kW
集熱取り込み
室内リターン
貯湯タンクユニット
ヒートポンプユニット
室内吹き出し
デシカント
お湯とり
気化冷却器
EA
EA
床吹き出し

ヤマサハウスモデルハウス｜設備概要図

chapter
1-8
風景を残す 地形を活かす

敷地の緑を残し繋げる
相模原の住宅

敷地は、道路に面して約10m、奥行きは20mほどあり、前後2本の道路に挟まれている。敷地の中央には大きな栴檀の木が残されていた。道路を挟んで住宅が密集しており、西側は敷地境界まで隣家が建っている。一方東側の家は前後に魅力的な庭をもつ住まいであった。そこで、栴檀の木を残すように2つの棟に分け、東側の家の裏庭と同様に、裏庭を設け隣家と一体的に開放された空間を残す計画とした。

ガレージの上から栴檀の木のある中庭、中庭越しに奥の棟を見る。前後の棟をつなぐ渡り廊下は透明感のあるガラスを多用した空間で、緑の中を通るトンネルのようになっている。夏には栴檀の木が建物全体に大きな木陰をつくり、涼しさをもたらす。

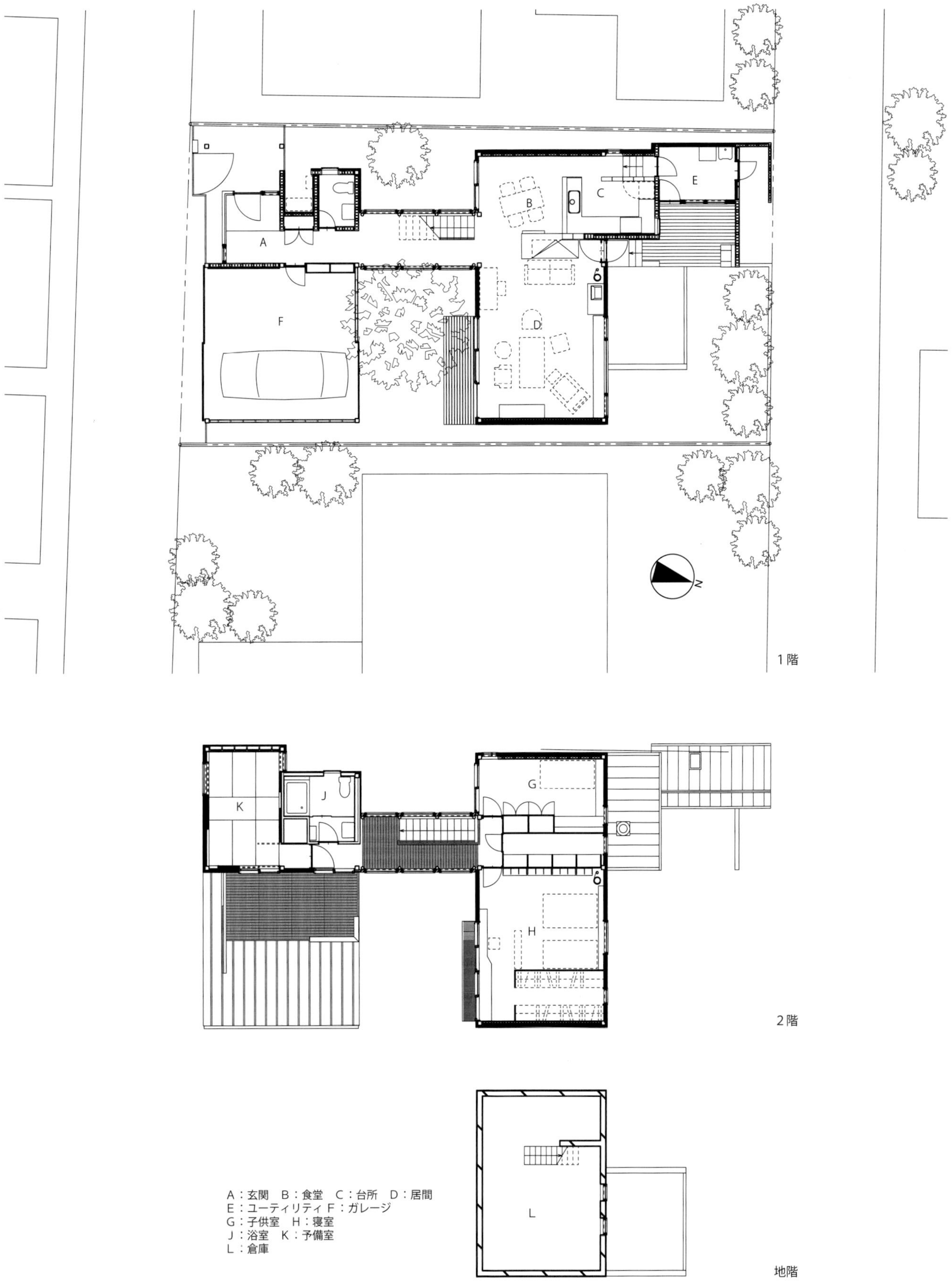
A
B
C
D
E
F
1階
G
K
J
H
2階
L
地階
A：玄関　B：食堂　C：台所　D：居間
E：ユーティリティ F：ガレージ
G：子供室　H：寝室
J：浴室　K：予備室
L：倉庫

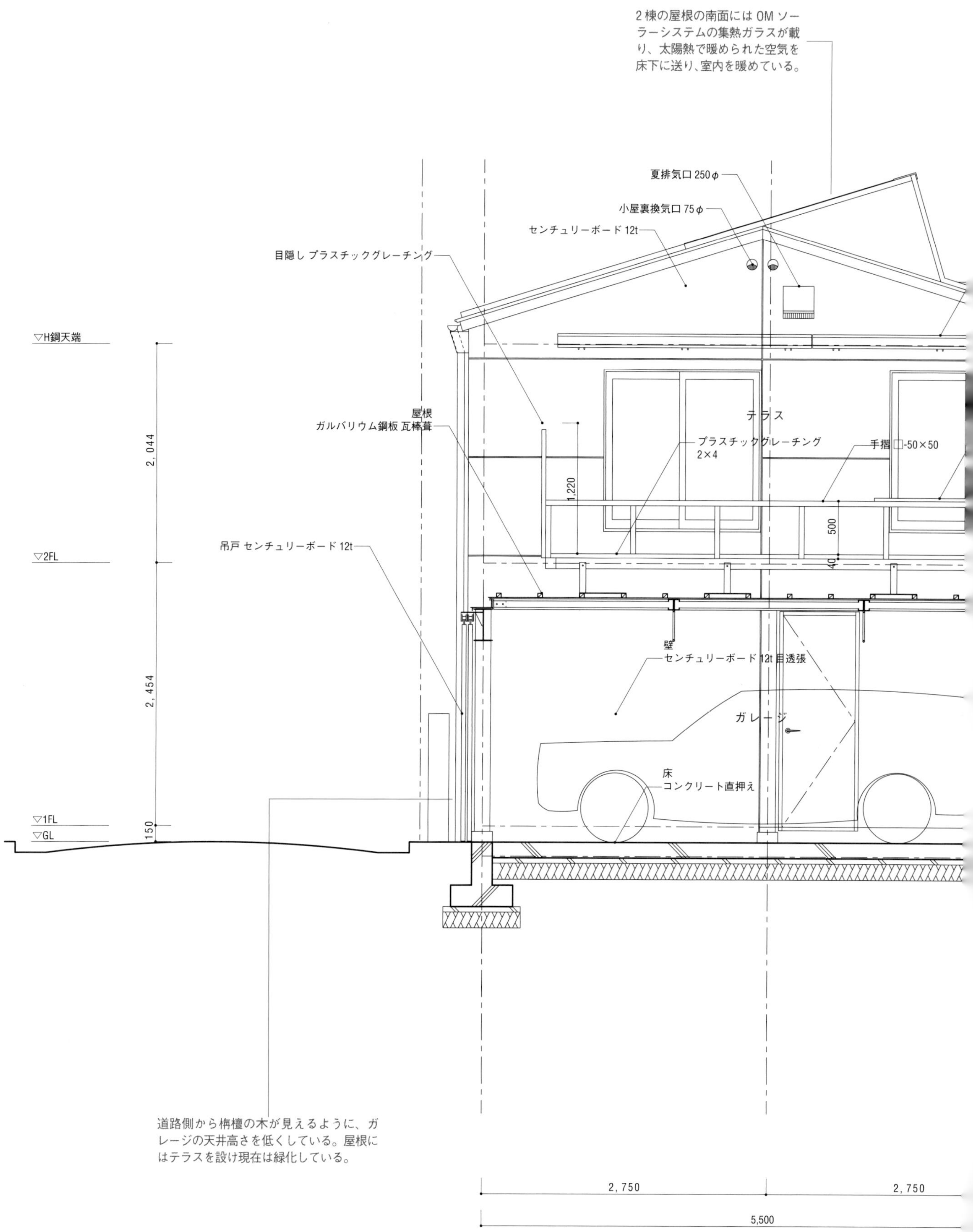
2棟の屋根の南面にはOMソーラーシステムの集熱ガラスが載り、太陽熱で暖められた空気を床下に送り、室内を暖めている。
夏排気口 250φ
小屋裏換気口 75φ
センチュリーボード 12t
目隠し プラスチックグレーチング
▽H鋼天端
屋根
ガルバリウム鋼板 瓦棒葺
テラス
プラスチックグレーチング
2×4
手摺 □-50×50
1,220
500
40
2,044
▽2FL
吊戸 センチュリーボード 12t
壁
センチュリーボード 12t 目透張
2,454
ガレージ
床
コンクリート直押え
▽1FL
▽GL
150
道路側から栴檀の木が見えるように、ガレージの天井高さを低くしている。屋根にはテラスを設け現在は緑化している。
2,750
2,750
5,500

平面図｜S=1/200

chapter

1-8

風景を残す
地形を活かす

自然の斜面を生かしてせり出す

小金井中町の住宅

敷地は緑に恵まれた斜面地にある。斜面にあわせ、北側の斜面上部に重量のある補強コンクリートブロック造部分を、南側は斜面の上にせり出すよう軽い木造架構部分を配している。建築の計画にあわせて敷地形状を変えるのではなく、既存擁壁なども保存し、元々の土地の形を残すようにしている。

東側から見る。北側は補強コンクリートブロック造、南側は斜面からせり出した床版の軸力を鋼製のポストが受ける構成。

（左）2011年頃撮影。（右）工事中。敷地中央にあった大きな栴檀の木を残すために、栴檀の木のある中庭を挟んで2つの棟をもつ家となった。道路の東側から見ると、建物を建てる前と同様に栴檀の木が見えるように、前面道路に面した棟の東側には1層のガレージを配している。竣工後には、近所の人から「木を伐らずに家を建てられてよかったですね」と喜ばれた。

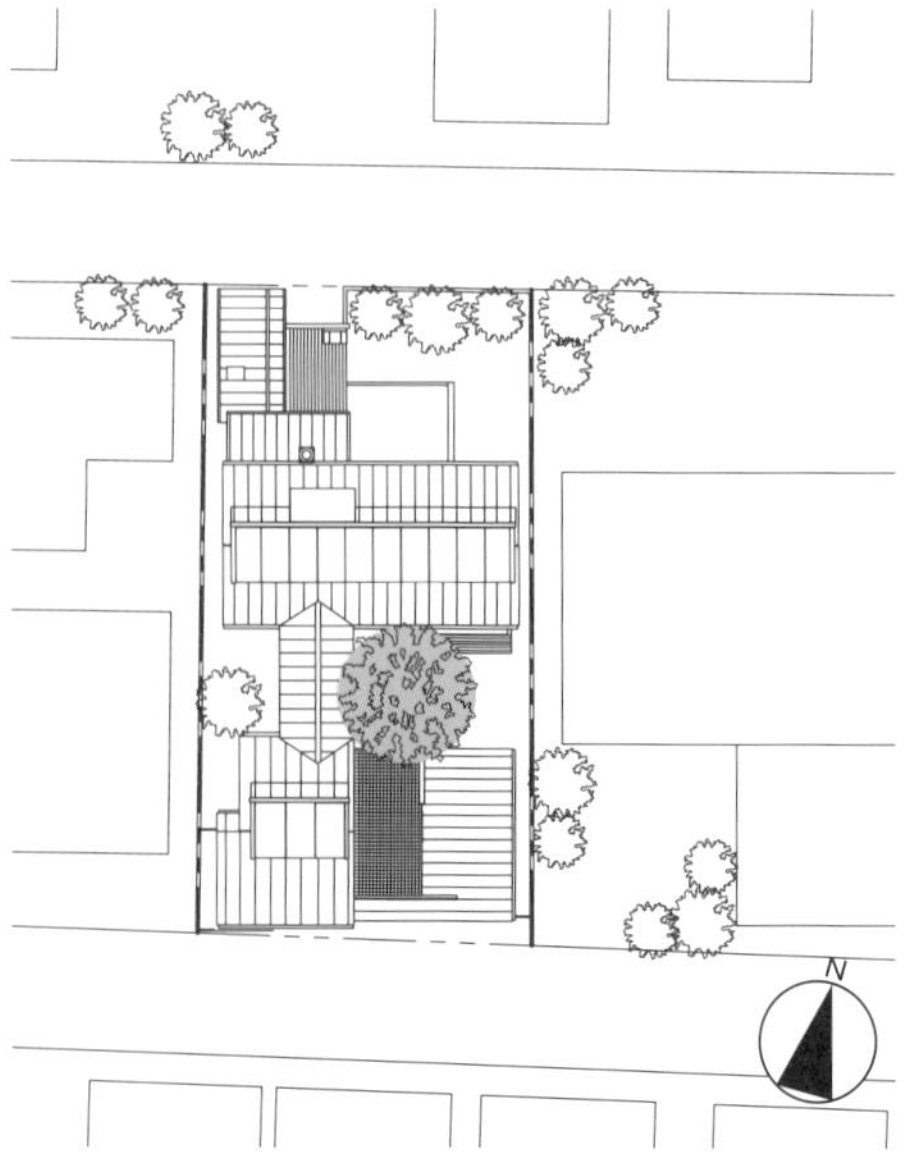

1階平面図兼配置図｜S=1/300

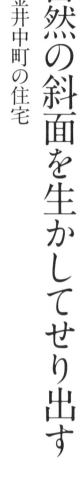

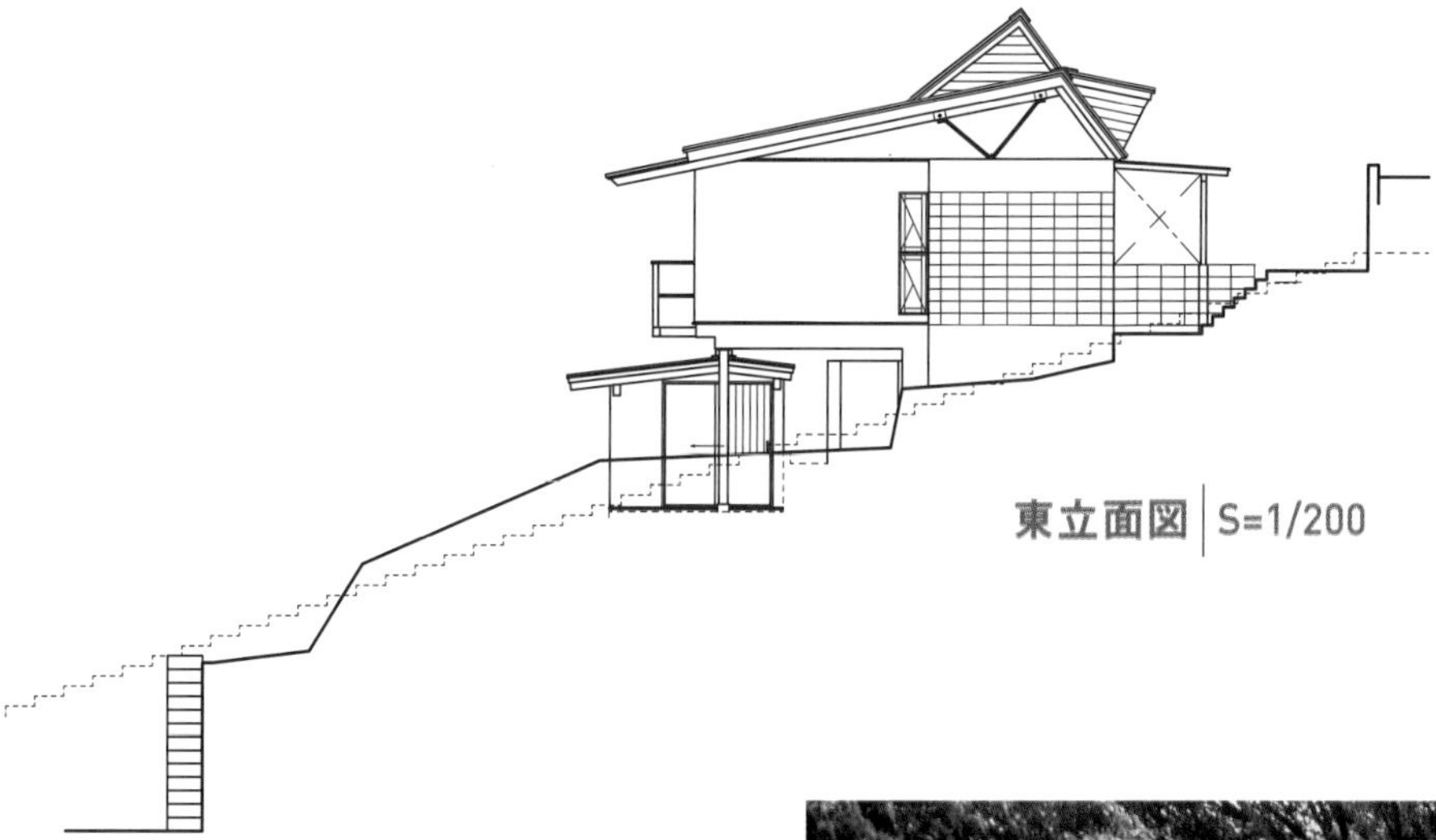

東立面図｜S=1/200

斜面の上からのアプローチ

chapter

1-8

風景を残す
地形を活かす

南の眺望を取り込み北風から守る

那須の週末住宅

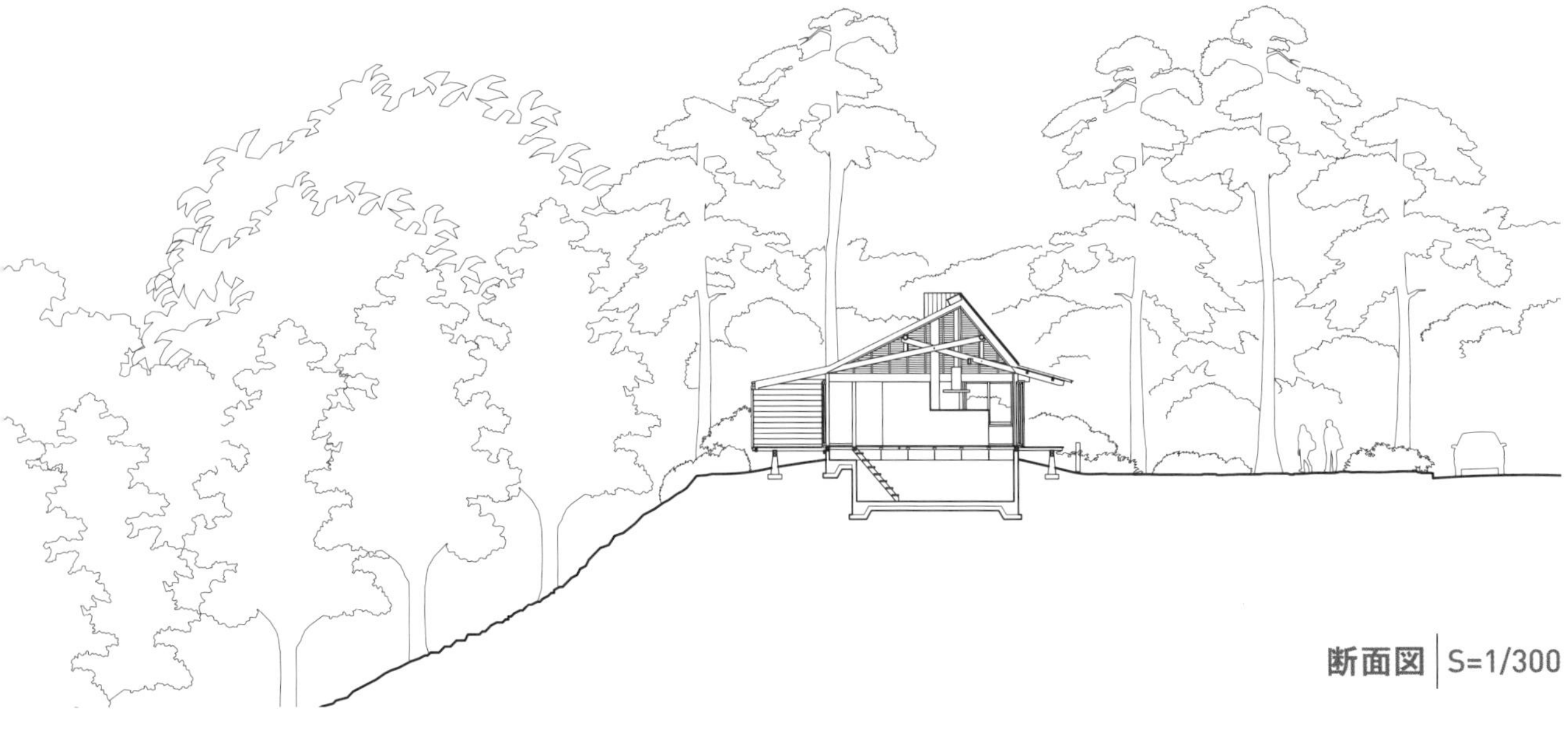

断面図 | S=1/300

（上）不在時は全面雨戸を閉めることができる。（中）北側のテラス。室内にくびれたような形である。大きな引戸が吊られ、閉めると室内と連続したインナーテラスとなる。南テラス、リビング、北テラスを一列に並べることで外から室内へつながった空間となる。（下）北側雨戸を閉めると鎧を纏ったようになる。

南側のテラス。南側を中心に、東と西面にはトラス梁を延長させてつくった1.8 mの出を持つ庇が3方を巡っている。開口は幅7.2 mあり西南の木立越しに山を見ることができる。

将来の居住を見据えた週末住宅。南には那須連山を、北には遠く磐梯山を望む敷地であることから、居間の南側には7280mmの開口を持つテラスを、北側には内にくびれたテラスを設け、それぞれの眺望を活かす計画としている。

南側のダイレクトゲインを得る面と、北側の寒い外気から守る面との対比がそのまま外観や架構のデザインに反映されている。眺望のいい南側の開放的な外観と比較して、北側は庇が全くなく、外皮も屋根と同等の金属板仕上げとし、雨戸すべてを閉鎖すると鎧を纏ったようになる。

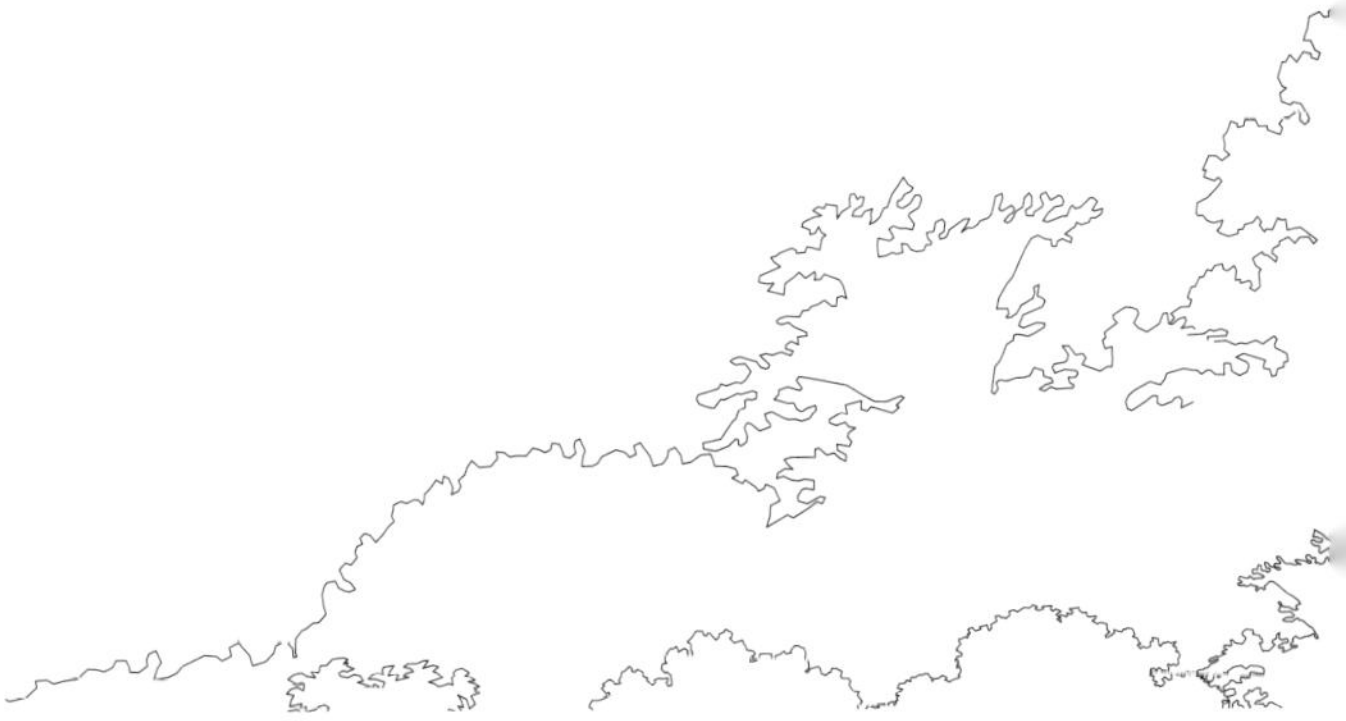

路地化する建築　上下するファサード

うおがし銘茶銀座店「茶・銀座」

CHA
GIN
ZA

間口3m強、奥行15mほどの鉄骨2階建て、
日本茶の販売と喫茶のための店である。

ファサード上部をみる。

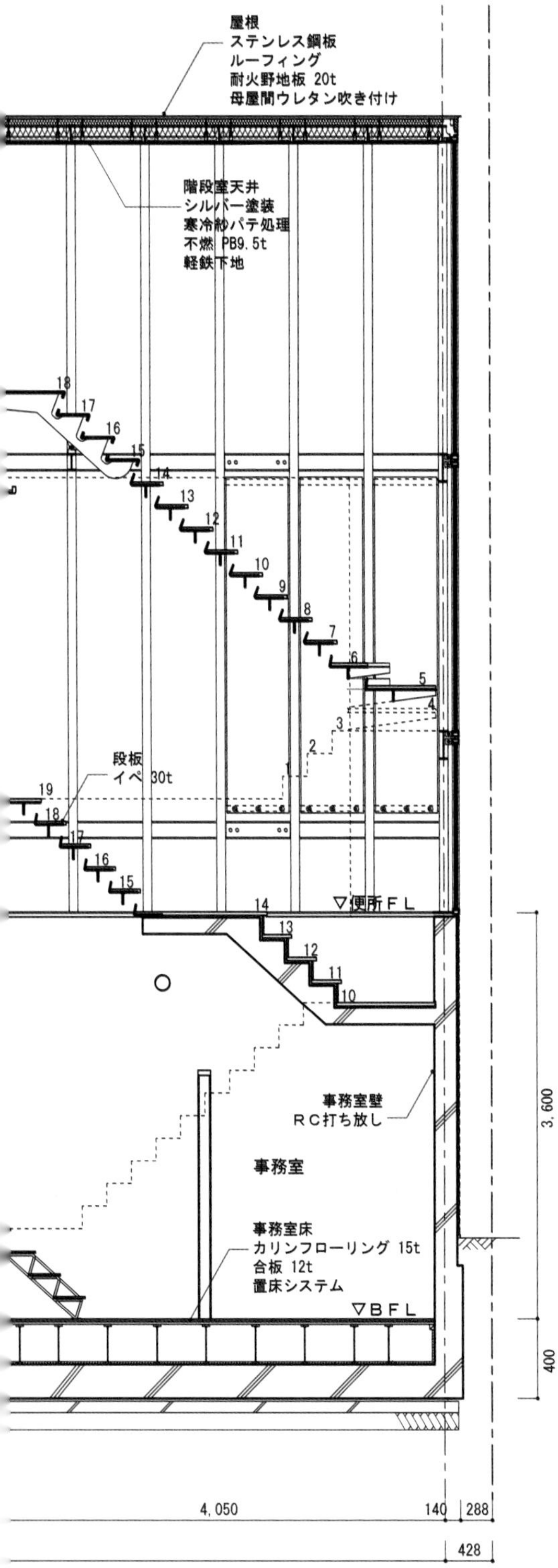
屋根
ステンレス鋼板
ルーフィング
耐火野地板 20t
母屋間ウレタン吹き付け
階段室天井
シルバー塗装
寒冷紗パテ処理
不燃 PB9.5t
軽鉄下地
段板
イペ 30t
▽便所ＦＬ
事務室壁
ＲＣ打ち放し
事務室
事務室床
カリンフローリング 15t
合板 12t
置床システム
▽ＢＦＬ
3,600
400
4,050
140
288
428

矩計図｜S=1/70

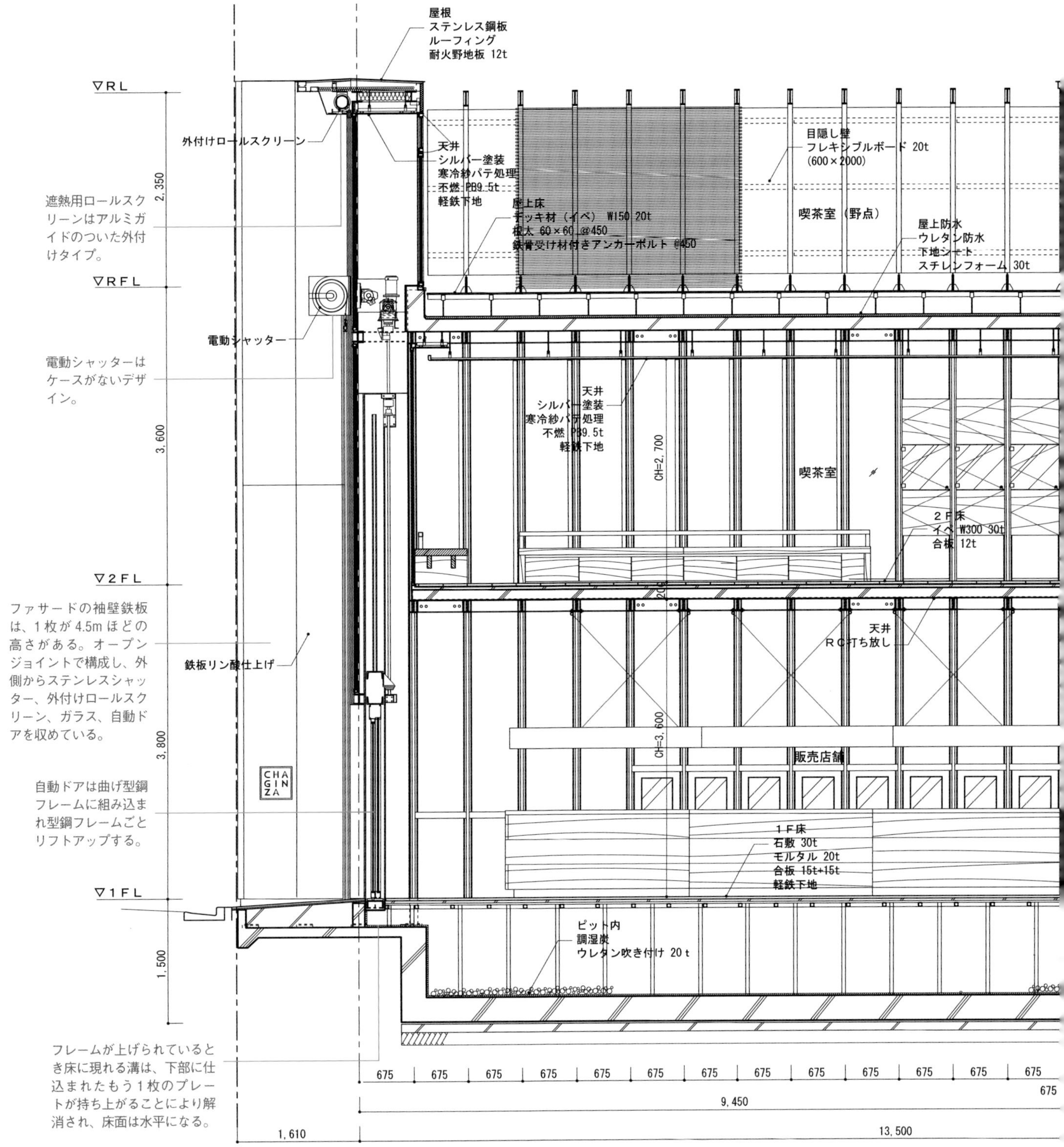
屋根
ステンレス鋼板
ルーフィング
耐火野地板 12t
▽RL
外付けロールスクリーン
天井
シルバー塗装
寒冷紗パテ処理
不燃 PB9.5t
軽鉄下地
屋上床
デッキ材（イペ） W150 20t
根太 60×60 @450
鉄骨受け材付きアンカーボルト @450
目隠し壁
フレキシブルボード 20t
(600×2000)
喫茶室（野点）
屋上防水
ウレタン防水
下地シート
スチレンフォーム 30t
遮熱用ロールスクリーンはアルミガイドのついた外付けタイプ。
2,350
▽RFL
電動シャッター
電動シャッターはケースがないデザイン。
天井
シルバー塗装
寒冷紗パテ処理
不燃 PB9.5t
軽鉄下地
3,600
CH=2,700
喫茶室
2F床
イペ W300 30t
合板 12t
▽2FL
ファサードの袖壁鉄板は、1枚が4.5mほどの高さがある。オープンジョイントで構成し、外側からステンレスシャッター、外付けロールスクリーン、ガラス、自動ドアを収めている。
鉄板リン酸仕上げ
天井
RC打ち放し
3,800
CH=3,600
CHA GIN ZA
販売店舗
自動ドアは曲げ型鋼フレームに組み込まれ型鋼フレームごとリフトアップする。
1F床
石敷 30t
モルタル 20t
合板 15t+15t
軽鉄下地
▽1FL
ピット内
調湿炭
ウレタン吹き付け 20t
1,500
フレームが上げられているとき床に現れる溝は、下部に仕込まれたもう1枚のプレートが持ち上がることにより解消され、床面は水平になる。
675
9,450
1,610
13,500

うおがし銘茶銀座店「茶・銀座」は銀座西5番街に建つ。魚河岸の路地に面した店のあり方を反映させ、1階を路地化するために自動ドアごと上下する可変ファサードとなっている。自動ドアの組み込まれたフレームをリフトアップすることで、間口3mのショップフロントのない店舗が出現することになる。繁忙期に大変な数の顧客が訪れるこの店で、期待以上の効果をあげているようだ。

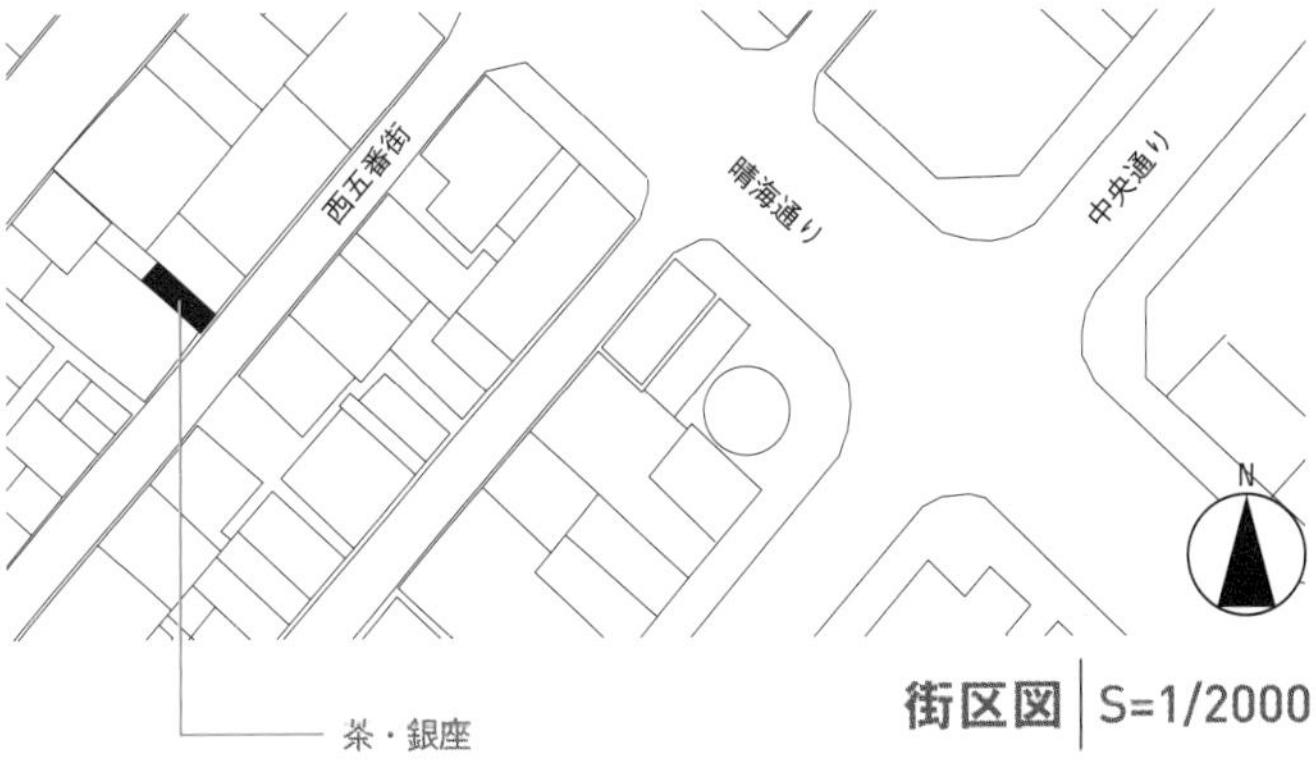
西五番街
晴海通り
中央通り
N
茶・銀座

街区図 | S=1/2000

木とコンクリートが重なるところ

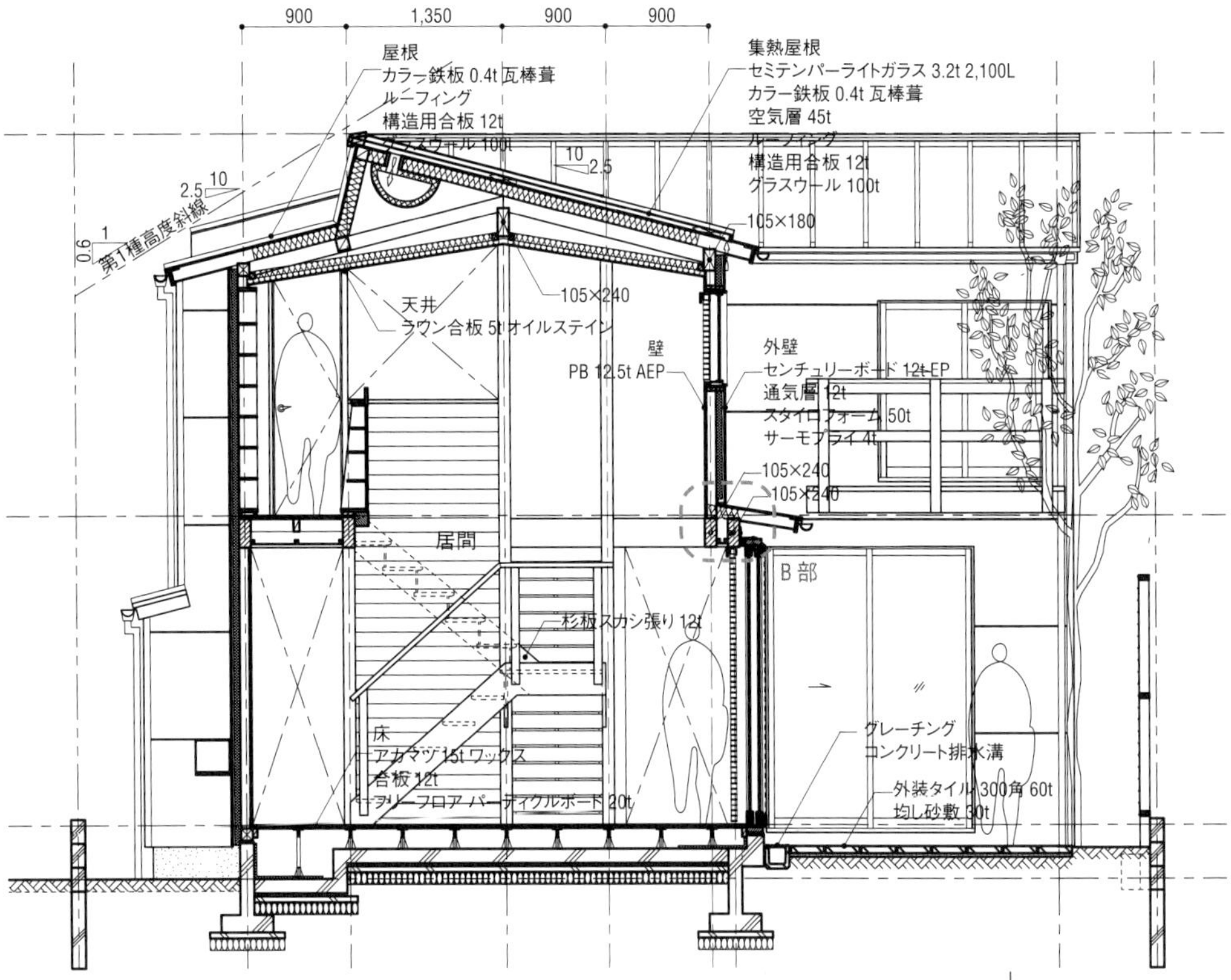
900
1,350
900
900
屋根
カラー鉄板 0.4t 瓦棒葺
ルーフィング
構造用合板 12t
グラスウール 100t
集熱屋根
セミテンパーライトガラス 3.2t 2,100L
カラー鉄板 0.4t 瓦棒葺
空気層 45t
ルーフィング
構造用合板 12t
グラスウール 100t
第1種高度斜線
105×180
105×240
天井
ラワン合板 5t オイルステイン
壁
PB 12.5t AEP
外壁
センチュリーボード 12t EP
通気層 12t
スタイロフォーム 50t
サーモプライ 4t
105×240
105×240
居間
B 部
杉板スカシ張り 12t
床
アカマツ 15t ワックス
合板 12t
フリーフロア パーティクルボード 20t
グレーチング
コンクリート排水溝
外装タイル 300角 60t
均し砂敷 30t
900
1,350
900
1,100

B部矩計図 | S=1/80

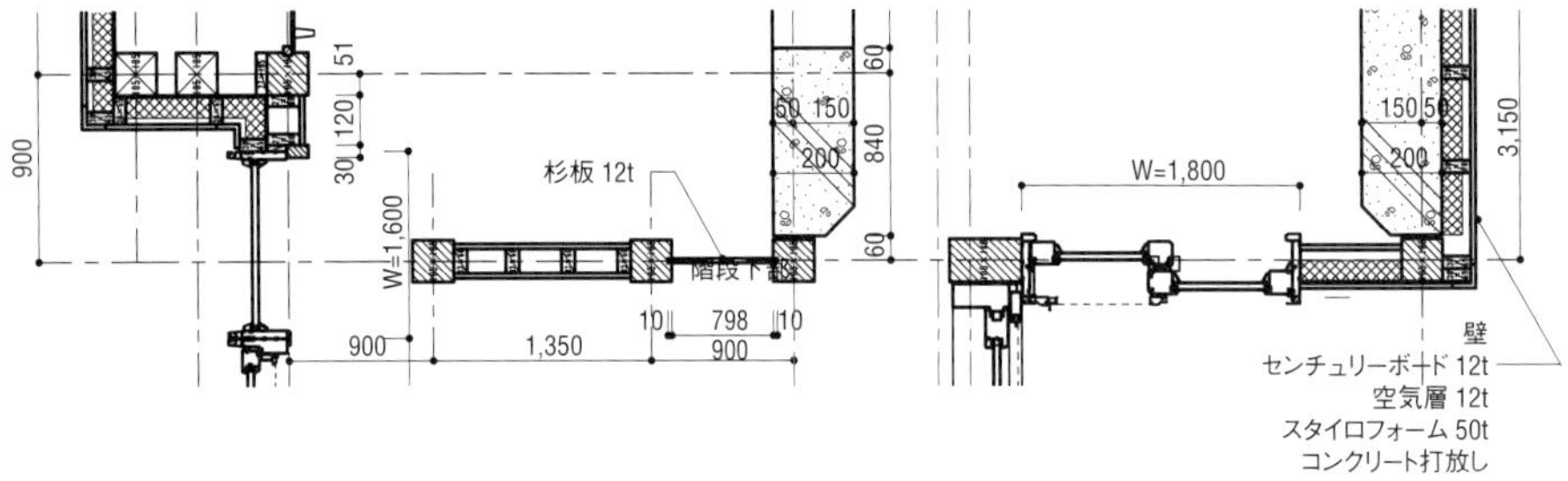
900
杉板 12t
W=1,600
階段下
798
900
1,350
900
W=1,800
3,150
壁
センチュリーボード 12t
空気層 12t
スタイロフォーム 50t
コンクリート打放し

A部詳細図 | S=1/80

B
大開口の上部は200mmずらした梁を2本並べて架け、上階のモジュールと下階のイレギュラーなモジュールを納めている。

A
鉄筋コンクリート造と木造が接する部分。200mm厚の鉄筋コンクリート造の芯は105角の木造の芯に合わせて偏芯させ、コンクリートの端部は100mm面取りを施し異種材のスケールを整えている。またこれにより鉄筋コンクリート造部と木造部の開口部の外観も揃えられている。

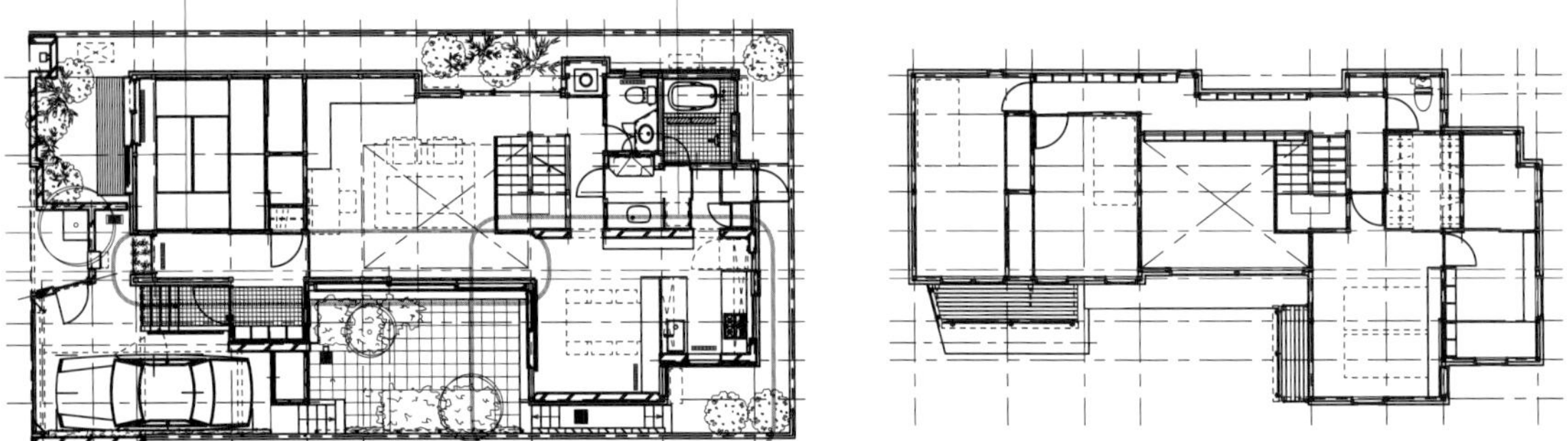

国立の住宅 | **平面図** | S=1/250

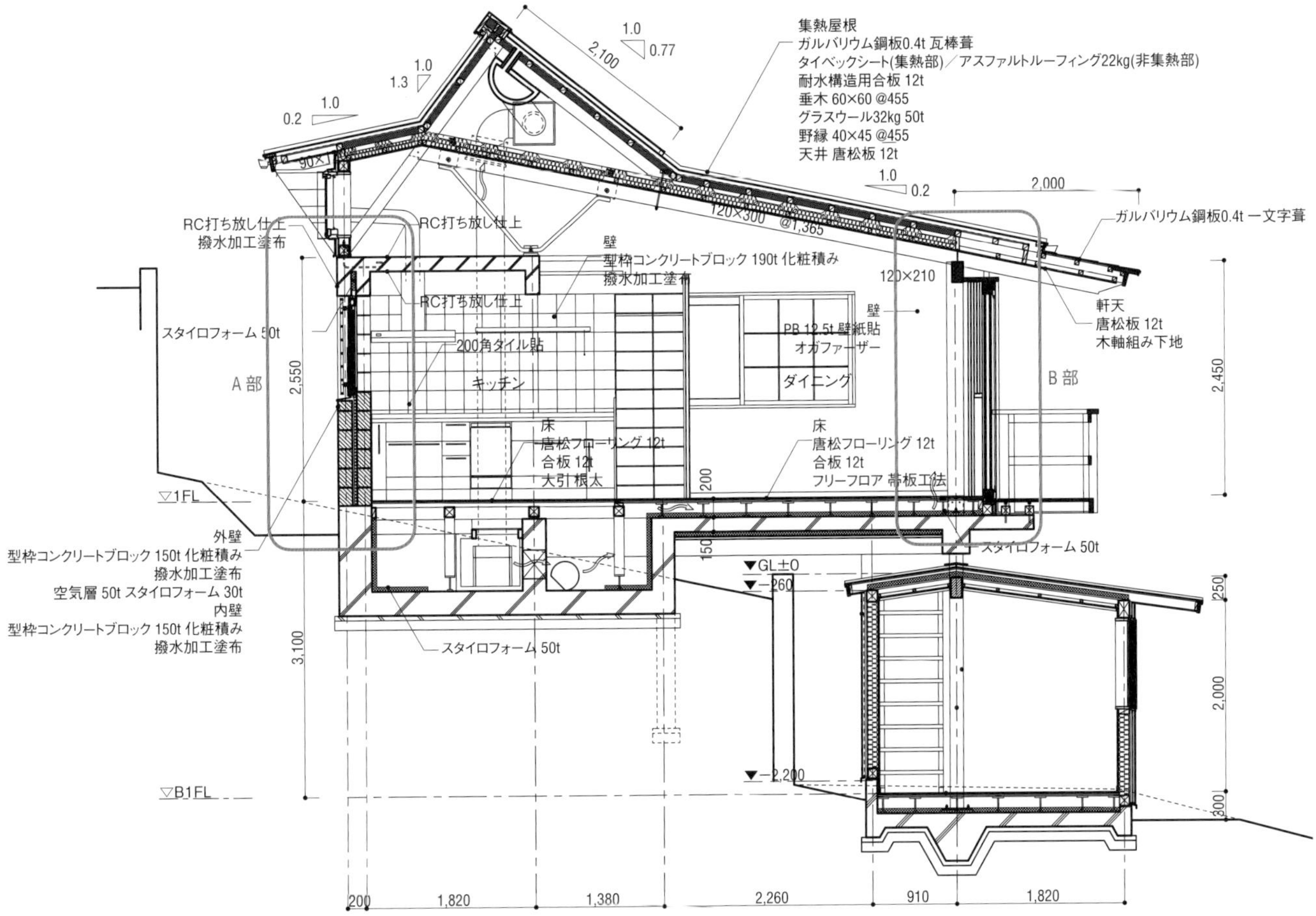
集熱屋根
ガルバリウム鋼板0.4t 瓦棒葺
タイベックシート(集熱部)／アスファルトルーフィング22kg(非集熱部)
耐水構造用合板 12t
垂木 60×60 @455
グラスウール32kg 50t
野縁 40×45 @455
天井 唐松板 12t
2,100
1.0
0.77
1.0
1.3
1.0
0.2
1.0
0.2
2,000
120×300 @1,365
120×210
ガルバリウム鋼板0.4t 一文字葺
軒天
唐松板 12t
木軸組み下地
RC打ち放し仕上
撥水加工塗布
RC打ち放し仕上
壁
型枠コンクリートブロック 190t 化粧積み
撥水加工塗布
RC打ち放し仕上
スタイロフォーム 50t
200角タイル貼
A 部
キッチン
壁
PB 12.5t 壁紙貼
オガファーザー
ダイニング
B 部
床
唐松フローリング 12t
合板 12t
大引 根太
床
唐松フローリング 12t
合板 12t
フリーフロア 幕板工法
▽1FL
外壁
型枠コンクリートブロック 150t 化粧積み
撥水加工塗布
空気層 50t スタイロフォーム 30t
内壁
型枠コンクリートブロック 150t 化粧積み
撥水加工塗布
スタイロフォーム 50t
スタイロフォーム 50t
▼GL±0
▼−260
▼−2,200
▽B1FL
2,550
3,100
2,450
2,000
200
150
250
300
200
1,820
1,380
2,260
910
1,820

A·B部矩計図 | S=1/80

A
補強コンクリートブロック造は２重積みで中間の空気層内部で断熱している。上部木造の芯は北側は外側のブロック芯とあわせ東西妻側は内側のブロック芯とあわせている。

B
リビングの南テラスに面する開口部は柱芯から360㎜ずらし内障子をスッキリ納めている。

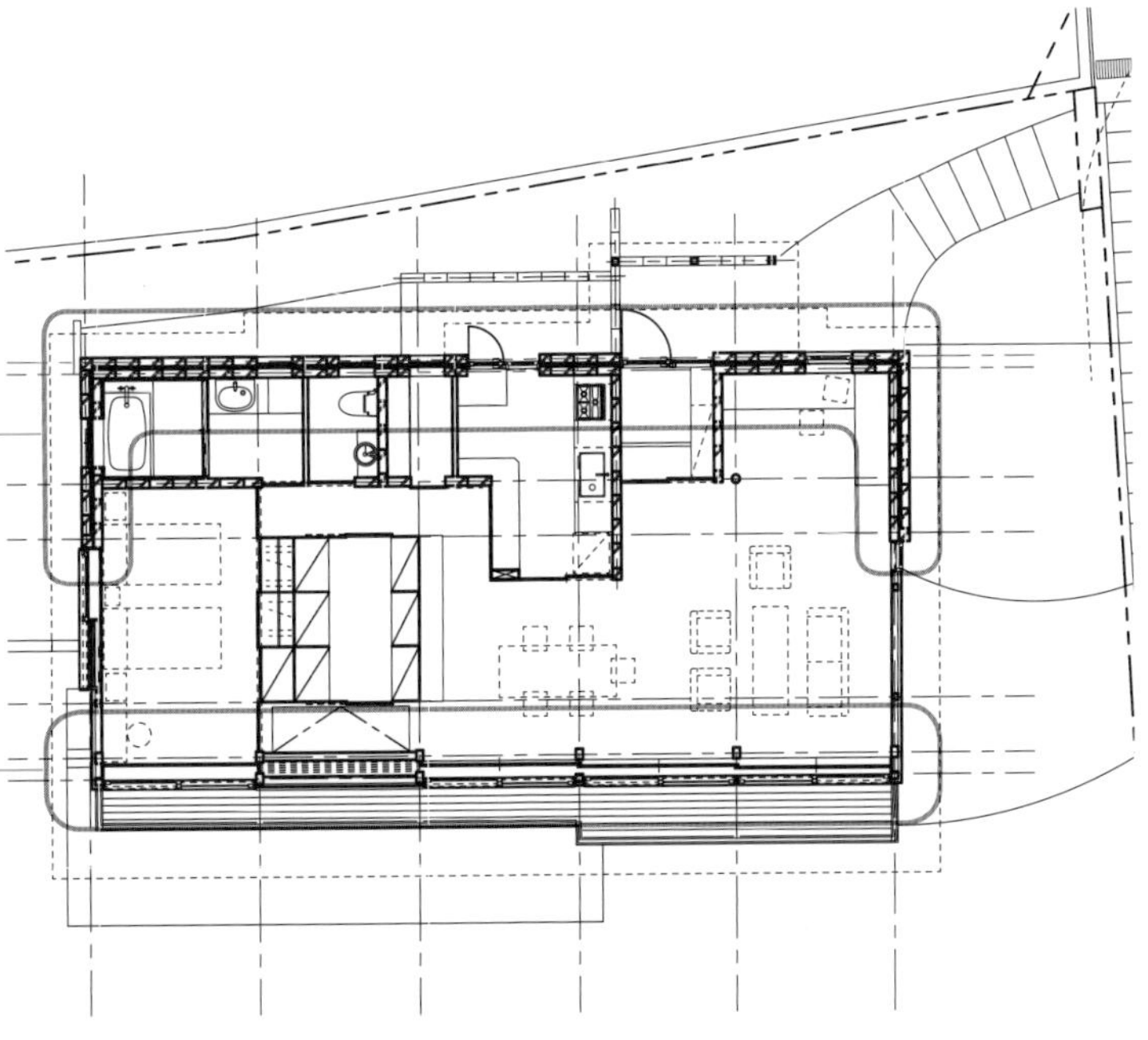

小金井中町の住宅 | **平面図** | S=1/200

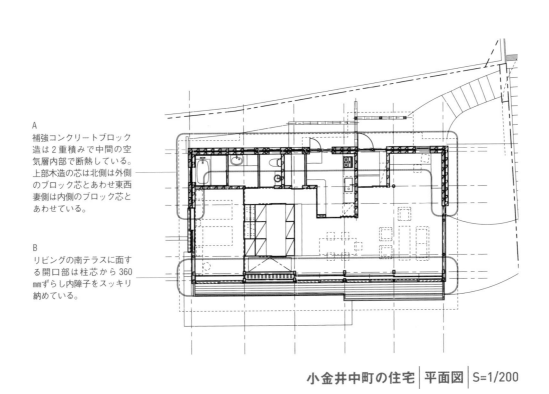

異なる架構が重なるところ

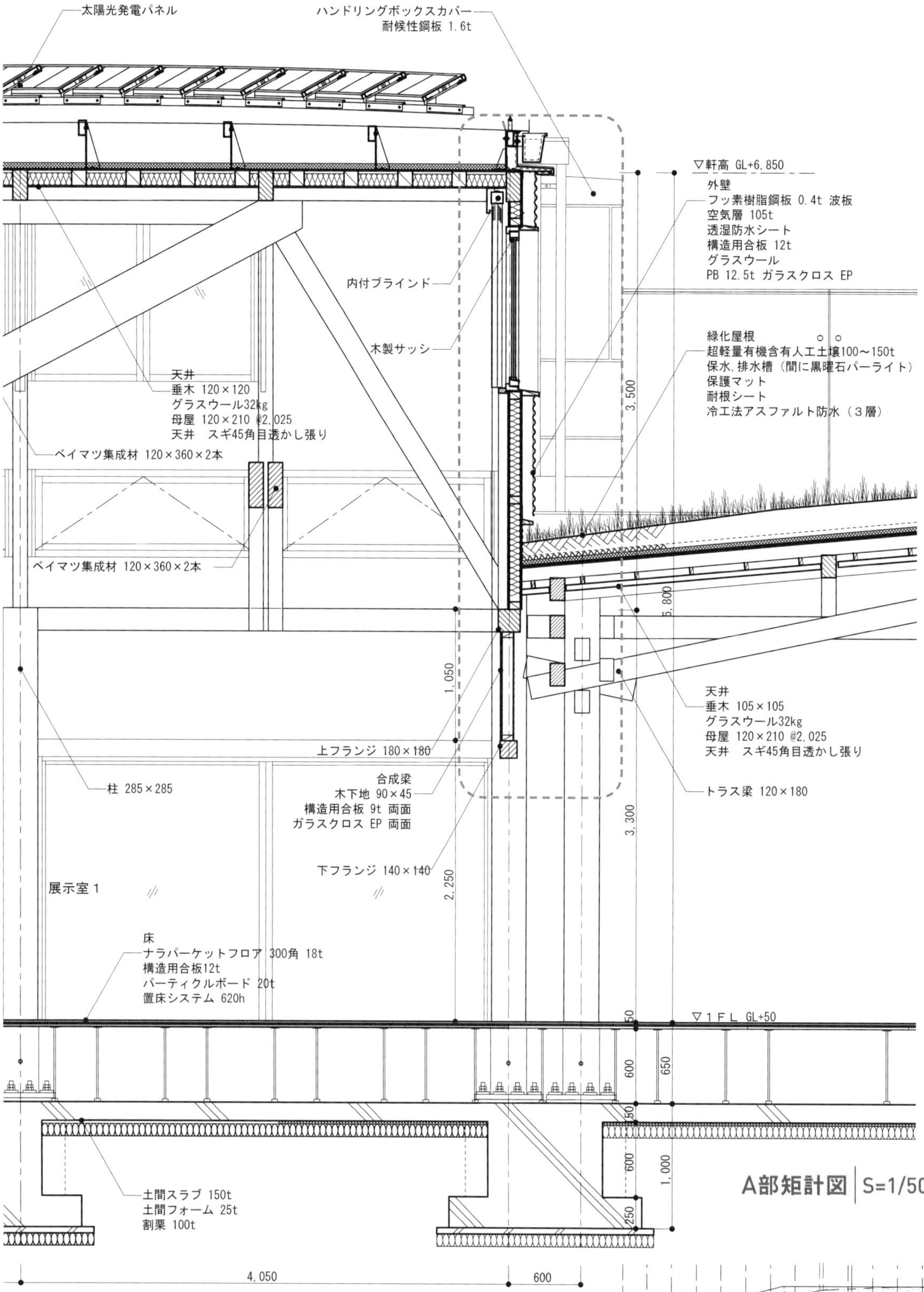
太陽光発電パネル
ハンドリングボックスカバー
耐候性鋼板 1.6t
▽軒高 GL+6,850
外壁
フッ素樹脂鋼板 0.4t 波板
空気層 105t
透湿防水シート
構造用合板 12t
グラスウール
PB 12.5t ガラスクロス EP
内付ブラインド
木製サッシ
緑化屋根
超軽量有機含有人工土壌100～150t
保水,排水槽（間に黒曜石パーライト）
保護マット
耐根シート
冷工法アスファルト防水（３層）
天井
垂木 120×120
グラスウール32kg
母屋 120×210 @2,025
天井　スギ45角目透かし張り
ベイマツ集成材 120×360×2本
ベイマツ集成材 120×360×2本
3,500
6,800
1,050
天井
垂木 105×105
グラスウール32kg
母屋 120×210 @2,025
天井　スギ45角目透かし張り
上フランジ 180×180
合成梁
木下地 90×45
構造用合板 9t 両面
ガラスクロス EP 両面
柱 285×285
トラス梁 120×180
3,300
下フランジ 140×140
2,250
展示室１
床
ナラパーケットフロア 300角 18t
構造用合板12t
パーティクルボード 20t
置床システム 620h
▽１ＦＬ GL+50
50
600
650
150
600
1,000
250
土間スラブ 150t
土間フォーム 25t
割栗 100t
4,050
600

A部矩計図｜S=1/50

草屋根架構には、せん断破壊を避けるために相欠き仕口から突き出した「余長」があるため、外皮構造との納まりや他の架構と接する部分には一定の離れが必要である。外皮部分はカーテンウォールのように柱から600mm離している。他の架構部分とは900mmの距離をとり、屋根面でエキスパンションをとるような納まりとしている。余長部分を補強するために、集成材制作の際に先端から900mmまで構造用合板を挟み込んである。

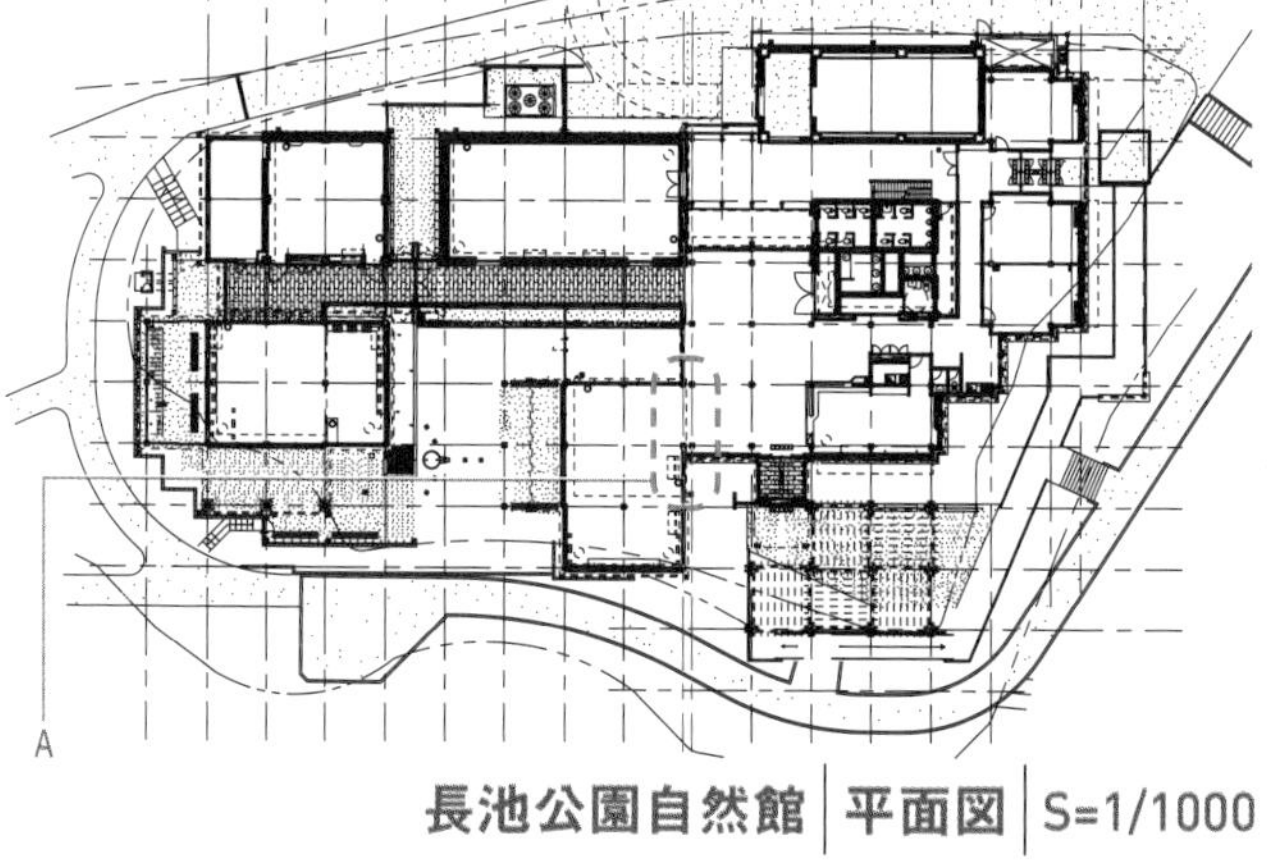
A

長池公園自然館｜平面図｜S=1/1000

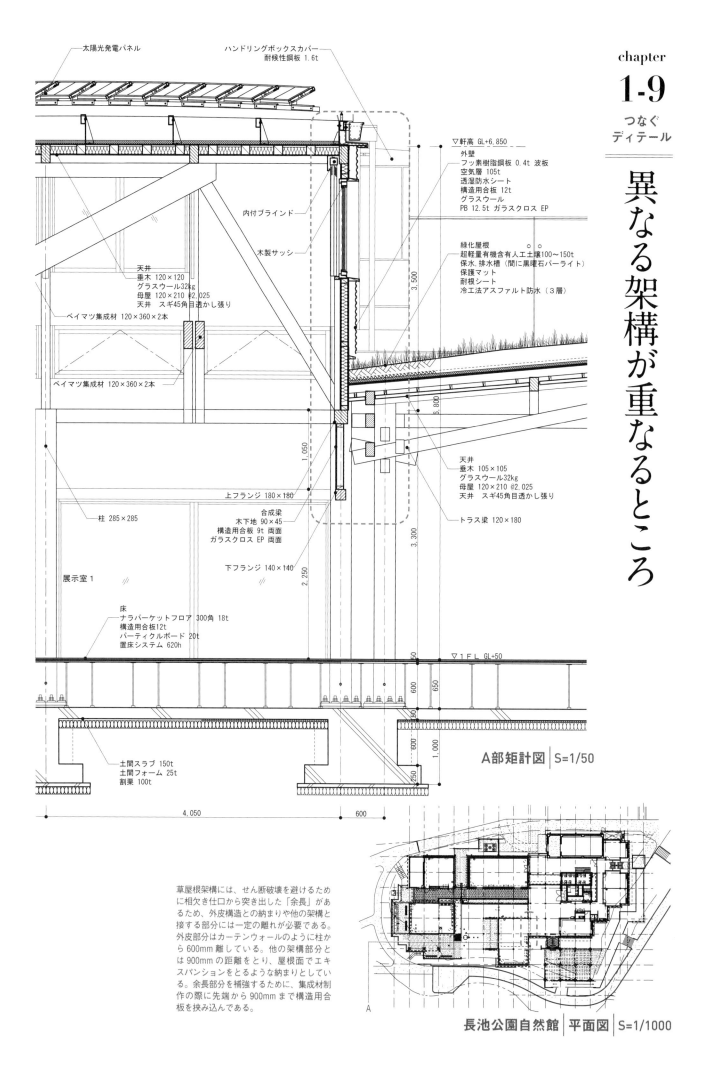

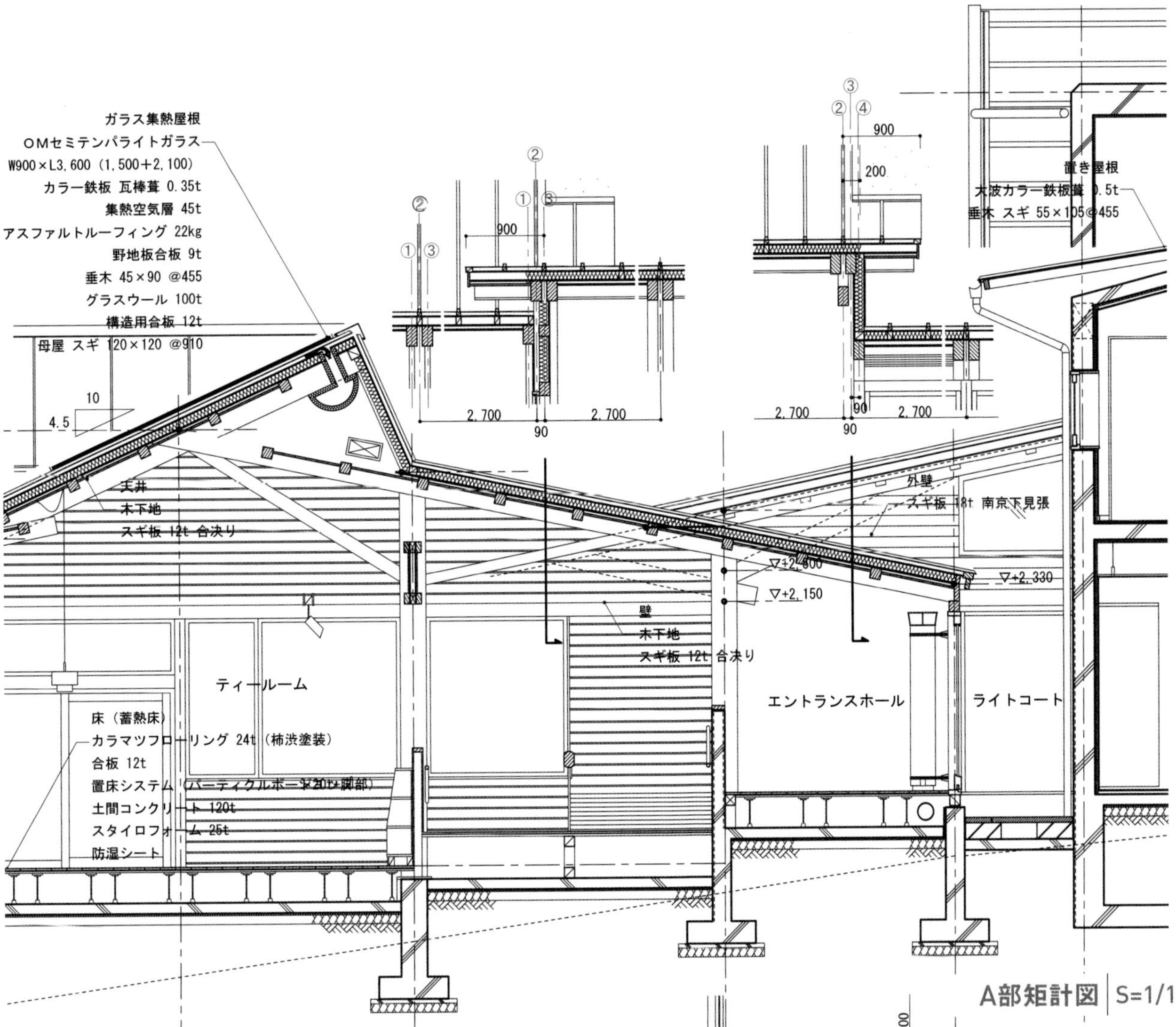
ガラス集熱屋根
OMセミテンパライトガラス
W900×L3,600 (1,500+2,100)
カラー鉄板 瓦棒葺 0.35t
集熱空気層 45t
アスファルトルーフィング 22kg
野地板合板 9t
垂木 45×90 @455
グラスウール 100t
構造用合板 12t
母屋 スギ 120×120 @910
置き屋根
大波カラー鉄板葺 0.5t
垂木 スギ 55×105@455
天井
木下地
スギ板 12t 合決り
外壁
スギ板 18t 南京下見張
壁
木下地
スギ板 12t 合決り
▽+2,600
▽+2,150
▽+2,330
ティールーム
エントランスホール
ライトコート
床（蓄熱床）
カラマツフローリング 24t（柿渋塗装）
合板 12t
置床システム（パーティクルボード20t+脚部）
土間コンクリート 120t
スタイロフォーム 25t
防湿シート
900
200
2,700
90

A部矩計図 | S=1/100

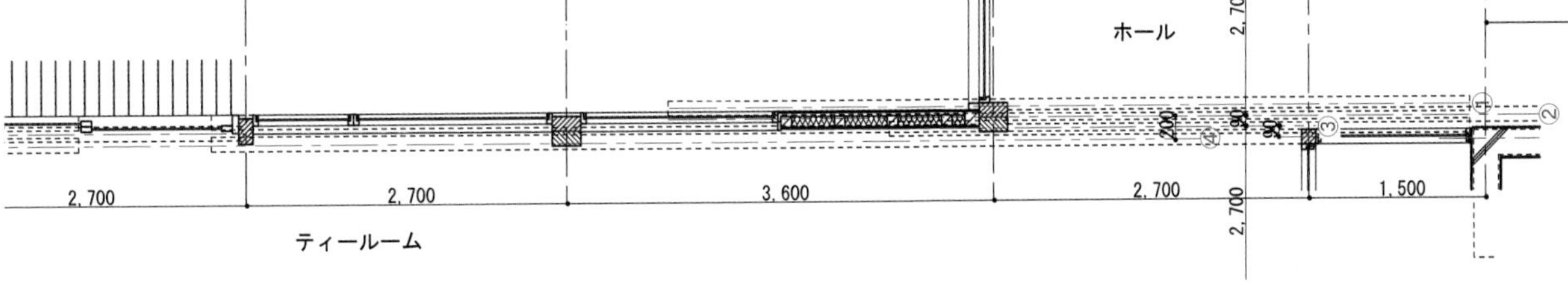
ホール
ティールーム
2,700
3,600
1,500

A部平面図 | S=1/100

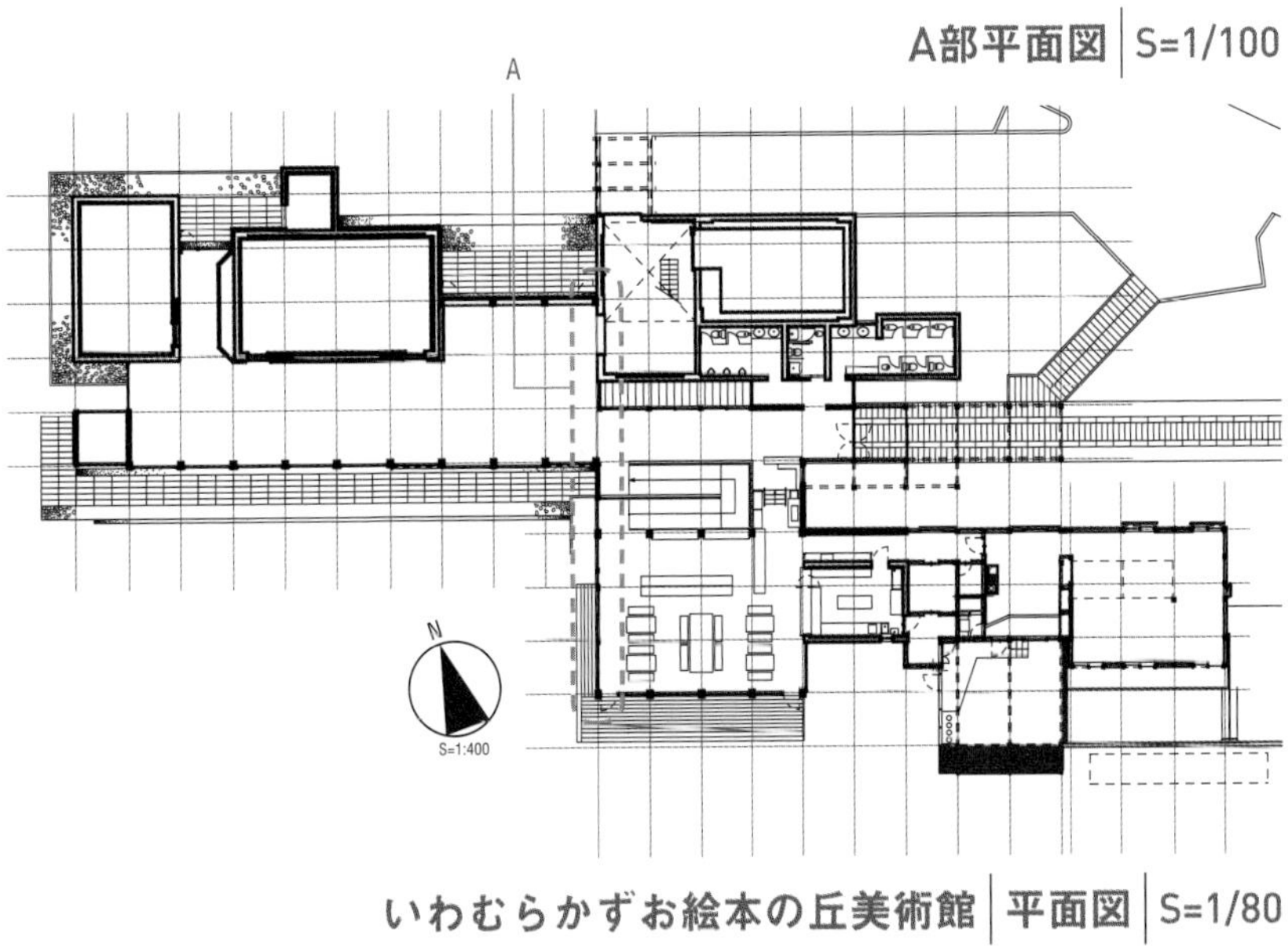
A
N
S=1:400

ティールーム棟とホール部分の異なる架構がずれて連なる接続部分は難題であった。「方杖トラス」は架構を構成する材芯が3つあるため、異なる2つの架構が並び立つためには最大6つの材芯が並ぶことになる。これを整理して4つの材芯で異なる架構が互いに成立するように検討している。大工との最初の打合せでこの箇所についての説明を聞いていた大工棟梁が、即座にこちらの意図を理解したことに驚き、同時に我々の目論みが施工側にとっても興味深いものであるのだと感じた。今も強く印象に残る場面である。

いわむらかずお絵本の丘美術館 | 平面図 | S=1/80

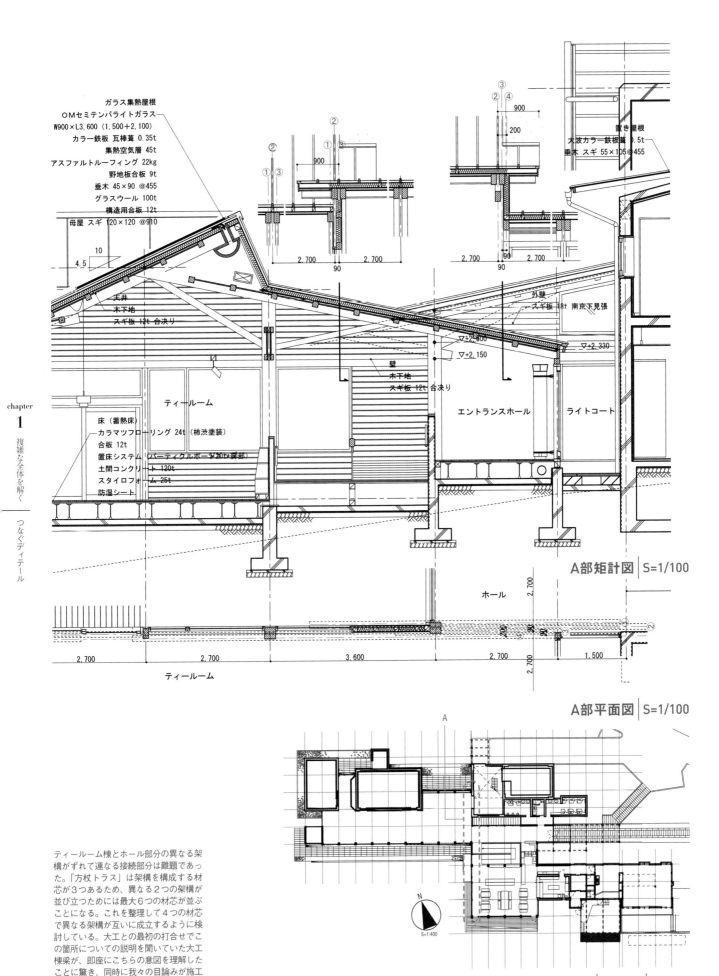

インナーテラス

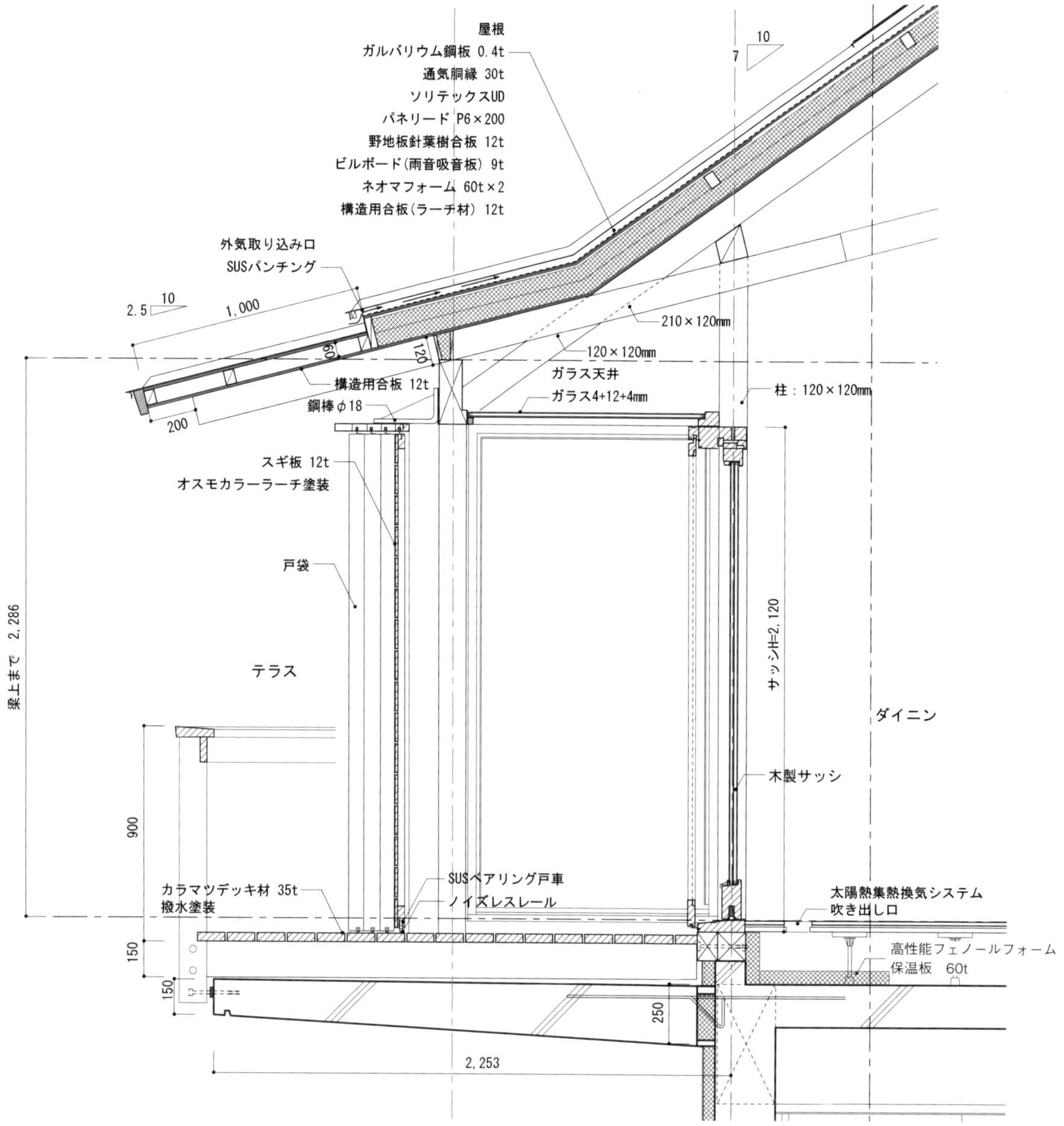
屋根
ガルバリウム鋼板 0.4t
通気胴縁 30t
ソリテックスUD
パネリード P6×200
野地板針葉樹合板 12t
ビルボード(雨音吸音板) 9t
ネオマフォーム 60t×2
構造用合板(ラーチ材) 12t
外気取り込み口
SUSパンチング
2.5
10
1,000
7
10
210×120mm
120×120mm
構造用合板 12t
鋼棒 φ18
200
ガラス天井
ガラス4+12+4mm
柱：120×120mm
スギ板 12t
オスモカラーラーチ塗装
戸袋
梁上まで 2,286
テラス
サッシH=2,120
ダイニン
木製サッシ
900
カラマツデッキ材 35t
撥水塗装
SUSベアリング戸車
ノイズレスレール
太陽熱集熱換気システム
吹き出し口
高性能フェノールフォーム
保温板 60t
150
150
250
2,253

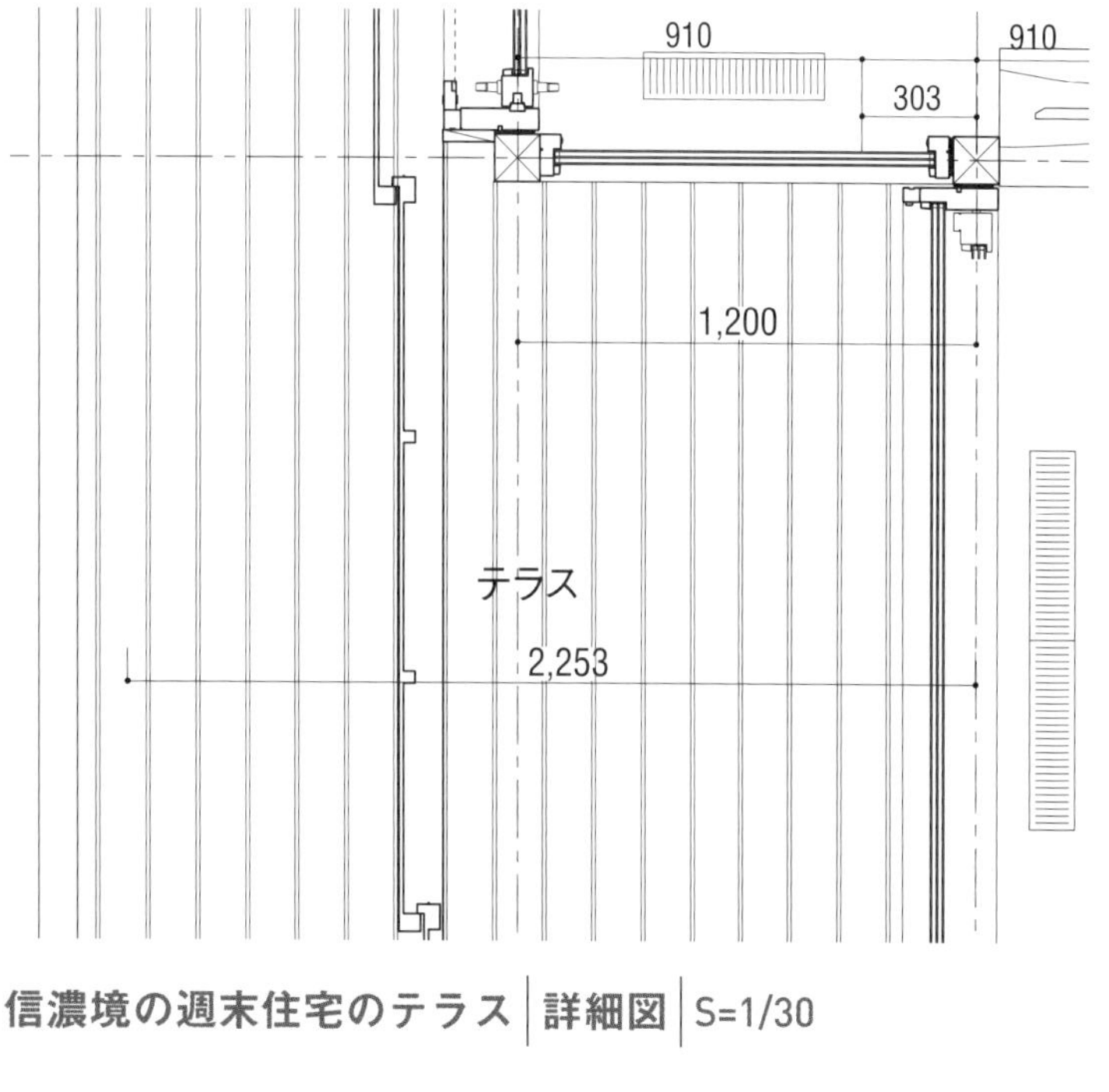
910
910
303
1,200
テラス
2,253

信濃境の週末住宅のテラス｜詳細図｜S=1/30

信濃境の週末住宅のインナーテラス。

南面にもう１つの「室外」をつくった。内外を区画するサッシのラインの一部を1,200㎜ほど後退させて奥行き2,200㎜の広いテラスとしている。外部が内部に入り込むようにセットバックしたテラス。上部はガラス天井で架構とは分離して水平に区画することにより、一体の特徴的な大屋根架構が見通せ、内外が連続するようにしている。

いわむらかずお絵本の丘美術館アトリエのインナーテラス。

方形のアトリエの急勾配の屋根から続く緩い勾配の屋根の南西の軒先の下にテラスがある。ここはいわむらさんが絵本の丘の動植物を観察するためのテラスである。緩勾配の出は1.365mだが、テラスの奥行きを大屋根の下1.1mまで室内側に広げ、正方形のテラスとしている。大屋根の下に入り込んだ部分の上部は、屋根架構のあらわし仕上げを貫くために、ガラス天井にして納めている。

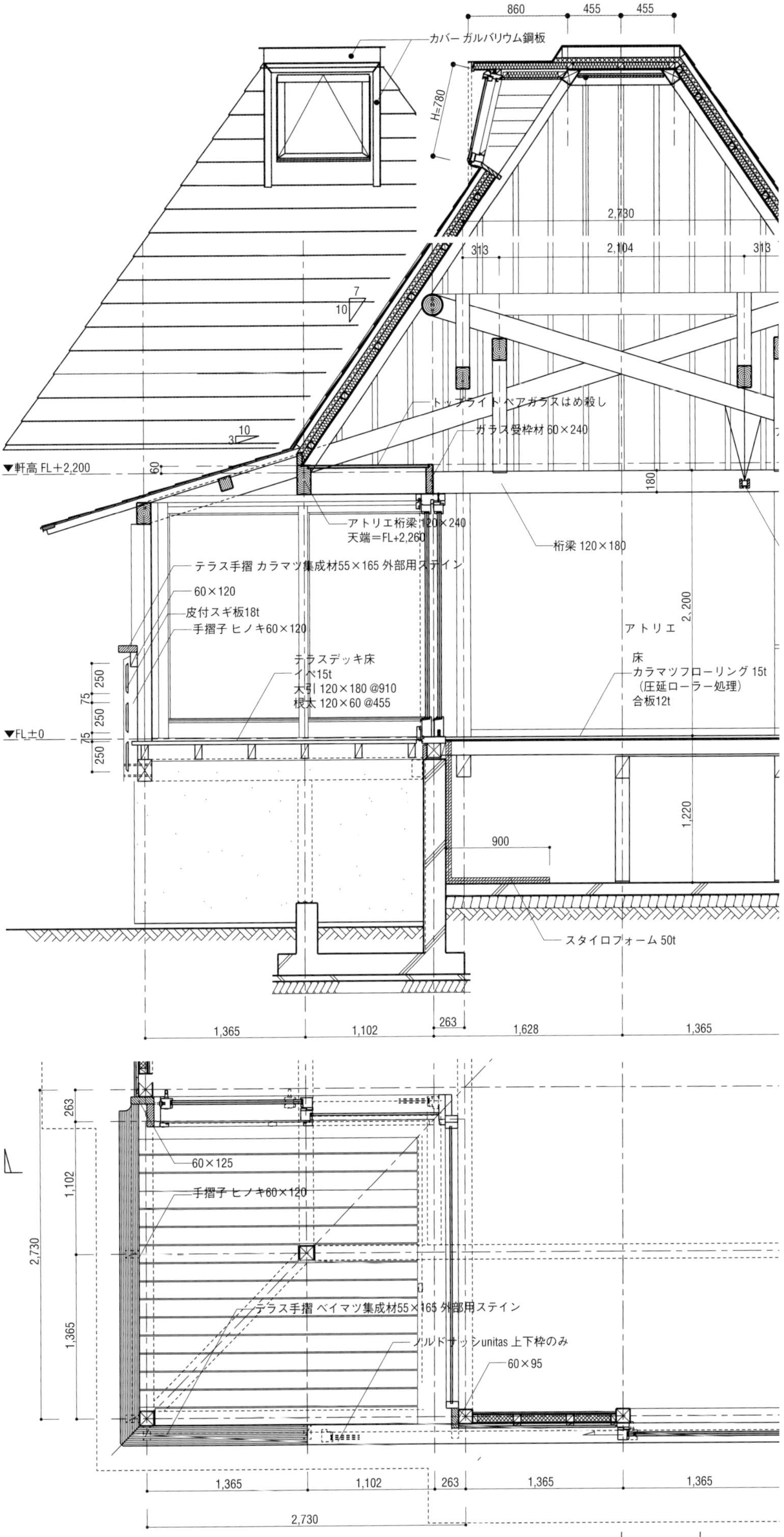
860
455
455
カバー ガルバリウム鋼板
H=780
2,730
313
2,104
313
7
10
10
3
トップライト ペアガラスはめ殺し
ガラス受枠材 60×240
▼軒高 FL＋2,200
60
180
アトリエ桁梁 120×240
天端＝FL+2,260
桁梁 120×180
テラス手摺 カラマツ集成材55×165 外部用ステイン
60×120
皮付スギ板18t
手摺子 ヒノキ60×120
2,200
アトリエ
テラスデッキ床
イペ15t
大引 120×180 @910
根太 120×60 @455
床
カラマツフローリング 15t
（圧延ローラー処理）
合板12t
250
75
250
75
250
▼FL±0
1,220
900
スタイロフォーム 50t
1,365
1,102
263
1,628
1,365
263
60×125
1,102
手摺子 ヒノキ60×120
2,730
テラス手摺 ベイマツ集成材55×165 外部用ステイン
1,365
ノルドサッシunitas 上下枠のみ
60×95
1,365
1,102
263
1,365
1,365
2,730

いわむらかずお絵本の丘美術館アトリエのテラス｜詳細図｜S=1/50

階段

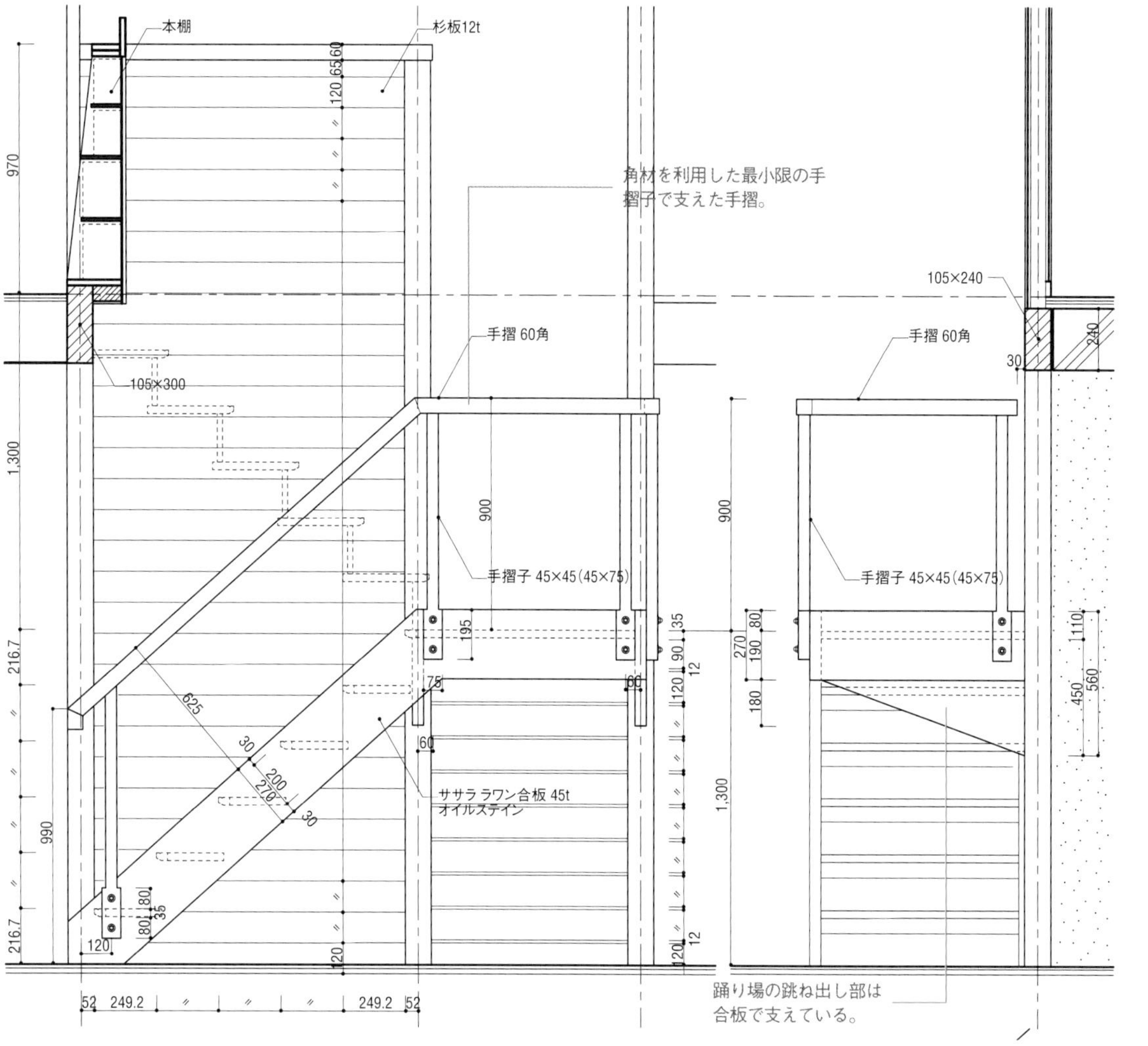
本棚
杉板12t
角材を利用した最小限の手摺子で支えた手摺。
105×240
手摺 60角
105×300
手摺子 45×45(45×75)
ササラ ラワン合板 45t
オイルステイン
踊り場の跳ね出し部は合板で支えている。
970
1,300
216.7
990
900
625
1,300
52
249.2
249.2
52

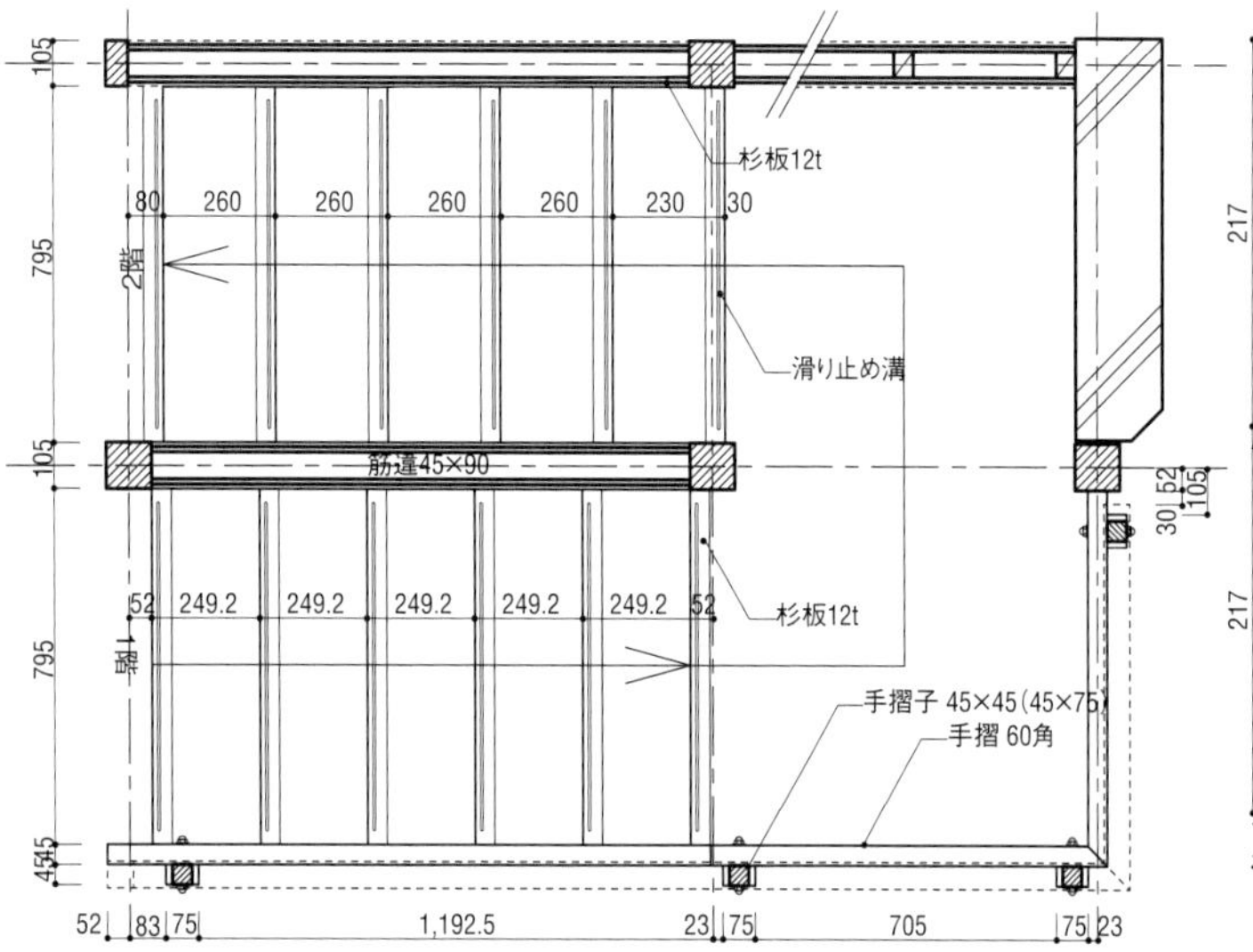
杉板12t
2階
滑り止め溝
筋違45×90
杉板12t
1階
手摺子 45×45(45×75)
手摺 60角
80
260
260
260
260
230
30
52
249.2
249.2
249.2
249.2
249.2
52
105
795
105
795
52
83
75
1,192.5
23
75
705
75
23

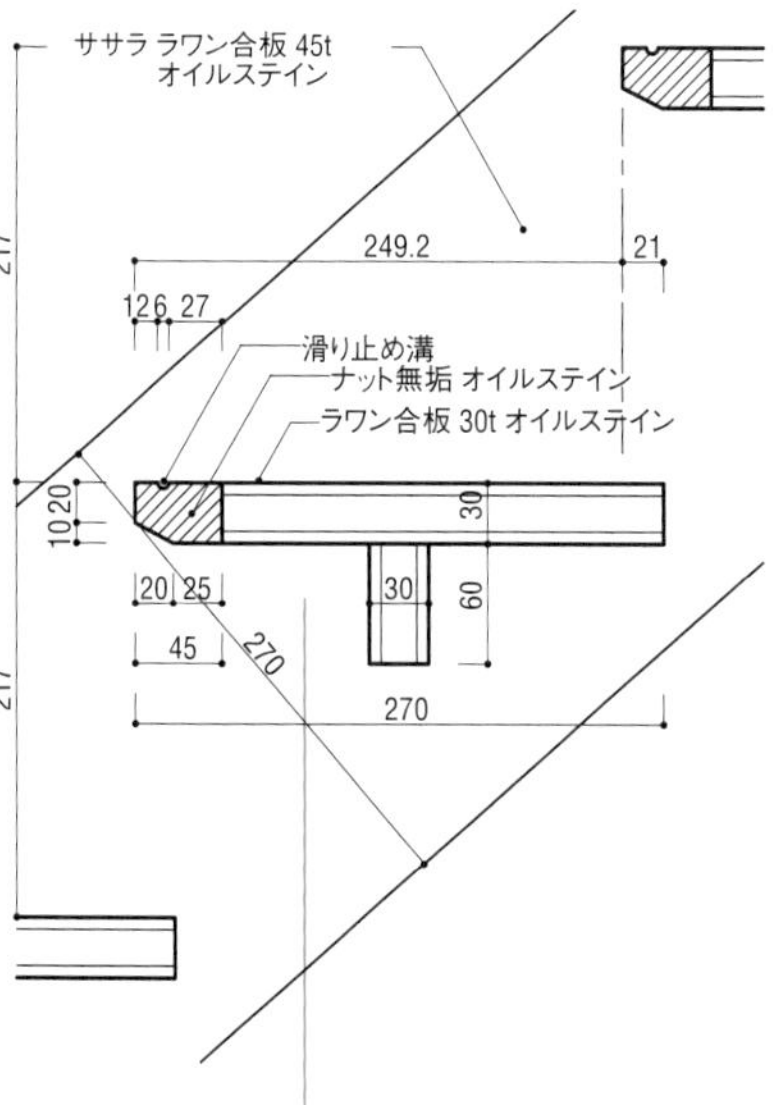
ササラ ラワン合板 45t
オイルステイン
249.2
21
12
6
27
滑り止め溝
ナット無垢 オイルステイン
ラワン合板 30t オイルステイン
217
217
20
25
45
270
270
30
60

地下室から居間、2階へとつながる回り階段。階段中央の板張壁をはさみ居間側は吹抜けに面し、踊り場は跳ね出している。

45㎜のササラ桁と30㎜の踏板にラワン合板を使い鼻先以外の小口はあらわし

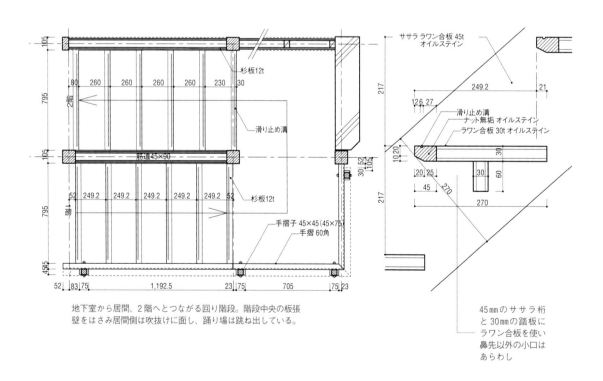

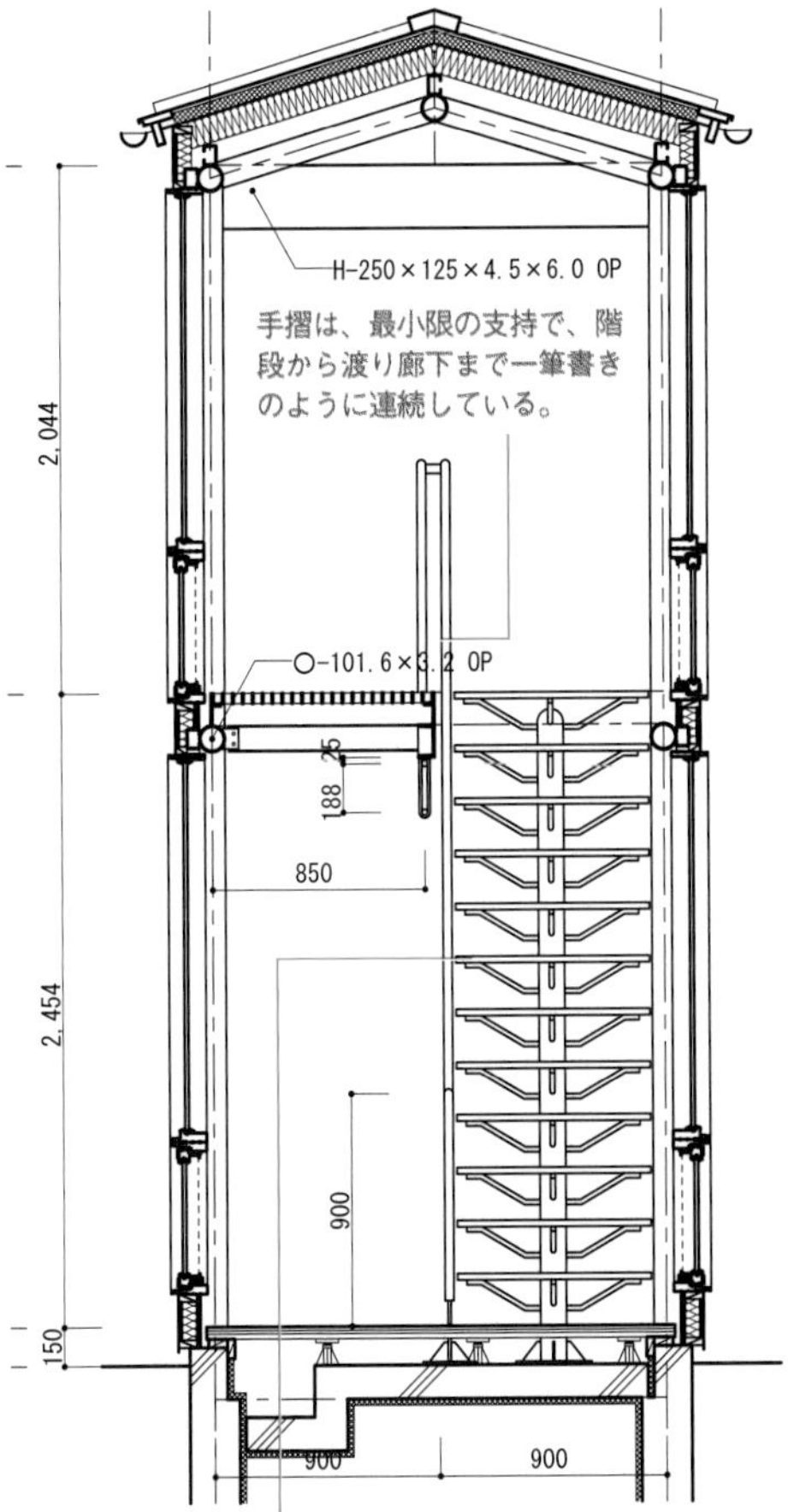
H-250×125×4.5×6.0 OP
2,044
○-101.6×3.2 OP
25
188
850
2,454
900
150
900
900

手摺は、最小限の支持で、階段から渡り廊下まで一筆書きのように連続している。

渡り廊下の2階床に合わせて、階段の段板もプラスチックグレーチングを使っている。渡り廊下が2つの箱をつなぐ透明性の高い通路となっており、その中に浮かぶような軽やかな階段として考えられている。

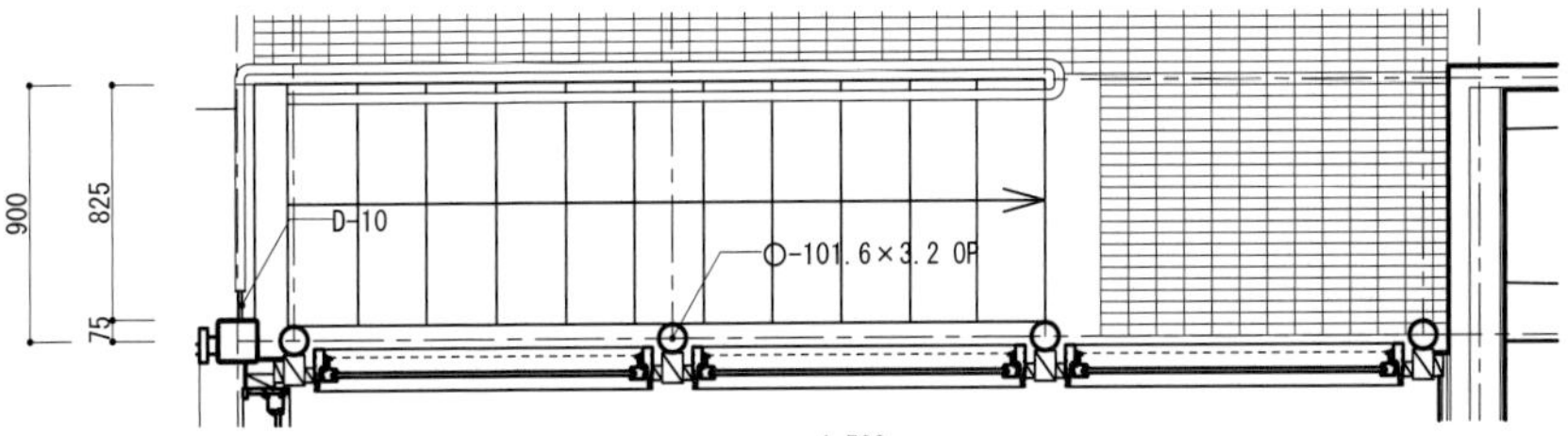
900
825
75
D-10
○-101.6×3.2 OP

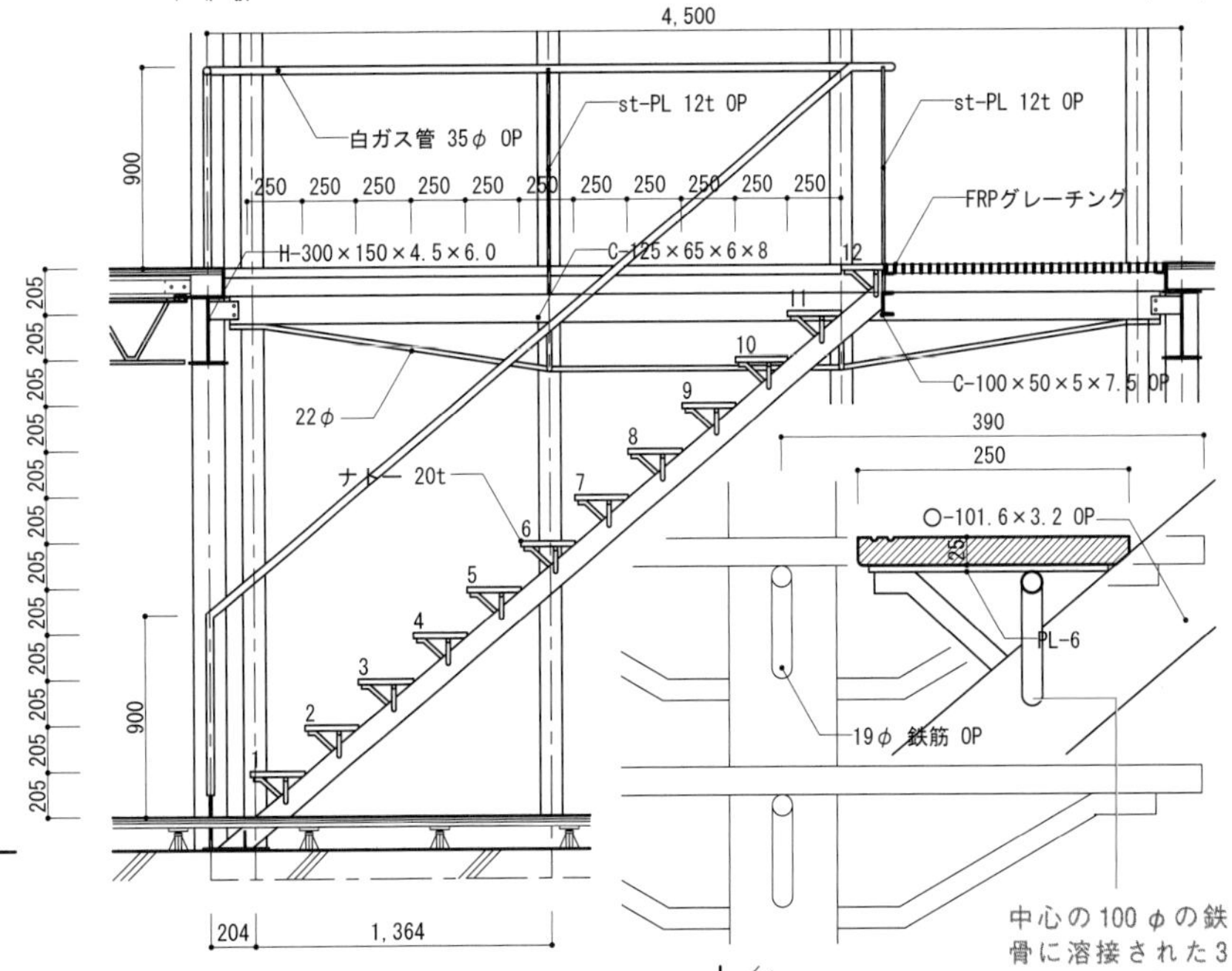
4,500
白ガス管 35φ OP
st-PL 12t OP
st-PL 12t OP
900
250 250 250 250 250 250 250 250 250 250 250
FRPグレーチング
H-300×150×4.5×6.0
C-125×65×6×8
12
11
10
9
8
7
6
5
4
3
2
1
C-100×50×5×7.5 OP
22φ
ナトー 20t
205 205 205 205 205 205 205 205 205 205 205 205
900
204
1,364
390
250
○-101.6×3.2 OP
25
PL-6
19φ 鉄筋 OP

中心の100φの鉄骨に溶接された3本の19φの鉄骨が段板を支えている。

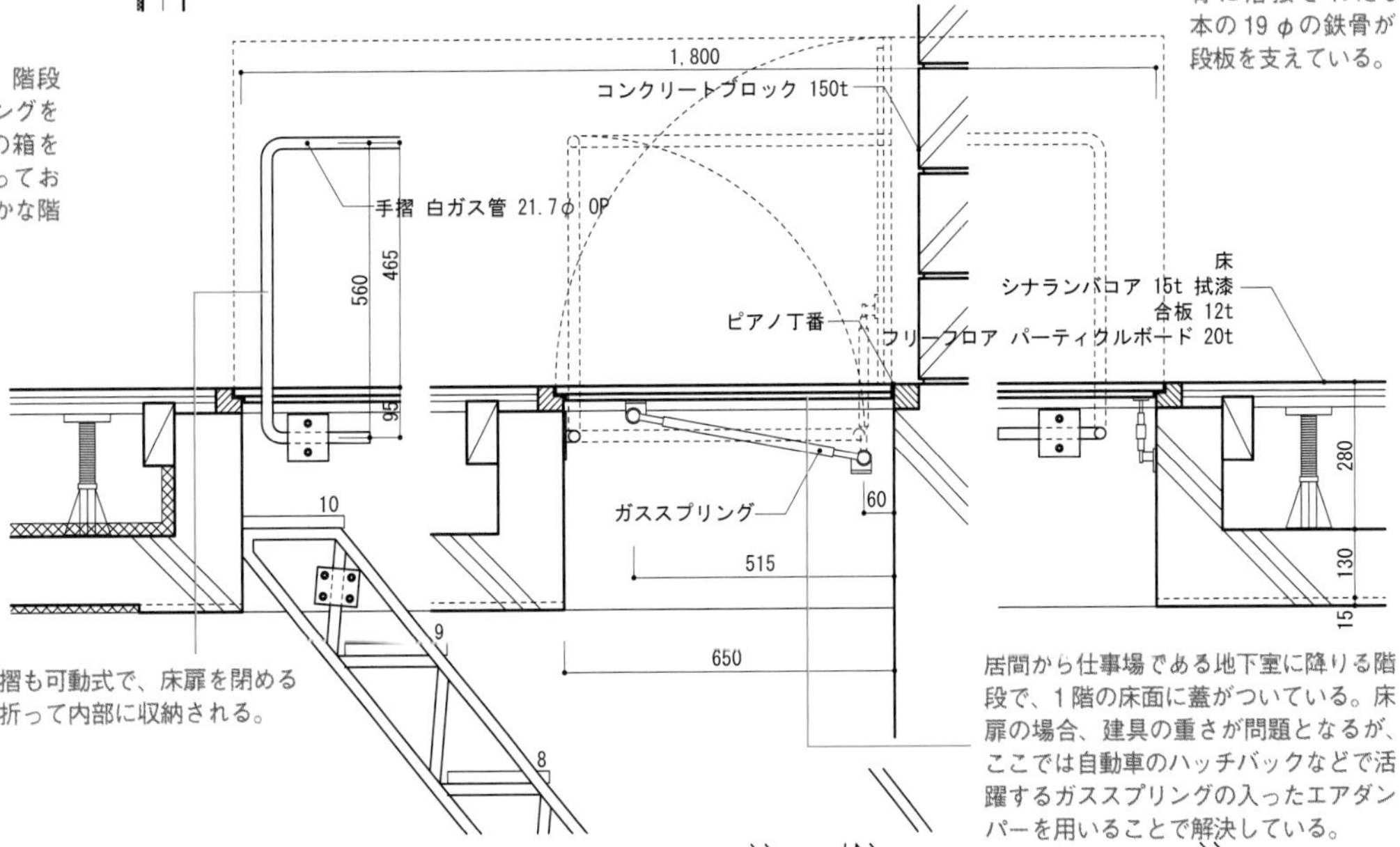
1,800
コンクリートブロック 150t
手摺 白ガス管 21.7φ OP
560
465
95
床
シナランバコア 15t 拭漆
合板 12t
フリーフロア パーティクルボード 20t
ピアノ丁番
ガススプリング
60
515
650
10
9
8
280
130
15

この手摺も可動式で、床扉を閉める際には折って内部に収納される。

居間から仕事場である地下室に降りる階段で、1階の床面に蓋がついている。床扉の場合、建具の重さが問題となるが、ここでは自動車のハッチバックなどで活躍するガススプリングの入ったエアダンパーを用いることで解決している。

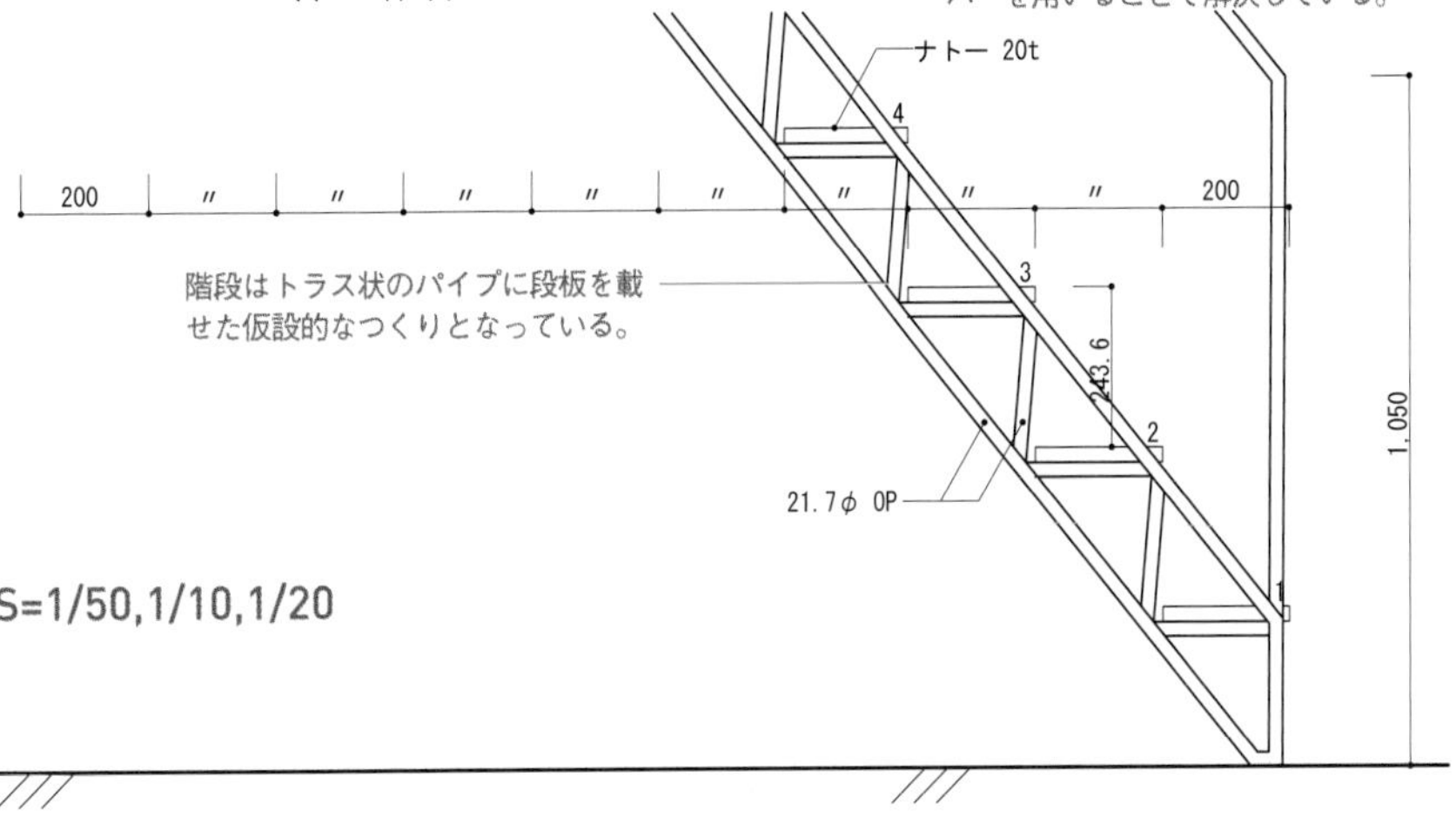
ナトー 20t
4
200
〃 〃 〃 〃 〃 〃 〃 〃
200
3
243.6
2
1,050
21.7φ OP
1

階段はトラス状のパイプに段板を載せた仮設的なつくりとなっている。

相模原の住宅の階段｜詳細図｜S=1/50,1/10,1/20

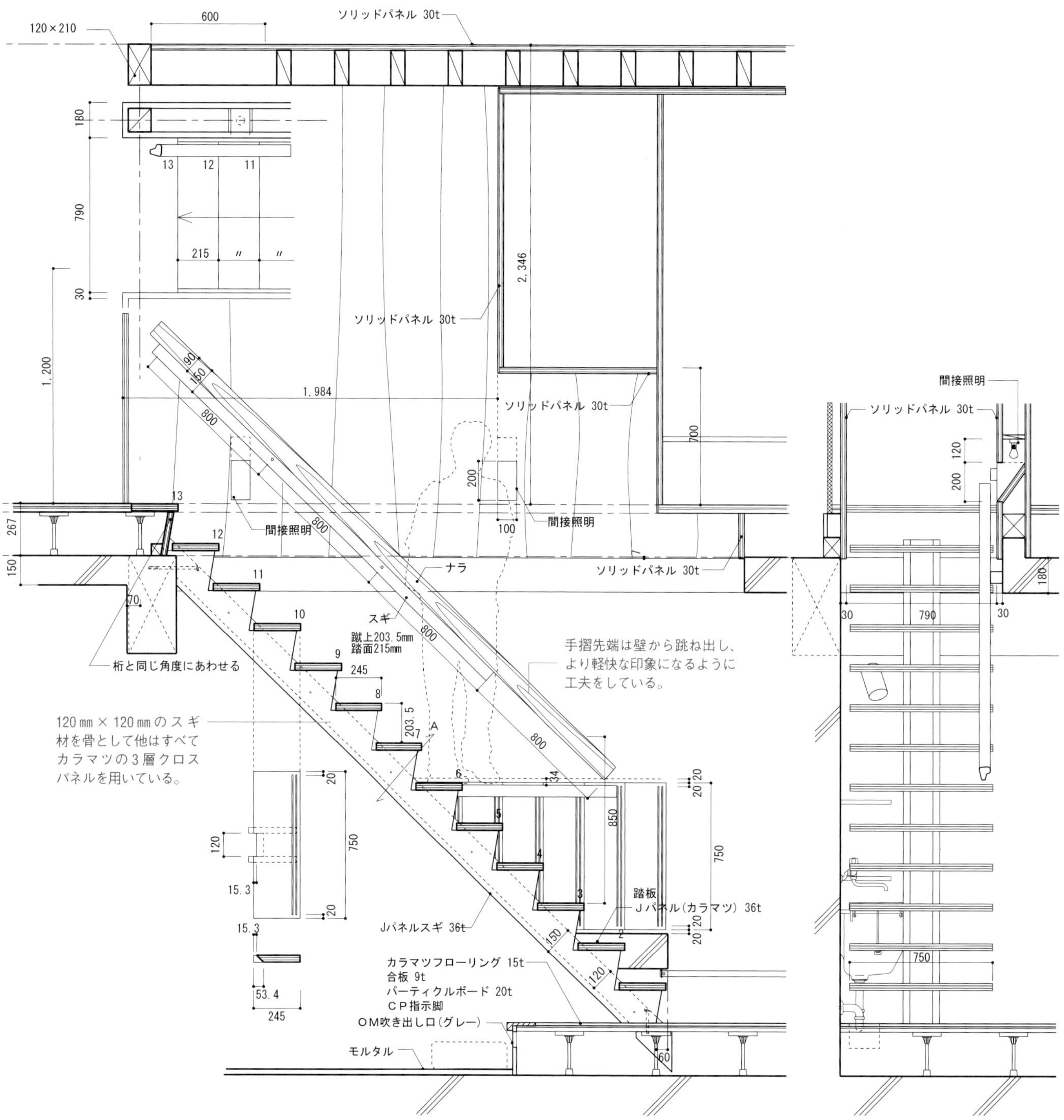
120×210
600
ソリッドパネル 30t
180
13 12 11
790
215 〃 〃
30
2,346
ソリッドパネル 30t
1,200
1,984
90
150
800
ソリッドパネル 30t
700
200
間接照明
100
間接照明
13
267
12
150
800
ナラ
ソリッドパネル 30t
11
70
スギ
10
800
蹴上203.5mm
踏面215mm
桁と同じ角度にあわせる
9
245
手摺先端は壁から跳ね出し、
より軽快な印象になるように
工夫をしている。
120㎜×120㎜のスギ
材を骨として他はすべて
カラマツの3層クロス
パネルを用いている。
8
203.5
A
7
800
6
34
20
5
850
750
120
4
15.3
3
踏板
Jパネル（カラマツ） 36t
Jパネルスギ 36t
150
2
15.3
カラマツフローリング 15t
合板 9t
パーティクルボード 20t
CP指示脚
OM吹き出し口（グレー）
120
53.4
245
モルタル
60
間接照明
ソリッドパネル 30t
120
200
180
30
790
30
750

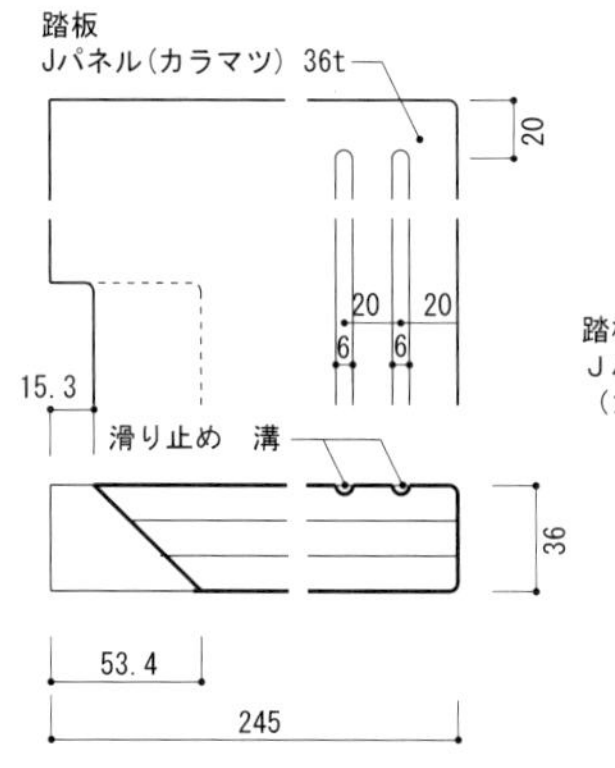
踏板
Jパネル（カラマツ） 36t
20
20
20
6
6
15.3
滑り止め 溝
36
53.4
245

踏板

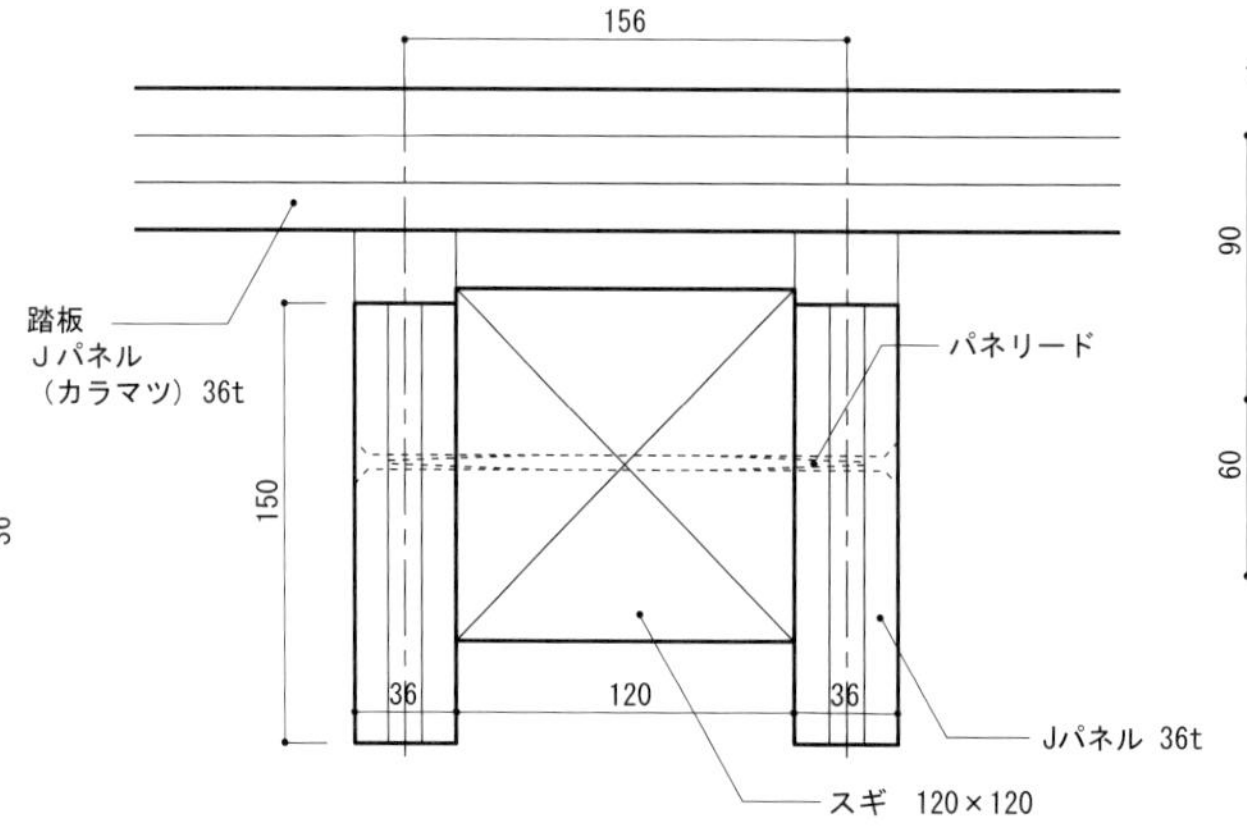
156
踏板
Jパネル
（カラマツ） 36t
パネリード
150
36
120
36
Jパネル 36t
スギ 120×120

A部

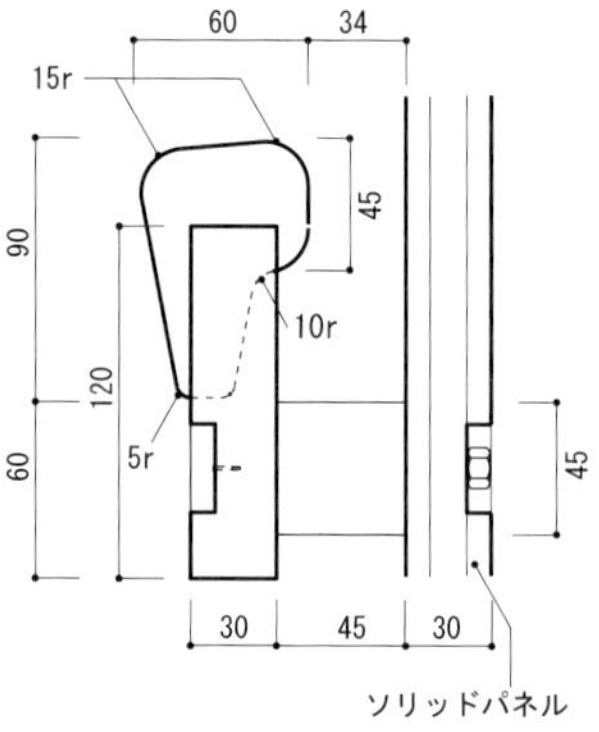
60
34
15r
45
90
10r
120
5r
60
45
30
45
30
ソリッドパネル

手摺

信濃境の週末住宅の階段 | 詳細図 | S=1/30,1/5

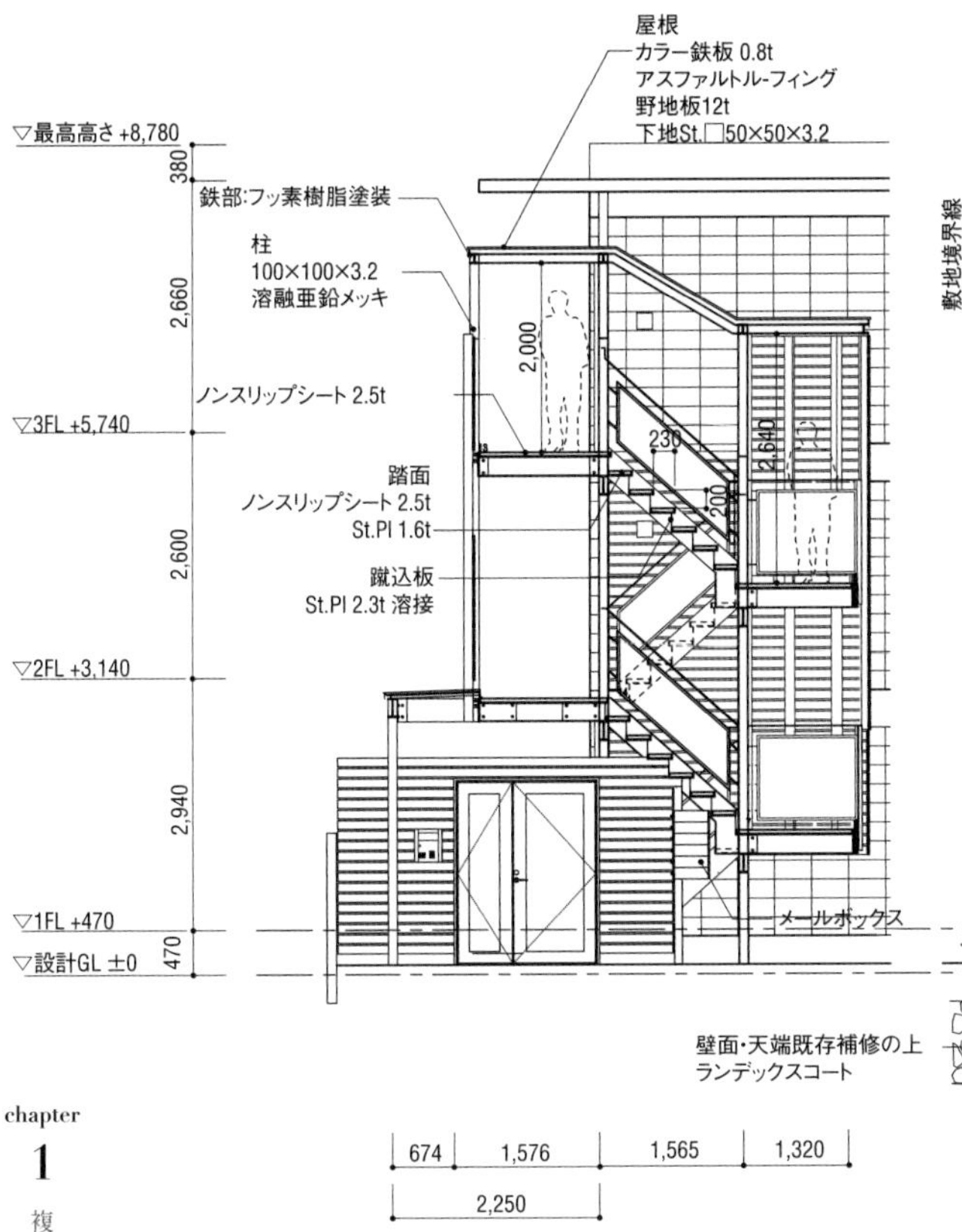
屋根
カラー鉄板 0.8t
アスファルトルーフィング
野地板12t
下地St.□50×50×3.2
▽最高高さ +8,780
380
鉄部:フッ素樹脂塗装
柱
100×100×3.2
溶融亜鉛メッキ
2,660
2,000
ノンスリップシート 2.5t
▽3FL +5,740
230
2,640
踏面
ノンスリップシート 2.5t
St.Pl 1.6t
200
2,600
蹴込板
St.Pl 2.3t 溶接
▽2FL +3,140
2,940
▽1FL +470
メールボックス
▽設計GL ±0
470
674
1,576
1,565
1,320
2,250

断面図｜S=1/120

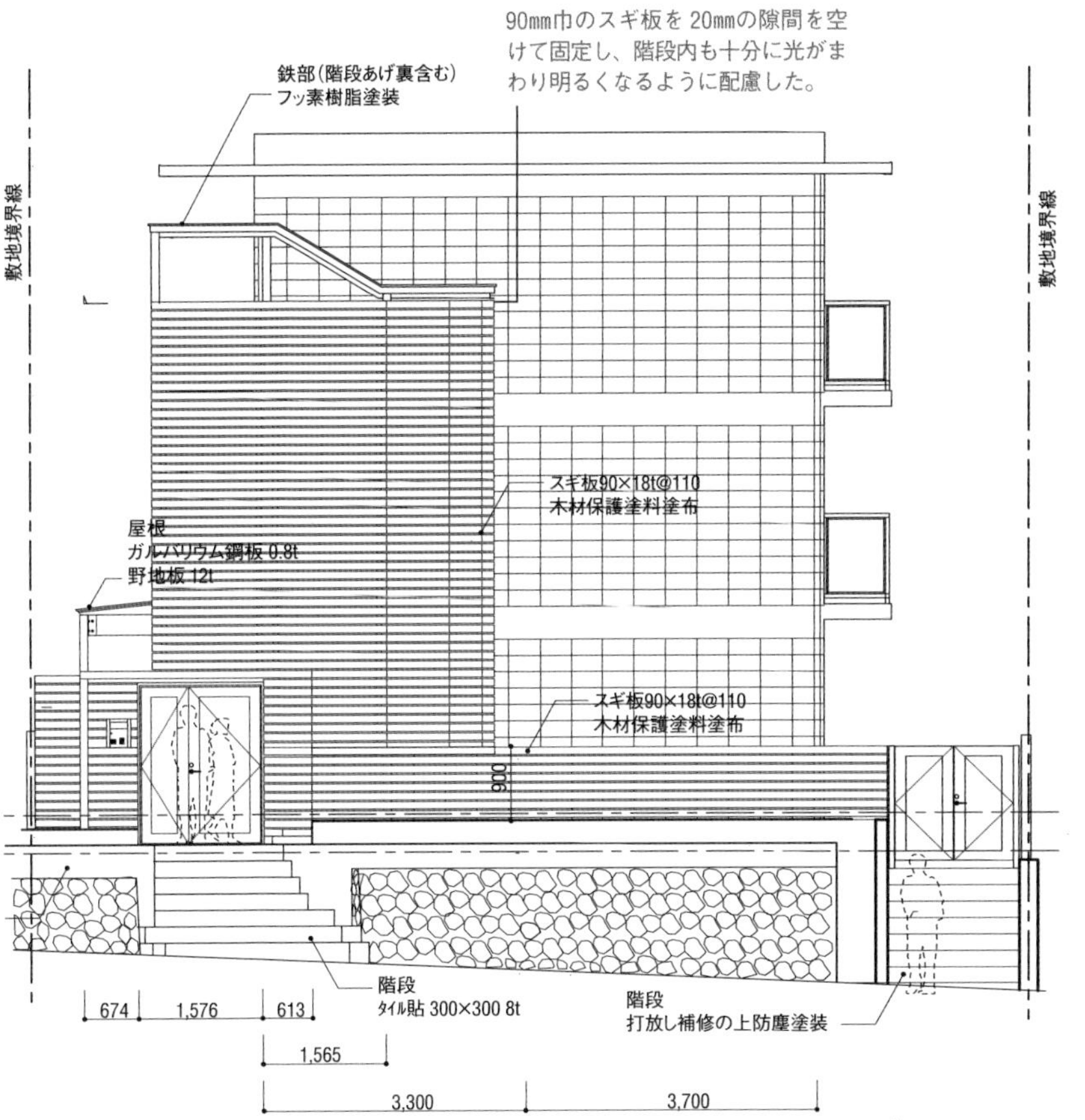
90mm巾のスギ板を 20mmの隙間を空けて固定し、階段内も十分に光がまわり明るくなるように配慮した。
鉄部(階段あげ裏含む)
フッ素樹脂塗装
敷地境界線
敷地境界線
スギ板90×18t@110
木材保護塗料塗布
屋根
ガルバリウム鋼板 0.8t
野地板 12t
スギ板90×18t@110
木材保護塗料塗布
900
壁面・天端既存補修の上
ランデックスコート
階段
タイル貼 300×300 8t
階段
打放し補修の上防塵塗装
674
1,576
613
1,565
3,300
3,700

立面図｜S=1/120

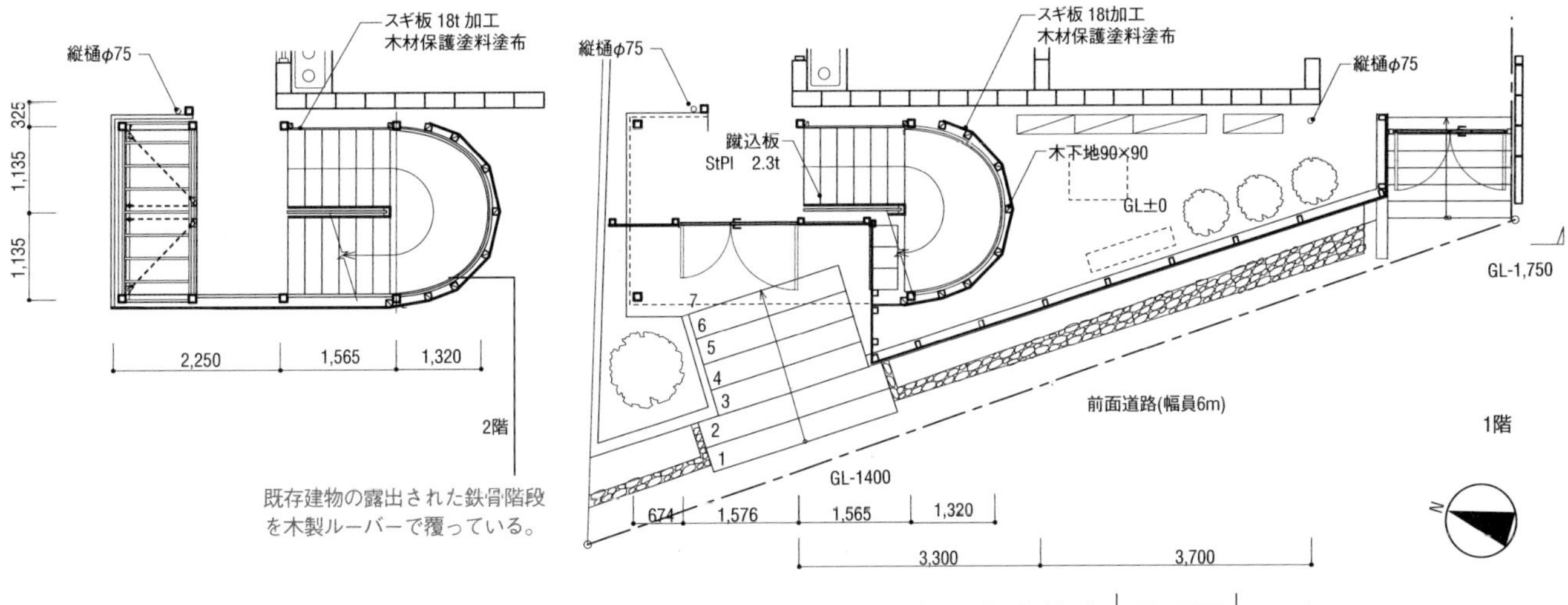
縦樋φ75
スギ板 18t 加工
木材保護塗料塗布
325
1,135
1,135
2,250
1,565
1,320
2階
既存建物の露出された鉄骨階段を木製ルーバーで覆っている。
縦樋φ75
スギ板 18t加工
木材保護塗料塗布
縦樋φ75
蹴込板
StPl 2.3t
木下地90×90
GL±0
GL-1,750
7
6
5
4
3
2
1
前面道路(幅員6m)
GL-1400
1階
674
1,576
1,565
1,320
3,300
3,700
N

初台の集合住宅｜平面図｜S=1/120

初台の集合住宅の外観

屋外階段内部

構造からみた野沢建築②

稲山正弘

いわむらかずお絵本の丘美術館 1998年

今回のアトリエ棟の小屋組みは、交差梁と合掌垂木によりトラス構造を形成している。このトラス形状は屋根本体の10/7勾配に対し、軒部分が3/10勾配であることから自然に導かれた。このトラス架構は居住側の切妻屋根では問題ないのだが、アトリエ側の方形屋根ではXY方向の交差梁が空中で重なってしまう。そこで、卍組の手法を用いて、部屋内から見て左上がりの交差梁が常に手前に来るようにずらして配置することにより、XY方向の交差梁がぶつからないようにした。ただし同方向の中央の交差部が離れているとトラスが形成されないため、交差梁の間に角材を挟んでボルトで緊結している。(「新建築住宅特集」2004年7月号より)

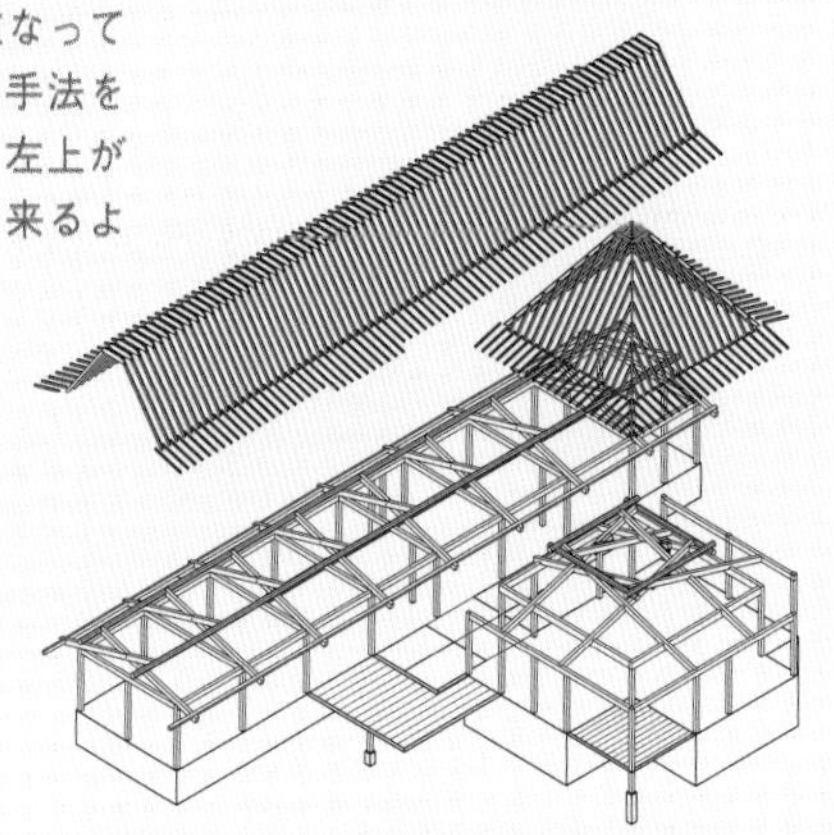

交差梁と合掌垂木によるトラス架構（居住棟）
卍組の手法を用いた交差梁による方形屋根（アトリエ棟）

信濃境の週末住宅 2011年

信濃境の週末住宅の構造について最初に相談を受けたとき、「屋根はいつもどおりの断面形状だけど、これまでとは違う構造形式でできないか？」と野沢さんから持ちかけられた。屋根の中央部はOMの集熱パネルが載る７寸の急勾配に対し、軒部分は2.5寸の緩勾配で深い軒の出を確保するという、日射角度から必然的に導かれる野沢さん定番の屋根断面形状である。この屋根断面形状に対する架構形式は、98年竣工のいわむらかずお絵本の丘美術館では方杖を延ばして緩勾配側の合わせ梁と相欠き接合するトラス構造、2003年竣工の同アトリエ棟では交差梁と合掌垂木によるトラス構造、といったトラス形式での解法によってきた。そこで今回はトラスではなく、頂部を開き止め材で剛につないだ７寸勾配の合掌構造から2.5寸勾配側の垂木材が支点桁方式で跳ね出す架構形式とすることで、内部空間に梁間方向を横切る横架材が出ないようにした。この形式は、合掌材や垂木材に大きな曲げモーメントが加わり、スラストによる軒桁の水平はらみが生じやすい、という弱点がある。通常はこれを防ぐには梁成を大きくするのが定石だが、ここでは架構を303mmピッチにすることによって負担荷重を減らすとともに、13.5mmずつの相欠きで120mmと210mmの材が交互に噛み合うことで密実な板状の構造とすることで、両者とも120mmの成とすることができ、標準的なスギの正角材と平角材の反復による木のピアノ鍵盤のような美しい架構となった。

（「新建築住宅特集」2011年8月号より）

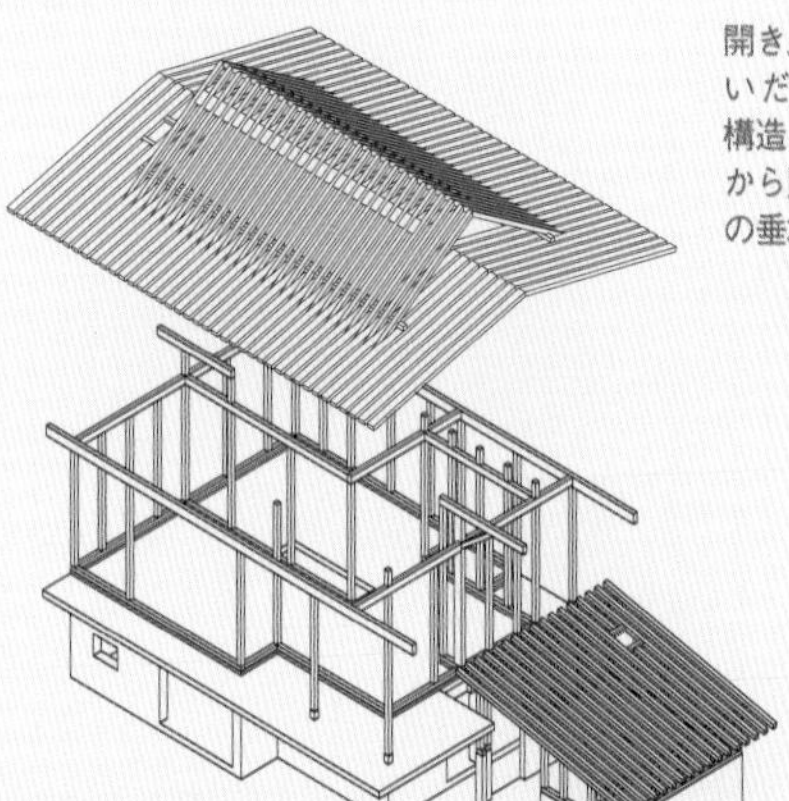

開き止め材で剛につないだ７寸勾配の合掌構造（上部）と、そこから跳ね出した緩勾配の垂木材による架構

交差梁と合掌垂木によるトラス架構（居住棟）

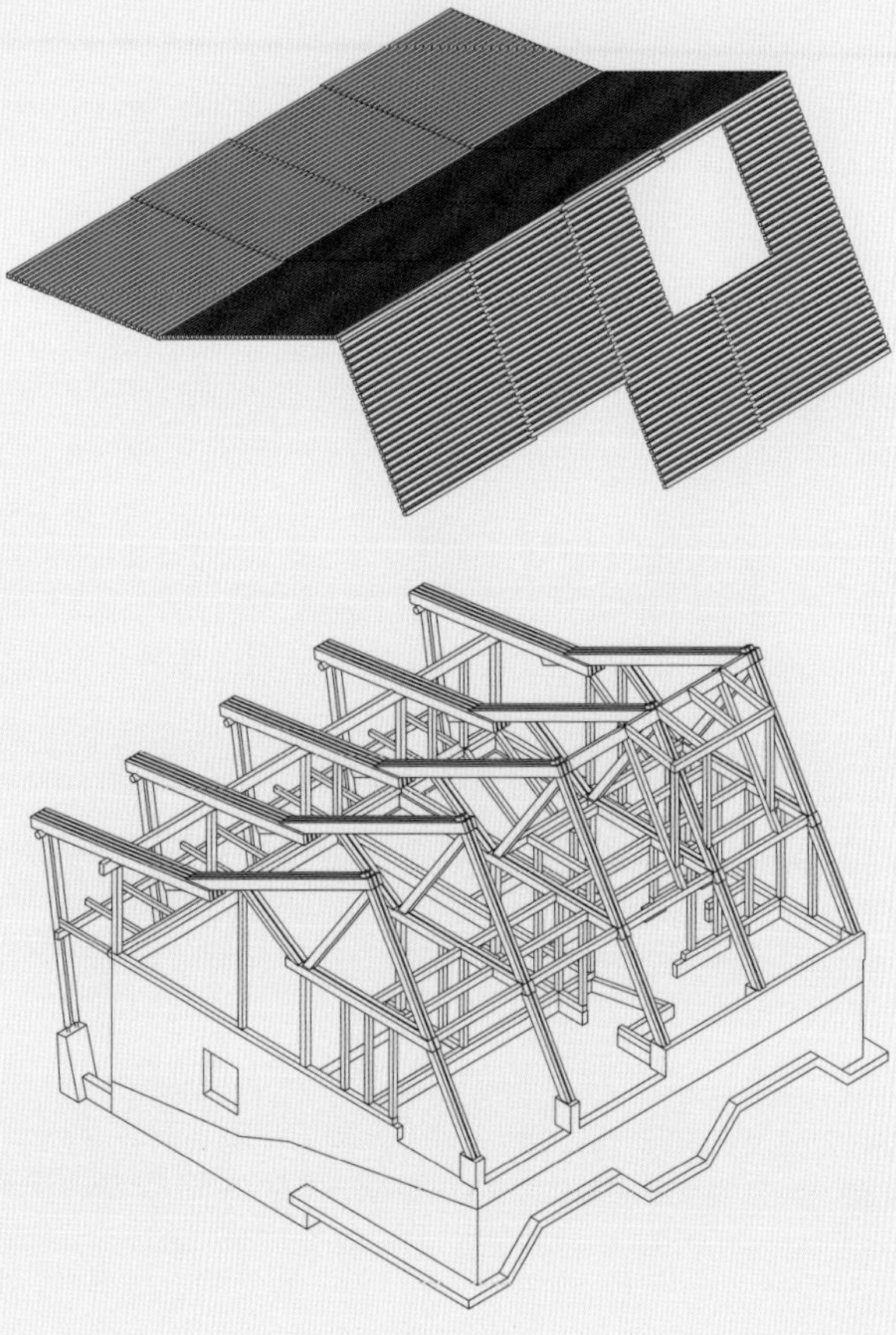

蓼科の週末住宅 2013年

野沢さんとの最初の打ち合わせ時に建物の略断面図を提示された段階で、この建物の架構計画はほぼできあがっていた。南側の屋根形状は、集熱パネルが載る棟部分の5寸勾配と、深い軒の出を有する1・5寸勾配の軒部分とが組み合わされた、日射角度から必然的に導かれる野沢さん定番の屋根断面形状である。ところが今回は棟から北側が60度の急勾配で屋根がそのまま土台まで下りてきており、その中間にロフトが設けられ、建物中央部の柱でロフトの一端を支えるとともにY字型に2本の方杖柱が伸びて棟と南側の登り梁を支えられるようになっていた。ロフトより下側を耐力壁で固めてしまえば、上部はトラス構造として成立している。この架構形状を合理的な接合で構成するために、スギ平角材による合わせ梁方式を採用することとした。幅90mmの平角材を用いて、1・5寸勾配の登り梁を4本、5寸勾配の登り梁を3本、北側60度の登り梁を2本配置し、3本の登り梁にぶつかる斜材は2本、2本の登り梁にぶつかる斜材は1本とし、仕口は3本を4本が交互に挟み、2本を3本が挟み、1本は2本で挟む、という仕組みである。2・7mピッチに配置されるこの合わせ梁方式の小屋組架構を際立たせるため、直交方向の桁を極力なくし、登り梁上端に90角の母屋を150mmピッチで並べてビス留めすることで架構相互をつなぐようにした。これにより、スリットをあけて並べられた幅90mmの平角材の軸組架構の上にルーバー状の母屋があらわしになった、スギの暖かみにあふれたダイナミックな空間が現出した。

（「新建築住宅特集」2013年10月号より）

chapter

2

これからの建築を考える

家づくりを社会化する

——これからの建築を考えるときに重要なことは何だと思いますか？

大切なのは、作品としての建築がどうあるか、というよりも、周辺との関係を考えることだと思うね。敷地が街中ならとりまく住宅地、郊外ならば周辺の自然を含めたエリア、それらが今回の計画によって、少しはよくなるのか、反対によくはならないのか、を考えることが一番大事かな。

僕が若いころに学んだ大高さんは、福島の三春出身で、農村の風景をよく知る人だったから、ランドスケープのなかで建物がどうあったらポジティブに作用するか、よりよい風景になるのかって、ずいぶん考えていたと思う。建築は単体で考えるものじゃない、と。

すでに住宅が高密に集積している場所で住宅をつくるのは、本当に難しい。たいていの場合は、要求の多さに対して敷地が小さすぎるんだ。敷地が小さくなればなるほど、境界から50センチ離すという規定に従うだけで、ほぼ建ぺい率いっぱいになる。そうなると、外側とか周辺に広がる住宅地のことなんて考えられなくて、考えるのは室内だけになってしまう。その上、エアコンの排熱や、台所のレンジフードから熱やにおいがはき出されて、ささやかな外部環境がますます悪くなっていく。そんなことを考えるからか、混みあった住宅地の計画は、あんまりやる気がおきないんだ（笑）。

——建築単体ではなく、周辺まで含めて計画することで得られることは何でしょうか？

たとえば、住宅地の温熱環境の話で言えば、外部環境が整えられ、窓が開けられるのは大事なことだと思うんだよ。住宅を1戸ずつつくっていたら、なかなか難しいけど、何棟かをまとめて計画すれば、たとえスリットのようなささやかな余地でも効果的に使うことができると思う。

今は、長期優良住宅とかZEHなど、住宅単体の環境性能を定めるルールがいろいろあるけれど、それらは高性能エアコンを付けることになっている。日中、50度にも60度にもなるアスファルトの道路の脇で、窓を閉め切ってエアコンをかけて、というのが本当に快適な暮らしなのかな、と思う。

窓どころかカーテンまで閉め切っている家ばかりが並ぶ住宅地が多いけれど、長期優良住宅に認定された住宅で、その住宅が仮に物理的に100年もつものであったとして、窓も開けられない住宅地の家を100年も使い続けてもらえるのか、疑問だよね。

たとえば、私たちが作り上げた木造ドミノ住宅による住宅地みたいに、集合として考え、建てるようなことをすると、1軒1軒の計画ではできなかったことができる。複数の家が集合した住宅地として考えると、家と家の隙間もデザインできるようになる。つまり、ささやかな敷地であっても、住宅地まるごとで優良にすれば、1軒1軒がそんなにがんばらなくても、一定の外部環境が整えられた結果として、室内環境を担保することができる。家づくりを社会化して住宅地として考えることで、可能性が飛躍的に高まるんだ。住宅地開発をしている人は、本当はそれこそを考えるべきなんだよね。

これからの建築家

——野沢さんのデザインの対象は、建物単体だけではないのですね。

これからの建築家の役割のことでもあると思うのだけれど、建材やレディメード、既製品がよくなって、それをアッセンブルすれば建築なんてできちゃうから、もう建築家はいらない、という乱暴な話も聞かないわけではない。しかし、本来の職能に忠実でありさえすれば建築家という職業はなくならないと思うよ。

一方で、建築家のつくられ方が大切なのかもしれないね。今は、建築を学ぶ過程で、モデルとしてのある種の建築家像が、いつのまにかその人に浸透しているような育ち方をしているんじゃないかな。社会をどう考え、どう応答するのかってことを、もっともっと考えるような教育にすべきなんだろう。社会にとって、なにが有用なのかをね。

前川さんたち、大高さんたちの時代と今は全然違うし、僕らは彼らのようなことはもうできない。また、僕らができたことを次の世代の人たちはできないのかもしれない。社会の状況が変わっていくんだもの。次の世代の人たちには、次の時代の宿題が必ず立ち現れてくる。そんな中で、次の時代にバトンタッチするための手立てとして、前の時代の人たちの考え、実践したことは何であったのかを知り、次の世代の人たちに、仕事を通して伝えていくことをしていきたい、と僕は思ってもいる。

Chapter2 INDEX

2-1 ビルディングシステムの開発

P118

建急速に人口が減少する社会は、これまでの不足する建築をつくるという戦後的コンテクストを根底から覆すものである。これからは「片付ける」ことを鍵とする社会だ。つくるものは改変可能であり、使い続けることができるものでなければなるまい。木造ドミノ住宅は、水まわりを含むインフィルの改修を繰り返しながら使い続けられていく。その結果、家の周囲は緑が充実し木立が家々を飾る。家を毎回建て替える習慣の中ではこうした豊かさは起き得ないだろう。

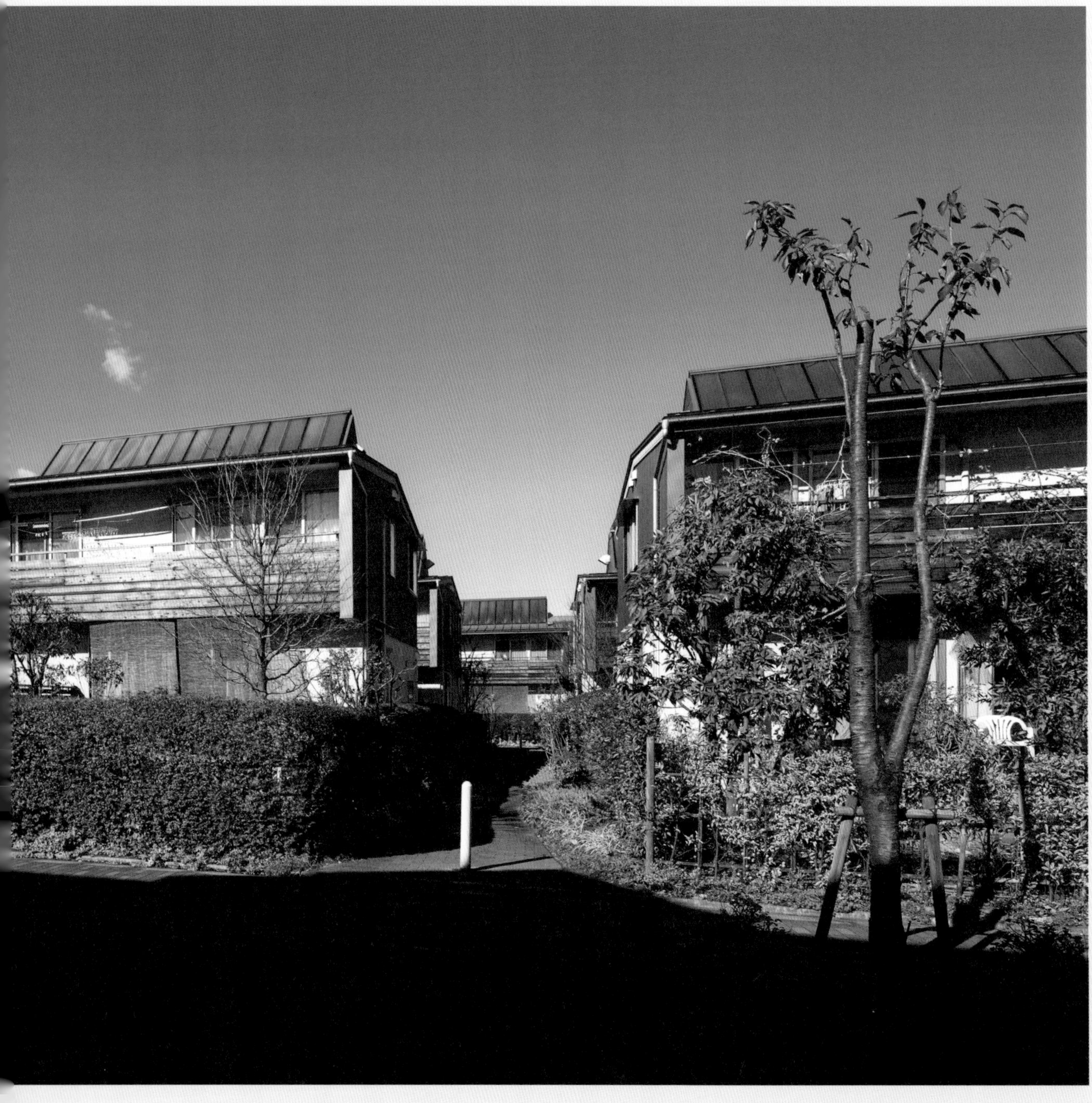

2-2 街並みをデザインする

P128

大高正人は建築家でもあったが、彼が考える建築家像は今日の建築家像を越えるものであったと思う。彼の考える姿とは、都市を考え、農村を考え、景観を考える建築家とでも言うものであった。整えるべきは都市景観ではないか、農村の景観ではないか。総体としての国土の景観ではないか。一つひとつの建築は景観をつくる重要なエレメントである。やっとそのことに手を付ける時期があらわれたのではないか、と思う。

2-3 スケルトン・インフィルのデザイン

P130

スケルトンは個人の要求によってできているのではなく、もう少し社会的にできている。そのスケルトンの中で、個人の生活にあわせたインフィルが入ってくるというのが理想ではないかと思う。両者がうまく分離できるように設計・施工されていれば、個人のライフスタイルに応じてインフィルだけを気軽に変更していくことができる。そうすれば、社会的な要求に応じてつくられた家（スケルトン）は、それほど短いスパンで壊さなくても済むはずである。

2-4 修繕

P134

住宅の寿命は長いほどいい。手を入れて、長く使えば、新築の費用はかからないから、その費用でヨットを買ったりファーストクラスでヨーロッパに行ったりできるはずだ。手を入れて使うには躯体（スケルトン）と設え（インフィル）が分離していることが必須である。スケルトンは１００年といわず２００年！インフィルの寿命は場合によっては10年でもいい。たとえばガス給湯器の寿命はこんなものであろう。

2-5 性能改善・減築

P138

「減築」は私が発明した言葉であるらしい。増築の逆である。ドイツでその事例を見た。学校の仕事でやってみたが実に面白かった。もったいない、ということとつながる道理があるから面白いのであろう。減築は壊す量が圧倒的に少ない。だから他に資金をまわすことができる。懐かしい記憶も残る。ちょうど良い大きさになる、CO_2も出ない。縮減するこれからの社会にとり、良いことばかりである。

木造ドミノ住宅による街区（東村山市本町地区プロジェクト。2007年竣工）。

chapter

2-1

ビルディングシステムの開発

木造ドミノとは

東村山市本町地区プロジェクト

「東村山市本町地区プロジェクト」による木造ドミノの第1号モデルハウス棟。4間×5間のシンプルな矩形で、緩勾配の屋根に載った集熱効率を追求した10寸勾配の屋根形状が特徴的。バルコニーを支える袖壁は、隣家からの視線を遮る役割も担う。

内部の写真。左は1階、右は2階。構造躯体は地域の木を使用し、柱や梁はあらわし。室内はほぼワンルームで最低限の間仕切りのみで構成されている。1、2階の床面は構造用合板28㎜を張り、パインフローリング仕上げ。2階天井面や屋根面にも構造用MDFを張っている。

木造ドミノ住宅は、70年間の定期借地権を活用して分譲される東京都のプロジェクトに応募し、選定されたことから始まった。このプロジェクトではローコスト（坪50万円）であるということと合わせて質が求められていた。プロジェクトメンバーによって、最低70年間は建て替える必要がなく、長寿命で快適な生活環境を適正なコストで提供することを目指して検討が進められた。施工を効率化しながらも高性能な外皮をつくるために考えだされたのが、木造によるスケルトン・インフィルのシステムであった。構造耐力を外周部のみで取る構造とすることで、4間×5間40坪という条件の中で、様々な間取りが可能となった。70年間性能が確保された躯体と、老朽化に応じて更新ができる設備機器や配管、家族構成の変化に応じて容易に改変ができることで、最低でも70年間は建て替えが不要となるシステムを考え出した。もちろんOMソーラーシステムによる床暖房も搭載している。

竣工：2007年1月
建設地：東京都東村山市本町
規模：地上2階
構造：木造
敷地面積：189.40㎡（約57坪）
建築面積：74.52㎡（約23坪）
延床面積：132.48㎡（約40坪）
施工：相羽建設
設備：OMソーラーシステム
設計：野沢正光建築工房＋
半田雅俊設計事務所
構造：山辺構造設計事務所

ソーラー屋根が並ぶ街並み。2階部分はガルバリム鋼板仕上げ、1階部分は塗り壁仕上げの外壁が並ぶ。パッシブ建築によるな小さなビレッジへの展開が想像できる。

　平成18年9月よりモデルハウスを含めた第1期分4棟が着工し、平成19年1月にモデルハウスがオープンしている。2月より販売が開始され、25棟の平均倍率が10倍を超えるという驚異的な人気で7期とも即日完売という実績であった。一般の購買層が温熱環境の整った家を坪50万円で購入できることの意義は大きい。現在は、このときの取り組みをベースにして、全国の工務店とともに「ドミノ住宅研究会」という形で継承し、展開し続けている。

2004.3
2006.12
2007.1
2007.5
0 東村山/実証実験棟
1 東村山 1期 8-12
2 東村山 1期 8-13
3 東村山 1期 8-10
4 東村山 1期 8-11
5 東村山 2期 13-2
6 東村山 2期 13-11
2007.7
2007.9
2007.11
2008.1
7 東村山 3期 13-3
8 東村山 3期 13-10
9 東村山 4期 13-1
10 東村山 4期 13-12
11 東村山 5期 12-1
12 東村山 5期 12-20
13 東村山 6期 8-11
2008.5
2008.7
14 東村山 6期 8-11
15 東村山 7期 13-2
16 東村山 7期 13-11
17 東村山 8期 13-3
18 東村山 8期 13-12
19 東村山 9期 8-11
20 東村山 9期 8-11

4×5間の矩形を基本としながら、様々なタイプに展開した間取りの一覧。

このプロジェクトで提案したのは、在来軸組み工法をベースとして耐力壁は外周のみに配置し、内部の鉛直荷重は中央の軸力柱1本のみに集中させる構法。このシンプルな架構によって、がらんどうの空間が実現し、構造に束縛されないため自由な間取りが実現した。シンプルな架構によって得られるがらんどうの空間は、構造に束縛されないため間取りが自由に展開できる。住まい続ける中で必要に応じたリフォームによる間取りの改変も容易。この木造によるスケルトン・インフィルのシステムをもつ住宅をコルビュジエの提唱した五原則の1つにちなみ、「木造ドミノ住宅」と名付けている。

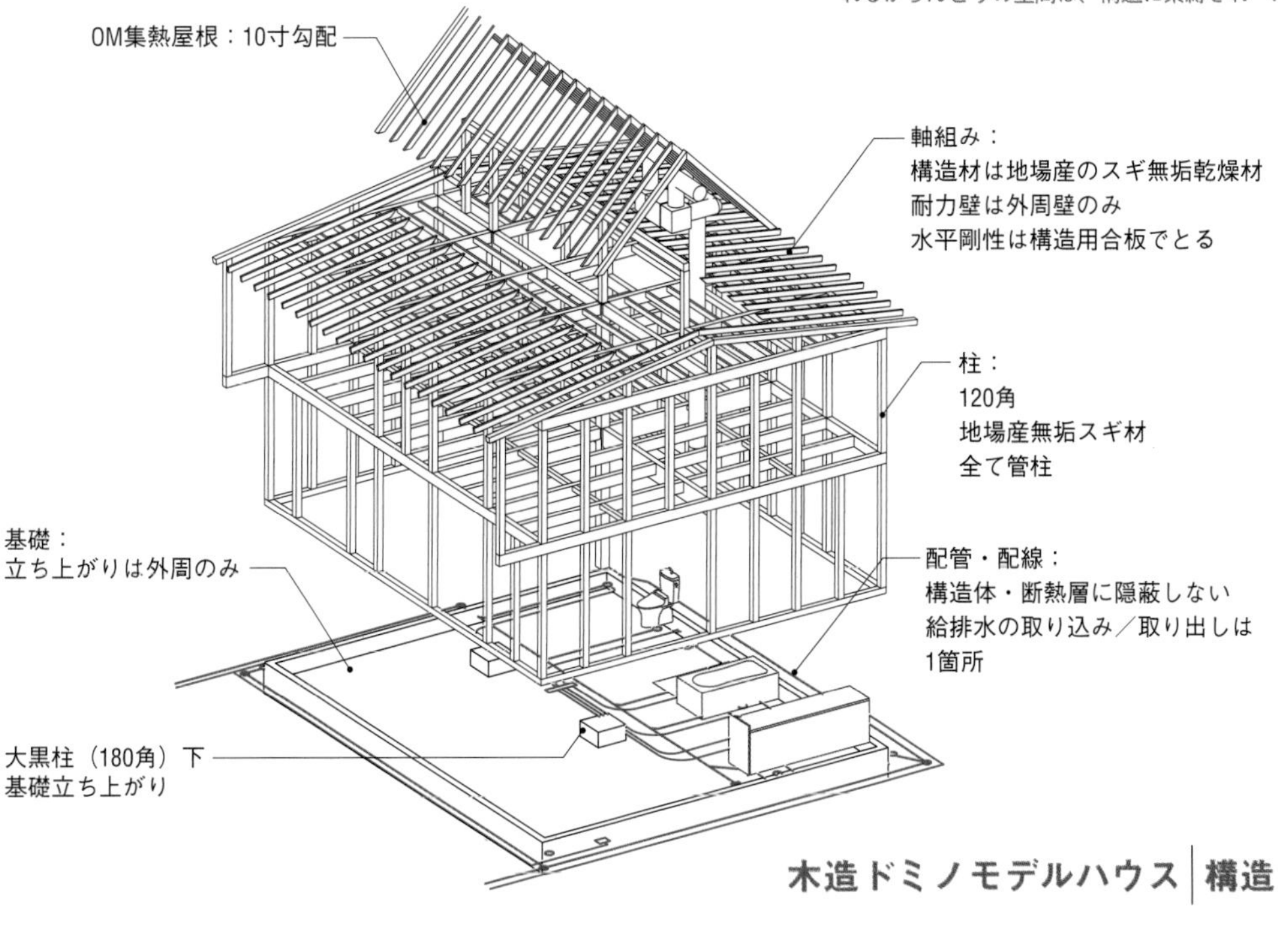
OM集熱屋根：10寸勾配
軸組み：
構造材は地場産のスギ無垢乾燥材
耐力壁は外周壁のみ
水平剛性は構造用合板でとる
柱：
120角
地場産無垢スギ材
全て管柱
基礎：
立ち上がりは外周のみ
配管・配線：
構造体・断熱層に隠蔽しない
給排水の取り込み／取り出しは
1箇所
大黒柱（180角）下
基礎立ち上がり

軸組みは、四隅に柱をもつ最大スパン4間×5間を基本フレームとして展開している。耐力壁は外周のみで構成し、構造用MDF、構造用合板等の面材を用いて壁倍率4～5倍をとり、壁量は建築基準法レベルの1.25倍もしくは1.5倍を確保している。設備の更新、移動、拡大が自在であるために、配管類は一切躯体内に埋設しないように、設備配管は床下空間を使用し、電気配線は外周部の鴨居状の配線ダクトとしている。
インフィルの変更を容易にする工夫として、非耐力壁となる間仕切り壁の施工前に床を先行して施工している。

木造ドミノモデルハウス｜構造・設備図

chapter
2-1
ビルディングシステムの開発

ドミノシステムのしくみ

木造ドミノ住宅

「木造ドミノ住宅」は特殊な資材や工法、機器を使った住宅ではなく、国内で普通に入手できる資材を使って、在来軸組工法で建てられる住宅として開発されたシステム住宅の1つである。そのため、目標とする仕様や性能を実現し、しかもリーズナブルな価格で完成させるためには、プランニング・設計から施工までいくつかのルールやノウハウが整理されている。

特に性能については、最低限の必要条件を整理している。基本姿勢にかかわるようなものから具体的なものまでの18項目がある。この基本ルールを満たすものを「木造ドミノ住宅」としている。

木造ドミノプランニングルール

大きさと高さ

モデュール寸法は尺モデュール・910mm を基本とする。階数は、1階の外周部で壁量が取れることが前提のため基本的には2階建てまでとする。平面形状は、ドミノの特性を活かせる4×3間、4×5間とする。ただし、4×6間、4×4間などもあり得る。

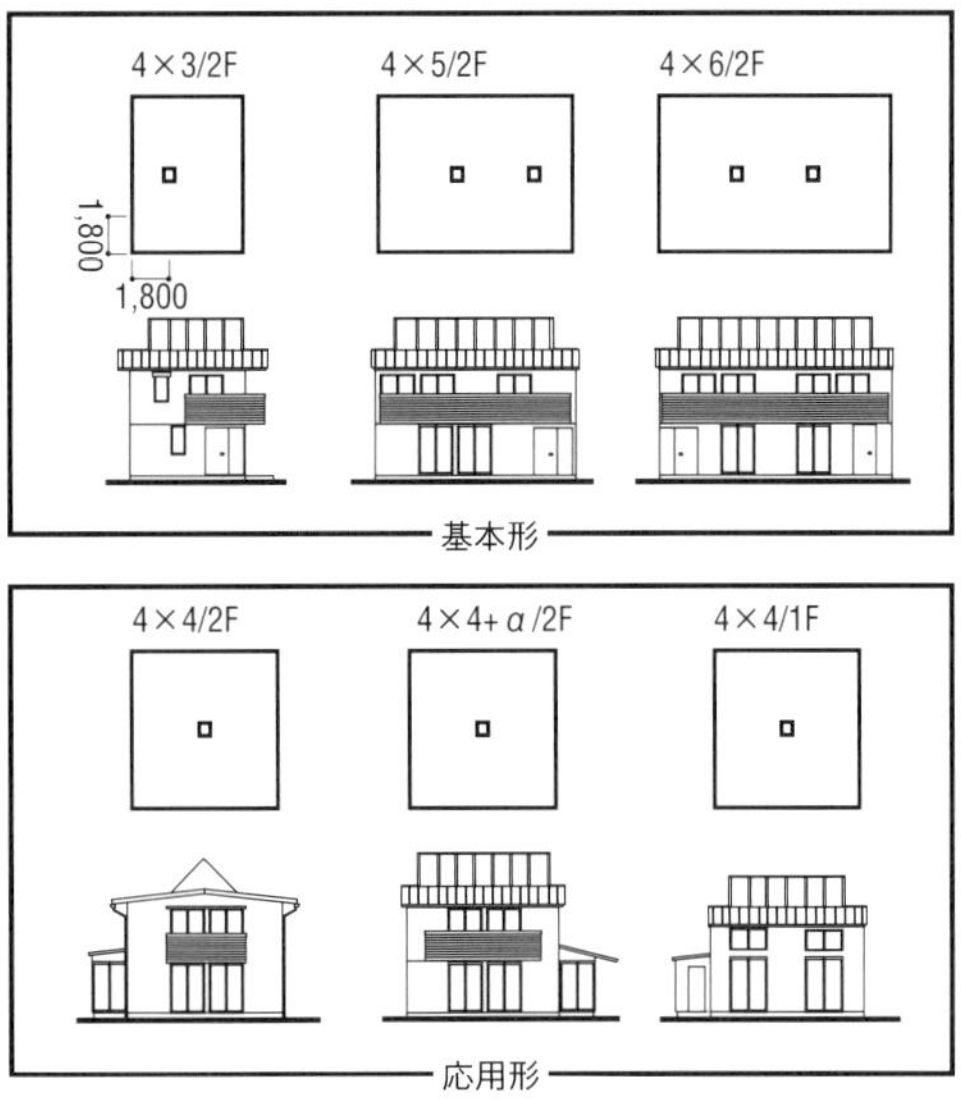

吹抜けと階段

耐力壁を内部に設けないという考え方のため、吹き抜けの床開口の大きさは床剛性と関係が深い。たとえば、2階建ての4×5間の場合、床倍率1.4（構造用合板厚12mm、小屋床）では1間角の開口しか開けられない。4.0（構造用合板厚28mm、2階床）にすると約2×3間の開口が開けられるといったように、床剛性が低いと開けられる開口の寸法は小さくなる。

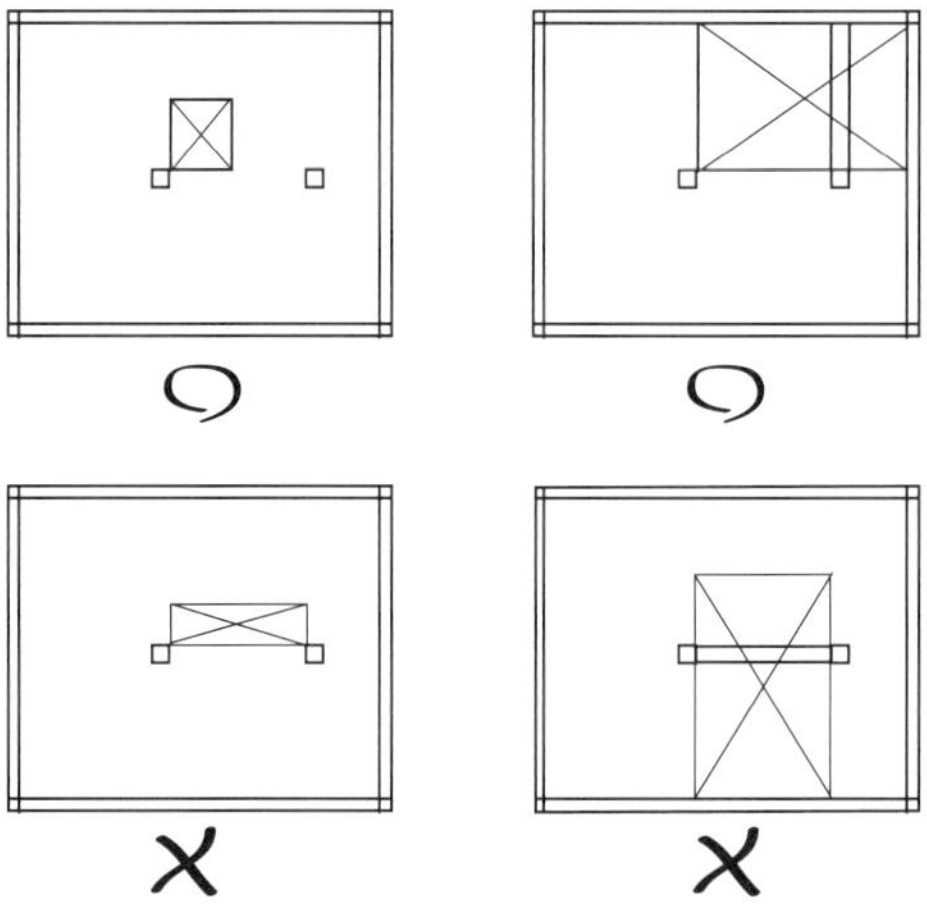

増改装への対応

主要構造部自体を変更することは前提にしていない。一方内部の間仕切り壁については構造とまったく関係ない壁なので、水まわりでさえも簡単に変更が可能。

屋根の勾配

「1.5寸勾配の主屋根に10寸勾配の副屋根が載った形状」が、これまでの実績よりもっとも適切な屋根形状として推奨している。

これは、パッシブソーラーシステムの集熱効率がよいことと、屋根足場なしで集熱ガラス等の施工ができ、かつ完成後も安全に点検修理ができると言う点で、屋根工事の施工性が良いためである。

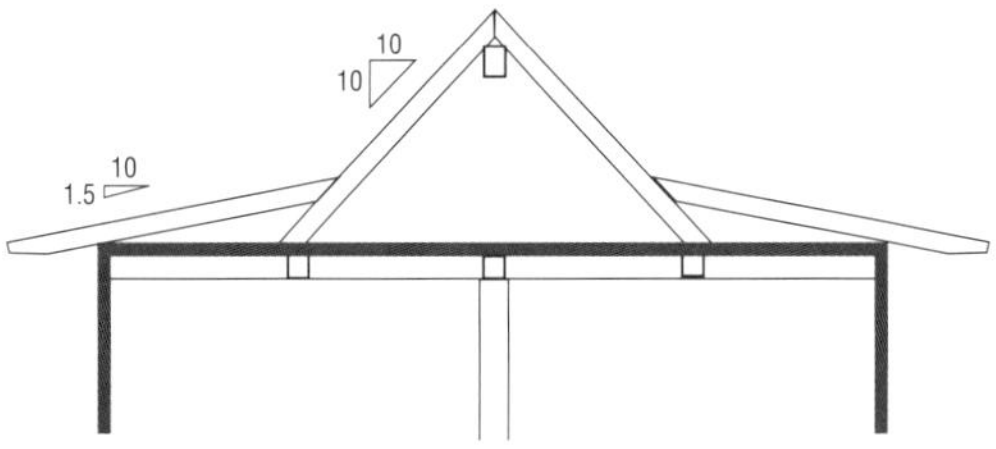

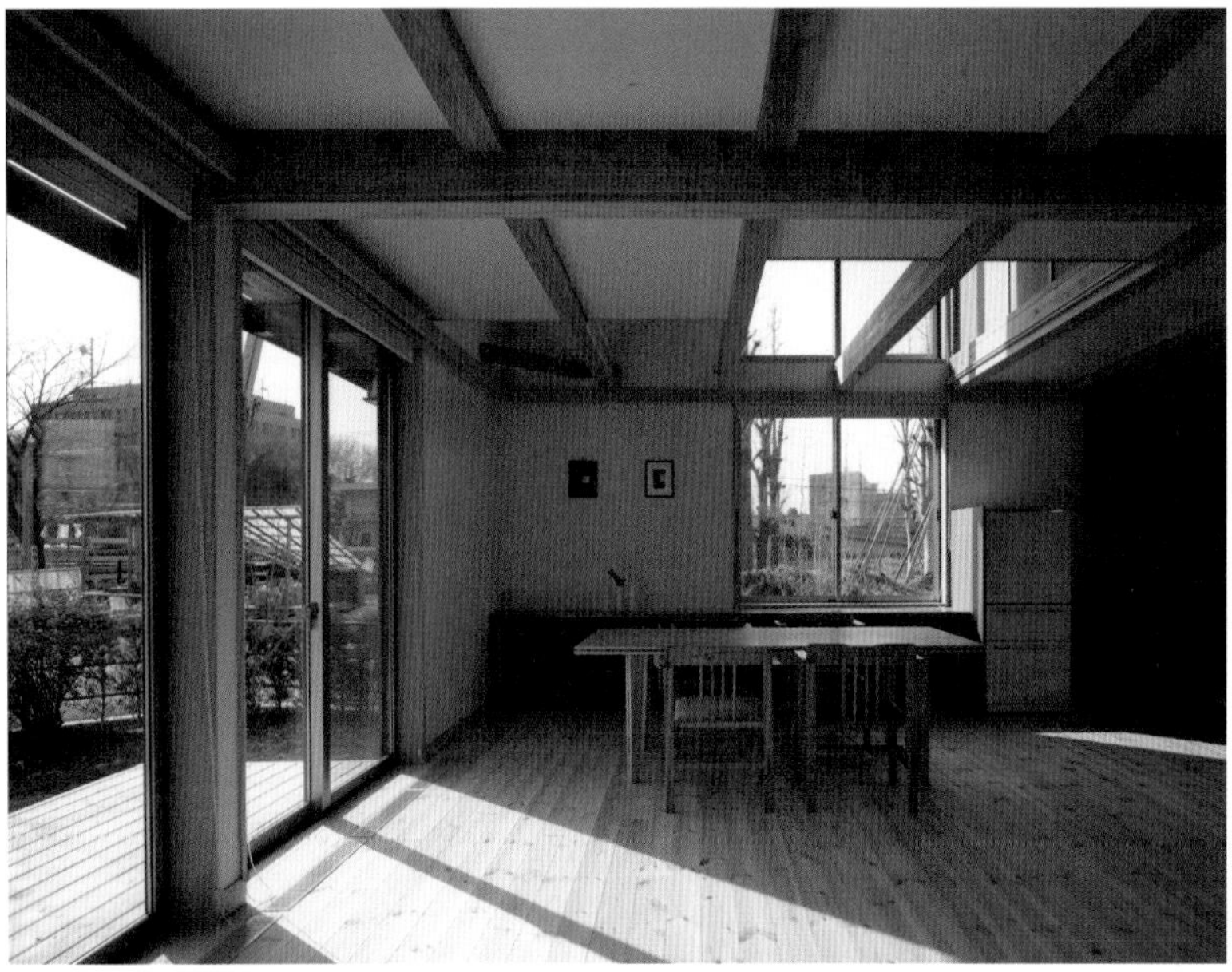

第1号モデルハウスの内部。リビング・ダイニングは吹き抜けのある26畳のワンルームとして、家具の配置や使い方が自由にできる。

性能に関する18項目の基本ルール

構造のルール

1）耐震性は「住宅性能表示制度の等級 2」以上とする
2）面材耐力壁を外周部に配置し、内部は大黒柱のみとする
3）耐震壁線間距離は 12m 以下とする
4）2 階床と小屋床は高い水平剛性を確保する
5）柱はすべて管柱とする
6）大梁は大黒柱へ架け、スパンは芯々で 2 間以内とする
7）大黒柱と大引、梁との接合部は柱勝ちとする
8）構造材は含水率 20% 以下、ヤング係数 70 以上の国産材とする
9）土台はヒノキ、ヒバ等で 4 寸角以上、
外周の柱は 4 寸角以上、大黒柱は 5 寸角以上とする
10）基礎はベタ基礎とし、高さは 400mm以上とする
11）基礎の立ち上がりは外周と大黒柱の下部のみとし、
一体で打設する

屋根・外壁等のルール

12）屋根、外壁、開口部の断熱性能は
「次世代省エネルギー基準」以上を満たす
13）外壁は通気構造等とする
14）小屋裏、軒裏を換気する

設備のルール

15）設備の配管、配線、機器等は保守、更新を考慮した計画とする
16）設備配管類の基礎貫通部は最小限とする

その他のルール

17）自然エネルギー（太陽熱、太陽光、地熱等）
利用システムを積極的に活用する
18）床下、壁下地は室内として考え健康に配慮する

複数のドミノ住宅をつくる街区開発の場合は、2 棟同時に施工を進めていくことで、質を下げずにコストを下げる仕組みを採用している。

構造のルールから読み解く
木造在来工法によるスケルトン・インフィル、長寿命化の工夫

2階床と小屋床は高い水平剛性を確保する

外周部のみの耐力壁による構造形式をとっているため耐力壁線距離が大きい。そのため構造性能を確保するためにも、2階床と小屋床は高い水平剛性が必要。高い水平剛性を確保するために、2階の床は床倍率が4.0倍となる28㎜の構造用合板直張りが標準となっている。また、吹き抜けや階段、床落とし込みの2階浴室等の床開口は水平剛性に大きく影響するため、サイズだけでなく配置、方向についても確認をする必要がある。

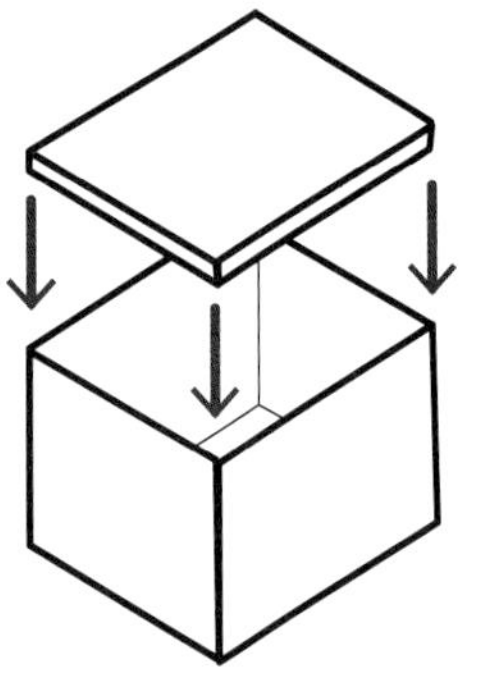

面材耐力壁を外周部に配置し、内部は大黒柱のみとする

木造住宅によるスケルトン・インフィルを実現するための重要なポイントが、内部の2本の大黒柱と外周部のみに配置された耐力壁で支える構造。耐力壁の位置は四隅を固める配置（左）でも、辺中央部を固める配置（右）でも必要壁量が取れていれば成立する。ただし筋かいは耐力壁線間距離が最高で8mしかとれないので使えない。面材耐力壁として壁倍率5.0を確保する必要がある（下）。

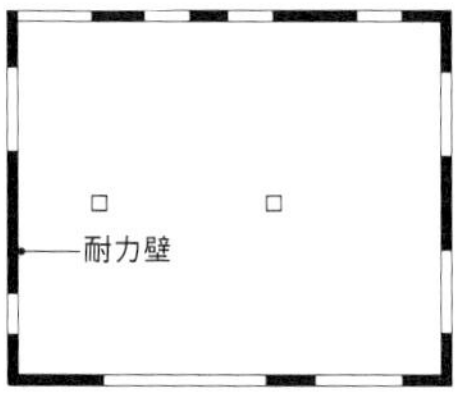

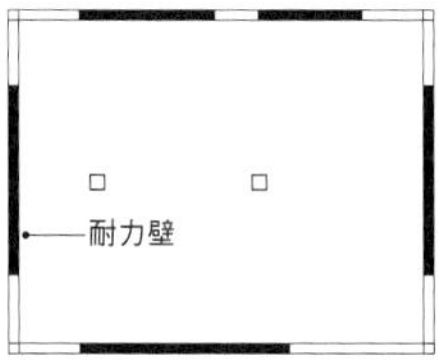

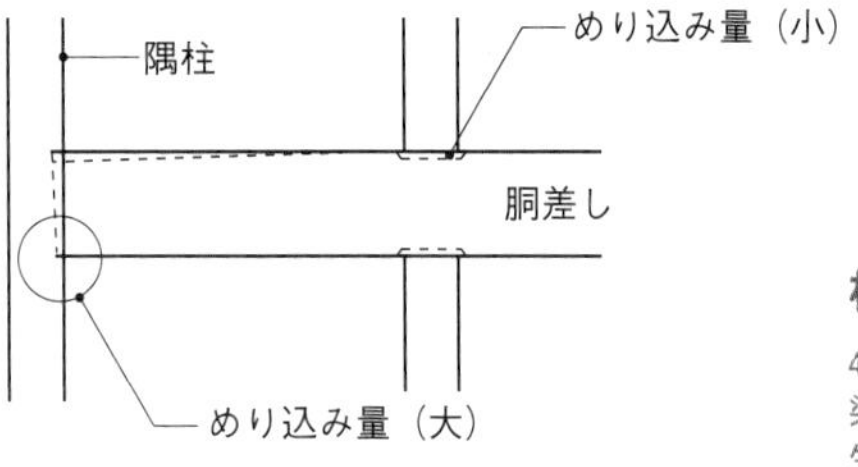

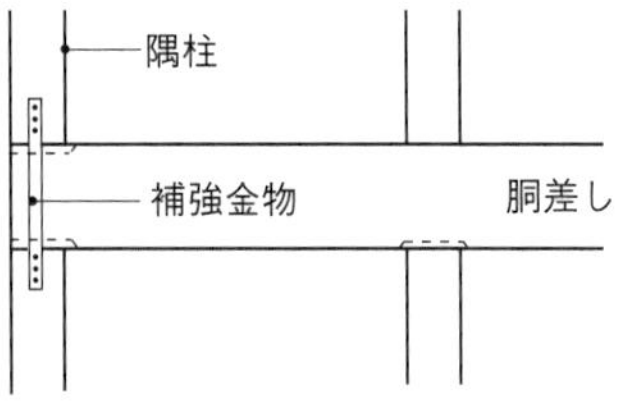

柱はすべて管柱とする

4寸程度の通し柱では、一般的に2方向から梁などの横架材が差し込まれると断面欠損が生じ、有効断面は極めて小さくなる。また通し柱と管柱を併用した場合、通し柱部の胴差しの仕口部のめり込み量（大）と管柱脚部のめり込み量（小）の違いにより、2階床に不陸が生じるといった懸念がある（左上）。そのため木造ドミノ住宅では、大黒柱を含めたすべての柱を管柱としている。外周の管柱には引張り力に応じた補強金物を取り付け、大黒柱は独立した柱なので引張り力が生じないため、短ホゾだけでつないでいる（左下）。

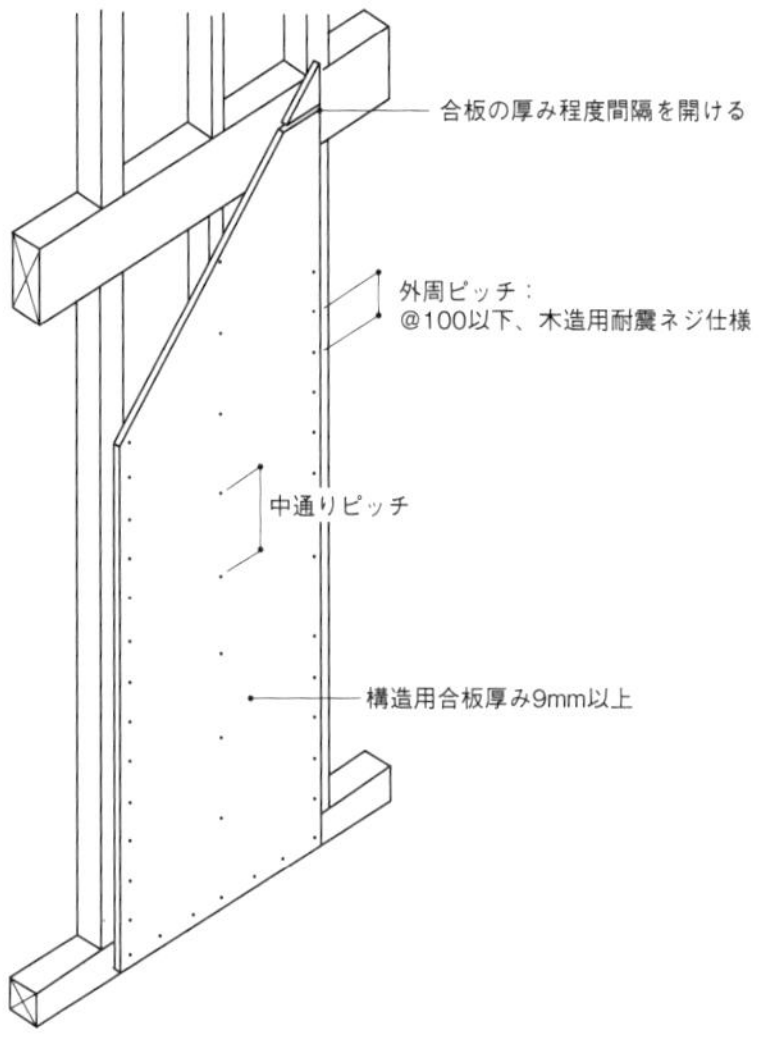

基礎の立ち上がりは外周と大黒柱の下部のみとし、一体で打設する

構造体である外周部と大黒柱の下のみに基礎を有するというシンプルな構造となっている。このシンプルな基礎形状は、基礎コンクリート工事の施工の優位性、設備工事の施工性、保守、更新性を高め、OMソーラーの空気の流れをよくする。

施工時においても、2度打ちではなく底盤と立ち上がりを一体で打設することで、経済性だけでなく止水性に優れたシームレスな基礎構造になっている。打ち継ぎ部や設備配管の貫通部がないため、シロアリの進入経路も絶つことができるため、薬剤に頼らない防蟻、防腐処理が可能となる。

ただし、以下の点には注意が必要。

- 浮き型枠は所定の支持金物を使ってしっかりと固定し、施工精度に留意する。
- コンクリート打説の際、立ち上がり部から床面にコンクリートが噴出しないように打設計画を十分検討しておく。
- セパ穴の止水処理を徹底して行う。

浮き型枠用金物（参考例）
株式会社フリーパネル
「一体打ち専用シリーズ」

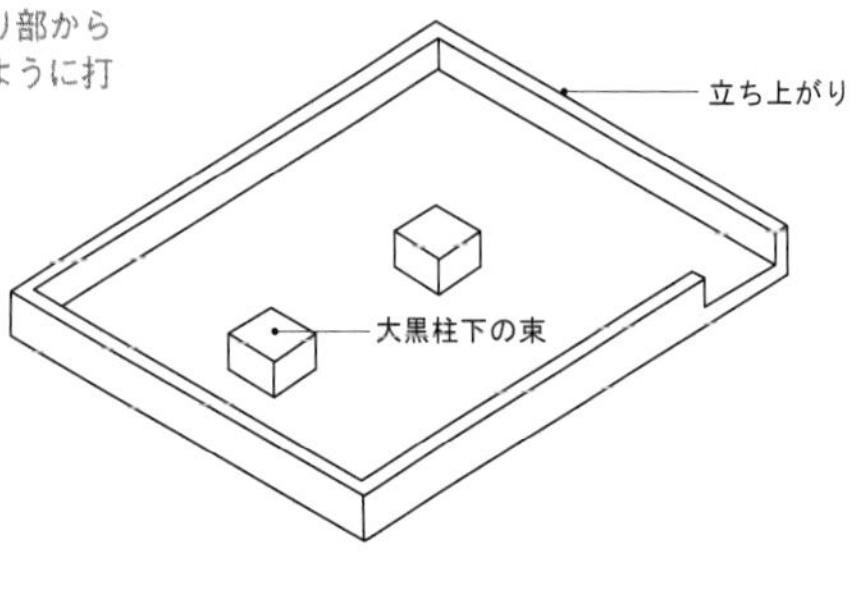

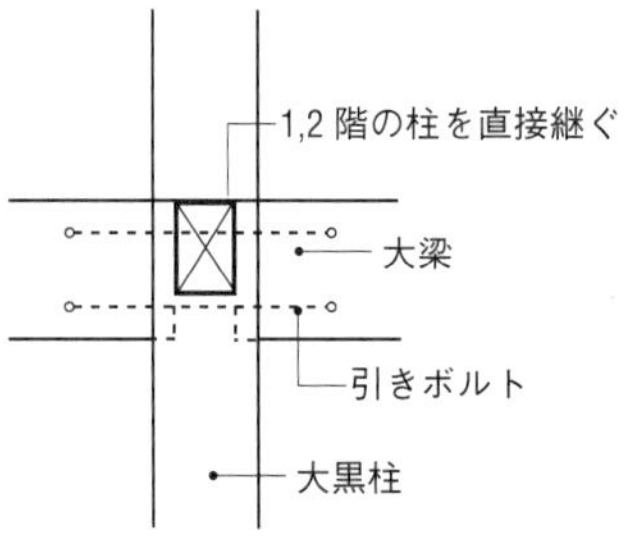

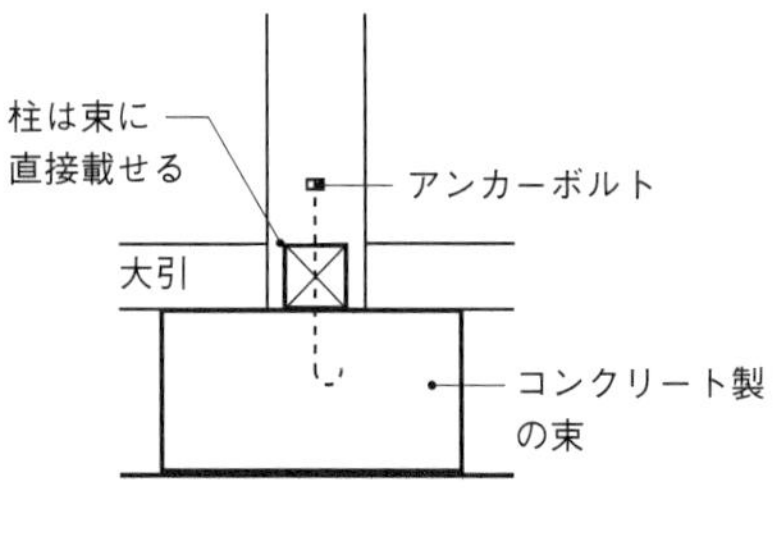

大黒柱と大引、梁との接合部は柱勝ちとする

室内の独立した2本の大黒柱は、建物重量の大半を受け持つため、大きな軸力が生じる。そのため柱を土台に載せると土台のめり込み量が多くなるので、柱勝ちとして基礎のコンクリート製の束に直接載せる。

設備のルールから読み解く保守・更新性の工夫

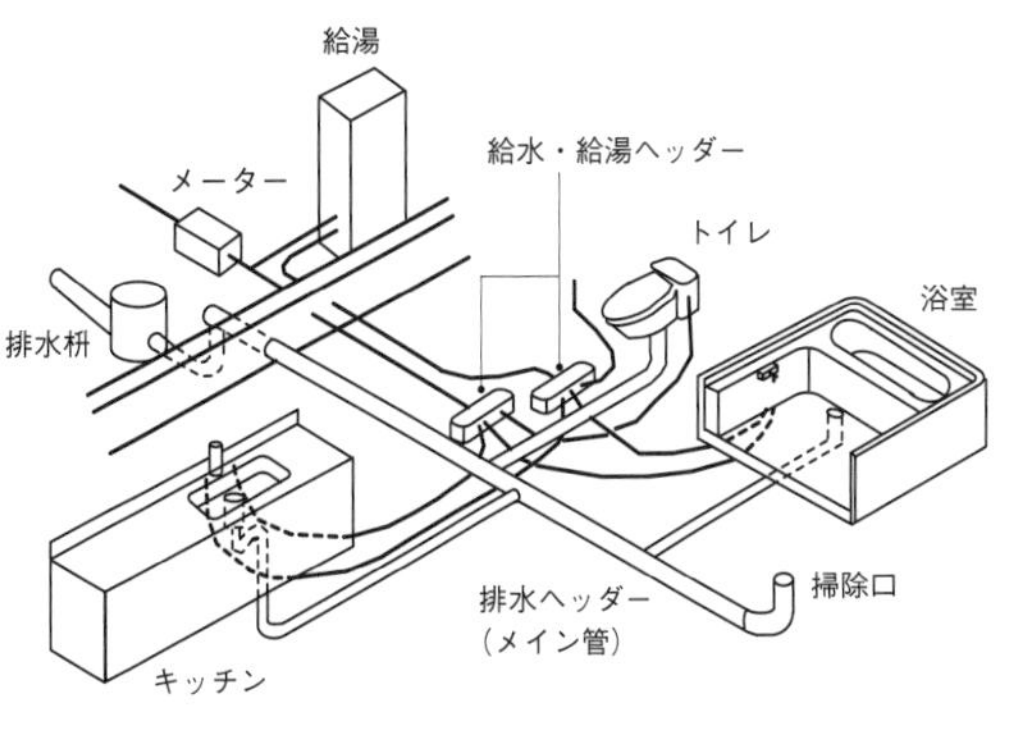

②ヘッダー方式による給排水設備

設備の配管、配線、機器等は保守、更新を考慮した計画とする

スケルトンである構造は長期間の耐久性を確保し、インフィルである内装、設備については高い可変性を確保していることが特徴的。そのための工夫は以下の6つ。

① コンクリート内に配管を埋め込んだり、コンクリートで覆わない。
② 給水、給湯はヘッダー方式、排水はヘッダー方式かメイン管方式を原則とする。更新性を確保するためにマンション等で一般的なヘッダー方式を採用している。ただし排水のヘッダー方式は汚水と雑排水が床下で合流するため、地方自治体によっては認められない場合もある。
③ 配管、配線のたて系統は壁内に埋め込むことを避け、できるだけまとめて、開閉できるPSや収納内に露出で配管するなどの手法を考える。
④ 床下点検口は適切な位置に設ける。床下に入って作業ができるように床下寸法は350以上を確保する。
⑤ 電気配線の水平の取り回しには「配線長押」を設け間取り変更の際に照明やコンセント、弱電等の電気設備が自由に取りまわせるようにする。
⑥ 可変性を確保するために、ハーフタイプのユニットバスを推奨している。このことによって、ユニットバスの耐久性と木のぬくもりの両方の良さを兼ね備えた浴室に仕上げることができる。

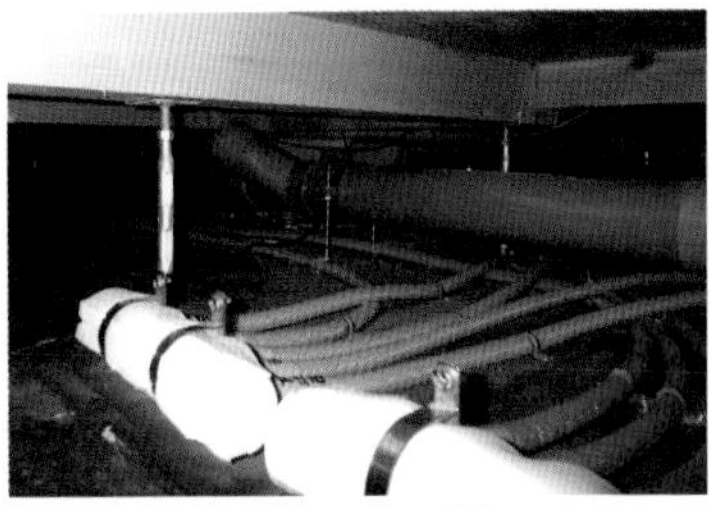
②給水、給湯ヘッダーの施工状況

⑤配線長押

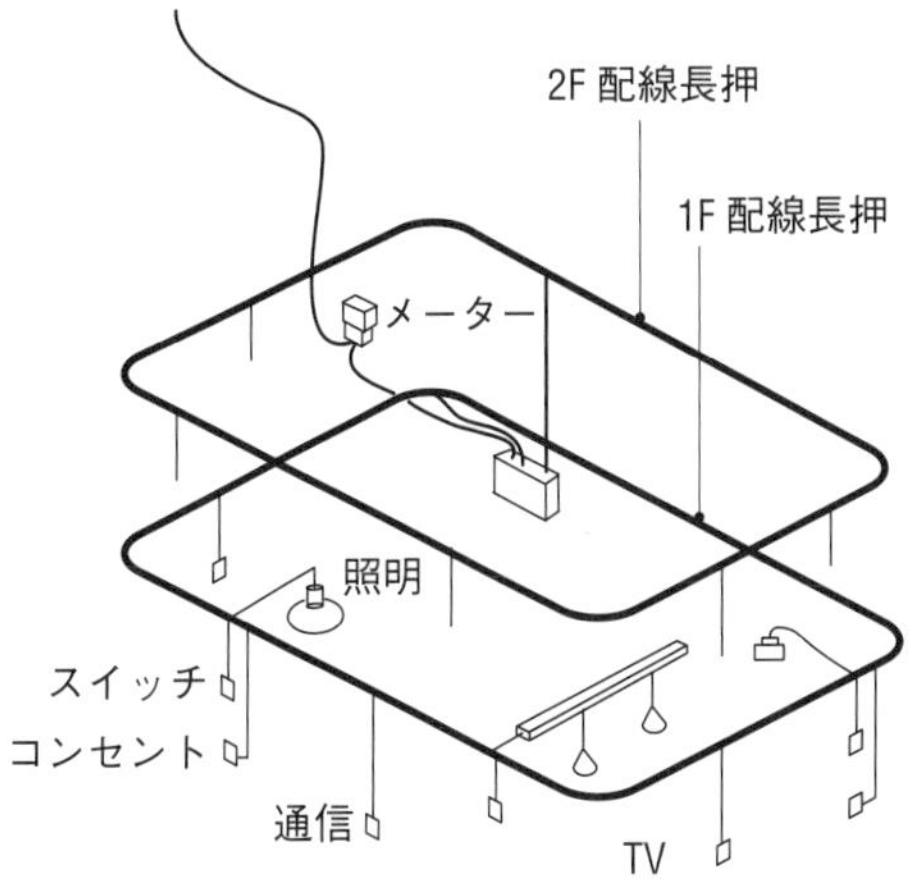

⑤配線長押の概念図

⑥ハーフタイプのユニットバス

設備配管類の基礎貫通部は最小限とする

基礎貫通部はシロアリの進入経路となる可能性がある。このため木造ドミノでは配管の貫通部を最小限とし、周囲に隙間ができないようにモルタル充填等を確実に行う。配管経路をまとめることは、これまで建物周辺を回っていた埋設配管や排水枡を大幅に減らすことにつながり、工事費の削減とともに、植栽等の外構計画の自由度も増す。

低コストを可能にする合理的な施工

徹底的な設計施工の合理化の結果、木造ドミノ住宅は一般的な住宅に比べて部材数が圧倒的に少ない。そのため建方工事はわずか半日で完了する。がらんどうの空間が作業効率を上げることにも一役かっている。

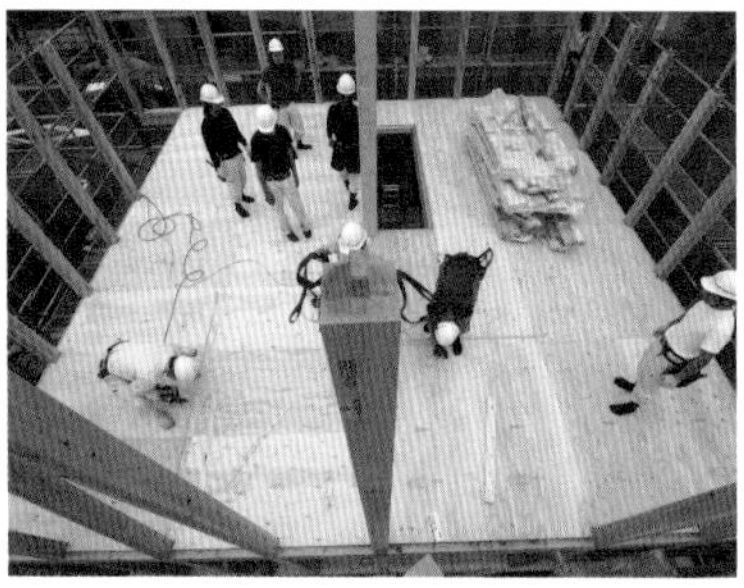

通常は分けて打設する立ち上がり部まで含めて、一発で打設し、合理化を図っている。

一般的な住宅の基礎。間仕切り壁の下には基礎の立ち上がりがある。がらんどうなドミノの基礎と比較すると型枠、コンクリートの量も多く、手間も増える。

床と天井を先行させることで可変性を担保している。搬入手間の削減や電気配線経路の確保などのため、当初はMDFで製作していた間仕切りを軽量のLGSのスタッド＋石膏ボード下地に切り替えている。

建築本体工事費構成	円
1.仮設工事	468,000
2.基礎工事	934,000
3.木工事	6,336,500
4.屋根・板金工事	412,500
5.金属製建具工事	1,148,000
6.木製建具工事	747,500
7.左官工事	383,500
8.防水工事	108,000
9.外壁工事	525,500
10塗装工事	236,000
11.内装工事	351,000
12.断熱工事	481,000
13.住設備品工事	861,000
14.その他工事	325,000
計	13,317,500

本体設備工事費構成	円
15.電気設備工事	612,000
16.給排水衛生設備工事	632,500
17.ガス設備工事	269,000
18.換気設備工事	150,000
19.防犯防災設備工事	169,000
20.OMクワトロ工事	3,227,000
21.空調設備工事	374,000
計	5,433,500

総工事費	
本体工事費（1〜21）	18,751,000
諸経費	1,600,000
総工事費（税別）	20,351,000

ソーラータウン府中の概算工事費。断熱工事の施工手間は木工事に含み、総計には設計監理費、保証料、外構工事費は含まれていない。ソーラータウン府中では、販売単価は坪69.5万円となり、東京都の平均坪単価72万円程度内で提供できるようになっている。（単価はすべて当時のもの）

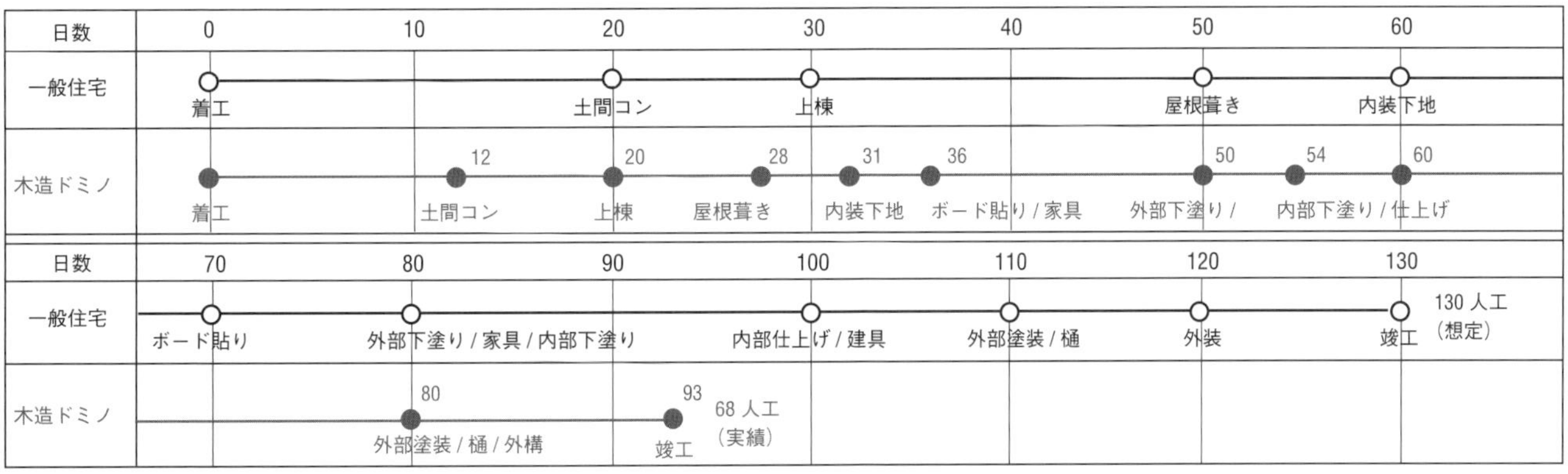
日数
0
10
20
30
40
50
60
一般住宅
着工
土間コン
上棟
屋根葺き
内装下地
木造ドミノ
12
20
28
31
36
50
54
60
着工
土間コン
上棟
屋根葺き
内装下地
ボード貼り / 家具
外部下塗り /
内部下塗り / 仕上げ
日数
70
80
90
100
110
120
130
一般住宅
ボード貼り
外部下塗り / 家具 / 内部下塗り
内部仕上げ / 建具
外部塗装 / 樋
外装
竣工
130 人工
（想定）
木造ドミノ
80
93
外部塗装 / 樋 / 外構
竣工
68 人工
（実績）

東村山のプロジジェクトで比較した一般住宅と木造ドミノ住宅の人工比較。目標コストを達成するために、徹底的に工事の手順を施工会社（相羽建設）と議論して開発をした。当初は外断熱・真壁構法だったものを、充填断熱・大壁構造にするなどの設計変更に加え、東村山や府中ソーラータウンプロジェクトでは、1度に2棟ずつ建てるということにも取り組んでいる。また、床仕上げの施工についても、フローリング材を間仕切り壁よりも先行して一気に張り上げることで、通常は6坪/人程度のものが15坪/人と約2.5倍のスピードになった。このような検討により、普通は40坪の建物では130人工ほどかかるものが、約68人工まで短縮された。現在のドミノ住宅にも、このときに開発された施工の合理性を考えたディテールが生きている。

chapter

2-1

ビルディングシステムの開発

木造ドミノの省エネ性能と熱環境

ソーラータウン府中

切妻屋根の南面には太陽熱集熱パネルと発電パネルが連続して設置できるシステムが搭載されている。一番上が集熱パネルで、残り3列は発電パネル。

キッチンから階段をみる。部屋の中央部にある階段は、空気の流れを妨げないようにシンプルで開放的な構造になっている。

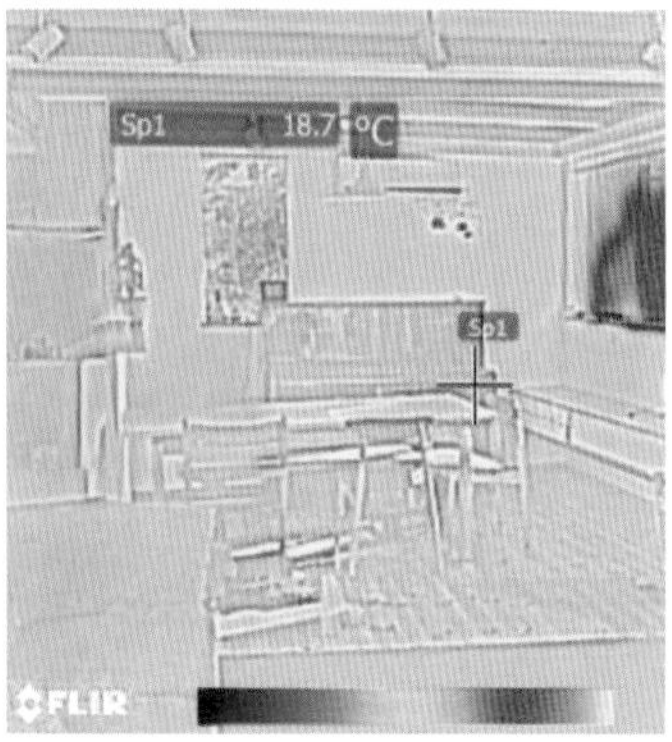

2015年12月12日10時撮影。曇→晴。9時半より集熱開始。外気温15度（下の写真も同日）無暖房で一部窓が開いた状況で床温度18度。均質な温度分布となっており快適性が高い。

1階にリビングがあるタイプの内観。2階の床梁はあらわし、天井は石膏ボードの上に土佐和紙仕上げ。

「木造ドミノ住宅」によるソーラータウン府中では、OMソーラーによる太陽熱利用と太陽光発電パネル（約4kW）による発電により、太陽エネルギーをハイブリッド利用している。また、壁は高性能グラスウール、屋根と基礎はフェノールフォームで断熱し、開口部にはLow—e複層ガラス樹脂複合サッシを使用することで、次世代省エネルギー基準における熱損失係数（Q値）1・9以下を確保している。これらの創エネと省エネの工夫により、家庭内のエネルギー使用量のゼロ化が可能となる。

年間のエネルギー消費量

首都大学東京（現・東京都立大学）須永研究室提供

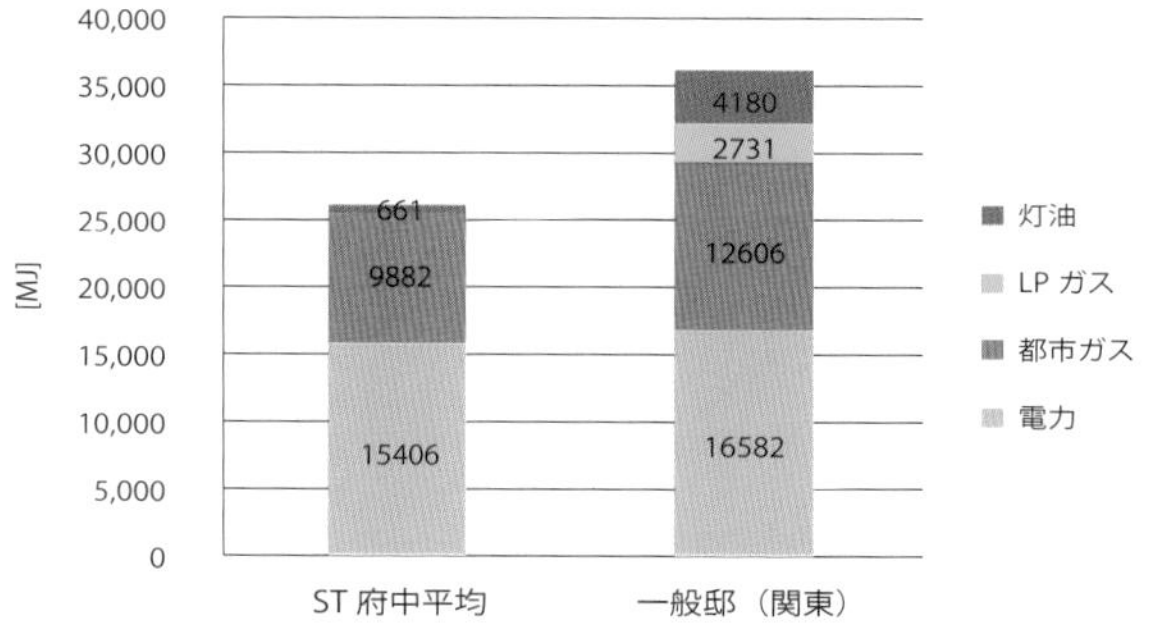

ソーラータウン府中の平均エネルギー消費量は一般邸の71.9％である。
※一般邸のデータは経済産業省「平成24年度民生エネルギー調査結果」より、関東の世帯別電気・ガス・灯油使用量のデータ
※ST府中平均値は居住されていてOMデータや光熱水費が得られた8邸の平均値（平均延床面積111.07㎡平均世帯人数3.6人）

太陽光発電パネルは、単結晶シリコンのモジュールパネルを使用。

採風、換気を考え、屋根北面には開閉可能なトップライトを設けている。

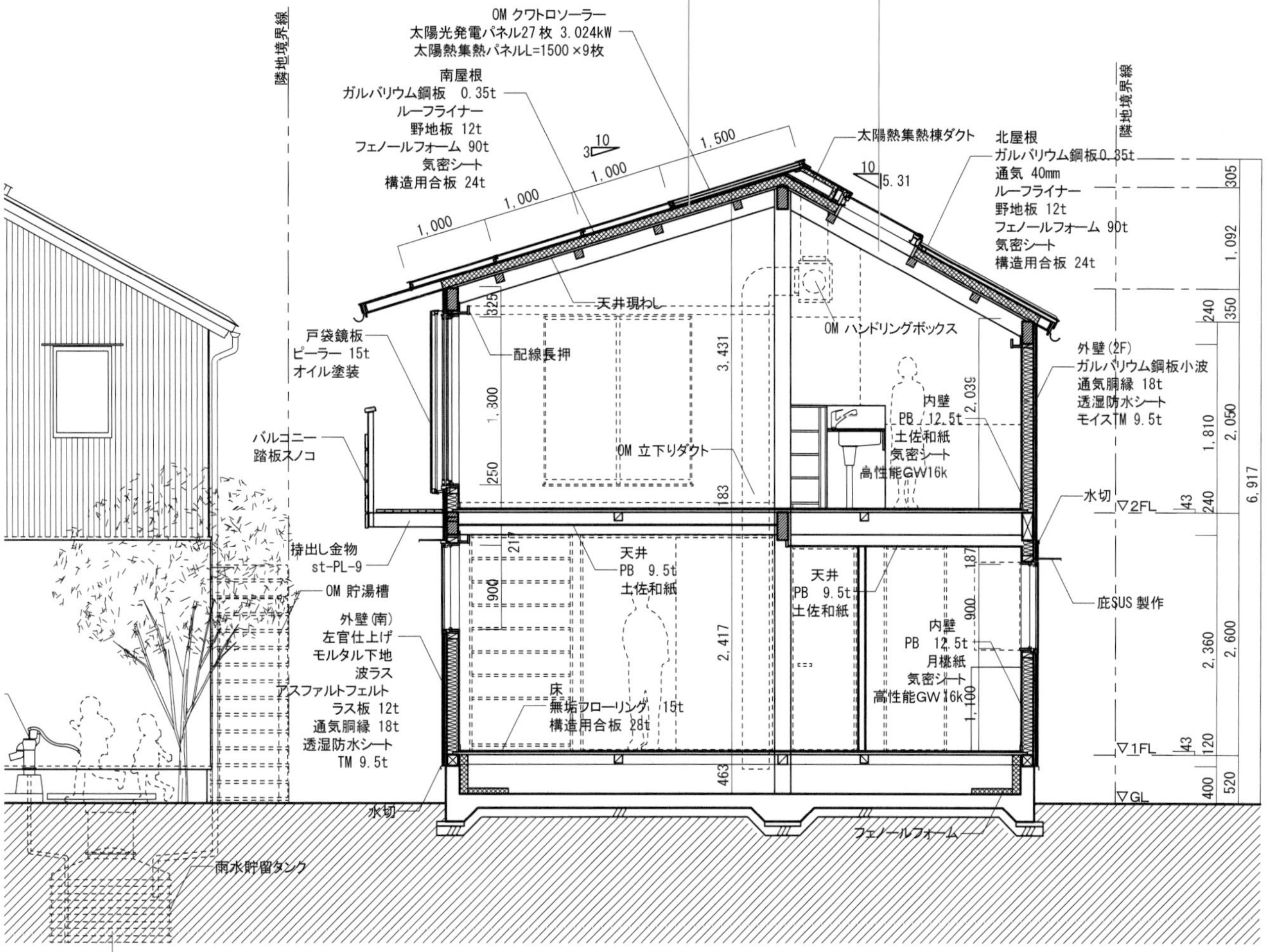
隣地境界線
OM クワトロソーラー
太陽光発電パネル27枚 3.024kW
太陽熱集熱パネルL=1500×9枚
南屋根
ガルバリウム鋼板 0.35t
ルーフライナー
野地板 12t
フェノールフォーム 90t
気密シート
構造用合板 24t
太陽熱集熱棟ダクト
北屋根
ガルバリウム鋼板0.35t
通気 40mm
ルーフライナー
野地板 12t
フェノールフォーム 90t
気密シート
構造用合板 24t
天井現わし
OM ハンドリングボックス
戸袋鏡板
ピーラー 15t
オイル塗装
配線長押
外壁(2F)
ガルバリウム鋼板小波
通気胴縁 18t
透湿防水シート
モイスTM 9.5t
内壁
PB 12.5t
土佐和紙
気密シート
高性能GW16k
バルコニー
踏板スノコ
OM 立下りダクト
水切
▽2FL
持出し金物
st-PL-9
天井
PB 9.5t
土佐和紙
天井
PB 9.5t
土佐和紙
OM 貯湯槽
庇SUS 製作
外壁(南)
左官仕上げ
モルタル下地
波ラス
アスファルトフェルト
ラス板 12t
通気胴縁 18t
透湿防水シート
TM 9.5t
内壁
PB 12.5t
月桃紙
気密シート
高性能GW16k
床
無垢フローリング 15t
構造用合板 28t
▽1FL
▽GL
水切
フェノールフォーム
雨水貯留タンク

園路の一部には、各家庭の庭からの雨水を貯めるタンクと手押しポンプを設けている。かまどになるベンチと合わせて、災害時に地域の避難場所や支援の拠点となることを考えて計画している。

矩計図 | S=1/80

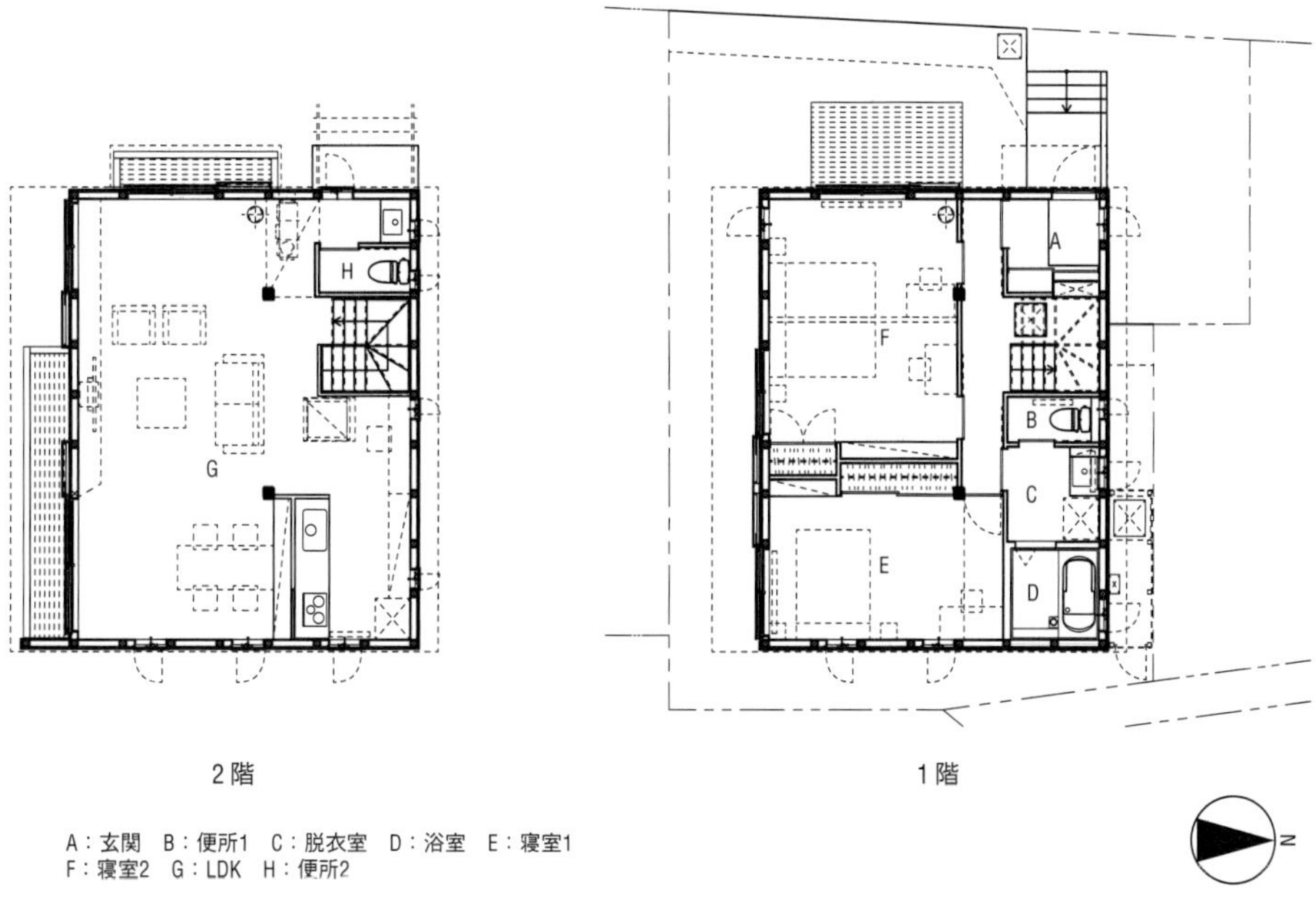
A
B
C
D
E
F
G
H
2階
1階
N

A：玄関　B：便所1　C：脱衣室　D：浴室　E：寝室1
F：寝室2　G：LDK　H：便所2

ソーラータウン府中では、敷地形状や採光条件によって間取りの異なる4タイプの住宅がある。その1例として、採光条件から2階にリビングを配置したタイプの平面図。スケルトン・インフィル住宅であるドミノ住宅では、街路全体でフォルムやイメージを統一しながら、私空間である内部では多様性のある間取りや生活をつくることができる。

平面図 | S=1/200

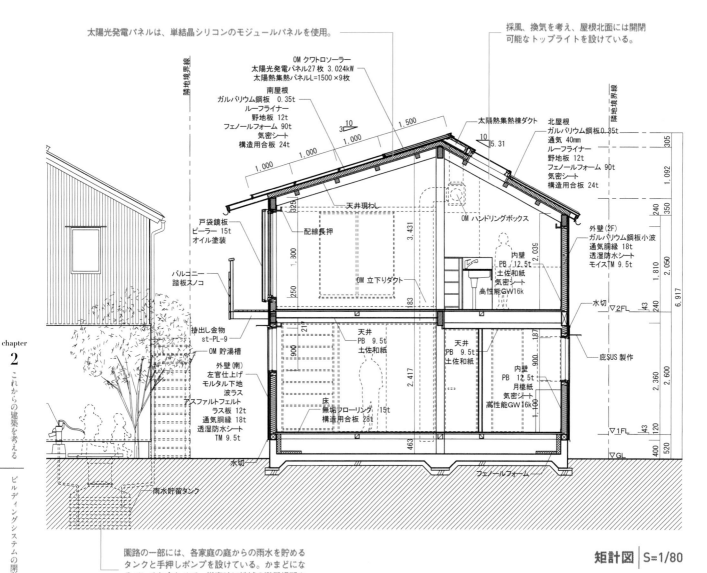

園路を分かち合う

ソーラータウン府中

この住宅の付近には歩道が切れているところがなかったが、あえて歩道側はいじらずに街路樹を残した。車の入り口については、東側の地役権設定部分を利用する計画とした。
敷地の奥は風通しが悪い場所となりがちだが、北側奥の児童公園の緑に連続していくような街路を設けることで、視覚的な気持ちよさと、採光や通風を確保している。
N

地役権設定部分：
園路は各々の土地相互に結ばれる地役権設定契約により成立しており、あくまでも各々の所有地でありながら自分の土地以外を利用できるようお互いに認め合うことで生まれた共有部分である。よって園路自体も16に分割されており、街区北側の住宅においては、歩道のある西側道路からの車の出入りをできる限り避けるよう、一部駐車場への車路としての役割も担っている。緑に囲まれた園路は居住者の通過動線や共有の庭となるよう計画した。

ソーラータウン府中は、東京都都市整備局が募集した「長寿命環境配慮住宅モデル事業」（平成23年度）の事業者選定競技で採択されて実施したプロジェクト。相羽建設株式会社、野沢正光建築工房に加えて、武蔵野美術大学建築学科長尾スタジオの3年生というチーム体制で提案書を作成した。

敷地は府中駅の中心市街地から少し離れた比較的静かな住宅地にあり、北側に児童公園、東側に中層の市営住宅や仮設保健所、南側は都有地の駐車場、西側には戸建住宅が中心に建ち並んでいる。

計画した16戸の住宅は、「木造ドミノ住宅」を密集した市街地における都市型として展開発展させ、敷地形状や採光条件から間取りの異なる4タイプの住宅を計画している。

斜線制限への対応として、木造ドミノ住宅の定番であるハット型ではなく、一般的な住宅として比較的見慣れた切妻屋根としたことで、地域の風景を大きく変えず街に馴染みやすい外観となった。

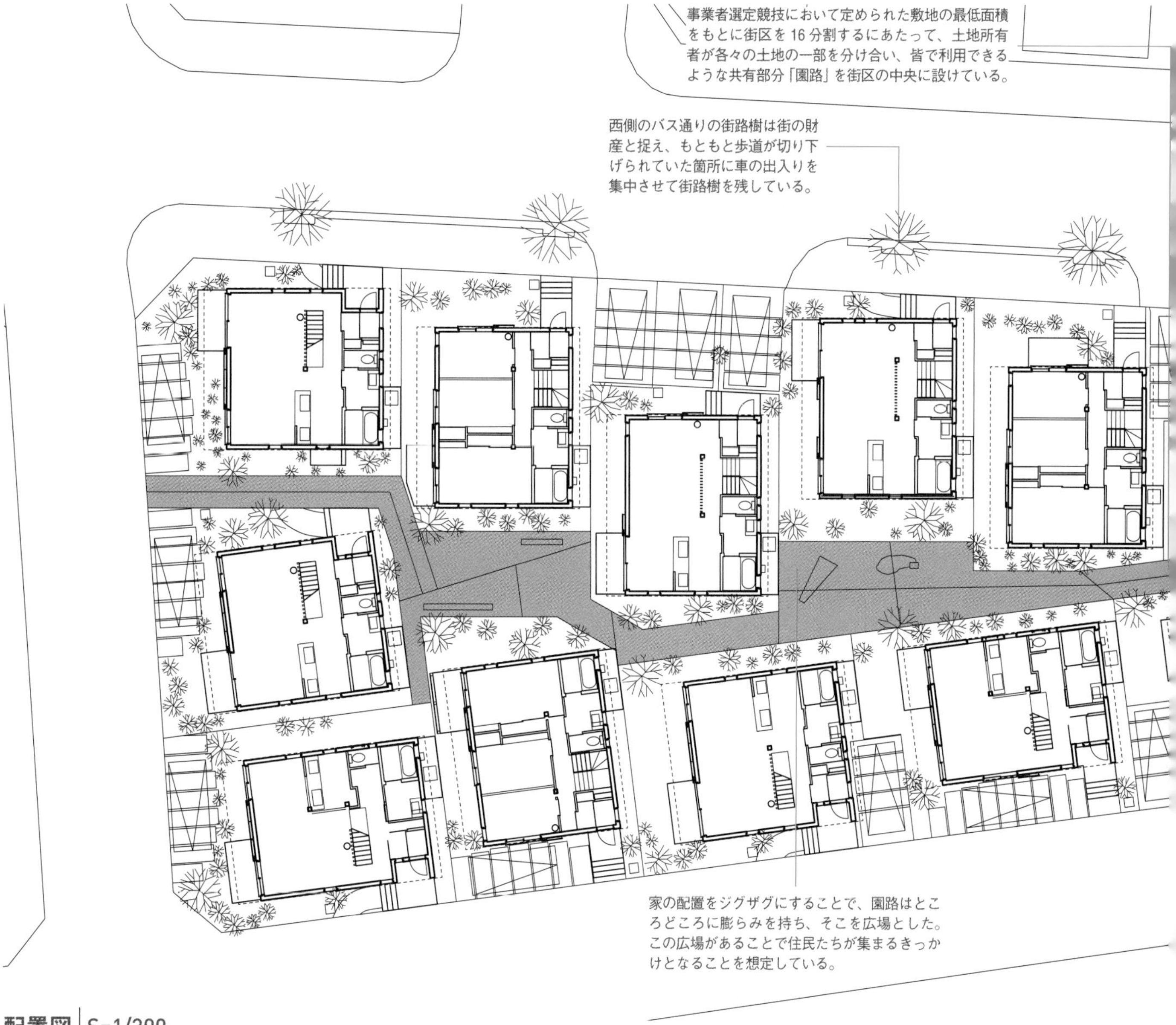
事業者選定競技において定められた敷地の最低面積をもとに街区を16分割するにあたって、土地所有者が各々の土地の一部を分け合い、皆で利用できるような共有部分「園路」を街区の中央に設けている。
西側のバス通りの街路樹は街の財産と捉え、もともと歩道が切り下げられていた箇所に車の出入りを集中させて街路樹を残している。
家の配置をジグザグにすることで、園路はところどころに膨らみを持ち、そこを広場とした。この広場があることで住民たちが集まるきっかけとなることを想定している。

配置図 | S=1/300

園路がなく最大数の棟を配置した場合 ⟶ 緑と風を共有する配置計画(プロポーザル提案時)

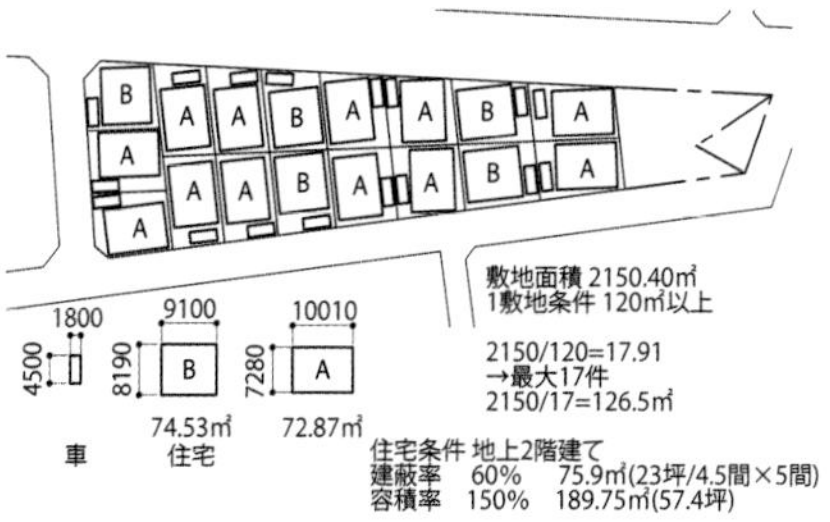
B
A
A
A
B
A
A
A
A
B
A
A
B
A
B
A
B
A
敷地面積 2150.40㎡
1敷地条件 120㎡以上
1800
4500
9100
8190
B
10010
7280
A
2150/120=17.91
→最大17件
2150/17=126.5㎡
74.53㎡
72.87㎡
車
住宅
住宅条件 地上2階建て
建蔽率 60% 75.9㎡(23坪/4.5間×5間)
容積率 150% 189.75㎡(57.4坪)

プロポーザル提案時点での最大の特徴は、できるだけ多くの住宅を配置するという経済的合理性の視点には立たず、土地を共有することの豊かさを提案したことである。

具体的には敷地面積を最大限に区分けすると17棟配置できたところ、緑でつながる園路＋16棟とすることで、より住民が豊かな環境を得られ、集まった住宅の環境が維持される。

土地を共有するというアイデアを実施設計の段階で地役権という考えを持ち込むことで実現した。

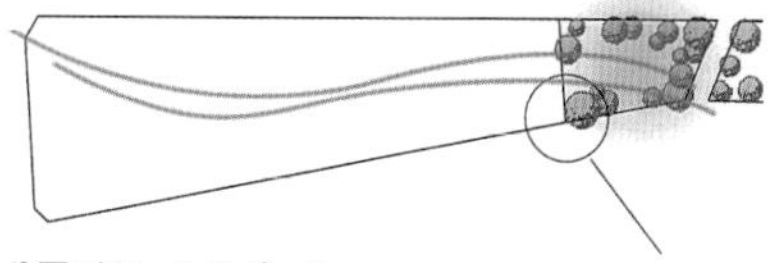

公園がクールスポット

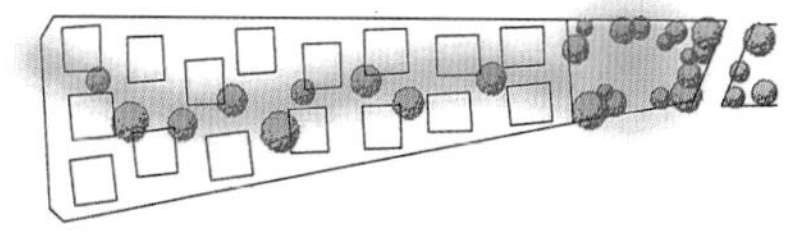

公園の緑が連続してがクールスポットを延長し、自然エネルギーの利用範囲を拡大する。

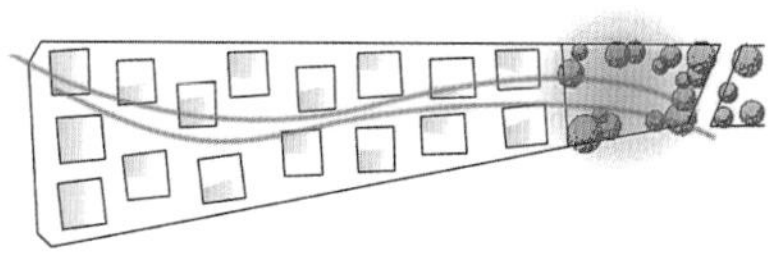

住宅をずらして配置し、各住戸の採光を確保する。すきま風の通り道をつくる。

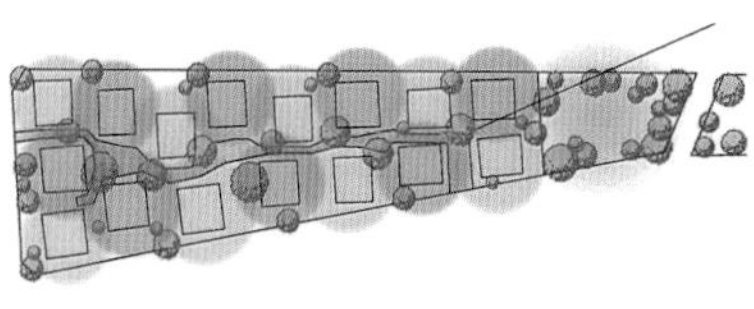

ずらして配置することでポケットパークをつくり、各住戸の庇が連続することで豊かな緑の景観が生まれ、居住者が緑を共有できる。

ジャイアントファニチャーのデザイン

信濃境の週末住宅

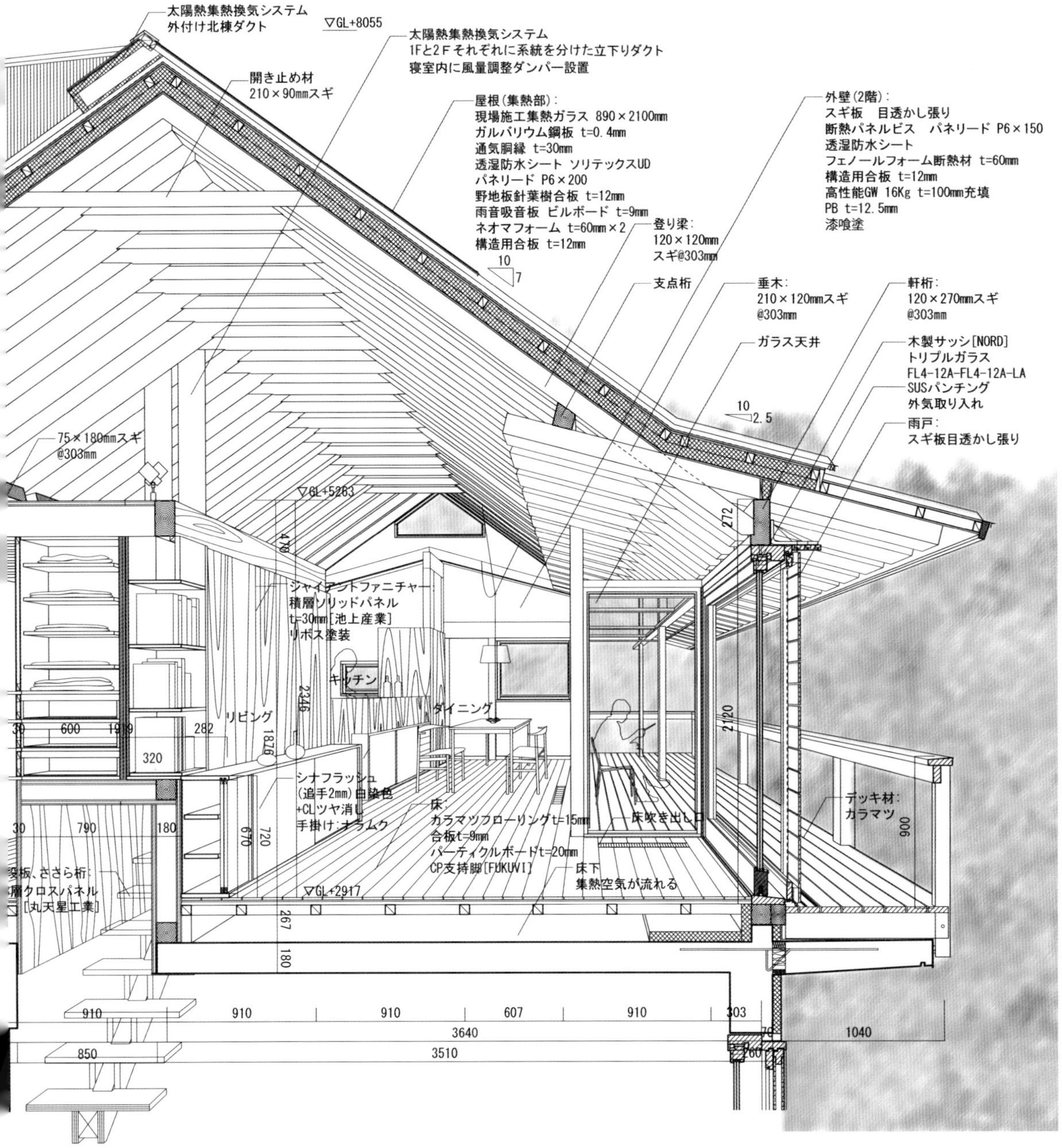
太陽熱集熱換気システム
外付け北棟ダクト
▽GL+8055
太陽熱集熱換気システム
1Fと2Fそれぞれに系統を分けた立下りダクト
寝室内に風量調整ダンパー設置
開き止め材
210×90mmスギ
屋根(集熱部):
現場施工集熱ガラス 890×2100mm
ガルバリウム鋼板 t=0.4mm
通気胴縁 t=30mm
透湿防水シート ソリテックスUD
パネリード P6×200
野地板針葉樹合板 t=12mm
雨音吸音板 ビルボード t=9mm
ネオマフォーム t=60mm×2
構造用合板 t=12mm
登り梁:
120×120mm
スギ@303mm
支点桁
外壁(2階):
スギ板 目透かし張り
断熱パネルビス パネリード P6×150
透湿防水シート
フェノールフォーム断熱材 t=60mm
構造用合板 t=12mm
高性能GW 16Kg t=100mm充填
PB t=12.5mm
漆喰塗
垂木:
210×120mmスギ
@303mm
軒桁:
120×270mmスギ
@303mm
ガラス天井
木製サッシ[NORD]
トリプルガラス
FL4-12A-FL4-12A-LA
SUSパンチング
外気取り入れ
雨戸:
スギ板目透かし張り
75×180mmスギ
@303mm
▽GL+5263
ジャイアントファニチャー
積層ソリッドパネル
t=30mm[池上産業]
リボス塗装
キッチン
ダイニング
リビング
シナフラッシュ
(追手2mm)白染色
+CLツヤ消し
手掛け:オラムク
床:
カラマツフローリングt=15mm
合板t=9mm
パーティクルボードt=20mm
CP支持脚[FUKUVI]
床下
集熱空気が流れる
床吹き出し口
デッキ材:
カラマツ
段板、ささら桁:
層クロスパネル
[丸天星工業]
▽GL+2917
3640
3510
1040

スケルトンとインフィルをうまく分離できるように設計すると、様々な専門家との協働も進むのではないかと考えていた。この信濃境の週末住宅では、その試行としてスケルトンの大屋根構造は稲山正弘氏と、インフィルは小泉誠氏と協働することを試みている。構造と家具は独立することを基本方針としてスタートし、寝室を独立して設置されるような間取りとして、寝室周りを家具の扱いとして小泉氏に依頼している。その結果、稲山氏が設計した大屋根の中に小泉氏が設計した1つの大きな家具（ジャイアントファニチャー）が入り込むような形の協働となった。

スギの角材を組み上げた大屋根とジャイアントファニチャーは分離して構成している。立ち下がりダクトは太陽熱を集熱した空気が下りるダクトで１階、２階に振り分けている。

寝室をクローゼットと本棚で、家具的につくっている。材料は、スプルースを積層したソリッドパネルの２×５m。ダイナミックでラフな材料である。

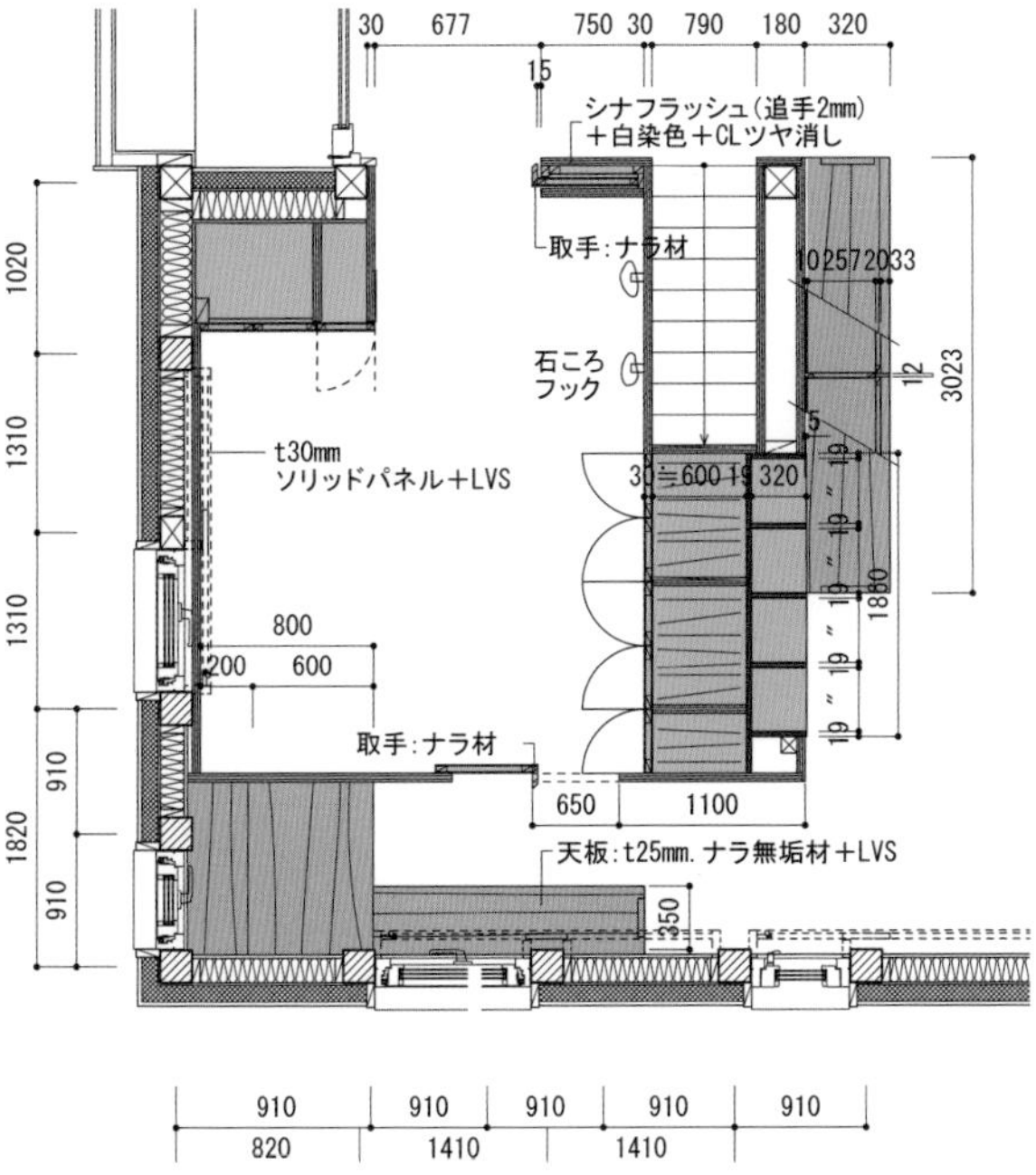

シナフラッシュ（追手2mm）
＋白染色＋CLツヤ消し
取手：ナラ材
石ころ
フック
t30mm
ソリッドパネル＋LVS
取手：ナラ材
天板：t25mm. ナラ無垢材＋LVS

ジャイアントファニチャー平面詳細図

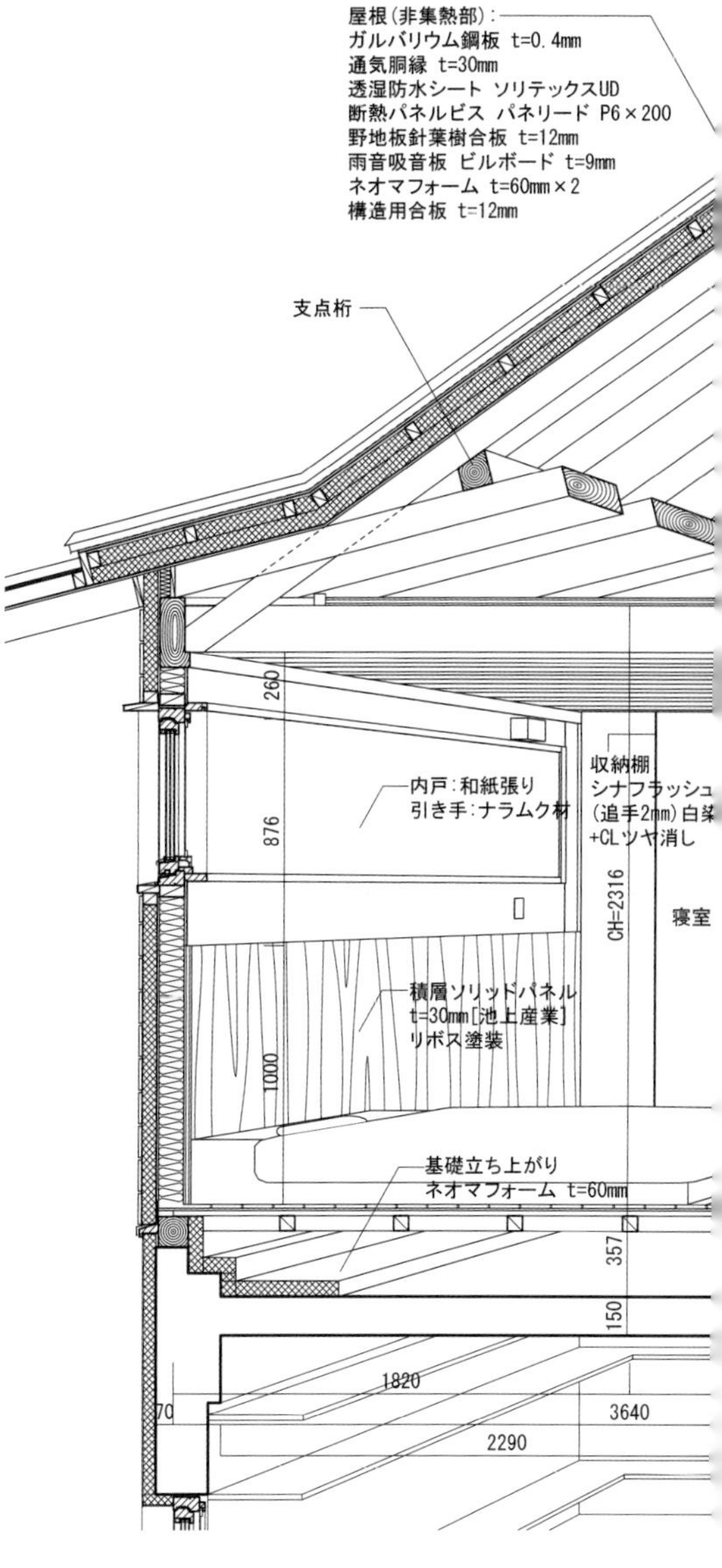

屋根（非集熱部）：
ガルバリウム鋼板 t=0.4mm
通気胴縁 t=30mm
透湿防水シート ソリテックスUD
断熱パネルビス パネリード P6×200
野地板針葉樹合板 t=12mm
雨音吸音板 ビルボード t=9mm
ネオマフォーム t=60mm×2
構造用合板 t=12mm
支点桁
内戸：和紙張り
引き手：ナラムク材
収納棚
+CLツヤ消し
CH=2316
寝室
積層ソリッドパネル
t=30mm［池上産業］
リボス塗装
基礎立ち上がり
ネオマフォーム t=60mm

断面パース｜S=1/50

寝室周りの平面図。寝室という「部屋」も、人が出たり入ったりできる家具として設計され、洋服収納や階段、本棚が１つの大きな「家具」として集約されている。大工の手でつくるところと家具屋でないとできないところを整理し、両者がどう取り合うのかを検討している。図中の緑色部分が大工工事、オレンジ部分が家具工事を示している。

変えられないスケルトンに対して、インフィルを大工区分と家具区分とに明確に分け、家具と建築の間をどうつなぐかを見極めていくことにより、仕上げや厚みのロスがなくなり、一体感のある協働となった。

chapter

2-3

スケルトン・インフィルのデザイン

木造在来工法によるスケルトン・インフィル

ソーラータウン府中

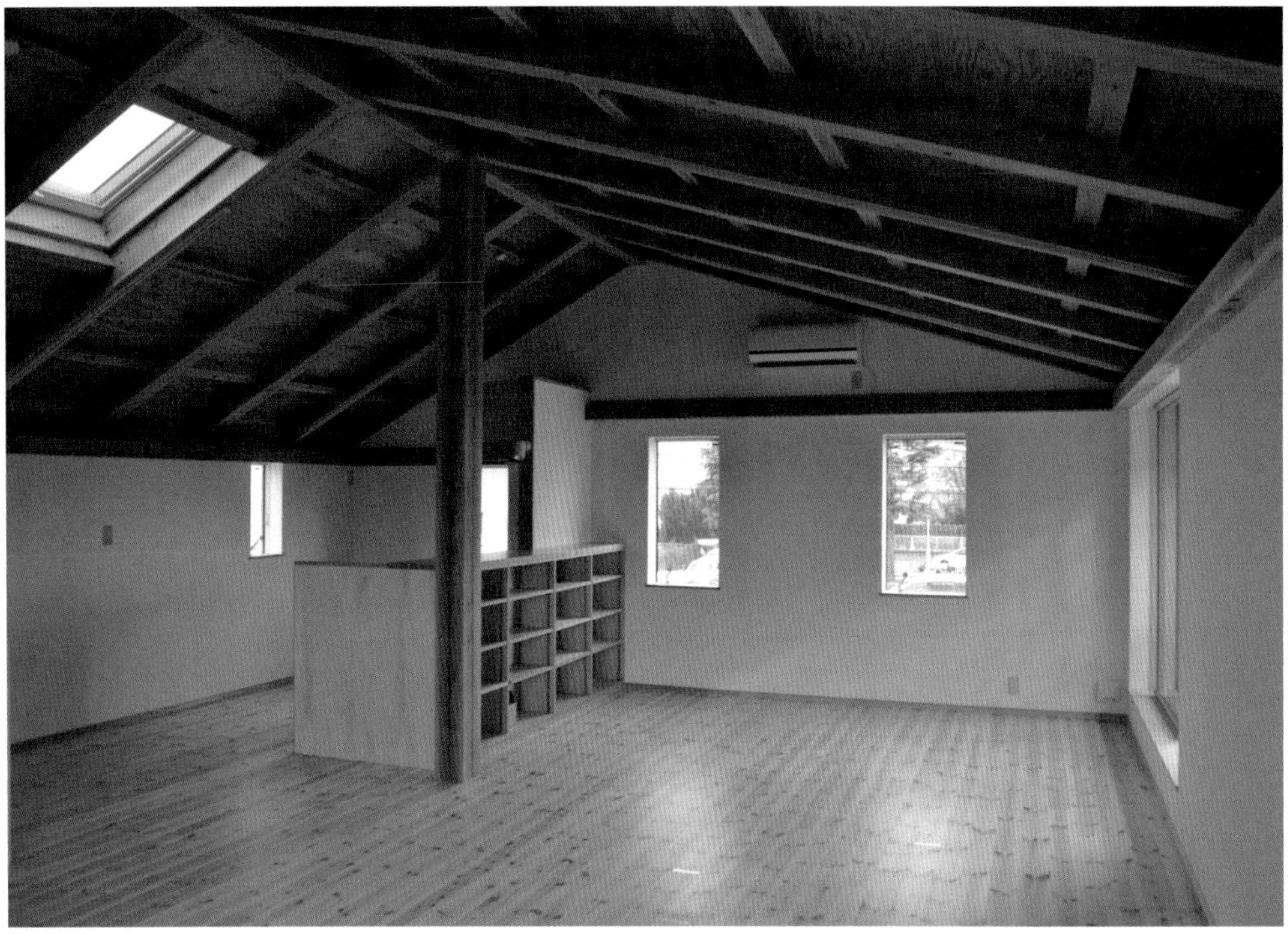

府中ドミノの２階内観。長押の内部が配線スペース。

建物の中には独立柱と水まわりなどの最低限の間仕切りのみ。配管類も壁の中にはなく、外周部に電気配線のルートとして配線長押が見える。この状態からいつでも自由に間取りを変更できるようになっている。

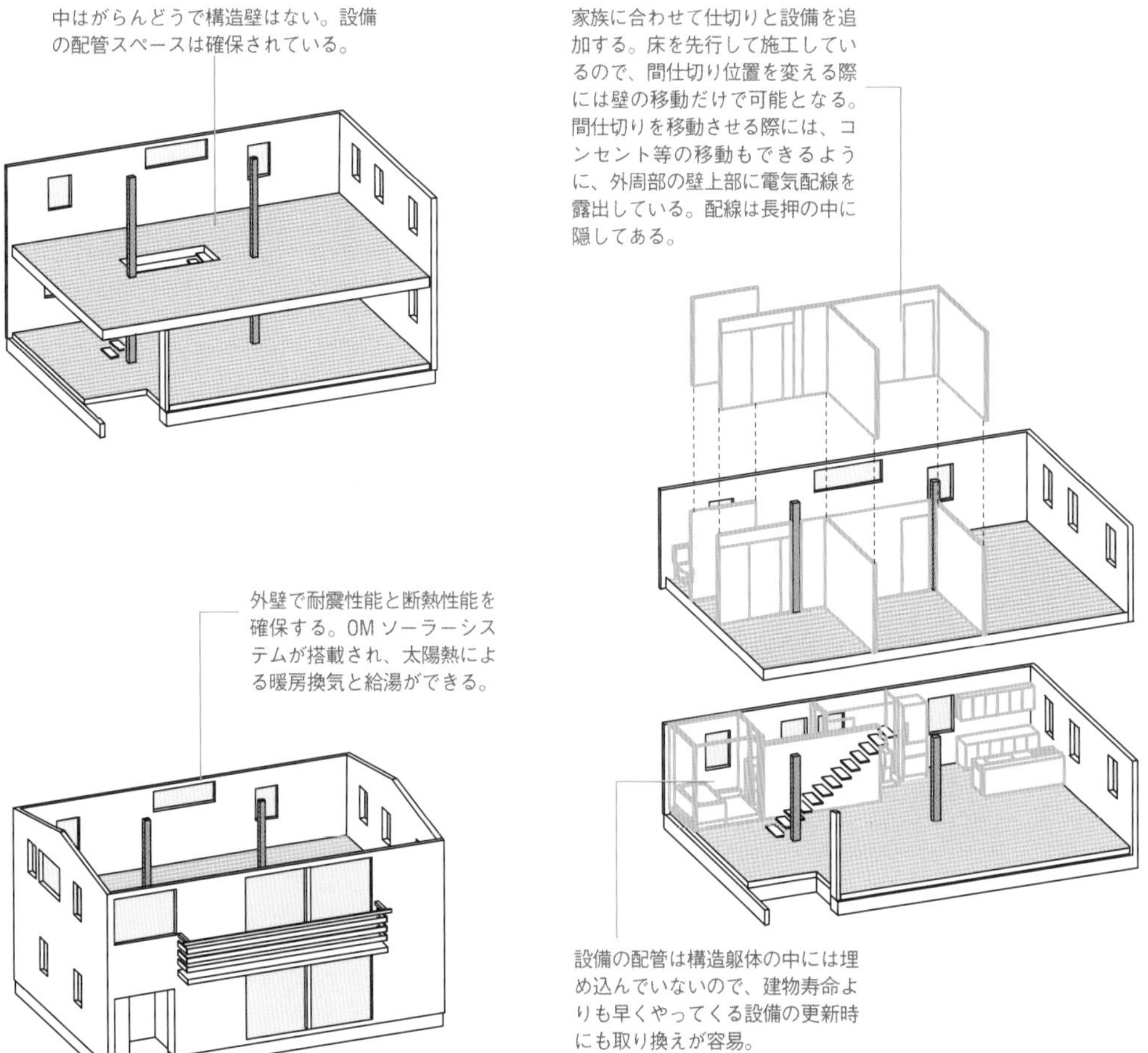
中はがらんどうで構造壁はない。設備の配管スペースは確保されている。
家族に合わせて仕切りと設備を追加する。床を先行して施工しているので、間仕切り位置を変える際には壁の移動だけで可能となる。間仕切りを移動させる際には、コンセント等の移動もできるように、外周部の壁上部に電気配線を露出している。配線は長押の中に隠してある。
外壁で耐震性能と断熱性能を確保する。OM ソーラーシステムが搭載され、太陽熱による暖房換気と給湯ができる。
設備の配管は構造躯体の中には埋め込んでいないので、建物寿命よりも早くやってくる設備の更新時にも取り換えが容易。

木造ドミノ住宅におけるスケルトンインフィルの考え方

家具のデザイン

愛農学園農業高校／サイト工業本社

（左）樹状の大屋根の下に小泉氏の家具が並ぶ。（中）工事で撤去した建物の古材を利用した畳スペースの家具。（右）手前はボックスのようにパネルで構成したキッチンブース。右奥のお茶コーナーに繋がる

有機農業を教育の軸とする愛農高校が行ってきた一連の「学校づくり」の2期工事にあたる。構造設計は稲山正弘氏、家具は小泉誠氏で設計の初期段階から協働していた。特徴的な樹状の木構造の大屋根の下で、人のスケールに寄り添った設えが建築と人とを繋ぎ、様々な人の静と動の動きが自然と展開する。

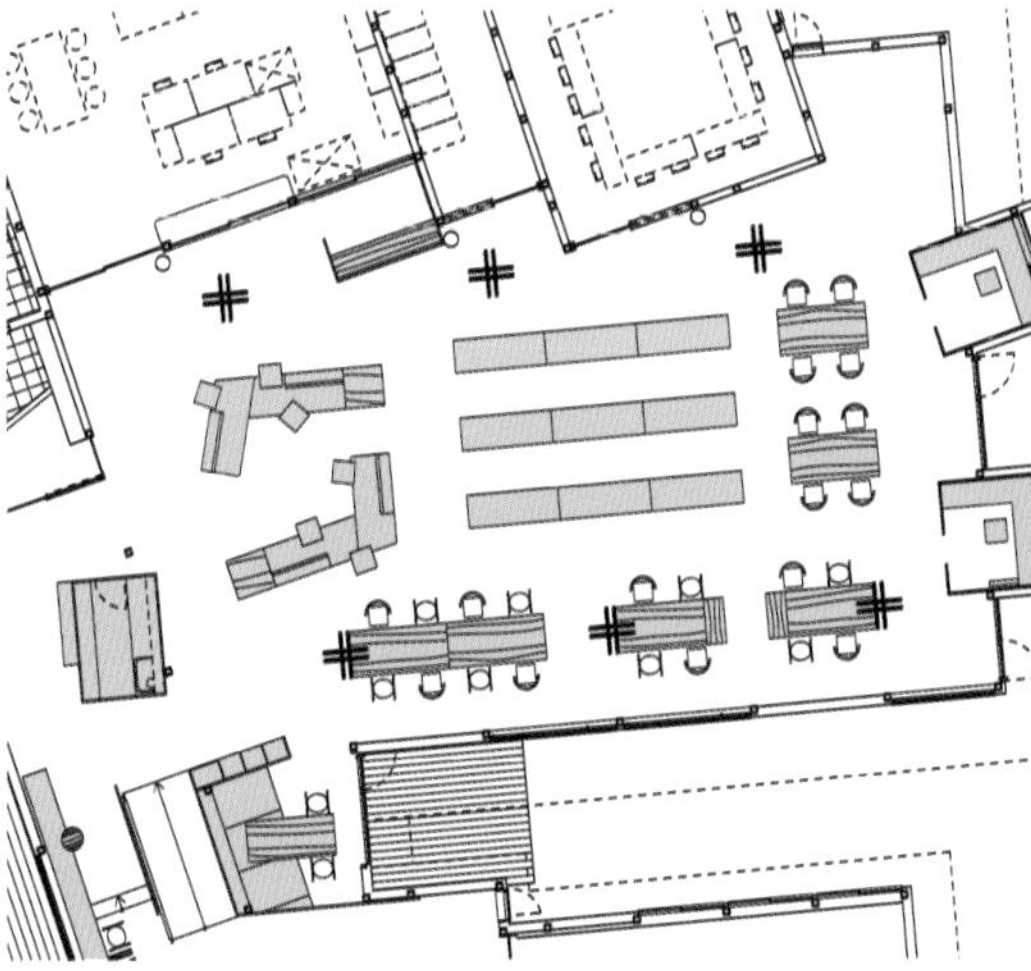

愛農学園農業高校｜平面図｜S=1/300

（左）がらんどうな空間とそれを仕切る家具。（中）スギの積層パネルでつくったスペース。（右）住宅の展示機能として住空間の提案にも寄与するよう、キッチンや窓際の設えについて緻密にデザインしている。

スケルトンは、オフィスとしての利便性や可変性を確保すべく、壁や柱の少ないがらんどうな空間が求められた。一方、インフィルは国産のスギの間伐材を利用した積層パネルによって造作家具や置き家具を計画することで、架構と設えに一体感を与えることを目指した。

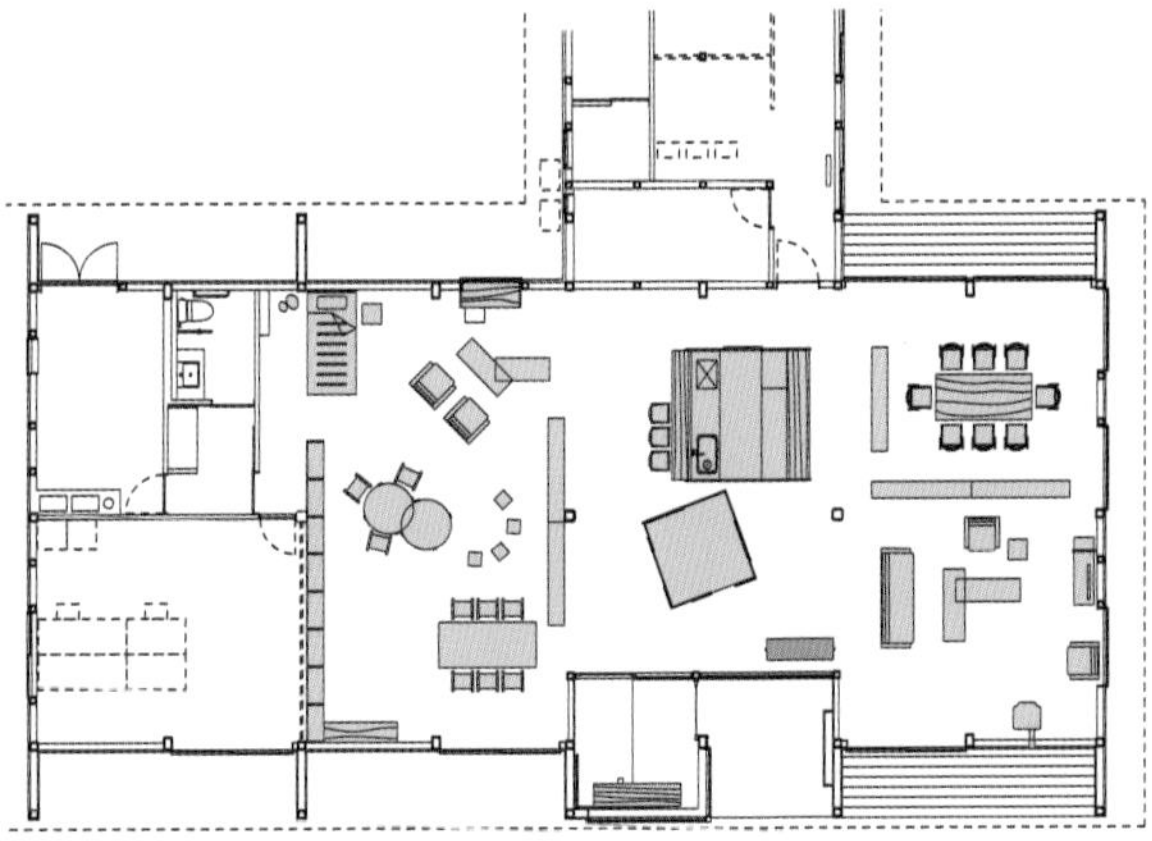

サイト工業本社｜平面図｜S=1/300

chapter

2-4

修繕

築20年の住宅の改修

相模原の住宅（自邸）

2階寝室から中庭方向を見る。奥にみえる平屋が車庫で、2002年に屋根を緑化している。中庭に見える木は、もともと敷地にあった栴檀の木。赤い窓枠の開口部がある部分が渡り廊下で、2007年の改修時にトリプルガラスの木製サッシに取り換えている。

（上）北側の道から屋根北側の集熱部を見る。飛び出た箱にハンドリングボックスが納まっている。赤い枠の窓は、改修でトリプルガラスの木製サッシに取り換えたところ。（右）2階寝室。2013年にセルローファイバーで天井の断熱補強をしている。

自宅は竣工以来22年が経ている。栴檀の木をさけて住まいを配置したところから計画は始まったが、その栴檀の幹も当時と比べると大分太くなっている。この落葉する尋常ならざる巨樹の存在がこの家の何よりの眼目であり環境配慮そのものともいえよう。夏、家を覆いつくすように葉が茂り、冬、それらはすべて落ちる。

鉄骨造としたのはスケルトンとインフィルを分離したかったからだと、いま振り返る。木造ではそれが難しいと考えたのだ。その後の木造ドミノの発想にそれがつながっている。当然、当時考えていたことがそのほかにも反映している。プラスチックグレーチング、ランバーコアなど工業製品の流用は今もやりたいことだ。財布との兼ね合いもある。北米のアルミクラッドの廉価な木製サッシの規格寸法が高さを規定している。ただ22年前の熱的理解は甘い。ヒートブリッジなどは何とか解決はしているのだが、北海道の建築を熱心に見たりしたわりに肝心の壁、屋根の断熱レベルは低すぎた。

改修は時に応じて行った。

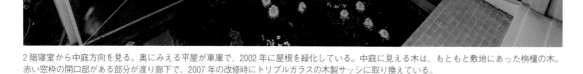

（右上）1992年、竣工直後の外観。（右下）2010年に撮影した外観。栴檀の木の枝ぶりが広がり、車庫の上も緑化されている。（左）相模原の住宅の居間。

竣工後すぐに暖炉を設けたのは吉村、奥村の影響。バイオマスの効用も考えた。ガレージ屋根をパレットにより緑化したのは熱対策もあるが落葉が飛散するのを防ぐ目的もあった。

　経年のトラブルは屋根、外壁にあった。屋根の谷部からの漏水に対応する屋根の改修時には集熱勾配を一段と急にすることを同時にやった。ガラス部の勾配を上げ、もう１つの集熱ダクトを載せる改修を試みた。窓は庇のない部位の木製サッシが不具合を呈した。２００７年それらを交換、ノルドのトリプルサッシとした。一気に重装備になった。

　敷地が幾分東に振れているために夏季の西からの日射が北側にも大きく回りこむ。ゴーヤなどによって北窓を覆うことも大分以前から季節の仕事であり、これは当然ながら収穫にもつながる。巨木の樹陰とはいえ南の窓によしずをかけるのも大事な仕事である。よしずはホームセンターで購入、一間×一間７００円ほどのものを三等分、短くする。結果副材を入れても一本３００円ほどとなる。数年は使える。昨年、廊下の大開口西側に廉価なスクリーンを設置した。高さ３メートルほど、スクリーン間の隙間の対応が残っている。縦型のルーバーを設置しようと考えている。

　ＯＭにつながる補助熱源給湯用の機器は２００７年に更新した。２０年近く石油炊きのロケットボイラーであったのをガス炊きのエコジョーズに変更した。

　懸案の断熱改修について、天井は２０１３年に吹き込み断熱を行っている。壁もやりたいのだが今のところ未定である。

　外部の木部についてもメンテナンスがあった。デッキの改修が一度、外周の塀の手入れが部分的に一度ある。ただ予想に反し頻繁な維持管理を必要とはしていない。おかしなところだけ手を入れればよい。よそでアルミのフェンスなどが物寂しく傷んでいるのをみるとそう思う。

　断熱改修、暖炉のストーブへの変更、などを考えるが、手がつけられるのはいつになるかは不明。

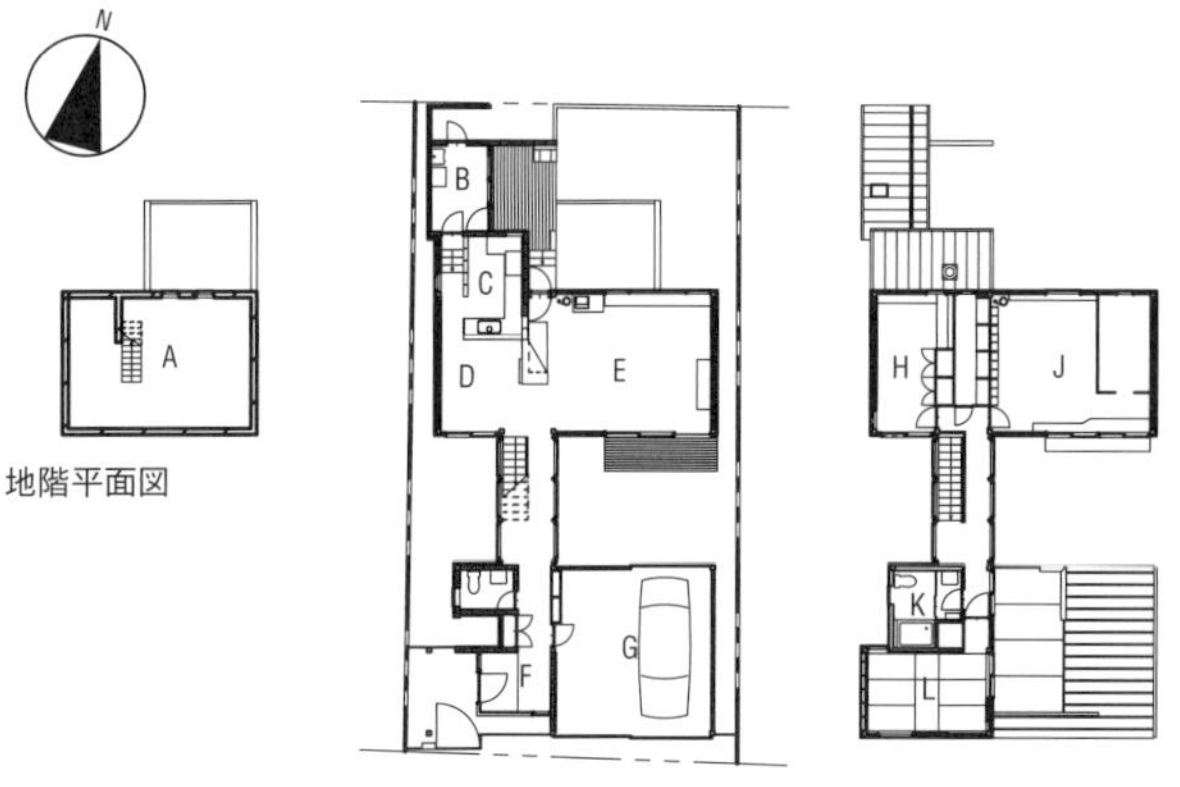

A：倉庫　B：ユーティリティ
C：台所　D：食堂　E：居間
F：玄関　G：ガレージ
H：子供室　J：寝室
K：浴室　L：予備室

平面図 | S=1/500

築35年の住宅の改修

逗子小坪の住宅

コンクリート造の躯体に木造で小屋を架け、集熱屋根としている。小屋裏部分の一部に集熱システムの機械を納めている。現在のシステムはコンパクトだが、開発当時はこのくらいの広さが必要だった。

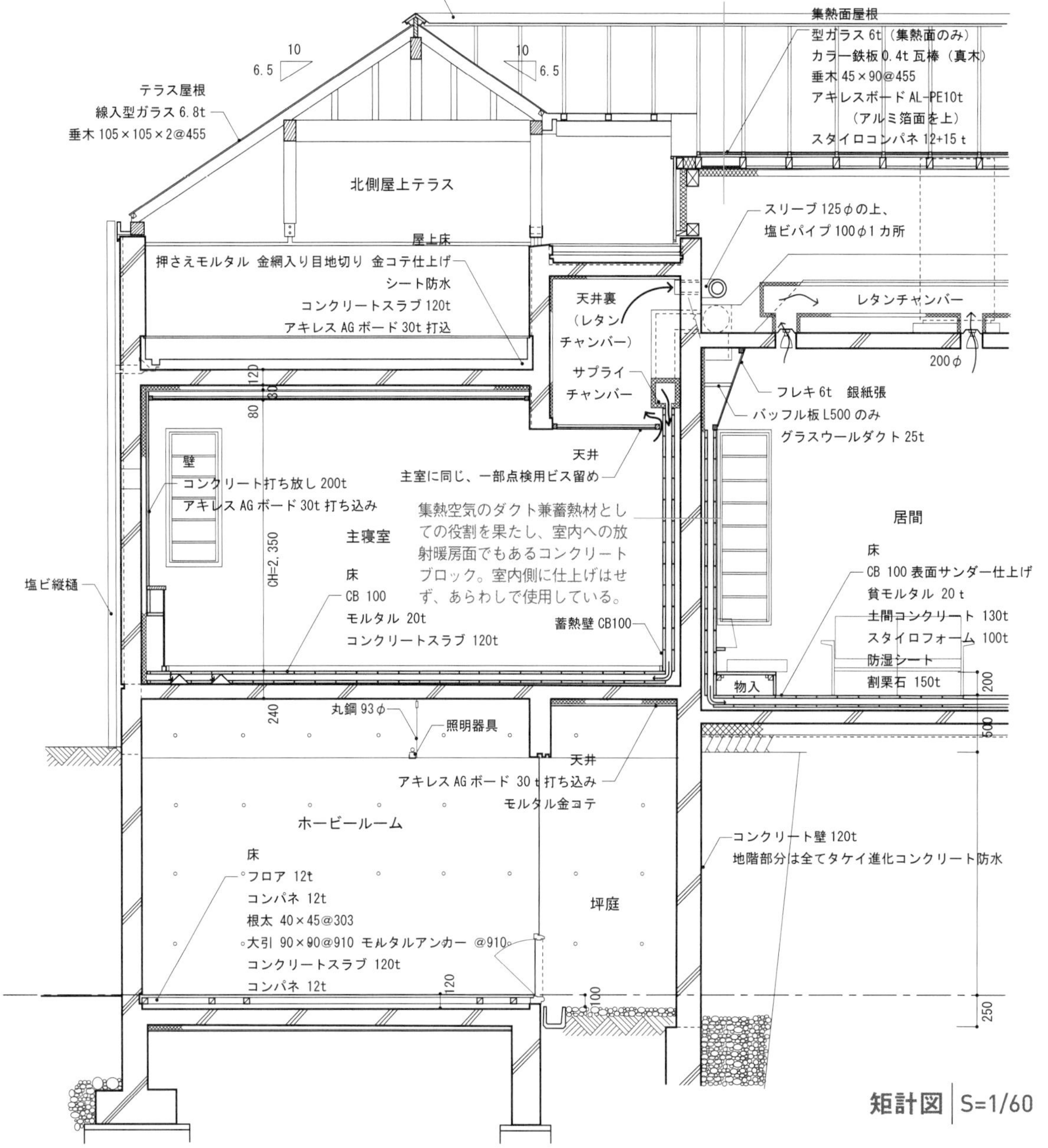
集熱面以外の屋根
サビナシルーフウエザー 0.4t
10
6.5
10
6.5
テラス屋根
線入型ガラス 6.8t
垂木 105×105×2@455
集熱面屋根
型ガラス 6t（集熱面のみ）
カラー鉄板 0.4t 瓦棒（真木）
垂木 45×90@455
アキレスボード AL-PE10t
（アルミ箔面を上）
スタイロコンパネ 12+15 t
北側屋上テラス
屋上床
押さえモルタル 金網入り目地切り 金コテ仕上げ
シート防水
コンクリートスラブ 120t
アキレス AG ボード 30t 打込
スリーブ 125φの上、
塩ビパイプ 100φ1カ所
天井裏
（レタン
チャンバー）
レタンチャンバー
200φ
サプライ
チャンバー
フレキ 6t 銀紙張
バッフル板 L500 のみ
グラスウールダクト 25t
120
30
80
壁
コンクリート打ち放し 200t
アキレス AG ボード 30t 打ち込み
天井
主室に同じ、一部点検用ビス留め
集熱空気のダクト兼蓄熱材とし
ての役割を果たし、室内への放
射暖房面でもあるコンクリート
ブロック。室内側に仕上げはせ
ず、あらわしで使用している。
主寝室
CH=2,350
床
CB 100
モルタル 20t
コンクリートスラブ 120t
蓄熱壁 CB100
居間
床
CB 100 表面サンダー仕上げ
貧モルタル 20 t
土間コンクリート 130t
スタイロフォーム 100t
防湿シート
割栗石 150t
物入
200
500
塩ビ縦樋
240
丸鋼 93φ
照明器具
天井
アキレス AG ボード 30 t 打ち込み
モルタル金コテ
ホービールーム
コンクリート壁 120t
地階部分は全てタケイ進化コンクリート防水
床
フロア 12t
コンパネ 12t
根太 40×45@303
大引 90×90@910 モルタルアンカー @910
コンクリートスラブ 120t
コンパネ 12t
坪庭
120
100
250

矩計図 | S=1/60

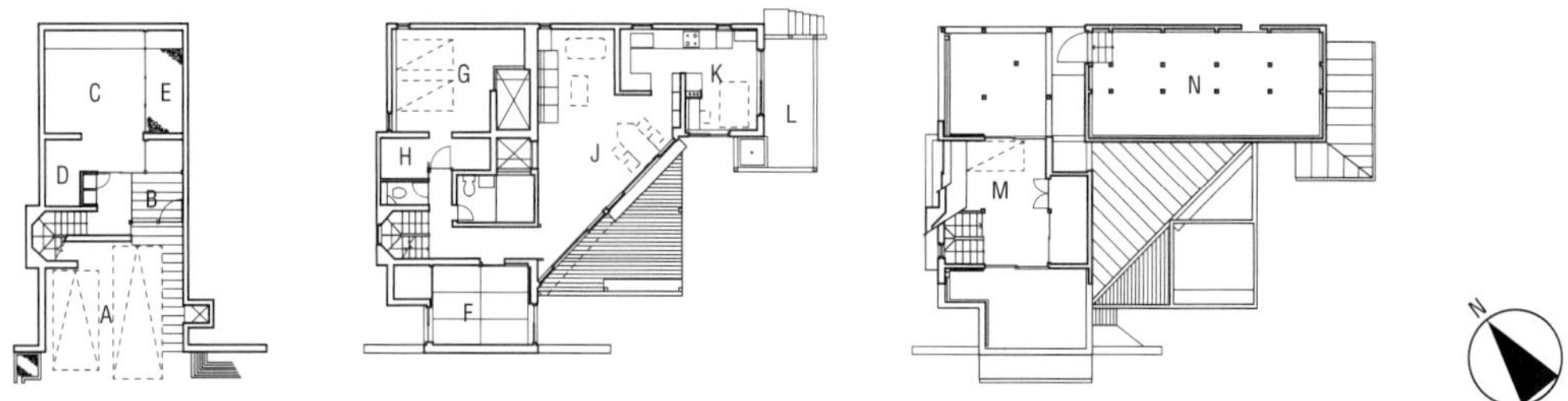
C
E
D
B
A
G
K
L
H
J
F
N
M

地階平面図　1階平面図　2階平面図

A：駐車場　B：玄関　C：ホビールーム　D：納戸　E：坪庭
F：和室　G：寝室　H：ウォークインクローゼット　J：居間
K：厨房　L：アトリエ　M：子ども室　N：屋根裏倉庫

敷地は南面の道路から２ｍ近く上がっているが、周囲には住宅が建て込んでいた。建設当時、唯一視界の開けていた東南方向に向けて開口部を開くために、このようなプランニングとなった。

平面図 | S=1/400

竣工時の小屋裏機械室。25年の間に、お湯取りを含む太陽熱による暖房システムは動かなくなっていた。前の住民は、冬は窓からのダイレクトゲインとＦＦ式のストーブ。夏は自然通風とエアコンの併用で過ごしていたそうである。

竣工時（1985年）

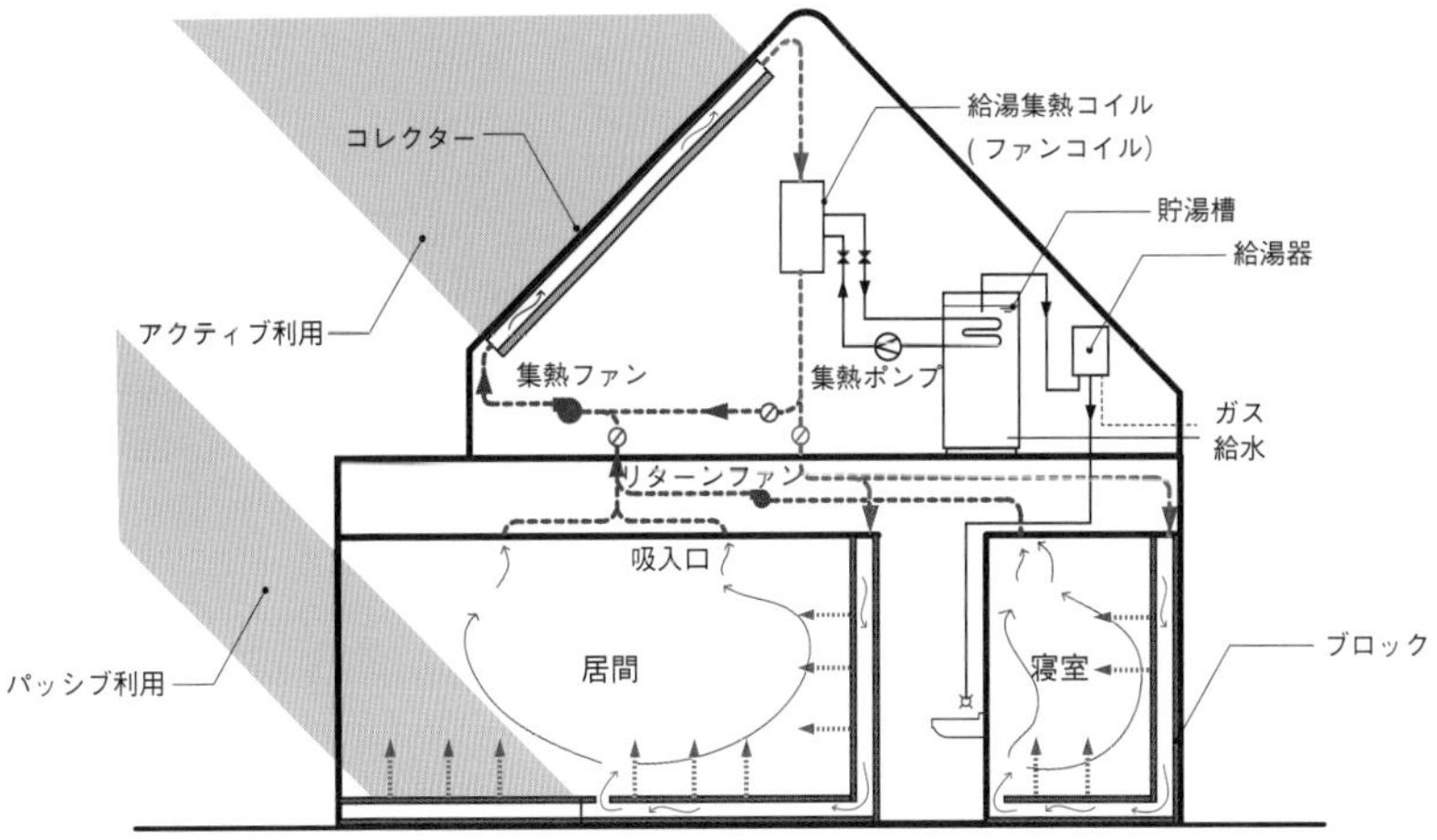
コレクター
給湯集熱コイル
（ファンコイル）
貯湯槽
給湯器
アクティブ利用
集熱ファン
集熱ポンプ
ガス
給水
リターンファン
吸入口
居間
寝室
ブロック
パッシブ利用

当時の集熱システムは、換気機能を持たない室内空気を循環させるシステムであった。集熱温度を上げるためにガラスを載せる効果もこのプロジェクトの中で検証している。高温の集熱が可能になった故にお湯取りも可能と判断され、逗子小坪の住宅では、始めて余剰の太陽熱によるお湯取りを試みた。

改修して、現在のシステムに入れ替えた小屋裏の機械室。暖房だけでなくお湯取りも順調で、新しい住まい手からは、夏のガス代が数千円しかかからなかったとの報告があがっている。

2010年改修後

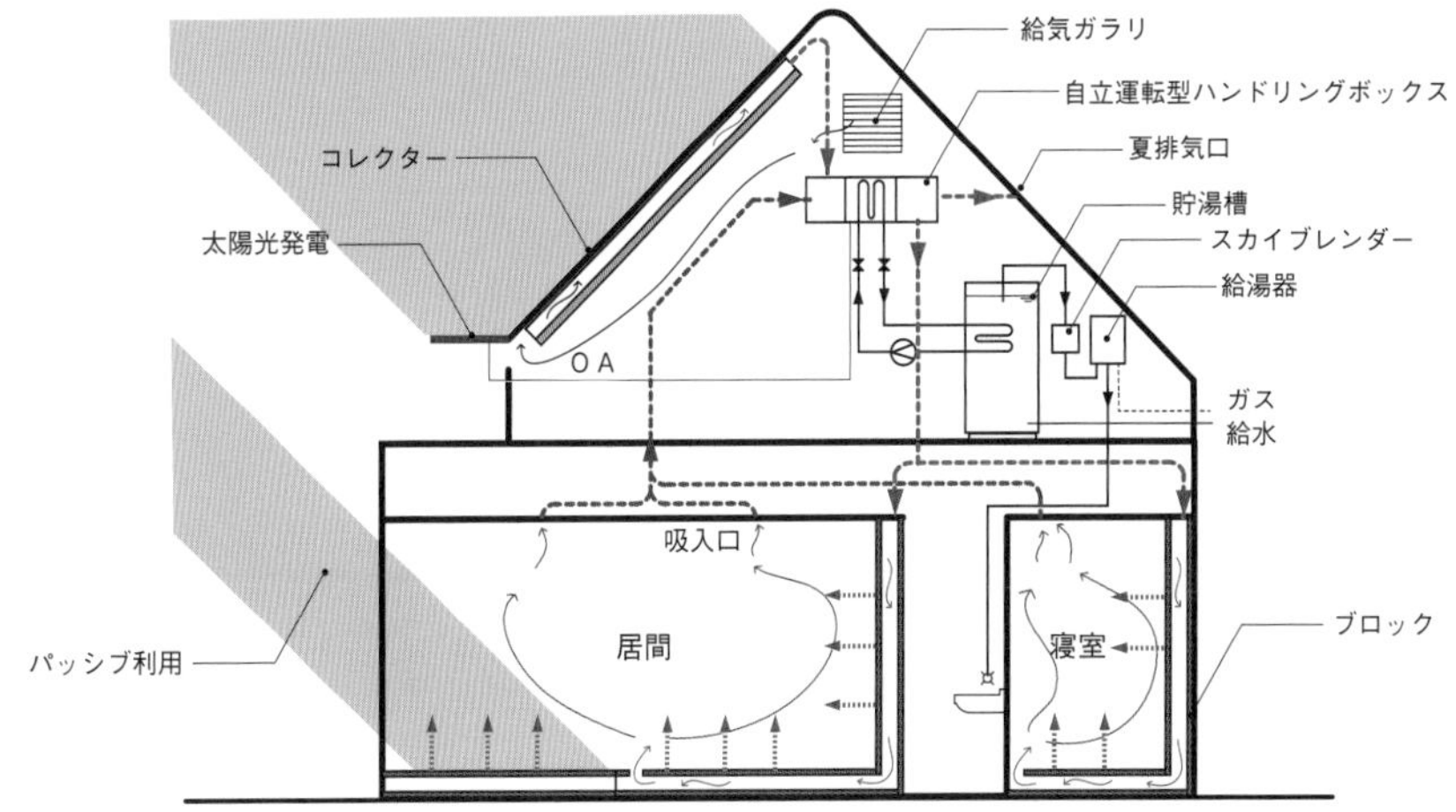
給気ガラリ
自立運転型ハンドリングボックス
夏排気口
コレクター
貯湯槽
スカイブレンダー
太陽光発電
給湯器
ＯＡ
ガス
給水
吸入口
居間
寝室
ブロック
パッシブ利用

改修にあたり、外気を取り入れて暖房する一般的なOMソーラーシステムとした。これにより換気を行いながらの暖房が可能となった。システムの入れ替えにあたっては、災害などの停電時にも対応した自立型のものを入れた。ハンドリングボックスを動かすための小規模な太陽光発電パネルも併設している。

居間の立下りダクトを兼ねたコンクリートブロックの壁を見る。上部の三角形の部分は、屋根からの温風をブロックの穴に送りこむためのチャンバー。

東南側から見る。右側の小屋は2009年6月に増築されたアトリエ。

1985年に大橋一正氏（工学院大学（当時））と協力して設計した最初のパッシブソーラーハウス。室内空気を軒先から取り入れ太陽熱で温めるという集熱システム。暖められた空気を壁や床のコンクリートブロックの空洞に通して、ダクトとして利用しながら、そこへの蓄熱を試みている。初めて太陽熱によるお湯採りが実現したプロジェクトでもあった。

「逗子小坪の住宅」は今、新しいオーナーに引き継がれている。竣工から25年を経た2010年、住み継ぎにあたって、極力竣工当時の姿を残すような補修改修と合わせて、ソーラー研時代の実に複雑きわまる小屋裏の実験的空気集熱装置を、今日のOMソーラーシステムに更新する工事を行った。今回の改修によって、当時は室内循環であったものが、外気を小屋裏から取り込むようになった。

chapter
2-5
性能改善・
減築

木造2階建てから平屋への減築

あきる野の住宅

改修後の南側広縁を見る。奥行きの深い庇は改修でつくられたもの。

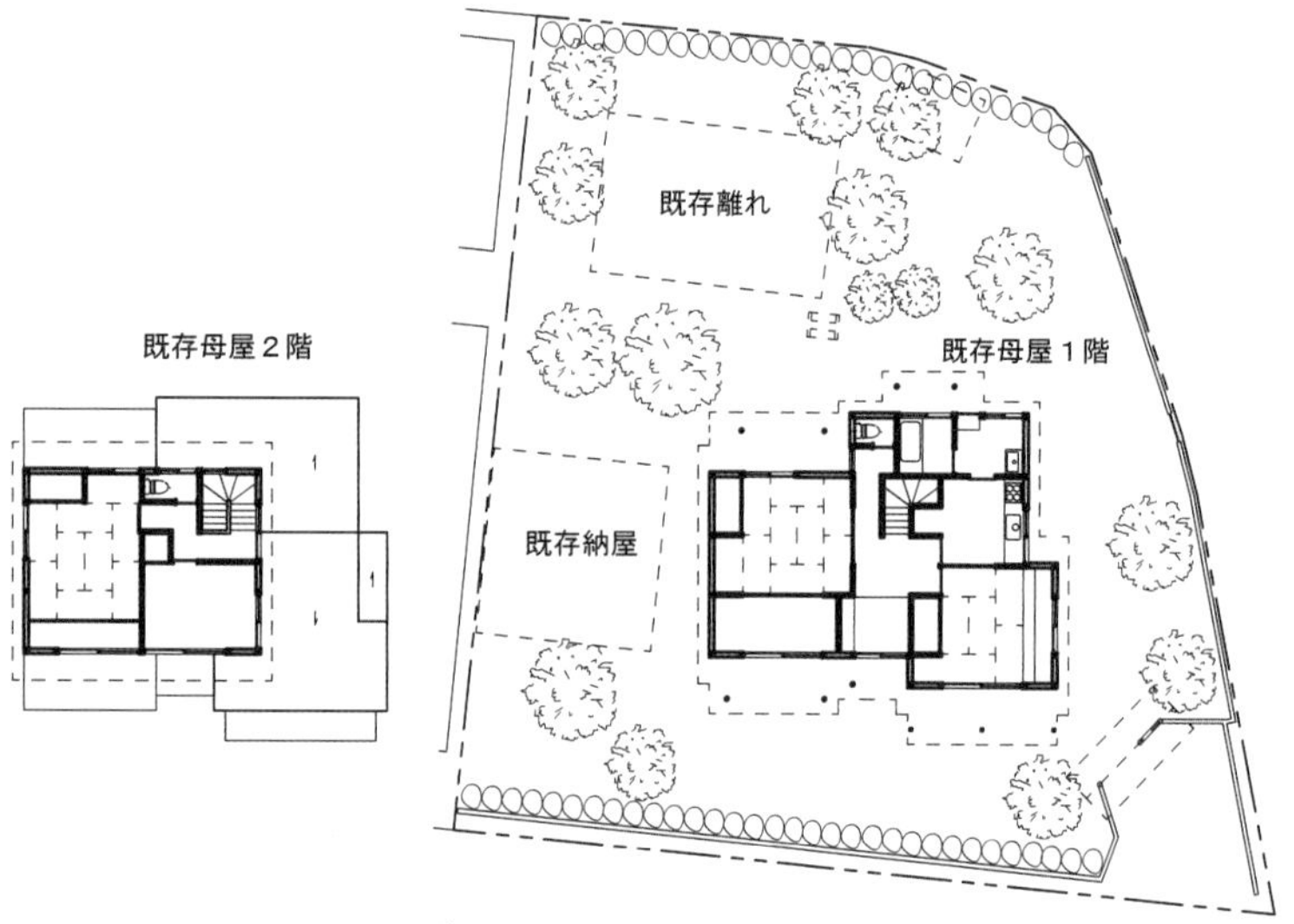
既存離れ
既存母屋２階
既存母屋１階
既存納屋

改修前平面図兼配置図 | S=1/400

（上）改修前南側外観　（下）改修前和室

開口部は片引きの高断熱木製サッシを取り入れ、断熱性を高め和室の開放性とあたたかさを共存させる計画とした。

机はオイルダンパーで上下し、机を下げると薄畳を敷いて全面畳の広間にできる。

木造2階建てを減築し、平屋建てに改修した。小部屋に分かれたかつての日常の家から、親族が集まるハレの家としてほぼ全面畳敷きの連続した大広間をつくった。外周三方は奥行きの深い濡れ縁を回し外観を整えた。

既存の瓦を再利用した屋根にはOMソーラーシステムを搭載した。間取りの変更に伴い、耐震補強、外壁通気の確保、断熱補強を行った。増築された離れには母屋から切り離された浴室と脱衣室、外部の休憩所が入る。

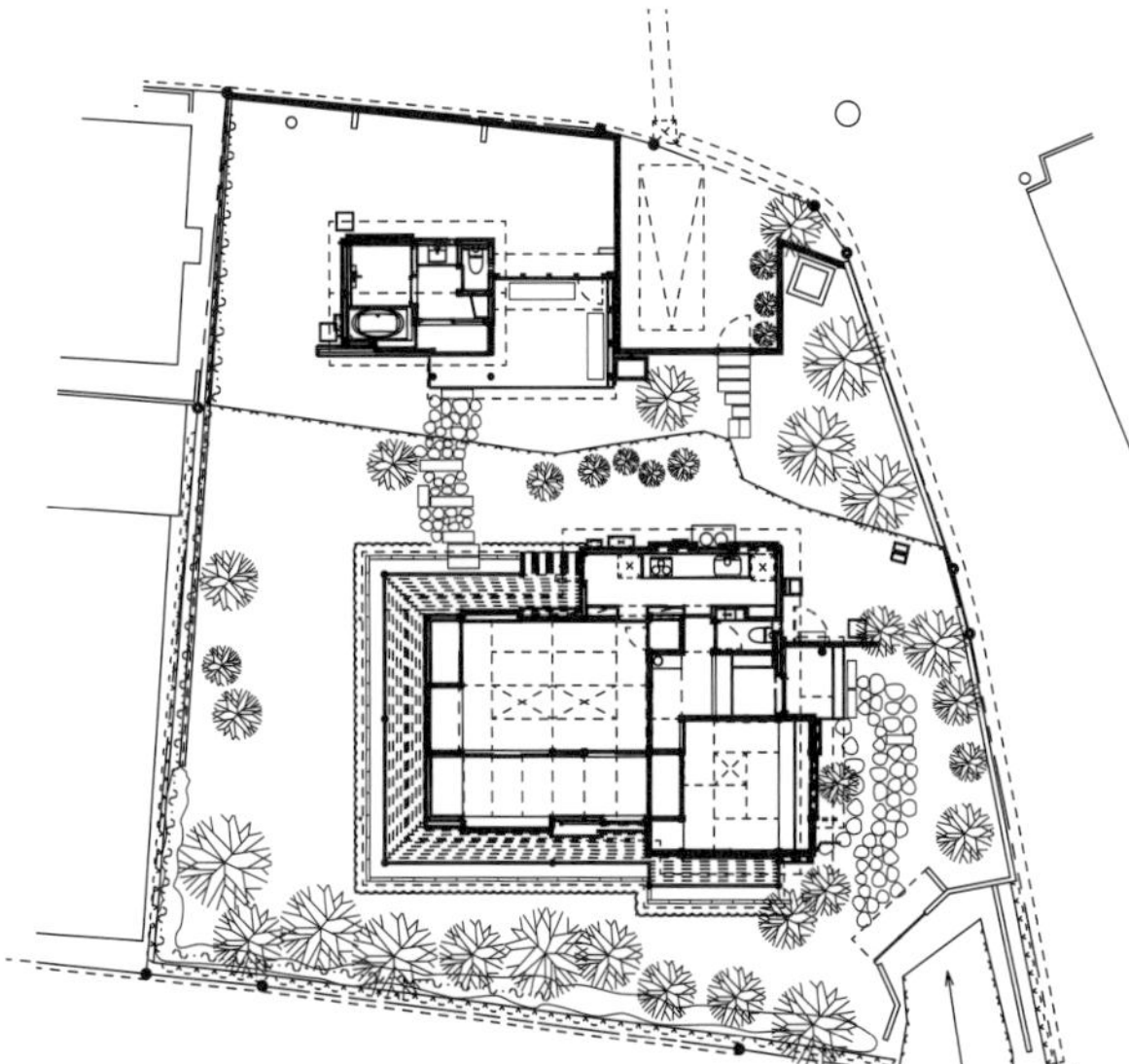

改修後平面図兼配置図 | S=1/400

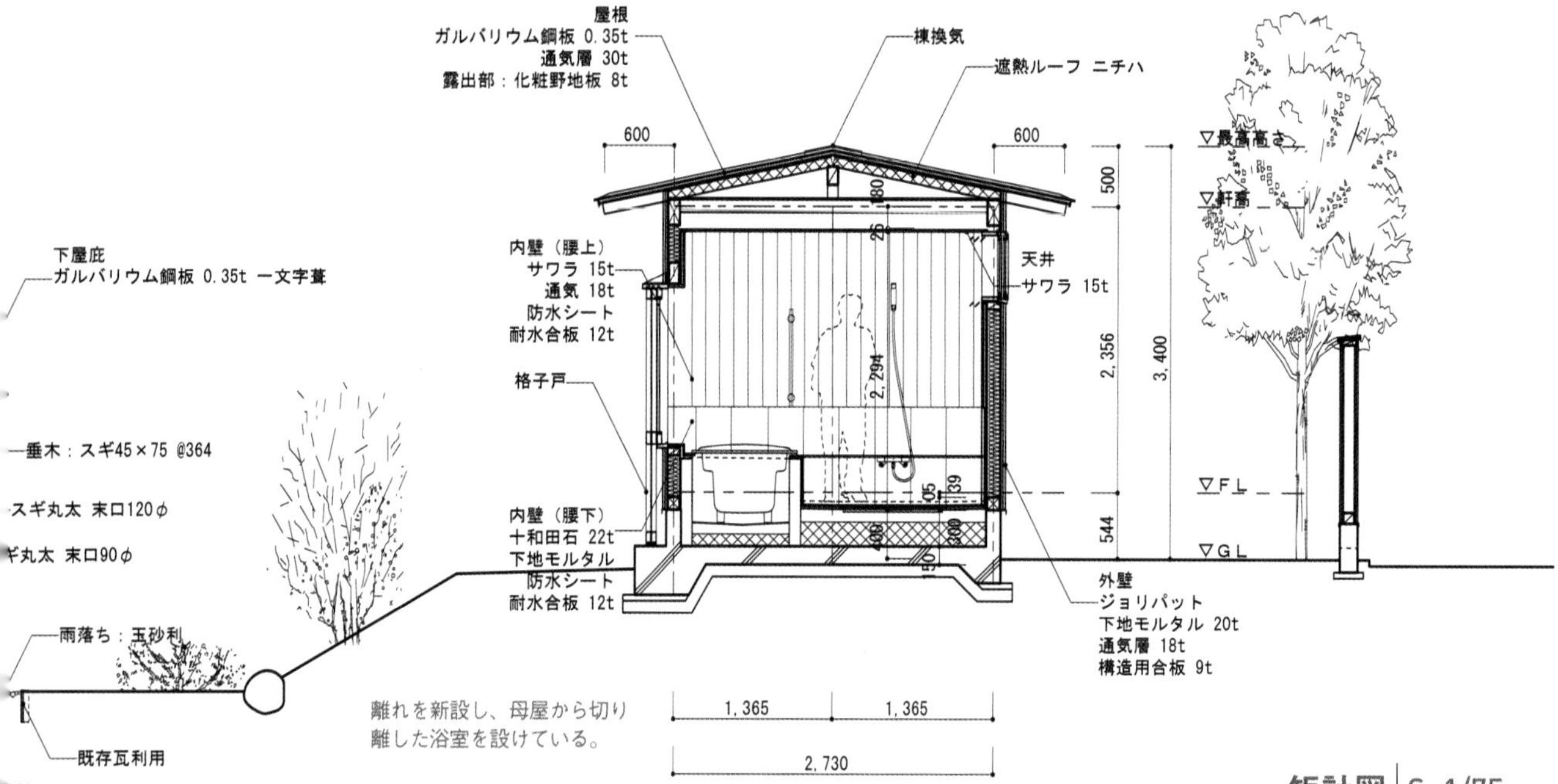
屋根
ガルバリウム鋼板 0.35t
通気層 30t
露出部：化粧野地板 8t
棟換気
遮熱ルーフ ニチハ
600
600
下屋庇
ガルバリウム鋼板 0.35t 一文字葺
内壁（腰上）
サワラ 15t
通気 18t
防水シート
耐水合板 12t
格子戸
垂木：スギ45×75 @364
スギ丸太 末口120φ
ギ丸太 末口90φ
内壁（腰下）
十和田石 22t
下地モルタル
防水シート
耐水合板 12t
雨落ち：玉砂利
既存瓦利用
600
天井
サワラ 15t
180
25
2,294
39
05
400
300
150
500
2,356
544
3,400
▽最高高さ
▽軒高
▽FL
▽GL
外壁
ジョリパット
下地モルタル 20t
通気層 18t
構造用合板 9t
1,365
1,365
2,730

離れを新設し、母屋から切り離した浴室を設けている。

矩計図 | S=1/75

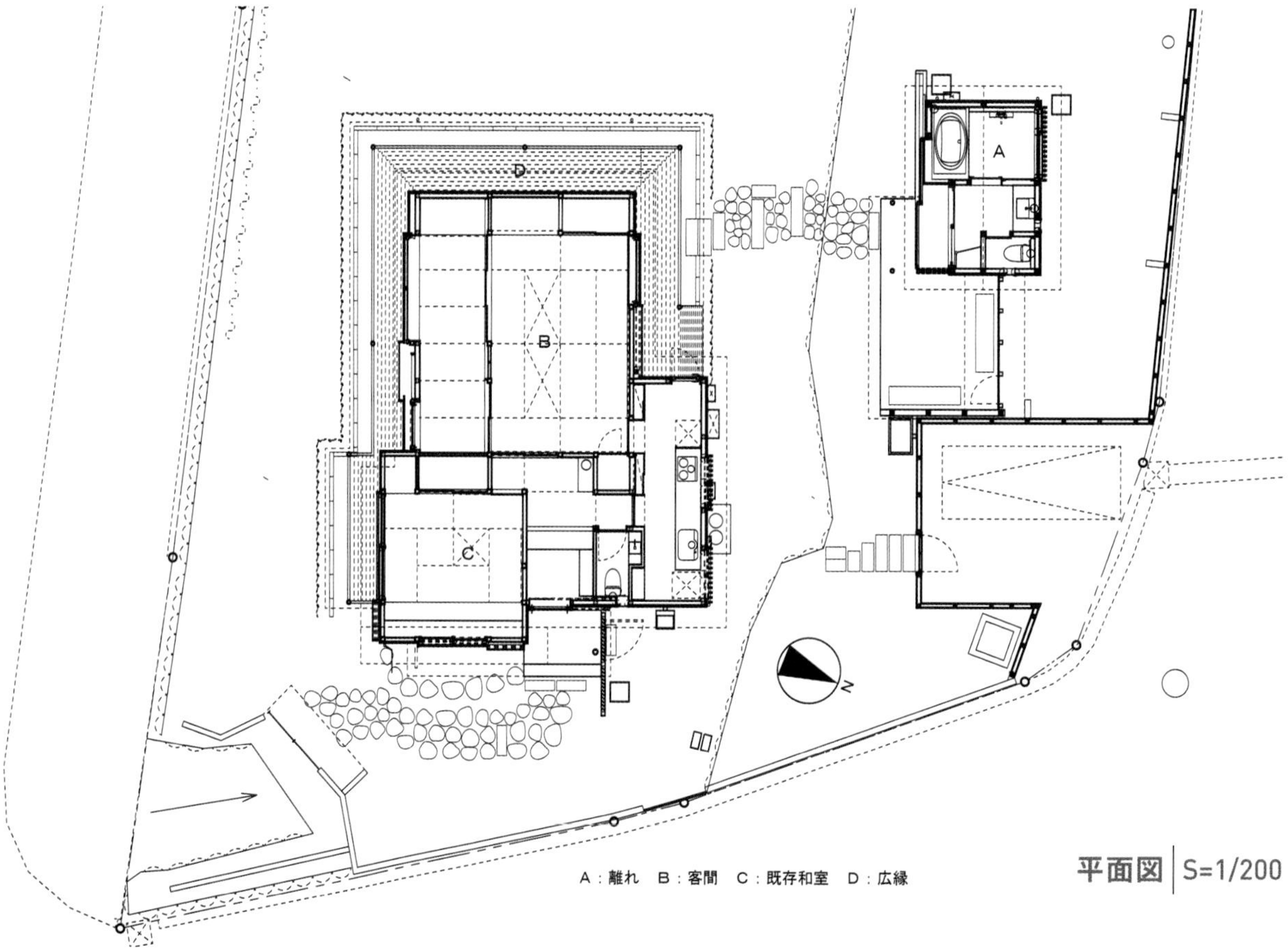
A
B
C
D
N

A：離れ　B：客間　C：既存和室　D：広縁

平面図 | S=1/200

外壁も全面的に改修している。外壁通気層を設け、壁体内に断熱材を充填している。

２階部分を減築している。新設された屋根には OM ソーラーシステムを搭載している。

建物の外周部三方に設けた濡れ縁には、1.8m の奥行きの深い庇を設け、夏場の日射を遮っている。

南面への大きな開口部を確保した状態で、熱環境を向上させるために、開口部には断熱 Low-E ペアガラスの木製サッシを採用した。

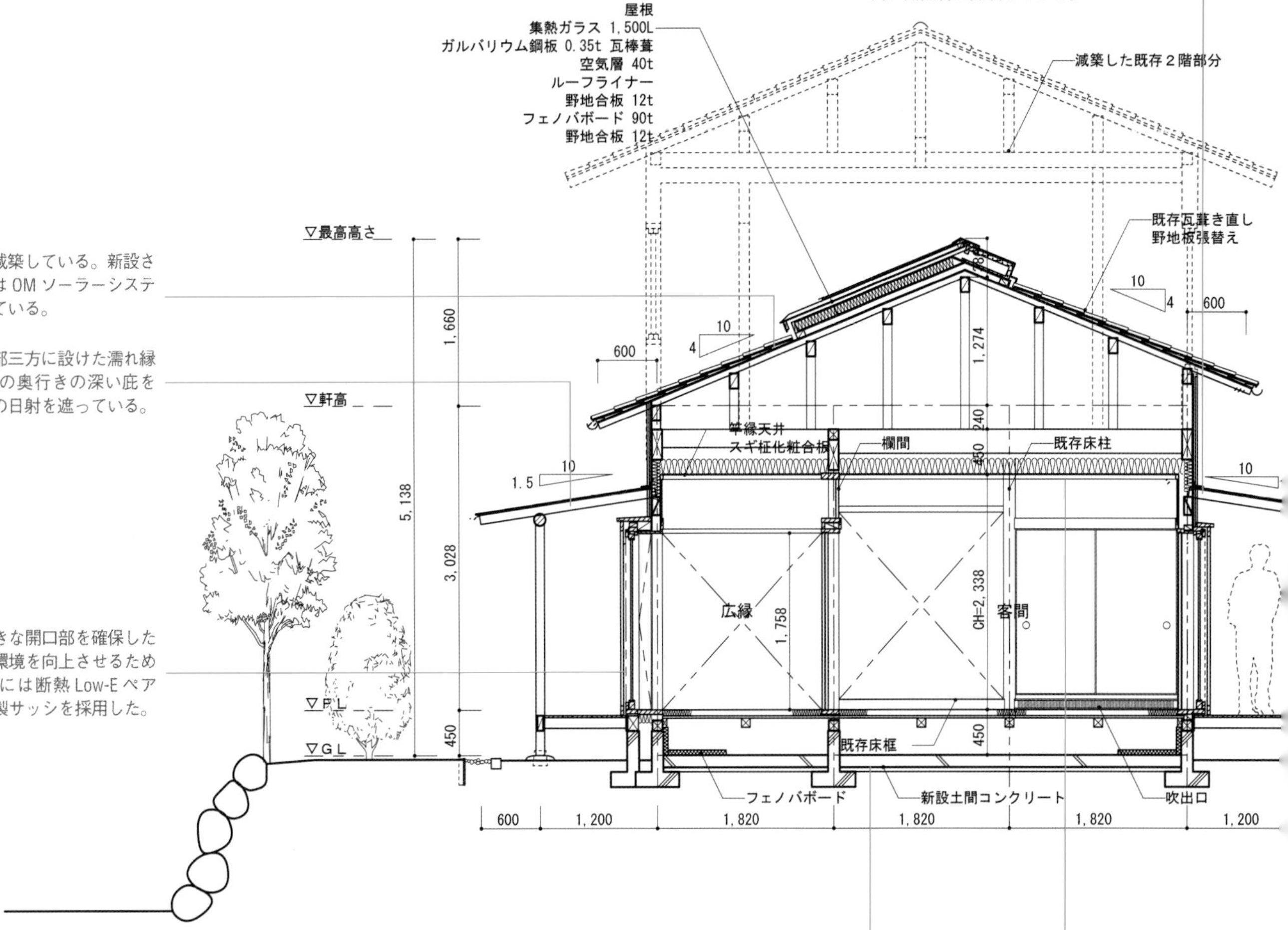

屋根
集熱ガラス 1,500L
ガルバリウム鋼板 0.35t 瓦棒葺
空気層 40t
ルーフライナー
野地合板 12t
フェノバボード 90t
野地合板 12t
減築した既存２階部分
既存瓦葺き直し
野地板張替え
▽最高高さ
▽軒高
▽FL
▽GL
竿縁天井
スギ柾化粧合板
欄間
既存床柱
広縁
客間
CH=2,338
既存床框
フェノバボード
新設土間コンクリート
吹出口
1,660
5,138
3,028
450
1,274
240
1,758
600
1,200
1,820
1,820
1,820
1,200

土中からの湿気対策として、床下には土間コンクリートを打設し、新たに導入した OM ソーラーシステムの蓄熱部位に利用している。OM の蓄熱床に利用するため、既存の床下換気口は塞いだ。

２階を減築したので１階の小屋裏には、新たに断熱材を充填した。

客間から離れを見る。

玄関まわりのアプローチ。

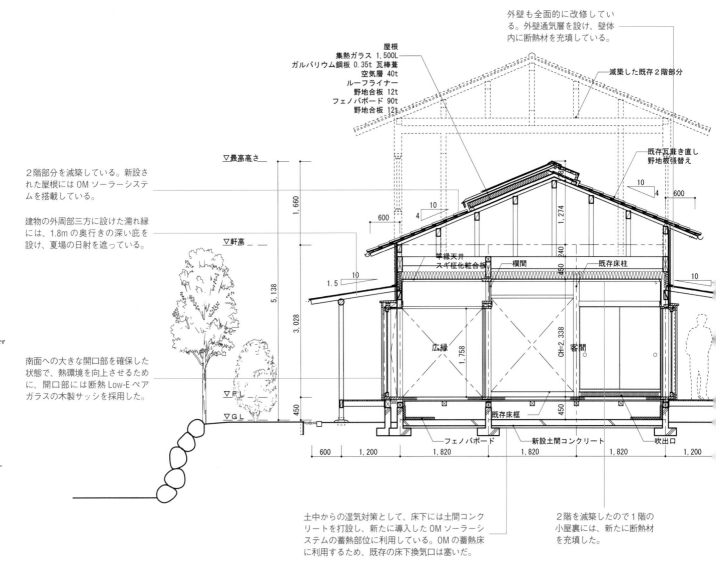

減築と増築による施設整備

愛農学園農業高等学校

図書室は樹状方杖構造とし、地元の木材を使っている。カラフルなソファーは小泉誠氏のデザインで、力強い構造の大屋根に人のスケールに寄り添った家具が配置されている。全寮制で農業や畜産を学ぶ学生たちにとって、ほっとする住まいの延長にあるような建築を目指している。

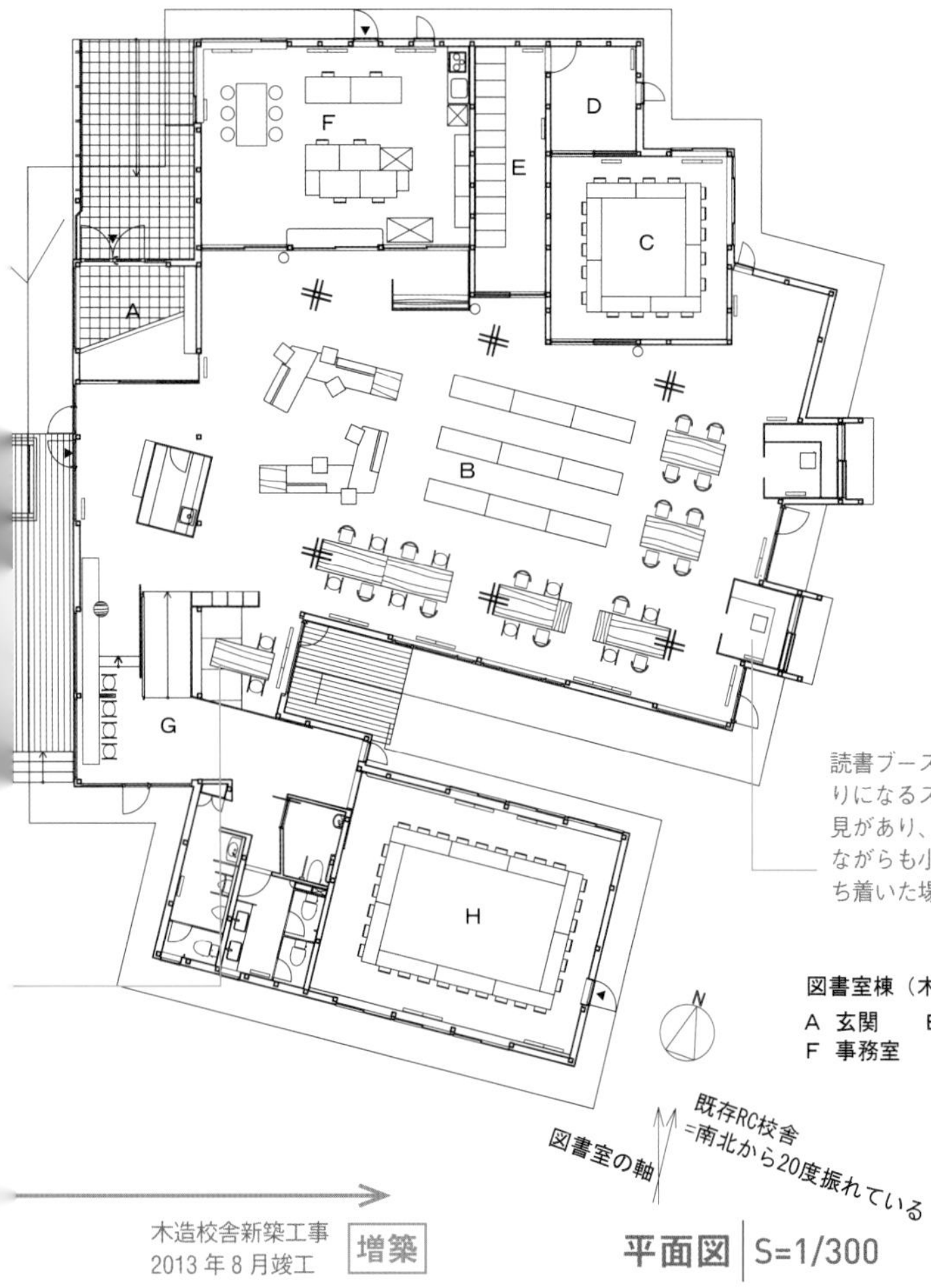
A
B
C
D
E
F
G
H
N
既存RC校舎
=南北から20度振れている
図書室の軸
木造校舎新築工事
2013年8月竣工
増築
平面図 S=1/300

読書ブース。共同生活なのでひとりになるスペースがないという意見があり、安全上、見通しは効きながらも小さな隠れ家のような落ち着いた場所として設けた。

図書室棟（木造・増築）
A 玄関　B 図書室　C 会議室　D 倉庫　E 書庫
F 事務室　G お茶コーナー　H 特別教室　I 渡り廊下

有機農業を教育の軸とする愛農高校が行ってきた一連の「学校づくり」である。1期工事は２０１０年、隣接する築46年の3階建てＲＣ校舎を2階建てに減築して、耐震改修、温熱改修、太陽光熱利用を行い、2期工事で1期に減築した面積相当分を図書室と教室を中心とした木造校舎として増築した。

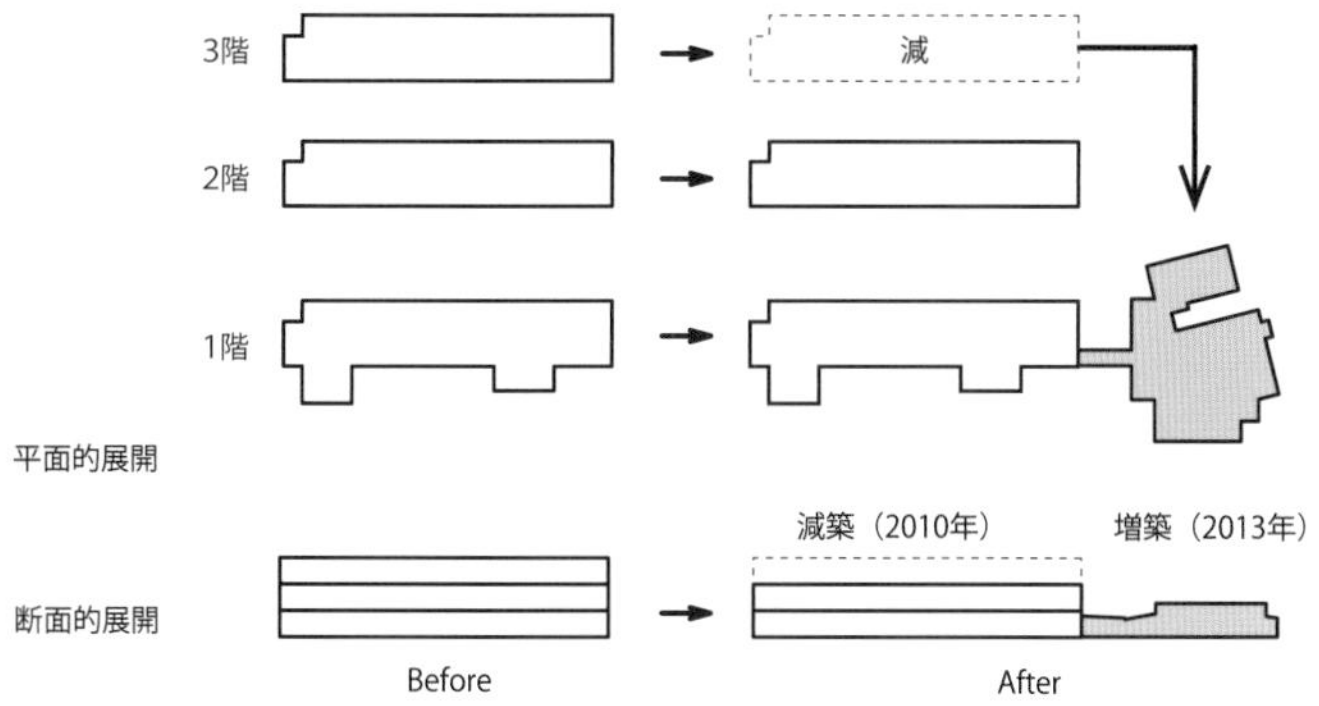
3階
減
2階
1階
平面的展開
減築（2010年）
増築（2013年）
断面的展開
Before
After

減築＋増築の段階的整備プロセス概念図

2008年に行われたプロポーザル時点では、既存の3階建てRC校舎の耐震性に問題があるとして改修は絶望的とされ、1500㎡の木造校舎新築の設計者選定が行われた。
しかし、野沢正光建築工房が設計者として選定されてから、減築によるRC校舎の再生の可能性を見出し、既存校舎を減築によって再生、不足した面積分の必要な分だけ木造で増築するという段階的な解決策を提案した。結果的にCO2削減、コストの合理化が可能となり、また減築が耐震改修として認められ県の補助金も受けることができた。
このプロジェクトは「みんなで創る」ことをテーマに、学校関係者が5年間にわたって募金、委員会、アンケート調査等を行い、論議を重ねた。

南側からみた校舎外観。奥が2010年に減築・改修したコンクリート造の本館。手前が増築して2013年に竣工した木造校舎。RC校舎は南北軸から少し西面に振れていたるため西日の影響を受ける。そこで木造校舎は、本館との連続性を保ちつつ、図書室と教室については20°振れた南北軸を追加して配置した。

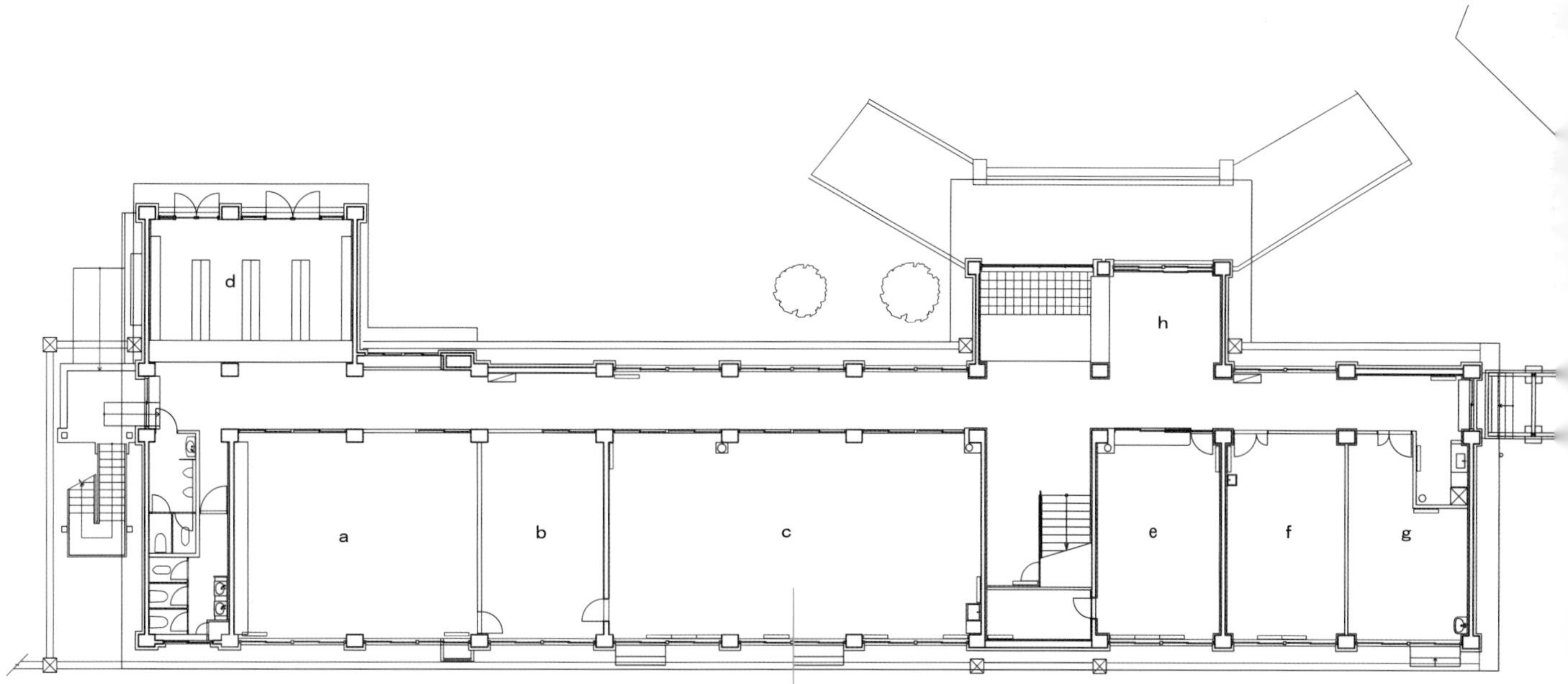
d
h
a
b
c
e
f
g

改修により階段1段分を上げ床しフローリングで仕上げ、太陽熱で温められた空気を導入した。

校舎棟（ＲＣ造・減築・改修）
a ＰＣ教室　b 印刷室　c 職員室　d 下足室　e 受付・事務室
f 校長室　g 保健室　h ほっとスペース

パネルで家具的に囲まれた畳スペース。工事で撤去した建物の古材を利用した家具。落ち着いた場所で休憩したり生徒と相談したりする場として計画。

西日の影響を極力抑えるため図書室及び教室のメインフレームは既存のRC校舎から振れたほぼ南北の軸を採用した。外観の統一性からお茶コーナーは既存校舎と同軸である。2軸を持ち込んだことにより図書室で行われる読書、勉強、くつろぎ、ミーティングなど様々な活動の場がゆるやかに繋がる柔軟な形態となった。

本館再生工事
2010年10月竣工　減築

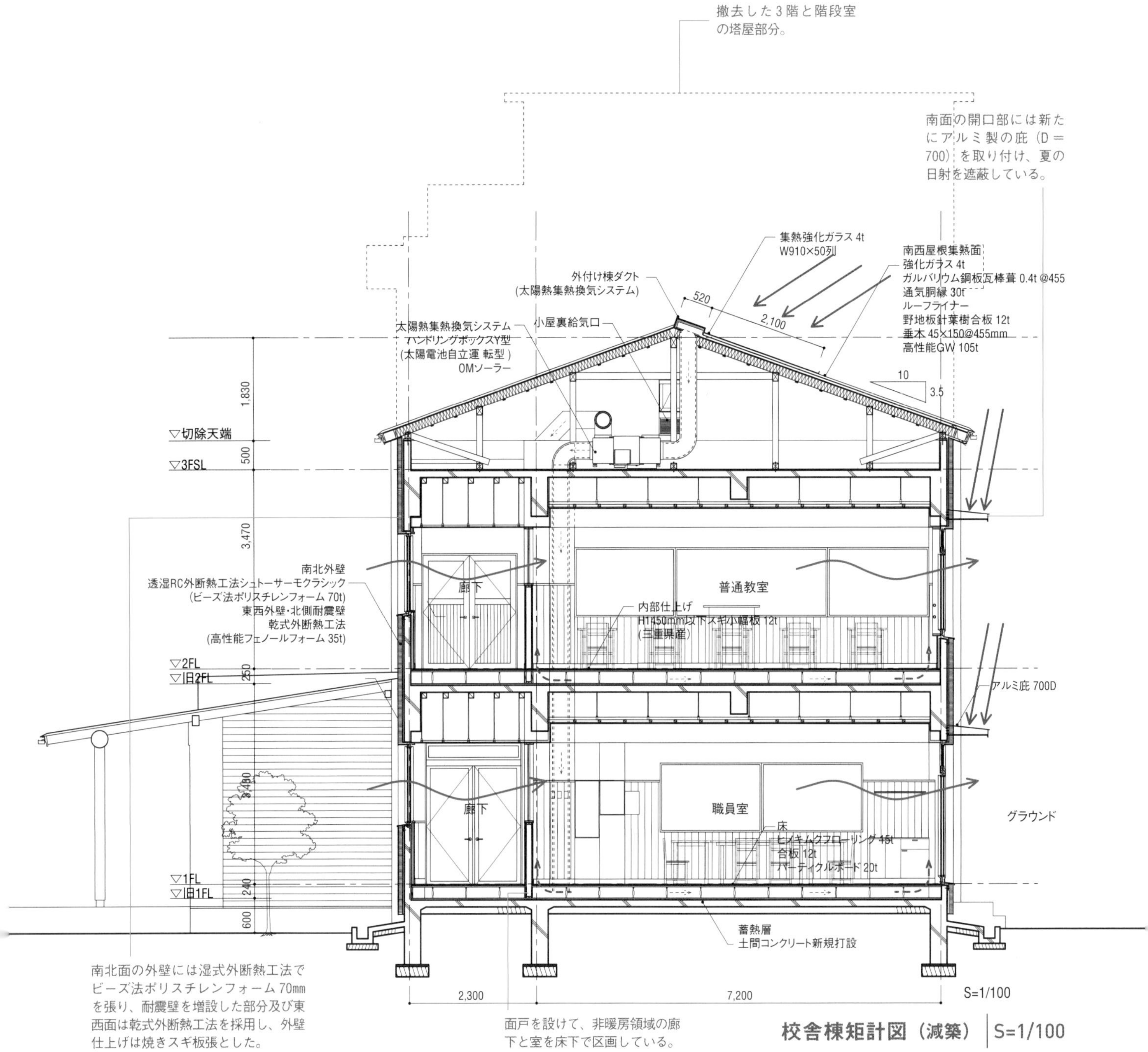
撤去した3階と階段室
の塔屋部分。
南面の開口部には新たにアルミ製の庇（D＝700）を取り付け、夏の日射を遮蔽している。
集熱強化ガラス 4t
W910×50列
南西屋根集熱面
強化ガラス 4t
ガルバリウム鋼板瓦棒葺 0.4t @455
通気胴縁 30t
ルーフライナー
野地板針葉樹合板 12t
垂木 45×150@455mm
高性能GW 105t
外付け棟ダクト
(太陽熱集熱換気システム)
520
2,100
10
3.5
太陽熱集熱換気システム
ハンドリングボックスY型
(太陽電池自立運 転型)
OMソーラー
小屋裏給気口
1,830
▽切除天端
500
▽3FSL
3,470
南北外壁
透湿RC外断熱工法シュトーサーモクラシック
(ビーズ法ポリスチレンフォーム 70t)
東西外壁・北側耐震壁
乾式外断熱工法
(高性能フェノールフォーム 35t)
廊下
普通教室
内部仕上げ
H1450mm以下スギ小幅板 12t
(三重県産)
▽2FL
▽旧2FL
250
アルミ庇 700D
3,480
廊下
職員室
グラウンド
床
ヒノキムクフローリング 15t
合板 12t
パーティクルボード 20t
▽1FL
▽旧1FL
240
600
蓄熱層
土間コンクリート新規打設
2,300
7,200
S=1/100
南北面の外壁には湿式外断熱工法でビーズ法ポリスチレンフォーム 70㎜を張り、耐震壁を増設した部分及び東西面は乾式外断熱工法を採用し、外壁仕上げは焼きスギ板張とした。
面戸を設けて、非暖房領域の廊下と室を床下で区画している。

校舎棟矩計図（減築）｜S=1/100

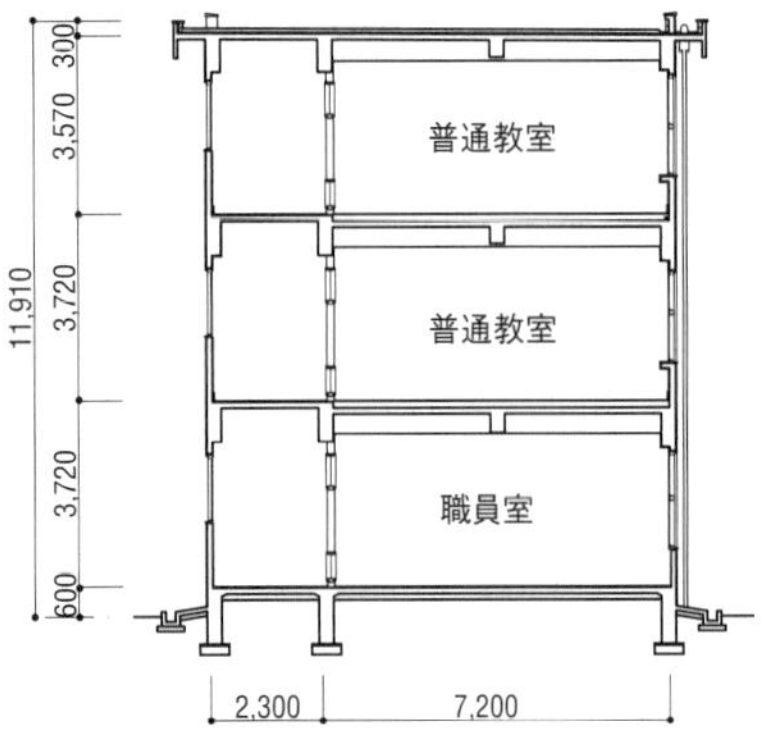
300
3,570
3,720
3,720
600
11,910
普通教室
普通教室
職員室
2,300
7,200

改修前校舎断面｜S=1/300

断熱も日射遮蔽もない「裸の躯体」は、夏季には屋上部の直射を受け、冬季は蓄冷され、過酷な「室内気候」となる。全国を見渡すと、このような校舎が一般的であることは驚きである。

本館改修前の南側外観。築 46 年の校舎は、スチールサッシは腐食し開閉もままならず、耐震的にも危険と判定されたので、50 周年事業として再生整備を行うことになった。当初は解体する方向でプロジェクトが始まった。

改修後の２階建てになり集熱屋根が載った本館校舎。構造家山辺豊彦氏との協働により、3 階を「減築」して耐震性を向上させたうえで耐震補強を施した。躯体は残しつつ、断熱、仕上げなど全面的に改修を行ったことで既存校舎を活用しつつ、今日的性能を持つ校舎と生まれ変わった。

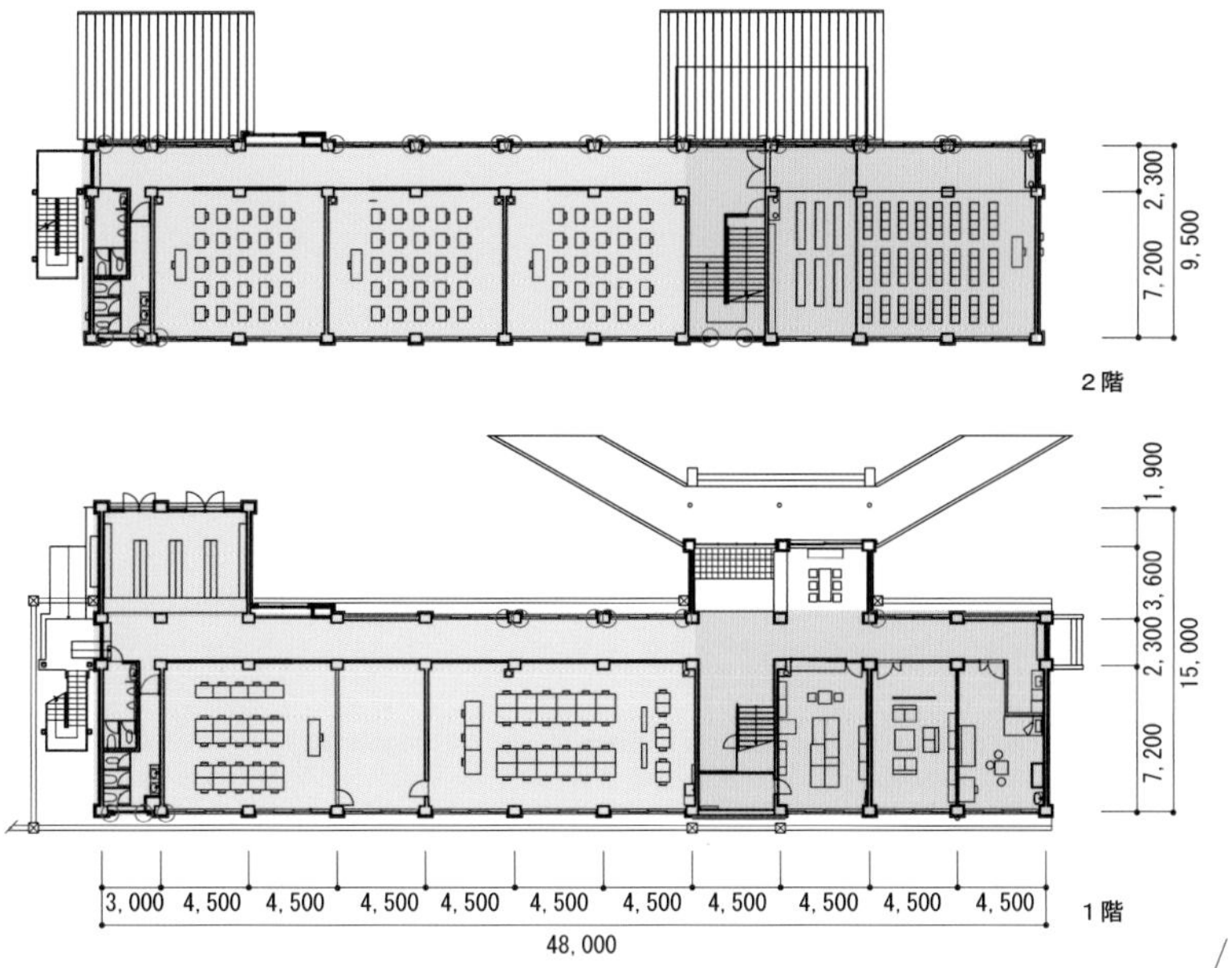
2,300
7,200
9,500
2階
1,900
3,600
2,300
7,200
15,000
3,000 4,500 4,500 4,500 4,500 4,500 4,500 4,500 4,500 4,500 4,500
48,000
1階

改修後平面図 | S=1/600

1期工事　○ 構造スリット
2期工事　―― 耐震壁

耐震化の工事は3階の切除のほかには、1階に3枚の耐力壁の設置、構造スリットによる腰壁と柱の分離だけ。3階RCの強度が低い耐震診断の結果を踏まえ、「減築」によって建物を軽くし、最小限の耐震壁と構造スリットによる耐震化の手法を採用している。工事は3期に区画を分け、区画ごとに教室を移してプレハブを建てずに「居ながら」改修とした。3階解体には騒音が伴うので、夏休みに3階工事を行っている。

柱、梁、壁はワイヤーソウで切断し、スラブは下からサポートした上で、撤去するスラブにコンクリートカッター置き、上からスラブを切断する。切り取られたコンクリートは、クレーンで吊り上げて地上に降ろした。

既存校舎にはコンクリート土間がなかったため、1階床にコンクリートを打設して蓄熱床をつくっている。

玄関ホール。上が改修前で下が改修後。改修前の床はPタイル。冬には結露により水溜りができ、底冷えがひどい環境だった。改修後は、玄関奥に新たに「ほっとスペース」がつくられた。全寮制なので学園が生活の場でもある。

玄関部。既存の片持ち庇は劣化により落下の危険性があったため撤去し、木製の庇を増設した。玄関脇の窓は、記憶を継承するために、既存のスチールサッシを保存している。内部には、熱負荷を抑えるために木製の建具を設けている。

生徒も校舎づくりに参加することが検討され、授業の一環として学校林から生徒が伐り出した木材を、教室の壁や家具の材料として使用している。また木部は米ぬかワックス仕上げとし、生徒が塗装した。竣工後のメンテナンスも生徒が自分たちで行っている。

減築して屋根を新設し、太陽電池で駆動する太陽熱集熱換気システム（OMソーラーシステム）を5台設置、暖かい新鮮空気を教室内に導いている。

改修後の教室内観。教室の机と椅子は、生徒が伐り出したヒノキ材を集成材にし、地元の協力者が製作したもの。

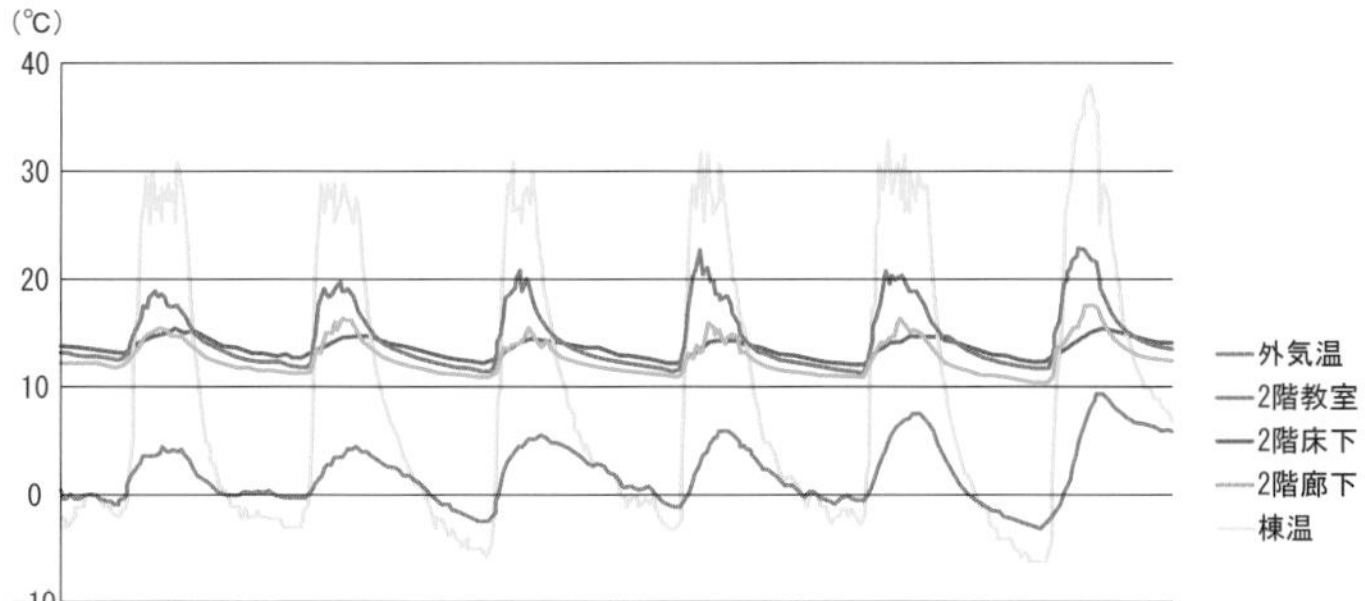
(℃)
40
30
20
10
0
-10
2012/12/09
12/10
12/11
12/12
12/13
12/14
外気温
2階教室
2階床下
2階廊下
棟温

5.0 7.5 10.0 12.5 15.0 17.5 20.0 22.5 25.0

左図は2012年12月のデータ。外気温が零下になる時でも夜間の冷え込みが抑えられている。2012/10/8から2013/05/26までの校舎全体の集熱量は44.3GJであった。2月の最も寒い時期に一時的に小さな灯油ストーブ1台のみで対応している。　右上図は2012/01/20教室のサーモカメラ画像。外気温6度で雨。教室は均質な温度分布を示している。旧校舎と同時期に建設され同様の構造である別の建物が右下図である。

図書館部分の屋根荷重は樹状方杖構造。脚元はJパネルで固めている。

OMソーラーシステムの集熱部。図書室に3台、教室に1台の計4台のハンドリングボックスを設置して全館を太陽熱で暖房している。

外壁は、柱間にグラスウールを充填しその外側にボード状の断熱材で付加断熱している。図書室とお茶コーナーの主な部分には、トリプルガラスLow-eアルゴンガス入り（熱伝導率1.2（W/m^{2}·K））の高性能な木製サッシを使用。その他のサッシは断熱気密性の高いアルミ樹脂複合サッシを採用している。

西側の窓は日射遮蔽効果が高いLow-eガラスとし、夏の太陽入射角に対応して角度を調子したルーバーを取り付けている。

防火区画が必要であったため、事務室や会議室は大きな屋根の中にスペースが入り込むような形で設けた。

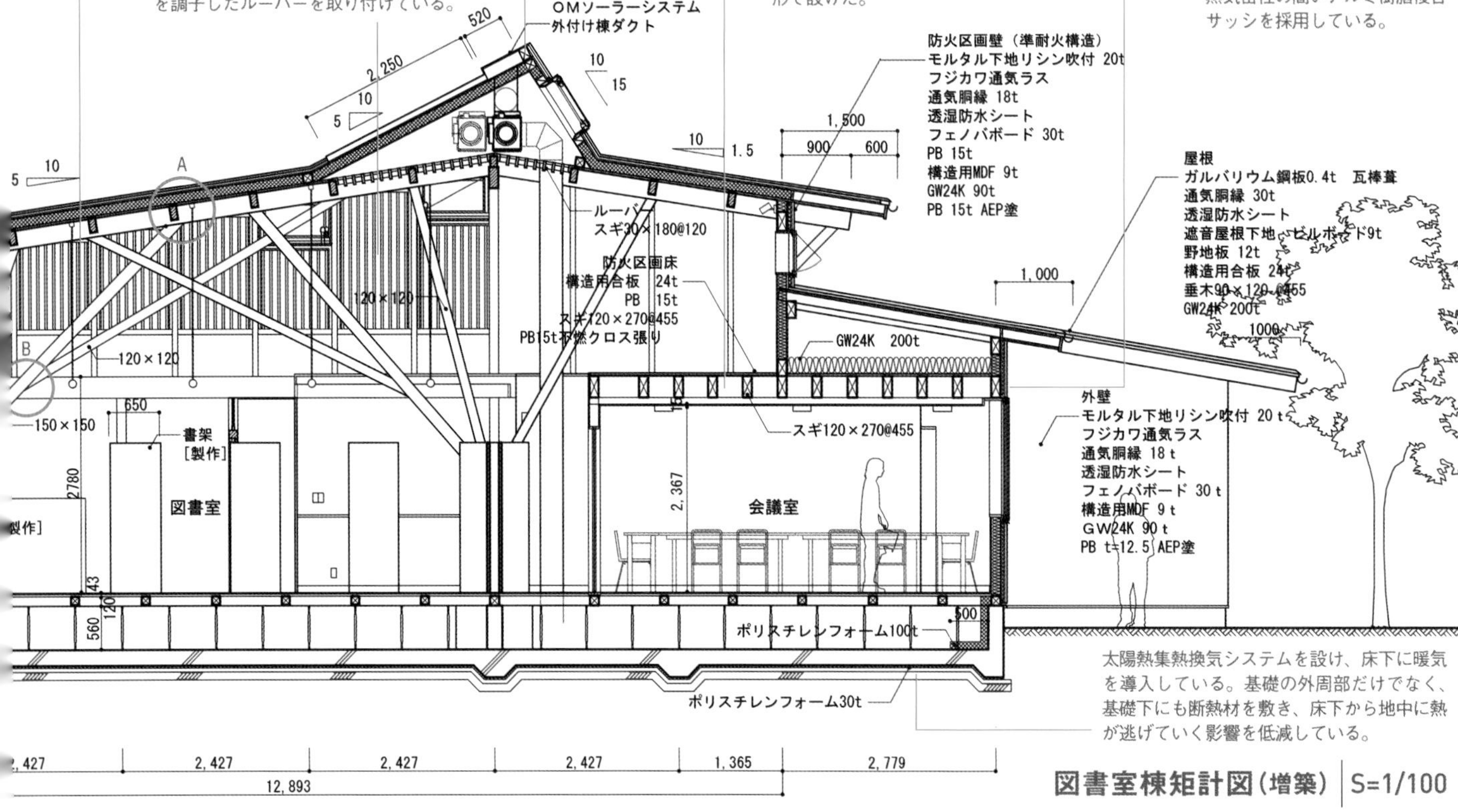

OMソーラーシステム
外付け棟ダクト
520
2,250
1,500
900
600
防火区画壁（準耐火構造）
モルタル下地リシン吹付 20t
フジカワ通気ラス
通気胴縁 18t
透湿防水シート
フェノバボード 30t
PB 15t
構造用MDF 9t
GW24K 90t
PB 15t AEP塗
屋根
ガルバリウム鋼板0.4t 瓦棒葺
通気胴縁 30t
透湿防水シート
遮音屋根下地 ビルボード9t
野地板 12t
構造用合板 24t
垂木90×120@455
GW24K 200t
A
B
ルーバー
スギ30×180@120
防火区画床
構造用合板 24t
PB 15t
スギ120×270@455
PB15t不燃クロス張り
120×120
1,000
GW24K 200t
1000
120×120
150×150
650
書架
［製作］
図書室
2780
2,367
会議室
スギ120×270@455
外壁
モルタル下地リシン吹付 20t
フジカワ通気ラス
通気胴縁 18t
透湿防水シート
フェノバボード 30t
構造用MDF 9t
GW24K 90t
PB t=12.5 AEP塗
43
120
560
500
ポリスチレンフォーム100t
ポリスチレンフォーム30t
2,427
2,427
2,427
2,427
1,365
2,779
12,893

太陽熱集熱換気システムを設け、床下に暖気を導入している。基礎の外周部だけでなく、基礎下にも断熱材を敷き、床下から地中に熱が逃げていく影響を低減している。

図書室棟矩計図（増築）｜S=1/100

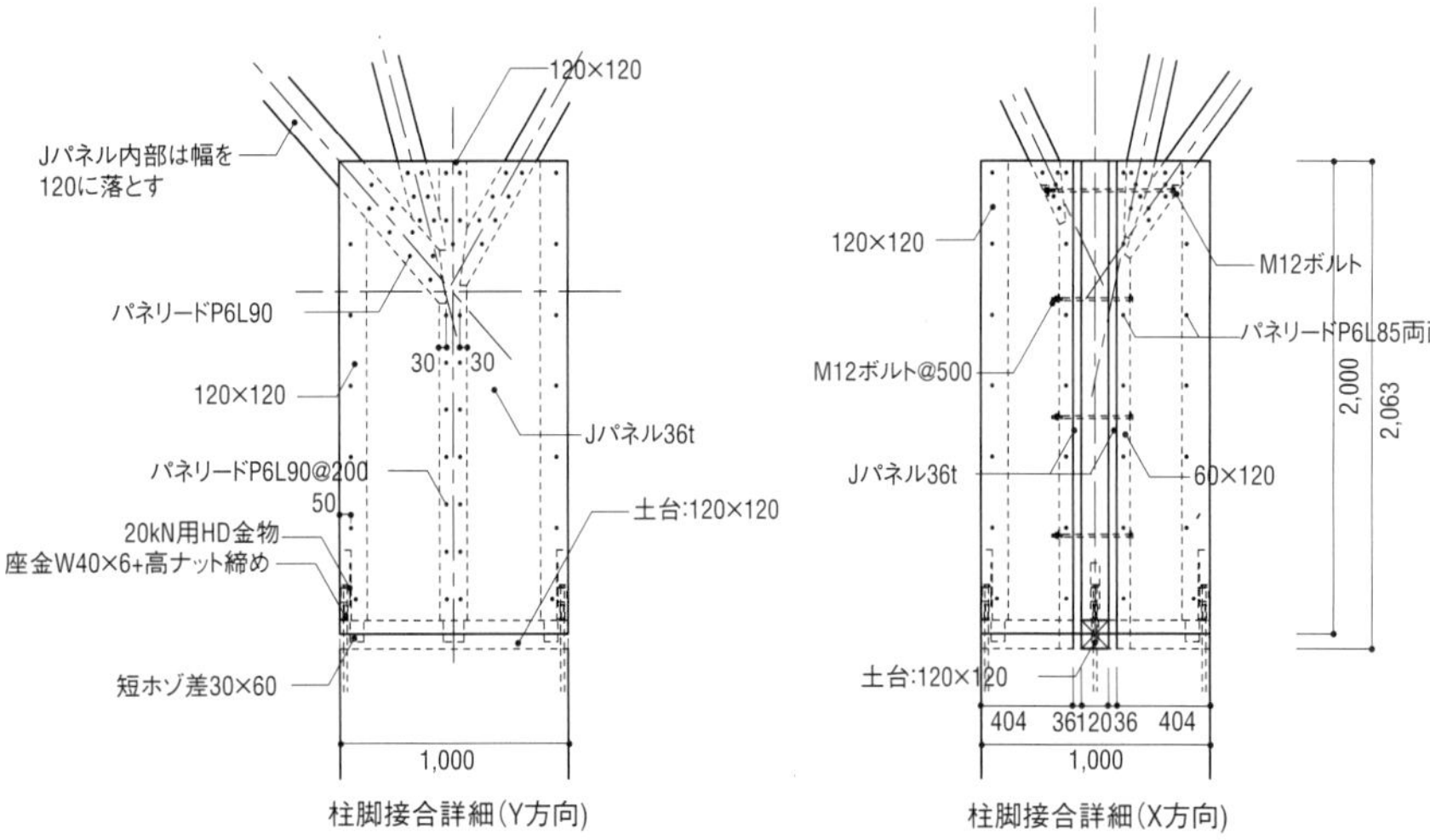

120×120
Jパネル内部は幅を120に落とす
パネリードP6L90
30
30
120×120
Jパネル36t
パネリードP6L90@200
50
20kN用HD金物
座金W40×6+高ナット締め
土台:120×120
短ホゾ差30×60
1,000
柱脚接合詳細(Y方向)
120×120
M12ボルト
パネリードP6L85両面@300
M12ボルト@500
2,000
2,063
Jパネル36t
60×120
土台:120×120
404
36
120
36
404
1,000
柱脚接合詳細(X方向)

樹状方杖構造詳細

大空間となる図書館部分の屋根荷重を支える架構方式は、Jパネルによる十字型の幹から角材の柱が枝分かれして小屋梁を支える樹状方杖構造とすることにより、大断面集成材を用いず中小断面の製材だけで構成している。

教室部分の屋根架構方式は、910㎜ピッチの登り梁を左右で半ピッチずつずらして中央北寄りの交差部で桁行方向に2本の支点桁を挟んでボルト締めする支点桁構造、6m以下の一般流通製材だけで約7mスパンの教室空間を支えている。

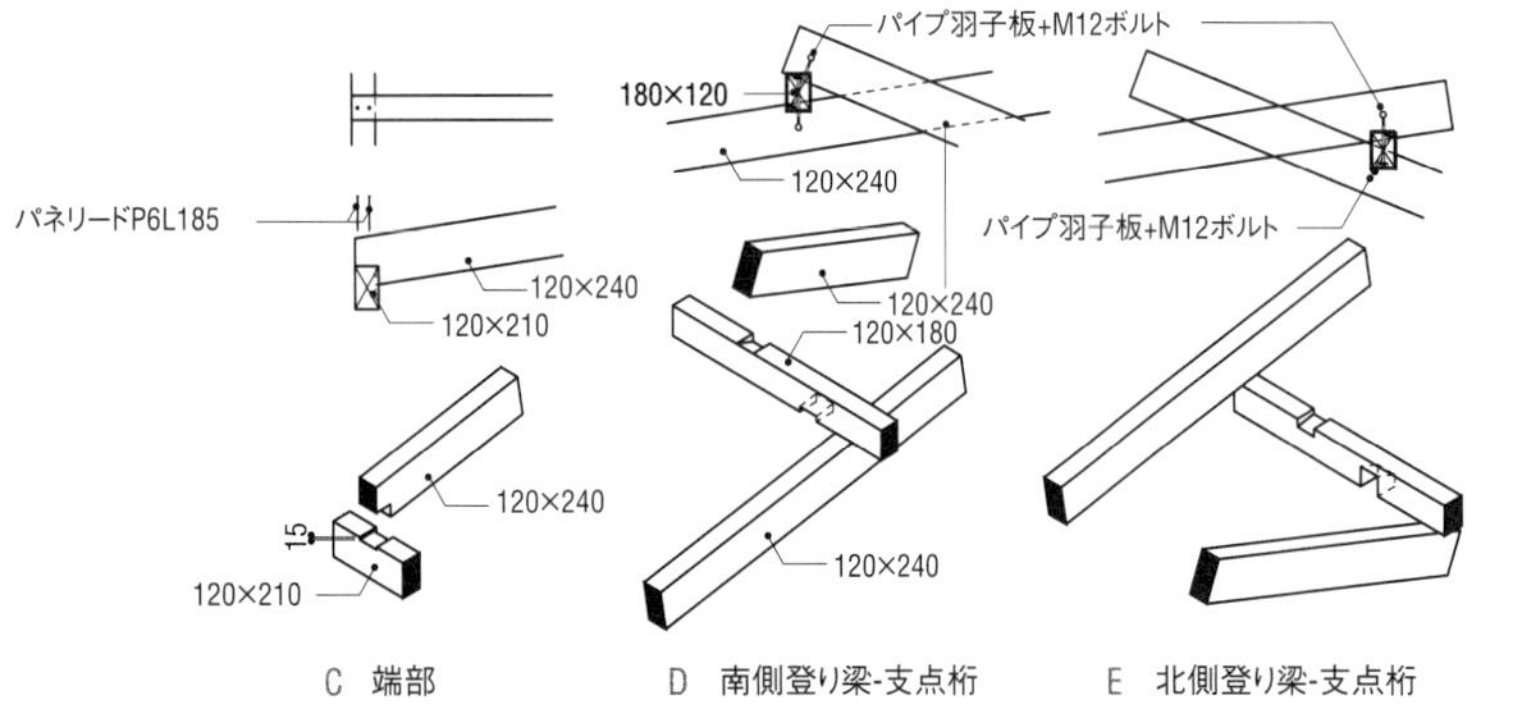

パネリードP6L185
120×240
120×210
120×240
15
120×210
C 端部
パイプ羽子板+M12ボルト
180×120
120×240
120×240
120×180
120×240
D 南側登り梁-支点桁
パイプ羽子板+M12ボルト
E 北側登り梁-支点桁

教室棟支点桁架構接合詳細

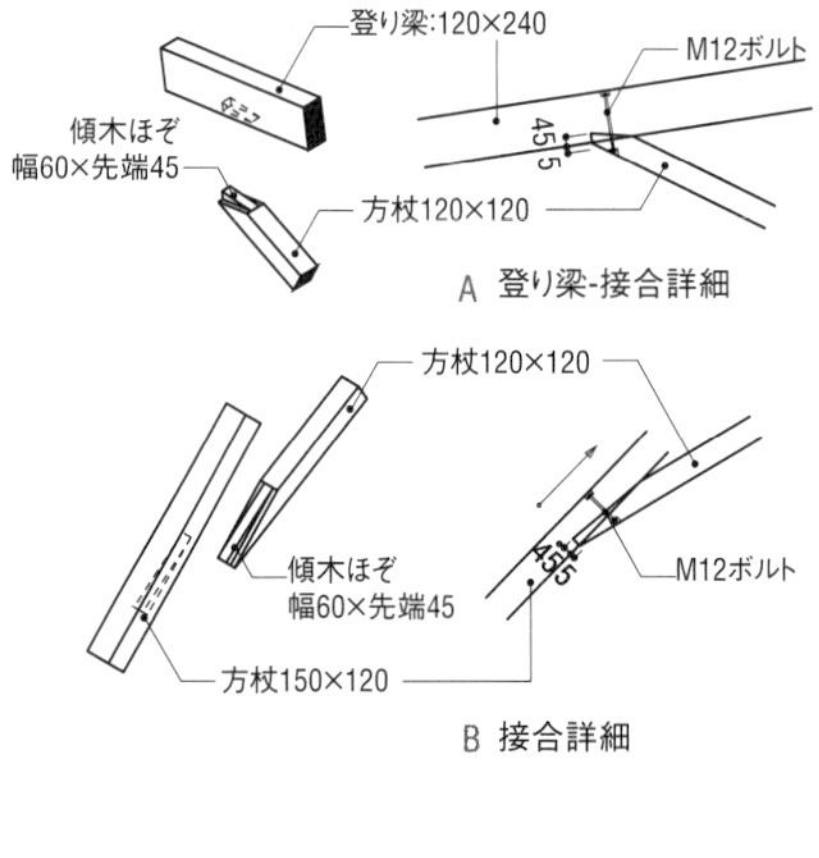

登り梁:120×240
M12ボルト
傾木ほぞ
幅60×先端45
455
方杖120×120
A 登り梁-接合詳細
方杖120×120
傾木ほぞ
幅60×先端45
455
M12ボルト
方杖150×120
B 接合詳細

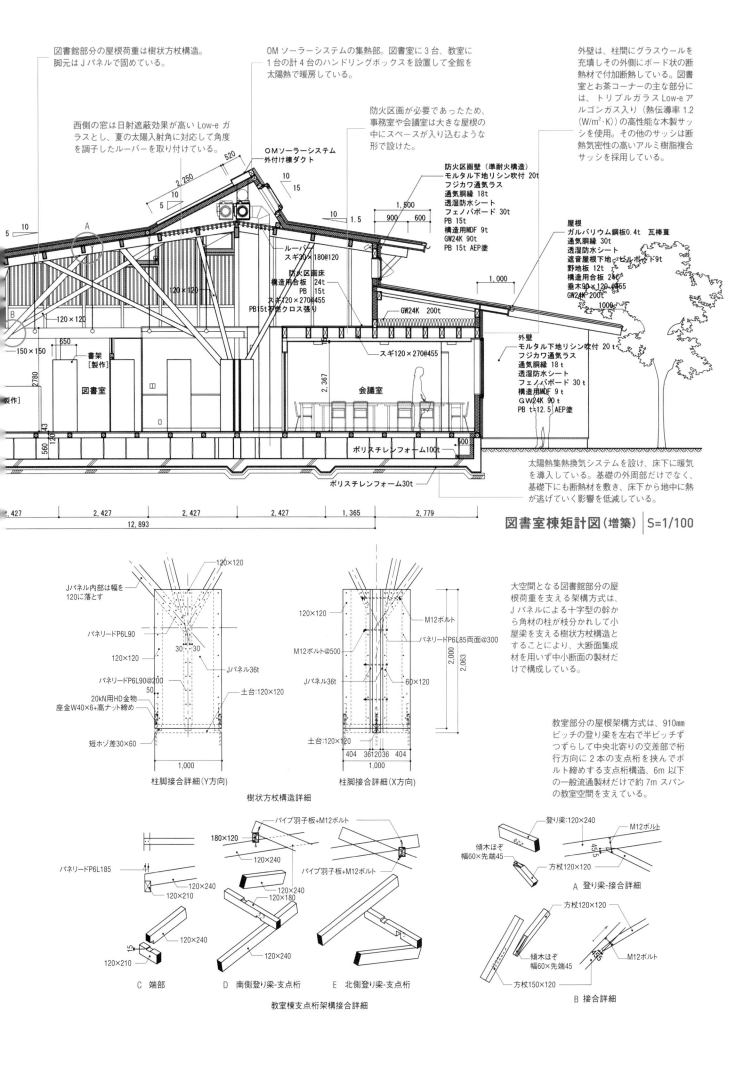

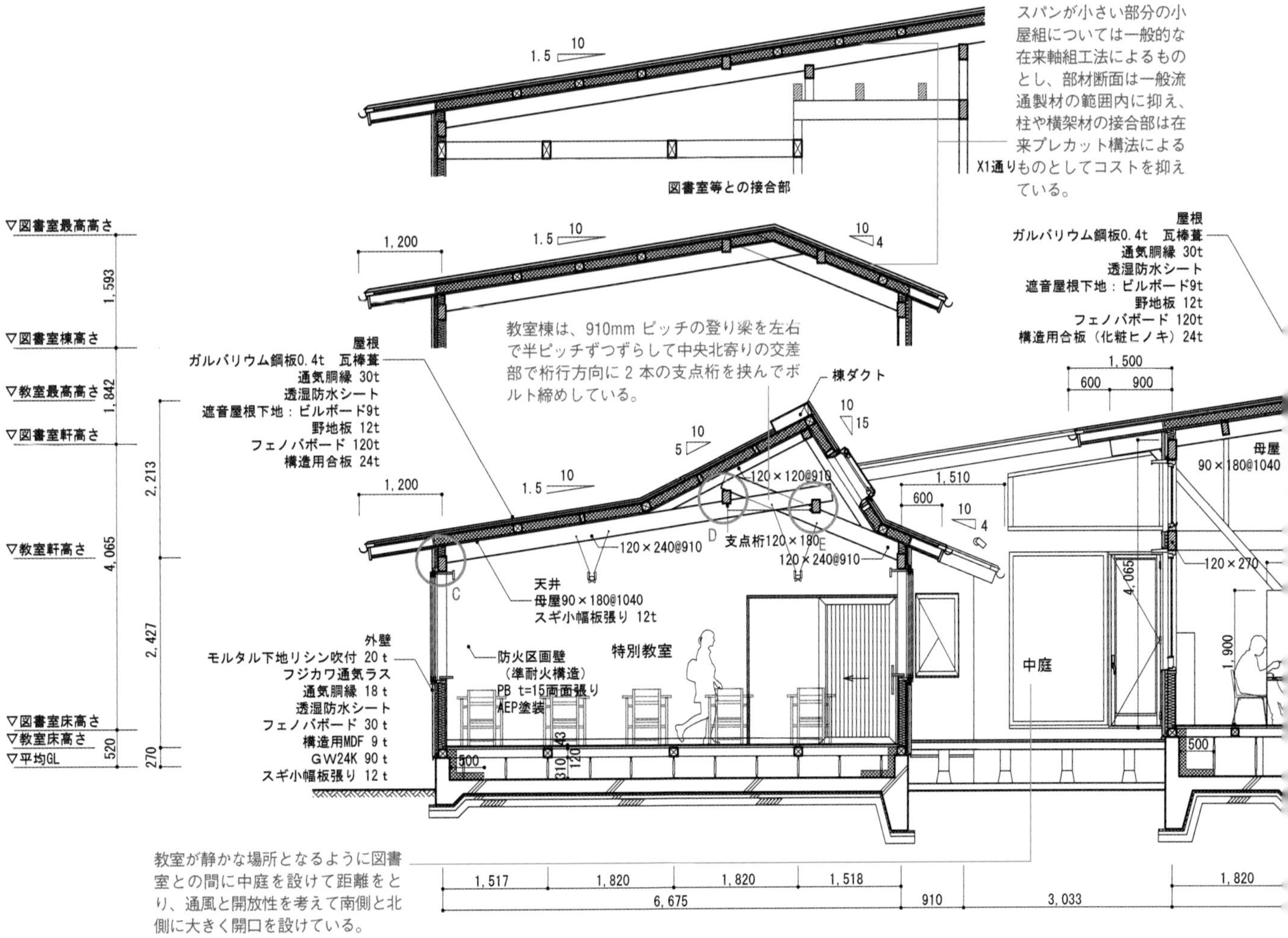

スパンが小さい部分の小屋組については一般的な在来軸組工法によるものとし、部材断面は一般流通製材の範囲内に抑え、柱や横架材の接合部は在来プレカット構法によるものとしてコストを抑えている。
X1通り
図書室等との接合部
1.5
10
4
1,200
▽図書室最高高さ
▽図書室棟高さ
▽教室最高高さ
▽図書室軒高さ
▽教室軒高さ
▽図書室床高さ
▽教室床高さ
▽平均GL
1,593
1,842
2,213
4,065
2,427
520
270
屋根
ガルバリウム鋼板0.4t　瓦棒葺
通気胴縁 30t
透湿防水シート
遮音屋根下地：ビルボード9t
野地板 12t
フェノバボード 120t
構造用合板 24t
構造用合板（化粧ヒノキ）24t
教室棟は、910mm ピッチの登り梁を左右で半ピッチずつずらして中央北寄りの交差部で桁行方向に 2 本の支点桁を挟んでボルト締めしている。
棟ダクト
5
15
120×120@910
120×240@910
支点桁120×180
C
D
E
天井
母屋90×180@1040
スギ小幅板張り 12t
外壁
モルタル下地リシン吹付 20 t
フジカワ通気ラス
通気胴縁 18 t
透湿防水シート
フェノバボード 30 t
構造用MDF 9 t
GW24K 90 t
スギ小幅板張り 12 t
防火区画壁
（準耐火構造）
PB t=15両面張り
AEP塗装
特別教室
中庭
1,500
600
900
1,510
母屋
90×180@1040
120×270
1,900
500
310
43
120
教室が静かな場所となるように図書室との間に中庭を設けて距離をとり、通風と開放性を考えて南側と北側に大きく開口を設けている。
1,517
1,820
1,820
1,518
6,675
910
3,033
1,820

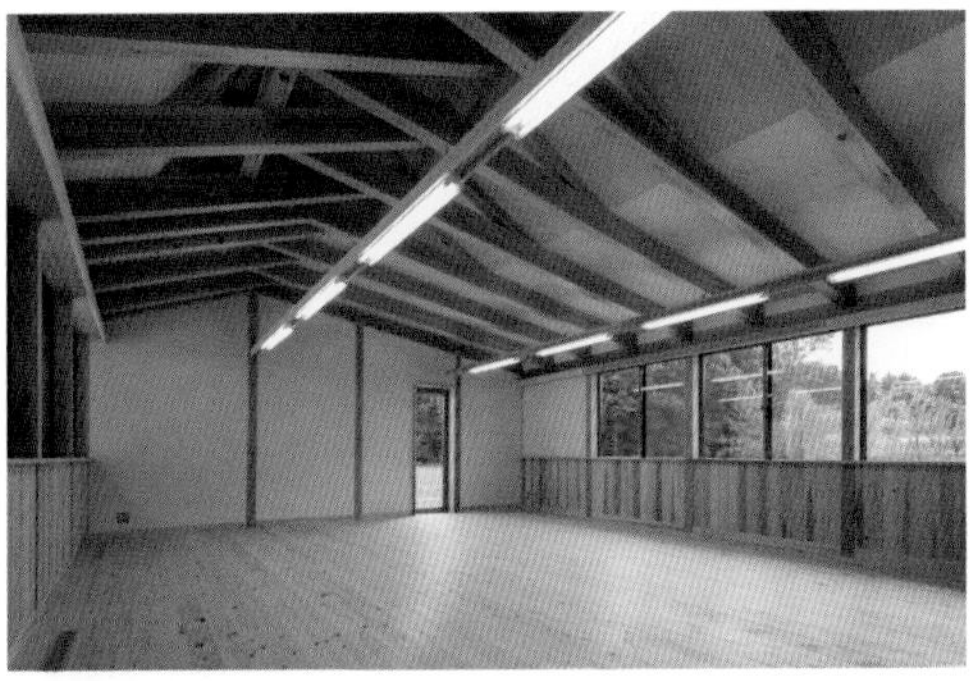

特別教室の内観。2 つの梁に対して、直交する方向に桁を通すことで支え合う支点桁方式。照明は、アングルを使って汎用の蛍光灯を吊り、木板で挟んでいる。既成品を単純にアレンジしたもの。机といすは、地元の家具メーカーが地元材でつくった物。

図書室棟から西方向を見る。大空間から特別教室に続く廊下は、天井高さが 2.2m と低く、落ち着いた雰囲気となっている。窓際に机を兼ねる長いベンチを設けて休憩スペースにもなっている。

2014 年 2 月 25 日 15：40 撮影。外気温 11 度室温 16 度。床の放射温度が高めで快適性が高い。

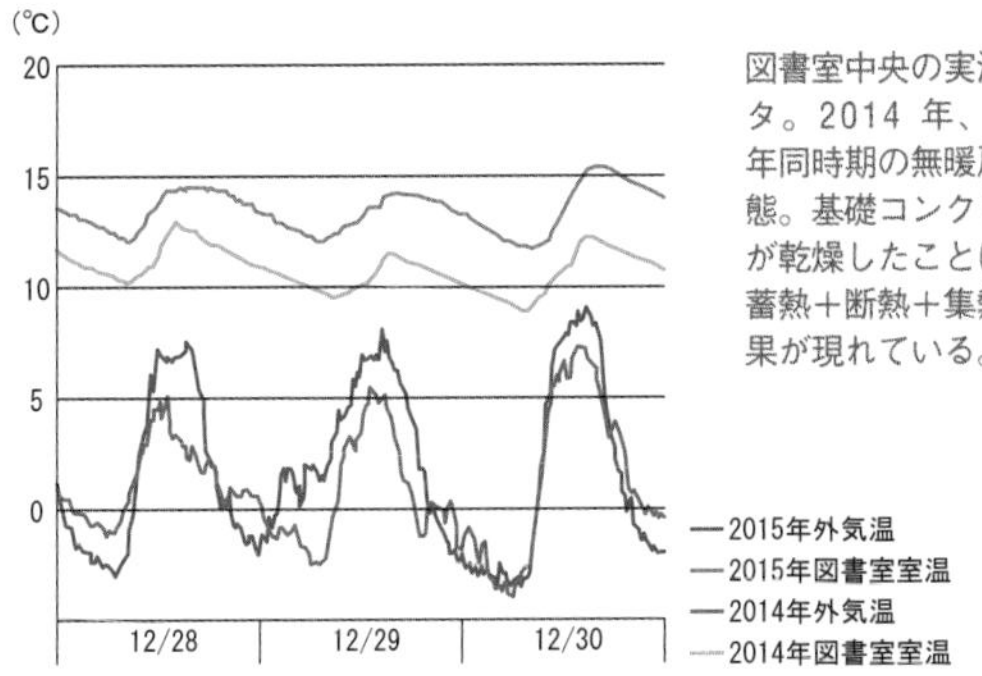

(℃)
20
15
10
5
0
12/28
12/29
12/30
2015年外気温
2015年図書室室温
2014年外気温
2014年図書室室温

図書室中央の実測データ。2014 年、2015 年同時期の無暖房の状態。基礎コンクリートが乾燥したことにより蓄熱＋断熱＋集熱の効果が現れている。

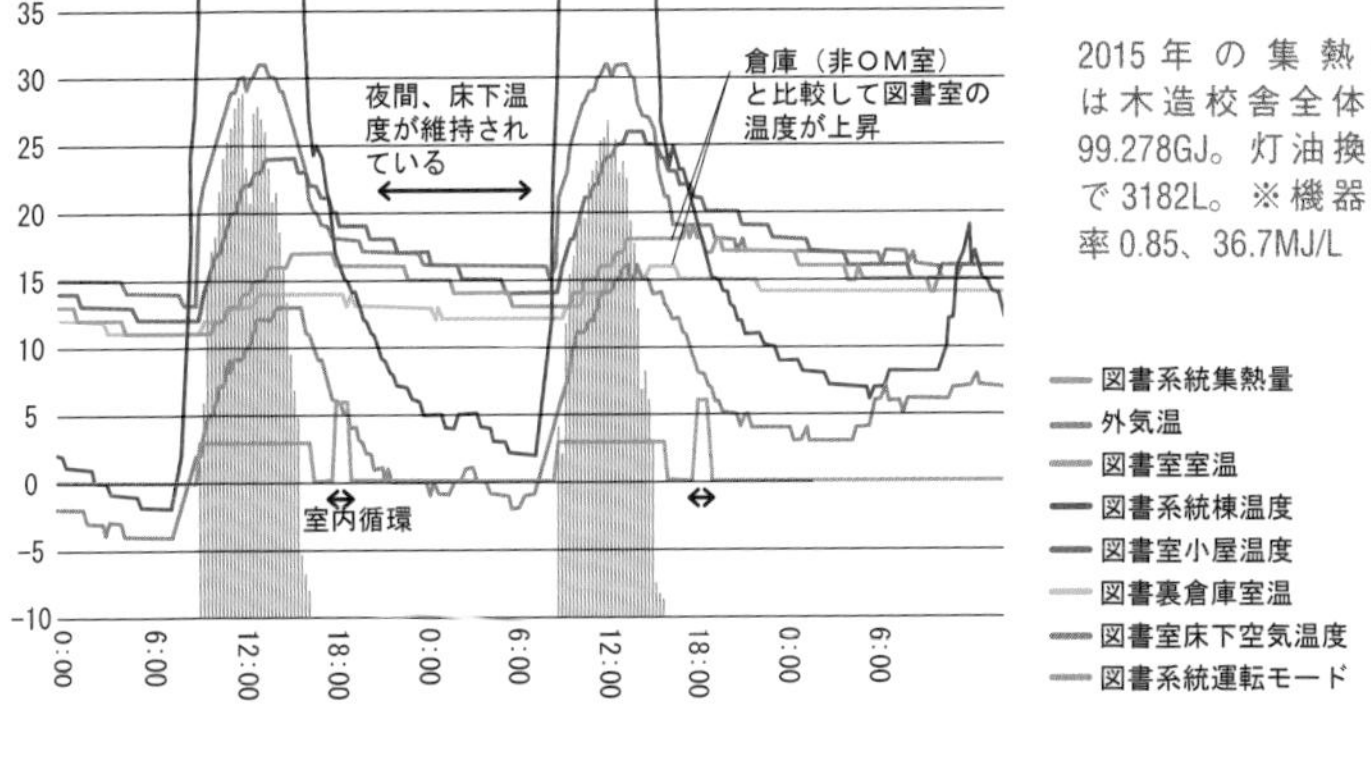

(℃)
35
30
25
20
15
10
5
0
-5
-10
0:00
6:00
12:00
18:00
夜間、床下温度が維持されている
倉庫（非ＯＭ室）と比較して図書室の温度が上昇
室内循環
図書系統集熱量
外気温
図書室室温
図書系統棟温度
図書室小屋温度
図書裏倉庫室温
図書室床下空気温度
図書系統運転モード

2015 年の集熱量は木造校舎全体で 99.278GJ。灯油換算で 3182L。※機器効率 0.85、36.7MJ/L

chapter

2-5

性能改善・減築

断熱補強と太陽集熱システムの導入、耐震改修

川崎のT邸／長久手のN邸

築24年の木造2階建ての住宅の改修プロジェクト。主な居住空間である1階の居間と台所のみを改修している。

1階部分の断熱改修と合わせてOMソーラーシステムを導入し、暖房と給湯に太陽熱を利用している。床下に防蟻処理の痕跡が見られたこと、床の改修を行わないことなどから、集熱空気を基礎部分へ蓄熱することはせず、床面に断熱補強をした上で床下空間にダクトを通して、居間や台所にダクトを介して送り込む方式としていることが特徴的。

１階南面のサンルーム部分の下屋を利用して、新しくガラス集熱器を設けた。集熱面積が少ないため、冬季は暖房に加えて十分な給湯を賄う程にはならなかったが、夏はほぼ太陽熱で給湯需要を賄うことができている。サンルームに面した居間は、晴天時にはダイレクトゲインとOMソーラーの集熱量でほとんど補助暖房は必要ない。

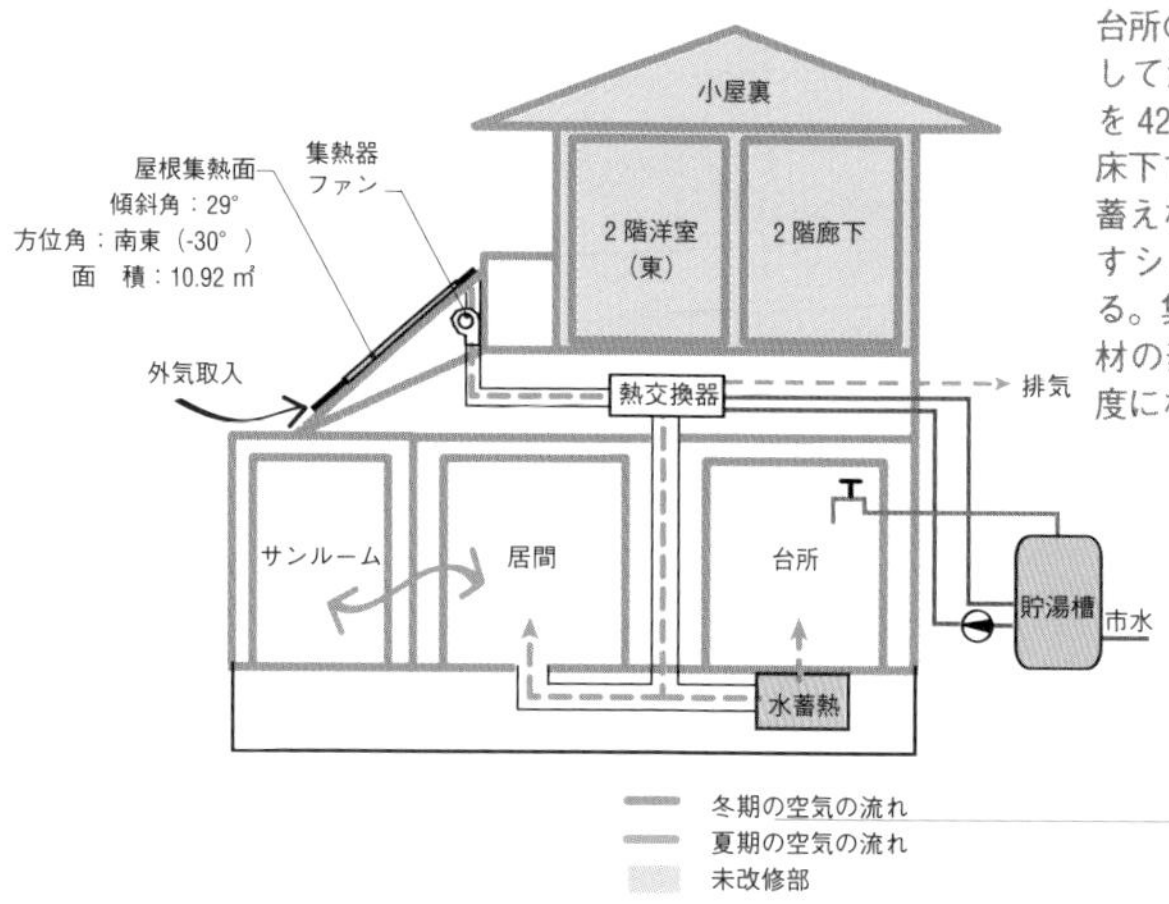

小屋裏
屋根集熱面
傾斜角：29°
方位角：南東（-30°）
面　積：10.92㎡
集熱器ファン
2階洋室（東）
2階廊下
外気取入
熱交換器
排気
サンルーム
居間
台所
貯湯槽
市水
水蓄熱
冬期の空気の流れ
夏期の空気の流れ
未改修部

台所の床下収納庫を利用して潜熱蓄熱材（PCM）を42個設置した。台所床下では、蓄熱材に熱を蓄えながら温風を吹き出すシステムになっている。集熱時には潜熱蓄熱材の表面温度は25℃程度になる。

ソーラーシステムの概略図｜川崎のT邸

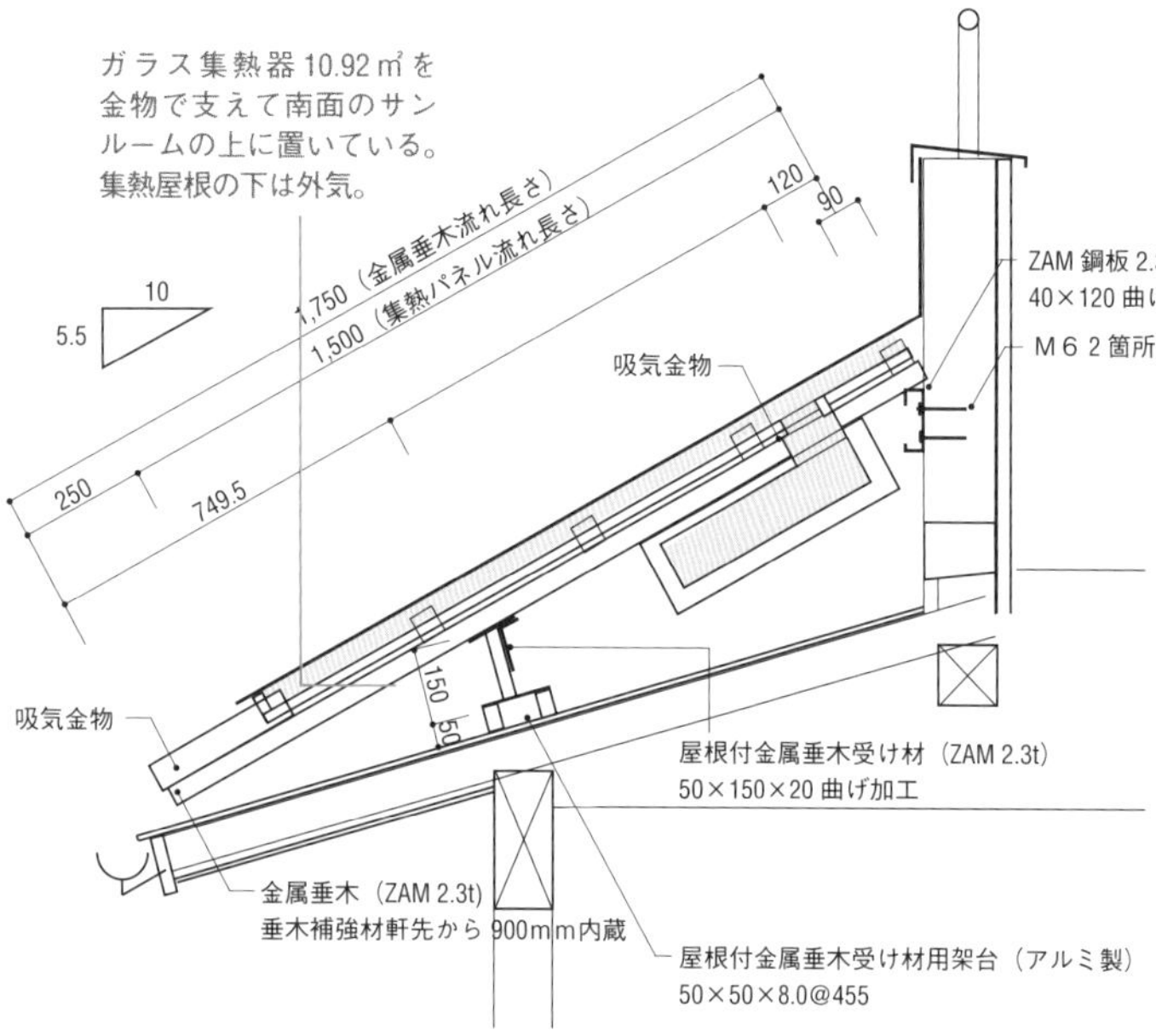

ガラス集熱器10.92㎡を金物で支えて南面のサンルームの上に置いている。集熱屋根の下は外気。
1,750（金属垂木流れ長さ）
1,500（集熱パネル流れ長さ）
120
90
10
5.5
250
749.5
ZAM鋼板 2.3t
40×120 曲げ加工
M６２箇所
吸気金物
150
50
吸気金物
屋根付金属垂木受け材（ZAM 2.3t）
50×150×20 曲げ加工
金属垂木（ZAM 2.3t）
垂木補強材軒先から900mm内蔵
屋根付金属垂木受け材用架台（アルミ製）
50×50×8.0@455

川崎のT邸｜集熱部詳細図｜S=1/25

台所では改修後、外気温が下がっても室内の気温は下がりにくくなっており、断熱改修と潜熱蓄熱材による保温性が向上している。月全体の居間の日平均気温を改修前後で比較すると、改修後は約3℃上昇している。

月全体の居間の日平均気温で比較すると、改修前の居間は16.8℃、改修後は18.7℃と約2℃上昇している。

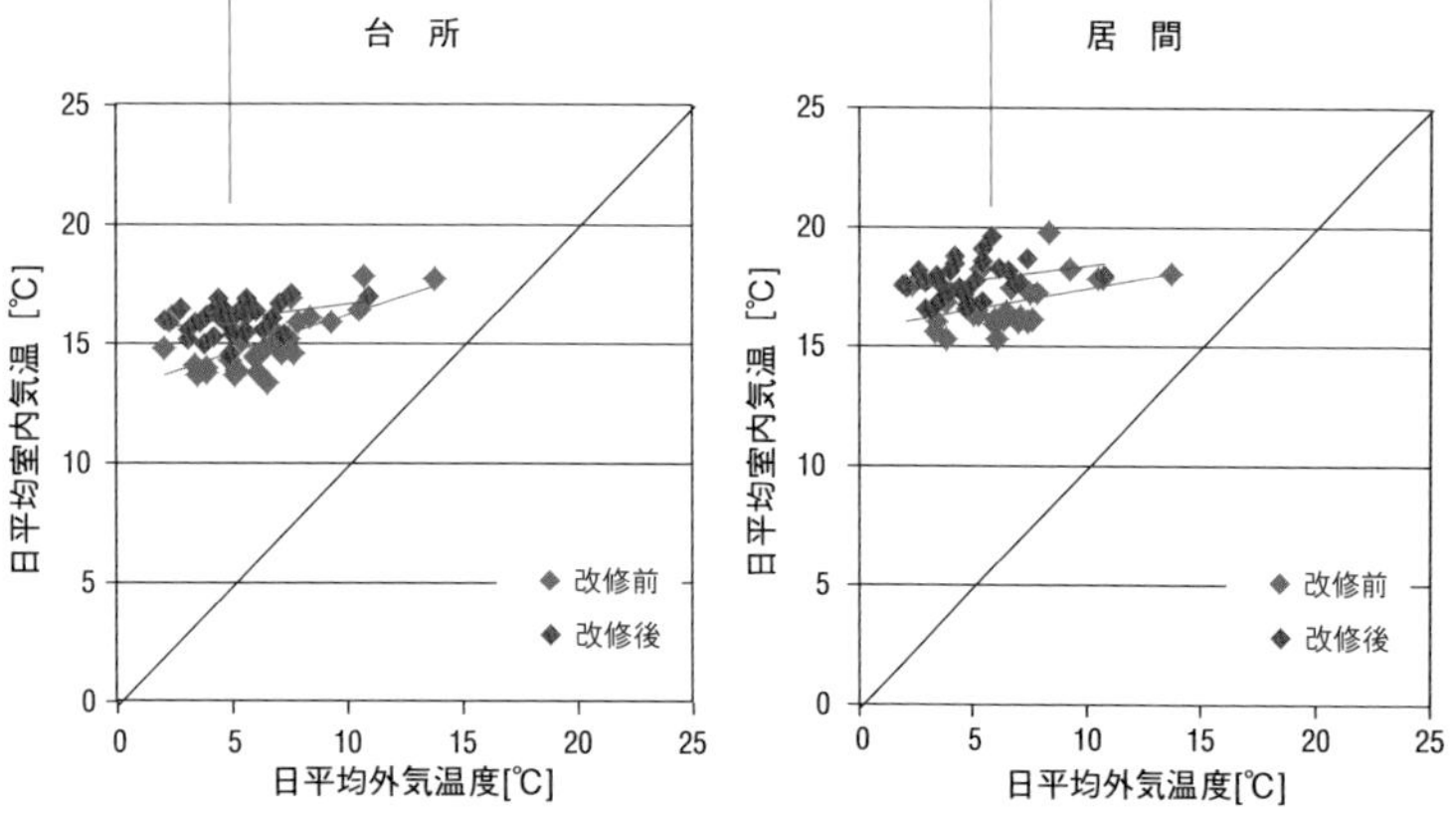

台　所
居　間
日平均室内気温［℃］
日平均外気温度［℃］
0
5
10
15
20
25
改修前
改修後

川崎のT邸｜2月の室内環境の比較

横軸に外気の日平均気温、縦軸に居間・台所の日平均気温をプロットしている。改修前（青）と改修後（赤）を比較すると、全体的に改修後の方が室内の日平均気温が高くなっている。室内環境は改善され、かつ居間と台所で使用される暖房エネルギーの使用量は約40%削減できている。

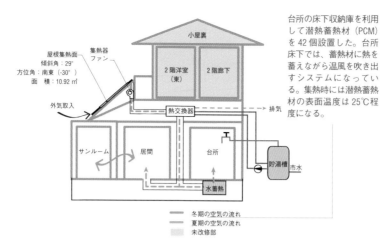

築22年の木造2階建ての住宅の改修プロジェクト。家族構成の変化によって、2階はほとんど使わなくなったため、1階のみを全面的に改修した。

改修は、断熱補強と合わせてOMソーラーシステムを導入し、暖房と給湯に太陽熱を利用する省エネ改修とあわせて、バリアフリー化、耐震補強もしている。既存住宅は下屋構造のため2階の外壁の荷重を受ける廊下の独立柱に荷重が集中し耐震性に不安があった。そこで下屋部分の小屋裏に耐震補強を行い、下屋の屋根を瓦から軽量の金属屋根に変えた上で集熱面をつくった。

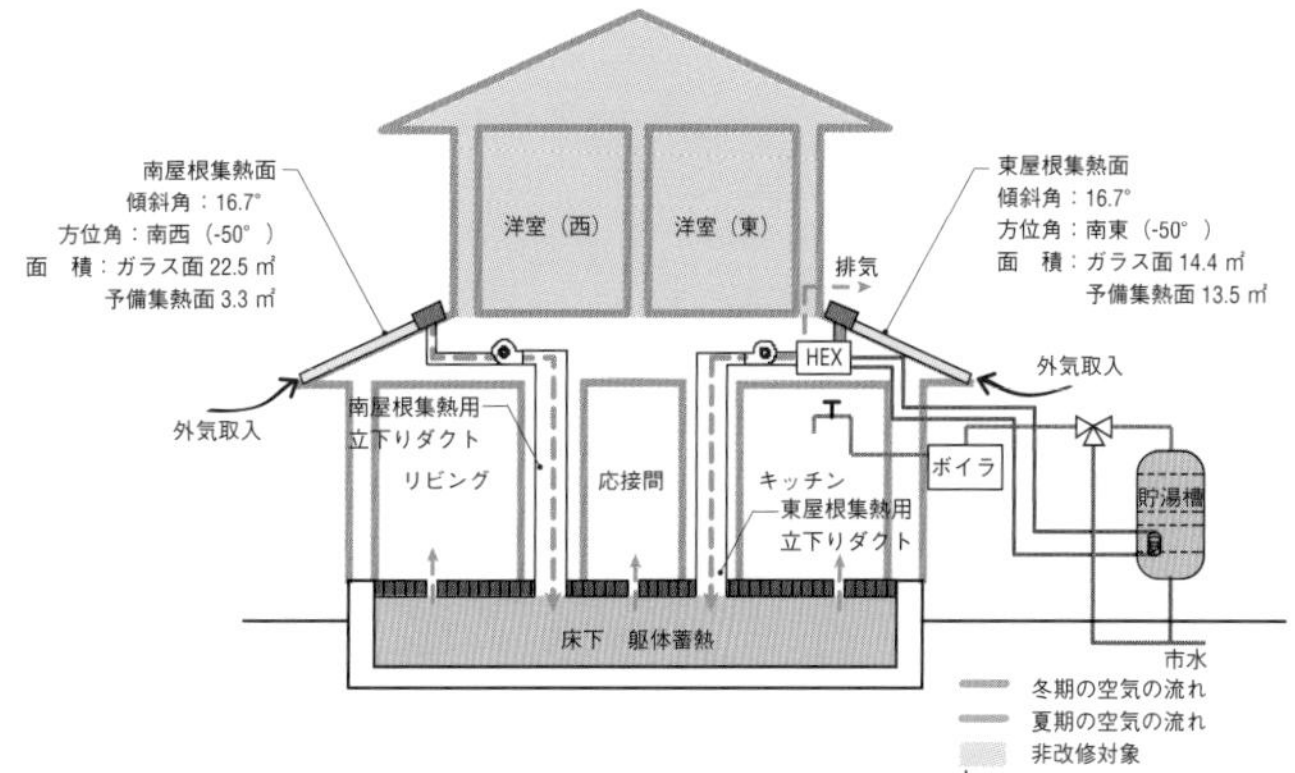
南屋根集熱面
傾斜角：16.7°
方位角：南西（-50°）
面　積：ガラス面 22.5㎡
予備集熱面 3.3㎡
東屋根集熱面
傾斜角：16.7°
方位角：南東（-50°）
面　積：ガラス面 14.4㎡
予備集熱面 13.5㎡
洋室（西）
洋室（東）
排気
外気取入
HEX
外気取入
南屋根集熱用立下りダクト
リビング
応接間
キッチン
東屋根集熱用立下りダクト
ボイラ
貯湯槽
床下　躯体蓄熱
市水
冬期の空気の流れ
夏期の空気の流れ
非改修対象

ソーラーシステムの概略図｜長久手のN邸

改修前の外観。1階からセットバックして2階が載っている典型的な木造在来工法の住宅。このようなタイプは下屋部分の耐震性の確認が必要となる。

壁・天井にはセルロースファイバーを吹き付けて断熱補強をしている。改修は気密シートの確実な取り付けができないため、吹き込みタイプの断熱材である程度の気密補強をしている。

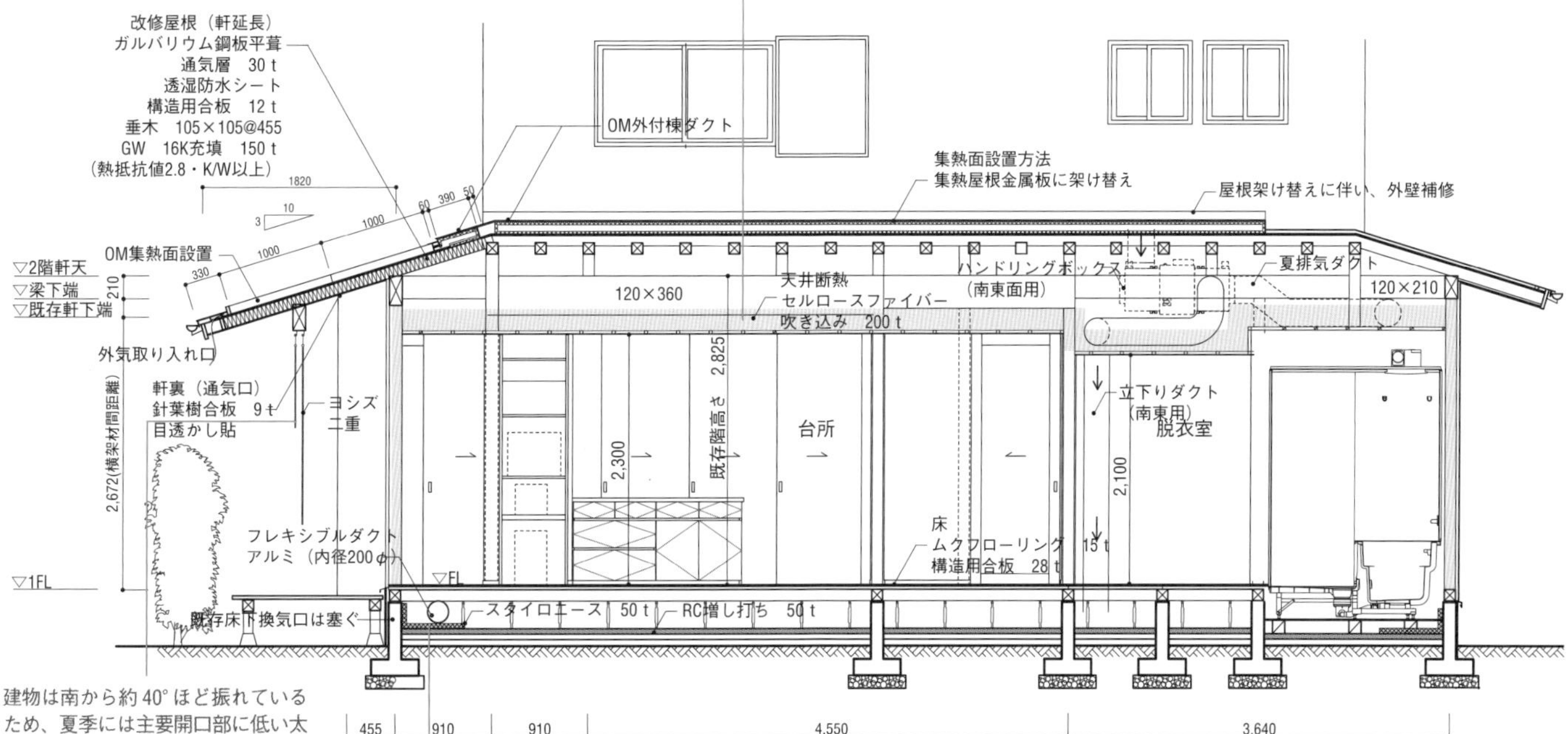
改修屋根（軒延長）
ガルバリウム鋼板平葺
通気層　30 t
透湿防水シート
構造用合板　12 t
垂木　105×105@455
GW　16K充填　150 t
（熱抵抗値2.8・K/W以上）
OM外付棟ダクト
集熱面設置方法
集熱屋根金属板に架け替え
屋根架け替えに伴い、外壁補修
OM集熱面設置
▽2階軒天
▽梁下端
▽既存軒下端
ハンドリングボックス
（南東面用）
夏排気ダクト
120×360
天井断熱
セルロースファイバー
吹き込み　200 t
120×210
外気取り入れ口
軒裏（通気口）
針葉樹合板　9 t
目透かし貼
ヨシズ
二重
2,672(横架材間距離)
2,300
既存階高さ 2,825
台所
立下りダクト
（南東用）
脱衣室
2,100
フレキシブルダクト
アルミ（内径200φ）
床
ムクフローリング　15 t
構造用合板　28 t
▽1FL
▽FL
既存床下換気口は塞ぐ
スタイロエース　50 t
RC増し打ち　50 t
455
910
910
4,550
3,640

建物は南から約40°ほど振れているため、夏季には主要開口部に低い太陽高度で日射が入り込み室内が暑くなる。庇を1.82mまで伸ばしつつ、軒先の先端にすだれを取り付けられるようにして日射遮蔽をしている。

床下には土間コンクリートを増し打ちして蓄熱層をつくっている。基礎周りを内側から断熱し、既存の換気口は塞いだ。

長久手のN邸｜1階改修範囲断面図｜S=1/80

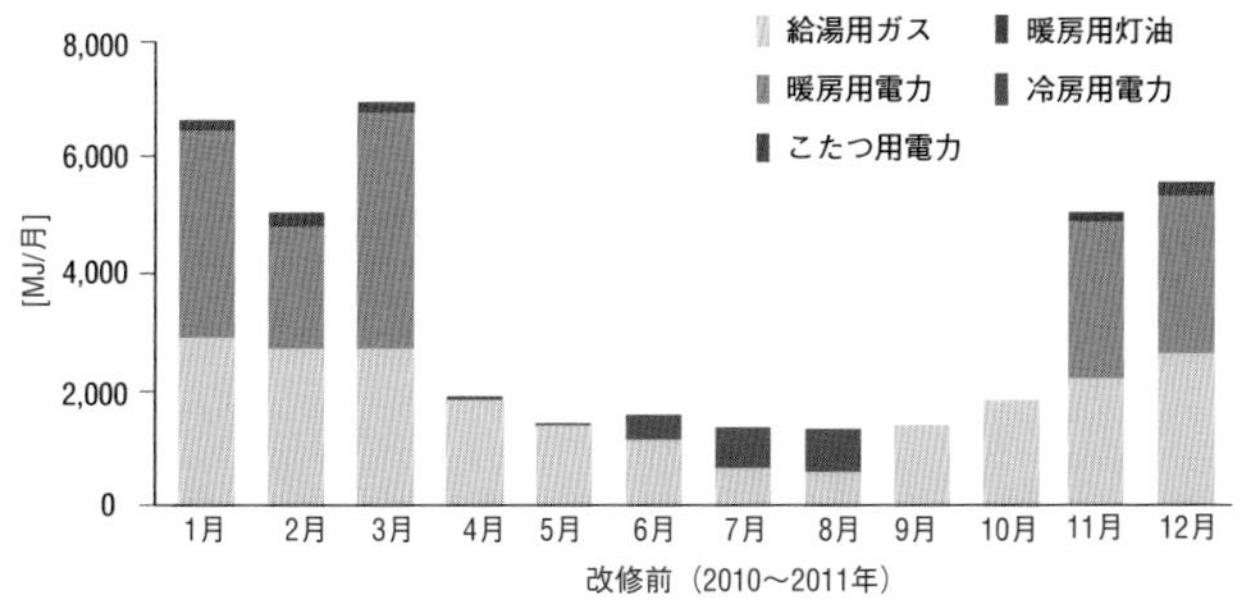
給湯用ガス
暖房用灯油
暖房用電力
冷房用電力
こたつ用電力
8,000
6,000
4,000
2,000
0
[MJ/月]
1月
2月
3月
4月
5月
6月
7月
8月
9月
10月
11月
12月
改修前（2010～2011年）

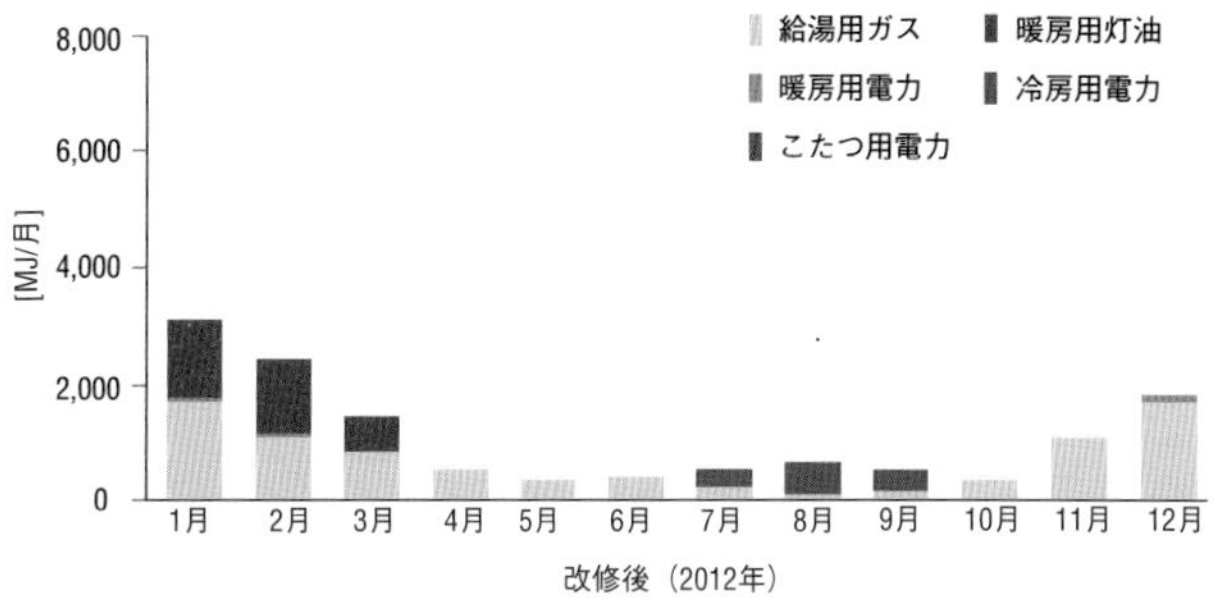
給湯用ガス
暖房用灯油
暖房用電力
冷房用電力
こたつ用電力
8,000
6,000
4,000
2,000
0
[MJ/月]
1月
2月
3月
4月
5月
6月
7月
8月
9月
10月
11月
12月
改修後（2012年）

改修前後の年積算エネルギー使用量の比較。暖房を使用しなくなる4月から10月までは、太陽熱による給湯が可能となり、給湯用のガス使用量が大幅に減り1年間では約68％削減している。改修後の冬季の熱環境は、居間については20～25℃の室温で、外気温が0℃近くなっても家の中全体では15℃程度をキープできている。断熱改修をすると冷房負荷が増えると言われているが、今回は冷房についても削減できている。断熱改修と合わせて、庇を延長したり、すだれを掛けたりといった日射遮蔽の工夫を施したことが重要なポイントであったと考えられる。

長久手のN邸｜エネルギー使用量の比較

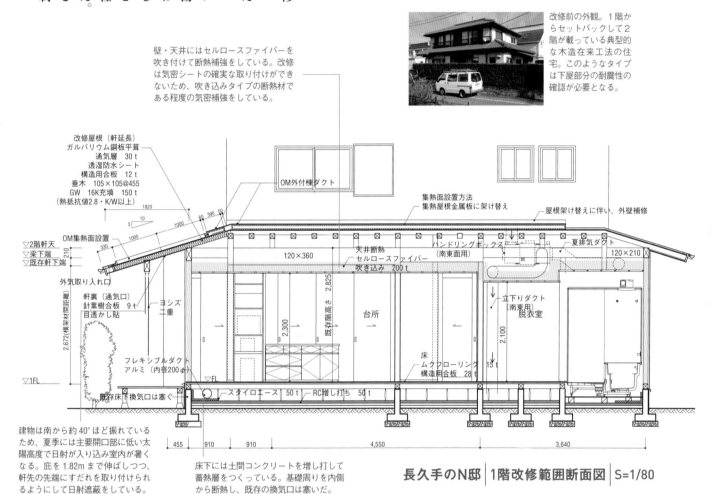

chapter

2-5

性能改善・減築

段階的に整えるフィールド

いわむらかずお絵本の丘美術館

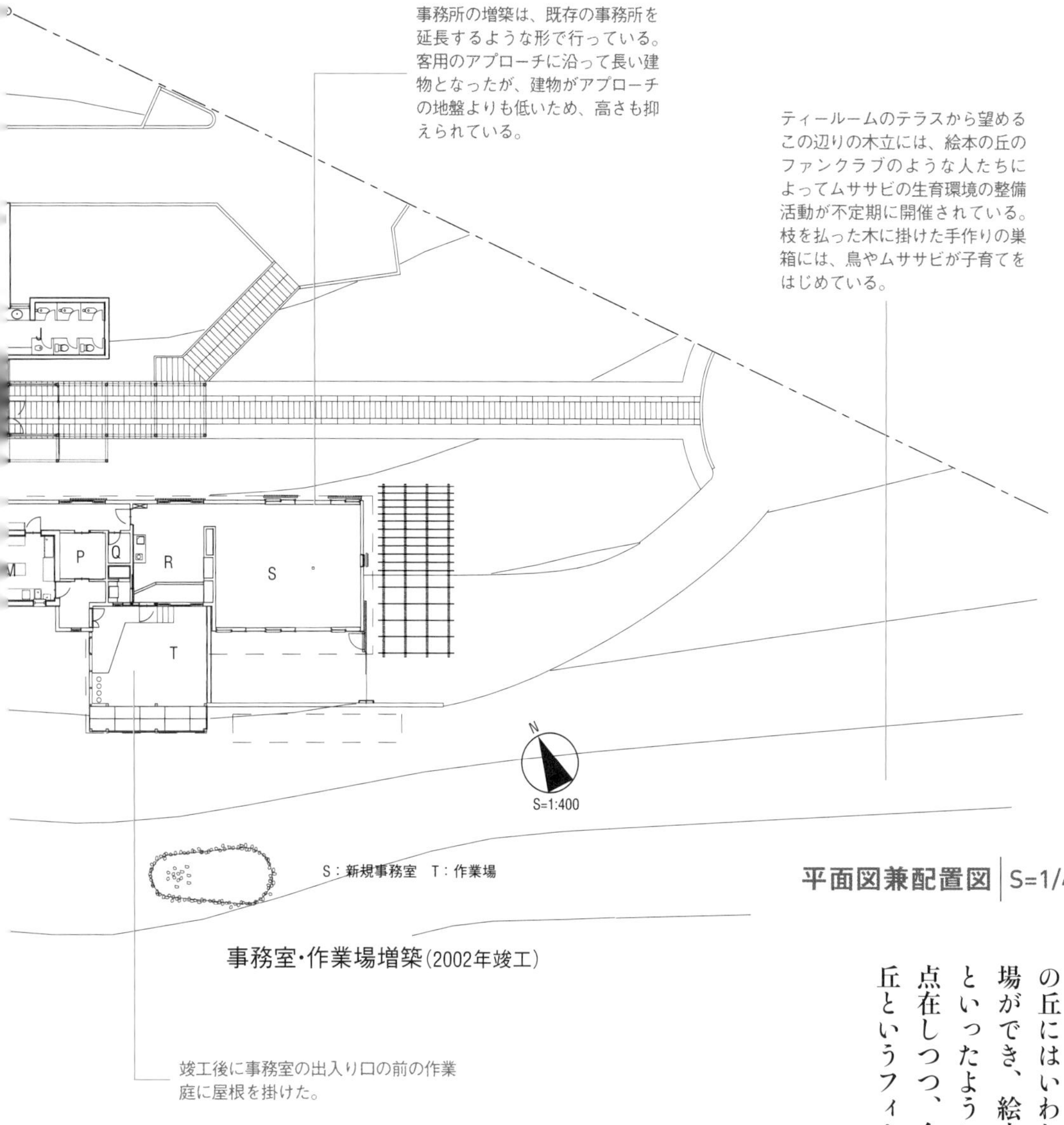

事務所の増築は、既存の事務所を延長するような形で行っている。客用のアプローチに沿って長い建物となったが、建物がアプローチの地盤よりも低いため、高さも抑えられている。
ティールームのテラスから望めるこの辺りの木立には、絵本の丘のファンクラブのような人たちによってムササビの生育環境の整備活動が不定期に開催されている。枝を払った木に掛けた手作りの巣箱には、鳥やムササビが子育てをはじめている。
P
Q
R
S
T
N
S=1:400
S：新規事務室　T：作業場
事務室・作業場増築(2002年竣工)
竣工後に事務室の出入り口の前の作業庭に屋根を掛けた。

平面図兼配置図｜S=1/400

この計画が持ち上がった当初から、長い時間をかけて少しずつフィールドをつくっていくものと捉えていた。1958年から5回にわたって増築を重ねていったデンマークにあるルイジアナ美術館のように、メインである美術館ができた後にも、この丘にはいわむらさんの創作の場ができ、絵本の図書室ができ、といったように、様々な建物が点在しつつ、全体として絵本の丘というフィールドを形づくっていく将来像をイメージしていた。実現したもの、しないものがあるが、美術館が完成した1998年以降も、修繕したり増築したりすることに関わり続けている。

　一方ここ絵本の丘は、もともと動物たちのフィールドでもあった。そのため、整備プロジェクトはここにすむ動物たちのフィールド整備といった活動にも発展しながら、今現在も絵本の丘は整備途中である。

事務所・作業庭増築（2002年竣工）

当初は最小限の事務スペースでオープンしたが、すぐに手狭になり増築することになった。合わせて、もともと設けていた屋外の作業スペースに屋根をかけ、雨天時の利用やものを置いておく場所としも使えるような工事を行った。

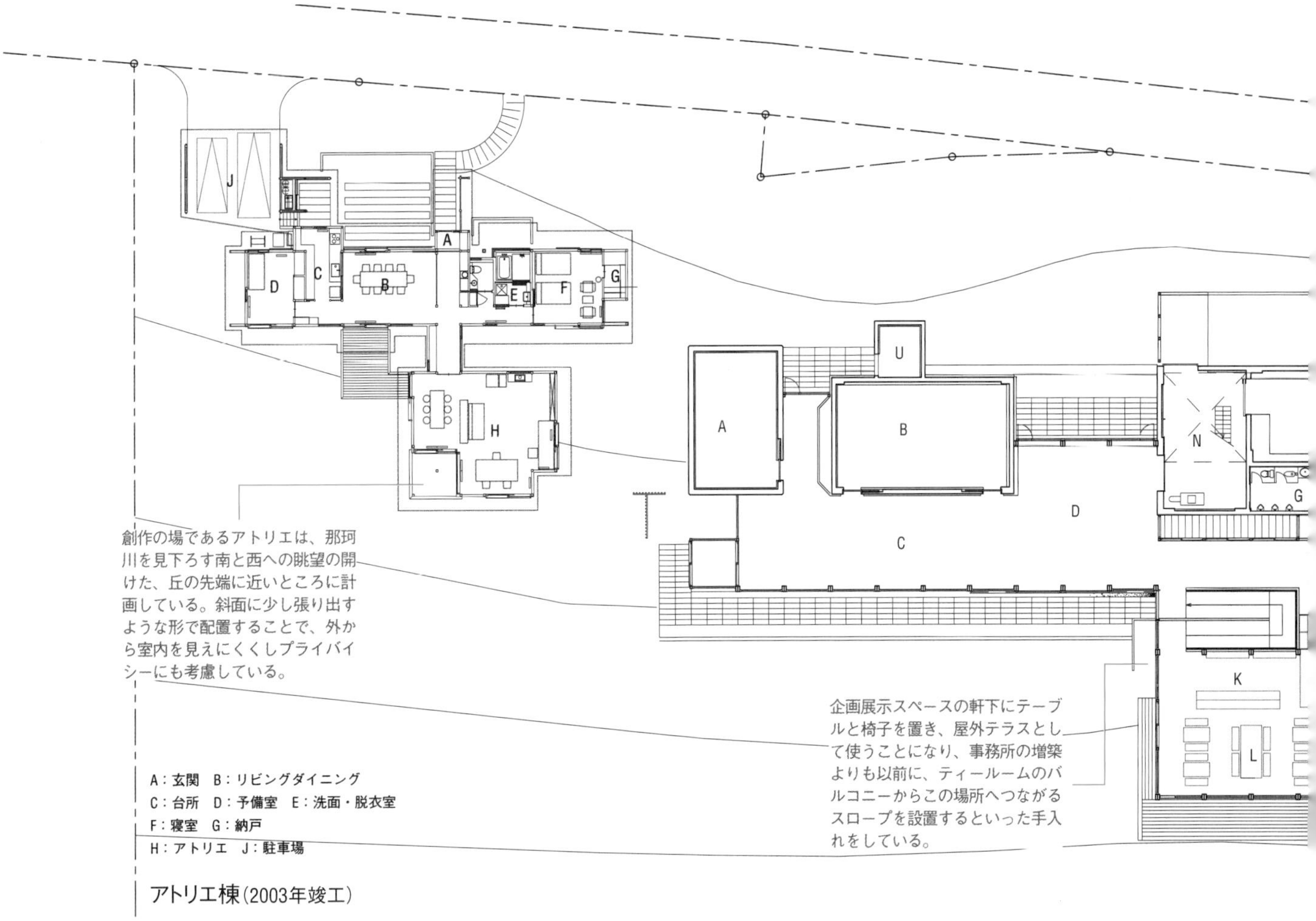

創作の場であるアトリエは、那珂川を見下ろす南と西への眺望の開けた、丘の先端に近いところに計画している。斜面に少し張り出すような形で配置することで、外から室内を見えにくくしプライバシーにも考慮している。

A：玄関　B：リビングダイニング
C：台所　D：予備室　E：洗面・脱衣室
F：寝室　G：納戸
H：アトリエ　J：駐車場

アトリエ棟（2003年竣工）

企画展示スペースの軒下にテーブルと椅子を置き、屋外テラスとして使うことになり、事務所の増築よりも以前に、ティールームのバルコニーからこの場所へつながるスロープを設置するといった手入れをしている。

A：展示室2　B：展示室1　C：企画展示スペース　D：ホール
E：エントランスホール　F：受付　G：男子WC　H：多目的WC　J：女子WC
K：ショップ　L：ティールーム　M：厨房　N：荷解室　O：収蔵庫
P：倉庫　Q：便所　R：既存事務所

いわむらかずお絵本の丘美術館（1998年竣工）

アトリエ棟（2003年竣工）

美術館の建設から数年を経ず、いわむらさんはこの丘をフィールドにした新しい物語の構想を持ち創作を始められた。このフィールドを新たに物語の舞台とする、そのためにここでの深夜早朝にわたる自然観察が可能な「滞在のための家」がつくられることとなった。

いわむらかずお絵本の丘美術館（1998年竣工）

桑畑だったこの丘を整備し、まずは700㎡弱の美術館を完成させた。美術館の建つ南側の丘と畑のある北の丘の2つを一体的に整備して、付近一帯を遊歩道や観察池のある絵本の丘と名付けて、1998年にオープンした。

参考資料

木造ドミノ住宅一式図

本書のドミノシステムのしくみ（p120～125）をガイドラインとして計画された住宅を「木造ドミノ住宅」と呼ぶ。

長く住み続けられる住宅という考え方は、環境と建築を考える上で重要なテーマのひとつである。そのための「自由な平面」と「自然エネルギー利用の室内気候」を、「ローコストな木造住宅」において実現する、そんな発想から形になったのが「木造ドミノ住宅」である。特殊な資材や工法、機器を使った住宅ではなく、国内で普通に入手できる資材を使って、在来軸組工法で建てられる住宅として開発された。

以下の住宅図面は、ガイドラインを元に計画された住宅の一例である。現在、「木造ドミノ住宅」はガイドラインを最低限のルールとして、地域に合わせて要素を加えながら、全国各地の工務店によってさまざまなかたちで展開されている。

内部仕上げ表

階	室名	床	巾木	壁	天井	造作家具	付属器具・ｱｸｾｻﾘｰ	備考
2階	廊下	t=28 F☆☆☆☆構造用合板 t=15 木質ﾌﾛｰﾘﾝｸﾞ 塗装済品	雲杉 6x45	〈外壁側〉 防湿ｼｰﾄ t=12.5 PB下地、土佐和紙貼 〈間仕切壁〉 t=9.5 PB下地、土佐和紙貼	構造用合板（ﾋﾉｷ） t=12 化粧根太 杉105x45@455表わし		ﾃｽﾘ 雲杉 30x80 住宅用火災報知器 （電池式）	
	洋室1,2,3,4	t=28 F☆☆☆☆構造用合板 t=15 木質ﾌﾛｰﾘﾝｸﾞ 塗装済品	雲杉 6x45	〈外壁側〉 防湿ｼｰﾄ t=12.5 PB下地、土佐和紙貼 〈間仕切壁〉 t=9.5 PB下地、土佐和紙貼	構造用合板（ﾋﾉｷ） t=12 化粧根太 杉105x45@455表わし		住宅用火災報知器 （電池式） 給気口 100φ	
	収納	t=28 F☆☆☆☆構造用合板 t=15 木質ﾌﾛｰﾘﾝｸﾞ 塗装済品	雲杉 6x45	〈外壁側〉 防湿ｼｰﾄ t=12.5 PB下地、土佐和紙貼 〈間仕切壁〉 t=9.5 PB下地、土佐和紙貼	構造用合板（ﾋﾉｷ） t=12 化粧根太 杉105x45@455表わし			
	トイレ2	t=28 F☆☆☆☆構造用合板 t=15 木質ﾌﾛｰﾘﾝｸﾞ 塗装済品	雲杉 6x45	〈外壁側〉 防湿ｼｰﾄ t=12.5 PB下地、月桃紙 〈間仕切壁〉 t=9.5 PB下地、月桃紙	t=9.5 PB下地 土佐和紙貼		便器 ｳｫｼｭﾚｯﾄ 紙巻器 ﾀｵﾙ掛け 換気扇 ﾃｽﾘ	洗面器用 予備配管 排水、給水
	小屋裏	t=12 構造用合板（ﾋﾉｷ）	雲杉 6x45	防湿ｼｰﾄ t=12.5 PB下地、月桃紙	構造用合板（ﾋﾉｷ） t=12 化粧垂木 杉105x45@455表わし		OMﾊﾝﾄﾞﾘﾝｸﾞBOX（Y型）	

外部仕上げ表

外壁		南面及び東西北面の１Ｆ部 t=9 構造用MDF、防水透湿ｼｰﾄ、t=20通気胴縁、t=12 ﾗｽ板、ｱｽﾌｧﾙﾄﾌｪﾙﾄ、波ﾗｽ、t=16軽量ﾓﾙﾀﾙ下地、左官仕上げ	
		東西北面の２Ｆ部 t=9 構造用MDF、t=12.5耐水PB、防水透湿ｼｰﾄ、t=20通気胴縁、t=0.35ｶﾞﾙﾊﾞﾘｳﾑ塗装鋼板 小波板	
屋根	1.5寸勾配	F☆☆☆☆ t=12 針葉樹合板、透湿防水紙ﾙｰﾌﾗｲﾅｰ、t=0.35 ｶﾞﾙﾊﾞﾘｳﾑ塗装鋼板 瓦棒葺 雪止め ｱﾙﾐｱﾝｸﾞﾙ	※南面 OM用 浮き屋根工法
	矩勾配	F☆☆☆☆ t=9 MDF（ラワン）2730定尺、t=66ﾈｵﾏﾌｫｰﾑ、透湿防水紙ﾙｰﾌﾗｲﾅｰ、t=0.35 ｶﾞﾙﾊﾞﾘｳﾑ塗装鋼板 瓦棒葺 ｶﾞﾗｽ付 集熱面 t=4 強化ｶﾞﾗｽ L=2100 8枚	
軒天		t=10 ｹｲｶﾙ板（準耐火認定品） Vｶｯﾄ目地突き付け ﾆｯﾍﾟｹﾝｴｰｽ 2回塗	
鼻ｶｸｼ、破風板		防火破風板 W=180 現場塗装	
樋		軒樋 半丸 ｶﾞﾙﾊﾞﾘｳﾑ鋼板 素地、縦樋 60φ ｶﾞﾙﾊﾞﾘｳﾑ鋼板 素地	
水切り		t=0.35 ｶﾞﾙﾊﾞﾘｳﾑ塗装鋼板	
小庇、大庇		ｽﾃﾝﾚｽ製（製作）	
玄関ﾎﾟｰﾁ		土間ｺﾝｸﾘｰﾄ下地 土間ﾀﾀｷ風塗り床左官仕上	

内部仕上げ表

造作材	特記無き造作材は雲杉		断熱材	基礎巾木	t=50 ｽﾀｲﾛﾌｫｰﾑ
内部塗装	家具	ｳﾚﾀﾝ塗装 F☆☆☆☆品	気密材	外周土間上	t=50 ｽﾀｲﾛﾌｫｰﾑ
	浴室 壁、天井	ﾊｯｽｲ剤塗布		外壁	t=100 袋入りGW 16kg/m3 充填 気密ｼｰﾄ貼
				天井懐	t=100 袋入り高性能GW 16kg/m3 気密ｼｰﾄ貼
新建材	下地材及び仕上げ材等全ての合板及び MDFはF☆☆☆☆品を使用する事			矩勾配屋根 外張断熱	t=66 ﾈｵﾏﾌｫｰﾑ

内部仕上げ表

階	室名	床	巾木	壁	天井	造作家具	付属器具・ｱｸｾｻﾘｰ	備考
1階	玄関 土間収納	土間ｺﾝｸﾘｰﾄ下地 土間ﾀﾀｷ風塗り床左官仕上	ﾓﾙﾀﾙ 刷毛引き	〈外壁側〉 防湿ｼｰﾄ t=12.5 PB下地、土佐和紙貼 〈間仕切壁〉 t=9.5 PB下地、土佐和紙貼	t=9.5　PB下地 土佐和紙貼	下足入	ﾃｽﾘ　ﾀﾓ集成材　40φ	
		t=28　F☆☆☆☆構造用合板 t=15　木質ﾌﾛｰﾘﾝｸﾞ 塗装済品	雲杉 6x45					
	居間 食堂	t=28　F☆☆☆☆構造用合板 t=15　木質ﾌﾛｰﾘﾝｸﾞ 塗装済品	雲杉 6x45	〈外壁側〉 防湿ｼｰﾄ t=12.5 PB下地、土佐和紙貼 〈間仕切壁〉 t=9.5 PB下地、土佐和紙貼	t=9.5　PB下地 土佐和紙貼 梁　表わし		住宅用火災報知器 （電池式） 給気口　100φ	
	台所	t=28　F☆☆☆☆構造用合板 t=15　木質ﾌﾛｰﾘﾝｸﾞ 塗装済品	雲杉 6x45	〈外壁側〉 防湿ｼｰﾄ t=12.5 PB下地、土佐和紙貼 〈間仕切壁〉 t=9.5 PB下地、土佐和紙貼 ｷｯﾁﾝ廻り t=12.5　PB下地 t=6　不燃化粧ｹｲｶﾙ板貼	t=9.5　PB下地 土佐和紙貼	キッチン 戸棚	住宅用火災報知器 換気扇 給気口　100φ	
	洗面室	t=28　F☆☆☆☆構造用合板 t=15　木質ﾌﾛｰﾘﾝｸﾞ 塗装済品	雲杉 6x45	〈外壁側〉 防湿ｼｰﾄ t=12.5 PB下地、月桃紙 〈間仕切壁〉 防湿ｼｰﾄ t=9.5 PB下地、月桃紙	防湿ｼｰﾄ t=9.5　PB下地 土佐和紙貼	ｶｶﾞﾐ 収納棚	洗面ｶｳﾝﾀｰ 洗面器 水栓 洗濯機用水栓 洗濯機用排水金物	
	トイレ１	t=28　F☆☆☆☆構造用合板 t=15　木質ﾌﾛｰﾘﾝｸﾞ 塗装済品	雲杉 6x45	〈外壁側〉 防湿ｼｰﾄ t=12.5 PB下地、月桃紙 〈間仕切壁〉 t=9.5 PB下地、月桃紙	t=9.5　PB下地 土佐和紙貼		便器 ｳｫｼｭﾚｯﾄ 紙巻器 ﾀｵﾙ掛け 換気扇 ﾃｽﾘ	
	浴室	ﾊｰﾌﾕﾆｯﾄﾊﾞｽ		t=9耐水合板 防湿ｼｰﾄ 樹脂製胴ﾌﾞﾁ t=15　ｻﾜﾗ縁甲板 ﾊｯｽｲ剤塗布 腰　ﾊｰﾌﾕﾆｯﾄ	防湿ｼｰﾄ t=15　ｻﾜﾗ縁甲板 ﾊｯｽｲ剤塗布		ｼｬﾜｰ水栓 ｽﾃﾝﾚｽ製ﾆｷﾞﾘﾊﾞｰ 換気扇	
	脱衣室	t=28　F☆☆☆☆構造用合板 t=15　木質ﾌﾛｰﾘﾝｸﾞ 塗装済品	雲杉 6x45	〈外壁側〉 防湿ｼｰﾄ t=12.5 PB下地、月桃紙 〈間仕切壁〉 防湿ｼｰﾄ t=9.5 PB下地、月桃紙	防湿ｼｰﾄ t=9.5　PB下地 土佐和紙貼		洗面ｶｳﾝﾀｰ 洗面器 水栓 洗濯機用水栓 洗濯機用排水金物 テスリ	
	階段	段板　t=36　桧Ｊﾊﾟﾈﾙ ｻｻﾗ板　杉　50x210					ﾃｽﾘ　雲杉　30x80	

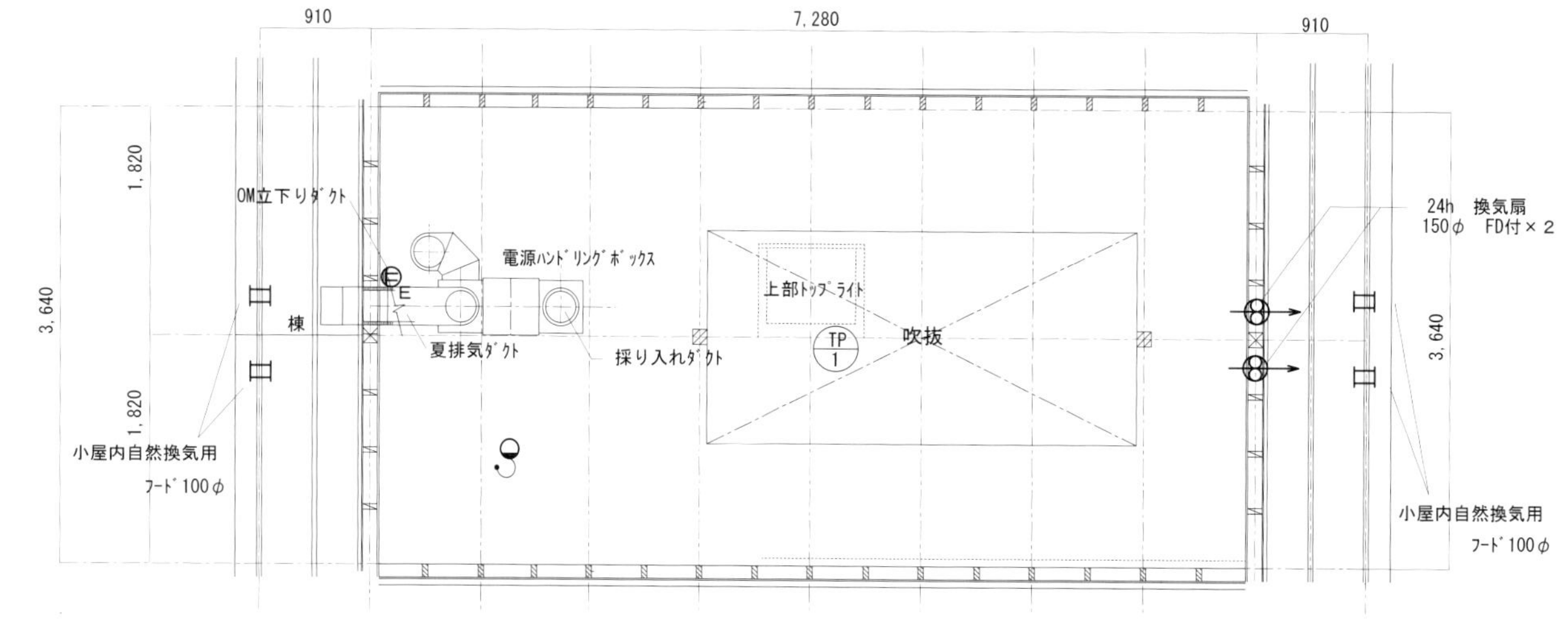

小屋裏平面図｜S=1/75

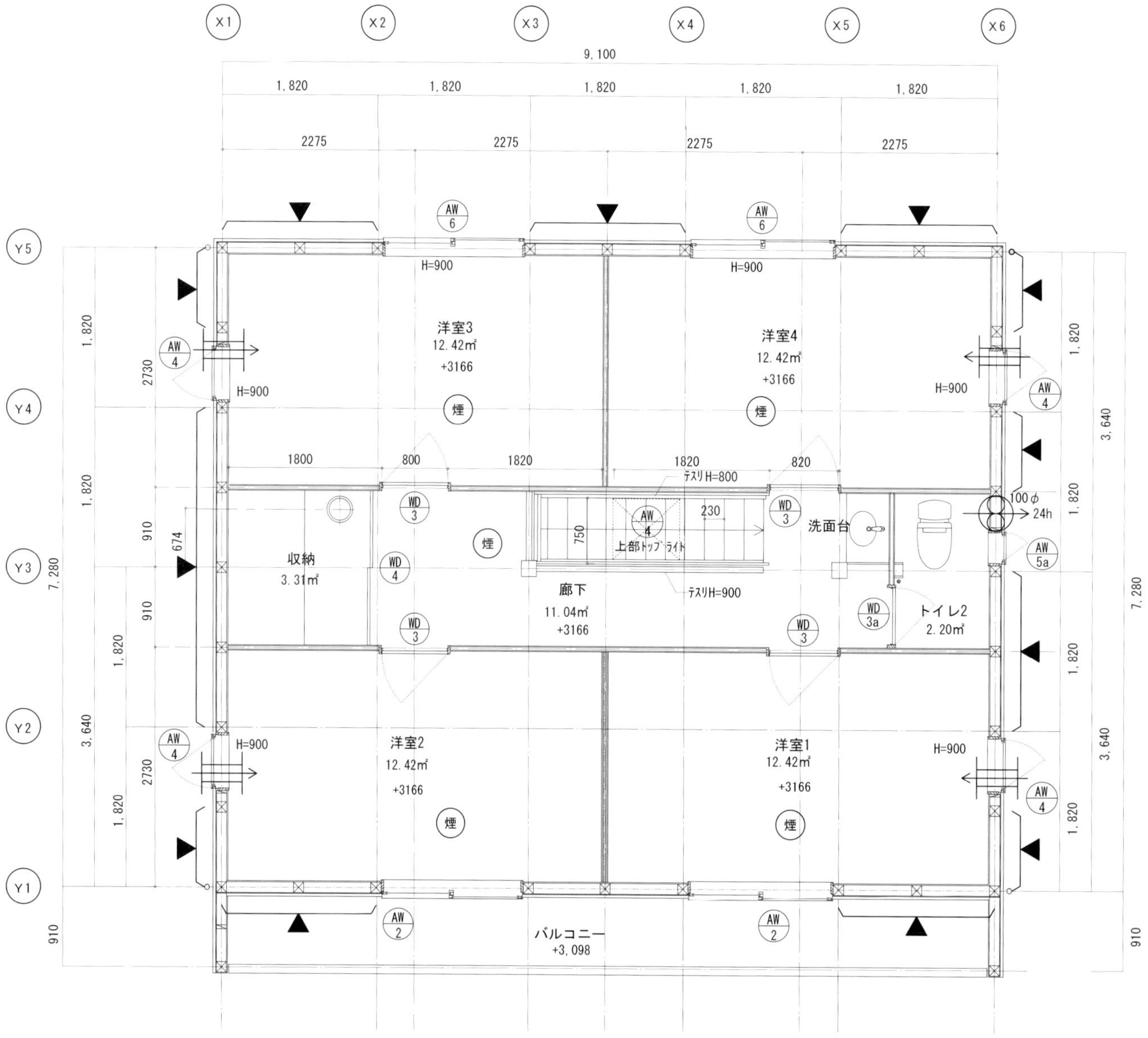

2階平面図｜S=1/75

面積

建築面積	74.52㎡	22.54坪
延べ床面積	132.48㎡	40.07坪
各階面積		
1階	66.24㎡	20.03坪
2階	66.24㎡	20.03坪

OM関連機器リスト

◆ﾊﾝﾄﾞﾘﾝｸﾞﾎﾞｯｸｽ	T35型(100W・コイル無し)	◆棟ﾀﾞｸﾄ	北棟ﾀﾞｸﾄ T型接続 (ﾒｲﾝﾁｬﾝﾊﾞｰ×7, 接続口ﾒｲﾝﾁｬﾝﾊﾞｰ×1, 接続取込口×1, 取り込アダプター×1)
◆集熱面	現場施工集熱屋根 集熱ガラス t=4 強化ｶﾞﾗｽ 2100×890×8枚		
◆夏排気	ガルバリウム製 夏排気ﾌｰﾄﾞ300角　妻側	◆給気ﾀﾞｸﾄ	GWﾀﾞｸﾄ内径250φ
		◆立下りﾀﾞｸﾄ	GWﾀﾞｸﾄ内径250φ 床下加温ボックス（ｵﾌﾟｼｮﾝ対応）
◆吹出口	木製 床吹出口L=600		

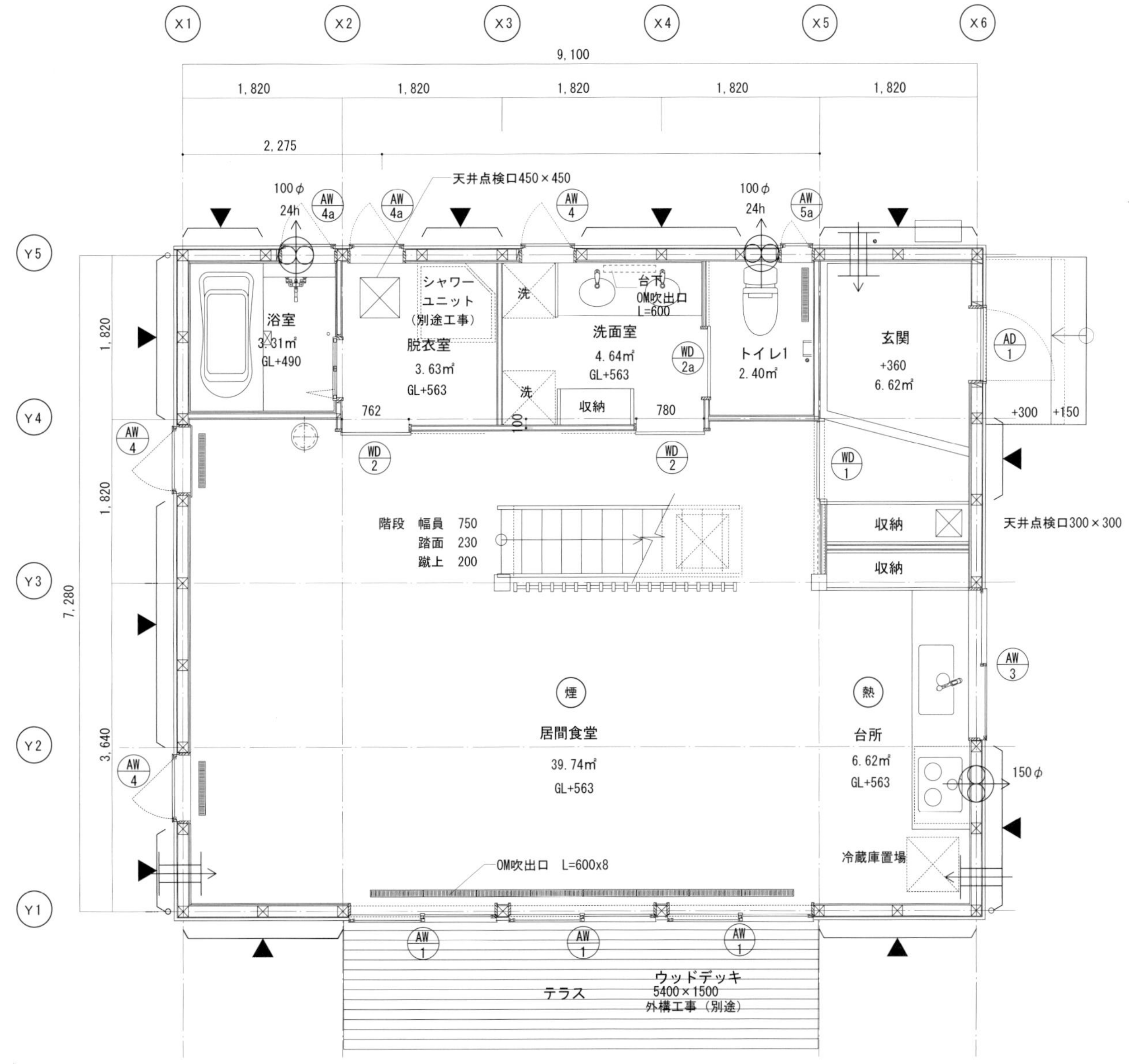

1階平面図｜S=1/75

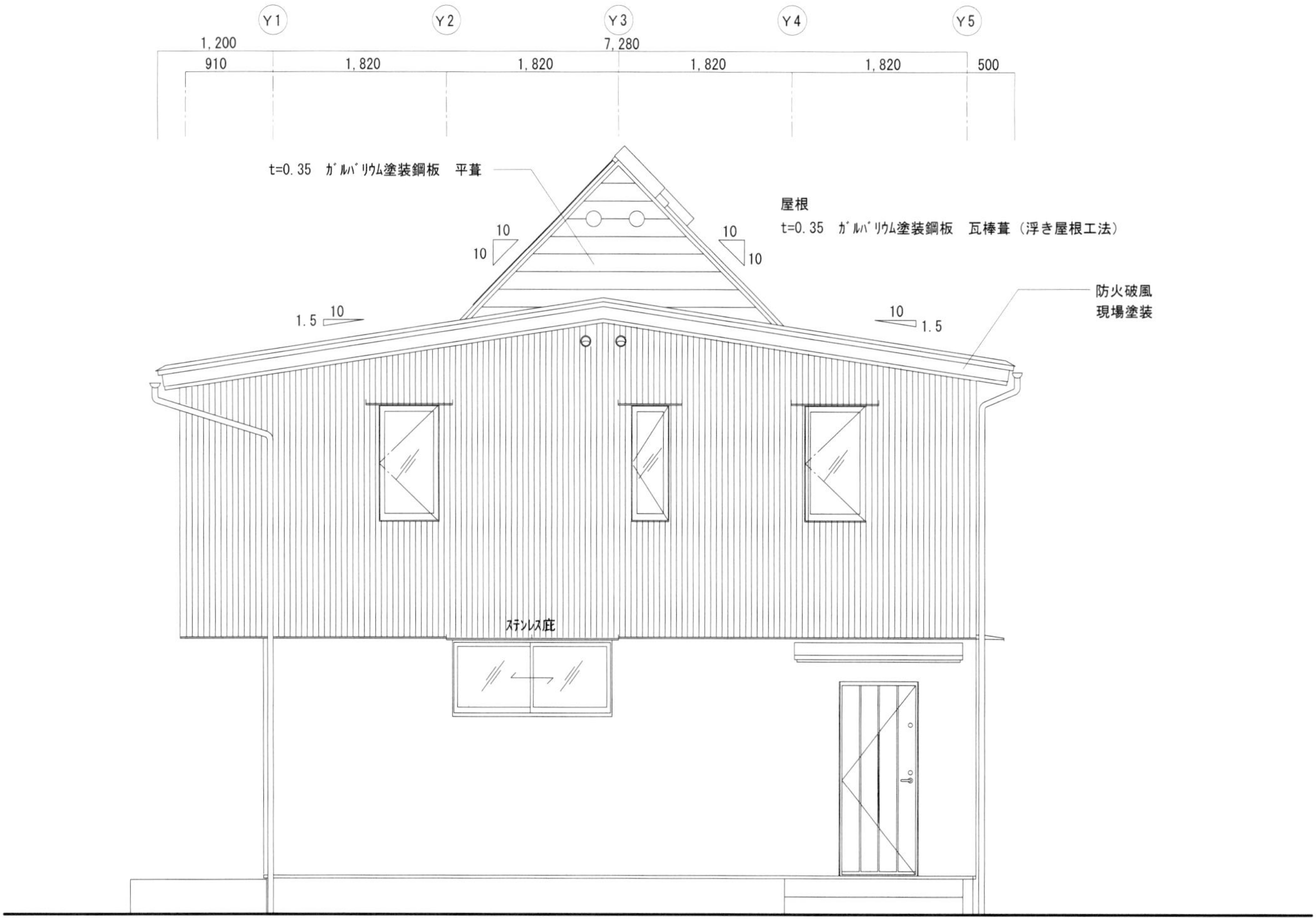
Y1
Y2
Y3
Y4
Y5
1,200
7,280
910
1,820
1,820
1,820
1,820
500
t=0.35 ｶﾞﾙﾊﾞﾘｳﾑ塗装鋼板　平葺
屋根
t=0.35 ｶﾞﾙﾊﾞﾘｳﾑ塗装鋼板　瓦棒葺（浮き屋根工法）
防火破風
現場塗装
ステンレス庇

東立面図 | S=1/75

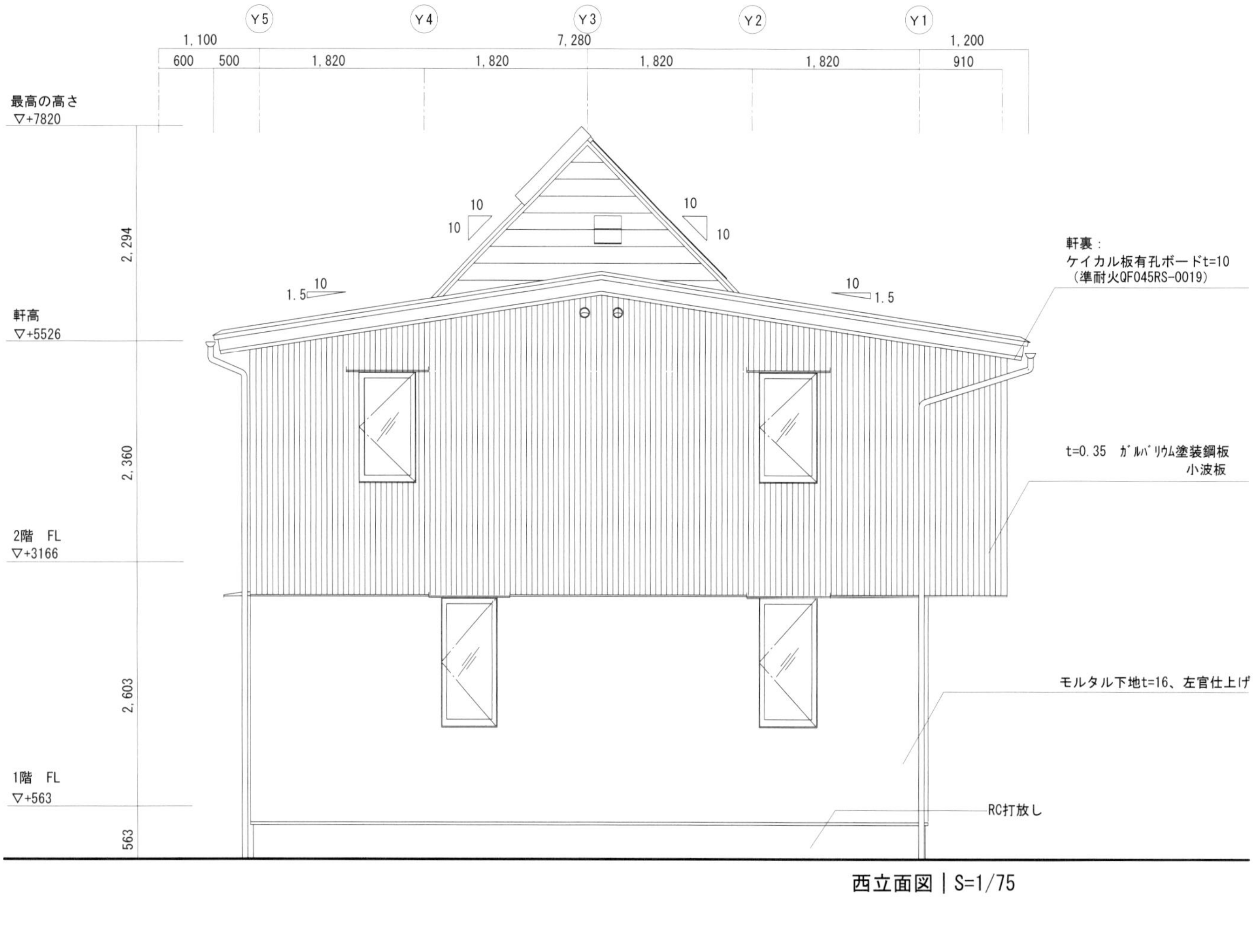
Y5
Y4
Y3
Y2
Y1
1,100
7,280
1,200
600
500
1,820
1,820
1,820
1,820
910
最高の高さ
▽+7820
2,294
軒高
▽+5526
2,360
2階　FL
▽+3166
2,603
1階　FL
▽+563
563
軒裏：
ケイカル板有孔ボードt=10
（準耐火QF045RS-0019）
t=0.35 ｶﾞﾙﾊﾞﾘｳﾑ塗装鋼板
小波板
モルタル下地t=16、左官仕上げ
RC打放し

西立面図 | S=1/75

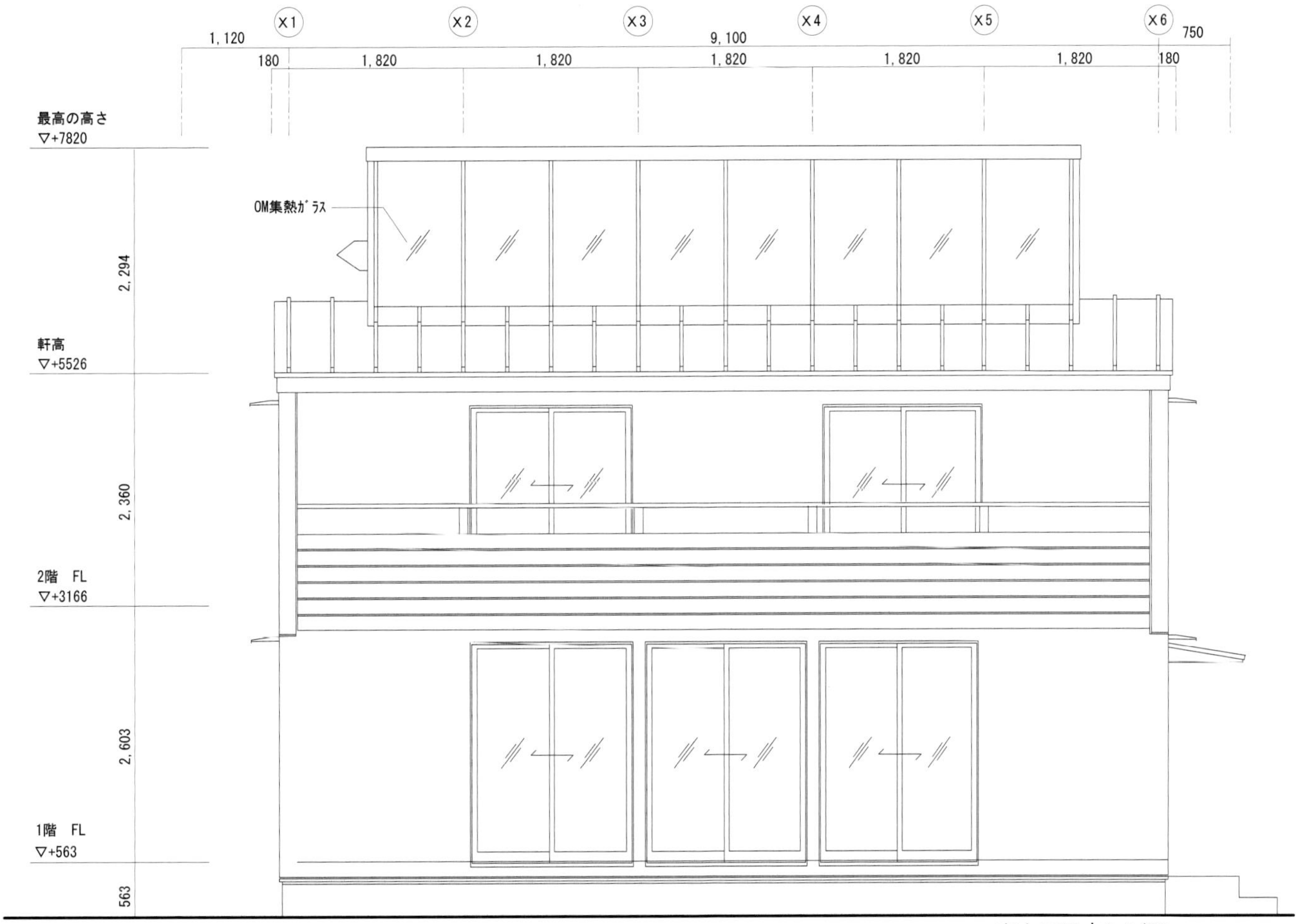
X1
X2
X3
X4
X5
X6
1, 120
9, 100
750
180
1, 820
1, 820
1, 820
1, 820
1, 820
180
最高の高さ
▽+7820
OM集熱ガラス
2, 294
軒高
▽+5526
2, 360
2階　FL
▽+3166
2, 603
1階　FL
▽+563
563

南立面図｜S=1/75

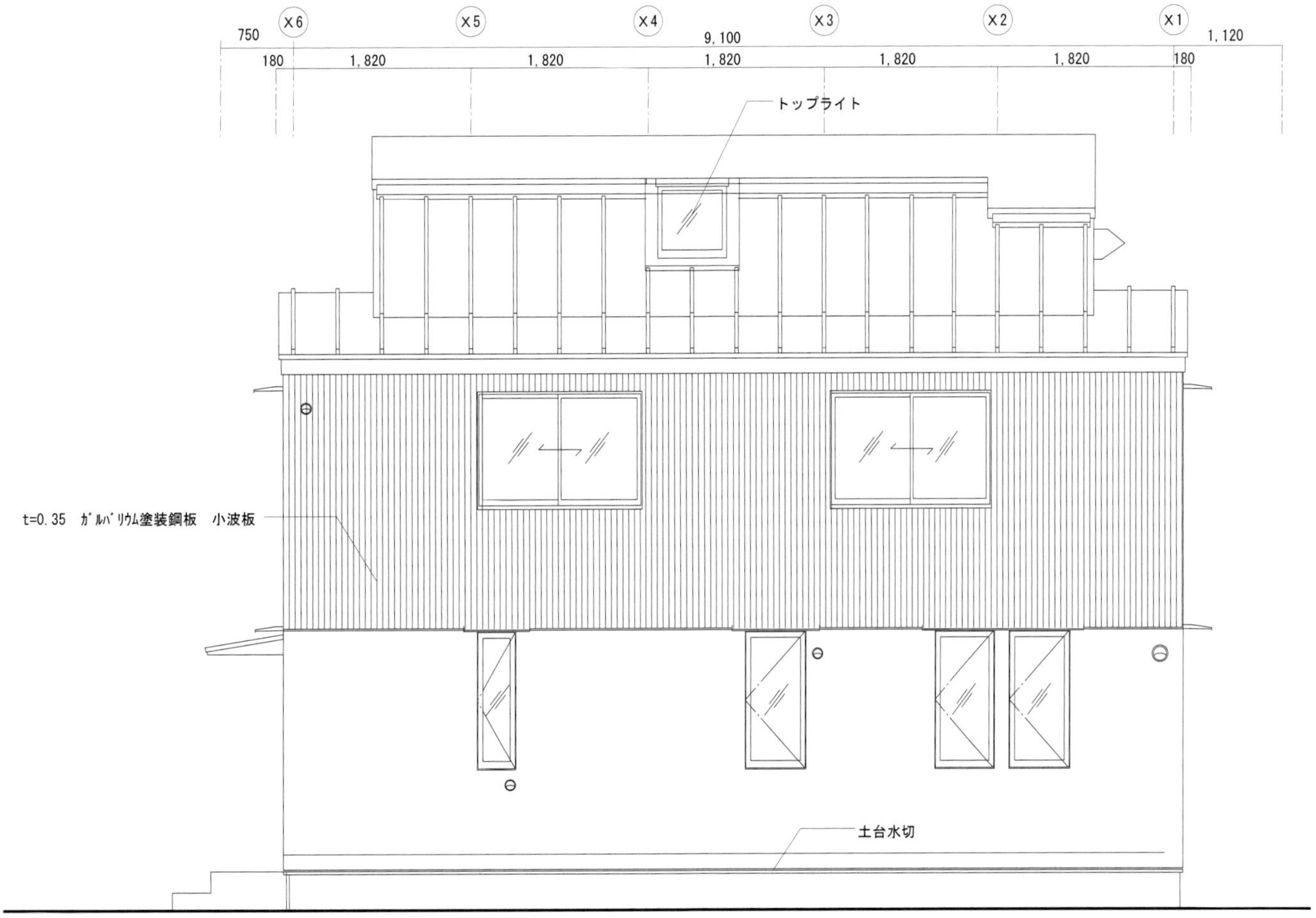
X6
X5
X4
X3
X2
X1
750
9, 100
1, 120
180
1, 820
1, 820
1, 820
1, 820
1, 820
180
トップライト
t=0. 35　ｶﾞﾙﾊﾞﾘｳﾑ塗装鋼板　小波板
土台水切

北立面図｜S=1/75

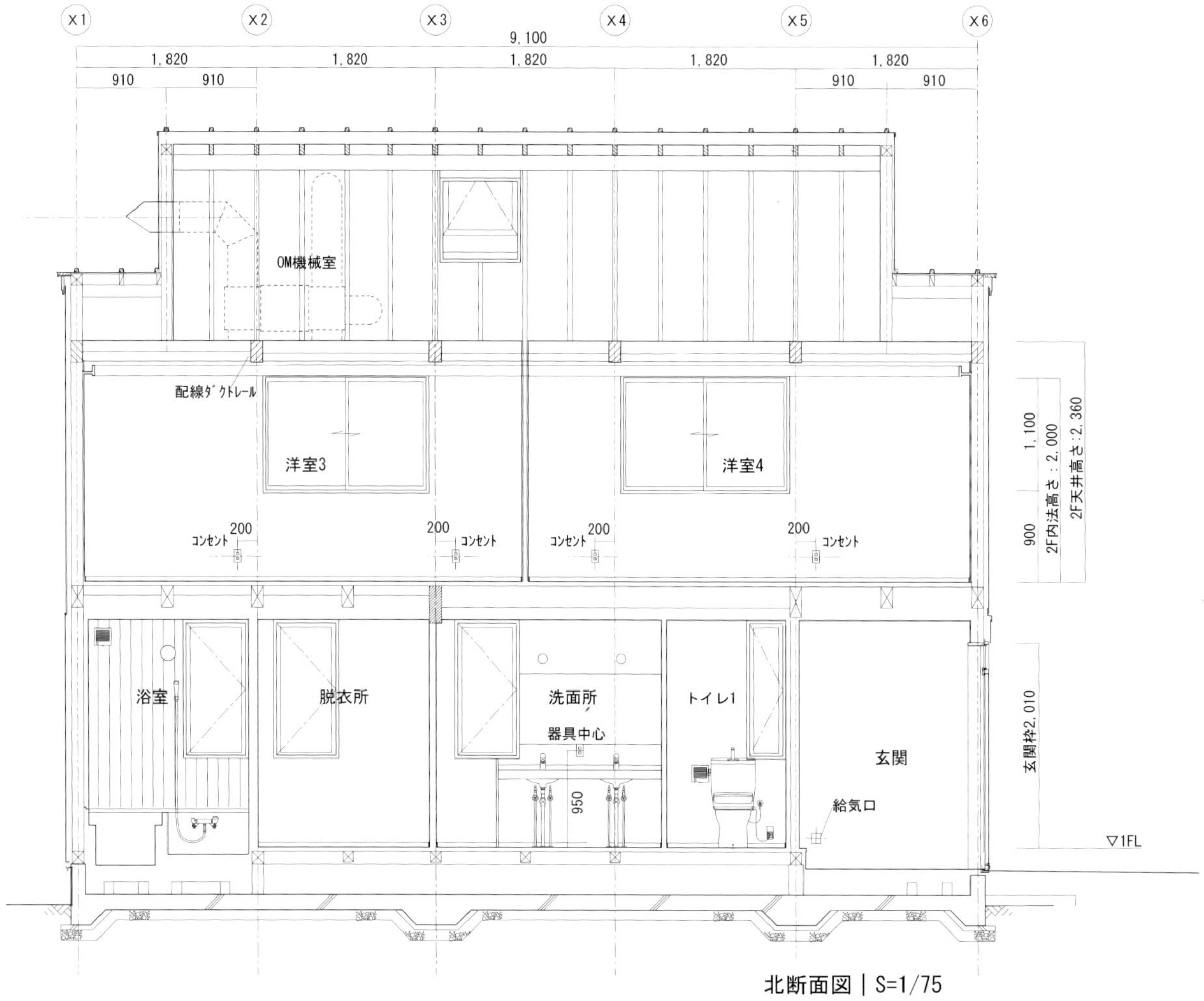

北断面図｜S=1/75

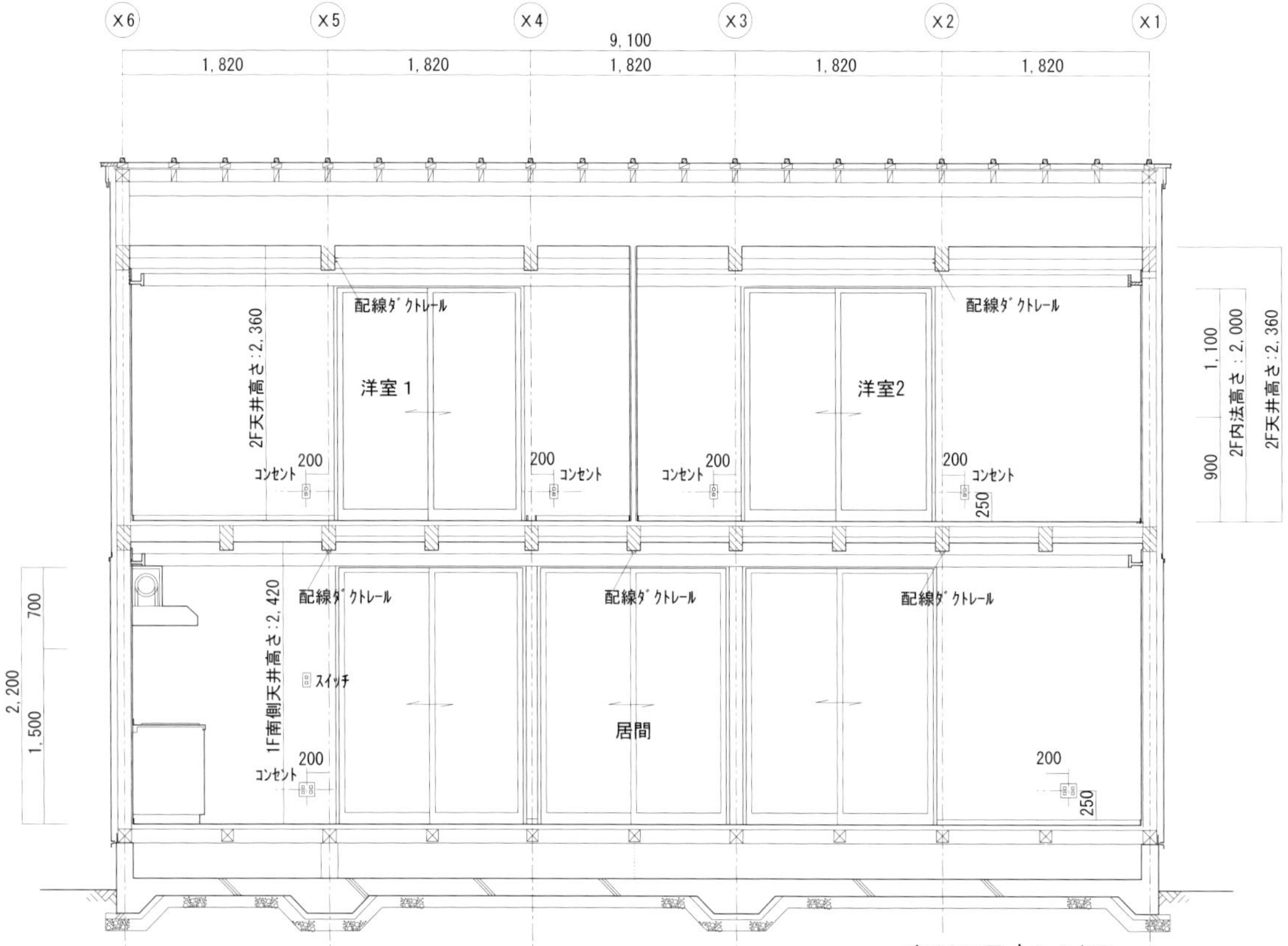

南断面図｜S=1/75

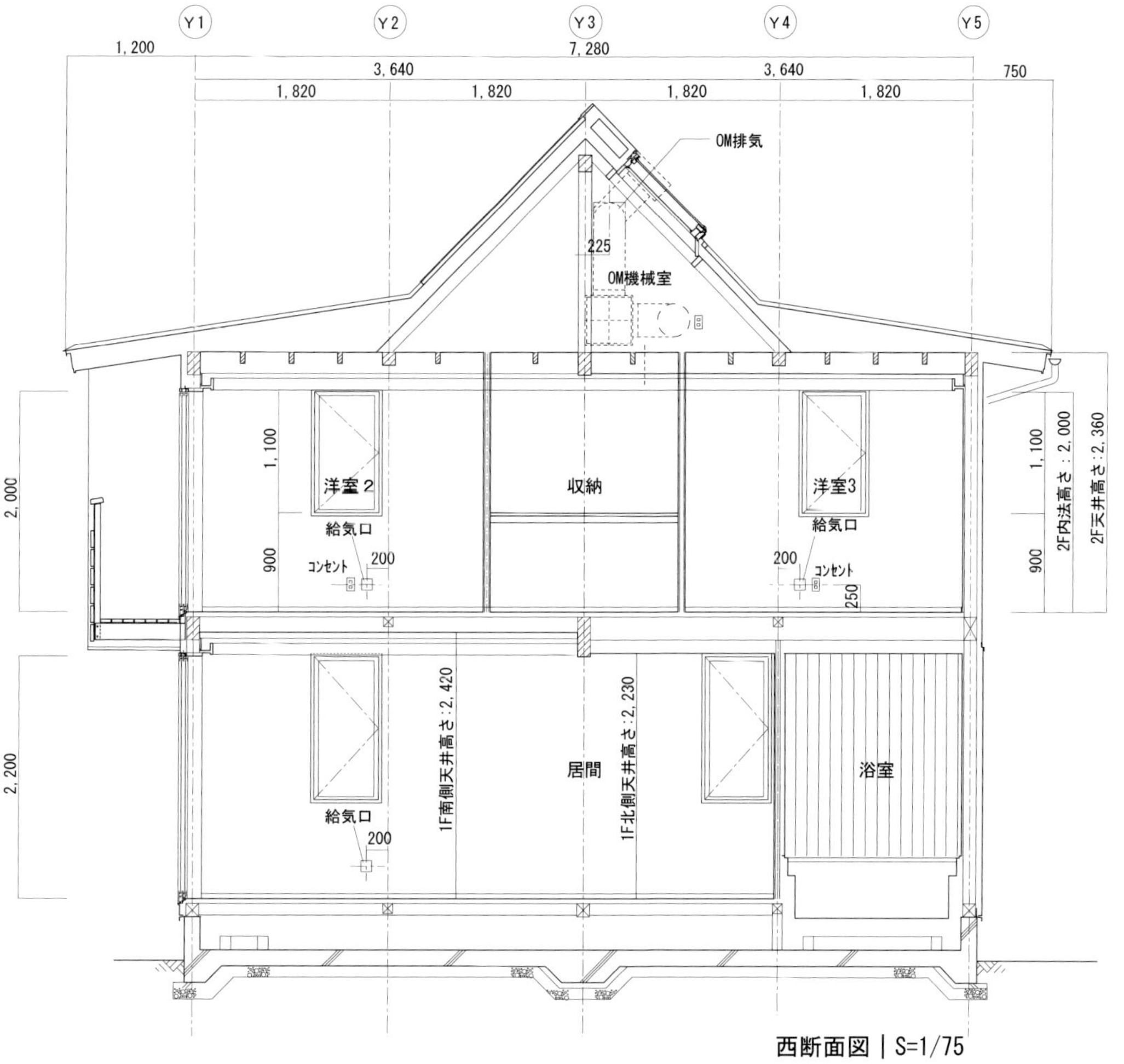

西断面図｜S=1/75

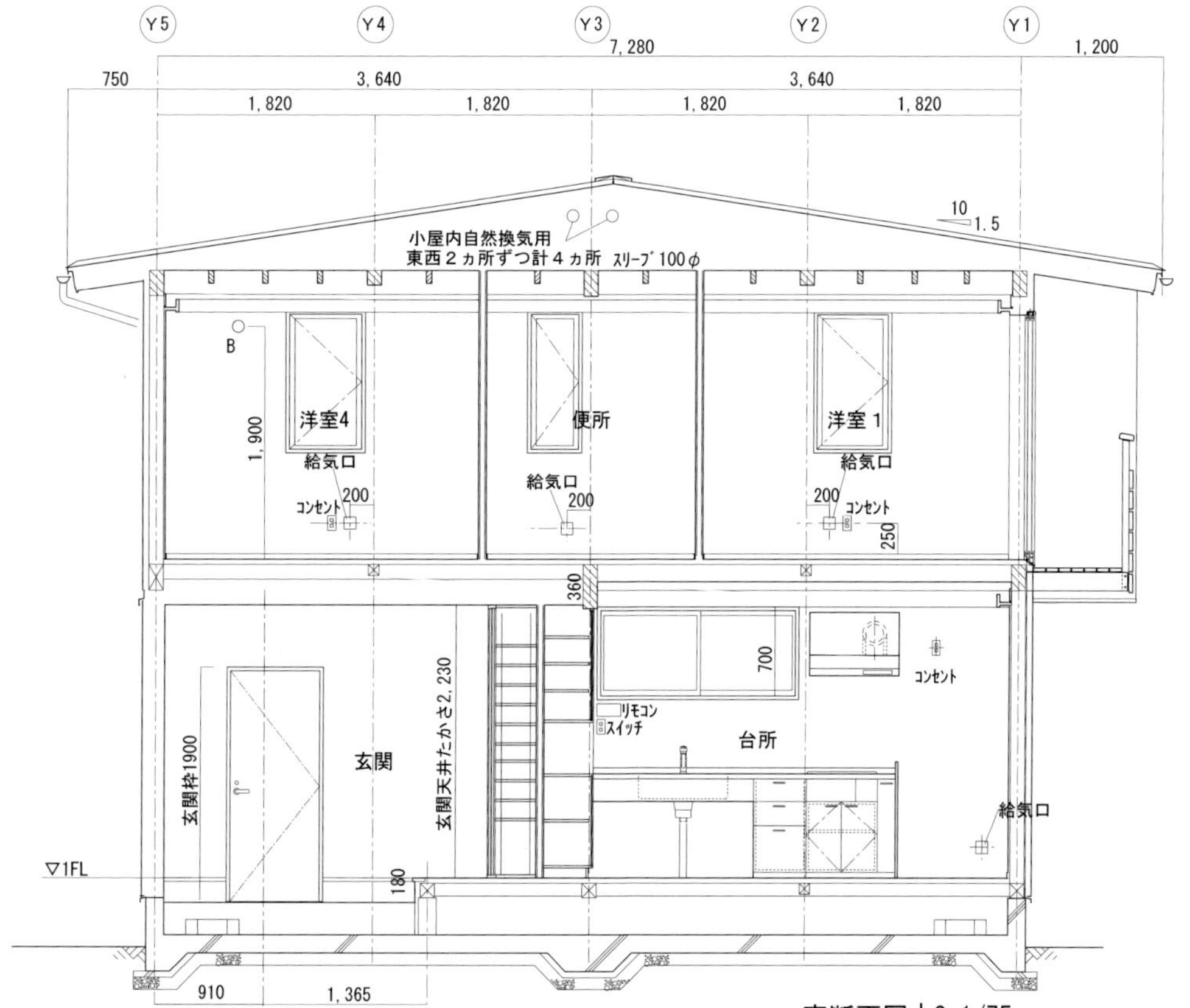

東断面図｜S=1/75

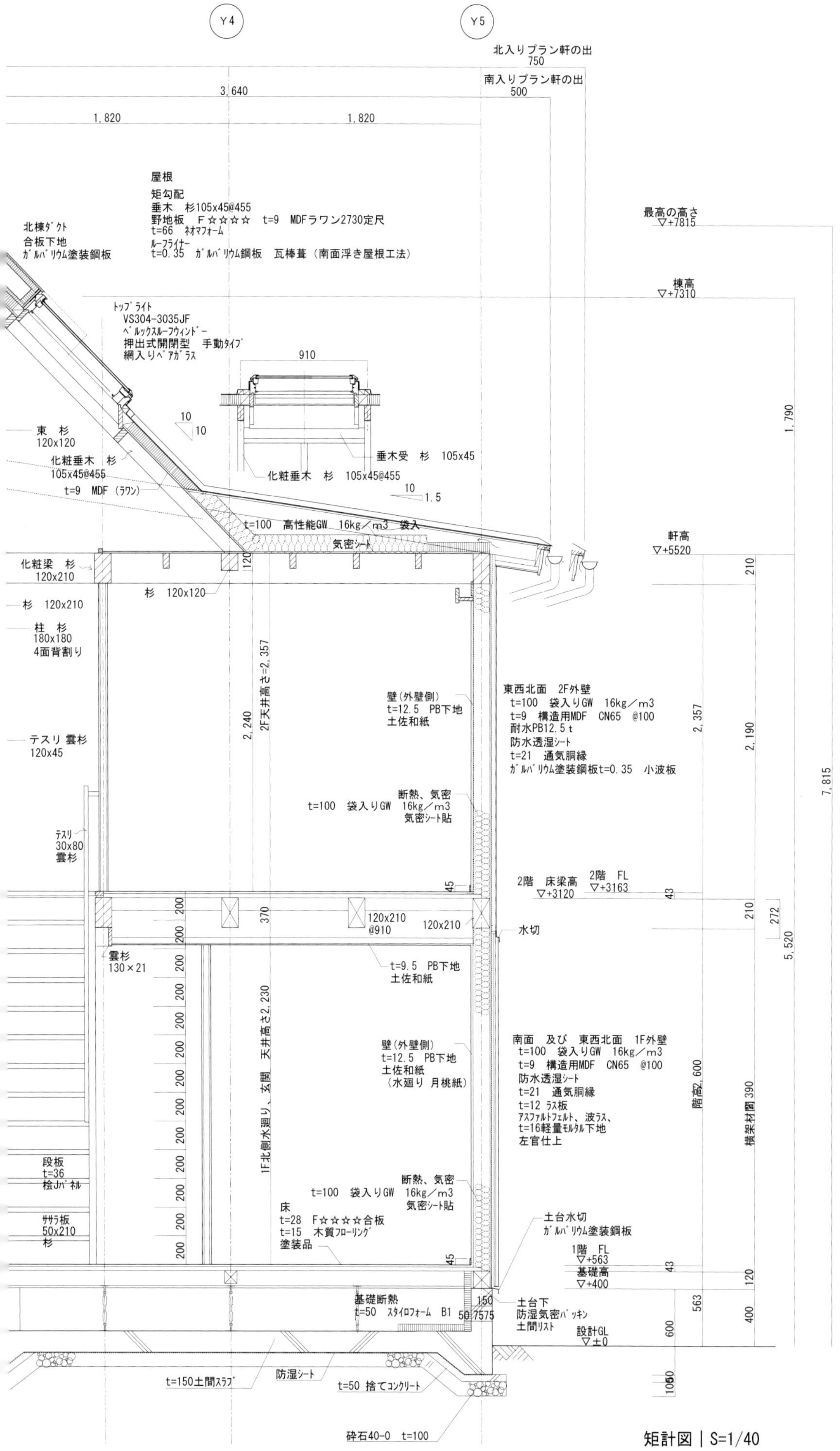

Y4
Y5
北入りプラン軒の出
750
南入りプラン軒の出
500
3,640
1,820
1,820
屋根
矩勾配
垂木　杉105x45@455
野地板　F☆☆☆☆　t=9　MDFラワン2730定尺
t=66　ネオマフォーム
ルーフライナー
t=0.35　ガルバリウム鋼板　瓦棒葺（南面浮き屋根工法）
北棟ダクト
合板下地
ガルバリウム塗装鋼板
最高の高さ
▽+7815
棟高
▽+7310
トップライト
VS304-3035JF
ベルックスルーフウィンドー
押出式開閉型　手動タイプ
網入りペアガラス
910
10
10
束　杉
120x120
化粧垂木　杉
105x45@455
t=9　MDF（ラワン）
垂木受　杉　105x45
化粧垂木　杉　105x45@455
10
1.5
1,790
t=100　高性能GW　16kg／m3　袋入
気密シート
120
軒高
▽+5520
化粧梁　杉
120x210
杉　120x120
杉　120x210
柱　杉
180x180
4面背割り
2F天井高さ=2,357
2,240
壁（外壁側）
t=12.5　PB下地
土佐和紙
東西北面　2F外壁
t=100　袋入りGW　16kg／m3
t=9　構造用MDF　CN65　@100
耐水PB12.5t
防水透湿シート
t=21　通気胴縁
ガルバリウム塗装鋼板t=0.35　小波板
210
2,357
2,190
7,815
テスリ 雲杉
120x45
断熱、気密
t=100　袋入りGW　16kg／m3
気密シート貼
テスリ
30x80
雲杉
45
2階　床梁高
▽+3120
2階　FL
▽+3163
43
210
272
5,520
370
120x210
@910
120x210
水切
雲杉
130×21
t=9.5　PB下地
土佐和紙
1F北側水廻り、玄関　天井高さ2,230
壁（外壁側）
t=12.5　PB下地
土佐和紙
（水廻り 月桃紙）
南面　及び　東西北面　1F外壁
t=100　袋入りGW　16kg／m3
t=9　構造用MDF　CN65　@100
防水透湿シート
t=21　通気胴縁
t=12　ラス板
アスファルトフェルト、波ラス、
t=16軽量モルタル下地
左官仕上
階高2,600
横架材間390
段板
t=36
桧Jパネル
ササラ板
50x210
杉
断熱、気密
t=100　袋入りGW　16kg／m3
気密シート貼
床
t=28　F☆☆☆☆合板
t=15　木質フローリング
塗装品
土台水切
ガルバリウム塗装鋼板
1階　FL
▽+563
基礎高
▽+400
43
120
基礎断熱
t=50　スタイロフォーム　B1
150
50 75 75
土台下
防湿気密パッキン
土間リスト
設計GL
▽±0
563
400
600
100
50
t=150土間スラブ
防湿シート
t=50　捨てコンクリート
砕石40-0　t=100

矩計図｜S=1/40

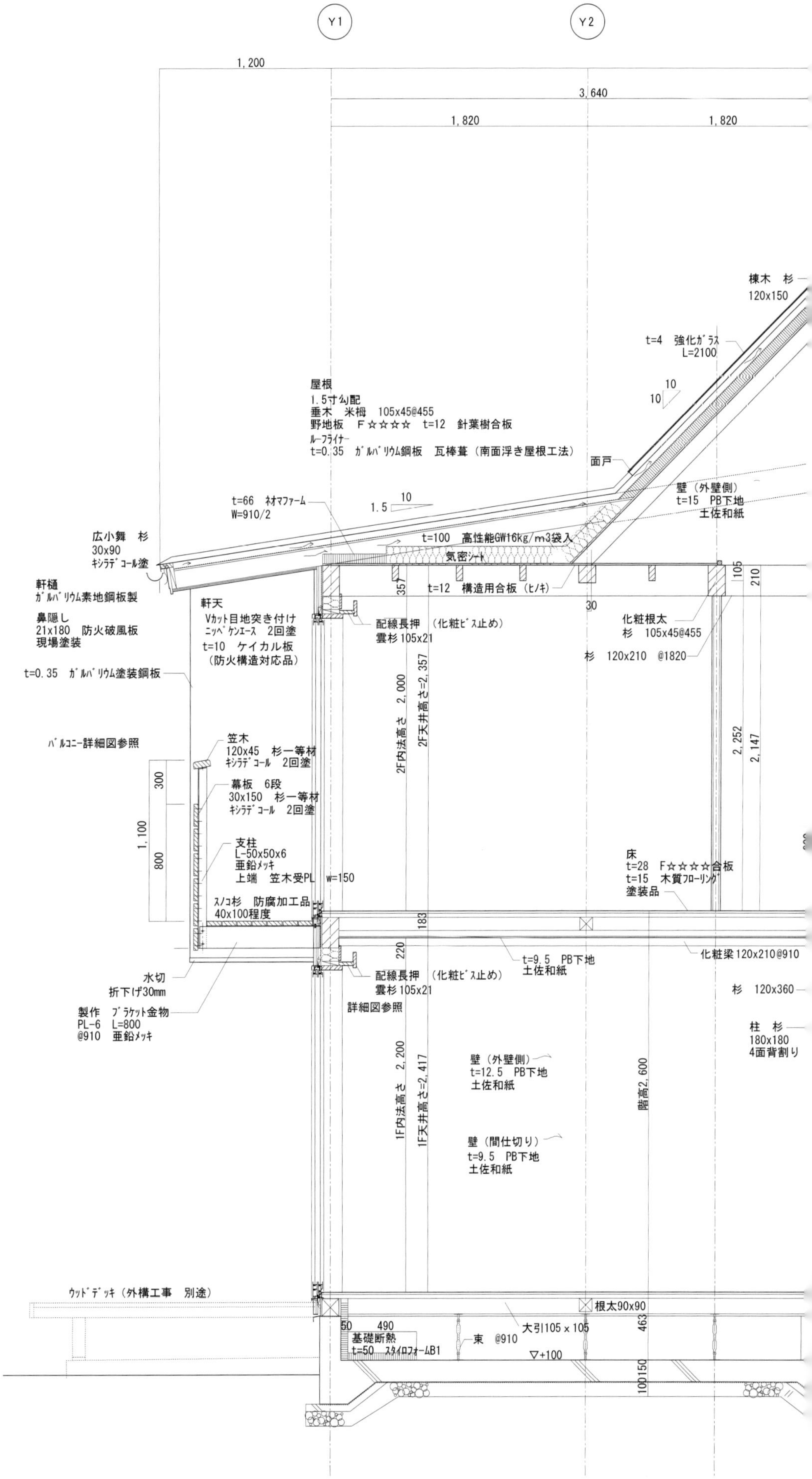
Y1
Y2
1,200
3,640
1,820
1,820
棟木　杉
120x150
t=4　強化ガラス
L=2100
屋根
1.5寸勾配
垂木　米栂　105x45@455
野地板　F☆☆☆☆　t=12　針葉樹合板
ルーフライナー
t=0.35　ガルバリウム鋼板　瓦棒葺（南面浮き屋根工法）
10
10
面戸
壁（外壁側）
t=15　PB下地
土佐和紙
t=66　ネオマファーム
W=910/2
1.5
10
t=100　高性能GW16kg/m3袋入
気密シート
広小舞　杉
30x90
キシラデコール塗
軒樋
ガルバリウム素地鋼板製
t=12　構造用合板（ヒノキ）
105
210
357
30
軒天
Vカット目地突き付け
ニッペケンエース　2回塗
t=10　ケイカル板
（防火構造対応品）
配線長押（化粧ビス止め）
雲杉 105x21
化粧根太
杉　105x45@455
鼻隠し
21x180　防火破風板
現場塗装
杉　120x210　@1820
t=0.35　ガルバリウム塗装鋼板
2F内法高さ　2,000
2F天井高さ2,357
2,252
2,147
バルコニー詳細図参照
笠木
120x45　杉一等材
キシラデコール　2回塗
300
幕板　6段
30x150　杉一等材
キシラデコール　2回塗
1,100
800
支柱
L-50x50x6
亜鉛メッキ
上端　笠木受PL　w=150
床
t=28　F☆☆☆☆合板
t=15　木質フローリング
塗装品
スノコ杉　防腐加工品
40x100程度
183
220
t=9.5　PB下地
土佐和紙
化粧梁 120x210@910
水切
折下げ30mm
配線長押（化粧ビス止め）
雲杉 105x21
杉　120x360
製作　ブラケット金物
PL-6　L=800
@910　亜鉛メッキ
詳細図参照
柱　杉
180x180
4面背割り
壁（外壁側）
t=12.5　PB下地
土佐和紙
1F内法高さ　2,200
1F天井高さ2,417
階高2,600
壁（間仕切り）
t=9.5　PB下地
土佐和紙
ウッドデッキ（外構工事　別途）
根太90x90
50　490
基礎断熱
t=50　スタイロフォームB1
大引105x105
束　@910
463
▽+100
100150

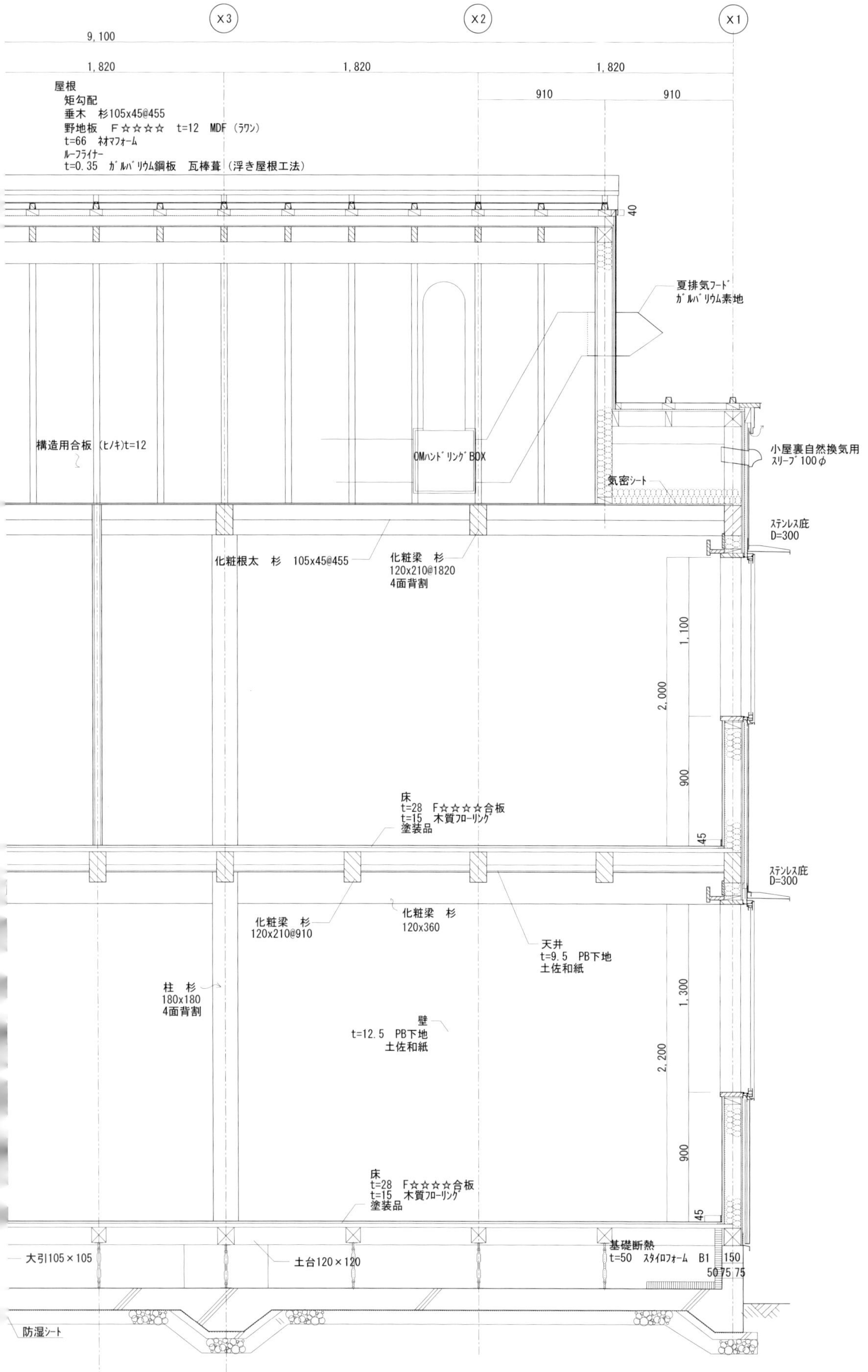
X3
X2
X1
9,100
1,820
1,820
1,820
910
910
屋根
矩勾配
垂木　杉105x45@455
野地板　F☆☆☆☆　t=12　MDF（ラワン）
t=66　ネオマフォーム
ルーフライナー
t=0.35　ガルバリウム鋼板　瓦棒葺（浮き屋根工法）
40
夏排気フード
ガルバリウム素地
構造用合板（ヒノキ)t=12
OMハンドリングBOX
小屋裏自然換気用
スリーブ100φ
気密シート
ステンレス庇
D=300
化粧根太　杉　105x45@455
化粧梁　杉
120x210@1820
4面背割
1,100
2,000
900
床
t=28　F☆☆☆☆合板
t=15　木質フローリング
塗装品
45
ステンレス庇
D=300
化粧梁　杉
120x210@910
化粧梁　杉
120x360
天井
t=9.5　PB下地
土佐和紙
柱　杉
180x180
4面背割
壁
t=12.5　PB下地
土佐和紙
1,300
2,200
900
床
t=28　F☆☆☆☆合板
t=15　木質フローリング
塗装品
45
大引105×105
土台120×120
基礎断熱
t=50　スタイロフォーム　B1
150
50 75 75
防湿シート

矩計図｜S=1/40

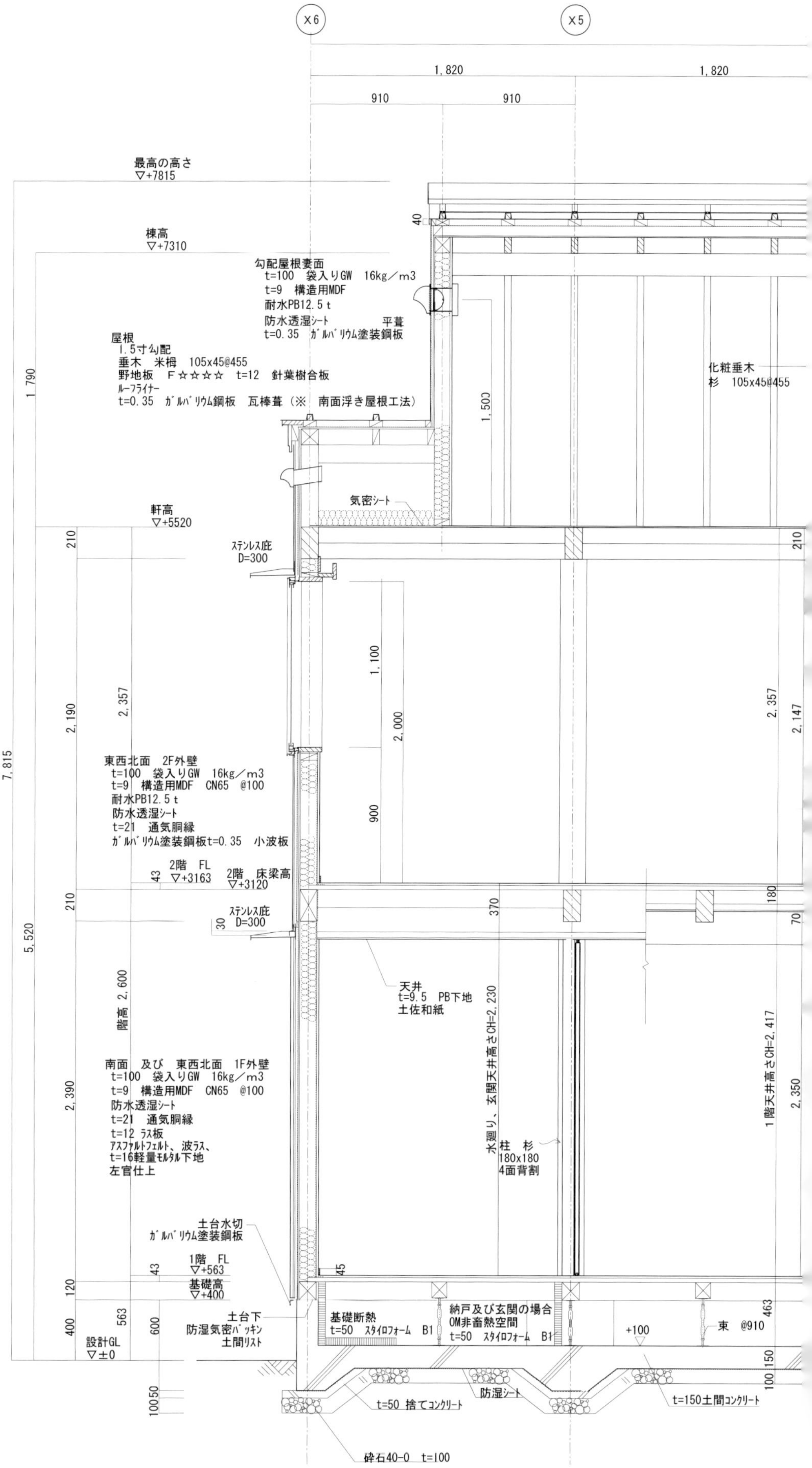
X6
X5
1,820
1,820
910
910
最高の高さ
▽+7815
棟高
▽+7310
勾配屋根妻面
t=100 袋入りGW 16kg／m3
t=9 構造用MDF
耐水PB12.5ｔ
防水透湿ｼｰﾄ 平葺
t=0.35 ｶﾞﾙﾊﾞﾘｳﾑ塗装鋼板
屋根
1.5寸勾配
垂木 米栂 105x45@455
野地板 Ｆ☆☆☆☆ t=12 針葉樹合板
ﾙｰﾌﾗｲﾅｰ
t=0.35 ｶﾞﾙﾊﾞﾘｳﾑ鋼板 瓦棒葺（※ 南面浮き屋根工法）
化粧垂木
杉 105x45@455
40
1,790
1,500
気密ｼｰﾄ
軒高
▽+5520
ｽﾃﾝﾚｽ庇
D=300
210
1,100
2,000
900
2,357
2,190
2,357
2,147
7,815
東西北面 2F外壁
t=100 袋入りGW 16kg／m3
t=9 構造用MDF CN65 @100
耐水PB12.5ｔ
防水透湿ｼｰﾄ
t=21 通気胴縁
ｶﾞﾙﾊﾞﾘｳﾑ塗装鋼板t=0.35 小波板
2階 FL
▽+3163
2階 床梁高
▽+3120
43
370
180
70
ｽﾃﾝﾚｽ庇
D=300
30
5,520
階高 2,600
天井
t=9.5 PB下地
土佐和紙
水廻り、玄関天井高さCH=2,230
1階天井高さCH=2,417
南面 及び 東西北面 1F外壁
t=100 袋入りGW 16kg／m3
t=9 構造用MDF CN65 @100
防水透湿ｼｰﾄ
t=21 通気胴縁
t=12 ﾗｽ板
ｱｽﾌｧﾙﾄﾌｪﾙﾄ、波ﾗｽ、
t=16軽量ﾓﾙﾀﾙ下地
左官仕上
2,390
2,350
柱 杉
180x180
4面背割
土台水切
ｶﾞﾙﾊﾞﾘｳﾑ塗装鋼板
1階 FL
▽+563
基礎高
▽+400
45
43
120
400
563
600
土台下
防湿気密ﾊﾟｯｷﾝ
土間ﾘｽﾄ
設計GL
▽±0
基礎断熱
t=50 ｽﾀｲﾛﾌｫｰﾑ B1
納戸及び玄関の場合
OM非畜熱空間
t=50 ｽﾀｲﾛﾌｫｰﾑ B1
+100
束 @910
463
100 150
100 50
t=50 捨てｺﾝｸﾘｰﾄ
防湿ｼｰﾄ
t=150土間ｺﾝｸﾘｰﾄ
砕石40-0 t=100

建具表

符号	WD 1	WD 2	WD 2a	WD 3	WD 3a
型式	ｶﾏﾁ戸　引戸	ﾌﾗｯｼｭ戸　引戸	ﾌﾗｯｼｭ戸　引戸	ﾌﾗｯｼｭ戸　開戸	ﾌﾗｯｼｭ戸　開戸
材質	雲杉	塗装済み　ｼﾅ合板ﾌﾗｯｼｭ戸	塗装済み　ｼﾅ合板ﾌﾗｯｼｭ戸	塗装済み　ｼﾅ合板ﾌﾗｯｼｭ戸	塗装済み　ｼﾅ合板ﾌﾗｯｼｭ戸
見込	36	33	33	33	33
ガラス	4mm ﾂｲﾝｶｰﾎﾞ				
金物	上吊式吊戸金物　HR　SYSTEM 耐荷重　25kg以下	上吊式吊戸金物　HR　SYSTEM 耐荷重　25kg以下	上吊式吊戸金物　HR　SYSTEM 耐荷重　25kg以下	美和　空錠　WLO　ﾊﾞｯｸｾｯﾄ51mm ﾚﾊﾞｰﾊﾝﾄﾞﾙ32TYPE　ｱﾙﾐｼﾙﾊﾞｰ	美和　非常開装置付表示錠 WLA-8　ﾊﾞｯｸｾｯﾄ51mm ﾚﾊﾞｰﾊﾝﾄﾞﾙ32TYPE　ｱﾙﾐｼﾙﾊﾞｰ
姿図	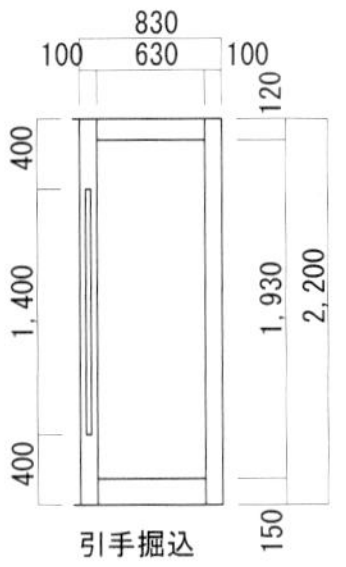		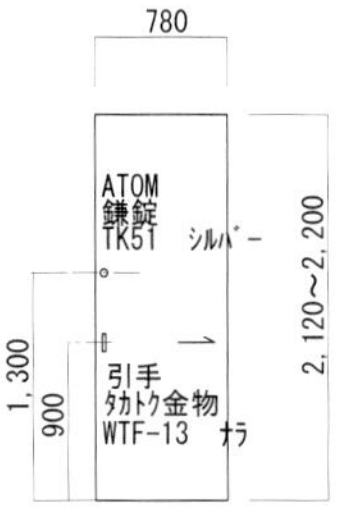	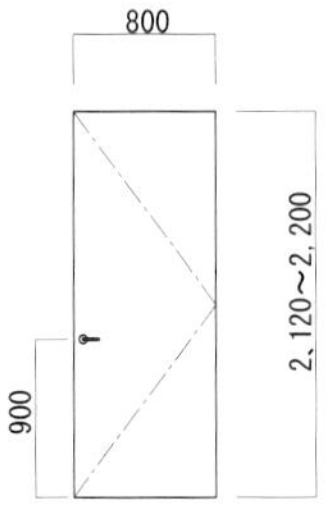	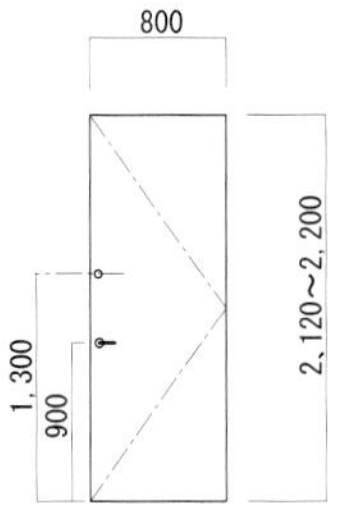
符号	WD 4				
型式	ﾌﾗｯｼｭ戸　引き違い　（押入）				
材質	塗装済み　ｼﾅ合板ﾌﾗｯｼｭ戸				
見込	33				
ガラス					
金物	上吊式吊戸金物　HR　SYSTEM 耐荷重　25kg以下				
姿図	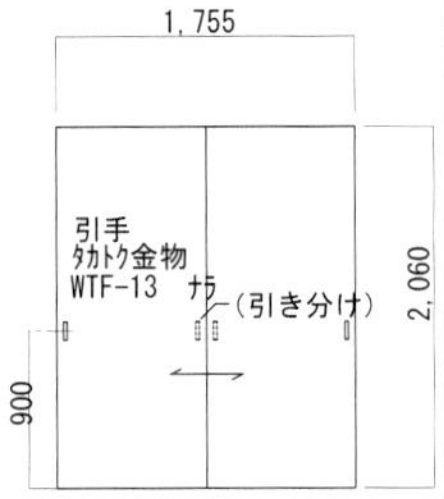				
符号					
型式					
材質					
見込					
ガラス					
金物					
姿図					

建具表

符号	AW 1	AW 2	AW 3
型式	PGサッシ　引き違い	PGサッシ　引き違い	PGサッシ　引き違い
色	ｼｬｲﾝｸﾞﾚｰ	ｼｬｲﾝｸﾞﾚｰ	ｼｬｲﾝｸﾞﾚｰ
内法寸法	1650w　x　2200h	1650w　x　2000h	1650w　x　700h
ガラス	ﾍﾟｱｶﾞﾗｽ　ﾄｰﾒｲ 5+6A+5	ﾍﾟｱｶﾞﾗｽ　ﾄｰﾒｲ 5+6A+5	ﾍﾟｱｶﾞﾗｽ　ﾄｰﾒｲ 5+6A+5
網戸	有	有	有
備考			
姿図	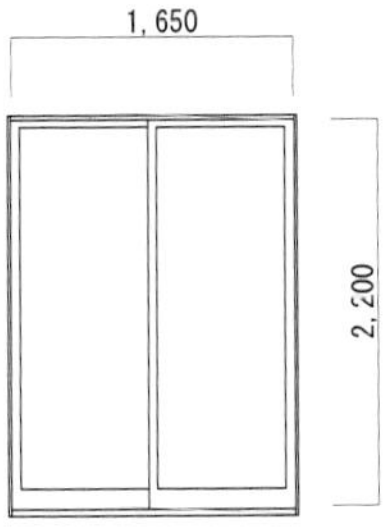1,650 2,200	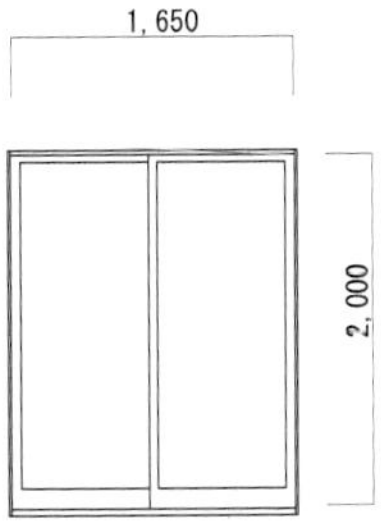1,650 2,000	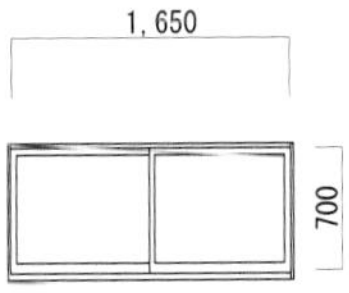1,650 700

符号	AW 4	AW 4a	AW 5	AW 5a	AW 6
型式	PGサッシ　縦すべり出し		PGサッシ　縦すべり出し		PGサッシ　引き違い
色	ｼｬｲﾝｸﾞﾚｰ		ｼｬｲﾝｸﾞﾚｰ		ｼｬｲﾝｸﾞﾚｰ
内法寸法	600w　x　1100h		365w　x　1100h		1650w　x　1100h
ガラス	ﾍﾟｱｶﾞﾗｽ　ﾄｰﾒｲ 4+6A+4	ﾍﾟｱｶﾞﾗｽ　型ガラス 4+6A+6	ﾍﾟｱｶﾞﾗｽ　ﾄｰﾒｲ 4+6A+4	ﾍﾟｱｶﾞﾗｽ　型ガラス 4+6A+6	ﾍﾟｱｶﾞﾗｽ　ﾄｰﾒｲ 5+6A+5
網戸	横引ﾛｰﾙ網戸		横引ﾛｰﾙ網戸		有
備考					
姿図	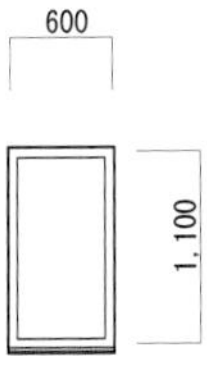600 1,100 開き勝手は平面図参照		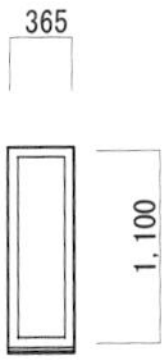365 1,100 開き勝手は平面図参照		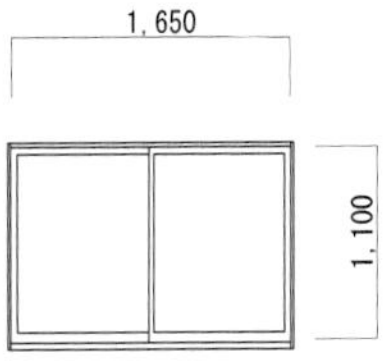1,650 1,100

符号	TP 1　ﾄｯﾌﾟﾗｲﾄ	AD 1　防犯建物部品の 扉、錠、補助錠	
型式	Velux VS304（押出し式開閉型）	ｱﾊﾟｰﾄ用玄関ﾄﾞｱ　ADｱﾙﾐ枠	
色		ｼｬｲﾝｸﾞﾚｰ	
内法寸法	780w　x　980h（ｻｯｼ外寸）	810W（特注）　x　2215H	
ガラス	透明合わせ強化ﾍﾟｱｶﾞﾗｽ Velux 3074		
網戸	開閉ﾛｯﾄ付き		
備考		補助錠（同一KEY）、ﾄﾞｱｽｺｰﾌﾟ	
姿図	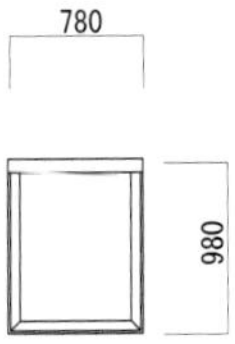780 980	ﾄﾞｱﾁｪｰﾝ、ｶﾞｲﾄﾞﾌﾟﾚｰﾄ ﾄﾞｱｸﾛｰｻﾞｰ 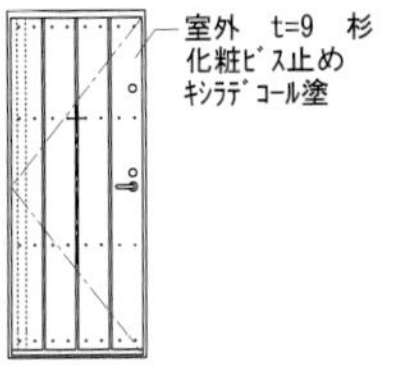室外　t=9　杉 化粧ﾋﾞｽ止め ｷｼﾗﾃﾞｺｰﾙ塗 開き勝手は平面図参照	

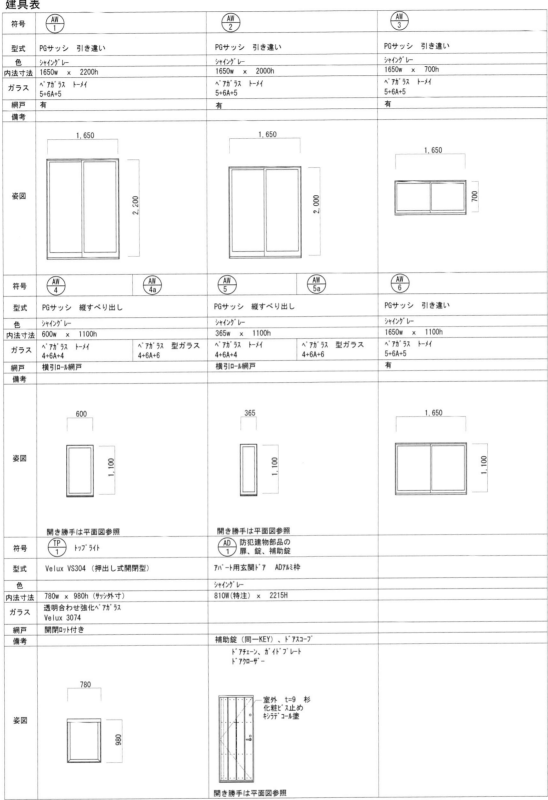

間仕切り詳細図｜S=1/15

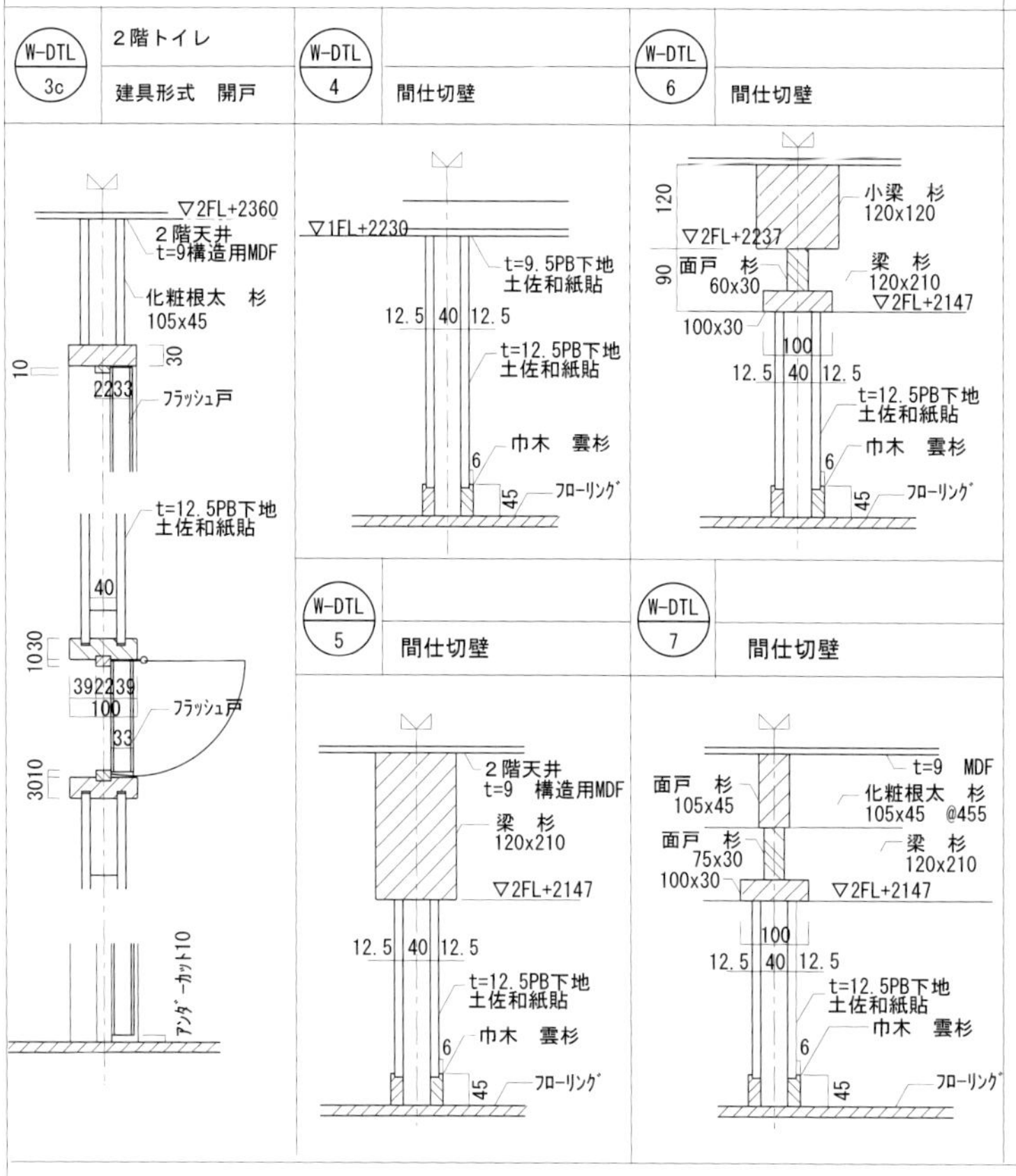

W-DTL 3c
2階トイレ
建具形式　開戸
▽2FL+2360
2階天井
t=9構造用MDF
化粧根太　杉
105x45
30
10
2233
フラッシュ戸
t=12.5PB下地
土佐和紙貼
40
1030
392239
100
フラッシュ戸
33
3010
アンダーカット10
W-DTL 4
間仕切壁
▽1FL+2230
t=9.5PB下地
土佐和紙貼
12.5　40　12.5
t=12.5PB下地
土佐和紙貼
6
巾木　雲杉
45
フローリング
W-DTL 6
間仕切壁
120
小梁　杉
120x120
▽2FL+2237
90
面戸　杉
60x30
梁　杉
120x210
▽2FL+2147
100x30
100
12.5　40　12.5
t=12.5PB下地
土佐和紙貼
6
巾木　雲杉
45
フローリング
W-DTL 5
間仕切壁
2階天井
t=9　構造用MDF
梁　杉
120x210
▽2FL+2147
12.5　40　12.5
t=12.5PB下地
土佐和紙貼
6
巾木　雲杉
45
フローリング
W-DTL 7
間仕切壁
t=9　MDF
面戸　杉
105x45
化粧根太　杉
105x45　@455
面戸　杉
75x30
梁　杉
120x210
100x30
▽2FL+2147
100
12.5　40　12.5
t=12.5PB下地
土佐和紙貼
6
巾木　雲杉
45
フローリング

配線長押詳細図｜S=1/15

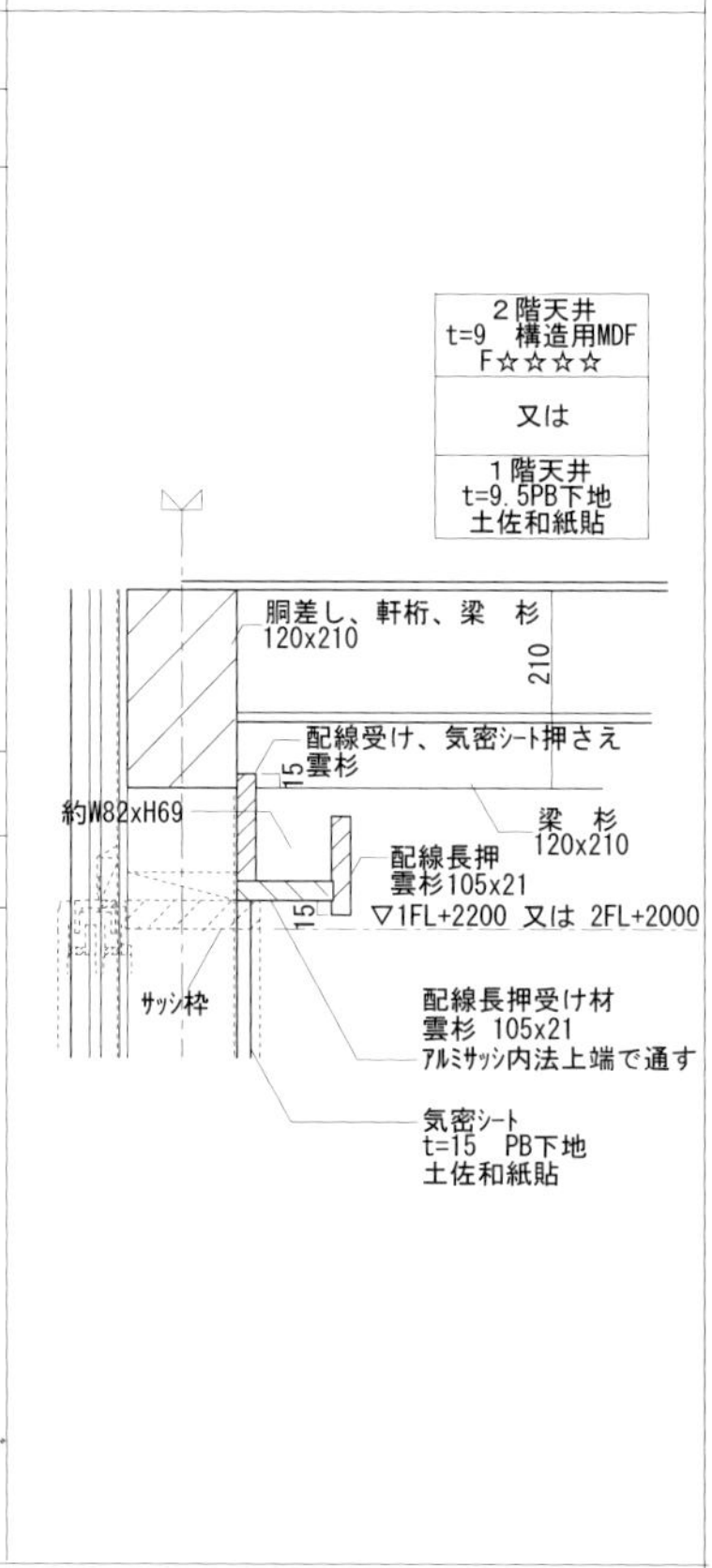

2階天井
t=9　構造用MDF
F☆☆☆☆
又は
1階天井
t=9.5PB下地
土佐和紙貼
胴差し、軒桁、梁　杉
120x210
210
配線受け、気密シート押さえ
雲杉
15
約W82xH69
梁　杉
120x210
配線長押
雲杉105x21
15
▽1FL+2200　又は　2FL+2000
サッシ枠
配線長押受け材
雲杉　105x21
アルミサッシ内法上端で通す
気密シート
t=15　PB下地
土佐和紙貼

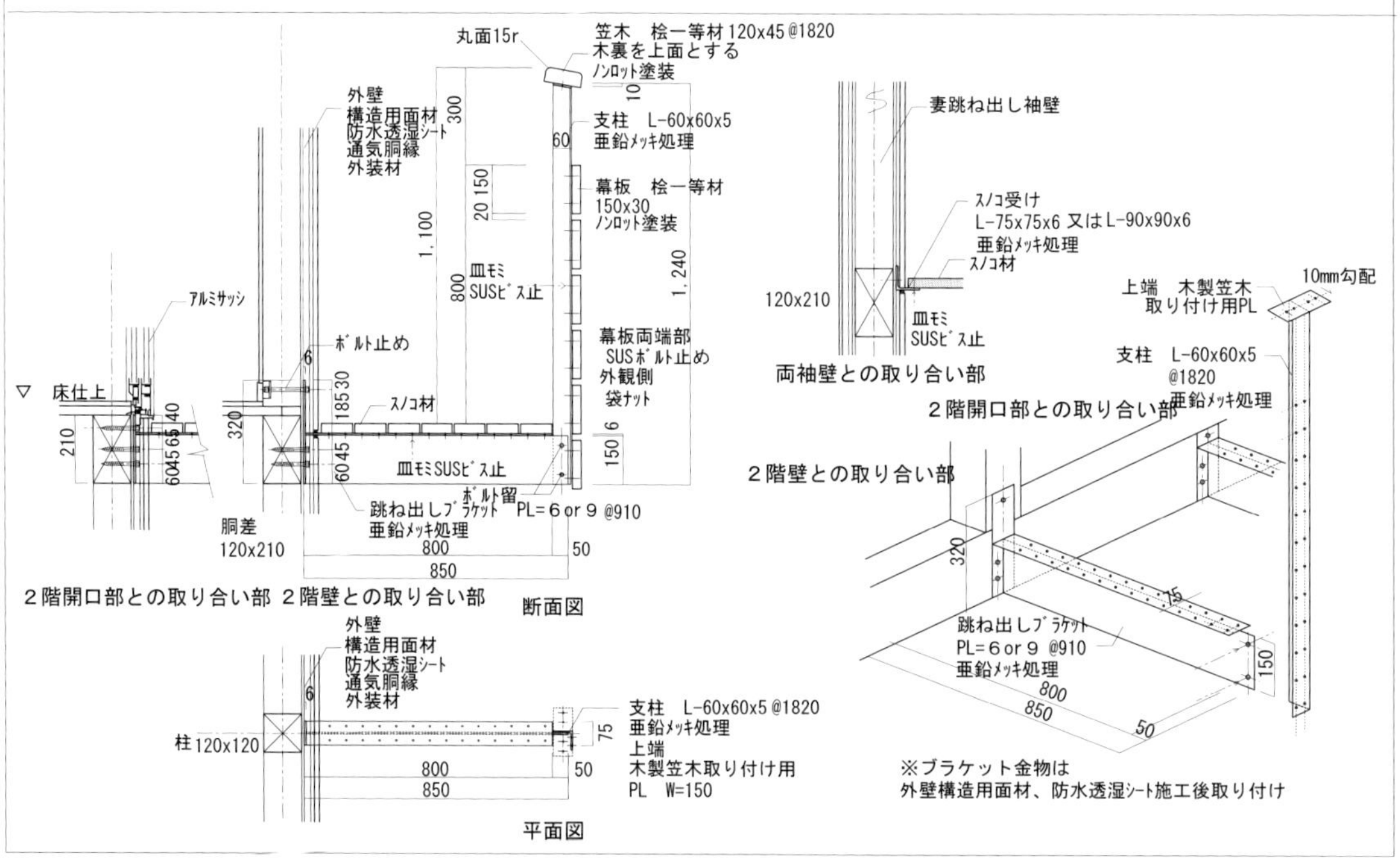

丸面15r
笠木　桧一等材 120x45 @1820
木裏を上面とする
ノンロット塗装
10
外壁
構造用面材
防水透湿シート
通気胴縁
外装材
300
60
支柱　L-60x60x5
亜鉛メッキ処理
20 150
幕板　桧一等材
150x30
ノンロット塗装
1,100
1,240
800
皿モミ
SUSビス止
幕板両端部
SUSボルト止め
外観側
袋ナット
アルミサッシ
ボルト止め
6
▽　床仕上
18530
スノコ材
40
210
320
5
65
60455
6045
皿モミSUSビス止
ボルト留
150
6
跳ね出しブラケット　PL=6 or 9 @910
亜鉛メッキ処理
胴差
120x210
800
50
850
2階開口部との取り合い部
2階壁との取り合い部
断面図
外壁
構造用面材
防水透湿シート
通気胴縁
外装材
6
柱 120x120
支柱　L-60x60x5 @1820
亜鉛メッキ処理
75
上端
木製笠木取り付け用
PL　W=150
800
50
850
平面図
妻跳ね出し袖壁
スノコ受け
L-75x75x6 又は L-90x90x6
亜鉛メッキ処理
スノコ材
120x210
皿モミ
SUSビス止
両袖壁との取り合い部
上端　木製笠木
取り付け用PL
10mm勾配
支柱　L-60x60x5
@1820
亜鉛メッキ処理
2階開口部との取り合い部
2階壁との取り合い部
320
15
跳ね出しブラケット
PL=6 or 9 @910
亜鉛メッキ処理
150
800
850
50
※ブラケット金物は
外壁構造用面材、防水透湿シート施工後取り付け

間仕切り詳細図｜S=1/15

W-DTL 1　1階玄関、トイレ、洗面室、脱衣室 建具形式　吊戸　片引戸	W-DTL 2　２階収納 建具形式　吊戸 引き違い	W-DTL 3a　２階洋室1、4 建具形式　開戸	W-DTL 3b　２階洋室2、3 建具形式　開戸

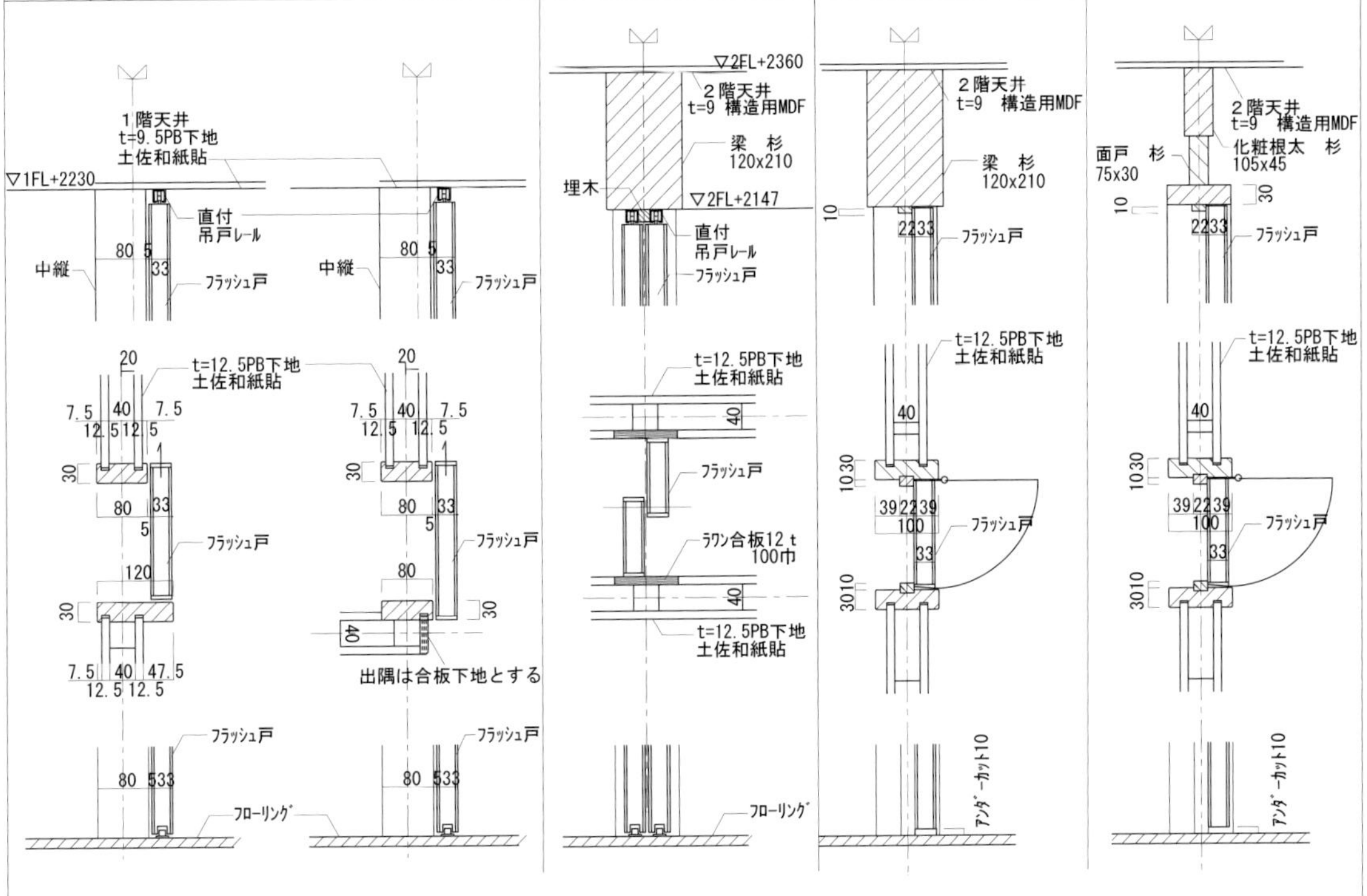

１階天井
t=9.5PB下地
土佐和紙貼
▽1FL+2230
直付
吊戸レール
中縦
フラッシュ戸
t=12.5PB下地
土佐和紙貼
出隅は合板下地とする
フローリング
▽2FL+2360
２階天井
t=9 構造用MDF
梁 杉
120x210
埋木
▽2FL+2147
ラワン合板12 t
100巾
面戸 杉
75x30
化粧根太 杉
105x45
アンダーカット10

階段格子詳細図

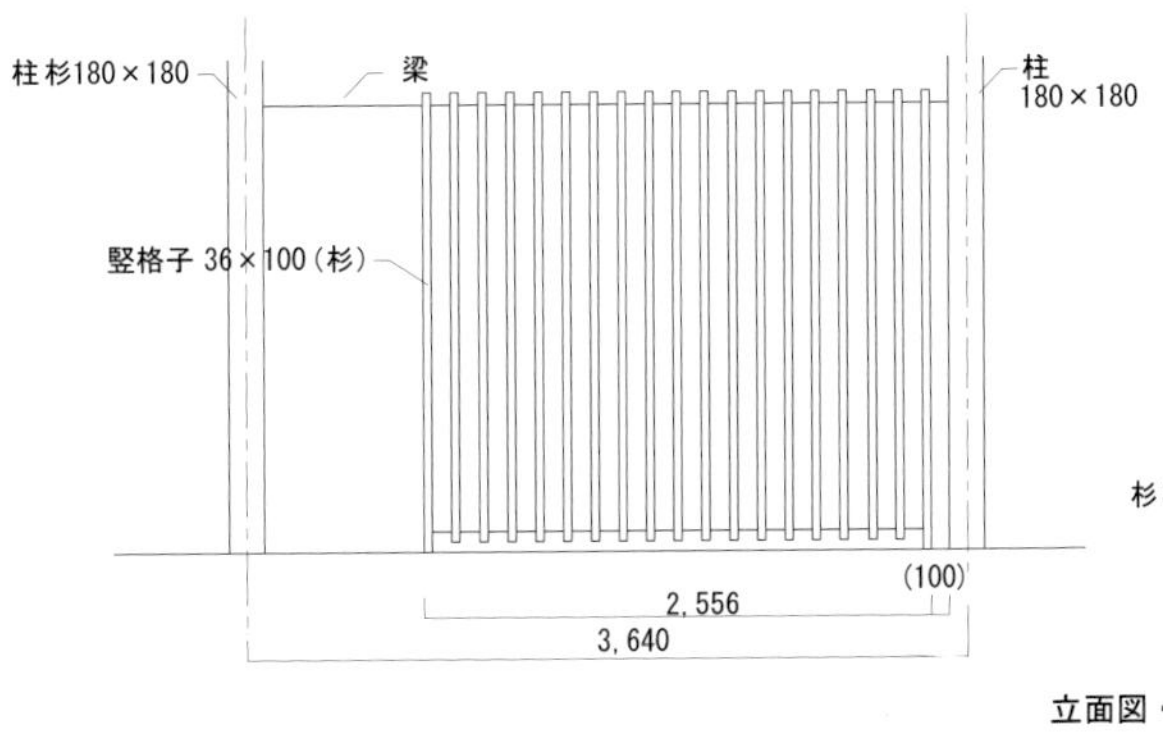

柱杉180×180
梁
柱
180×180
竪格子 36×100（杉）
2,556
3,640

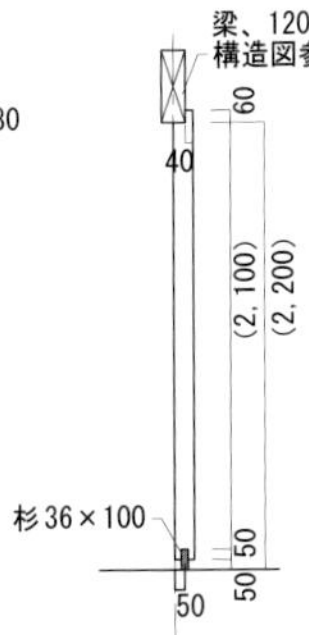

梁、120＊210または120＊360
構造図参照のこと
(2,100)
(2,200)
杉36×100

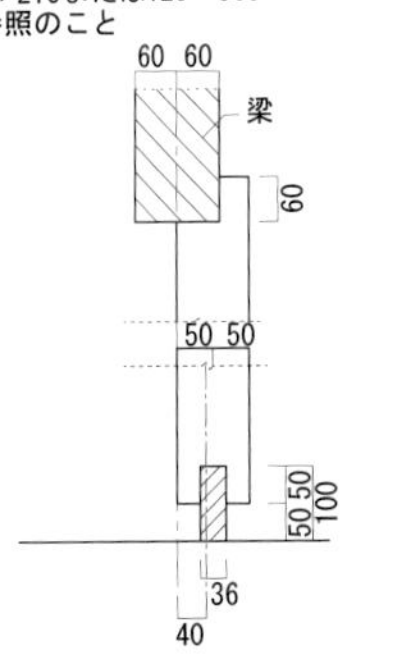

梁

立面図・断面図｜S=1/75　　詳細図｜S＝1/20

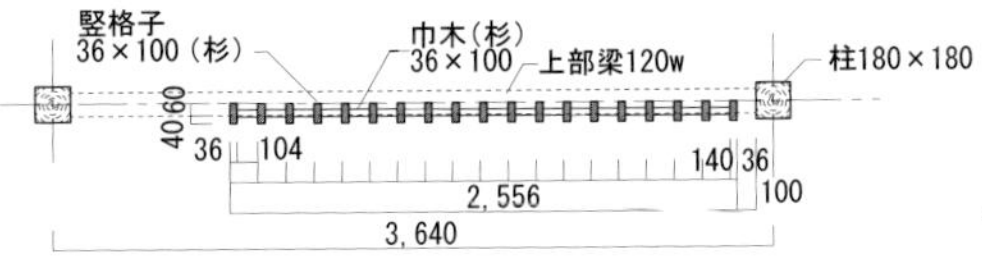

竪格子
36×100（杉）
巾木（杉）
36×100
上部梁120w
柱180×180
2,556
3,640

平面図｜S=1/75

参考資料｜ドミノ一式

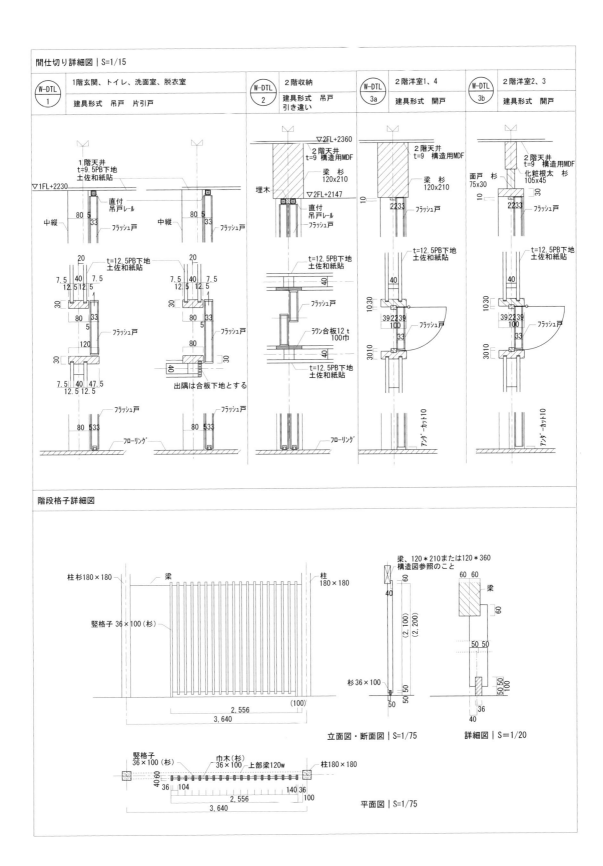

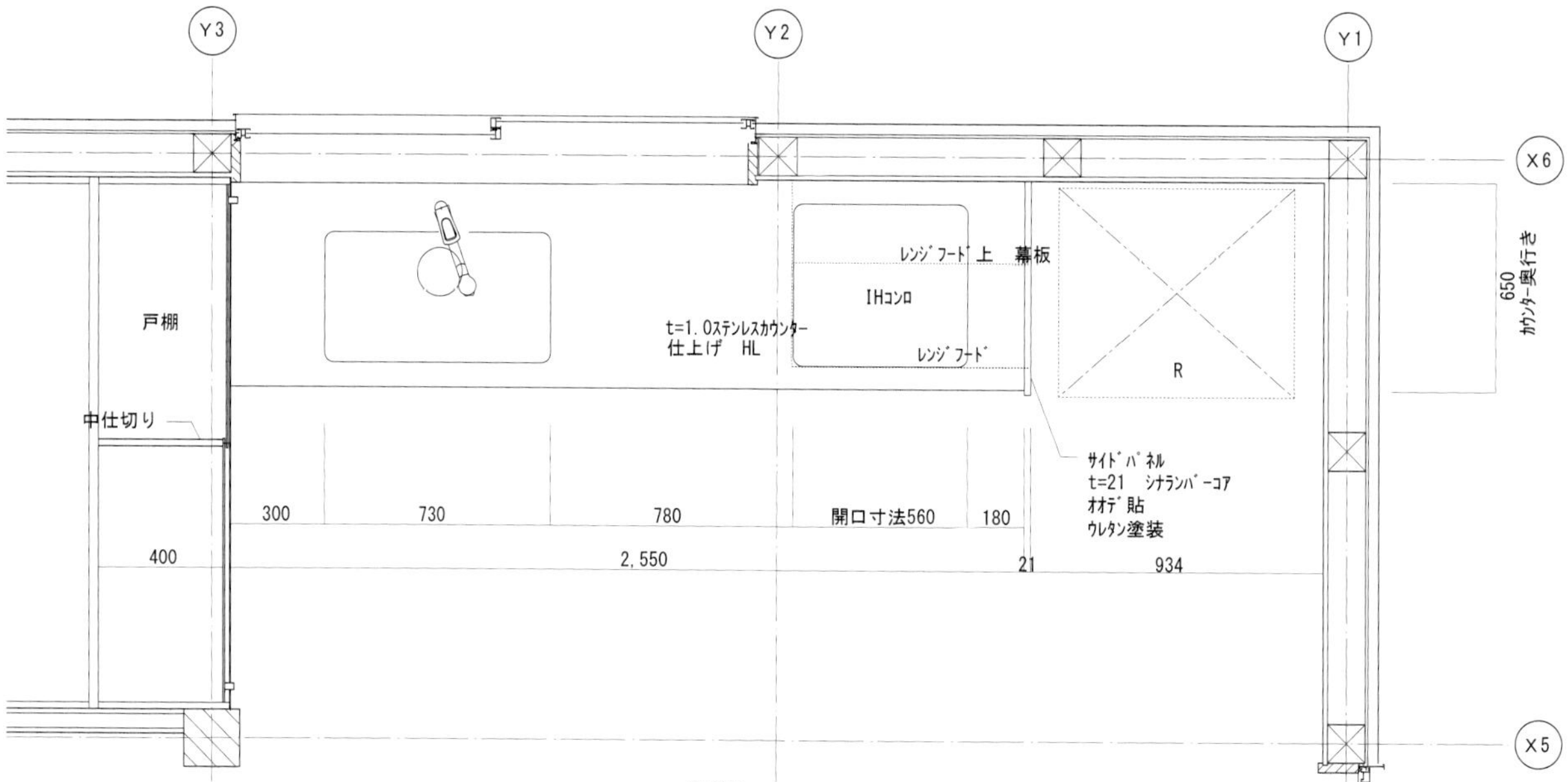
Y3
Y2
Y1
X6
X5
戸棚
中仕切り
t=1.0ステンレスカウンター
仕上げ HL
レンジフード上 幕板
IHコンロ
レンジフード
R
650
カウンター奥行き
サイドパネル
t=21 シナランバーコア
オオデ貼
ウレタン塗装
300
730
780
開口寸法560
180
400
2,550
21
934

平面図

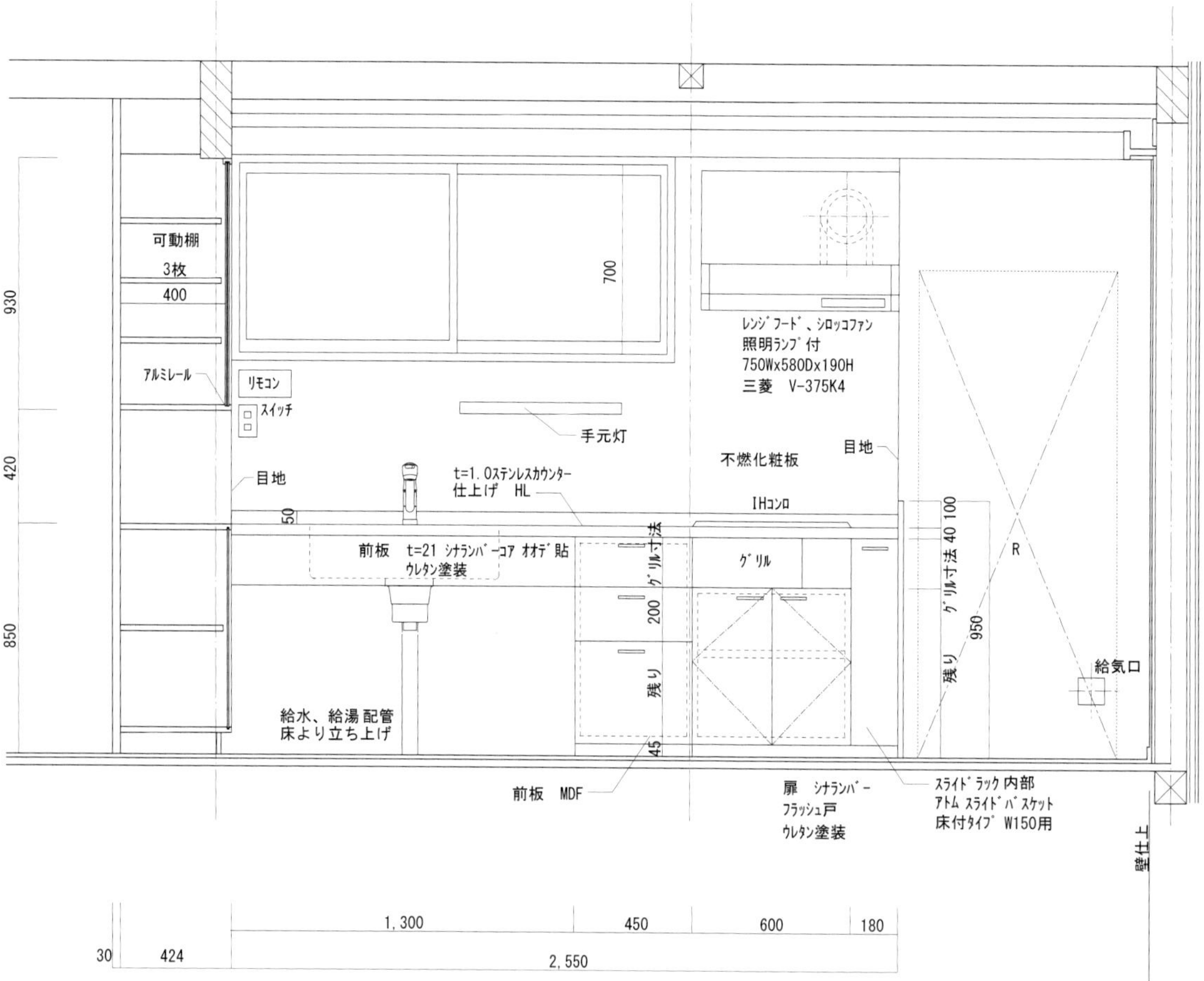
可動棚
3枚
400
アルミレール
リモコン
スイッチ
700
930
420
850
レンジフード、シロッコファン
照明ランプ付
750Wx580Dx190H
三菱 V-375K4
手元灯
不燃化粧板
目地
目地
t=1.0ステンレスカウンター
仕上げ HL
IHコンロ
50
前板 t=21 シナランバーコア オオデ貼
ウレタン塗装
グリル
グリル寸法
200
残り
45
40 100
グリル寸法
950
残り
R
給気口
給水、給湯配管
床より立ち上げ
前板 MDF
扉 シナランバー
フラッシュ戸
ウレタン塗装
スライドラック内部
アトムスライドバスケット
床付タイプ W150用
壁仕上
1,300
450
600
180
30
424
2,550

展開図

キッチン詳細図｜S=1/20

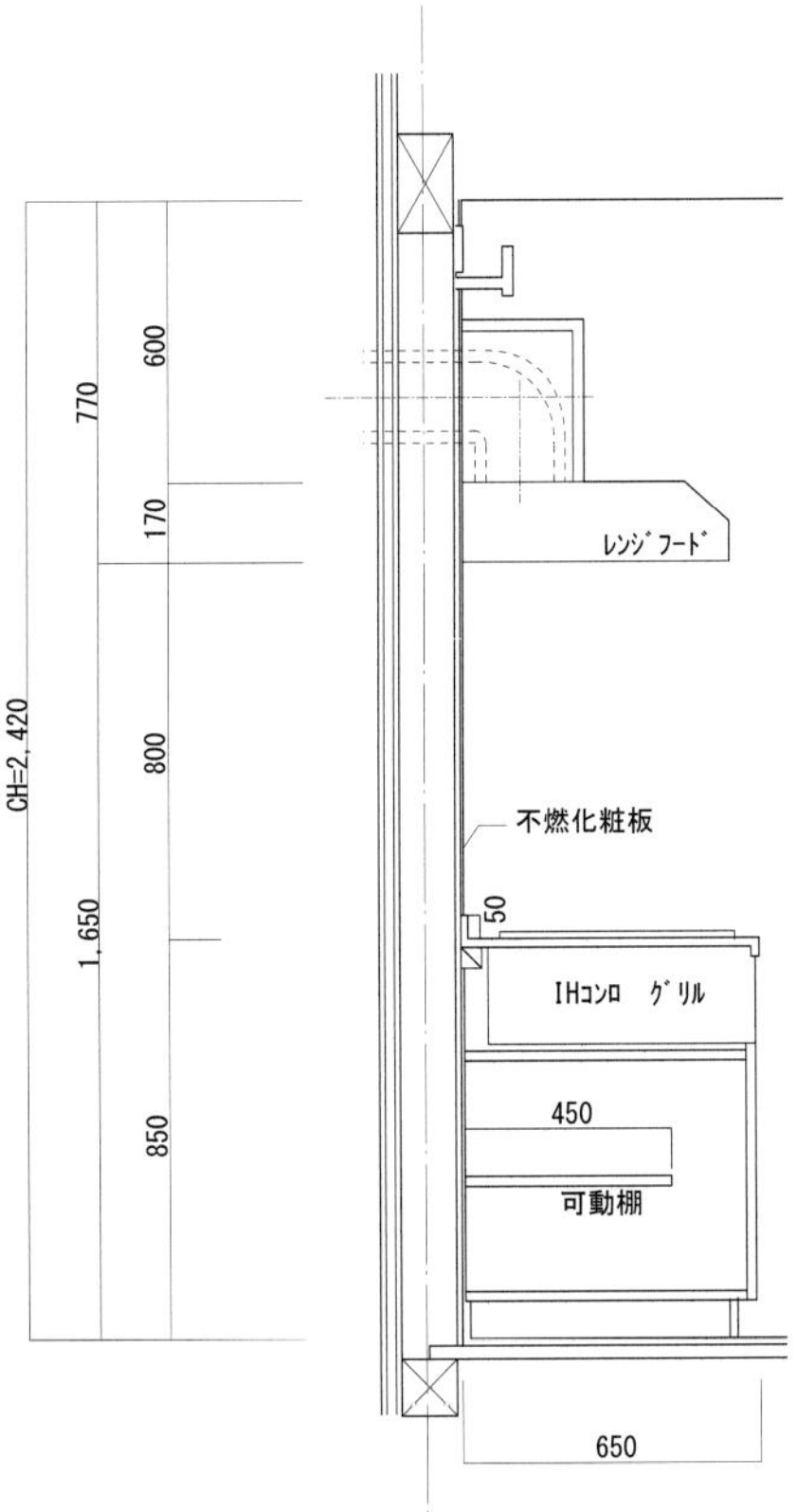
770
600
170
CH=2,420
800
1,650
850
レンジフード
不燃化粧板
50
IHコンロ　グリル
450
可動棚
650

断面図

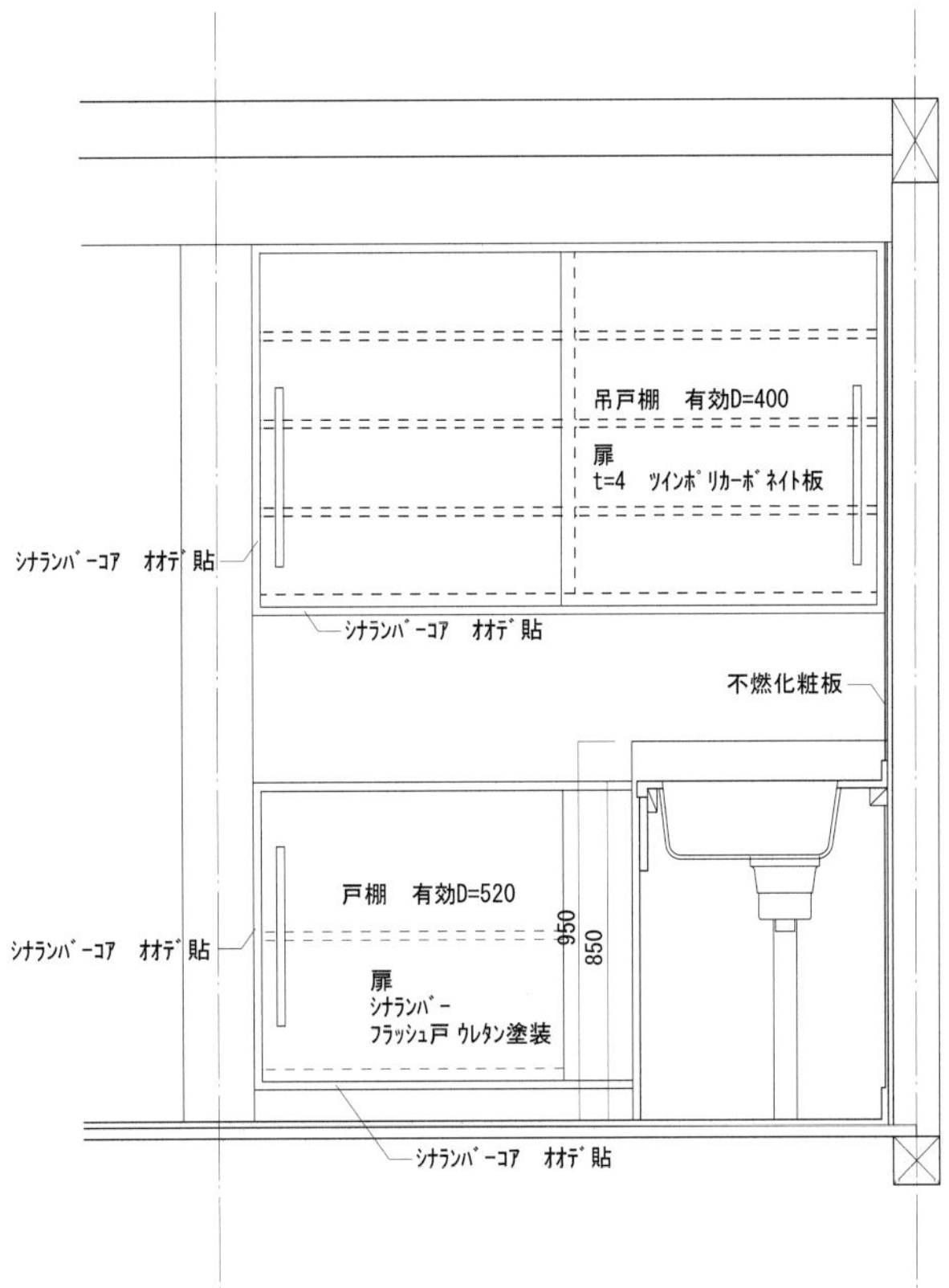
吊戸棚　有効D=400
扉
t=4　ツインポリカーボネイト板
シナランバーコア　オオデ貼
シナランバーコア　オオデ貼
不燃化粧板
戸棚　有効D=520
950
850
シナランバーコア　オオデ貼
扉
シナランバー
フラッシュ戸 ウレタン塗装
シナランバーコア　オオデ貼

断面図

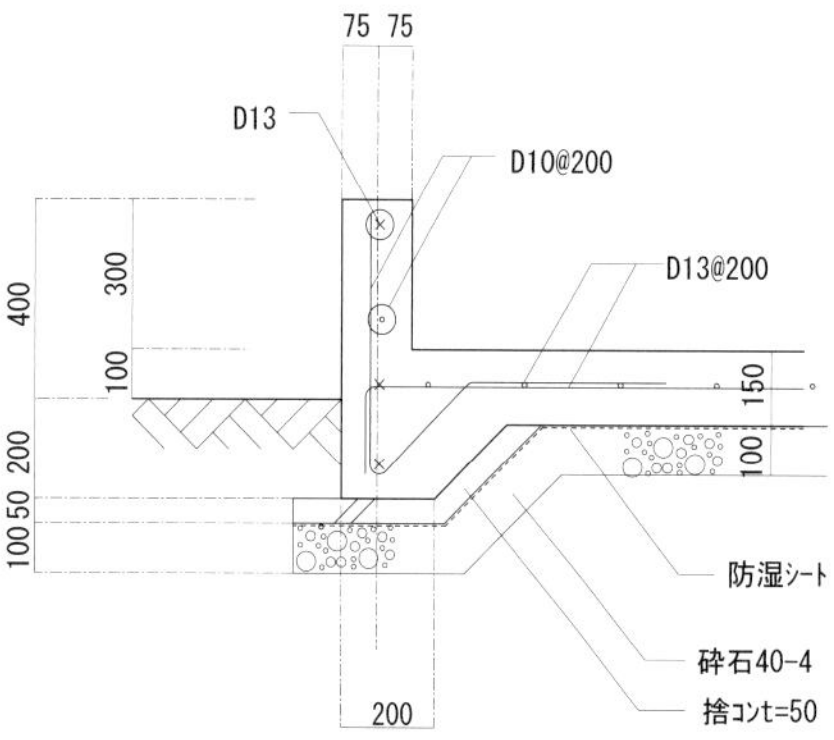

外周立上り(FG1)配筋図

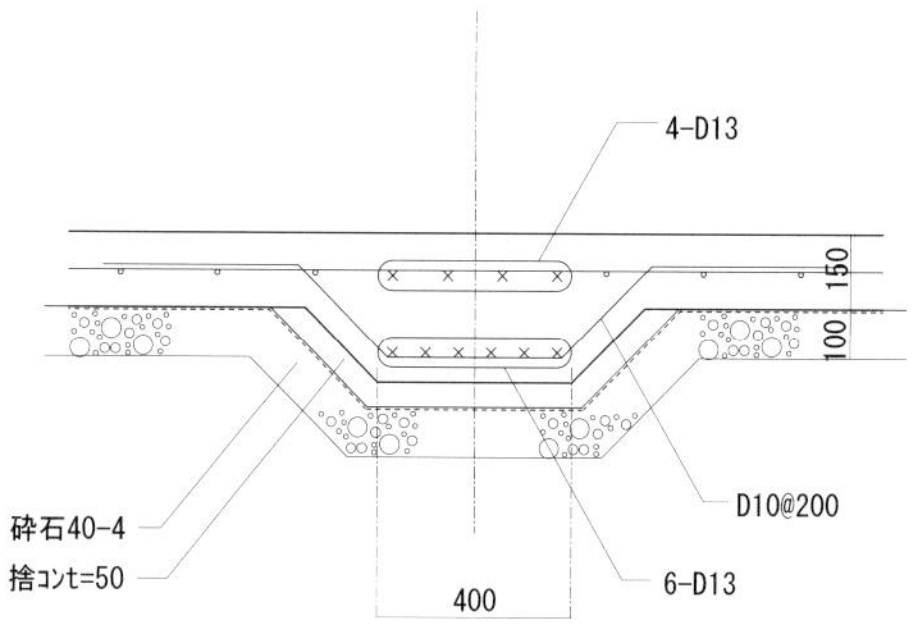

柱付近地中梁(FG2)配筋図

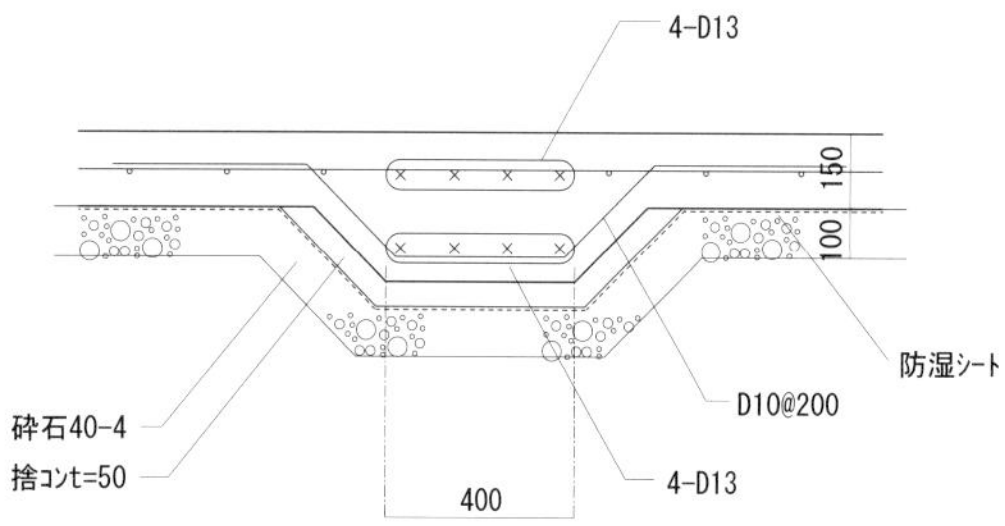

地中梁(FG3)配筋図

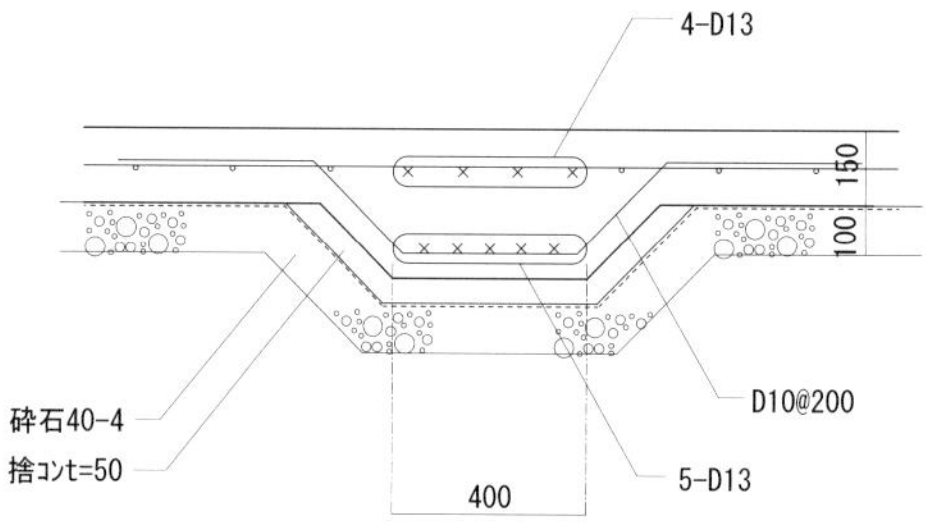

地中梁(FG4)配筋図

※長期許容支持力度　qa=30kN/㎡以上の場合の基礎形状

コンクリート

適用箇所	種　類	設計基準強度　Fc= N/mm²	スランプcm	備　考
基礎	普通	21	18	水セメント比60%以下

鉄筋

適用箇所	種　類	径	備　考
基礎	SD295A	D10～D13	JIS規格品

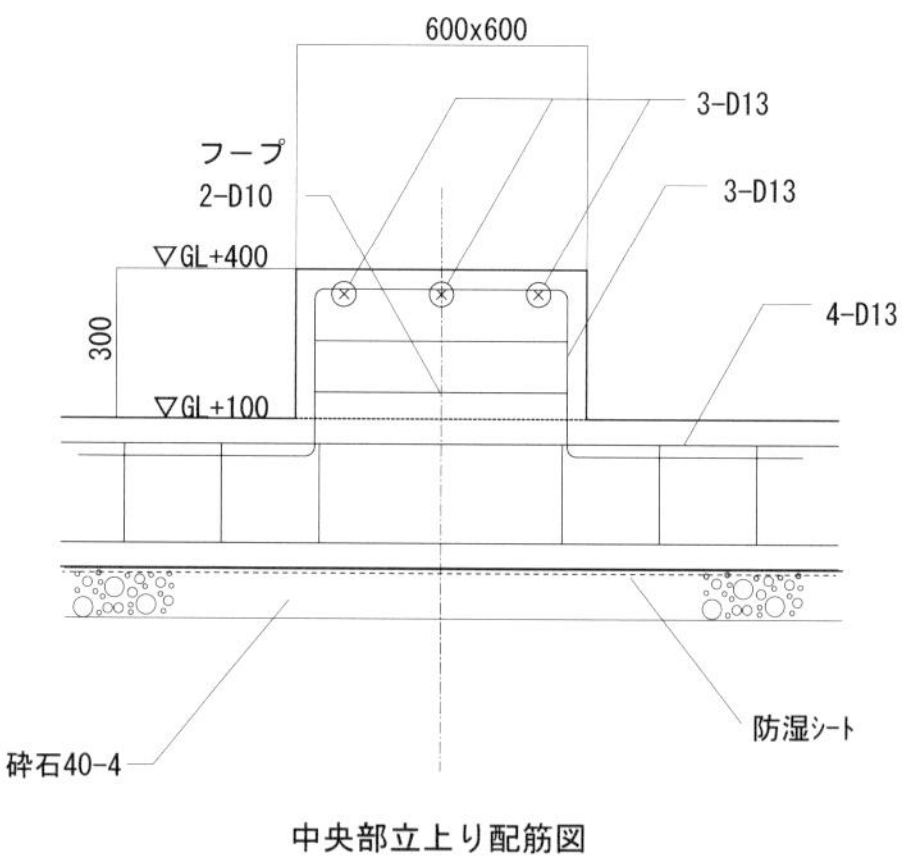

中央部立上り配筋図

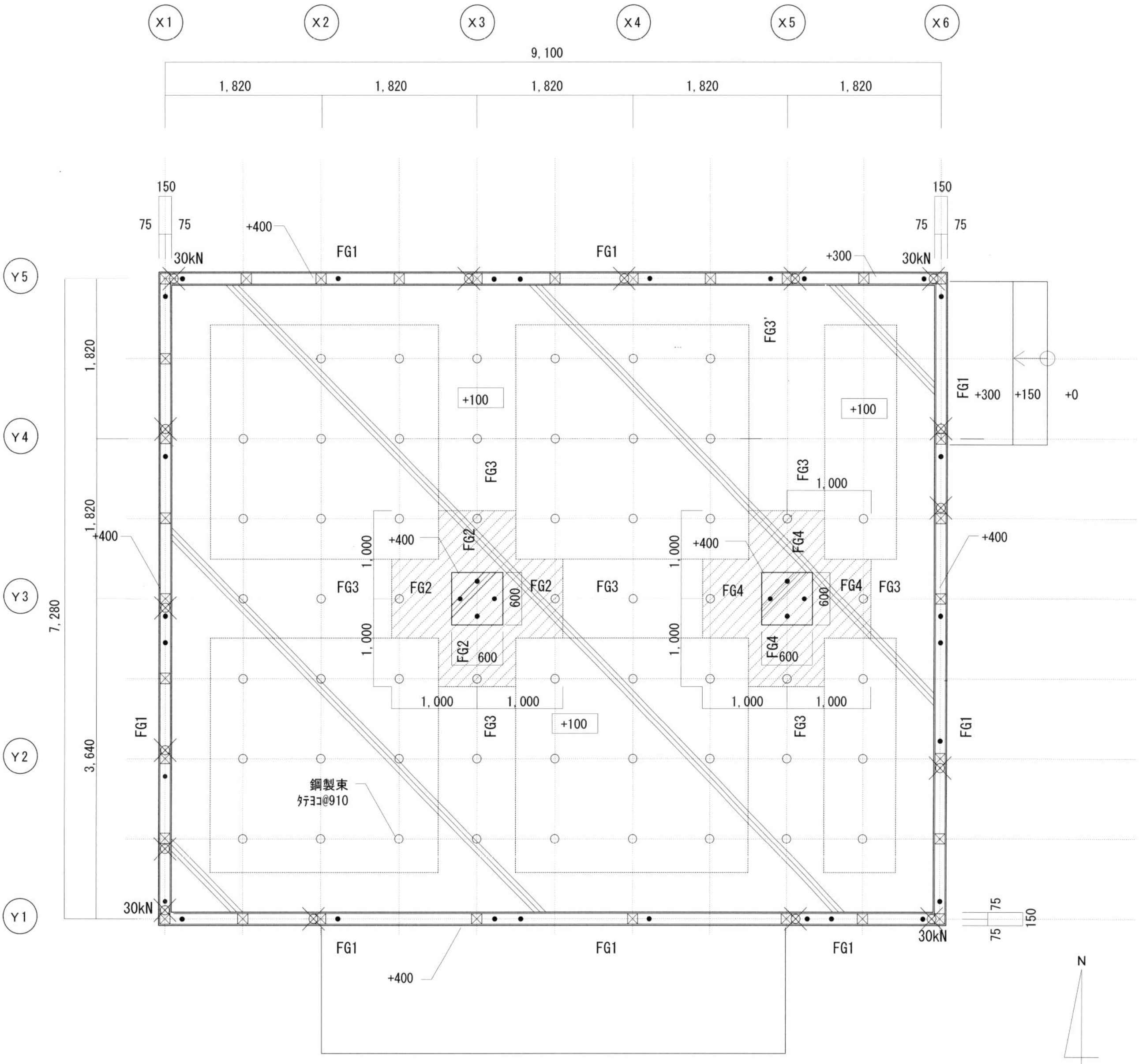

基礎伏図｜S=1/75

凡例	●	・土台ｱﾝｶｰﾎﾞﾙﾄ　L=400　M12　埋め込み240以上　土台継ぎ手位置且つ、2.73m以内に設置
		・15KNの引き寄せ金物部位　基礎引ﾎｰﾙﾀﾞｳﾝ用ｱﾝｶｰﾎﾞﾙﾄ　L=700　M16を 使用する。
	30kN	・30kNの引き寄せ金物部位　基礎引ﾎｰﾙﾀﾞｳﾝ用ｱﾝｶｰﾎﾞﾙﾄ　L=800　M16を使用する。

※　H　:　手摺、窓台、腰壁高さ

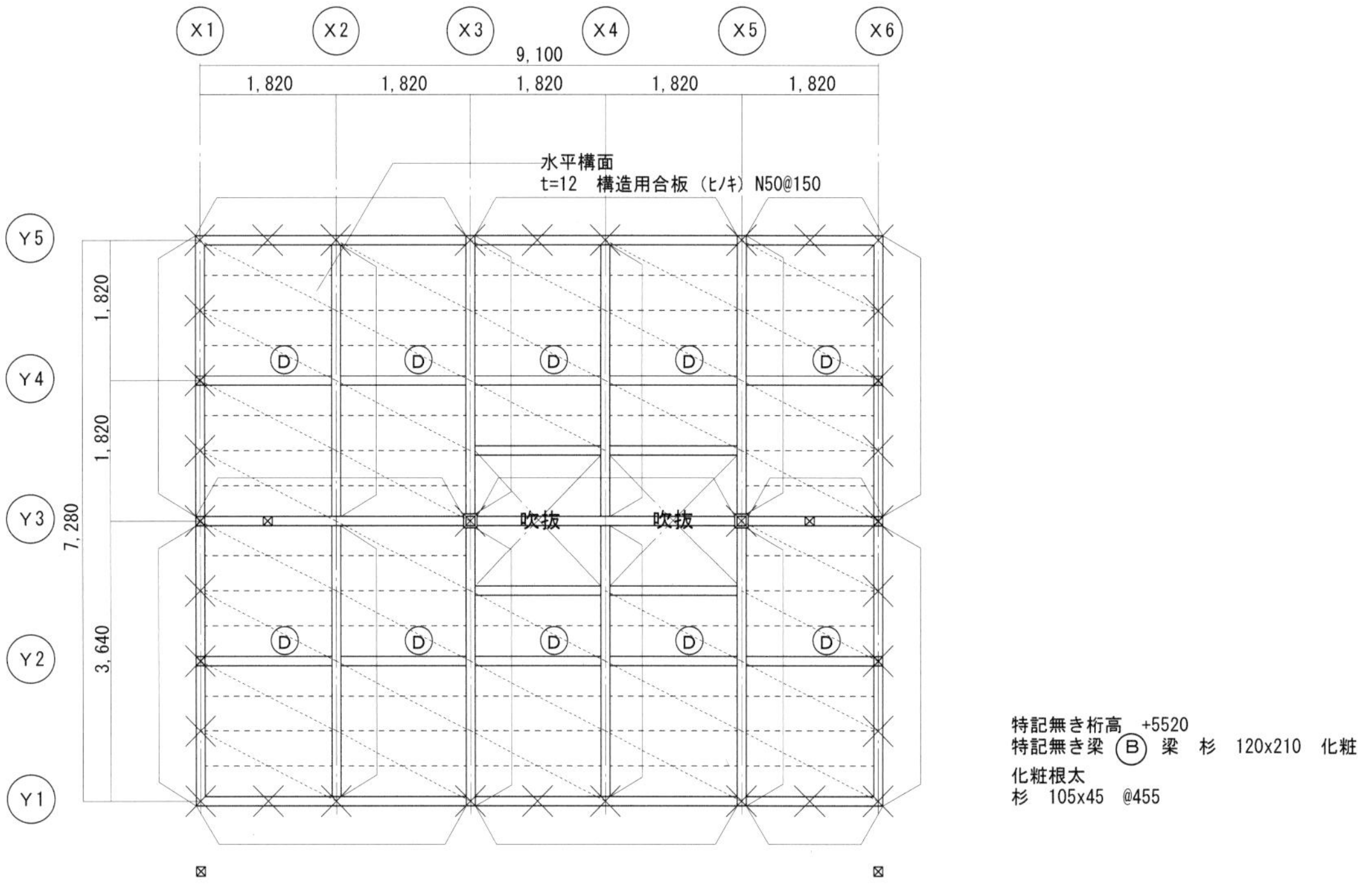
X1
X2
X3
X4
X5
X6
9,100
1,820
1,820
1,820
1,820
1,820
水平構面
t=12　構造用合板（ﾋﾉｷ）N50@150
Y5
Y4
Y3
Y2
Y1
1,820
1,820
3,640
7,280
吹抜
吹抜
特記無き桁高　+5520
特記無き梁 Ⓑ 梁　杉　120x210　化粧
化粧根太
杉　105x45　@455
桁伏図｜S=1/125

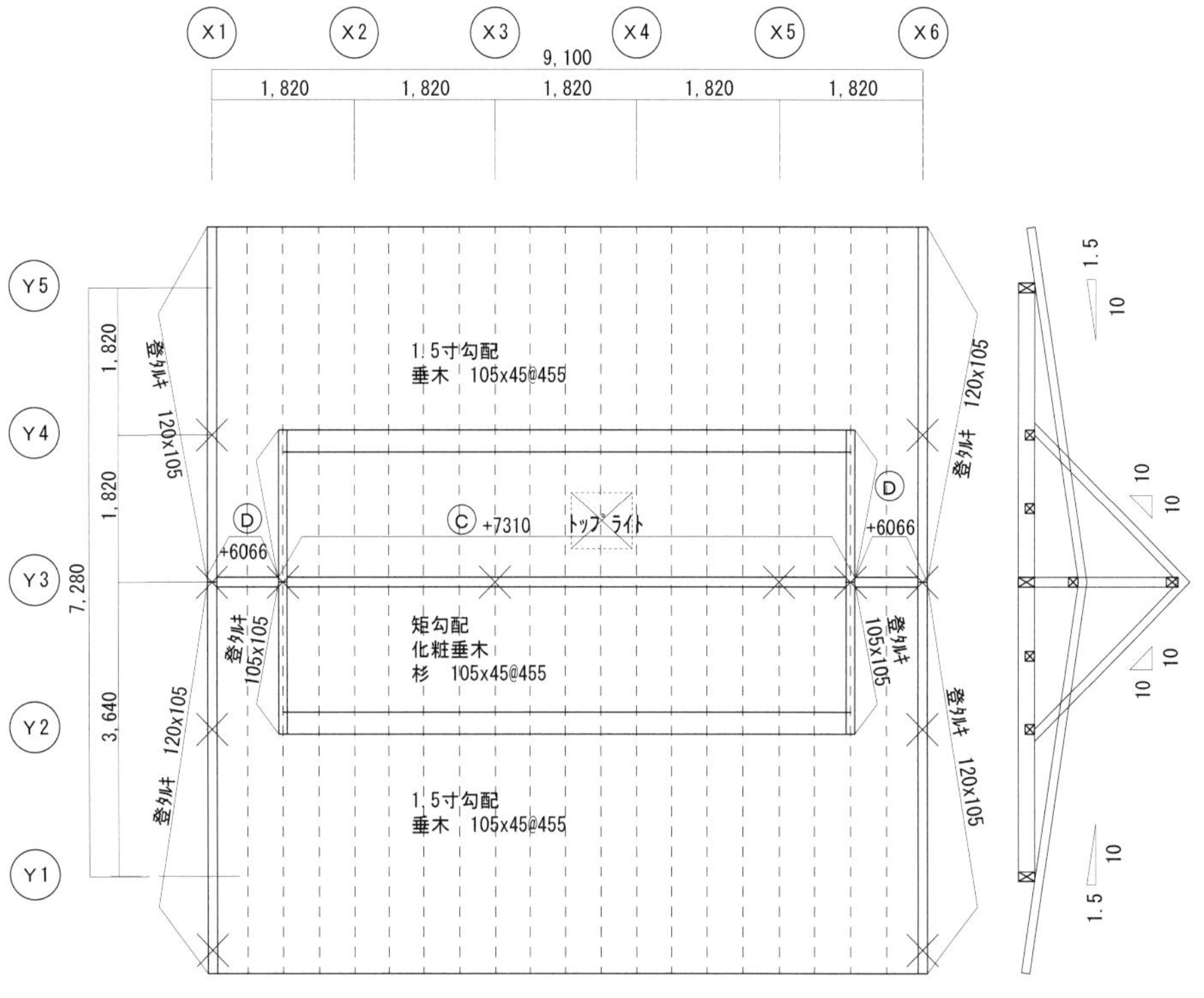
X1
X2
X3
X4
X5
X6
9,100
1,820
1,820
1,820
1,820
1,820
Y5
Y4
Y3
Y2
Y1
1,820
1,820
3,640
7,280
1.5寸勾配
垂木　105x45@455
Ⓒ +7310
ﾄｯﾌﾟﾗｲﾄ
Ⓓ +6066
Ⓓ +6066
矩勾配
化粧垂木
杉　105x45@455
1.5寸勾配
垂木　105x45@455
登ﾀﾙｷ 120x105
登ﾀﾙｷ 105x105
1.5
10
10
10
10
10
10
1.5
垂木伏図｜S=1/125

構造材等

記号	部位	樹種	木材ｻｲｽﾞ	含水率	ﾔﾝｸﾞ係数	記号	部位	樹種	木材ｻｲｽﾞ	含水率	ﾔﾝｸﾞ係数
⊠	柱	杉　特一等	120x120	D15			化粧根太	杉　特一等	105x45　@455	D15	
■	化粧柱	杉　特一等	120x120	D15			化粧垂木（矩勾配）	杉　特一等	105x45　@455	D15	
	間柱	杉	120x30	KD材			特記無き垂木	栂	105x45　@455	KD材	
	土台	米ﾋﾊﾞ	120x120	D15			耐力壁	t=9　MDF（ﾉﾀﾞ）　外周　CN65　@100			
	大引	杉　特一等	105x105	D15			（壁倍率　4.0倍）	中央　CN65　@200			
	根太	杉　特一等	90x90	D15							
	Ⓐ　梁	杉　特一等	120x360　化粧	D15	E70　以上		1階床	t=28　F☆☆☆☆構造用合板張　N75　@150			
	Ⓑ　梁	杉　特一等	120x210　化粧	D15	E70　以上	水平構面	2階床	t=28　F☆☆☆☆構造用合板張　N75　@150			
	Ⓒ　梁	杉　特一等	120x150　化粧	D15	E70　以上		小屋裏床	t=12　F☆☆☆☆構造用合板張（ﾋﾉｷ）　N50　@150			
	Ⓓ　梁	杉　特一等	120x120　小屋梁は化粧	D15	E70　以上						

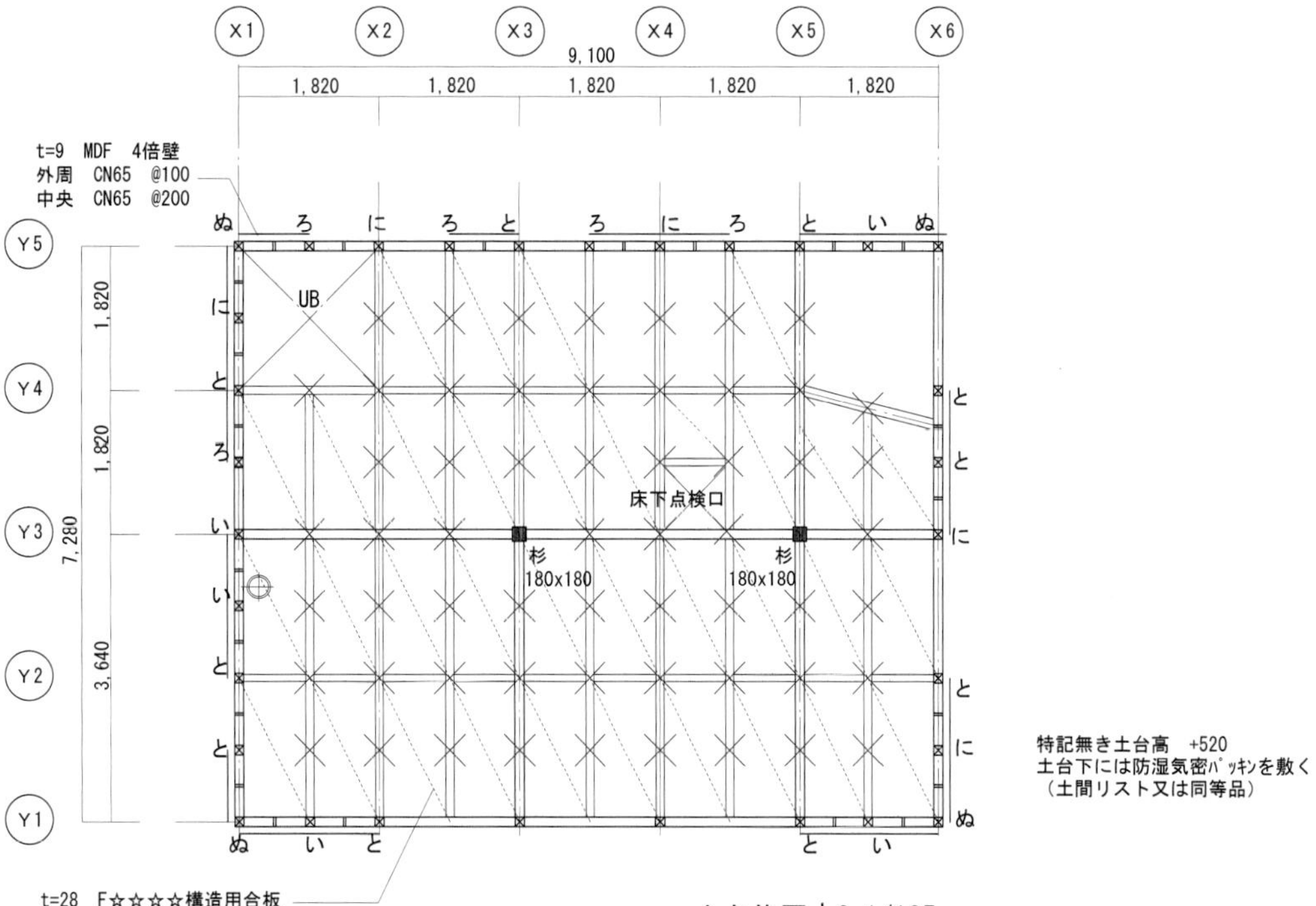
X1 X2 X3 X4 X5 X6
9,100
1,820 1,820 1,820 1,820 1,820
Y5 Y4 Y3 Y2 Y1
1,820 1,820 7,280 3,640
t=9 MDF 4倍壁
外周 CN65 @100
中央 CN65 @200
UB
床下点検口
杉
180x180
杉
180x180
t=28 F☆☆☆☆構造用合板
N75 @150
特記無き土台高 +520
土台下には防湿気密ﾊﾟｯｷﾝを敷く
（土間リスト又は同等品）

土台伏図｜S=1/125

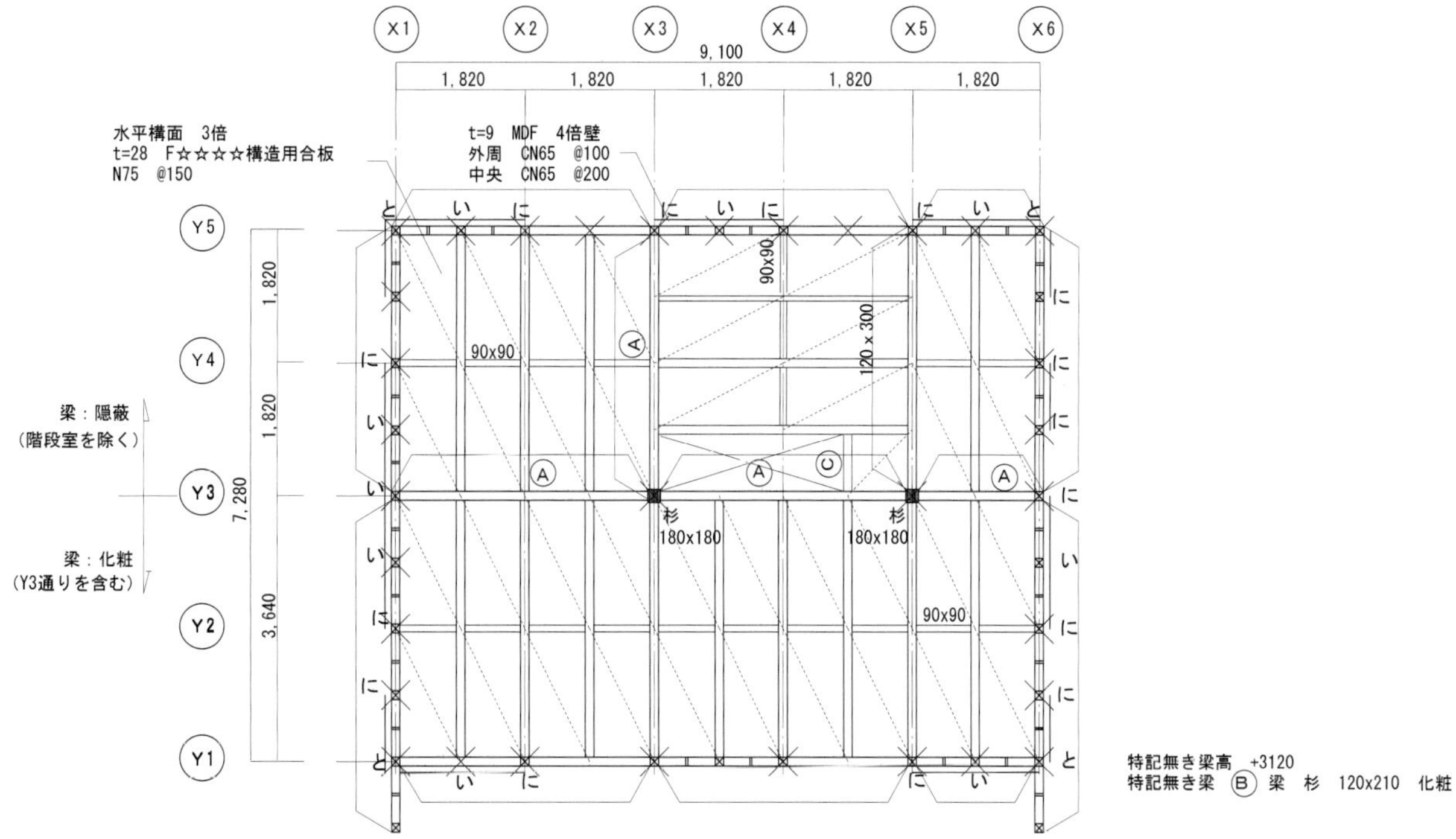
X1 X2 X3 X4 X5 X6
9,100
1,820 1,820 1,820 1,820 1,820
Y5 Y4 Y3 Y2 Y1
1,820 1,820 7,280 3,640
水平構面 3倍
t=28 F☆☆☆☆構造用合板
N75 @150
t=9 MDF 4倍壁
外周 CN65 @100
中央 CN65 @200
梁：隠蔽
（階段室を除く）
梁：化粧
（Y3通りを含む）
90x90
120 x 300
杉
180x180
杉
180x180
特記無き梁高 +3120
特記無き梁 B 梁 杉 120x210 化粧

2階床伏図｜S=1/125

柱脚柱頭金物　各階柱脚柱頭共施工

い	短ほぞさし
ろ	L字金物
に	短冊金物
と	15KN ﾎｰﾙﾀﾞｳﾝ金物
ぬ	30KN 又は（15KNx2）ﾎｰﾙﾀﾞｳﾝ金物

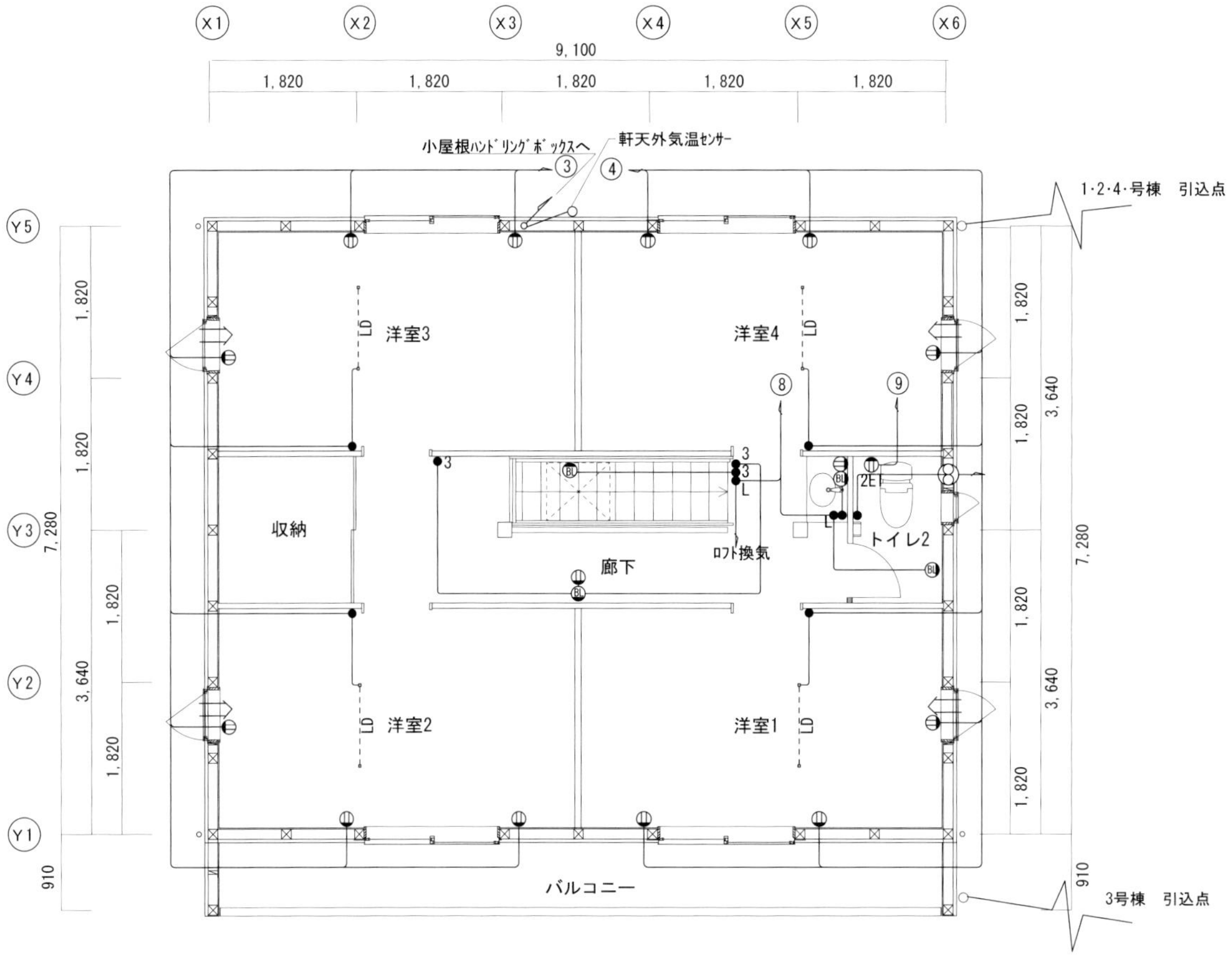
X1
X2
X3
X4
X5
X6
9, 100
1, 820
小屋根ﾊﾝﾄﾞﾘﾝｸﾞﾎﾞｯｸｽへ
軒天外気温ｾﾝｻｰ
1･2･4･号棟　引込点
Y5
Y4
Y3
Y2
Y1
7, 280
3, 640
910
洋室3
洋室4
収納
廊下
ロフト換気
トイレ2
2E
洋室2
洋室1
LD
バルコニー
3号棟　引込点

2階平面図｜S=1/125

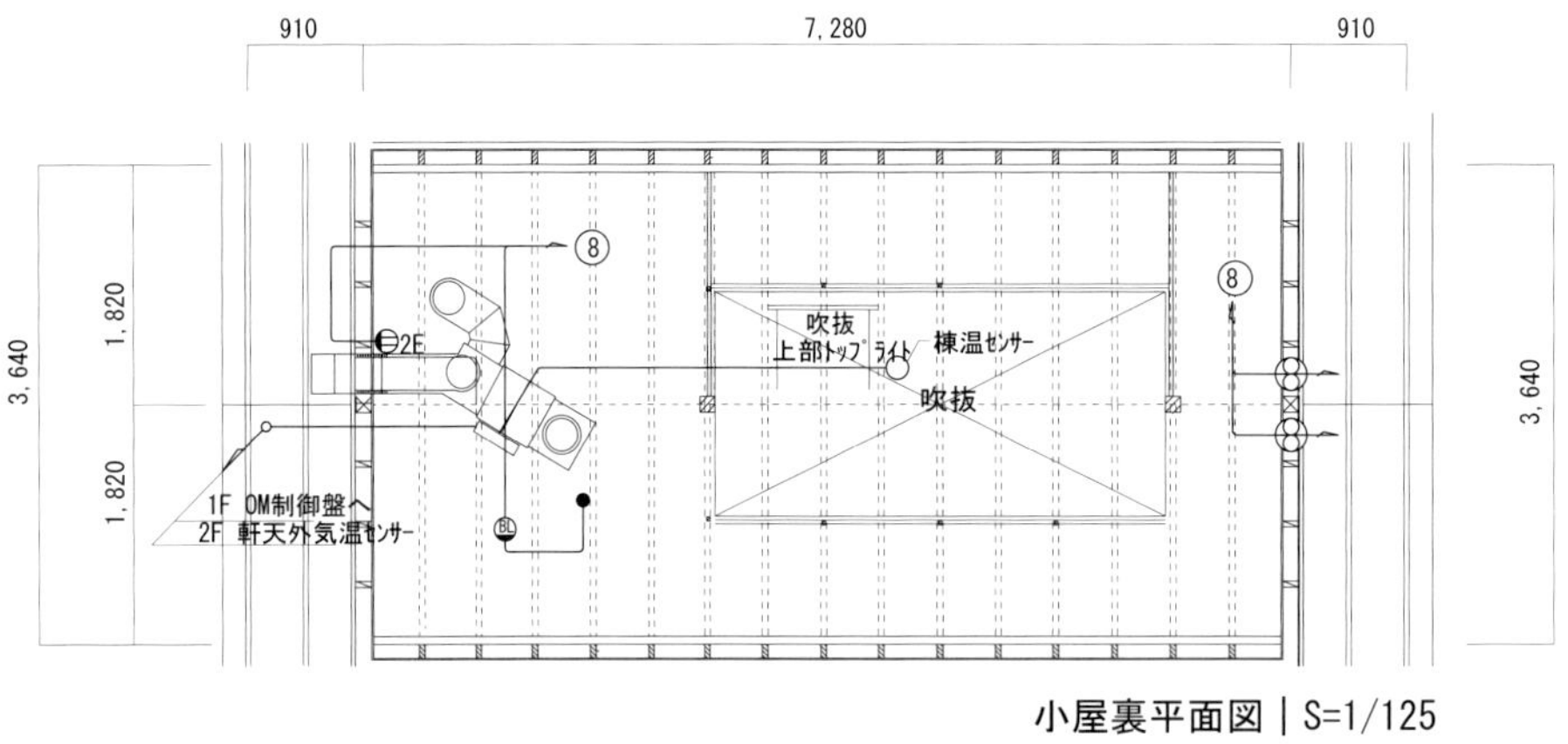
910
7, 280
910
3, 640
1, 820
2E
吹抜
上部ﾄｯﾌﾟﾗｲﾄ
棟温ｾﾝｻｰ
吹抜
1F OM制御盤へ
2F 軒天外気温ｾﾝｻｰ

小屋裏平面図｜S=1/125

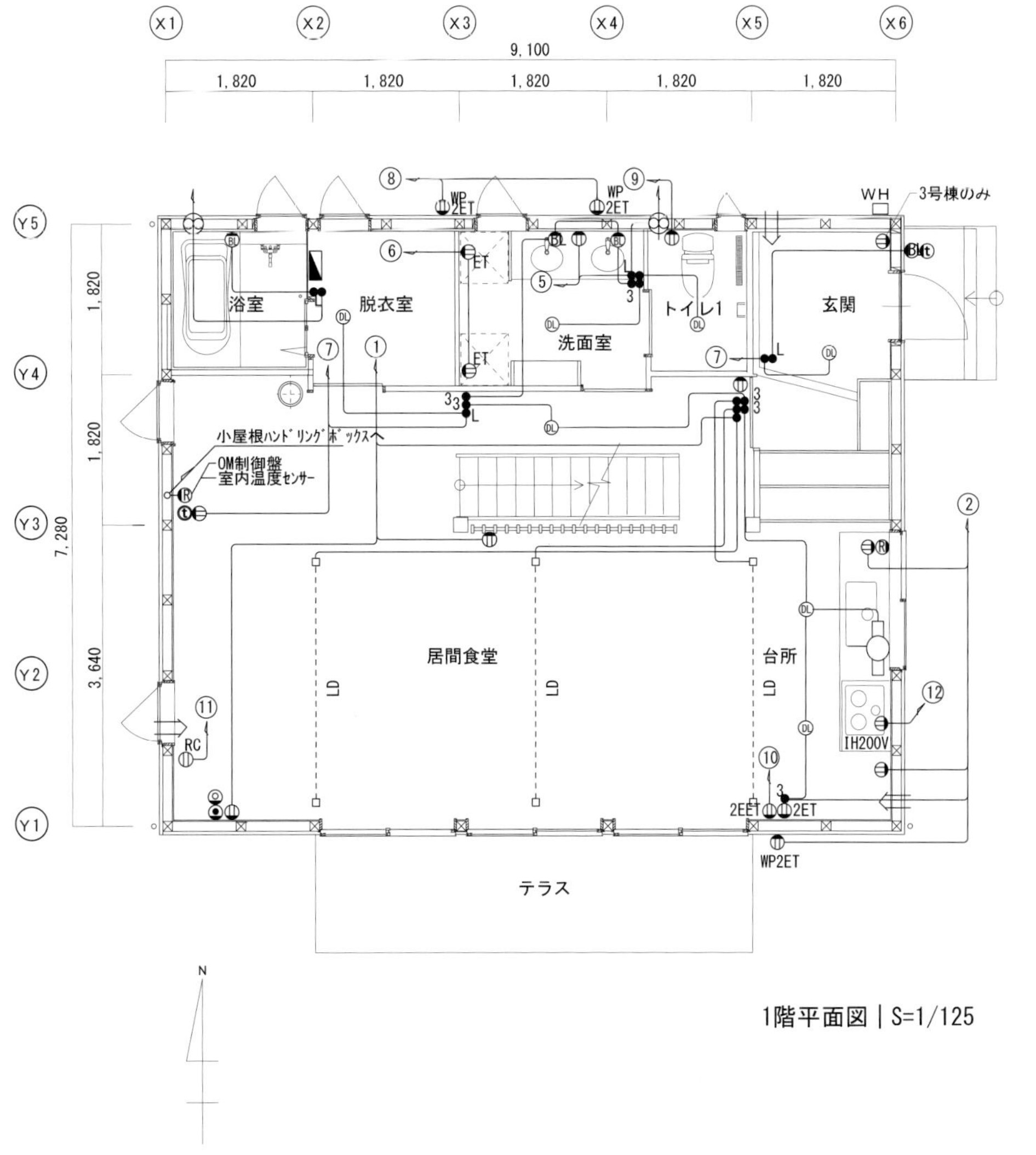
X1
X2
X3
X4
X5
X6
9,100
1,820
1,820
1,820
1,820
1,820
Y5
Y4
Y3
Y2
Y1
1,820
1,820
3,640
7,280
WH
3号棟のみ
WP
2ET
浴室
脱衣室
洗面室
トイレ1
玄関
小屋根ﾊﾝﾄﾞﾘﾝｸﾞﾎﾞｯｸｽへ
OM制御盤
室内温度ｾﾝｻｰ
居間食堂
台所
LD
IH200V
RC
2EET
2ET
WP2ET
テラス
N

1階平面図｜S=1/125

建物データ

いわむらかずお絵本の丘美術館

竣工：1998年1月
建設地：栃木県馬頭町
規模：地上2階
構造：木造一部鉄筋コンクリート造
敷地面積：4,959.00㎡（1,500.10坪）
建築面積：754.70㎡（228.30坪）
延床面積：698.11㎡（211.18坪）
建築設計：野沢正光建築工房
担当/野沢正光　黒野有一郎　廣谷純子　八島央子　深澤明
構造設計：稲山建築設計事務所(現、ホルツストラ)、コジマ設計
設備設計：中村建築設備設計室(電気)、科学応用冷暖研究所(機械)
施工：深谷建設
設備：OMソーラーシステム
掲載ページ：16,52,68,87,105,150

長池公園自然館

竣工：2001年3月
建設地：東京都八王子市
規模：地下1階・地上2階
構造：木造・鉄骨造・鉄筋コンクリート造
敷地面積：197,270.32㎡（59,674.27坪）
建築面積：1,213.22㎡（367.00坪）
延床面積：1313.29㎡（397.27坪）
建築設計：野沢正光建築工房
担当/野沢正光　黒野有一郎　森俊之　廣谷純子　深澤明　高橋麻紀
構造設計：稲山建築設計事務所(現、ホルツストラ)、コジマ設計
設備設計：科学応用冷暖研究所
施工：八王子市住宅建設共同組合
設備：OMソーラーシステム
掲載ページ：24,34,59,84,104

世田谷の教堂

竣工：2010年3月
建設地：東京都世田谷区
規模：地下1階・地上2階
構造：木造一部鉄筋コンクリート造
敷地面積：534.75㎡（161.76坪）
建築面積：240.62㎡（72.79坪）
延床面積：496.07㎡（150.06坪）
建築設計：野沢正光建築工房
担当/野沢正光　藤村真喜
構造設計：稲山建築設計事務所(現、ホルツストラ)
設備設計：科学応用冷暖研究所
施工：東海建設
設備：OMソーラーシステム、デシカント式潜熱交換型換気空調システム
掲載ページ：30,86

バンビバイリンガル幼稚園

竣工：2008年2月
建設地：山梨県南アルプス市
規模：地上1階
構造：木造
敷地面積：1932.29㎡（584.52坪）
建築面積：502.27 ㎡（151.94坪）
延床面積：468.58㎡（141.75坪）
建築設計：野沢正光建築工房
担当/野沢正光　奥山綾子　圓山雄太郎
構造設計：稲山建築設計事務所(現、ホルツストラ)
施工：小澤建築工房
設備：OMソーラーシステム
掲載ページ：40

うおがし銘茶銀座店「茶・銀座」

竣工：2002年10月
建設地：東京都中央区銀座
規模：地上2階
構造：鉄骨造
敷地面積：55.19㎡（16.69坪）
建築面積：43.61㎡（13.19坪）
延床面積：90.32㎡（27.32坪）
統括：増山敏夫
建築設計：野沢正光建築工房
担当／野沢正光　廣谷純子　高橋麻紀
内装設計：高取空間計画
構造設計：山辺構造設計事務所
設備設計：科学応用冷暖研究所
グラフィック：小島良平デザイン事務所
施工：バウ建設
設備：マルチエアコン＋レナードシステム方式
掲載ページ：42,100

那須の週末住宅

竣工：2006年12月
建設地：栃木県那須郡那須町
規模：地下1階・地上1階
構造：木造一部鉄筋コンクリート造
敷地面積：896.00㎡（271.04坪）
建築面積：102.70 ㎡（31.07坪）
延床面積：122.54㎡（37.07坪）
建築設計：野沢正光建築工房
担当/野沢正光　奥山綾子　塩見庸　圓山雄太朗　織田千恵
構造設計：稲山建築設計事務所(現、ホルツストラ)
施工：深谷建設
設備工事：九峰工業
設備：OMソーラーシステム
掲載ページ：46,98

いわむらかずお絵本の丘
美術館アトリエ棟・居住棟

竣工：2003年5月
建設地：栃木県那須郡馬頭町
規模：地上1階
構造：木造
敷地面積：1,198.00㎡（362.40坪）
建築面積：180.90 ㎡（54.72坪）
延床面積：162.30㎡（49.10坪）
建築設計：野沢正光建築工房
担当　野沢正光　黒野有一郎
構造設計：稲山建築設計事務所(現、ホルツストラ)
施工：深谷建設
設備：OMソーラーシステム
掲載ページ：48,50,58,107

南伊豆の住宅1

竣工：1988年9月
建設地：静岡県加茂郡
規模：地上２階
構造：木造
敷地面積：403.00㎡（121.91坪）
建築面積：66.80 ㎡（20.21坪）
延床面積：101.00㎡（30.55坪）
建築設計：野沢正光建築工房
担当／野沢正光　木村芳行
施工：清水建築
掲載ページ：54

蓼科の週末住宅
竣工：2013年5月
建設地：長野県茅野市
規模：地上2階
構造：木造一部鉄筋コンクリート造
敷地面積：1,055.05㎡（319.15坪）
建築面積：139.98㎡（42.34坪）
延床面積：173.40㎡（52.45坪）
建築設計：野沢正光建築工房
担当/野沢正光　石黒健太
構造設計：基本設計 ホルツストラ / 実施設計 山辺構造設計事務所
家具設計：コイズミスタジオ
施工：小澤建築工房
設備：OMソーラーシステム
掲載ページ：4,72

ソーラータウン府中
木造ドミノ住宅
竣工：2013年7月
建設地：東京都府中市
規模：地上2階
構造：木造
16戸平均
敷地面積：132.47㎡（40.07坪）
建築面積：57.71㎡（17.46坪）
延床面積：111.07㎡（33.60坪）
建築設計：野沢正光建築工房
担当/野沢正光　石黒健太
構造設計：山辺構造設計事務所
施工：相羽建設
造園：ゾエン　蓑田真哉
設備：OMクアトロソーラーシステム
掲載ページ：8,80,126,128,132

海部群立田の住宅
竣工：1997年5月
建設地：愛知県立田町
規模：地下1階＋地上2階
構造：木造一部鉄筋コンクリート造
敷地面積：498.82㎡（150.89坪）
建築面積：222.36㎡（67.26坪）
延床面積：325.02㎡（98.32坪）
建築設計：野沢正光建築工房
担当/野沢正光　黒野有一郎
構造設計：コジマ設計
施工：松田建設
設備：OMソーラーシステム
掲載ページ：81

世田谷の住宅
竣工：2009年6月
建設地：東京都世田谷区
規模：地下1階・地上2階
構造：木造一部鉄筋コンクリート造
敷地面積：131.42㎡（39.75坪）
建築面積：65.60㎡（19.84坪）
延床面積：202.12㎡（61.14坪）
建築設計：野沢正光建築工房
担当/野沢正光　藤村真喜
構造設計：山辺構造設計事務所
施工：鈴木工務店
掲載ページ：64,86

国立の住宅
竣工：1998年11月
建設地：東京都国立市
規模：地下1階・地上2階
構造：木造一部鉄筋コンクリート造
敷地面積：170.58㎡（51.60坪）
建築面積：84.46㎡（25.55坪）
延床面積：172.19㎡（52.09坪）
建築設計：野沢正光建築工房
担当/野沢正光　深澤明
構造設計：コジマ設計
外構・造園：金子造園事務所
施工：円建設
設備：OMソーラーシステム
掲載ページ：66,102,108

相模原の住宅
竣工：1992年12月
建設地：神奈川県相模原市
規模：地下1階・地上2階
構造：鉄骨造一部鉄筋コンクリート造
敷地面積：244.47㎡（73.95坪）
建築面積：115.77㎡（35.02坪）
延床面積：217.96㎡（65.93坪）
建築設計：野沢正光建築工房
担当/野沢正光　小関康子　西尾春美
構造設計：コジマ設計
施工：円建設
設備：OMソーラーシステム
掲載ページ：70,80,90,109,134

むさしのiタウン
木造ドミノ住宅
竣工：2007年1月
建設地：東京都東村山市本町
規模：地上2階
構造：木造
敷地面積：189.40㎡（57.29坪）
建築面積：74.52 ㎡（22.54坪）
延床面積：132.48㎡（40.08坪）
意匠設計：野沢正光建築工房、半田雅俊設計事務所
構造設計：山辺構造設計事務所
施工：相羽建設
設備：OMソーラーシステム
掲載ページ：6,56,118

信濃境の週末住宅
竣工：2011年5月
建設地：長野県諏訪郡
規模：地上2階
構造：木造一部鉄筋コンクリート造
敷地面積：401.35㎡（121.41坪）
建築面積：117.13㎡（35.43坪）
延床面積：171.10㎡（51.76坪）
建築設計：野沢正光建築工房
担当/野沢正光　藤村真喜　中村祥子
構造設計：稲山建築設計事務所(現、ホルツストラ)
家具設計：コイズミスタジオ
施工：小澤建築工房
設備：OMソーラーシステム
掲載ページ：2,57,76,82,106,110,130

小金井中町の住宅
竣工：2005年3月
建設地：東京都小金井市
規模：地上2階
構造：コンクリートブロック組積造・木造
敷地面積：369.74㎡（111.85坪）
建築面積：114.36 ㎡（34.59坪）
延床面積：111.37㎡（33.69坪）
建築設計：野沢正光建築工房
担当/塩見庸　西尾春美
構造設計：山辺構造設計事務所
施工：円建設
設備工事：池田設備工業
設備：OMソーラーシステム
掲載ページ：60,96,103

あきる野の住宅
竣工：2013年11月
建設地：東京都あきる野市
規模：地上1階
構造：木造（母屋改修、離れ増築）
敷地面積：529.16㎡（160.07坪）
建築面積：123.61㎡（37.39坪）
延床面積：92.76㎡（28.06坪）
建築設計：野沢正光建築工房
担当/野沢正光　石黒健太
施工：相羽建設
掲載ページ：138

愛農学園農業高校（本館）
竣工：2010年10月
建設地：三重県伊賀市
規模：地上2階
構造：鉄筋コンクリート造（減築）
敷地面積：45,200.00㎡（13,673.00坪）
建築面積：547.65㎡（165.66坪）
延床面積：985.65㎡（298.16坪）
建築設計：野沢正光建築工房
担当/野沢正光　藤村真喜
構造設計：山辺構造設計事務所
施工：小原建設株式会社
掲載ページ：142

愛農学園農業高校（木造校舎）
竣工：2013年8月
建設地：三重県伊賀市
規模：地上1階
構造：木造（増築）
敷地面積：45,200.00㎡（13,673.00坪）
建築面積：493.39㎡（149.25坪）
延床面積：454.08㎡（137.36坪）
建築設計：野沢正光建築工房
担当/野沢正光　藤村真喜
構造設計：ホルツストラ
家具設計：コイズミスタジオ
施工：福田豊工務店
設備：OMソーラーシステム
掲載ページ：133,142,146

サイト工業本社屋
竣工：2014年12月
建設地：宮城県仙台市
規模：地上1階
構造：木造
敷地面積：1435.29㎡（434.18坪）
建築面積：541.59㎡（163.83坪）
延床面積：474.51㎡（143.54坪）
建築設計：野沢正光建築工房
担当/野沢正光　石黒健太
構造設計：山辺構造設計事務所
家具設計：コイズミスタジオ
施工：サイト工業株式会社、株式会社ハウスマイスター、太平電気株式会社、株式会社太平エンジニアリング
設備：OMクワトロソーラーシステム
掲載ページ：86,133

逗子小坪の住宅
竣工：1984年
建設地：神奈川県逗子市
規模：地下1階・地上2階
構造：鉄筋コンクリート造一部木造
敷地面積：202.22㎡（61.17坪）
建築面積：92.81㎡（28.08坪）
延床面積：173.31㎡（52.43坪）
建築設計：野沢正光建築工房
担当/野沢正光
構造設計：コジマ設計
ソーラーシステム設計：野沢正光建築工房、大橋一正(工学院大学)
施工：ワコン(竣工時)、鈴木工務店(改修時2010年)
設備：OMソーラーシステム
掲載ページ：136

ヤマサモデルハウス
竣工：2015年1月
建設地：鹿児島県鹿児島市
規模：地上2階
構造：木造
敷地面積：166.04㎡（50.23坪）
建築面積：79.70㎡（24.11坪）
延床面積：129.08㎡（39.05坪）
建築設計：野沢正光建築工房
担当/野沢正光　利光収
構造設計：山辺構造設計事務所
造園設計：野草の庭・茶庭づくり 風（ふわり）
施工：ヤマサハウス
掲載ページ：82,89

サイト工業モデルハウス
竣工：2015年2月
建設地：宮城県仙台市
規模：地上2階
構造：木造
敷地面積：213.26㎡（64.51坪）
建築面積：58.75㎡（17.77坪）
延床面積：111.75㎡（33.80坪）
建築設計：野沢正光建築工房
担当/野沢正光　石黒健太
構造設計：山辺構造設計事務所
施工：サイト工業株式会社
設備：OMクワトロソーラーシステム
掲載ページ：88,133

初台の集合住宅
竣工：2010年2月
建設地：東京都渋谷区
規模：地上3階
構造：補強コンクリートブロック造（増築部）
敷地面積：349.90㎡（105.84坪）
建築面積：199.90㎡（60.47坪)
延床面積：559.12㎡（169.13坪）
建築設計：野沢正光建築工房
担当/野沢正光　塩見庸　織田千恵　利光収
構造設計：山辺構造設計事務所
施工：朋友建設
掲載ページ：111

写真撮影・提供・協力（五十音順）

上田明　137p
梶原敏英　27p
北田英治　24p,26p,28p,30p,32-34p,59p,70p,80-81p,85p,90p,95p
白鳥美雄　42p,44p
傍島利浩　2-9p,46p,57p,72-74p,76p,78p,80p,83p,98p,106,113p,117p,128p,131p,134p
西川公朗　56p,118p,120p,123p
藤塚光政　15p,135p,
畑拓　66p,151p
三島叡　25p（「日経アーキテクチュア」2001年10月1日号）

相羽建設　97p,121-125p
小澤建築工房　40-41p
小原建設　145p
コイズミスタジオ　133p,142p,
彰国社　58p,112p,
新建築社　44p,48p,54-55p,60p,96p,100p
STUDIO TIN・HOUSE 111p
東京都都市整備局住宅政策推進部民間住宅課　126p
TOTO（株）　98p（「TOTO通信」2009年夏号）

野沢正光建築工房　その他

あとがき

　私の事務所が取り組んだ建築物のうち主に木造を中心にまとめることを企み　事務所のＯＢを中心としたメンバーが今回の企画を苦労しながらまとめてくれた。住宅に限らず中規模大規模の木造建築の振興が喧伝され、さまざまなサポートがされるなかにあって、元来木造建築の宝庫であるこの国らしいそれの明日を指し示す実作があまり見当たらないと考えることが、出版を思い立つ理由であった。とはいえ遅々として作業が滞るなかでいくつもの優れた事例が現れつつあることも付言しておきたい。

　これまでの仕事のなかからどの事例を取り上げるか、それをどのように切り取ることが本書を手にとる人にとり、それぞれの意図を伝えることになるのか、彼らは議論を重ね考えてくれた。作業を担った彼らにとり、自らが関わった仕事を時間を経て見直す、遅れてきた卒業制作とでもいうべき仕事でもあったのかと思う。もちろん私にとってても仕事を振り返りながらこれからを考えるとてもいい機会であった。ただ実に長い時間でもあった。

　作業の進行するなかで、新しい仕事がいくつか竣工し新しい経験をしつつある。そのなかにはこれまでといくぶん異なる指向を持つものもあるように思う。それらを編む本書の続編の刊行があるとすればその時は事務所スタッフのサポートに依らねばなるまい。

　私は相も変わらず建築という作業の持つ社会性と「時代の証人としての建築」の意味について多くの人々、社会が気づき、それを楽しみ慈しむ、そんな明日を夢見ながら今日も仕事をしている。

　作業を飽かず進めてくれた廣谷、深澤、高橋、藤村らＯＢと現事務所スタッフに深甚から感謝する。粘り強く付きあってくれたエクスナレッジの三輪さんにも感謝したい。

２０２１年初夏

野沢正光

編集を終えて

スタッフは、だいたい朝、野沢さんから手書きのスケッチを渡され、楽しそうに話されるアイディアを聞き、図面として形にしていくのですが、それだけではありません。普段から考えている社会への課題や設備や構造の工学的な面白さ、生活への愛情、伝統的な手わざ等、事務所でのさまざまな会話のなかに多面的で多様な切り口がありました。そうしてできあがった明快なひとつのコンセプトでは表現しがたい建築のつくり方を、この本で示すことができたのではないでしょうか。（藤村）

野沢さんは「環境」で捉えられがちですが、それは複雑な全体の一部でしかありません。思慮深く練り上げられた矩計図の奥深さから話がはじまり、いつしか本も複雑な全体となり、時間はかかりましたが、その間にもソーラータウン府中ではコミュニティ豊かな緑あふれる風景が生まれ、野沢さんが目指す社会と応答した建築の在り方の一例が具現化しています。所員として詳細図の応答により学んだ事が私たちの糧となっていることを再認識しました。（深澤／高橋）

地球環境と建築のサスティナブルな関係をつくることは、私たちの社会が抱える解決できていない課題です。この本では、野沢さんが、どのように社会と応答し、複雑な全体を解いてきたかを、詳細図面を通して紹介することを目論みました。私たちが野沢さんから仕事を通して学んだことが、この本を通じて次世代を担うみなさまの学びに繋がれば幸いです。最後に、ご協力いただいた皆様に深く感謝申し上げます。（廣谷）

野沢正光の建築

詳細図面に学ぶサスティナブルな建築のつくりかた

2021年11月3日　初版第1刷発行

著者　野沢正光

発行者　澤井聖一

発行所　株式会社エクスナレッジ
〒106-0032
東京都港区六本木7-2-26
https://www.xknowledge.co.jp/

問合せ先　編集　Tel：03-3403-1381
Fax：03-3403-1345
info@xknowledge.co.jp
販売　Tel：03-3403-1321
Fax：03-3403-1829